Personalarbeit kann jeder?

Yasmin Kurzhals

Personalarbeit kann jeder?

Professionalisierung im Personalmanagement –
Erfolgsrelevante Kompetenzen von HR-Managern

Rainer Hampp Verlag   München, Mering 2011

Bibliografische Information der Deutschen Nationalbibliothek
Die Deutsche Nationalbibliothek verzeichnet diese Publikation in der Deutschen Nationalbibliografie; detaillierte bibliografische Daten sind im Internet über http://dnb.d-nb.de abrufbar.

ISBN 978-3-86618-604-0 (print)
ISBN 978-3-86618-704-7 (e-book)
DOI 10.1688/9783866187047
1. Auflage, 2011
Zugl.: Dissertation Univ. Paderborn, 2010

© 2011   Rainer Hampp Verlag   München und Mering
          Marktplatz 5   D – 86415 Mering
          www.Hampp-Verlag.de

Alle Rechte vorbehalten. Dieses Werk einschließlich aller seiner Teile ist urheberrechtlich geschützt. Jede Verwertung außerhalb der engen Grenzen des Urheberrechtsgesetzes ist ohne schriftliche Zustimmung des Verlags unzulässig und strafbar. Das gilt insbesondere für Vervielfältigungen, Mikroverfilmungen, Übersetzungen und die Einspeicherung in elektronische Systeme.

∞   Dieses Buch ist auf säurefreiem und chlorfrei gebleichtem Papier gedruckt.

Liebe Leserinnen und Leser!
Wir wollen Ihnen ein gutes Buch liefern. Wenn Sie aus irgendwelchen Gründen nicht zufrieden sind, wenden Sie sich bitte an uns.

Inhalt

Abbildungsverzeichnis 9

Tabellenverzeichnis 10

1. Einleitung 13
   1.1. Allgemeine Darstellung des Hintergrundes 13
   1.2. Fragestellung und Zielsetzung der Arbeit 16
   1.3. Aufbau der Arbeit 17
2. Kompetenz – Definition, Klassifizierung und Abgrenzung 19
   2.1. Kompetenzbegriff und Kompetenzverständnis international 19
      2.1.1. Kompetenzforschung in den USA 20
      2.1.2. Kompetenzforschung in Deutschland 26
   2.2. Klassifikation von beruflichen Kompetenzen 31
      2.2.1. Fach-, Methoden-, Sozial- und Selbstkompetenz 31
      2.2.2. Mehrdimensionale Kompetenztypologie 32
      2.2.3. Treshold und Differentiating Competencies 33
   2.3. Zentrale Merkmale beruflicher Kompetenzen und Kompetenzverständnis für die Arbeit 34
      2.3.1. Multimodalität 35
      2.3.2. Kontextspezifität 35
      2.3.3. Erlernbarkeit 36
      2.3.4. Erfolgszentriertheit 36
      2.3.5. Messbarkeit 37
   2.4. Abgrenzung von Kompetenzen zu anderen Konstrukten 37
      2.4.1. Intelligenz 38
      2.4.2. Persönlichkeit 39
      2.4.3. Fähigkeiten und Fertigkeiten bzw. Knowledge, Skills, Abilities (KSAs) 40
      2.4.4. Qualifikationen 42
   2.5. Zusammenfassende Betrachtung 42
3. Kompetenzmodellierung als Basis betrieblichen Kompetenzmanagements 44
   3.1. Betriebliches Kompetenzmanagement 44
      3.1.1. Bedeutung und Stellenwert im nationalen und internationalen Raum 44
      3.1.2. Begriffsbestimmung und theoretische Ansätze 46
      3.1.3. Kompetenzmodellierung im betrieblichen Kontext 48
   3.2. Anwendungsfelder und Funktionen von Kompetenzmodellen 50
      3.2.1. Strategische Personalplanung 51

Inhaltsverzeichnis

3.2.2.	Personalrekrutierung und Personalauswahl	52
3.2.3.	Karriere- und Laufbahnplanung	52
3.2.4.	Qualifizierung und Training	53
3.2.5.	Leistungsmanagement	53
3.2.6.	Vergütung	54
3.2.7.	Kultur und Organisationsentwicklung	55
3.2.8.	Weitere Anwendungsfelder von Kompetenzmodellen	55
3.3.	Vorgehen im Kompetenzmodellierungsprozess	57
3.3.1.	Perspektive bei der Modellierung beruflicher Kompetenzen	57
3.3.2.	Beteiligung der Mitarbeiter und des Managements	58
3.3.3.	Methoden der Kompetenzmodellierung	59
3.4.	Konzeption und Klassifikation von Kompetenzmodellen	62
3.4.1.	Generische versus spezifische Kompetenzmodelle	62
3.4.2.	Detaillierte versus einfache Kompetenzmodelle	66
3.4.3.	Vollständige versus erfolgskritische Abbildung von Kompetenzen	68
3.4.4.	Kompetenzorientierte versus arbeitsanalytische Ansätze	70
3.5.	Validierung von Kompetenzmodellen	73
3.5.1.	Konstruktvalidierung	74
3.5.2.	Inhaltsvalidierung	75
3.5.3.	Kriteriumsvalidierung	76
3.5.4.	Forschungsstand zur Validierung von Kompetenzmodellen	77
3.5.5.	Probleme der Kompetenzforschung	78
3.5.5.1.	Operationalisierung von Kompetenzen	78
3.5.5.2.	Erfassung und Messung von Kompetenzen	79
3.5.6.	Ausgewählte Studien zur Validierung von Kompetenzen	81
3.5.6.1.	Studien zur Inhaltsvalidität	82
3.5.6.2.	Studien zur Reliabilität und Konstruktvalidität	83
3.5.6.3.	Studien zur Kriteriumsvalidität	85
3.5.6.4.	Implikationen für die Forschung	87
3.6.	Zusammenfassende Betrachtung	87
4.	Aufgaben, Funktionen und Kompetenzen von Personalmanagern	89
4.1.	Veränderungen im Personalmanagement durch Entwicklungstrends	89
4.2.	Studien zu Trends, Aufgaben und Kompetenzen im Personalmanagement	95
4.2.1.	Studien zu künftigen Herausforderungen im Personalmanagement	95
4.2.2.	Studien zu Aufgaben und Kompetenzen von Personalmanagern	100

Inhaltsverzeichnis

4.3.	Zusammenfassende Betrachtung	106
5.	Kompetenzstandards und Kompetenzmodelle internationaler Berufsverbände	109
5.1.	Society for Human Resource Management (SHRM) und Human Resource Certification Institute (HRCI)	111
5.1.1.	Kompetenzmodell der SHRM	112
5.1.1.1.	Entwicklung des Kompetenzmodells	113
5.1.1.2.	Inhalte des Kompetenzmodells	114
5.1.2.	Kompetenzstandards des HRCIs	117
5.1.2.1.	Entwicklung der Kompetenzstandards	118
5.1.2.2.	Inhalte der Kompetenzstandards	119
5.1.2.3.	Vorbereitung auf die zertifizierte Prüfung des PHR und SPHR	122
5.2.	Chartered Institute of Personnel and Development (CIPD)	123
5.2.1.	Kernkompetenzen und Kompetenzstandards der CIPD	123
5.2.1.1.	Entwicklung der Kernkompetenzen und der Kompetenzstandards	124
5.2.1.2.	Inhalte der Kernkompetenzen	124
5.2.1.3.	Inhalte der Kompetenzstandards	126
5.3.	Canadian Council of Human Resources Associations (CCHRA)	128
5.3.1.	Kompetenzstandards der CCHRA	128
5.3.1.1.	Entwicklung der Kompetenzstandards	129
5.3.1.2.	Inhalte der Kompetenzstandards	130
5.4.	World Federation of People Management Associations (WFPMA)	133
5.4.1.	Kompetenzmodell der WFPMA	133
5.4.1.1.	Entwicklung des Kompetenzmodells	134
5.4.1.2.	Inhalte des Kompetenzmodells	137
5.5.	Gegenüberstellung der Kompetenzstandards und –modelle internationaler Berufsverbände	139
5.6.	Zusammenfassende Betrachtung	142
6.	Deutsche Gesellschaft für Personalführung (DGFP)	147
6.1.	Kompetenzstandards der DGFP	147
6.1.1.	Funktion der Kompetenzstandards	148
6.1.2.	Entwicklung der Kompetenzstandards	148
6.1.3.	Inhalte und inhaltliche Gestaltung der Kompetenzstandards	149
6.1.4.	Validierung der Kompetenzstandards	152
6.1.5.	Zusammenfassende Betrachtung	152
7.	Zielsetzung und Fragestellungen (Studie 1)	155

Inhaltsverzeichnis

8.		Methodisches Vorgehen (Studie 1)	159
	8.1.	Erhebungsmethode	159
		8.1.1. Qualitatives Interview	159
		8.1.2. Dokumenten- und Literaturanalyse	162
	8.2.	Durchführung der Untersuchung	163
		8.2.1. Auswahl der Stichprobe	163
		8.2.1.1. Auswahlkriterien	164
		8.2.1.2. Rekrutierung der Untersuchungsteilnehmer	165
		8.2.2. Durchführung der Interviews	166
		8.2.3. Aufbereitung der Interviewdaten	169
	8.3.	Auswertungsmethode	171
		8.3.1. Qualitative Inhaltsanalyse	171
		8.3.2. Überprüfung der inhaltsanalytischen Gütekriterien	179
		8.3.2.1. Objektivität	180
		8.3.2.2. Reliabilität	181
		8.3.2.3. Validität	183
9.		Ergebnisse (Studie 1)	185
	9.1.	Beschreibung der Stichprobe	185
	9.2.	Ergebnisse der Prevalidierung	189
	9.3.	Struktur des Kompetenzmodells	192
		9.3.1. Kompetenzdimensionen	193
		9.3.2. Unterkategorien und Kompetenzfacetten	194
		9.3.3. Darstellung des gesamten Kompetenzmodells	202
		9.3.4. Unterschiede zu existierenden Kompetenzmodellen für Personalmanager	219
10.		Zusammenfassung und Diskussion (Studie 1)	224
	10.1.	Überprüfung der Zielsetzung und Fragestellungen	224
	10.2.	Diskussion der Untersuchungsmethodik	229
		10.2.1. Erhebungsmethode	229
		10.2.2. Auswertungsmethode	236
	10.3.	Stichprobe	238
	10.4.	Erkenntnisgewinn der Studie und Implikationen für die Praxis	241
	10.5.	Perspektiven für die weitere Forschung	246
11.		Zielsetzung und Fragestellungen (Studie 2)	251
12.		Methodisches Vorgehen (Studie 2)	255
	12.1.	Erhebungsmethode	255

Inhaltsverzeichnis

12.1.1. Expertenbefragung 255

12.1.2. Onlinegestützter Fragebogen 256

12.1.3. Ratingskala 260

12.2. Durchführung der Untersuchung 260

12.2.1. Auswahl der Stichprobe 261

12.2.1.1. Auswahlkriterien und Rekrutierung der Untersuchungsteilnehmer 261

12.3. Auswertungsmethoden 263

12.3.1. Deskriptive Statistiken der Bedeutsamkeitseinschätzungen 263

12.3.2. Überprüfung der Beurteilerübereinstimmung (Intraklassenkorrelation) 264

12.3.3. Überprüfung der Beurteilerübereinstimmung (Produkt-Moment-Korrelation)
....267

12.3.4. Überprüfung der Unterschiede zwischen den Expertengruppen (t-Test)....269

12.3.5. Überprüfung der Unterschiede zwischen den Bedeutsamkeitseinschätzungen (Multivariate Verfahren) 270

13. Ergebnisse (Studie 2) 272

13.1. Beschreibung der Stichprobe 272

13.1.1. Expertengruppe der Personalpraktiker 273

13.1.2. Expertengruppe der Wissenschaftler 277

13.2. Ergebnisse der Validierungsstudie 281

13.2.1. Deskriptive Statistiken der Bedeutsamkeitseinschätzungen 281

13.2.1.1. Bedeutsamkeitseinschätzungen der Haupt- und Subkompetenzfelder ...281

13.2.1.2. Bedeutsamkeitseinschätzungen für ausgewählte Kompetenzbereiche ...285

13.2.1.3. Bedeutsamkeitseinschätzungen auffälliger Kompetenzanker 287

13.2.2. Deskriptive Statistiken der Gesamteinschätzung des Kompetenzmodells..288

13.2.3. Überprüfung der Beurteilerübereinstimmung (Intraklassenkorrelation).......289

13.2.4. Überprüfung der Beurteilerübereinstimmung (Produkt-Moment-Korrelation)
....293

13.2.5. Überprüfung der Unterschiede zwischen den Expertengruppen (t-Test)....294

13.2.6. Überprüfung der Unterschiede zwischen den Bedeutsamkeitseinschätzungen (Multivariate Verfahren) 296

14. Zusammenfassung und Diskussion (Studie 2) 303

14.1. Überprüfung der Zielsetzung und Fragestellungen 303

14.2. Diskussion der Untersuchungsmethodik 305

14.2.1. Erhebungsmethode 305

14.2.2. Auswertungsmethode 312

14.3. Stichprobe 314

Inhaltsverzeichnis

14.4. Erkenntnisgewinn der Studie 319
    14.4.1. Bedeutsamkeit der Kompetenzen 319
        14.4.1.1. Gesamtes Kompetenzmodell 319
        14.4.1.2. Hauptkompetenzfelder 321
        14.4.1.3. Subkompetenzfelder 326
    14.4.2. Fehlerquellen 328
    14.4.3. Beurteilerübereinstimmung 329
14.5. Implikationen für die Praxis 331
14.6. Perspektiven für die Forschung 333
15. Fazit 337
16. Literaturverzeichnis 338

Anhang

Anhang A: Interviewleitfaden der Interviewstudie (1. Studie)

Anhang B: Fragebogen (Paper-Pencil-Version) der Validierungsstudie (2. Studie)

Abbildungsverzeichnis

Abbildung 1: Iceberg-Modell nach Spencer & Spencer (1993) 23

Abbildung 2: Kompetenzmodell (nach Delamare Le Deist & Winterton, 2005) 33

Abbildung 3: Kompetenzmodell als Basis eines integrierten Personalmanagements (in Anlehnung an Peters & Winzer, 2003) 51

Abbildung 4: SHRM Kompetenzmodell als Basis des HR Competency-Tools 114

Abbildung 5: Ablauf der ersten Studie im Überblick 163

Abbildung 6: Ablaufmodell der inhaltsanalytischen Auswertung (in Anlehnung an Mayring, 2003) .. 173

Abbildung 7: Berufsausbildung der Befragten 187

Abbildung 8: Berufserfahrung der Befragten im Personalbereich 188

Abbildung 9: Branchenzugehörigkeit der Unternehmen der Befragten 188

Abbildung 10: Anzahl der Mitarbeiter in den Unternehmen der Befragten 189

Abbildung 11: Zuordnung der Kompetenzanker zur Zielkategorie 191

Abbildung 12: Struktur des Kompetenzmodells 193

Abbildung 13: Darstellung des Antwortformats zur Einschätzung der Kompetenzanker 258

Abbildung 14: Darstellung des Antwortformats zur Einschätzung des Kompetenzmodells 259

Abbildung 15: Ablauf der zweiten Studie im Überblick 260

Abbildung 16: Altersverteilung der befragten Personalpraktiker 273

Abbildung 17: Berufliche Ausbildung der befragten Personalpraktiker 274

Abbildung 18: Studienfachrichtung der befragten Personalpraktiker 274

Abbildung 19: Dauer der Berufstätigkeit der befragten Personalpraktiker 275

Abbildung 20: Anzahl der Mitarbeiter im Unternehmen der befragten Personalpraktiker 276

Abbildung 21: Branche der Unternehmen der Personalpraktiker 277

Abbildung 22: Altersverteilung der befragten Wissenschaftler 277

Abbildung 23: Berufliche Ausbildung der befragten Wissenschaftler 278

Abbildung 24: Studienfachrichtung der befragten Wissenschaftler 278

Abbildung 25: Dauer der Berufstätigkeit der befragten Wissenschaftler 279

Abbildung 26: Anzahl der Mitarbeiter im Unternehmen der befragten Wissenschaftler 280

Tabellenverzeichnis

Tabelle 1: Kompetenzmodell für Führungskräfte nach Boyatzis (1982) 22

Tabelle 2: Kompetenzmerkmale und ihre Definition nach Spencer & Spencer (1993) 23

Tabelle 3: Berufliche Handlungskompetenz und ihre Differenzierung in Fach-, Methoden-, Sozial- und Selbstkompetenz 31

Tabelle 4: Ebenen des SHL-Kompetenzmodells nach Kurz & Bartram (2002) 64

Tabelle 5: Ergebnisse der Capgemini Studie HR Barometer 2002 - 2006 98

Tabelle 6: Kernkompetenzen für Personalmanager (Eastman Kodak Company) 105

Tabelle 7: Studienergebnisse zu den zukünftigen Herausforderungen und bedeutsamen Kompetenzen im Personalmanagement 106

Tabelle 8: Kompetenzmodell der SHRM 116

Tabelle 9: Wissens- und Kompetenzgerüst der HRCI-Zertifikate 120

Tabelle 10: Kernkompetenzen der CIPD 125

Tabelle 11: Qualifizierungsprogramme und Kompetenzstandards der CIPD 127

Tabelle 12: Kompetenzstandards des CCHRA-Zertifikats 131

Tabelle 13: Kompetenzmodell der WFPMA 137

Tabelle 14: Gegenüberstellung der Kompetenzmodelle und -standards berufsständischer Organisationen anhand ausgewählter Kriterien 140

Tabelle 15: Kompetenzstandards des ProPer Professional Programms (beispielhafte Auszüge) ... 150

Tabelle 16: Fragestellungen der ersten Studie 157

Tabelle 17: Themenbereiche und Inhalte des Interviewleitfadens 167

Tabelle 18: Transkriptionsregeln 170

Tabelle 19: Kategorienschema 175

Tabelle 20: Kodierleitfaden für die inhaltsanalytische Auswertung 176

Tabelle 21: Hauptaufgaben und Tätigkeitsbeispiele der Befragten 186

Tabelle 22: Definitionen der Kompetenzdimensionen 194

Tabelle 23: Theoretische Basis der Unterkategorien 196

Tabelle 24: Definitionen der Unterkategorien 199

Tabelle 25: Kompetenzcharakteristika und ihre Beschreibung 201

Tabelle 26: Kompetenzdimension *Kulturelle Kompetenz* mit ihren Unterkategorien und Verhaltensbeschreibungen 202

Tabelle 27: Kompetenzdimension *Personalstrategische Kompetenz* mit ihren Unterkategorien und Verhaltensbeschreibungen 204

Tabelle 28: Kompetenzdimension *Arbeitsrechtliche und Sozialpartnerschaftliche Kompetenz* mit ihren Unterkategorien und Verhaltensbeschreibungen 206

Tabellenverzeichnis

Tabelle 29: Kompetenzdimension *Beziehungsmanagement mit Externen* mit ihren Unterkategorien und Verhaltensbeschreibungen 208

Tabelle 30: Kompetenzdimension *Personalcontrolling und Wertschöpfungsmanagement* mit ihren Unterkategorien und Verhaltensbeschreibungen 210

Tabelle 31: Kompetenzdimension *Kompetenzmanagement* mit ihren Unterkategorien und Verhaltensbeschreibungen 212

Tabelle 32: Kompetenzdimension *Instrumentenmanagement* mit ihren Unterkategorien und Verhaltensbeschreibungen 214

Tabelle 33: Kompetenzdimension *Management des Wandels* mit ihren Unterkategorien und Verhaltensbeschreibungen 216

Tabelle 34: Zahlenmäßige Verteilung der Kompetenzmerkmale pro Kompetenz 218

Tabelle 35: Gegenüberstellung des ursprünglichen DGFP- und des weiterentwickelten Kompetenzmodells anhand ausgewählter Kompetenzanker 220

Tabelle 36: Gegenüberstellung des SHRM-Kompetenzmodells und des weiterentwickelten Kompetenzmodells anhand ausgewählter Kompetenzanker 222

Tabelle 37: Gegenüberstellung des WFPMA-Kompetenzmodells und des weiterentwickelten Kompetenzmodells anhand ausgewählter Kompetenzanker 223

Tabelle 38: Fragestellungen der Studie in Anlehnung an die Beurteilungskriterien zur Bestimmung der inhaltlichen Validität 253

Tabelle 39: Fragestellungen der Studie bezogen auf die Zuverlässigkeit der Expertenurteile 254

Tabelle 40: Interpretation des Pearson-Korrelationskoeffizienten 268

Tabelle 41: Führungsebene der befragten Personalmanager 275

Tabelle 42: Führungsebene/Position der befragten Wissenschaftler 279

Tabelle 43: Mittelwerte und Standardabweichungen der Bedeutsamkeitseinschätzungen für die Haupt- und Subkompetenzfelder 282

Tabelle 44: Mittelwerte und Standardabweichungen der Bedeutsamkeitseinschätzungen ausgewählter Kompetenzanker der Personalstrategischen Kompetenz 286

Tabelle 45: Mittelwerte und Standardabweichungen der Bedeutsamkeitseinschätzungen ausgewählter Kompetenzanker der Kompetenz Kompetenzmanagement 287

Tabelle 46: Mittelwerte und Standardabweichung auffälliger Kompetenzanker des Kompetenzmodells 288

Tabelle 47: Mittelwerte und Standardabweichungen für die Gesamteinschätzung des Kompetenzmodells 288

Tabelle 48: ICC für die Beurteilung der Kompetenzitems in Abhängigkeit der Beurteilergruppe ... 291

Tabelle 49: ICC für die Beurteilung des gesamten Kompetenzmodells in Abhängigkeit der Beurteilergruppe 292

Tabellenverzeichnis

Tabelle 50: Produkt-Moment-Korrelation für die Beurteilung der Kompetenzitems
in Abhängigkeit der Beurteilergruppe 293

Tabelle 51: Produkt-Moment-Korrelation für die Beurteilung des gesamten Kompetenzmodells
in Abhängigkeit der Beurteilergruppe 294

Tabelle 52: Signifikante Unterschiede in den Bedeutsamkeitseinschätzungen einzelner
Kompetenzanker zwischen den Expertengruppen 295

Tabelle 53: Mittelwerte und Standardabweichungen der Kompetenzanker 296

Tabelle 54: Mauchly-Test zur Überprüfung der Sphärizitätsannahme 297

Tabelle 55: Ergebnisse der Unterschiede zwischen den Bedeutsamkeitseinschätzungen
der Hauptkompetenzfelder mittels multivariater Tests 298

Tabelle 56: Paarweise Vergleiche der Mittelwerte der Hauptkompetenzfelder 299

Tabelle 57: Paarweise Vergleiche der Subkompetenzfelder pro Hauptkompetenz 300

Tabelle 58: Qualitative Anmerkungen der Experten 311

1. Einleitung

1.1. Allgemeine Darstellung des Hintergrundes

Die Aufgaben und Anforderungen des Personalmanagements haben sich im Zuge der wirtschaftlichen und ökologischen Veränderungen in den vergangenen Jahren stark gewandelt. Diese Transformation der Aufgaben und Anforderungen hat dazu geführt, dass sich nicht nur die Rolle von Personal gewandelt hat, sondern sich auch die Kompetenzen verändert haben, die einen erfolgreich tätigen HR-Manager definieren. In diesem Zusammenhang drängt sich die Frage auf, welches heute und zukünftig die zentralen Fähigkeiten und Fertigkeiten von Personalverantwortlichen sind, damit diese die neuen Rollen und Anforderungen, die sich im Zuge der Veränderungen etabliert haben, ausüben können? Welche Kernkompetenzen werden seitens der Beschäftigten benötigt, um die neuartigen und komplexen Anforderungen in dem Berufsfeld Personalmanagement bewältigen zu können? Und lassen sich professionelle Kompetenzstandards für „gutes Personalmanagement" und „kompetente Personalmanager" formulieren, die beschreiben, welches Wissen, welches Können und welche professionellen Überzeugungen entsprechend von den Stelleninhabern erwartet werden?

Diesen Fragen wurde bereits in einigen Studien nachgegangen, wobei der Schwerpunkt bisheriger Untersuchungen zu erfolgskritischen beruflichen Kompetenzen von HR-Managern im englischsprachigen Raum liegt. In Deutschland fand bisher keine fundierte empirische Analyse zu diesem Thema statt (Deller, Süßmair, Albrecht & Bruchmüller, 2005). In der internationalen Personalmanagementliteratur haben insbesondere die Studien um das Team von Dave Ulrich von der Michigan Universität höchste Beachtung gefunden (Ulrich, Brockbank, Yeung & Lake, 1995; Becker, Huselid & Ulrich, 2001). Unter der Leitung der beiden Professoren, Dave Ulrich und Wayne Brockbank, wurde in Zusammenarbeit mit der der *Society for Human Resource Management* (SHRM)[1] die weltweit umfangreichste und am längsten andauernde empirische Studie im Bereich des Personalmanagements durchgeführt. In der *Human Resource Competency Study (HRCS)* wurden in fünf Erhebungswellen in den vergangenen 20 Jahren über verschiedene Branchen und Länder hinweg untersucht, welche Entwicklungstrends sich in der Personalwirtschaft abzeichnen, mit welchen veränderten Aufgaben und Rollen sich Beschäftigte im Personalwesen auseinandersetzen müssen und über welche erfolgskritischen Kompetenzen Personalmanager verfügen sollten, um die zukünftigen Anforderungen zu bewältigen. Auf

---

[1] Die Society for Human Resource Management ist die größte berufsständische Organisation für Personalmanager in den USA (vgl. Kap. 5.1.).

Einleitung

Basis der empirischen Daten wurde ein Kompetenzmodell erstellt, in dem die Kompetenzen spezifiziert wurden, die einen HR Professional dazu befähigen, erfolgreich Personalarbeit zu gestalten. In Anlehnung an die aktuellen Themen und Trends in der Personalwirtschaft und die Ergebnisse der jeweiligen Erhebung hat es einige Revisionen des Kompetenzmodells gegeben.

Eine andere Studie, die in Zusammenhang mit der Identifikation von HR-Kompetenzen große Beachtung gefunden hat, ist die Untersuchung der *World Federation of People Management Associations* (WFPMA), einem Weltverband für das Personalmanagement. Die WFPMA hat unter der Leitung von Chris Brewster, Professor am Lehrstuhl für Personalmanagement an der Cranfield Universität in Großbritannien, eine weltweite Studie zu *Core Competencies* im HR-Management durchgeführt. Das Ziel lag darin, vor dem Hintergrund der Professionalisierung des Personalmanagements, eine strukturierte Zusammenstellung von erfolgskritischen Kompetenzen vorzunehmen und weltweit einheitliche Kompetenzstandards für HR Professionals zu formulieren. Es sollte damit ein Maßstab für professionelles Handeln zur Verfügung gestellt werden, an dem sich Bildungs- und Weiterbildungseinrichtungen sowie berufsständische Organisationen bezogen auf die Aus- und Weiterbildung von Personalpraktikern orientieren können (Brewster, Farndale & van Ommeren, 2000). Nur am Rande sei erwähnt, dass in den USA und in Großbritannien im Rahmen der Besetzung vakanter Positionen in Großunternehmen sogar häufig Kompetenznachweise gemäß den professionellen Standards verlangt werden (Böhm, 2002).

Weitere Bestrebungen zur Professionalisierung des Personalmanagements hat es auch in anderen Ländern seitens berufsständischer Organisationen gegeben wie beispielsweise in Kanada durch die CCHRA (Canadian Council of Human Resources Associations). Auch hier bestand das Ziel darin, das Personalmanagement zu professionalisieren und mit Hilfe der Entwicklung von Standards sicherzustellen, dass dieselben berufsspezifischen Kompetenzen übereinstimmend von Unternehmen und Institutionen anerkannt werden. Jedoch erfolgte hier die Identifizierung berufsrelevanter Fähigkeiten und Fertigkeiten in erster Linie normativ und nicht auf Basis einer empirischen Erhebung. Mit Ausnahme der beiden dargestellten Forschungsansätze aus den USA und Großbritannien finden sich in der internationalen Literatur keine weiteren fundierten empirischen Untersuchungen zur Identifizierung der relevanten Kompetenzen für das Berufsbild Personalmanagement.

Auch für den deutschen Sprachraum existieren bisher keine empirischen Studien, die sich mit der Analyse und Modellierung von erfolgsrelevanten Kompetenzen im Personalmanagement beschäftigt haben. Zwar hat sich die Deutsche Gesellschaft für

Einleitung

Personalführung (DGFP)[2] im Rahmen ihres Arbeitskreises „Die Personalfunktion der Zukunft" mit den Aufgaben und Anforderungen an das Personalmanagement der Zukunft auseinandergesetzt. Dazu kamen Experten des Personalmanagements aus der Wirtschaftspraxis mit Vertretern der Wissenschaft und der Beratungsbranche mit der Zielsetzung zusammen, professionelle Standards für gutes und erfolgreiches Personalmanagement der Zukunft aufzustellen. Die in dem Arbeitskreis erarbeiteten Kompetenzstandards wurden allerdings auf der Basis eines normativ orientierten Ansatzes entwickelt. Das beinhaltete vor allem, dass die Experten des genannten Arbeitskreises vor dem Hintergrund ihrer Kenntnisse und Einschätzungen des Berufsfeldes sich darüber ausgetauscht, diskutiert und geeinigt haben, über welche beruflichen Kompetenzen Personalverantwortliche idealerweise verfügen sollten. Auf einen empirischen Zugang, der klassischerweise zur Bestimmung und Analyse erfolgskritischer Kompetenzen herangezogen wird, und der eine Befragung von Stelleninhabern zu ihren Aufgaben sowie zu deren Bewältigung erforderlichen Kompetenzen vorsieht, wurde verzichtet.

Nun könnte man meinen, dass die Ergebnisse der im internationalen Kontext durchgeführten empirischen Studien zu den erfolgsrelevanten Kompetenzen einfach auf Deutschland übertragen werden können und es keiner gesonderten empirischen Untersuchungen bedarf. Zumindest lag der WFPMA-Studie die Zielsetzung zugrunde, professionelle Kompetenzstandards für HR-Manager zu definieren, die weltweit einheitlich sind und somit auch für Deutschland gültig sein dürften. Die Befunde lassen sich jedoch nicht ohne weiteres auf das Personalmanagement in Deutschland anwenden. Das liegt darin begründet, dass einerseits nur ein verhältnismäßig geringer Teil der Befragten aus Deutschland stammte und die Studienergebnisse daher nur bedingt Gültigkeit für das Personalmanagement in Deutschland besitzen. Andererseits haben aktuelle Untersuchungen ergeben, dass insbesondere länder- und kulturspezifische Faktoren einen bedeutenden Einfluss auf die Personalmanagementpraxis und damit auf die beruflichen Leistungsvoraussetzungen von Personalverantwortlichen in den jeweiligen Ländern haben (Brewster, Wood, Brookes & van Ommeren, 2006; Pudelko und Harzig, 2007).

Angesichts der oben dargestellten Forschungsdefizite hinsichtlich der empirischen Bestimmung von Leistungs- und Kompetenzanforderungen für das Personalmanagement im deutschsprachigen Raum haben sich die Fragestellung und Zielsetzung der vorliegenden Arbeit ergeben. Diese sollen nachfolgend dargestellt werden.

---

[2] Die DGFP ist die in Deutschland führende Fachorganisation für Personalmanagement und Personalführung, die das Ziel verfolgt, das Personalmanagement in Praxis, Forschung und Lehre gleichermaßen zu fördern und zu professionalisieren.

1.2. Fragestellung und Zielsetzung der Arbeit

Diese Arbeit beschäftigt sich mit der Frage, welche spezifischen Fähigkeiten, Fertigkeiten und professionellen Überzeugungen Personalmanager besitzen sollten, um heute und zukünftig erfolgreich in ihrem Beruf zu handeln. Dieser Fragestellung wurde in zwei Studien nachgegangen.

Das Ziel der ersten Studie bestand darin, die von der DGFP im Rahmen ihres Arbeitskreises entwickelten Kompetenzstandards für Personalmanager weiterzuentwickeln. Dabei sollten bereits existierende internationale Standards sowie zukünftig relevante Kompetenz- und Qualifikationsanforderungen im HR-Bereich berücksichtigt werden. Die Kompetenzstandards liegen einer von der DGFP angebotenen zertifizierten Qualifizierungsmaßnahme *ProPer Professional* (Professionalisierung für das Personalmanagement) zugrunde. Auf Basis der Kompetenzstandards wurden Lernziele und Lerninhalte für die Ausbildungsmodule des Qualifizierungsprogramms abgeleitet. Die Maßnahme richtet sich in erster Linie an Personalreferenten und Führungsnachwuchskräfte und zielt darauf ab, die erforderlichen Kompetenzen zu vermitteln sowie die bereits vorhandenen Fähigkeiten und Fertigkeiten weiterzuentwickeln, um Personalarbeit professionell zu gestalten.

Im Rahmen der Zielsetzung der ersten Studie stand im Vordergrund, die Inhalte des Qualifizierungsprogramms den veränderten Bedingungen und Kompetenzanforderungen im Personalmanagement anzupassen. Dabei sollten die ursprünglichen DGFP-Kompetenzstandards im Sinne eines generischen unternehmensübergreifenden Kompetenzmodells weiterentwickelt werden, das umfassend die erfolgskritischen Kompetenzen für das Berufsbild des HR-Managers abbildet. Damit sollte auf ein breites und generalisierbares Spektrum von Tätigkeiten und Funktionen im Personalmanagement sowie den damit verbundenen Anforderungen Bezug genommen werden. Das liegt darin begründet, dass das ProPer Qualifizierungsprogramm auf die Bewältigung eines weiten Aufgabenspektrums im Personalbereich vorbereiten soll und daher auf die Vermittlung einer umfassenden Bandbreite von Kompetenzen ausgerichtet ist. Zum anderen sollten die Kompetenzstandards stärker empirisch fundiert werden. Daher wurden Personalmanager mittels aufgaben- und *Critical Incident*-bezogener Fragen – in Anlehnung an das *Behavioral Event Interview* (McClelland, 1998) und die *Critical Incident Technique* (Flanagan, 1954) - zu ihren beruflich relevanten Fähigkeiten, Fertigkeiten und professionellen Einstellungen befragt. Die Befragung von Stelleninhabern mit Hilfe dieser Methode ist sinnvoll, da sie zum einen eine repräsentative und verhaltensnahe Erfassung der erfolgskritischen Kompetenzen erlaubt. Zum anderen ist davon auszugehen, dass Stelleninhaber selbst am besten Auskunft darüber geben können, welche Strategien, Fähigkeiten und Dispositionen zur effektiven

Bewältigung anspruchsvoller Arbeitsanforderungen notwendig sind. Zudem erlaubt die empirische Vorgehensweise eine differenzierte Erfassung von Kompetenzcharakteristika, die eine in der deutschen und amerikanischen Literatur häufig herangezogene Einteilung von tätigkeitsrelevanten Personenmerkmalen in sogenannte KSAs (*Knowledge, Skills, Abilities/Attitudes*) vorsieht. Ein solches Modell ermöglicht schließlich die Ableitung differenzierter Aussagen, welche konkreten Voraussetzungen und Anforderungen zur Bewältigung beruflicher Aufgaben für die mittlere Personalmanagementebene erforderlich sind und liefert Hinweise für die inhaltliche Gestaltung des ProPer Qualifizierungsprogramms.

Das Ziel der zweiten Studie bestand darin, das im Rahmen dieser Arbeit aufgestellte Kompetenzmodell durch Experten im Personalmanagement hinsichtlich seiner Güte und Qualität beurteilen zu lassen. Dies entspricht einer inhaltlichen Validierung des Kompetenzmodells. Im Rahmen der zugrunde liegenden Studie sollte der Frage nachgegangen werden, wie „gut" das aufgestellte Modell berufs- und erfolgsrelevante Kompetenzanforderungen für das Berufsbild des HR-Managers beschreibt bzw. erfasst. Dazu sollten die Experten die Bedeutsamkeit bzw. Relevanz der identifizierten Kompetenzaspekte für das Kompetenzmodell einschätzen. Dabei ging es weniger um die Einschätzung, ob das Kompetenzmodell alle denkbaren Kompetenzaspekte vollständig abbildet, sondern vielmehr darum, ob die wesentlichen erfolgsrelevanten Kompetenzfacetten eines HR-Managers berücksichtigt wurden. Zur Bestimmung der inhaltlichen Validität des Kompetenzmodells wurden ausgewählte Experten des Personalmanagements aus der Wissenschaft und der Unternehmenspraxis befragt, da sie aufgrund ihrer beruflichen Funktion und Eingebundenheit in das Thema über entsprechende Kenntnisse und Erfahrungen verfügen. Die Befragung wurde mit Hilfe eines onlinegestützten Fragebogens durchgeführt. Bisher sind keine fundierten Studien in der Forschungsliteratur bekannt, die sich mit der Validierung von im nationalen und internationalen Kontext existierenden Kompetenzmodellen bzw. Kompetenzstandards für Personalmanager beschäftigt haben.

1.3. Aufbau der Arbeit

Im folgenden Theorieteil wird zunächst der Begriff Kompetenz definiert, die zentralen Merkmale herausgestellt und von anderen Konstrukten abgegrenzt (Kap. 2). Im Kapitel 3 wird die Modellierung von Kompetenzen im Rahmen des betrieblichen Kompetenzmanagements ausführlich behandelt. Es folgen Erläuterungen zu den Anwendungsfeldern und zur Klassifikation sowie Validierung von Kompetenzmodellen. Das Kapitel 4 befasst sich mit den Aufgaben, Funktionen und Kompetenzen von

Einleitung

Personalmanagern. Dazu werden diverse Studien zu künftigen Herausforderungen im HR-Management sowie die dadurch bedingten veränderten Aufgaben und Kompetenzen von Personalern vorgestellt. Das fünfte Kapitel behandelt die Kompetenzstandards und Kompetenzmodelle internationaler Berufsverbände. Im sechsten Kapitel wird die DGFP genauer beschrieben sowie die Entwicklung und die Inhalte des ursprünglichen Kompetenzmodells erläutert. Der empirische Teil dieser Arbeit beschreibt in Kapitel 7 die Zielsetzung und die zugrunde liegenden Fragestellungen der ersten Studie. Überdies werden die Erhebungs- und Auswertungsmethode erklärt sowie die Durchführung der Studie geschildert (Kapitel 8). In Kapitel 9 erfolgt die Darstellung der Ergebnisse der ersten Studie. Dazu wird die Stichprobe charakterisiert und die Struktur des weiterentwickelten Kompetenzmodells beschrieben. Im zehnten Kapitel werden die Ergebnisse diskutiert und kritisch reflektiert. Zudem werden die Stärken und Schwächen der Studie dargelegt sowie Implikationen für die Unternehmenspraxis hergeleitet. Kapitel 11 beschreibt die Zielsetzung und Fragestellungen der zweiten Studie. Anschließend wird auch zu dieser Studie das methodische Vorgehen erläutert (Kap. 12) und es werden die Ergebnisse der Validierungsstudie (Kap. 13) dargestellt. Kapitel 14 enthält eine Zusammenfassung und Diskussion der Ergebnisse der zweiten Studie. In Kapitel 15 wird ein Fazit gezogen.

2. Kompetenz – Definition, Klassifizierung und Abgrenzung

In den vergangen Jahren und Jahrzehnten ist das Kompetenzkonzept in der Literatur häufig behandelt und kontrovers diskutiert worden. Zunächst soll anhand eines historischen Abrisses ein Überblick über die Meilensteine in der internationalen Kompetenzforschung gegeben werden, indem theoretische Ansätze und Definitionen zu Kompetenz behandelt werden. Im Anschluss werden die zentralen Merkmale von beruflichen Kompetenzen und das Kompetenzverständnis für die vorliegende Arbeit herausgestellt. Danach werden Ansätze zur Klassifizierung von Kompetenzen diskutiert sowie abschließend eine Abgrenzung zu ähnlichen Konstrukten vorgenommen.

2.1. Kompetenzbegriff und Kompetenzverständnis international

Der Kompetenzbegriff wird sowohl in der Wissenschaft als auch in der Praxis verwendet und findet sich in der nationalen und internationalen Literatur verstärkt seit den 80er Jahren des 20. Jahrhunderts (Röben, 2004). In den letzten Jahren wird der Terminus Kompetenz im Bereich des Personalmanagements und in Zusammenhang mit Weiterbildung nahezu inflationär verwendet (Erpenbeck, 1996). Es existieren in der Literatur eine Vielzahl von Definitionen zu Kompetenz (Catano, 1998; Erpenbeck & Heyse, 1999; Weinert, 1999; Bergmann, 2000; Shippmann et al., 2000; v. Rosenstiel, 2001; Heinsmann, de Hoogh, Koopman & van Muijen, 2007) und viele unterschiedliche Modelle, wie sich Kompetenzen entwickeln (Frey, 2004). Nach Ansicht von Weiß (1999) sind bisher „weder die Beschreibungsmöglichkeiten noch die theoretische Fundierung von Kompetenz" (S. 436) ausreichend geklärt. Auch Flasse und Stieler-Lorenz (2000) sind der Auffassung, dass sich der Kompetenzbegriff noch inmitten eines „wissenschaftlich geprägten Definitionsprozesses" (S. 205) befindet. Boon und van de Klink (2002) sprechen sogar von einem „fuzzy concept".

Die Kontroverse liegt zum einen in einem differenten Kompetenzverständnis im deutschen und englischsprachigen Raum begründet. Zum anderen ist sie darauf zurückzuführen, dass sich mehrere Disziplinen damit beschäftigen wie z.B. Rechtswissenschaften, Psychologie, Erziehungswissenschaften, Soziologie, Betriebswirtschaft, Arbeitswissenschaft, die unterschiedliche Perspektiven vertreten (Weinert, 1999; Shippmann et al., 2000; Meyer-Menk, 2004). Je nach wissenschaftlichem Kontext wird der Kompetenzbegriff in unterschiedlichem Zusammenhang und in unterschiedlicher Abgrenzung verwendet (Weiß, 1999). So bemerkt Zemke (1982) zu seinem Versuch, einer präzisen Kompetenzdefinition näher zu kommen:

Competency, competencies, competency models, and competency based training are Humpty Dumpty words meaning only what the definer wants them to mean. The problem comes not from malice, stupidity or marketing avarice, but instead from some basic procedural and philosophical differences among those racing to define and develop the concept and to set the model for the way the rest of us will use competencies in our day-to-day training efforts. (S. 28)

Die unterschiedlichen Kompetenzansätze und das voneinander abweichende Kompetenzverständnis haben sich in Abhängigkeit verschiedener Sprachräume entwickelt. Im angloamerikanischen Raum fokussiert die Kompetenzforschung - vornehmlich im Bereich des Personalmanagements - auf eine eignungsdiagnostische Perspektive (Sonntag & Schmidt-Rathjens, 2004). Sie beschäftigt sich mit der Identifikation personeller Leistungsvoraussetzungen anhand derer man den beruflichen Erfolg bzw. die Eignung für eine bestimmte Tätigkeit vorhersagen sowie zwischen Leistungsträgern und weniger erfolgreichen Beschäftigten differenzieren kann. Im deutschsprachigen Raum war die Forschung von Kompetenzen ursprünglich auf den Qualifikations- und Bildungsbereich ausgerichtet, wobei heute zunehmend die Belange der Personal- und Kompetenzentwicklung berücksichtigt werden. Dabei rücken die Entwicklung und das Management von beruflichen Kompetenzen statt bloßer Qualifikationen in der beruflich-betrieblichen Bildung und Weiterbildung zunehmend in den Mittelpunkt (Heyse & Erpenbeck, 2004). Ohne an dieser Stelle auf alle existierenden Forschungsansätze zu Kompetenzen im internationalen Raum eingehen zu wollen, soll nachfolgend zwischen zwei bedeutsamen Ansätzen differenziert werden, die insbesondere im Personalmanagement und in der Arbeitspsychologie als einflussreich bezeichnet werden können und sich weitgehend unabhängig voneinander entwickelt haben: der eignungsdiagnostische Ansatz in den USA, sowie der in Deutschland vorherrschende Ansatz zu beruflicher Handlungskompetenz.

2.1.1. Kompetenzforschung in den USA

Historisch gesehen geht der Ursprung der Kompetenzbewegung im HR-Bereich auf die Studie *Testing for competence rather than Intelligence* von McClelland (1973) zurück. McClelland vertrat die Auffassung, dass anhand der Ergebnisse aus klassischen Eignungs-, Wissens- und Intelligenztests keine Vorhersage über die berufliche Leistung eines Individuums getroffen werden kann, sondern vielmehr individuelle Persönlichkeitsmerkmale und Kompetenzen bei der Identifikation des Leistungsniveaus zu berücksichtigen sind. Er plädierte dafür, tätigkeitsspezifische und verhaltensorientierte Analysen der jeweils berufsrelevanten Kompetenzen einzusetzen, um damit den beruflichen Erfolg eines Mitarbeiters auf einer bestimmten Position voraussagen zu können. Die Annahme lag darin, mit Hilfe einer kompetenzorientierten Diagnostik die Übereinstimmung zwischen Testinhalten und realen beruflichen Anforderungen zu erhöhen (Klieme & Hartig, 2007). McClelland entwickelte das *Behavioral Event Interview* (BEI) mit dem Ziel, die leistungsrelevanten Anforderungsmerkmale eines Berufes zu identifizieren. Das BEI basiert auf der Methode, dass Stelleninhaber, die sich in ihren Leistungen hinreichend voneinander unterscheiden *(Top-* und *Medium-Performer)* jeweils drei Arbeitssituationen schildern, in denen ihr Verhalten zum Erfolg bzw. Nichterfolg geführt hat. Über eine Analyse und einen Vergleich der Interviewaussagen von erfolgreichen und weniger erfolgreichen Probanden lassen sich dann erfolgskritische Kompetenzen als Cluster von Merkmalen identifizieren. Inhaltlich betrachtet stellen Kompetenzen nach McClelland (1973) die für eine spezifische Tätigkeit notwendigen Voraussetzungen dar, so dass letztlich alle Aspekte unter Kompetenz gefasst werden können, die der Vorhersage der Aufgabenbewältigung in Leistungssituationen dienen: „Some of these competencies may be rather traditional cognitive ones involving reading, writing, and calculating skills. Others should be involve what traditionally have been personality variabls, although they might be better be considered competencies" (S. 10). Einer detaillierten konzeptuellen und theoretischen Begriffserläuterung bleibt McClelland allerdings genauso schuldig (Klieme & Hartig, 2007) wie einem empirischen Nachweise für seine Kritik an der traditionellen kognitiven Leistungsdiagnostik (Barrett & Depinet, 1991).

Boyatzis bezeichnet wie McClelland jegliche Eigenschaften oder Merkmale eines Individuums als Kompetenzen, die zu erfolgreicher beruflicher Leistung beitragen. Nach dem von ihm entwickelten *Model of effective job performance* ist die Arbeitsleistung eines Beschäftigten davon abhängig, ob und inwieweit die Anforderungen der beruflichen Aufgaben, die Umgebungsbedingungen der jeweiligen Organisation und die Kompetenzen des Individuums miteinander übereinstimmen. Nach Boyatzis sind Kompetenzen zwar eine für den beruflichen Erfolg notwendige, aber keine hinreichende Bedingung. Auf eine genaue Beschreibung, wie sich die Beziehung zwischen Kompetenz und Leistung konkret gestaltet, verzichtet er. Daher lässt sein theoretischer Ansatz Raum für Spekulationen hinsichtlich der konkreten Anwendung im Berufskontext (Catano, 1998). In seinem Kompetenzmodell für Führungskräfte nimmt Boyatzis eine Einteilung der Kompetenz in eine Oberflächen- und eine Tiefenstruktur vor (vgl. Tab. 1). Dabei bezieht sich die *Oberflächenstruktur* auf eine Unterteilung der Führungskompetenz in fünf verschiedene Kompetenzbereiche, unter die 19 Subkompetenzen sortiert sind. Als *Tiefenstruktur* bezeichnet er die einer Kompetenz jeweils zugrunde liegenden Merkmale.

Tabelle 1: Kompetenzmodell für Führungskräfte nach Boyatzis (1982)

Oberflächenstruktur (fünf Kompetenzbereiche unter die 19 Subkompetenzen sortiert sind)
• Goal and Action management (z.B. Effizienzorientierung) • Leadership (z.B. Selbstvertrauen, logisches Denken) • Human Resource Management (z.B. Anerkennung) • Direction Subordinates (z.B. Weiterentwicklung anderer) • Focus on Others (z.B. enge Beziehungen pflegen)
Tiefenstruktur (Kompetenzen zugrunde liegende Merkmale, die sich auf verschiedenen Ebenen widerspiegeln)
• Motives (Motive) • Traits (Persönlichkeit) • Skills (Fähigkeiten) • Self-image (Selbstbild) • Social Role (soziale Rolle) • Knowledge (Wissen)

Identisch zu Boyatzis (1982) formulieren auch Spencer und Spencer (1993) in ihrem Werk *Competence at work* eine Tiefenstruktur von Kompetenzen und liefern eine sehr umfassende Kompetenzdefinition:

> A competency is an underlying characteristic of an individual that is causally related to criterion-referenced effective and/or superior performance in a job or situation.
>
> *Underlying characteristics* means the competency is a fairly deep and enduring part of a person´s personality and can predict behaviour in a wide variety of situations and job tasks.
>
> *Causally related* means that a competency causes or predicts behaviour and performance.
>
> *Criterion-references* means that the competency actually predicts who does something well or poorly, as measured on a specific criterion or standard. (S. 9)

Für die Autoren beschreiben Kompetenzen individuelle Charakteristika, die zuverlässig gemessen werden können und anhand derer signifikant zwischen effektiven und ineffektiven bzw. zwischen überdurchschnittlichen und durchschnittlichen Leistungsträgern unterschieden werden kann. Es werden fünf Variablen als Bestandteile von Kompetenzen genannt: *Motives, Traits, Self-concept, Knowledge, Skill* (vgl. Tab. 2).

Tabelle 2: Kompetenzmerkmale und ihre Definition nach Spencer & Spencer (1993)

Kompetenzmerkmal	Definition
Motives	Gedanken und Wünsche einer Person, die ein zielgerichtetes Verhalten antreiben und zu konkreten Handlungen führen (z.B. Leistungsmotivation)
Traits	physische Merkmale und konsistente Reaktionen auf Situationen und Informationen (z.B. schnelle Reaktionsfähigkeit, gutes Augenlicht)
Self-concept	Einstellungen, Werte oder Selbstbewusstsein einer Person (z.B. Selbstvertrauen)
Knowledge	Wissen einer Person in spezifischen Domänen (z.B. medizinisches Fachwissen)
Skill	Fähigkeit, eine bestimmte physikalische oder mentale Aufgabe zu bewältigen (z.B. Programmierfähigkeiten)

Spencer und Spencer (1993) differenzieren zwischen relativ oberflächlichen, sichtbaren und veränderbaren Charakteristika einer Person (*Knowledge, Skill*), die leicht weiterzuentwickeln sind, und unsichtbaren, überdauernden Personenmerkmalen (*Trait, Motive, Self-concept*), deren Beurteilung und Entwicklung schwieriger ist (Abb. 1).

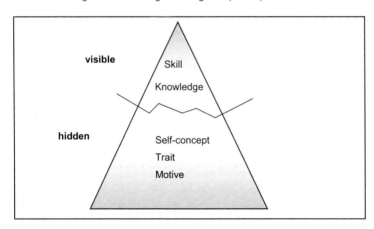

Abbildung 1: Iceberg-Modell nach Spencer & Spencer (1993)

Gemäß der oben zitierten Kompetenzdefinition sind unter *underlying characteristics of an individual* dauerhafte und tiefliegende Merkmale der Persönlichkeit zu verstehen, die als Prädiktoren in vielfältigen Situationen und Berufsaufgaben das Verhalten und die Leistung einer Person vorhersagen können. Folgt man dieser Annahme, so lassen sich Kompetenzen nicht mehr stringent von Persönlichkeitseigenschaften (traits) abgrenzen, die als „relativ breite und zeitlich stabile Dispositionen, die konsistent in verschiedenen Situationen auftreten" verstanden werden (Amelang & Bartussek, 1997, S. 49). Nicht ganz eindeutig wird in den Erläuterungen, weshalb die Autoren unter *underlying characteristics* zunächst fünf Kompetenzelemente sortieren und zusätzlich zu stabilen Merkmalen wie Motiven, Eigenschaften und dem Selbstkonzept einer Person auf einen bestimmten Bereich bezogenes Wissen und mit einer spezifischen Aufgabe verknüpfte Fähigkeiten als Kompetenzvariablen aufführen. Die beiden letztgenannten Aspekte können als weniger überdauernd bezeichnet werden und beziehen sich vielmehr auf konkrete Anforderungssituationen. Letztlich machen die Autoren selbst in ihren Ausführungen deutlich, dass *Skill* und *Knowledge* als veränderbare Kompetenzcharakteristika bezeichnet werden können.

Auch wenn die definitorische Abgrenzung von tieferliegenden und oberflächlichen Kompetenzmerkmalen nicht ganz eindeutig zu sein scheint, gilt das Werk *Competence at Work* von Spencer & Spencer (1993) als entscheidender Beitrag zum betrieblichen Kompetenzmanagement (Grote, Kauffeld, Denison & Frieling, 2006b). Sie stellen darin Beispiele und Vorgehensweisen zur Entwicklung von Kompetenzmodellen sowie Empfehlungen für Personalverantwortliche bereit. Dabei folgten sie der Methode von McClelland und entwickelten generische Kompetenzmodelle für unterschiedliche Berufsgruppen wie beispielsweise technische Fachkräfte, Vertriebsmitarbeiter, Manager und Unternehmer.

Ende der 90er Jahre gewannen im angloamerikanischen Sprachraum Ansätze eines kompetenzbasierten Human Resources Managements erheblich an Bedeutung, die sich insbesondere mit den Themen Führung, Personalauswahl, Mitarbeiterbindung sowie Entlohnung beschäftigten (Athey & Orth, 1999; Allbredge & Nilan, 2000; Rodriguez, Patel, Bright, Gregory & Gowing, 2002; Dubois & Rothwell, 2004). Dabei wurde auf eine breitere Sichtweise von Kompetenzen fokussiert, die nicht nur auf die Personenebene beschränkt war, sondern auch die Gestaltungskomponenten von Organisationen mit einbezog (Sonntag & Schmidt-Rathjens, 2004; Delamare Le Deist & Winterton, 2005). Neben individuellen Kompetenzmerkmalen spielten sogenannte Kernkompetenzen *Core Competencies* (Hamel & Prahalad, 1994) bei der Entwicklung von Kompetenzmodellen eine Rolle (Holton & Lynham, 2000; Collins, Lowe & Arnett, 2000), die als Voraussetzung für eine erfolgreiche Unternehmensstrategie und deren Vorhandsein als ein Wettbewerbsvorteil gegenüber anderen Unternehmen betrachtet werden. Andere Autoren gingen in ihren Arbeiten den Fragen des betrieblichen Kompetenzmanagements (Lucia & Lepsinger, 1999; Briscoe & Hall,

1999), der Entwicklung von unternehmensbezogenen und –übergreifenden Kompetenzmodellen (Kurz & Bartram, 2002) sowie deren Umsetzung in die Praxis nach (vgl. Kap. 3 für eine ausführliche Darstellung von Ansätzen zum Kompetenzmanagement und zur Kompetenzmodellierung).

Einen zusätzlichen Forschungsstrang neben den beschriebenen Kompetenzansätzen stellen Beiträge zur Arbeitsanalyse dar, die als Basis für Entscheidungen im Rahmen der Personalauswahl herangezogen wurden (Sonntag & Schmidt-Rathjens, 2004). Diese Ansätze beschäftigten sich mit den Arbeitsanforderungen und den damit verbundenen Leistungsvoraussetzungen von Individuen, die für die erfolgreiche Aufgabenbewältigung benötigt werden. In diesem Zusammenhang sind besonders die Studien der Gruppe um Fleishman (Fleishman & Reilly, 1992) zu erwähnen, die in Anlehnung an zuvor ermittelte Arbeitsanforderungen detaillierte Eigenschaftslisten zusammengetragen haben, die für die Bewältigung bestimmter Aufgaben relevante Personenmerkmale beschreiben. Zu diesem Thema haben Shippmann et al. (2000) in einer Studie die Frage aufgegriffen, inwieweit sich Arbeitsanalyseverfahren von Methoden unterscheiden, die zur Identifikation bzw. Modellierung von Kompetenzen herangezogen werden und welche Gemeinsamkeiten sie aufweisen. Eine von HR-Experten gebildete *Job Analysis and Competency Modeling Task Force* (JACMTF) hat beide Verfahren anhand festgelegter Kriterien bewertet und miteinander vergleichen mit dem Ergebnis, dass beide Methoden mit bestimmten Vor- und Nachteilen verbunden sind (vgl. Kap. 3.4.4 für eine ausführliche Darstellung der Ergebnisse).

Bis heute konzentriert sich die angloamerikanische Forschungsliteratur in erster Linie auf die Bestimmung individueller berufsrelevanter Kompetenzen, die die Leistung in bestimmten Berufen vor allem im Führungs- und Managementbereich vorher sagen. Darüber hinaus widmet sich die aktuelle Forschung der Identifikation von Kernkompetenzen, die für mehrere Berufsgruppen (*Job Families*) im Unternehmen gelten und in dessen Rahmen Organisationsziele und –strategien mit einbezogen werden (Sparrow, 1995; Shippmann et al., 2000; Sonntag, 2007).

Insgesamt lässt sich feststellen, dass im angloamerikanischen Raum Kompetenzen häufig als Eignungsmerkmale betrachtet werden, die situationsübergreifende und zeitlich relativ konstante Leistungsvoraussetzungen beschreiben und die zur Bewältigung beruflicher Anforderungen erforderlich sind (Kauffeld, 2006; Sonntag, 2007). Dabei ist die Aufteilung individueller Leistungsdispositionen in sogenannte *KSAOs* (*Knowledge, Skills, Abilities and Other Characteristics*) relativ üblich (Sonntag & Schmidt-Rathjens, 2004), die beobachtbar und messbar sind und anhand derer zwischen Leistungsträgern und durchschnittlich beruflich erfolgreichen Beschäftigten differenziert werden kann (Catano, 1998).

2.1.2. Kompetenzforschung in Deutschland

In *Deutschland* hat sich die Kompetenzforschung relativ unabhängig vom englischsprachigen Raum entwickelt, wobei der Ursprung in der Berufs- und Bildungsforschung lag. Bereits frühzeitig beschäftigte man sich in Deutschland mit dem Erwerb beruflich relevanter Kenntnisse und Fertigkeiten. In den 80er Jahren wurde das Konzept der *Schlüsselqualifikation* eingeführt, welches insbesondere überfachliche Fähigkeiten wie Kooperationsbereitschaft, Flexibilität und Problemlösefähigkeit betonte. Während *Qualifikationen* jedoch allgemeinhin als die Fähigkeit und der zertifizierte Nachweis zur Aneignung konkreter berufsbezogener Lerninhalte verstanden werden, sind Kompetenzen ganzheitlicher und beziehen sich auf komplexe Anforderungs- und Handlungssituationen. Weinert (1999) definiert Schlüsselkompetenzen als stabile kognitive, soziale und methodische Fähigkeiten, die über verschiedene Organisationen, Situationen, Aufgaben und Anforderungen hinweg effektiv eingesetzt werden können wie beispielsweise sprachliche oder methodische Kompetenzen. Es wird also deutlich, das schon vorzeitig mit dem Begriff Schlüsselqualifikationen weniger fachliche sondern vielmehr allgemeine, bereichsübergreifende Fähigkeiten gemeint waren, die die Kompetenz zur Adaption und zum Transfer beruflichen Wissens und Handelns beschreiben. Die Einteilung von Schlüsselqualifikationen in die drei Bereiche Selbst-, Sach- und Sozialkompetenz, wobei Sachkompetenz gelegentlich auch in Fach- und Methodenkompetenz ausdifferenziert wird, gilt als einflussreich und bis heute maßgeblich für die Kompetenzdiskussion in der Berufspädagogik (Arends, 2006). Diese drei Kompetenzbereiche sind ursprünglich durch Roth (1971) geprägt worden. Roth (1971) definiert Kompetenzen als a) Selbstkompetenz, d.h. als Fähigkeit, für sich selbstverantwortlich zu handeln, b) Sachkompetenz, d.h. als Fähigkeit, für Sachbereiche urteils- und handlungsfähig und damit zuständig sein zu können, und c) Sozialkompetenz, d.h. als Fähigkeit für sozial, gesellschaftlich und politische relevante Sach- oder Sozialbereiche urteils- und handlungsfähig und ebenfalls zuständig sein zu können.

Nach dieser sehr breiten Begriffsdefinition werden Kompetenzen als individuelle Fähigkeitsdispositionen für Handeln und Urteilen verstanden. Dabei wird nicht nur auf kognitive Leistungsdispositionen Bezug genommen, sondern auch auf eine den affektiv-motivationalen Bereich einschließende Handlungsfähigkeit. Die von Roth vorgeschlagene Kompetenztrias – vermittelt durch Weinert (1999) - hat die internationale Diskussion um *Key Competencies* und schließlich auch das Erhebungsprogramm für Schulleistungsstudien wie

PISA beeinflusst (Klieme & Hartig, 2007). So werden in dem Projektabschlussbericht der OECD (2005) mit dem Titel *Definition and Selection of Competencies (DeSeCo)* in Anlehnung an die Kompetenzbereiche drei Kategorien von Schlüsselqualifikationen genannt, die für die individuelle, soziale und berufliche Handlungsfähigkeit relevant sind: *Acting Autonomously, Using Tools Interactively, Functioning in Socially Heterogeneous Groups.*

Zu Beginn der 90er Jahre wurde vom Bundesministerium für Bildung und Forschung das Projekt QUEM (*Qualifikations-Entwicklungs-Management*) initiiert und bis 2007 gefördert, mit dem Ziel, die Forschung rund um die Themen Kompetenz und Kompetenzentwicklung zu intensivieren. Der Träger des Projektes war die Arbeitsgemeinschaft für berufliche Bildungsforschung e.V. (ABWF), ein Zusammenschluss von Wissenschaftlern, die den wissenschaftlichen Dialog zur beruflichen Kompetenzentwicklung fördern und die Durchführung von Forschungsprojekten unterstützen wollten. In zahlreichen Veröffentlichungen des Projekts QUEM wurden verschiedene Grundsatzfragen zur betrieblichen Kompetenzentwicklung bearbeitet. In den Schriftenreihen *edition QUEM, QUEM-report, QUEM-Bulletin, Kompetenzentwicklung* usw. sind wissenschaftstheoretische Studien, Forschungsansätze und Ergebnisse von Projektarbeiten zur Entwicklung beruflicher Kompetenzen, zur berufsbezogenen Weiterbildung und zum Lernen im Arbeitsprozess beschrieben und dokumentiert.

Mitte bis Ende der 90er Jahre gewann das Konzept der *Handlungskompetenz* in der deutschen Kompetenzforschung zunehmend an Bedeutung. Dabei liegen diesem Konzept ein kognitionspsychologisches und handlungstheoretisches Kompetenzverständnis ebenso zugrunde wie psychologische Ansätze, die motivationale, soziale und emotionale Aspekte menschlichen Handelns in Arbeitssituationen einbeziehen. So können nach einer Begriffsdefinition von Weinert (2001) kognitive Fähigkeiten und Fertigkeiten nicht allein, sondern erst in Verknüpfung mit anderen Dispositionen als Handlungskompetenzen bezeichnet werden. Das bedeutet, dass Handlungskompetenzen „neben kognitiven auch soziale, motivationale, volitionale und oft moralische Kompetenzen enthalten und es erlauben, erworbene Kenntnisse und Fertigkeiten in sehr unterschiedlichen Lebenssituationen erfolgreich, aber auch verantwortlich zu nutzen" (Weinert, 2001, S. 28). Während sich Weinert bei seiner Definition auf die motivationspsychologische Begründung des Kompetenzbegriffs nach White (1959) beruft und Motivation als Bestandteil von Handlungskompetenz definiert, so wird die Verknüpfung von Motivation und Kognition bei anderen Definitionen weniger deutlich herausgestellt. So umfassen Handlungskompetenzen nach Aebli (1980) ein zur Verfügung stehendes Repertoire an Handlungsschemata zur Bewältigung von Problemsituationen, wobei für eine Umsetzung in reales Handeln motivationale und volitionale Prozesse notwendig sind. In der Diskussion um die Begriffsbestimmung von Handlungskompetenz und deren zentrale Komponenten stellen sich Klieme & Hartig (2007) allerdings nicht nur die Frage, welche Dispositionen (kognitive, metakognitive, motivationale, volitionale und/oder soziale) in der Definition Eingang finden. Vielmehr geht es darum, welche mentalen Bedingungen und psychischen Prozesse den erfolgreichen Handlungen zugrunde liegen und die erfolgreiche Bewältigung der Anforderung erlauben. In Abhängigkeit der jeweiligen Handlungsdomäne sind unterschiedliche psychologische Konstrukte heranzuziehen. Nach einer eher kognitionspsychologisch orientierten Auffassung kann Kompetenz „als die Verbindung von Wissen und Können in der Bewältigung von Handlungsanforderungen" verstanden werden, in dem Sinne, dass sich im kompetenten Handeln „deklaratives Wissen, prozedurales Wissen und Fertigkeiten, Einstellungen (*Beliefs*) sowie Regulationskomponenten (z.B. metakognitive Strategien) verknüpfen" (Klieme & Hartig, 2007, S. 19).

Das Konzept der *beruflichen Handlungskompetenz* schließt an das allgemeine Konzept der Handlungskompetenz an. Es geht von einer ganzheitlichen Betrachtungsweise menschlicher Arbeitstätigkeit in einem sozialen Kontext aus und, dass das Individuum zum selbständigen Handeln in komplexen beruflichen Anforderungssituationen befähigt wird (Sonntag & Schaper, 2006). Eine äußerst umfassende und recht prägnante Kompetenzdefinition beruflicher Handlungskompetenz liefern Grote, Kauffeld, Denison und Frieling (2006b). Gemäß den Autoren umfassen berufliche Handlungskompetenzen „alle Fähigkeiten, Fertigkeiten, Denkmethoden und Wissensbestände des Menschen, die ihn bei der Bewältigung konkreter sowohl vertrauter als auch neuartiger Arbeitsaufgaben selbstorganisiert, aufgabengemäß, zielgerichtet, situationsbedingt und verantwortungsbewusst – oft in Kooperation mit anderen – handlungs- und reaktionsfähig machen und sich in der erfolgreichen Bewältigung konkreter Arbeitsanforderungen zeigen" (S.26).

Demnach ist der Kompetenzbegriff im beruflichen Kontext in einem ganzheitlichen Sinne zu verstehen und bezieht nicht nur die fachlich funktionalen sondern auch die sozialen, emotionalen und motivationalen Aspekte des Arbeitshandelns mit ein (Sonntag & Schaper, 2006). Das bedeutet, dass Kompetenzen multimodal sind und neben kognitiven Aspekten (z.B. Wissen, Können, Fertigkeiten) weitere Kompetenzaspekte (z.B. Motivation, Volition) einschließen. Sie stellen menschliche Leistungsvoraussetzungen zur erfolgreichen Bewältigung komplexer beruflicher Situationen und Problemlösungen dar, womit im Konzept beruflicher Handlungskompetenz dem Erfolgsaspekt eine zentrale Bedeutung zugeschrieben wird. Darüber hinaus sind Kompetenzen situationsabhängig, also geknüpft an die Handlungsanforderungen in einem bestimmten Leistungsbereich und an die aktuellen

Bedingungen der Umsetzung. So kommen Kompetenzen erst im Handlungsprozess zum Ausdruck (Sonnentag, 2003) und zeigen sich im Berufsalltag in der konkreten Anwendung in Form kontextgebundener, beobachtbarer Verhaltensweisen. Darüber hinaus werden Lern- und Entwicklungsprozesse angesprochen: Kompetenzen entwickeln sich in Handlungszusammenhängen und sozialen Kontexten in dem Sinne, dass in neuartigen und komplexen Situationen selbstorganisiert Wissen und Fähigkeiten angeeignet werden um die Handlungsanforderungen zu bewältigen. Hinsichtlich einer Klassifizierung und Operationalisierung beruflicher Handlungskompetenz hat sich in der Arbeitspsychologie eine Einteilung in die Bereiche Fachkompetenz, Methodenkompetenz, Sozialkompetenz und Personal- oder Selbstkompetenz weitgehend durchgesetzt und faktorenanalytisch bestätigt (Sonntag & Schäfer-Rauser, 1993). Im Gegensatz zu den bisher zitierten Definitionen im angloamerikanischen Raum scheint das Kompetenzverständnis von Grote et al. (2006b) für die Anwendung des Kompetenzkonzeptes in der beruflichen Praxis eher geeignet. So werden neben den geistigen, physischen, kommunikativen und reflexiven Verhaltensweisen bzw. Aspekten auch situationsbezogene Faktoren berücksichtigt und der Bezug zur Arbeitsleistung als Ergebnis kompetenten Handelns hergestellt. Im Hinblick auf die vorliegende Arbeit stellt diese Begriffsbestimmung eine geeignete und tragfähige definitorische Grundlage dar, da sie ein breites Spektrum von individuellen Kompetenzmerkmalen umfasst, die für eine erfolgreiche Tätigkeit im Personalmanagement relevant sind.

In der aktuellen deutschsprachigen Literatur steht das *Prinzip der Selbstorganisation* im Vordergrund. Erpenbeck & v. Rosenstiel (2003) bezeichnen Kompetenzen als Selbstorganisationsdispositionen physischen und psychischen Handelns, wobei unter Dispositionen die bis zu einem bestimmten Handlungszeitpunkt entwickelten inneren Voraussetzungen zur Regulation der Tätigkeit verstanden werden. Damit umfassen Dispositionen nicht nur individuelle Anlagen sondern auch Entwicklungsresultate. Kompetenzen sind folglich eindeutig handlungszentriert und primär auf divergent selbstorganisative Handlungssituationen bezogen. Nach dieser Definition werden Kompetenzen als menschliche Fähigkeit charakterisiert, in komplexen und dynamischen Situationen selbstorganisiert zu denken und zu handeln, d.h. eine intendierte Handlung auf Basis von Wissen, Erfahrungen und Expertise sowie sozial-kooperativer Möglichkeiten zielgerichtet umzusetzen (Sonntag & Schmidt-Rathjens, 2004). Damit ist gemeint, dass das Individuum sich eigenständig Ziele steckt, Pläne macht, den Einsatz verschiedener Strategien und Maßnahmen zur ihrer Realisierung testet und aus den dabei entstehenden Erfahrungen lernt (Bergmann, 1999). Im Zentrum der Definition steht also das Individuum mit seiner Fähigkeit, seine Beziehungen sowohl zur Umwelt als auch zu sich selbst zu regulieren. Dabei sind Kompetenzen nicht direkt prüfbar, sondern nur durch die tatsächliche Performanz, d.h. durch die Anwendung der Kompetenz bzw. durch das Handeln für einen außen stehenden Beobachter sichtbar. Gleichwohl werden unter Dispositionen nicht nur individuelle Anlagen verstanden, sondern auch Entwicklungsresultate. Das impliziert, dass im Arbeitsprozess oder Handlungsvollzug gelernt wird. Dabei wird eigenes Wissen und Können aktualisiert bzw. angeeignet sowie das persönliche Handeln im Hinblick auf ein Ziel selbst reguliert, was sich im zeitlichen Verlauf bis hin zur Expertise entwickeln kann (Sonntag, 1996).

Ein entscheidender Unterschied zu anderen Konstrukten wie Qualifikationen, Wissen und Fähigkeiten wird zum einen daran festgemacht, dass die Selbstorganisationsfähigkeit des konkreten Individuums zur Sprache gebracht wird (Erpenbeck & Heyse, 1999). In diesem Zusammenhang merkt Bergmann (1999) an, dass die Spezifik von Kompetenzen - im Gegensatz zu Qualifikationen, die die Aneignung von in einem Curriculum festgeschriebenen Lerninhalten bezeichnen - darin liegt, dass sie durch selbstorganisierte Lernprozesse entwickelt werden. Zum anderen unterscheiden sich Qualifikationen von Kompetenzen darin, dass jene direkt prüfbar sind und sich in zertifizierbaren Ergebnissen widerspiegeln. Hier lassen sich Parallelen zu den Annahmen von McClelland erkennen, dass sich nämlich Kompetenzen nicht vollständig durch klassische Eignungs-, Wissens- und Intelligenztests erfassen lassen. Sie zeigen sich insbesondere dann, wenn es um die Bewältigung neuartiger und nicht routinierter Anforderungen geht und überraschende Lösungen in bisher fremden Kontexten gefunden werden. Mit dieser Ansicht unterscheiden sich Erpenbeck und v. Rosenstiel (2003) insofern von den Ansätzen im angloamerikanischen Bereich, als dass sie bei ihrem Kompetenzbegriff weniger die Leistungsresultate als zentralen Aspekt betrachten, sondern eher die Dispositionen, entsprechende Leistungen hervorzubringen.

Bis heute existieren auch unabhängig vom Sprachraum in der Forschungsliteratur vielfältige Kompetenzansätze mit divergierenden Zielsetzungen und vagen Kompetenzdefinitionen (Sonntag & Schmidt-Rathjens, 2004). Um für ein eindeutigeres Kompetenzverständnis beruflicher Kompetenzen zu sorgen, sollen nachfolgend einige Ansätze zur Klassifikation vorgestellt werden.

2.2. Klassifikation von beruflichen Kompetenzen

Neben der Vielfalt an Kompetenzdefinitionen werden in der Literatur auch unterschiedliche Klassifizierungsansätze von Kompetenzen diskutiert. Dabei unterscheiden sich die existierenden Ansätze zur Klassifikation von Kompetenzen hinsichtlich der jeweils herangezogenen Systematisierungskriterien (Rasche, 2004). An dieser Stelle werden lediglich einige ausgewählte vorgestellt, die dazu beitragen sollen, die Komplexität des Kompetenzkonzeptes zu reduzieren und damit eine tragfähige Grundlage für das in dieser Arbeit zugrunde gelegte Kompetenzverständnis bereit zu stellen.

2.2.1. Fach-, Methoden-, Sozial- und Selbstkompetenz

Im *deutschsprachigen Raum* – insbesondere in der Praxis und Qualifikationsforschung - hat sich die Klassifikation von Kompetenzen in die vier Kompetenzbereiche Fach-, Methoden-, Sozial- und Selbst-/Personalkompetenz weitgehend durchgesetzt (Schaper & Sonntag, 1999; Gairing, 1999; Sonntag & Schmidt-Rathjens, 2004; Erpenbeck & Heyse, 2007). Was unter den einzelnen Kompetenzklassen zu verstehen ist, variiert in Abhängigkeit der theoretischen Ansätze und der praktischen Bedarfe (Grote et al., 2006b). In Tabelle 3 sind beispielhaft für das Konzept der beruflichen Handlungskompetenz die spezifischen Definitionen für die Fach-, Methoden-, Sozial und Selbstkompetenz dargestellt.

Tabelle 3: Berufliche Handlungskompetenz und ihre Differenzierung in Fach-, Methoden-, Sozial- und Selbstkompetenz

Kompetenz	Definition
Fachkompetenz	▪ umfasst organisations-, prozess-, aufgaben- und arbeitsplatzspezifische berufliche Fertigkeiten und Kenntnisse sowie die Fähigkeit, organisationales Wissen sinnorientiert einzuordnen und zu verwerten, Probleme zu identifizieren und Lösungen zu generieren.
Methodenkompetenz	▪ ergibt sich aus situationsübergreifend und flexibel einzusetzenden kognitiven Fähigkeiten, die zum Beispiel zur Problemstrukturierung oder Entscheidungsfindung eingesetzt werden.
Sozialkompetenz	▪ ist die Fähigkeit, in sozialen Interaktionssituationen kommunikativ und kooperativ selbstorganisiert zu handeln, um Ziele und Pläne erfolgreich zu entwickeln und zu realisieren.
Selbstkompetenz	▪ bedeutet, sich selbst einschätzen zu können und Bedingungen zu schaffen, um sich im Rahmen der Arbeit zu entwickeln. Diese Kompetenz zeigt sich in der Offenheit für Veränderungen, dem Interesse, aktiv zu gestalten und mitzuwirken sowie der Eigeninitiative, sich Situationen und Möglichkeiten zu schaffen.

Eine Einteilung in die abgebildeten vier Bereiche ist insofern künstlich, als dass bei der Bewältigung konkreter Aufgaben die einzelnen Kompetenzfacetten unterschiedlich stark beansprucht werden und miteinander verknüpft sind. Allerdings dient diese Strukturierungshilfe der Zuordnung und Operationalisierung von Kompetenzen (Sonntag, 1996).

Einige Ansätze im deutschsprachigen Raum nehmen auf ein recht eindimensionales Kompetenzverständnis Bezug, wenn sie beispielsweise Kompetenzen als ausschließlich intellektuelle Fähigkeiten im Sinne eines generellen dispositionalen, psychologischen Konstrukts behandeln oder ausschließlich motivationale Aspekte berücksichtigen. Umfassender und treffender sind solche Ansätze, die Kompetenzen als Kombination psychologischer Merkmale wie Kognition, Motivation, Volition und unterschiedlicher Facetten wie sozial, selbst, fachlich und methodisch betrachten. Es sprechen verschiedene Gründe für eine komplexere Kompetenzperspektive: Zum einen hängt die Entwicklung von Kompetenzen nicht einzig von kognitiven Fähigkeiten ab, sondern auch davon, ob dem Individuum durch die Umwelt Lern- und Entwicklungsmöglichkeiten zur Verfügung gestellt werden und die Bereitschaft bzw. Motivation vorhanden ist, diese zu nutzen (Ericsson, Trampe & Tesch-Römer, 1993). Zum anderen können durch die häufige Nutzung von Lernmöglichkeiten in verschiedenen Situationen Erfahrungen gesammelt werden, die das Lösen von Problemen in vertrauten und weniger vertrauten Kontexten erleichtern. Das bedeutet, dass bei der Zusammensetzung und Klassifizierung von Kompetenzen neben kognitiven und wissensbezogenen Attributen auch auf die Selbstwirksamkeit und auf das Selbstkonzept bezogene Merkmale sowie methodische Kompetenzaspekte einbezogen werden sollten.

2.2.2. Mehrdimensionale Kompetenztypologie

Im *französischen Sprachraum* schlagen Delamare Le Deist und Winterton (2005) eine mehrdimensionale Kompetenztypologie vor. Nach diesem Kompetenzverständnis sind die drei Kompetenzfacetten *Cognitive, Functional* und *Social* als gleichwertig zu bezeichnen und deren Differenzierung mit dem in den USA vorherrschenden und bereits diskutierten KSA-Ansatz vergleichbar. Metakompetenzen können als übergeordnete Fähigkeiten und Fertigkeiten betrachtet werden, die den Erwerb weiterer Kompetenzen (z.B. Lernen zu lernen) erleichtern. Trotz dieser eher analytischen Unterscheidung von Kompetenzdimensionen scheint das alleinige Vorhandensein der voneinander unabhängigen Kompetenzen zur erfolgreichen Bewältigung der beruflichen Anforderungen nicht auszureichen. Vielmehr gehen die Autoren von einer multidimensionalen Betrachtungsweise aus, bei der die einzelnen Kompetenzfacetten in der beruflichen Praxis nicht voneinander getrennt sind, sondern eine Einheit repräsentieren. Diese Kompetenztypologie lässt sich in Form eines Tetraeders (Abb. 2) visualisieren, in dem Metakompetenzen als allumfassende Basiskompetenzen (am Boden des Tetraeders) verstanden werden, die den Erwerb anderer grundlegender Kompetenzen unterstützen. Die praktischen Kompetenzen befinden sich an den Seitenflächen des Tetraeders und zeigen sich in einer Kombination aus kognitiven, funktionalen und sozialen Kompetenzelementen, deren Anteile unterschiedlich stark zum Einsatz kommen.

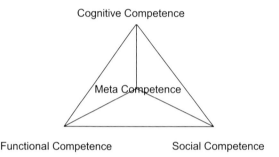

Abbildung 2: Kompetenzmodell (nach Delamare Le Deist & Winterton, 2005)

Die Auffassung von Kompetenzen im Sinne eines mehrdimensionalen Konstrukts scheint sinnvoll, um eine einseitige Betrachtung von Kompetenzen zu verhindern und ein umfassenderes Verständnis zu entwickeln. Im Grunde ist die geschilderte Kategorisierung vergleichbar mit der in der deutschsprachigen Literatur üblichen Differenzierung von Kompetenzen. Dabei können die Methodenkompetenzen im deutschsprachigen Ansatz ähnlich wie die Metakompetenzen nach Delamare Le Deist und Winterton (2005) als übergreifende Fähigkeiten betrachtet werden, die situationsunabhängig und flexibel eingesetzt werden können. Auch ist beiden Kategorisierungsansätzen gemeinsam, dass die einzelnen Kompetenzfacetten bei der Bewältigung konkreter Aufgaben miteinander verknüpft und jeweils unterschiedlich stark beansprucht werden.

2.2.3. Treshold und Differentiating Competencies

Im *englischsprachigen Raum* ziehen Spencer und Spencer (1993) sowie Lado, Boyd und Wright (1992) eine recht einfache und pragmatische Kompetenzkategorisierung heran, um im Kontext der Personalauswahl und Personalentwicklung zwischen Leistungsträgern und mittelmäßigen Arbeitskräften zu differenzieren. Die Forscher unterscheiden zwischen *Treshold* und *Differentiating* (Spencer & Spencer, 1993) bzw. *Core* und *Distinctive*

Competencies (Lado, Boyd & Wright, 1992). Dabei umfassen Treshold Competencies wesentliche Basiskompetenzen eines Beschäftigten wie z.b. Allgemeinwissen, grundlegende Kenntnisse und Fertigkeiten, die für die Bewältigung minimaler Arbeitsanforderungen relevant sind. Demgegenüber handelt es sich bei Differentiating Competencies um Kompetenzen, hinsichtlich derer sich Leistungsträger von Beschäftigten mit durchschnittlichen Arbeitsleistungen unterscheiden. Diese Unterscheidung ist aber nur hinsichtlich eines konkreten Leistungskriteriums zu treffen und zeigt sich beispielsweise darin, dass Leistungsträger sich höhere Ziele setzen, leistungsorientierter sind und einen höheren Gewinn erzielen als durchschnittliche Mitarbeiter. Treshold und Differentiating Competencies werden im Rahmen eines spezifischen Berufsbildes identifiziert. Core Competencies (Lado et al., 1992) sind mit Treshold Competencies insofern vergleichbar, als dass beide notwendige und relevante Kompetenzen von Beschäftigten beschreiben - unabhängig vom jeweiligen Leistungsniveau. Allerdings beziehen sich erstere auf alle Organisationsmitglieder und sind damit im Sinne generischer Kompetenzen funktions- und berufsübergreifend. Nach Lado et al. (1992) sind zusätzlich zu den Kernkompetenzen der Organisationsmitglieder Distinctive Competencies erforderlich, um in einer bestimmten Position die konkreten Arbeitsanforderungen erfolgreich zu bewältigen. Trainor (1997) schlägt als Ergänzung zur Formulierung von Kernkompetenzen vor, spezifische Kompetenzanforderungen in Abhängigkeit der hierarchischen Position und des Kompetenzlevels zu benennen. Es sollte zunächst der Erwerb grundlegender Kompetenzen auf einer Stufe sichergestellt sein, damit der Beschäftigte die Anforderungen der höheren Position bewältigen kann.

2.3. Zentrale Merkmale beruflicher Kompetenzen und Kompetenzverständnis für die Arbeit

Bei aller Unterschiedlichkeit der in der Forschungsliteratur diskutierten Terminologien zu Kompetenz, gibt es auch einige Kompetenzaspekte, die den unterschiedlichen Begriffsbestimmungen und Ansätzen gemeinsam sind. Nachfolgend sollen die zentralen Merkmale eines fundierten arbeitspsychologischen Verständnisses beruflicher Handlungskompetenzen herausgestellt werden, was der vorliegenden Arbeit zugrunde gelegt wird.

2.3.1. Multimodalität

Kompetenzen sind Dispositionen und multimodal. Kompetenzen beschreiben Dispositionen bzw. menschliche Leistungsvoraussetzungen zur erfolgreichen Bewältigung beruflicher Aufgaben oder Situationen. In der Forschungsliteratur werden sie relativ übereinstimmend als komplexe Konfiguration psychologischer Dispositionen betrachtet, die neben kognitiven Merkmalen immer auch handlungsbezogene und motivationale Aspekte mit einbeziehen (OECD, 2005). Viele Autoren betonen ein relativ breites Spektrum an Kompetenzaspekten wie Motiven, Werten, Verhaltensweisen, Einstellungen, Persönlichkeitsmerkmalen, Leistungsvariablen, Fähigkeiten, Fertigkeiten und Wissensbeständen (Boyatzis, 1982; Sarges, 2001; Deller, Süßmair, Albrecht & Bruchmüller, 2005). Demnach sind Kompetenzen multimodal, insofern sie zum einen kognitive Elemente umfassen (z.B. Wissensstrukturen, Kenntnisse) und zum anderen auch weitere Aspekte wie sozial-kommunikative, motivational-emotionale, volitionale und aktionale Komponenten einschließen. Als *Selbstorganisationsdispositionen* befähigen sie das Individuum darüber hinaus, sich in neuartigen und komplexen beruflichen Situationen selbstorganisiert Ziele zu setzen und Strategien zu entwickeln, um sich mit der Umwelt auseinanderzusetzen und die Situationen problemlösend und handlungsorientiert zu bewältigen.

2.3.2. Kontextspezifität

Ein weiteres zentrales Merkmal von Kompetenzen ist die Kontextspezifizität. Das bedeutet, dass Kompetenzen situationsspezifisch sind und sich auf bestimmte Anforderungsbereiche beziehen. Mit anderen Worten: es gibt nicht nur eine einzige berufliche Handlungskompetenz. Erst in Hinblick auf die mit einer konkreten berufsspezifischen Tätigkeit oder Problemstellung verbundenen Anforderungen können die Kompetenzen beschrieben werden, die zur erfolgreichen Aufgabenbewältigung relevant sind. Kompetenzen werden zur Bewältigung komplexer Situationen benötigt und die Kompetenzstruktur, die den jeweils erfolgreichen Handlungen zugrunde liegt, wird in Abhängigkeit der (psychologischen) Anforderungen in einer Handlungsdomäne bestimmt (Schaper, 2009a). Erst im Handlungsprozess zeigen sich Kompetenzen und werden in Handlungszusammenhängen sichtbar (Kauffeld, 2006). Sie sind ein Beleg dafür, wie ein Beschäftigter in einer bestimmten Arbeitssituation Kenntnisse, Fertigkeiten, Erfahrungen und Verhaltensweisen miteinander verknüpft, um die Aufgabe oder Tätigkeit zu beherrschen (Lichtenberger, 1999). Damit ist unmittelbar das Verständnis verknüpft, dass sich Kompetenzen auf spezifische Anforderungsbereiche beziehen und sich von anderen in der Forschung untersuchten Konstrukten wie Intelligenz oder Persönlichkeit dahingehend unterscheiden, das letztere über eine breite Vielfalt von Situationen generalisierbar sind.

2.3.3. Erlernbarkeit

Kompetenzen werden durch Lernen erworben und entwickelt. Aus der Kontextspezifizität ergibt sich als ein weiteres zentrales Merkmal des Kompetenzkonstruktes: Kompetenzen werden durch Lernen erworben und sind veränder- und entwickelbar. Der Aufbau und die Entwicklung von Kompetenzen stellen das Ergebnis von Lernprozessen dar, in denen sich das Individuum mit seiner Umwelt und vor allem neuen, komplexen Aufgabenstellungen auseinandergesetzt hat. Berufliche Handlungskompetenzen lassen sich zunächst durch die Erfahrung in bestimmten Arbeitssituationen erwerben, durch Trainingsmaßnahmen oder Prozesse arbeitsimmanenter Qualifizierung weiterentwickeln und gegebenenfalls durch langjährige Praxis zur Expertise in einer Domäne ausweiten. Dabei kann die Kompetenzentwicklung im Sinne von Leistungsstufen eingeschätzt und beurteilt werden. Der Aufbau und die Förderung beruflicher Handlungskompetenzen gilt heute als eine entscheidende Zielgröße in Unternehmen um die Humanressourcen weiterzuentwickeln (Bergmann, 2000). Kompetenzen sind mit einem Lernprozess verknüpft und entwickeln sich in Handlungszusammenhängen und sozialen Kontexten wie z.B. im Prozess der Arbeit durch die täglich stattfindende Auseinandersetzung mit beruflichen Aufgaben. Der Aspekt der persönlichen Weiterentwicklung wird bei der Begriffsbestimmung von Kompetenzen im Sinne der Selbstorganisation aufgegriffen. So umfassen nach Bergmann (2000) Kompetenzen die Motivation, kontinuierlich die Arbeitsmethoden zu verbessern mit dem Ziel, auch bei sich ändernden Aufgaben hohe Leistungen zu erreichen. Dieses Verständnis von Kompetenz geht von einer persönlichkeits- und kompetenzförderlichen Weiterentwicklung des Mitarbeiters aus, die nicht durch systematische Bildungsmaßnahmen bedingt ist, sondern durch die „Arbeitstätigkeit selbst mir ihrer jeweils spezifischen Struktur" (Sonntag, 2002, S. 60). Im Gegensatz zu beruflichen Kompetenzen sind kognitive Funktionen weitaus weniger leicht erlernbar und trainierbar (Weinert, 2001), so dass die Erlernbarkeit von Kompetenzen als definitorisches Abgrenzungsmerkmal gegen andere Dispositionskonstrukte bezeichnet werden kann.

2.3.4. Erfolgszentriertheit

Kompetenzen sind mit Erfolg verknüpft. Auch besteht heute insofern zwischen vielen Autoren Einigkeit darüber, dass Kompetenzen unmittelbar mit arbeitsbezogenen Ergebnissen wie beruflicher Leistung und Effektivität verknüpft sind bzw. notwendige Voraussetzungen für eine erfolgreiche Berufstätigkeit darstellen (Schoonover, 1998; Deller, Süßmair, Albrecht, & Bruchmüller, 2005; Heinsmann, de Hoogh, Koopman & van Muijen, 2007). Nach Holling und Liepmann (1995) ist die berufliche Handlungskompetenz, die neben Fähigkeiten, Fertigkeiten und Kenntnissen auch motivationale Kompetenzaspekte umfasst, die Voraussetzung „zur erfolgreichen Bewältigung der beruflichen Anforderungen" (S. 286). In der Auseinandersetzung mit komplexen Anforderungssituationen kann der Ausprägungsgrad von Kompetenzen an Standards des Erfolgs bzw. der Zielerreichung gemessen werden (Kauffeld, 2006). Darüber hinaus lässt sich die Entwicklung von Kompetenzen im Sinne von Leistungsstufen abschätzen und evaluieren (Erpenbeck & Heyse, 1996). Schließlich besteht das Ziel der Kompetenzentwicklung in der „erfolgreichen Auseinandersetzung des Individuums mit (...) ihren Anforderungen, Aufgaben und Problemen" (S. 37).

2.3.5. Messbarkeit

Kompetenzen sind messbar. Nach Sarges (2001) sind Kompetenzen „verhaltensnahe und messbare Charakteristika einer Person" (S. 4). Sie lassen sich jedoch nicht direkt erfassen, sondern müssen vielmehr aus Indikatoren bzw. Operationalisierungen geschlossen werden (Schaper, 2003; Erpenbeck & v. Rosenstiel, 2003; Klieme & Hartig, 2007). Da Kompetenzen sehr facettenreich und komplex sind, lassen sich diese anhand von Konstrukt relevanten Indikatoren ermitteln, die verhaltens- und leistungsbezogen sind sowie darüber hinaus motivations-, einstellungs- und wertbezogene Aspekte enthalten (Schaper, 2009a). Die empirische Messung von Kompetenzen ist jedoch nicht ohne Probleme, was vor allem in dem unscharfen Kompetenzbegriff begründet liegt und mit der Schwierigkeit verbunden ist, Kompetenzen zu operationalisieren und valide zu erfassen (McKenna, 2002). Eine zentrale Voraussetzung für die Kompetenzmessung liegt in der präzisen Definition der interessierenden Kompetenz, so dass sich bestimmten lässt, in welchen Anforderungs-situationen sich inter- und intraindividuelle Kompetenzunterschiede zeigen sollten. Diese Spezifikation ermöglicht dann die Operationalisierung der zu untersuchenden Kompetenz in einem entsprechenden Messinstrument (Klieme & Hartig, 2007). Für eine ausführliche Darstellung zur Messung und Modellierung von Kompetenzen sei auf Kap. 3 verwiesen.

2.4. Abgrenzung von Kompetenzen zu anderen Konstrukten

Gelegentlich wird in der Literatur der Kompetenzbegriff auch für andere psychologische Konstrukte synonym verwendet bzw. keine eindeutige Differenzierung vorgenommen. Nachfolgend sollen daher Kompetenzen von ähnlichen Konstrukten wie Intelligenz, Persönlichkeit, Fähigkeiten und Fertigkeiten sowie Qualifikationen definitorisch abgegrenzt werden.

2.4.1. Intelligenz

Was unter Intelligenz zu verstehen ist und wie diese definiert werden kann ist in der Forschungsliteratur - wie bei dem Kompetenzbegriff - umstritten (Schuler, 2002). Nach Stern (1912) kann Intelligenz verstanden werden als „die allgemeine Fähigkeit eines Individuums, sein Denken bewusst auf neue Forderungen einzustellen; sie ist die allgemeine geistige Anpassungsfähigkeit an neue Aufgaben und Bedingungen des Lebens" (S. 3). Übereinstimmend wird bei nahezu allen Begriffsexplikationen die Beteiligung kognitiver Fähigkeiten zum Ausdruck gebracht (Schuler, 2002), so bezeichnen Schmidt und Hunter (1998) Intelligenz als allgemeine kognitive Leistungsfähigkeit (*General Mental Ability*). Intelligenz ist insofern vergleichbar mit Kompetenzen, als dass beide Konstrukte einen Bezug zu beruflicher Leistung bzw. erfolgreicher Bewältigung beruflicher Aufgaben aufweisen. In der Eignungsdiagnostik wird jahrzehntelang der Zusammenhang zwischen allgemeiner kognitiver Fähigkeit und beruflicher Leistung untersucht. Zahlreiche Belege sprechen dafür, dass Intelligenz nicht nur eine wichtige personale Voraussetzung für Schulleistungen und Ausbildungserfolg (Vernon, 1947; Schmidt-Atzert, Deter & Jaeckel, 2004), sondern auch der beste und generellste Prädiktor für berufliche Leistung und Berufserfolg ist (Schmidt & Hunter, 1998; Schuler & Höft, 2004; Borkenau et al., 2005; Hülsheger & Maier, 2008). Übereinstimmend demonstrieren zahlreiche Metaanalysen, dass sich allgemeine kognitive Fähigkeiten über verschiedene Situationen und Berufe hinweg als valider Prädiktor zur Vorhersage beruflicher Leistung erweisen (Hunter & Hunter, 1984; Levine, Spector, Menon, Narayan & Cannon-Bowers, 1996; Vinchur, Shippmann, Switzer & Roth, 1998). Eine weitere Gemeinsamkeit liegt darin, dass Intelligenz- und Kompetenzleistungen entweder mit Problemlösefähigkeiten in Verbindung gebracht oder gar als solche definiert werden. Süss (1999) nimmt an, dass intellektuelle Fähigkeiten für erfolgreiches Handeln bei komplexen Problemen benötigt werden und berichtet über empirische Befunde, die die Annahme unterstützen, dass Intelligenztestleistungen mit Problemlöseleistungen substantiell korreliert sind. Nach Lubinski (2000) wird heute die allgemeine Intelligenz häufig als Fähigkeit zum abstrakten Denken sowie die Kapazität zum Erwerb von Wissen und Problemlösefähigkeit definiert. Hier können Bezüge zum Kompetenzbegriff hergestellt werden, denn das Vorhandensein von Fachkompetenz als ein Bereich beruflicher Handlungskompetenz gilt als Fähigkeit, Probleme auf Basis von arbeitsplatzspezifischen Fertigkeiten und Kenntnissen zu lösen (Münch, 2002). Grundsätzlich aber lassen sich Kompetenzen abgrenzen von anderen traditionell in der Eignungsdiagnostik behandelten kognitiven Fähigkeiten wie beispielsweise Intelligenz. Ein zentraler Unterschied zwischen Kompetenz und Intelligenz scheint in der Stabilität und Generalität zu bestehen. Demnach wird Intelligenz als zeitlich relativ stabiles Merkmal betrachtet, während Kompetenzen als variabel gelten (Hartig & Klieme, 2006; Prenzel,

Walter & Frey, 2007). Damit verbunden ist auch die Annahme, dass Kompetenzen erlernbar und entwickelbar sind, während dies auf kognitive Grundfunktionen in weitaus geringerem Maße zutrifft (Hartig & Klieme, 2006). Generaliät bezieht sich auf die Breite der Anforderungen, bei denen die postulierten Fähigkeiten genutzt werden. Während Kompetenzen sich auf konkrete Anforderungsbereiche beziehen und situations- und konzextspezifisch sind, bewährt sich Intelligenz bereichs- und situationsübergreifend. Kognitive Leistungskonstrukte sind also über eine breite Vielfalt von Situationen generalisierbar (Klieme & Hartig, 2007).

2.4.2. Persönlichkeit

Nach Amelang und Bartussek (1997) sind Persönlichkeitseigenschaften im Sinne von *traits* relativ breite und zeitlich stabile Dispositionen zu bestimmten Verhaltensweisen, die konsistent in verschiedenen Situationen auftreten. Das bedeutet, dass eine hohe Konsistenz von Eigenschaften (z.B. Leistungsmotivation) über verschiedene Situationen hinweg angenommen wird, die sich in einem interindividuell variierenden Verhalten zeigt. Im Gegensatz zu anderen zeitlich begrenzten Zuständen (z.B. Freude) beschreiben sie überdauernde Merkmale wie beispielsweise die Neigung, in verschiedenen Situationen (beim Sport, beim Gesellschaftsspiel, im Beruf) leistungsmotiviert zu sein. Die fehlende Situationseingrenzung ist kennzeichnend für die Bestimmung von Persönlichkeitsmerkmalen (Riemann, 1997). Damit wird ein wesentlicher Unterschied zu Kompetenzen, die situationsspezifisch und anforderungsbezogen charakterisiert sind, offensichtlich. Die Frage „kompetent wofür?" ist unweigerlich mit dem Kompetenzbegriff verbunden (Klieme & Hartig, 2007). In diesem Zusammenhang kritisiert Weiß (1999) die gelegentlich fehlende Abgrenzung des Kompetenzbegriffs: „In dem Maße, in dem sich der Kompetenzbegriff von der Bewältigung konkreter Anforderungen verflüchtigt, nähert sich der Kompetenzbegriff der Persönlichkeit an" (S. 441). Darüber hinaus werden der Erwerb, die Entwicklung und die Veränderbarkeit von Kompetenzen als Resultat eines Lernprozesses verstanden, was eine zeitliche Stabilität ausschließt. Demgegenüber gelten Persönlichkeitsmerkmale insbesondere im Erwachsenenalter als stabil und unveränderlich (Brandstätter, 1999). Schon McIntyre (1980) vermutete, dass eng an grundlegende Persönlichkeitseigenschaften angelehnte (*Trait*-nahe) Dimensionen weniger leicht zu steigern sind. In einer Studie zur Abschätzung der Übungsanfälligkeit von Assessment-Centern kamen Kelbetz & Schuler (2002) zu dem Ergebnis, dass Trait-nahe Dimensionen wie Leistungsmotivation und analytische Fähigkeiten am resistentesten gegen Leistungssteigerungen sind.

Neben den diskutierten Unterschieden zwischen Kompetenz und Persönlichkeit lassen sich jedoch auch Gemeinsamkeiten identifizieren. Eine Gemeinsamkeit der beiden Konstrukte liegt in der Beobachtbarkeit und Messung. Persönlichkeitsmerkmale sind nicht direkt beobachtbar, sondern lassen sich erst aus mehrfachen Beobachtungen der Verhaltens- und Erlebensäußerungen unter verschiedenen situativen Bedingungen erschließen. Auch zur Diagnose einer Kompetenzausprägung ist es nach Klieme & Hartig (2007) nicht ausreichend eine einzelne Beobachtung durchzuführen, vielmehr bedarf es „einer Palette von Einzelbeobachtungen bei unterschiedlichen Aufgaben bzw. in variierenden Situationen" (S. 24). Des Weiteren wird sowohl in Zusammenhang mit Kompetenzen als auch mit Persönlichkeitseigenschaften deren Beziehung zu beruflicher Leistung herausgestellt. So sind Kurz und Bartram (2002) der Auffassung, dass Kompetenz ein Konstrukt ist, „that result in effective performance in his or her job" (S. 230) und signifikant mit beruflicher Leistung zusammenhängt. Auch die Beziehung zwischen Persönlichkeitskonstrukten und berufsrelevanten Kriterien wird in den USA und in Europa diskutiert und wissenschaftlich untersucht. In ihrem Überblick über den internationalen Stand der Forschung zu Persönlichkeitseigenschaften und Erfolg im Beruf berichten Hülsheger & Maier (2008), dass viele Studien - insbesondere Metaanalysen - bedeutsame Zusammenhänge zwischen Persönlichkeitsmerkmalen und berufsbezogenen Ergebnisvariablen belegen. Interessant scheint bei dieser Diskussion auch die Frage zu sein, ob ein Zusammenhang zwischen Persönlichkeitsmerkmalen und Kompetenzen besteht. Heinsmann et al. (2007) gingen dieser Frage nach und konnten Zusammenhänge zwischen Persönlichkeitseigenschaften und Kompetenzen, die im beruflichen Kontext erfolgsentscheidend sind, nachweisen.

2.4.3. Fähigkeiten und Fertigkeiten bzw. Knowledge, Skills, Abilities (KSAs)

Folgt man den Ausführungen von Weinert (2001) so können Kompetenzen nicht nur durch allgemeine kognitive Fähigkeiten oder einfache Fertigkeiten charakterisiert werden, da sie in komplexe Handlungssysteme eingebettet sind. Als Fähigkeiten werden nach Hacker (1973) Systeme verallgemeinerter Handlungsprozesse verstanden, die häufig in allgemeine (z.B. Abstraktionsfähigkeit), bereichsspezifische (z.B. sprachliche) und berufsspezifische Fähigkeiten (z.B. technische) eingeordnet werden. Fertigkeiten bezeichnen durch Routine automatisierte Tätigkeitskomponenten, die häufig auf den sensumotorischen Bereich bezogen und unbewusst sind und die sich in wiederholenden beruflichen Anforderungsbereichen zeigen wie beispielsweise Auswendiglernen (Erpenbeck & v. Rosenstiel, 2003). Die Differenzierung zwischen Fähigkeiten und Fertigkeiten auf der einen Seite und Kompetenzen auf der anderen Seite ist nach Weinert (2001) unpräzise. Verglichen mit den im deutschsprachigen Raum verwendeten Begriffen Fähigkeiten und Fertigkeiten ist im angloamerikanischen Sprachraum die Aufteilung individueller Leistungsdispositionen in sogenannte KSAs (Knowledge, Skills, Abilities/Attitudes) durchaus üblich (Catano, 1998, Morgeson, Delaney-Klinger, Mayfield, Ferrara, Campion, 2004; Sonntag & Schmidt-

Rathjens, 2004; Gunnels, Hale & Hale, 2006). Dabei wird im weitesten Sinne unter *Knowledge* fach- und berufsbezogenes Wissen verstanden, *Skills* werden als Fertigkeit definiert, bestimmte Abläufe und Verhaltensweisen durch die Anwendung von Methoden und Techniken zu beherrschen (z.B. kommunikative Kompetenzen, technische Kompetenzen). *Abilities* werden als stabile individuelle Handlungsgrundlagen bezeichnet, die in verschiedenartigen Situationen und Aufgaben zum Einsatz kommen können und eine beobachtbare Handlung hervorbringen wie z.b. Problemlösungskompetenzen (Gunnels, Hale & Hale, 2006). In der englischsprachigen Literatur werden die KSAs gelegentlich mit Kompetenzen gleichgesetzt, andere wiederum unterscheiden zwischen den beiden Konstrukten. Grundsätzlich kann die Sichtweise von KSAs als Kompetenzen mit den drei Merkmalen *Knowledge* (Wissen), *Skills* (Fertigkeiten) und *Abilities* (Fähigkeiten) als unzureichend bezeichnet werden, da vor allem kognitive Aspekte angesprochen und emotional-motivationale Charakteristika vernachlässigt werden. Sinnott, Madison und Pataki (2002) sind der Auffassung, dass sich Kompetenzen von KSAs unterscheiden, weil zuerst genannte zusätzlich personale Merkmale umfassen. Häufig findet man die Erweiterung des klassischen KSA-Ansatzes um die Variable *Other Characteristics* (KSAOs) (Mirable, 1997; Athey & Orth, 1999; Tett, Gutermann, Bleier & Murphy, 2000; Rodriguez, Patel, Bright, Gregory & Gowing, 2002) oder *Personal Characteristics* (KSAPs) (Gunnels et al., 2006). Allerdings wird nicht spezifiziert, was genau unter Other Characteristics oder Personal Characteristics zu verstehen ist und welche Kompetenzmerkmale unter den Begriff gefasst werden. So werden unter Personal Characteristics beispielsweise die Konzeptuelle Denkfähigkeit (Hunter, 1994), das Logische Schlussfolgern (Vitalari & Dickson, 1983) oder die Analysefähigkeit (Schenk, Vitalari & Davis, 1988) subsummiert, wobei es sich damit ebenso wie bei KSAs um nichts anderes als kognitive Variablen handelt. Auch Schoonover (1998) merkt an, dass Kompetenzen sich nicht nur aus grundlegenden Fähigkeiten und Basiswissen zusammensetzen, sondern sich vielmehr erst in der Anwendung von Wissens- und Fähigkeitsaspekten und daraus resultierendem erfolgreichem Handeln zeigen. Das heißt, dass der Kompetenzbegriff immer auch auf Handlungen oder Handlungskontexte verweist, in denen erworbenes Wissen, Fähigkeiten, Fertigkeiten und Begabungen angewendet werden können (Weinert 1999, OECD, 2005). Im Gegensatz zum KSA-Ansatz handelt es sich bei dem Prinzip der beruflichen Handlungskompetenz um ein erweitertes Verständnis von Kompetenz, da letztlich alle persönlichen Voraussetzungen (Dispositionen) als Kompetenzen bezeichnet werden, die bei der Bewältigung routinemäßiger - aber vor allem neuartiger Anforderungen - zum Einsatz kommen. Das bedeutet, dass Kompetenzen sich aus verschiedenen Merkmalen wie Fähigkeiten, Fertigkeiten, Wissen, Werten, Erfahrungen und Willenskomponenten zusammensetzen können, jedoch nicht nur darauf reduzieren lassen, da diese in „verfügungs- und handlungsrelevante Beziehungen" (Erpenbeck, 2003, S. 366) integriert werden.

2.4.4. Qualifikationen

Deutlicher als im KSA-Ansatz, der von Kompetenzen als direkt messbaren und in Zusammenhang mit der Bildungs- und Trainingsforschung auch zertifizierbaren Attributen ausgeht, wird im Rahmen des Selbstorganisationansatzes der Kompetenzbegriff von Qualifikationen abgegrenzt. Nach Erpenbeck & v. Rosenstiel (2003) werden Kompetenzen im Sinne von Selbstorganisationsdispositionen erst im selbstorganisierten Handeln sichtbar, während Qualifikationen in organisierten Qualifizierungsprozessen vermittelt werden, direkt prüfbar sind und durch Prüfungen evaluiert und zertifiziert werden können. Zwar spiegeln Qualifikationen die aktuell vorhandenen prüfungsrelevanten Wissensbestände und Fähigkeiten wider, im Unterschied zu Kompetenzen liefern sie jedoch keine Aussage zum erfolgreichen Transfer und zur Anwendung des Gelernten in neue Kontexte. Demnach sind Qualifikationen eher als Leistungsresultate zu verstehen, die auf einen Sachverhalt zentriert sind, während Kompetenzen vielmehr als Dispositionen betrachtet werden, entsprechende Leistungen hervorzubringen und damit in erster Linie subjektzentriert sind. Bergmann (1999) bringt es auf den Punkt, in dem nach ihrer Auffassung die besondere Spezifik von Kompetenzen darin liegt, dass diese durch selbst organisierte Lernprozesse erworben und weiterentwickelt werden. Im Gegensatz dazu werden mit Qualifikationen die in einem Curriculum angeeigneten Lerninhalte zertifiziert. Mit dem Kompetenzbegriff ist also verbunden, dass berufliche Fähigkeiten und Fertigkeiten nicht nur in organisierten Lehr- und Lernsituationen erworben, sondern auch in unstrukturierten informellen Lern- und Arbeitsprozessen angeeignet und weiterentwickelt werden können (Clement, 2002). Dieses in informellen Strukturen und Prozessen erworbene Wissen und Können ist häufig von entscheidender Bedeutung für den Berufserfolg, obgleich es nicht in Form von Zeugnissen und Zertifikaten zum Ausdruck kommt (Weiß, 1999).

2.5. Zusammenfassende Betrachtung

In diesem Kapitel ist zunächst die historische Entwicklung der einschlägigen Kompetenzforschung im deutschen und angloamerikanischen Raum und das in den jeweiligen Ländern vorherrschende differente Kompetenzverständnis beschrieben worden. Weiterhin wurden Ansätze zur Klassifizierung von Kompetenzen behandelt, um die Komplexität des Kompetenzbegriffs zu reduzieren und Strukturierungsmöglichkeiten von Kompetenzen vorzustellen. Darüber hinaus sind die zentralen Merkmale beruflicher

Kompetenzen herausgearbeitet worden, um ein dieser Arbeit zugrunde liegendes Kompetenzverständnis bereit zu stellen. Schließlich wurden zu einem besseren Verständnis Kompetenzen von anderen in der arbeitspsychologischen Literatur häufig mit Kompetenzen in Verbindung gebrachten Konstrukten abgegrenzt.

Insgesamt lässt sich feststellen, dass in der internationalen Forschungsliteratur keine Einigkeit bezüglich des Kompetenzkonzeptes besteht und vielfältige Ansätze vorzufinden sind, die gewisse Übereinstimmungen sowie auch Unterschiede aufweisen. In Abhängigkeit des jeweiligen Anwendungskontextes scheint die eine oder andere Begriffsexplikation als definitorische Grundlage geeignet zu sein. Für die vorliegende Arbeit wird ein eher ganzheitliches Verständnis beruflicher Handlungskompetenzen herangezogen, in dem Kompetenzen als komplexe Konfigurationen von Leistungsdispositionen betrachtet werden, die zur erfolgreichen Bewältigung aufgabenspezifischer Anforderungen im Berufskontext beitragen.

3. Kompetenzmodellierung als Basis betrieblichen Kompetenzmanagements

3.1. Betriebliches Kompetenzmanagement

3.1.1. Bedeutung und Stellenwert im nationalen und internationalen Raum

In den letzten 10 Jahren haben kompetenzbasierte Ansätze bzw. die Anwendung von Kompetenzmodellen im HR-Bereich weltweit an immenser Bedeutung gewonnen (Morgeson, 2004; Markus, Cooper-Thomas & Allpress, 2005). Kaum ein namhaftes national und international agierendes Unternehmen findet sich heute noch, was nicht die Bedeutung von Kompetenzen und deren Management hervorhebt und als entscheidenden Erfolgsfaktor zur Erreichung der angestrebten Ziele betrachtet. Das betriebliche Kompetenzmanagement hat sich gerade in den vergangen Jahren als eine Managementdisziplin entwickelt, um die im Unternehmen vorhandenen Mitarbeiterpotenziale wie Kenntnisse, Fähigkeiten und Fertigkeiten effektiv zu nutzen und in Hinblick auf die Wettbewerbsfähigkeit und die Ergebnisorientierung weiter zu entwickeln (Lee & Wu, 2005; Burnett & Dutsch, 2006). Insbesondere durch die Tatsache, dass kompetente Mitarbeiter aufgrund des demografischen Wandels eine immer knapper werdende und damit strategisch wichtige Ressource darstellen, gewinnt das Kompetenzmanagement an Bedeutung (Nienaber, 2005). Es bietet dem Unternehmen die Möglichkeit, systematisch den eigenen Kompetenzbestand zu steuern und zu lenken. Dies geschieht, indem die Kompetenzen der Mitarbeiter zunächst beschrieben, transparent gemacht und schließlich deren Transfer, die Nutzung und die Kompetenzentwicklung in der Praxis sicher gestellt werden (North & Reinhardt 2005). Üblicherweise mündet die Formulierung und standardisierte Beschreibung von Kompetenzen in einem Kompetenzmodell, in dem die Anforderungen an die Mitarbeiter bzw. die relevanten Kompetenzen abgebildet werden. Das Kompetenzmodell wiederum stellt die Basis für das Kompetenzmanagement, damit verbundene HR-Managementprozesse und die systematische Integration von HR-Instrumenten dar (Grote et al., 2006a). So verstehen Sonntag und Stegmaier (2005) unter Kompetenzmanagement, dass „Prozesse der Personalgewinnung, des Personaleinsatzes und der Personalentwicklung unter Zuhilfenahme von Kompetenzmodellen" (S. 22) integriert und systematisiert werden.

Eine konkrete Aussage, wie viele Unternehmen sich heute tatsächlich mit der Implementierung eines Kompetenzmanagementsystems beschäftigen, ist nicht eindeutig zu treffen, da dies unter anderem auf die Breite der Begriffsverwendung zurückzuführen ist. So kann beispielsweise die Entwicklung eines Kompetenzmodells an sich noch nicht als Kompetenzmanagement bezeichnet werden, da es erst der Anwendung des Modells durch die systematische Ausrichtung von Personalprozessen und – instrumenten an dem Kompetenzmodell bedarf (Grote et al., 2006a). Lucia & Lepsinger (1999) gehen nach eigenen Schätzungen von weltweit mehr als 1000 Unternehmen aus, die ein Kompetenzmanagement etabliert haben. In einer empirischen Studie von Briscoe & Hall (1999) ist lediglich eine Auswahl von Unternehmen getroffen worden, die sich mit der Einführung und Implementierung von Kompetenzmanagementsystemen beschäftigt haben; insgesamt 31 in erster Linie international agierenden Organisationen (z.B. IMB, Hewlett Packard Company) sind zu diesem Thema untersucht worden.

In einer weiteren Studie mit mehr als 300 Befragten aus Unternehmen im US-amerikanischen Raum haben Schoonover, Schoonover, Nemerov und Ehly (2000) untersucht, inwieweit und zu welchem Zweck ein Kompetenzmanagementsystem implementiert wurde und welche Erfahrungen (z.B. Zufriedenheit, Effektivität) damit gemacht worden sind. Nahezu ein Drittel der Beteiligten gab an, bereits Interventionen zum Kompetenzmanagement eingeführt zu haben und 65 % der Befragten betonten, dies in naher Zukunft zu planen. Als wichtigste Gründe für die Einführung wurden genannt: Transparenz von Leistungsanforderungen für die Beschäftigten, Bereitstellung eines integrierten HR-Prozesses und Ausrichtung des Mitarbeiterverhaltens an den Kernkompetenzen des Unternehmens. Als weiteren Befund berichten Schoonover et al. (2000), dass der Hauptgrund für die erfolglose Implementierung von Kompetenzmodellen in der mangelnden Unterstützung der Stakeholder liegt. Daher sei es von zentraler Bedeutung, die Stakeholder in alle Prozessschritte (Planung, Entwicklung, Implementierung) der Kompetenzmodellierung einzubeziehen, um deren Akzeptanz zu erreichen.

Die erste umfangreiche empirische Studie zum betrieblichen Kompetenzmanagement im deutschen Raum hat die Unternehmensberatung Cell Consulting (2002) durchgeführt. Das Ziel des Beratungsunternehmens lag darin, die Entwicklung des Kompetenzmanagements in Deutschland zu beurteilen und die implementierten Systeme branchenintern und –extern zu vergleichen. Dazu wurden in mehr als 100 Unternehmen Verantwortungsträger für den Bereich Personalentwicklung befragt. Der Studie zufolge gaben 70 % der befragten deutschen Unternehmen an, bereits Kompetenzmanagement zu praktizieren. Eine detaillierte Analyse konnte nachweisen, dass das Kompetenzmanagement deutscher Unternehmen zwar hohe Aufmerksamkeit genießt, jedoch eklatante Mängel bei der Umsetzung aufweist. Dabei zeigten sich im Umsetzungsprozess unter anderem Schwächen bei der Integration der Unternehmensstrategie, der Konzeption eines einheitlichen Kompetenzmodells und in der Verbindung mit den Personalentwicklungsinstrumenten.

Daraus abgeleitet formulierte die Unternehmensberatung für eine erfolgreiche Realisierung des Kompetenzmanagements im Wesentlichen folgende Faktoren:

- Kenntnis zukünftiger Anforderungen an die Mitarbeiter
- unternehmensweite Standardisierung von Kompetenzprofilen
- Formulierung von Soll-Kompetenzen
- handhabbare Methoden zur Kompetenzmodellierung
- Vorhandensein wirtschaftlicher Messinstrumente
- Integration der personalstrategischen Instrumente in das Kompetenzmanagement.

Resümierend lassen die Ergebnisse den Schluss zu, dass der zentrale Stellenwert eines Kompetenzmanagements in vielen deutschen Unternehmen nicht erkannt und systematisch umgesetzt wird. Auch neuere Studien im deutschen Raum kommen zu dem Ergebnis, dass eine Diskrepanz zwischen den strategischen Erwartungen des Kompetenzmanagements einerseits und den operativen Maßnahmen andererseits besteht und die Potenziale des Kompetenzmanagements größer sind als bisher genutzt (Schenk, Schnauffer & Voigt, 2005).

Auch wenn verschiedene Autoren (Athey & Orth, 1999; Lee & Wu, 2005) die Auffassung vertreten, dass die Einführung von Kompetenzmodellen bzw. eines Kompetenzmanagements als Basis für HR-Instrumente ein weltweiter Trend geworden ist, existieren für den deutschsprachigen Raum bisher keine aussagekräftigen Angaben darüber, wie viele Unternehmen sich einem systematischen und strategischen Kompetenzmanagement widmen. Bezogen auf den deutschsprachigen Raum wird zumindest der Eindruck erweckt, dass sich mit diesem Thema in erster Linie größere deutsche Unternehmen im Gegensatz zu kleineren und mittelständischen Betrieben beschäftigen sowie deutsche Töchterunternehmen von global agierenden Konzernen, deren Sitz im US-amerikanischen Raum liegt (Grote et al., 2006d; Cell Consulting, 2002).

3.1.2. Begriffsbestimmung und theoretische Ansätze

In Analogie zur uneinheitlichen Definition des Begriffs Kompetenz liegt in der einschlägigen Literatur keine einheitliche Begriffsbestimmung dazu vor, was Kompetenzmanagement exakt kennzeichnet. Ganz allgemein wird Kompetenzmanagement als ein integriertes, dynamisches System des Personalmanagements definiert (Cell Consulting, 2002). Damit wird die Definition und Analyse vorhandener Fähigkeiten im Kontext der Unternehmensstrategie und deren kontinuierliche Anpassung an neue Aufgaben verstanden, vielfach unter Berücksichtigung strategischer und organisatorischer Veränderungen. Die Schwierigkeit einer exakten begrifflichen Explikation mag insbesondere daran liegen, dass das Kompetenzmanagement traditionell aus unterschiedlichen wissenschaftlichen Perspektiven betrachtet wird. Zum einen wird Kompetenzmanagement aus psychologischer Sicht untersucht (Gruber & Renkl, 1997; Hängii, 1998; Erpenbeck & Heyse, 1999) und in diesem Zusammenhang meist auf die Entwicklung von Kompetenzklassifikationen sowie die Beschreibung individueller und kollektiver Kompetenzarten fokussiert (North & Reinhardt, 2005). Zum anderen wird Kompetenzmanagement als Disziplin der Organisationswissenschaften verstanden mit dem Fokus auf die strategische Unternehmensführung und Betriebswirtschaftslehre (Nonaka & Takeuchi, 1995; Bach, Österle & Vogler, 2000; Probst, Deussen, Eppler & Raub, 2000; North, 2002; Reinhart, Weber & Broser, 2002), wobei sich diese Ansätze auf den strategischen Kompetenzaufbau und deren Ausrichtung auf die Unternehmensprozesse konzentrieren. Die Begriffs- und Konzeptvielfalt zeigt sich insbesondere dann, wenn es um den Transfer von theoretischen Modellvorstellungen in die Managementpraxis geht (Mildenberger, 2002). Während die psychologischen und soziologischen Modelle den betrieblichen Fragen wie Prozess- und Projektgestaltung zu geringe Beachtung schenken, vernachlässigen die Modelle aus den Organisationswissenschaften die spezifischen Eigenschaften und Klassifizierungen von individuellen Kompetenzen (North & Reinhardt, 2005).

Trotz der Begriffsvielfalt lassen sich nach Grote et al. (2006a) in Anlehnung an die drei Wortbestandteile des Begriffes Kompetenzmanagementsystem drei zentrale Aspekte hervorheben:

1. Die standardisierte Beschreibung von *Kompetenzen* in Form eines unternehmensspezifischen Kompetenzmodells
2. Das *Management* von Kompetenzen im Sinne der Planung, Realisierung und Kontrolle
3. *Systematisierung* von HR-Instrumenten durch die inhaltliche und formelle Ausrichtung auf ein unternehmensbezogenes Kompetenzmodell.

Mit dem ersten Aspekt sprechen Grote et al. (2006a) an, dass die inhaltliche Ausrichtung der Personalarbeit auf Kompetenzen in der Regel zur Gestaltung eines unternehmensbezogenen Kompetenzmodells führt. Auf diese Art und Weise wird im Unternehmen über Abteilungen und Bereiche hinweg ein einheitliches Verständnis von Kompetenzen sowie eine standardisierte Beschreibung der Anforderungen sichergestellt (Lucia & Lepsinger, 1999). Das schließt nicht aus, dass ein Kompetenzmodell um abteilungs- oder stellenspezifische Fachkompetenzen ergänzt werden kann (Schäfer, Fölsch & Sauerwald, 2006; Schmitt & Venzke, 2006). Der zweite Aspekt bezieht sich auf die Erfassung bzw. Messung von Mitarbeiterkompetenzen, die den derzeitigen Kompetenzstand abbilden (Ist-Kompetenzprofil) sowie deren Übereinstimmungen und Abweichungen mit einem Soll-Profil. Das Soll-Profil legt fest, in welchem Ausmaß ein Stelleninhaber die Anforderungen erfüllen können soll (Formann, Hilpert & Nedkov, 2006). Der Bewertung der Kompetenzprofile liegt aus Gründen der Vergleichbarkeit und Objektivität in der Regel eine mehrstufige Ratingskala zugrunde, auf der die Ausprägung des Soll- bzw. Ist-Zustandes eingeschätzt werden kann. Anhand der Gegenüberstellung des momentanen und zukünftig erforderlichen Kompetenzstands lassen sich die Stärken und Schwächen eines Mitarbeiters sowie vorhandene Lücken identifizieren, Entwicklungsbedarfe bestimmen und daraus resultierend Maßnahmen ableiten und planen. So können beispielsweise mit Hilfe ausgewählter individueller formeller oder informeller Personalentwicklungsmaßnahmen für die Mitarbeiter gezielt Kompetenzdefizite reduziert und fehlende Kompetenzen erworben werden. Denkbar ist auch eine Versetzung von Beschäftigten auf andere Positionen, deren Anforderungen besser mit den vorhandenen Kompetenzen übereinstimmen. Wird mit zeitlichem Abstand im Rahmen des jährlichen Mitarbeitergesprächs das Kompetenzprofil des Beschäftigten aktualisiert und erneut ein Abgleich von Ist- und Soll-Profil durchgeführt, zeigt sich, ob die durchgeführten Maßnahmen effektiv waren. Der dritte und letzte Punkt betrifft die systematisierte Ausrichtung der HR-Instrumente (z.B. Anforderungsprofile, Stellenbeschreibungen, Assessment-Center) auf ein Kompetenzmodell. Das bedeutet, dass die Personalinstrumente hinsichtlich der inhaltlichen Anforderungen und der formellen Gestaltung mit dem Kompetenzmodell übereinstimmen.

3.1.3. Kompetenzmodellierung im betrieblichen Kontext

Kompetenzmodellierung im Kontext des betrieblichen Kompetenzmanagements bezieht sich auf die Identifikation wettbewerbsrelevanter Kompetenzen auf individueller und organisationaler Ebene mit dem Ziel, diese auf- und auszubauen (Schmidt-Rathjens & Stegmaier, 2005). Den Bezug zu beruflicher Leistung stellen Burnett & Dutsch (2006) her, indem sie Kompetenzmodellierung als Prozess „of identifying a set of competencies representative for job proficiency" (S. 141) verstehen. Das Ergebnis jeder Kompetenzmodellierung ist ein Kompetenzmodell. Relativ übereinstimmend wird in der Literatur unter einem Kompetenzmodell eine spezifische Kombination von Kenntnissen, Fähigkeiten, Fertigkeiten, Motiven und Persönlichkeitseigenschaften verstanden, die für die erfolgreiche Bewältigung unterschiedlicher Aufgaben erforderlich ist (Spencer & Spencer, 1993; Dalton, 1997; Lucia & Lepsinger, 1999; Sonntag, 2007). In einem unternehmensbezogenen Kompetenzmodell wird also das Gefüge von Anforderungen beschrieben, dass von den Mitarbeitern erwartet wird. Dabei können sich die beschriebenen Kompetenzen auf eine Organisation, eine ähnliche Tätigkeiten zusammenfassende Funktions- oder Berufsgruppe (Job-Familie) oder eine spezifische Funktion beziehen. Häufig werden aus dem Kompetenzmodell sogenannte Kompetenzprofile abgeleitet und erstellt. Es handelt sich hierbei um ein strukturiertes Abbild des Kompetenzportfolios für eine Position oder eine Job-Familie, die sowohl aktuelle Kompetenzen als auf zukünftig benötigte Kompetenzen erfasst (North & Reinhardt, 2005). Grundsätzlich werden in einem Kompetenzmodell oder Kompetenzprofil nicht allein fachliche Kompetenzen abgebildet, sondern auch fach- und branchenübergreifende Fähigkeiten, soziale Kompetenzen sowie Kompetenzen zur Selbstorganisation, zur Problemlösung und Entscheidungsfindung (Hess & Leipoldt, 2006).

Üblicherweise sind die im Modell enthaltenen Leistungsvoraussetzungen und Kompetenzmerkmale in Gruppen oder Clustern - häufig auch als Dimensionen bzw. Subdimensionen bezeichnet - strukturiert (Lee & Wu, 2005). Innerhalb dieser Kompetenzdimensionen werden oftmals verschiedene Kompetenzgrade unterschieden, da sich damit Kompetenzausprägungen von Beschäftigten auf unterschiedlichen Niveaustufen abbilden lassen (Smither, 1998; North & Reinhardt, 2005). Die einzelnen Kompetenzgrade sollten anhand beobachtbarer und messbarer Verhaltensindikatoren beschrieben und ausführlich erläutert sein, da die präzise Operationalisierung eine Voraussetzung für das Management von Kompetenzen darstellt (Sonntag & Schmidt-Rathjens, 2004; Markus et al., 2005). Damit ist ein wichtiges Charakteristikum von Kompetenzmodellen angesprochen: Sie sollten konkret und verhaltensbezogen sein (Mansfield, 1996; Sarges, 2001). Erkenntnisse über die differenzierte Struktur von Kompetenzen, die Beschäftigte zur Bewältigung von Anforderungen in spezifischen beruflichen Situationen benötigen, bilden die Grundlage für Personalauswahlverfahren, Potentialanalysen, Leistungsbeurteilungen und Fördermaßnahmen. Mit Hilfe von verbalen Verankerungen für die Kompetenzen können erfolgskritische Verhaltensweisen beschrieben werden, die beispielsweise eine Differenzierung von sehr erfolgreichen, durchschnittlich und weniger erfolgreichen Mitarbeitern bzw. von Experten- und Novizenleistungen in einer bestimmten Funktion zulassen (Mansfield, 1996; Trainor, 1997; Smither, 1998; Glas, Pieler & v. Rosenstiel, 2004; Sonntag & Schmidt-Rathjens, 2004). Aus den identifizierten Kompetenzunterschieden lassen sich dann Entwicklungsmaßnahmen für die Novizen oder weniger erfolgreiche Mitarbeiter ableiten (Rogelberg, 1999). Darüber hinaus gewährleisten verhaltensverankerte Einstufungsskalen (BARS - *Behaviorally Anchored Rating Scale*) - insbesondere wenn es um die Beurteilung von Kompetenzausprägungen bei den Mitarbeitern geht - eine gewisse Transparenz, Offenheit und Fairness (Catano, Darr & Campbell, 2007).

Mit der Modellierung von Kompetenzen in der unternehmerischen Praxis ist eine wesentliche Basis der strategischen Personalarbeit geschaffen, indem die formulierten Anforderungen an die Beschäftigten für unterschiedliche Maßnahmen des HR-Managements herangezogen werden. Kompetenzmodelle stellen die Grundlage für vielfältige Zwecke des Personalmanagements dar, die nachfolgend näher erläutert werden sollten.

3.2. Anwendungsfelder und Funktionen von Kompetenzmodellen

Ein Kompetenzmodell ist die Grundlage für ein an der Unternehmensstrategie ausgerichtetes integriertes HR-Management und stellt damit einen einheitlichen Bezugsrahmen für die Auswahl, Beurteilung und Entwicklung von Mitarbeitern dar (Hess & Leipholdt, 2006). Kompetenzmodelle haben vielfältige Funktionen und Einsatzgebiete. Sie dienen der Unterstützung und Integration umfangreicher Aktivitäten im Personalmanagement wie Rekrutierung und Auswahl, Karriereplanung, Training, Leistungsmessung und Leistungsmanagement, Stellenbewertung und Entlohnung (Byham & Moyer, 1996; Catano, 1998; Lucia & Lepsinger, 1999; Hayes, Rose-Quirie & Allinson, 2000; Schoonover et al., 2000; Sinnott et al., 2002; Nikolaou, 2003; Dainty, Cheng & Moore, 2003, 2004; Schaper, 2004). Idealerweise sollten Kompetenzmodelle für viele oder gar alle der genannten Anwendungen im Unternehmen nützlich sein (Sparrow, 1995; Shippmann, 1999). In der Praxis werden sie jedoch häufig konstruiert, um zunächst einen spezifischen Bedarf des HR-Managements zu befriedigen (Sack, 2002). Für welche Anwendungsfelder im Personalmanagement Kompetenzmodelle im Einzelnen herangezogen werden können, soll in Anlehnung an Abb. 3 näher erläutert werden. Die in der Abbildung dargestellten Anwendungsfelder stellen eine Auswahl von Funktionsbereichen aus den Ansätzen von Byham und Moyer (1996), Dubois & Rothwell (2004) sowie Lindner-Lohmann, Lohmann und Schirmer (2008) dar.

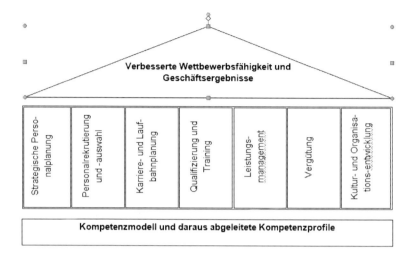

Abbildung 3: Kompetenzmodell als Basis eines integrierten Personalmanagements (in Anlehnung an Peters & Winzer, 2003)

3.2.1. Strategische Personalplanung

Im Rahmen der strategischen Personalplanung kann durch die standortübergreifende Erfassung und Beschreibung von Mitarbeiterkompetenzen Transparenz erzeugt werden, indem sich mittels EDV-basierter Systeme und Datenbanken die verfügbaren Mitarbeiterpotentiale eines bestimmten Verantwortungsbereiches anzeigen lassen. Diese können herangezogen werden, um sich einen Überblick über das Fehlen notwendiger Fähigkeiten und Fertigkeiten der Belegschaft zu verschaffen und daraus Kapazitätsplanungen für bestimmte Aufträge, Projekte, Bereiche oder Abteilungen abzuleiten (McLagan & Nel, 1997). Mittel- bis langfristige Planungen berücksichtigen dabei nicht nur die gegenwärtigen Bedarfe sondern auch die zukünftigen Kompetenzanforderungen. Dazu wird ein Abgleich zwischen derzeit vorhandenen Mitarbeiterpotentialen und zur Erreichung der Organisationsziele bedeutsamen Kompetenzen vorgenommen. Darüber hinaus wird die Zuordnung von Mitarbeitern zu unbesetzten Stellen derart unterstützt, dass eine größtmögliche Passung zwischen dem individuellen Mitarbeiterprofil und dem Anforderungsprofil für eine bestimmte Position zu erzielen versucht wird. Insbesondere in großen Unternehmen können auch hier computerbasierte Datenbanken die Suche nach

Mitarbeitern mit spezifischen Kompetenzen für bestimmte Projekte und Geschäftsaktivitäten unterstützen (Athey & Orth, 1999).

3.2.2. Personalrekrutierung und Personalauswahl

Eines der bedeutendsten Anwendungsfelder von Kompetenzmodellen ist der Bereich Personalrekrutierung und –auswahl (Zemke, 1982; Rowe, 1995). Um im Wettbewerb bestehen zu können wird es heute wie zukünftig als zentraler Faktor betrachtet, Leistungsträger und Talente zu gewinnen (Athey & Orth, 1999). Zunehmend gilt es, solche Mitarbeiter für das Unternehmen zu rekrutieren, die ein für das Unternehmen passendes Kompetenzprofil aufweisen. Dazu werden - basierend auf dem Kompetenzmodell - in Anforderungs- und Stellenbeschreibungen solche erfolgskritischen Verhaltensweisen konkretisiert, die von potentiellen Mitarbeitern erwartet werden. Eine detaillierte Explikation der Leistungsvoraussetzungen und deren Ausprägungsgrad sind in diesem Kontext von zentraler Bedeutung. So mag möglicherweise eine Kompetenz wie Kommunikationsfähigkeit von allen Beschäftigen einer Organisation erwartet werden, allerdings ist die Erwartung bezügliches des Ausprägungsgrades und wie sich diese Kompetenz in der Praxis zeigen sollte von Stelle zu Stelle unterschiedlich. So sollte ein Bewerber für eine Vertriebsposition durchaus den Nachweis erbringen, erfolgreich Verkaufs- und Verhandlungsgespräche mit Kunden durchführen zu können, während von einem Verwaltungsmitarbeiter gefordert wird, sich mündlich und schriftlich angemessen mit seinen Arbeitskollegen auszutauschen. In den Auswahlverfahren wird dann geprüft, inwieweit die Bewerber über die Kombination von Kompetenzen verfügen, die für die Ausübung der Aufgabe oder Funktion relevant ist. Beispielsweise werden die Kandidaten in den Auswahlinterviews gebeten, Situationen aus vergangenen Arbeitstätigkeiten zu schildern, in denen sie bestimmte Kompetenzen unter Beweis stellen konnten. Aussagefähige Selektionsinstrumente wie fundierte Testverfahren, kompetenzbasierte Assessment-Center, leitfadengestützte Interviews und verhaltensverankerte Einstufungsskalen erleichtern die Identifikation und Beurteilung des Vorhandenseins und der Ausprägung der relevanten Kompetenzmerkmale.

3.2.3. Karriere- und Laufbahnplanung

Durch den Einsatz von Kompetenzen in der Karriere- und Laufbahnplanung lassen sich auf Basis von Kompetenzprofilen für bestimmte Jobs Karrierepläne entwickeln. In ihnen werden Karrierewege bzw. Entwicklungsstufen (z.B. Anfänger, Fortgeschrittener, Experte) beschrieben und welche Anforderungen für das Erreichen der nächsten Stufe bewältigt werden müssen. Die Entwicklungsstufen sollten durch genaue Verhaltensbeschreibungen bzw. Verhaltensanker (*Behavioral Anchors*) angereichert sein, damit die zur Erreichung jeder

Stufe erforderlichen Kompetenzen konkretisiert und präzisiert werden (Catano, 1998) und eine objektive Beurteilung der Zielerreichungsgrade ermöglicht wird. Zum einen bekommen Führungskräfte wie Mitarbeiter durch den Abgleich von erforderlichen mit den derzeitigen Kompetenzen einen Überblick über die Kompetenzlücken, die für die nächste Karrierestufe zu schließen sind. Zum anderen erhalten die Mitarbeiter Informationen über ihre persönlichen Entwicklungschancen und haben die Möglichkeit, ihre Karriere aktiv mitzugestalten, indem sie den Erwerb der für eine spezifische Position notwendigen Handlungskompetenzen selber steuern und forcieren können (Blank, 1987; Weick & Berlinger, 1989; Mone & Bilger, 1995; Smith & Kandola, 1996; Schmitt & Venzke, 2006).

3.2.4. Qualifizierung und Training

Ein häufig mit Kompetenzen verknüpftes Einsatzgebiet ist der Bereich Qualifizierung und Training. Durch die einheitliche Beschreibung der bereichsübergreifenden und spezifischen Kompetenzen kann die Auswahl, Planung und Konzeption von Qualifizierungs- und Trainingsmaßnahmen gesteuert werden. Werden bestimmte Schulungsthemen abteilungsübergreifend organisiert wie beispielsweise der Erwerb genereller methodischer Kompetenzen lässt sich zum einen die Mehrfachkonzeption und –durchführung ähnlicher Seminare verhindern (Schäfer, Fölsch & Sauerwald, 2006). Zum anderen können anhand der beschriebenen Kompetenzen und spezifischen Bedarfe für bestimmte Funktionen und Zielgruppen abgestimmte Qualifizierungsprogramme angeboten werden, aus denen Führungskräfte und Mitarbeiter die für sie geeigneten Maßnahmen selbständig auswählen können. In diesem Kontext bietet sich die Bildung sogenannter *Job Families* an, d.h. dass solche Jobs in einer Gruppe zusammengefasst werden, die durch hinreichend ähnliche Aufgaben und damit verbundene gleichartige Kompetenzanforderungen gekennzeichnet sind (Catano, 1998; Hess & Leipoldt, 2006). Die in der Gruppe zusammengefassten Jobs können dann als eine Zielgruppe für Entwicklungs- und Weiterbildungsmaßnahmen betrachtet werden. Darüber hinaus lassen sich arbeitsplatznahe und arbeitsintegrierte Lernformen identifizieren, indem eine Weiterentwicklung der Handlungskompetenzen direkt durch die Auseinandersetzung mit der Tätigkeit und im Arbeitsprozess angestrebt wird. Abgeleitet aus den jobspezifischen Anforderungen werden die betrieblichen Prozesse und Aufgaben derart gestaltet, dass Kompetenzen im Kontext angewendet werden und eine Weiterentwicklung stattfinden kann.

3.2.5. Leistungsmanagement

Kompetenzen finden auch Anwendung im Rahmen des Leistungsmanagements. Unter Leistungsmanagement kann die systematische Steuerung und Kontrolle der Kompetenzen von Mitarbeitern, Teams und Abteilungen verstanden werden mit dem Ziel, die individuelle und organisationale Leistung zu steigern (Dainty, Cheng & Moore, 2003). Dazu werden in einem Kompetenzmodell solche Fähigkeiten und Fertigkeiten beschrieben, die Beschäftigte benötigen, um ihre Leistungen in ihrem Job zu verbessern oder um sich auf neue Aufgaben und Herausforderungen vorzubereiten. Verfolgt das Unternehmen das Ziel, die individuelle Leistung der Beschäftigten zu steigern, so ist im Rahmen einer *Gap-Analyse* ein Abgleich zwischen dem vorhandenen Kompetenz- bzw. Mitarbeiterprofil (Ist-Profil) und dem angestrebten Kompetenzprofil (Soll-Profil) sinnvoll. Auf diesem Weg lassen sich anhand von Übereinstimmungen und Abweichungen die Stärken und Schwächen eines Mitarbeiters identifizieren und Lücken zwischen den momentanen Kompetenzen und den Anforderungen einer spezifischen Position im Unternehmen festmachen. Die Leistungsbewertung erfolgt mit Hilfe von Beurteilungsverfahren, die bestimmte Bewertungskriterien bzw. Leistungsdimensionen enthalten und hinsichtlich derer die Mitarbeiter eingeschätzt werden. Die einzelnen Beurteilungsdimensionen können anhand erfolgskritischer Verhaltensweisen operationalisiert werden. Als sehr zuverlässig haben sich in diesem Zusammenhang verhaltensverankerte Einstufungsskalen erwiesen, bei der den einzelnen Skalenabschnitten Verhaltensweisen als Anker zugeordnet werden (Nerdinger, Blickle & Schaper, 2008). Aus den Einschätzungen lassen sich individuelle Entwicklungs- und Qualifizierungsbedarfe ableiten und mit Hilfe geeigneter Kompetenzentwicklungsmaßnahmen eine Reduzierung der Unterschiede zwischen Soll- und Ist-Profil anstreben (Sinnott, Madison & Pataki, 2002). Folgt man der Auffassung einiger Autoren und den Ergebnissen empirischer Studien so liegt insbesondere im amerikanischen Raum einer der Hauptgründe für die Nutzung eines Kompetenzmodells darin, Leistungen zu erfassen, Interventionen zur Leistungsverbesserung zu steuern und damit die Mitarbeiterleistung zu steigern (Schoonover et al., 2000; Dainty, Cheng & Moore, 2003, 2004; Dubois & Rothwell, 2004; Markus, Cooper-Thomas & Allpress, 2005; Lee & Wu, 2005).

3.2.6. Vergütung

Gelegentlich werden Kompetenzen als Basis zur Gehaltsfindung bzw. in Kombination mit einem kompetenz- bzw. leistungsabhängigen Vergütungssystem (*Compensation & Benefits*) herangezogen. Das bedeutet, dass eine Entlohnung abhängt von a) den am Arbeitsplatz genutzten Kompetenzen (North & Reinhardt, 2005) und b) inwieweit ein bestimmtes Kompetenzniveau oder Leistungslevel erreicht wurde (Catano, 1998). Demnach werden Beschäftigte im Rahmen einer kompetenzbasierten Vergütung nicht einzig nach ihrer Qualifikation bezahlt, sondern auch danach, ob sie ihre Kompetenzen erwerben und im Arbeitsprozess weiterentwickeln, ein höheres Leistungsniveau erreichen und damit einen Beitrag zum Unternehmenserfolg leisten (Dubois & Rothwell, 2004, North & Reinhardt,

2005). Als Grundlage für die Vergütung können sowohl subjektive Kriterien (z.B. Kompetenzeinschätzungen durch den Vorgesetzten) als auch objektive Leistungskriterien und -kennzahlen (z.B. Produktivitätskennziffern) herangezogen werden (Dainty, Cheng & Moore, 2004). Einige Unternehmen sehen in einer kompetenzbasierten Vergütung durchaus Vorteile wie z.b. die Motivationssteigerung von Beschäftigten, andere wiederum sind der Auffassung, dass sie ein konstruktives Feedback verhindert und das Ableiten von Entwicklungszielen erschwert. Wichtig scheint in diesem Zusammenhang zu sein, dass mit der Vergütung verknüpfte Kompetenzmodelle konkret auf die jeweilige Abteilung und deren Funktion zugeschnitten sind.

3.2.7. Kultur und Organisationsentwicklung

Im Rahmen von Change Management-Prozessen wie Fusionen und Reorganisationen erhalten Kompetenzmodelle eine unterstützende Rolle für die Kultur- und Organisationsentwicklung, da sich in ihnen die aus der Strategie ergebenden Kompetenzanforderungen widerspiegeln. Grundsätzlich soll mit einem Kompetenzmodell ein einheitliches Verständnis von Kompetenzen hergestellt und eine gemeinsame Sprache gefunden werden, die den Mitarbeitern und Führungskräften verdeutlicht, welche gegenwärtigen und zukünftigen Anforderungen und Leistungserwartungen von Unternehmensseite an sie gestellt werden (Spencer & Spencer, 1993; Sparrow, 1995; Rogelberg, 1999; Schoonover et al., 2000; Grote, Kauffeld, Billich & Frieling, 2006c). Auf diese Art und Weise können sich die Beschäftigten mit der Unternehmensstrategie vertraut machen und bekommen Hinweise, welche Kompetenzen mit den Unternehmenszielen und - werten übereinstimmen. Darüber hinaus sollten die Ziele, Visionen, Werte und Geschäftsstrategien einer Organisation mit allen Aktivitäten des Personalmanagements in Einklang gebracht (Becker, Huselid & Ulrich, 2002; Dubois & Rothwell, 2004) und Kompetenzen in alle strategischen Personalprozesse eingebunden werden mit dem Zweck, die individuelle und organisationale Leistung zu optimieren.

3.2.8. Weitere Anwendungsfelder von Kompetenzmodellen

Neben den oben beschriebenen Anwendungsfeldern von Kompetenzmodellen, die sich auf das betriebliche Kompetenzmanagement beziehen, finden sich - unabhängig davon - zwei weitere Anwendungsgebiete von Kompetenzmodellen: die Bildungsforschung und die Berufsbildungsforschung. An dieser Stelle sollen beide Anwendungsbereiche von Kompetenzmodellen nicht unerwähnt bleiben, da sie in Zusammenhang mit der zentralen Thematik der vorliegenden Arbeit durchaus von Bedeutung sind. So beschäftigt sich die Bildungsforschung insbesondere mit der Förderung von Bildungsprozessen in Institutionen und mit der Implementierung von allgemeinen Bildungsstandards. Auch die vorliegende Arbeit greift dieses Thema auf, da das für eine Weiterbildungsinstitution entwickelte Kompetenzmodell als Basis eines Qualifizierungsprogramms dient und die Institution das Ziel verfolgt, bestimmte Kompetenzstandards festzulegen. Im Rahmen der Bildungsforschung hat der Senat der Deutschen Forschungsgemeinschaft als aktuelle Maßnahme die Einrichtung des 2006 startenden Schwerpunktprogramms *Kompetenzmodelle zur Erfassung individueller Lernergebnisse und zur Bilanzierung von Bildungsprozessen* beschlossen. Das Projekt beschäftigt sich mit erziehungswissenschaftlichen, fachdidaktischen und kognitionspsychologischen Grundlagen der Kompetenzmodellierung sowie mit Verfahren zur Messung von Kompetenzen (Deutsches Institut für Internationale Pädagogische Forschung [DIPF], 2010). Die Bedeutung von Kompetenzmodellen in diesem Zusammenhang wird dadurch transparent, dass in den vergangenen Jahren Kompetenzmodelle an die Stelle von Lernzielkatalogen getreten sind (Klieme et al., 2007).

Darüber hinaus wird in der Berufsbildungsforschung im Rahmen des 2007 gestarteten Projektes *Kompetenzstandards in der Berufsausbildung* untersucht, ob das Konzept der Bildungsstandards aus dem allgemeinbildenden Bereich auch auf den beruflichen Bereich übertragen werden kann (Bundesinstitut für Berufsbildung [BIBB], 2008). Dabei zielen kompetenzbasierte Bildungsstandards im beruflichen Bereich, kurz Kompetenzstandards, darauf ab, eine präzise und logisch konsistente Beschreibungen der Kompetenzen in einem Berufsfeld zu schaffen, um klare Kriterien für die Leistungsmessung und einen diagnostischen Zugang zur individuellen Bildungsbilanzierung zu liefern (Straka, 2004). Auch hier sind Parallelen zur vorliegenden Arbeit erkennbar, in der es um die Beschreibung von Kompetenzen für ein Berufsfeld bzw. eine Berufsgruppe geht, dessen Inhalte als Grundlage eines Qualifizierungsprogramms herangezogen werden und im Rahmen dessen nach bestanderer Prüfung der Kompetenzerwerb durch ein Zertifikat nachgewiesen wird.

Analog zum betrieblichen Kompetenzmanagement geht es sowohl in der Bildungs- als auch in der Berufsbildungsforschung um die strukturierte Beschreibung (fachbezogener) Kompetenzen, anhand derer die Anforderungen an Lernende nach Kompetenzbereichen und -ausprägungen aufgeschlüsselt dargestellt werden können. Mit Hilfe der Kompetenzmodelle kann zum einen beschrieben werden, welche Erwartungen an die Lernergebnisse gestellt und zum anderen aufgezeigt werden, wie Wissen und Können erworben werden können. Damit stellen Kompetenzmodelle die Basis für Operationalisierungen von Bildungs- und Berufsbildungszielen dar und erlauben, dass das Ergebnis der (Weiter-)Bildung anhand von Testverfahren empirisch überprüft werden kann (Klieme et al., 2007).

3.3. Vorgehen im Kompetenzmodellierungsprozess

Im Prozess der Entwicklung eines unternehmensbezogenen Kompetenzmodells können viele verschiedene Ansätze und Methoden herangezogen werden, um die erfolgsbestimmenden Kompetenzen abzubilden (McLagan & Nel, 1997; Mirabile, 1997). Im Folgenden sollen drei wesentliche Fragen diskutiert werden, die für eine erfolgreiche Gestaltung der Kompetenzmodellierung im Unternehmen zu klären sind: 1. Welche Perspektive wird eingenommen? 2. Wer im Unternehmen wird mit einbezogen? 3. Welche Methoden werden herangezogen?

3.3.1. Perspektive bei der Modellierung beruflicher Kompetenzen

Im Rahmen einer Studie mit 31 überwiegend US-amerikanischen Unternehmen haben Briscoe & Hall (1999) untersucht, welche unterschiedlichen Ansätze bei der Kompetenzmodellierung praktiziert wurden. Sie unterscheiden dabei im Wesentlichen zwischen den folgenden drei Perspektiven: strategie-, forschungs- und wertebasierter Ansatz. Beim *strategiebasierten* Ansatz werden die Kompetenzen der Mitarbeiter und Führungskräfte anhand der Unternehmensstrategie, also der zukünftigen strategischen Ausrichtung des Unternehmens, abgeleitet. Dies ermöglicht eine zukunftsbezogene Formulierung der Anforderungen. Allerdings liegen mögliche Fehlerquellen darin, dass entweder zukünftige Entwicklungen nicht richtig eingeschätzt oder falsche Kompetenzen abgleitet werden, weil die Methoden nicht so zuverlässig sind wie bei der Erhebung gegenwärtiger Kompetenzen. Beim *forschungsbasierten* Ansatz werden die erfolgsrelevanten Kompetenzen von Mitarbeitern und Führungskräften in Interviews mittels bestimmter Interviewtechniken (z.B. *Critical Incident Technique*; *Behavioral Event Interview*) identifiziert, indem nach Zusammenhängen zwischen bestimmten Kompetenzmerkmalen und erfolgreichem Verhalten gesucht wird. Ein wesentlicher Vorteil des forschungsbasierten Ansatzes besteht darin, dass eine zuverlässige Ableitung von Kompetenzen aus den gegenwärtigen Anforderungen möglich ist. Jedoch ermöglicht das empirische Vorgehen nicht die Erfassung solcher Kompetenzen, die aufgrund von Unternehmensveränderungen zukünftig relevant sein mögen und vernachlässigt damit die strategische Ausrichtung des Unternehmens. Der *wertebasierte* Ansatz sieht als Ausgangspunkt der Kompetenzmodellierung die Betrachtung der unternehmenskulturellen Normen und Werte vor, wobei insbesondere die Geschäftsführung bzw. die obere Managementebene einen Einfluss auf die Kompetenzformulierung nehmen kann. Zwar wird diese Perspektive bei der Kompetenzmodellierung im Gegensatz zur forschungsbasierten Perspektive als motivierend bezeichnet, jedoch liegen die Nachteile in dem weniger systematischen und wissenschaftlichen Erhebungsprozess.

In der betrieblichen Praxis werden Kompetenzmodelle häufig unternehmensstrategisch entwickelt, d.h. es wird der Frage nachgegangen, welche Kompetenzen Mitarbeiter, Führungskräfte, Bereiche und Abteilungen heute und zukünftig benötigen, um die Unternehmensstrategie erfolgreich umzusetzen (Lucia & Lepsinger, 1999). Bei diesem in der betrieblichen Praxis gebräuchlichen Ansatz der Kompetenzmodellierung werden zunächst Kernkompetenzen identifiziert, die für die gesamte Organisation und alle Mitarbeiter wesentlich sind sowie darüber hinaus individuelle Kompetenzen, die lediglich auf einzelne Stellen oder bestimmte Positionen anwendbar sind (Catano, 1998; Marelli, Tondora & Hoge, 2005). Während bei der Modellierung individueller Kompetenzen „die strategische Ausrichtung des Unternehmens sowie empirisch ermittelte Anforderungen und Leistungsverhalten gleichermaßen berücksichtigt" werden (S. 2), erfolgt die Herleitung organisationaler Kompetenzen ausgehend von den Kundenbedürfnissen, Einschätzungen der Markt- und Wettbewerbssituation und der Verwendung von Zukunftsszenarien (Homp, 2000). Darüber hinaus werden organisationale Kompetenzen häufig durch die Betonung von Aspekten der Wertschöpfungskette oder Produkteigenschaften charakterisiert (Prahalad & Hamel, 1990; Hammann & Freiling, 2000), während individuelle Kompetenzen anhand von Kompetenzklassen und Kompetenzfacetten inhaltlich und durch Ausprägungsgrade qualitativ bzw. quantitativ beschrieben werden.

3.3.2. Beteiligung der Mitarbeiter und des Managements

Neben den unterschiedlichen Perspektiven bei der Kompetenzmodellierung ergibt sich die Frage, welche Gruppen im Unternehmen bei der Entwicklung eines Kompetenzmodells beteiligt werden. Es sollte frühzeitig geklärt werden, ob lediglich das strategische Management (*Top-Down-Ansatz*) oder auch Führungskräfte und Mitarbeiter (*Bottom-Up-Ansatz*) in den Prozess mit eingebunden werden (Grote et al., 2006b). Verschiedene Autoren betonen, dass bei der Entwicklung und Implementierung eines Kompetenzmodells die Einbeziehung und Unterstützung durch die oberste Managementebene einen wesentlichen Erfolgsfaktor darstellt (Lucia & Lepsinger, 1999; Sonntag & Schmidt-Rathjens, 2004; North & Reinhardt, 2005). So kann das Ergebnis eines Top-down-Vorgehens in einem klar und eindeutig strukturierten Kompetenzmodell bestehen, da Kompetenzen stringent aus den strategischen Erfordernissen abgeleitet und eindeutig zugeordnet werden (Grote et al., 2006b). Das Management sollte dann durch eine breite Aufklärung und unternehmensweite Kommunikation den Nutzen und die Vorteile des Kompetenzmodells verbreiten, so dass eine Durchdringung bis in alle Unternehmensebenen sichergestellt wird (North & Reinhardt, 2005). Von entscheidender Bedeutung ist aber auch die Einbindung des Betriebsrates, der Mitarbeiter und der Führungskräfte, damit schon frühzeitig die Akzeptanz der zukünftigen Nutzer gesichert werden kann (Nienaber, 2001, Dainty, Cheng & Moore, 2003). Eine zu breite Beteiligung der Nutzer birgt jedoch die Gefahr, dass zu viele Wünsche nach Ergänzung des Modells um fachbereichsspezifische Kompetenzen bestehen, es zu Abstimmungsproblemen kommt und Kompromisse gefunden werden müssen. Trotzdem sollten idealerweise nicht nur das strategische Management sondern auch die Mitarbeiter und die Mitarbeitervertretung von Anfang an in den Prozess zur Gestaltung eines Kompetenzmodells einbezogen werden (Sonntag & Schmidt-Rathjens, 2004; North & Reinhardt, 2005).

Offensichtlich ergibt sich aus der Wahl der Perspektive bei der Kompetenzerhebung gleichzeitig, welche Zielgruppe im Unternehmen bei der Kompetenzmodellierung beteiligt wird. Während der werte- und strategiebasierte Ansatz in erster Linie eine Beteiligung des Top-Managements vorsehen, werden beim forschungsbasierten Ansatz die Mitarbeiter und Führungskräfte einbezogen und zu ihren Kompetenzen befragt. Schaper (2004) hat diese beiden Aspekte integriert und diskutiert zwei Ansätze zur Analyse und Modellierung von Kompetenzen sowie damit in Verbindung stehende Methoden: den strategisch orientierten Top-Down- und den empirisch orientierten Bottom-Up-Ansatz. Bei dem *strategieorientierten Top-Down*-Ansatz ist das Kompetenzmodell an den Kernkompetenzen des Unternehmens und seiner Strategie ausgerichtet. Mit Hilfe von Strategieworkshops mit der oberen und mittleren Managementebene können zukünftige Anforderungen an die Mitarbeiter auf Grundlage strategischer Unternehmensentscheidungen identifiziert werden (Schaper & Hochholdinger, 2006). Zum anderen wird von einem *empirisch orientierten Bottom-Up-Ansatz* gesprochen, bei dem qualitative Erhebungsmethoden im Vordergrund stehen, um erfolgsrelevante Verhaltensweisen und Kompetenzmerkmale von Mitarbeitern zu identifizieren.

3.3.3. Methoden der Kompetenzmodellierung

Im Wesentlichen kann bei der Analyse von beruflichen Kompetenten zwischen einer empirischen und einer normativen bzw. prospektiven Bestimmung von erfolgsrelevanten Kompetenzen unterschieden werden. Zwei bei der empirischen Kompetenzmodellentwicklung geläufige Methoden sind die von Flanagan (1954) entwickelte Critical Incident Technique (CIT) und das Behavioral Event Interview (BEI) von McClelland (1973). Bei der CIT handelt es sich um eine systematische Befragung von Stelleninhabern, Vorgesetzten und/oder Experten zu kritischen Ereignissen im Arbeitskontext mit dem Ziel, Kompetenzen und Verhaltensweisen zu identifizieren, die einen erfolgsentscheidenden Einfluss auf die Arbeitsleistung haben (Hess & Leipoldt, 2006). Eine Weiterentwicklung der Critical Incident Technique ist das Behavioral Event Interview, eine von McClelland (1973) entwickelte Interviewtechnik zur Identifizierung von erfolgskritischen Kompetenzen. Der zentrale Unterschied zwischen den beiden Methoden besteht darin, dass bei der CIT der Schwerpunkt der Erhebung auf Verhaltensweisen und Ergebnissen liegt, während sich mit Hilfe der BEI-Technik zusätzlich individuelle Gedanken, Motive und Gefühle in bestimmten Arbeitssituationen bestimmen lassen (Peters & Winzer, 2003). So werden im Rahmen des BEI leistungsstarke Stelleninhaber (*Top-Performer*) und "Durchschnittsleister" (*Medium-Performer*) detailliert über ihr Verhalten in komplexen oder problematischen Arbeitssituationen befragt, die erfolgreich bzw. erfolglos ausgegangen sind. Dabei werden solche Stelleninhaber als Top-Performer ausgewählt, die hinsichtlich bestimmter Leistungskriterien eine Standardabweichung besser sind als der Durchschnitt (Peters & Winzer, 2003). Beide Gruppen werden gebeten jeweils drei positive und negative Ereignisse ihrer beruflichen Laufbahn zu berichten und zu schildern, was sie in den jeweiligen Situationen gedacht und gefühlt haben, wie sie gehandelt haben und was das Ergebnis dieses Handelns war. Eine der wichtigen methodischen Grundlagen nach McClelland (1993) besteht darin, in einer offenen diagnostischen Situation solche Gedanken und Verhaltensweisen zu identifizieren, die mit einem erfolgreichen Ergebnis kausal verknüpft sind. Die Interviews werden dann bezüglich der unterschiedlichen Personenmerkmale und Verhaltensweisen in den beiden Stichproben analysiert. Mit Hilfe generisch-interpretativer Auswertungsmethoden wird ermittelt, durch welche Kompetenzen sich Top-Performer von Medium-Performern unterscheiden. Darüber hinaus werden Ausprägungen und Niveaustufen identifiziert, die den Unterschied zwischen durchschnittlichen Leistungen und Spitzenleistungen kennzeichnen (Peters & Winzer, 2003). Aus den Ergebnissen der empirischen Analyse lässt sich ein Kompetenzmodell ableiten, dass die erfolgsentscheidenden Anforderungsmerkmale einer Position beschreibt und anhand von Ausprägungsstufen verdeutlicht, ob ein mittleres oder hohes Kompetenzniveau erreicht ist. Dieses analytische Vorgehen ist sehr stark an den gegenwärtigen Kompetenzanforderungen orientiert.

Im Gegensatz zu den empirischen Verfahren erlauben normativ bzw. prospektiv ausgerichtete Methoden die Bestimmung von neuartigen zukünftig relevanten Kompetenzaspekten. Im Rahmen von Strategieworkshops mit dem gehobenen Management lassen sich auf Grundlage strategischer Geschäftsprozesse und Unternehmensentscheidungen im Sinne einer prospektiven Orientierung zukünftige Anforderungen an die Mitarbeiter identifizieren. Ein Beispiel für einen normativen Ansatz zur Erarbeitung eines Kompetenzmodells für Führungskräfte auf Basis einer strategischen Situationsanalyse ist bei Hochholdinger (2002) detailliert beschrieben. Idealerweise sind Kompetenzmodelle jedoch sowohl normativ bzw. strategisch als auch empirisch begründet (Klieme et al., 2007; Schaper, 2009a). Das bedeutet, dass bei der Kompetenzbestimmung nicht ausschließlich empirisch orientierte Analysemethoden herangezogen werden sollten, da normativ bzw. prospektiv orientierte Vorgehensweisen auch zukünftig relevante Kompetenzanforderungen und Entwicklungsziele berücksichtigen, die sich beispielsweise aus den strategischen Veränderungsprozessen des Unternehmens ergeben können. Eine Konzentration auf die Erfassung rein normativer Kompetenzaspekte würde allerdings den Bezug zu realen beruflichen Anforderungssituationen vernachlässigen. Aus diesem Grund rät Schaper (2004) zu einem integrierten Ansatz, der eine Kombination von empirischen und strategisch orientierten Verfahrensweisen vorsieht.

Neben den dargestellten Vorgehensweisen führen Schaper & Hochholdinger (2006) weitere Verfahren zur Identifikation von berufsrelevanten Kompetenzen an: Dokumentenanalysen sowie Aufgaben- und Anforderungsanalysen. Die *Dokumentenanalyse* ist eine Erhebungstechnik, bei der in Form von Dokumenten vorliegende Daten analysiert werden. So können beispielsweise Unterlagen für eine Position oder Funktion (z.B. Stellenbeschreibungen, Führungsleitlinien) systematisch ausgewertet und relevante Kompetenzen abgeleitet werden. Die *Aufgaben- und Anforderungsanalyse* ermöglicht die Befragung von Stelleninhabern zu ihren derzeitigen Arbeitsaufgaben und den damit verbundenen kognitiven, sozialen und sensu-motorischen Anforderungen. Klassische Anforderungsanalysen sind methodenbedingt primär vergangenheitsorientiert, bestenfalls gegenwartsbezogen (Sarges, 2001). Sie beschäftigen sich mit den Leistungsvoraussetzungen von Personen, die zur erfolgreichen Bewältigung einer Aufgabe relevant sind und orientieren sich dabei an den Personenmerkmalen, die in der Vergangenheit erfolgreiche Stelleninhaber kennzeichneten (Nerdinger, Blickle & Schaper, 2008). Mit Anforderungsanalysen werden also in der Regel die heutigen Anforderungen an Stelleninhaber beschrieben, die aus den Erfahrungen von gestern definiert werden (Hess & Leipoldt, 2006). Ein Beispiel für ein strategisch ausgerichtetes Analyseverfahren, was nicht nur die Erfassung aktueller sondern auch zukünftiger Aufgaben und Anforderungen für verschiedene Funktionen ermöglicht, ist der *Leitfaden für qualitative Personalplanung bei Innovation (LPI)* von Sonntag, Schaper & Benz (1999). In einem konkreten Anwendungsbeispiel zur Entwicklung eines Kompetenzmodells für die schweizerische Post zeigten Sonntag & Schmidt-Rathjens (2004), dass mithilfe des LPIs neben gegenwärtigen auch strategische Kompetenzanforderungen erfasst werden konnten. Resümierend kann festgestellt werden, dass der volle Nutzen eines Kompetenzmodells als Basis für das HR-Management erst dann zum Tragen kommt, wenn empirische Methoden mit strategiebasierten Verfahren bei der Kompetenzmodellierung kombiniert werden.

3.4. Konzeption und Klassifikation von Kompetenzmodellen

Neben den im vorangegangenen Abschnitt diskutierten Methoden und Perspektiven, die bei der Kompetenzmodellierung herangezogen werden können, existieren auch hinsichtlich der inhaltlichen Gestaltung des Kompetenzmodells verschiedene Varianten. Es gibt vielfältige Ansätze, welche Anzahl von Kompetenzen auf welchem Abstraktionsniveau in einem Modell abgebildet sind (Schmidt-Rathjens & Stegmaier, 2005), wie sie klassifiziert und organisiert werden (Marelli, Tondora & Hoge, 2005; Dubois & Rothwell, 2004) und ob sie lediglich auf eine einzelne Stelle, eine Berufsgruppe, eine Organisation oder unternehmensübergreifend anwendbar sind. Im Folgenden sollen daher ausgewählte Gestaltungsmerkmale, hinsichtlich der sich Kompetenzmodelle klassifizieren lassen, vorgestellt werden: 1. tätigkeitsübergreifende (generische) versus tätigkeitsspezifische Kompetenzmodelle, 2. einfache versus detaillierte Kompetenzmodelle und 3. Modelle, die eine vollständige versus erfolgskritische Abbildung von Kompetenzen umfassen. Schließlich werden darüber hinaus kompetenzorientierte Verfahren und arbeitsanalytische Ansätze gegenübergestellt, die sich hinsichtlich der Identifikation und Beschreibung von Kompetenzen unterscheiden.

3.4.1. Generische versus spezifische Kompetenzmodelle

Unternehmensbezogene Kompetenzmodelle lassen sich grundsätzlich danach klassifizieren, ob sie Kompetenzen beschreiben, die sich auf eine einzelne, spezifische Tätigkeiten beziehen oder solche, die für eine Berufsgruppe oder Tätigkeitsfamilien (generische Kompetenzmodelle) relevant sind. Generische Kompetenzen werden auf verschiedene Jobs, Funktionen und Verantwortungsbereiche innerhalb einer Organisation angewendet, jedoch nicht auf eine spezifische Position (Catano, 1998). In Anlehnung an diese Differenzierung unterscheidet Mansfield (2006) die drei nachfolgend beschriebenen Typen von Kompetenzmodellen: Single-Job, One-Size-fits-all und Multiple-Job.

In einem *Single-Job-Modell* werden solche Kompetenzen abgebildet, die jeweils für einzelne berufliche Tätigkeit notwendig sind. Der Vorteil dieses Ansatzes liegt in der präzisen und detaillierten Beschreibung von Leistungsvoraussetzungen für eine spezifische Arbeitstätigkeit. Damit wird von Unternehmensseite deutlich kommuniziert, welche Kompetenzen von jedem einzelnen Mitarbeiter erwartet werden (Mirabile, 1997). Die Stelleninhaber bekommen so Aufschluss darüber, welche Kompetenzen sie besitzen, erwerben und entwickeln müssen, um die Aufgabenanforderungen in einem spezifischen Leistungsbereich zu bewältigen. Ein wesentlicher Nachteil besteht jedoch sowohl in der zeit- und kostenintensiven Erarbeitung des Modells als auch in einer fehlenden Vergleichbarkeit der Anforderungen über verschiedene Tätigkeitsfamilien hinweg. Demgegenüber beinhaltet ein generelles Kompetenzmodell *(One-Size-fits-all)* solche Fähigkeits- und Fertigkeitsaspekte, die auf eine größere Anzahl von Funktionen bzw. eine Bandbreite verschiedener Jobs (z.B. im Management) angewendet werden können. Die Konzeption dieses Modells ermöglicht die Vergleichbarkeit von Tätigkeiten und stellt eine zeit- und kostengünstigere Variante zu dem Single-Job-Modell dar. Allerdings sind generische Kompetenzen unter Umständen so breit definiert, dass sie von einem einzelnen Beschäftigten als nicht relevant für die eigene Aufgabenbewältigung wahrgenommen werden (Stuart, 1983). Darüber hinaus vernachlässigt dieser Ansatz die Beschreibung von Kompetenzen, die in einem spezifischen Job benötigt werden. Kauffeld (2006) betont, dass berufliche Handlungskompetenzen immer berufsspezifisch definiert und mit Inhalt gefüllt werden sollten, indem die jeweils in einem Job typischerweise auftretenden Anforderungssituationen beschrieben werden. Burgoyne (1990) bringt es auf den Punkt und stellt fest: "The paradox is that the more universally true any given list of competencies is, the less immediately useful it is to any particular choice about how to act and behave in a specific situation (S. 23)." Aus diesem Grund scheint die Anwendung von One-Size-fits-all-Modellen für Zwecke der Personalauswahl und Stellenbesetzung weniger gut geeignet. Wird bei Auswahlverfahren im Gegensatz zu einer generellen Kompetenzbeschreibung eine spezifische Darstellung der notwendigen Voraussetzungen für eine Position herangezogen, kann damit eine zuverlässigere Aussage über die Passung zwischen Bewerber und Position erzielt werden (Tett et al., 2000). Mansfield (1996) schlägt als Alternative zu den beiden genannten Vorgehensweisen den *Multiple-job-approach* vor. Demnach werden zunächst typischerweise 20 bis 40 überfachliche und positionsunabhängige Kompetenzen bestimmt, die jeweils anhand von 5-15 Verhaltensbeschreibungen für bestimmte Positionen konkretisiert werden. Zusätzlich werden je nach Erfordernis für bestimmte Tätigkeiten fachliche Kompetenzen ergänzt. Idealerweise sollten Unternehmen also eine Kombination aus dem Single-Job- und dem One-Size-fits-all-Ansatz anstreben, indem sowohl organisationsweite und fachübergreifende Kompetenzen definiert als auch bereichs- und tätigkeitsbezogene Kompetenzen bestimmt werden (Shippmann et al., 2000).

Analog zum One-Size-fits-all-Ansatz bieten diverse Unternehmensberatungen einen firmenübergreifenden, standardisierten Katalog von Kompetenzen an, der sich auf bestimmte Berufgruppen bzw. Job-Familien bezieht (Sarges, 2001). Bei der Entwicklung solcher Kompetenzmodelle bleiben die Anforderungen eines einzelnen Unternehmens unberücksichtigt, die im Katalog aufgeführten Kompetenzen beanspruchen einen erweiterten Geltungsbereich (Grote et al., 2006b). So haben beispielsweise Spencer & Spencer (1993) für bestimmte Job-Kategorien generische Kompetenzprofile erstellt (z.B. für *Technicans &*

Professionals, Salespeople, Helping & Human Service Workers, Managers & Entrepreneurs).

Ein weiteres Beispiel für ein über den Unternehmenskontext hinausgehendes Kompetenzmodell ist das der SHL-Group (vgl. Tab. 4), einer Beratungsfirma aus London.

Tabelle 4: Ebenen des SHL-Kompetenzmodells nach Kurz & Bartram (2002)

(1) 8 Kompetenzfaktoren	(2) 20 Subkompetenzen	
Führen und Entscheiden	Entscheidungsfähigkeit & Handlungsinitiative	
	Führungskompetenz & Supervision	
Unterstützen und Kooperieren	Teamarbeit & Unterstützung	
	Kundenorientierung	
Interagieren und Präsentieren	Beziehungspflege & Networking	
	Überzeugungskompetenz & Einflussnahme	
	Kommunikations- & Präsentationsfähigkeit	
Analysieren und Interpretieren	Schriftlicher Ausdruck & Berichterstattung	
	Expertise & technische Kompetenz	(3) 112 Kompetenz-elemente
	Problemlösekompetenz	
Gestalten und Konzipieren	Lernfähigkeit & Forschungsarbeit	
	Gestaltungs- & Innovationsfähigkeit	
	Strategische & Konzeptionelle Kompetenz	
Organisieren und Ausführen	Planungs- & Organisationsfähigkeit	
	Qualitätsbewusstsein	
Anpassen und Bewältigen	Pflichtbewusstsein & Beharrlichkeit	
	Anpassungs- & Reaktionsfähigkeit	
	Belastungsfähigkeit	
Unternehmerisch Denken und leistungsorientiert Handeln	Leistungsorientierung & Karriereentwicklung	
	Unternehmerisches & kaufmännisches Denken	

Kompetenzmodellierung als Basis betrieblichen Kompetenzmanagements

Auf Basis einer umfangreichen Recherche und Analyse zahlreicher Kompetenzmodelle und Instrumente zur Kompetenzerfassung identifizierten Kurz und Bartram (2002) acht Kompetenzfaktoren (*Great Eight*) mit insgesamt 20 Dimensionen und 112 Kompetenzaspekten, die kennzeichnend und prädiktiv für hohe Arbeitsleistung sind. Das dreistufige SHL-Kompetenzmodell ist hierarchisch aufgebaut: (1) Auf der obersten Ebene befinden sich acht allgemeine Kompetenzfaktoren (*Competency Factors*), die über alle Hierarchieebenen eines Unternehmens hinweg verschiedene Aspekte kompetenten Verhaltens im Arbeitsleben erfassen. (2) Die zweite Ebene umfasst 20 Kompetenzdimensionen (*Competency Dimensions*), die die acht breiteren Faktoren der ersten Ebene herunter brechen und die sich in verschiedenen unternehmensbezogenen Kompetenzmodellen wieder finden. (3) Schließlich beinhaltet die dritte Ebene 112 Kompetenzelemente (*Component Competencies*), die jeweils ein spezifisches Set von Verhaltensweisen beschreiben und die als Bausteine für die Entwicklung jedes beliebigen Kompetenzmodells herangezogen werden können.

Der Vorteil von standardisierten, organisationsübergreifenden Kompetenzmodellen liegt darin, dass sie eine kostengünstige und zeitsparende Variante im Hinblick auf die Identifikation von Kompetenzen darstellen. Der Nachteil dieser Kompetenzkataloge liegt jedoch darin, dass die konkreten Anforderungen eines Unternehmens nicht berücksichtigt werden und dadurch die Validität des Kompetenzmodells eingeschränkt ist. Nach Sparrow (1995) sollten insbesondere Managementkompetenzen organisationsspezifisch formuliert sein, da einzigartige Organisationsstrukturen, Karrierewege und Wachstumspfade die Entwicklung von spezifischen Kompetenzen erforderlich machen, die letztlich zum Wettbewerbsvorteil beitragen (Grant, 1991). Aus diesem Grund sollten standardisierte Kompetenzkataloge um solche Kompetenzen ergänzt werden, die die internen und externen Rahmenbedingungen einer Organisation berücksichtigen (Dubois, 1993; Mansfield, 1996). Je universeller ein Kompetenzmodell formuliert ist, desto geringer ist die wahrgenommene Bedeutung für und die Übertragbarkeit auf ein einzelnes Unternehmen (Stuart, 1983).

Nicht nur die betriebliche Praxis sondern auch die Forschung hat sich in den letzten Jahren intensiv mit generischen Kompetenzmodellen auseinandergesetzt, wobei insbesondere im angloamerikanischen Sprachraum der Berufsgruppe der Manager besondere Aufmerksamkeit geschenkt wurde (Spencer & Spencer, 1993; Dalton, 1997; Dainty et al., 2003, 2004). Ein wesentlicher Grund für das weitreichende Forschungsinteresses liegt zum einen in der Komplexität des Konstrukts (Crawley, Pinder & Herriot, 1990) und zum anderen darin, dass Managementkompetenzen einen wesentlichen Beitrag zum organisationalen Erfolg leisten (Tett et al., 2000). Zahlreiche Studien haben sich in den letzten Jahrzehnten mit der Entwicklung von Kompetenztaxonomien für Managementtätigkeiten beschäftigt (Hemphill, 1960; Tornow & Pinto, 1976; Luthans & Lockwood, 1984; Yukl & Lepsinger, 1992; Borman & Brush, 1993; Campbell, McCloy, Oppler & Sager, 1993) und konnten zeigen, dass vielen Managementberufen eine Menge von generischen Kompetenzen gemein ist (Boyatzis, 1982). Die in den Modellen beschriebenen Kompetenzen sind breit definiert und setzten sich zusammen aus mehreren Facetten wie Persönlichkeitsmerkmalen, motivationalen Faktoren und kognitiven Fähigkeiten (Bartram, 2005). So entwickelten Tett et al. (2000) in ihrer Studie eine "hyperdimensionale" Kompetenztaxonomie für Managementtätigkeiten mit dem Ziel, eine verhaltensbezogene und detaillierte Beschreibung von generischen Managementkompetenzen bereitzustellen, da sie dahingehend ein Defizit bei den bestehenden Modellen identifiziert hatten. Gleichzeitig sollte ihr Kompetenzmodell auf eine Bandbreite von Managementberufen übertragbar sein und unabhängig von der Managementfunktion (z.B. Produktion, Personal, Vertrieb), der Managementebene (obere, mittlere, untere) und der Branche angewendet werden können. Zunächst haben die Forscher nach Durchführung einer Literaturrecherche 12 bestehende generische Kompetenzmodelle für Managementtätigkeiten als bedeutsam identifiziert, die sie als Grundlage für die Entwicklung ihrer Kompetenztaxonomie heranzogen. Sie konzipierten ein Modell mit insgesamt 47 definierten Kompetenzdimensionen, die durch jeweils drei Verhaltensbeschreibungen konkretisiert und in neun übergeordnete Kategorien organisiert wurden. Im Rahmen von Experteneinschätzungen wurde das entwickelte Modell inhaltlich validiert, indem Experten die 141 zufällig sortierten Verhaltensbeschreibungen zu den definierten Kompetenzdimensionen zuordnen sollten. So konnte festgestellt werden, inwieweit jede einzelne Verhaltensbeschreibung eindeutig in die richtige Kompetenzdimension klassifiziert wurden. Im Ergebnis wurde mit einer hohen Übereinstimmung zwischen den Experten ein großer Teil der Verhaltensanker der richtigen Kompetenzdimension zugeordnet, was für eine hohe inhaltliche Validität des Kompetenzmodells spricht.

3.4.2. Detaillierte versus einfache Kompetenzmodelle

Ein weiteres Klassifikationsmerkmal von Kompetenzmodellen ist deren Detailliertheit bzw. Komplexität. Je nach Intention sind Kompetenzmodelle Listen oder Kataloge, mit mehr oder weniger detailliert beschriebenen Kompetenzen (Markus, Cooper-Thomas & Allpress, 2005). Daher sollte bereits in der Entwicklungsphase eines Kompetenzmodells die Frage gestellt werden, für welchen Anwendungszweck das Modell genutzt werden soll und ob in diesem Zusammenhang ein hoher oder geringer Grad an Detailliertheit erforderlich ist (Mirabile, 1997).

Detaillierte Modelle sind dadurch kennzeichnet, dass die in ihnen erfassten Fähigkeiten und Fertigkeiten anhand von beobachtbaren individuellen Verhaltensweisen bzw. ausformulierten Verhaltenskriterien im Detail präzisiert und gegebenenfalls hinsichtlich ihrer Ausprägung auf unterschiedlichen Niveaustufen abgebildet werden. Nach Stuart (1983) bestehen diese Kompetenzmodelle aus mehreren Kompetenzen, die sich jeweils in drei bis vier Subkompetenzfelder aufgliedern und durch Verhaltensbeschreibungen konkretisiert werden. Demgegenüber werden bei einfachen Kompetenzmodellen die einzelnen Dimensionen lediglich durch eine Definition und eine geringe Anzahl von Verhaltensankern erläutert. Eine detaillierte Kompetenzbeschreibung erlaubt zwar eine präzise Darstellung und Transparenz der Anforderungen, allerdings gehen mit der Anwendung ein erhöhter Verwaltungsaufwand und eine geringere Nutzerfreundlichkeit einher. So kann die Generierung einer umfangreichen Kompetenzliste die Folge haben, "dass sie für Mitarbeiter und Führungskräfte nicht mehr handhabbar" ist (Nienaber, 2001, S. 81). Demgegenüber bietet ein einfaches Kompetenzmodell eine bessere und leichtere Handhabbarkeit, jedoch fehlen Informationen welche Abstufungen eine Kompetenz annehmen kann.

Werden Kompetenzmodelle in Unternehmen als Basis für ein integriertes Personalmanagement herangezogen, so ist die inhaltliche Beschreibung von Kompetenzausprägungen bzw. Niveaustufen für unterschiedliche Positionen anhand von Verhaltensbeispielen von besonderer Bedeutung. Auch wenn bestimmte Kompetenzen vermeintlich positionsübergreifend sind wie z.B. Kundenorientierung oder kommunikative Kompetenzen, so können diese zwischen den Funktionen innerhalb eines Unternehmens hinsichtlich der Bedeutung und des Ausprägungsgrades variieren (Lucia & Lepsinger, 1999). So mag beispielsweise die Kundenorientierung eines Mechanikers in der Produktion etwas anderes bedeuten als die eines Vertriebsingenieurs im Großanlagenbau. Während sich die Kundenorientierung beim Mechaniker in der sorgfältigen Erledigung der Aufträge zeigen kann, so ist das beim Vertriebsingenieur beispielsweise die Berücksichtigung von Kundenwünschen bei der Auftragsumsetzung (Wottawa, 2000). Darüber hinaus kann auch der Grad der Kompetenzausprägung von Stelle zu Stelle variieren. Ein Mechaniker in der Produktion muss vermutlich über weniger ausgeprägte kommunikative Kompetenzen verfügen als ein Vertriebsingenieur, der Vorträge über Produkte hält oder Kundenbegriffe nutzen und anwenden muss. Aus diesem Grund ist eine Differenzierung sinnvoll, indem eine Kompetenz nicht nur als eine einzige Dimension verstanden wird, die für verschiedene funktionale Bereiche und unterschiedliche Hierarchiestufen gleich definiert und operationalisiert wird (Sarges, 2001).

Insbesondere im Rahmen der Personalauswahl und -entwicklung oder zu Zwecken des Leistungsmanagement ist eine detaillierte Darstellung von Leistungsvoraussetzungen sinnvoll, wohingegen bei der Beschreibung von Kernkompetenzen einer Organisation auf eine ausführliche Darstellung verzichtet werden kann (Mirabile, 1997). Werden Kompetenzprofile im Rahmen der Personalauswahl eingesetzt, kann mit einer detaillierten Beschreibung der Kompetenzen für eine Funktion eine zuverlässigere Einschätzung vorgenommen werden, ob der Bewerber über die notwendigen Fähigkeitsmerkmale verfügt (Markus et al., 2005). Auch wenn eine detailreiche Abbildung von Kompetenzen zeit- und kostenintensiver ist und die Ergebnisse weniger generalisierbar sind, erlaubt diese eine exaktere Differenzierung zwischen Beschäftigten und deren Leistungslevel (Rogelberg, 1999). Sie ermöglicht darüber hinaus eine Spezifizierung der Fähigkeiten und Fertigkeiten, die durch Weiterbildungs- und Trainingsmaßnahmen erlernt und entwickelt werden können. Ein wesentlicher Erfolgsfaktor des operativen Kompetenzmanagements scheint in einem ausgewogenen Detaillierungsgrad des Kompetenzmodells zu bestehen. Werden zu viele Dimensionen und Ebenen definiert, wird das Modell nicht nur unübersichtlich, sondern auch nicht mehr administrierbar.

3.4.3. Vollständige versus erfolgskritische Abbildung von Kompetenzen

Vergleichbar mit der Frage nach dem Grad der Detailliertheit bei der Kompetenzmodellierung ist die Fragestellung, ob im unternehmensbezogenen Kompetenzmodell die Abbildung vollständiger oder kritischer Kompetenzen favorisiert wird. Ein in vielen Definitionen betontes zentrales Merkmal von Kompetenzmodellen ist vor allem darin zu sehen, dass es nicht um die umfassende Erhebung und Abbildung aller denkbaren Fähigkeiten und Fertigkeiten geht. Vielmehr sollten lediglich solche erfolgskritischen Kompetenzaspekte in einem Modell zusammengefasst werden, die einen entscheidenden Einfluss auf die Arbeitsleistung haben und den Schlüssel für berufliche Leistung und Erfolg darstellen (Hess & Leipoldt, 2006). Entsprechend liefern Laber und O´Connor (2000) folgende Erläuterung für Kompetenzmodelle: „…determining specific competencies related to organizational goals or an attempt to determine the capabilities characteristic of high performance and success in a given job" (S. 92).

Bei der Gestaltung des Modells sollte frühzeitig entschieden werden, ob alle denkbaren Kompetenzen erfasst werden oder ob man sich auf die zentralen erfolgskritischen Kompetenzen konzentriert (Flanagan, 1954). Letztlich lassen sich bei der Beantwortung dieser Frage die gleichen Argumente heranziehen wie bei der Entscheidung für ein einfaches oder komplexes Kompetenzmodell. Ein wesentliches Argument für die Erfassung ausschließlich erfolgsbestimmender Fähigkeits- und Fertigkeitsaspekte besteht darin, dass ein Instrument mit einer geringeren Anzahl an Kompetenzen überschaubarer und praktikabler ist und damit eine höhere Akzeptanz und Anwendungsbereitschaft bei den Nutzern erzielt werden kann (Mansfield, 1996). Eine Reduktion der Dimensionen im Kompetenzmodell ermöglicht beispielsweise bei der Durchführung von Assessment-Centern eine vereinfachtere Beurteilung von Kandidaten und einen besseren Bezug zu spezifischen Leistungskennziffern der Organisation (Klimoski & Brickner, 1987). Möglicherweise steht dem der Nachteil gegenüber, dass bestimmte Unternehmenseinheiten zusätzliche Kompetenzen als relevant erachten und die Forderung nach einer Erweiterung des Modells besteht. Idealerweise sollte dann die Personalabteilung versuchen, die divergierenden Interessen der Beschäftigten auszubalancieren und darauf achten, dass die Nutzbarkeit des Modells durch die Ergänzung neuer Kompetenzen nicht eingeschränkt wird (Grote et al., 2006 b).

Neben der Klärung der Frage, ob eine recht umfangreiche Erfassung von Kompetenzen anzustreben ist oder eine Beschränkung auf die wesentlichen Kompetenzen ausreicht, bleibt zu diskutieren, ob sich Kompetenzen überhaupt vollständig in all ihren Facetten abbilden lassen. Nach Auffassung von Hayes, Rose-Quirie & Allinson (2000) kann eine Kompetenz nicht erschöpfend mit all seinen Bestandteilen erfasst werden, was insbesondere für generische Kompetenzmodelle gilt, die einen Geltungsbereich für eine weite Bandbreite von Tätigkeiten beanspruchen. Kompetenzen werden in spezifischen Situationen erworben und entwickelt, so dass jeder kompetenten Handlung eine komplexe, einzigartige Konfiguration von Leistungsvoraussetzungen zugrunde liegt, die in einem generischen Kompetenzmodell nur schwer abzubilden ist (Burgoyne, 1990). Übertragen auf den Managementkontext scheinen sehr viele spezifische Kompetenzaspekte bedeutsam zu sein, die die erfolgreiche Aufgabenbewältigung in einer bestimmten Managementrolle beeinflussen und die in einem allgemeingültigen Kompetenzmodell für alle Managementtätigkeiten nicht erschöpfend beschrieben werden können (Antonacopoulou & FitzGerald, 1996). So haben Hayes et al. (2000) in ihrer Studie abteilungs- und bereichsübergreifende Kompetenzen von Seniormanagern zu identifizieren versucht und stellten fest: "At higher levels of abstraction they are similar, but at the level of detail they are all different" (S. 98). Die Forscher kamen zu dem Ergebnis, dass in unterschiedlichen Abteilungen derselben Organisation für die effektive Aufgabenbewältigung verschiedene Fähigkeits- und Fertigkeitsmerkmale relevant sind. Sie sind der Auffassung, dass allein die Beschreibung von generischen Kompetenzen in einem Kompetenzmodell für Manager nicht ausreichend ist, sondern auch spezifische Kompetenzelemente in Abhängigkeit der konkreten beruflichen Anforderungssituationen und des beruflichen Umfelds bestimmt werden müssen, um den Berufserfolg und die Leistung von Managern vorherzusagen. Das spricht zum einen für die Vermutung, dass die für eine

Berufsgruppe bzw. Tätigkeitsfamilie formulierten Kompetenzen nicht immer allgemeingültig sind und in Abhängigkeit der Arbeitsumgebung sowie der Position variieren können. Zum anderen spricht das für die Annahme, dass insbesondere in generischen Kompetenzmodellen nicht alle für eine Position oder Tätigkeit bedeutsamen und zentralen Leistungsvoraussetzungen vollständig erfasst werden können.

3.4.4. Kompetenzorientierte versus arbeitsanalytische Ansätze

In Zusammenhang mit der Identifikation und Beschreibung von beruflichen Leistungsvoraussetzungen für bestimmte Tätigkeiten oder Aufgaben wird neben Ansätzen zur Kompetenzmodellierung insbesondere arbeitsanalytischen Ansätzen ein besonderes Augenmerk gewidmet. So haben Shippmann et al. (2000) in einer eigens dafür gegründeten Forschungsgruppe (*Job Analysis and Competency Modeling Task Force - JACMTF*) die verschiedenen Praktiken zur Kompetenzmodellierung und Arbeitsanalyse untersucht und miteinander kontrastiert. Auch Schaper (2009a) hat kompetenzorientierte und arbeitsanalytische Ansätze gegenübergestellt und Unterschiede anhand ausgewählter Kriterien und charakteristischer Merkmale herausgearbeitet. Die wesentlichen Ergebnisse der beiden Arbeiten sollen nachfolgend erläutert werden.

Schaper (2009a) hat für einen Vergleich kompetenzorientierter und arbeitsanalytischer Ansätze unter anderem die folgende Kriterien herangezogen: Analyseeinheit, Anforderungsbeschreibung, Erhebungs- und Auswertungsmethoden und Analyseausrichtung. In Bezug auf die Analyseeinheit und die Anforderungsbeschreibung stehen bei arbeitsanalytischen Ansätzen bestimmte Funktionen, Aufgaben oder Tätigkeiten im Mittelpunkt. Das Ziel der Analyse besteht darin, Anforderungen in Bezug auf die Aufgabenbedingungen und die Aufgabenstruktur zu beschreiben. Demgegenüber werden bei kompetenzorientierten Ansätzen Anforderungssituationen im beruflichen Kontext untersucht und entsprechend personenbezogene Kompetenzanforderungen in bestimmten Berufen oder Tätigkeitsfeldern zu identifizieren und beschreiben versucht. Auch hinsichtlich der Erhebungs- und Auswertungsmethoden lassen sich Unterschiede feststellen. Im Rahmen der Arbeitsanalyse werden in erster Linie quantitative Verfahren eingesetzt, mit Hilfe derer die Relevanz und Ausprägung verschiedener Tätigkeitsmerkmale eingeschätzt und quantifiziert werden soll, um daraus ein Tätigkeitsprofil abzuleiten. Die Auswertung konzentriert sich dabei auf eine vergleichende Analyse verallgemeinerter Beschreibungs- und Bewertungskategorien. Kompetenzorientierte Ansätze sind durch vorwiegend qualitative Methoden gekennzeichnet, mit dem Ziel erfolgsrelevante Verhaltensweisen einer Position bzw. Funktion zu identifizieren. Die qualitativ erhobenen Daten werden interpretativ ausgewertet, die erfolgskritischen Kompetenzen herausgearbeitet und Kompetenzausprägungen anhand von Verhaltensbeschreibungen auf Stufen definiert. Dieses analytische Vorgehen ist sehr stark am gegenwärtigen Stand der Kompetenzanforderungen orientiert. Allerdings ist ein wesentliches Merkmal von Ansätzen zur Kompetenzmodellierung, dass sie auch strategisch ausgerichtet sein können bzw. sollten. Sparrow (1995) betont, dass ein zukunftsorientierter Kompetenzansatz wichtig ist, um strategische Veränderungsprozesse zu antizipieren und sowohl Mitarbeiter als auch Unternehmen auf die zu bewältigenden Anforderungen vorzubereiten. Schließlich beziehen sich Kompetenzen nicht nur auf die Bewältigung vertrauter, sondern auch neuartiger zukünftiger Aufgaben (Kauffeld, 2006). Das bedeutet, dass die Methoden zur Analyse und Modellierung von Kompetenzen auf diese neuartigen beruflichen Anforderungssituationen ausgerichtet sein sollten. Im Gegensatz dazu liegt der Fokus bei Arbeitsanalyseverfahren auf der Gegenwart, da die Analyse der mit einer Tätigkeit verbundenen Aufgaben und Anforderungen ausschließlich am Ist-Zustand orientiert ist.

Auch die Arbeitsgruppe um Shippmann et al. (2000) untersuchte die charakteristischen Unterschiede zwischen Arbeitsanalyse- und Kompetenzmodellierungsansätzen im Hinblick auf zehn ausgewählte Bewertungskriterien, die sich sowohl auf methodische Aspekte und Gütekriterien (z.B. Erhebungsmethoden, Reliabilität, Validität) aber auch inhaltliche Merkmale (z.B. Detailliertheit der Kompetenzbeschreibungen, Bezug zu Geschäftszielen und Strategien) bezogen. Im Rahmen ihrer Forschung führten sie umfangreiche Literaturanalysen und strukturierte Interviews mit 37 Experten durch. Ohne auf die umfangreichen Befunde im Detail eingehen zu wollen, sollen an dieser Stelle nur die zentralen Ergebnisse hinsichtlich der methodischen und inhaltlichen Unterschiede zwischen beiden Ansätzen berichtet werden. Insbesondere zeigte sich, dass Kompetenzmodelle methodisch schwächer sind als Arbeitsanalysen, was zum einen mit der Datenerhebung und zum anderen mit der Validierung der Ergebnisse zusammenhängt. Bei der Kompetenzanalyse werden weniger Methoden miteinander kombiniert (z.B. Fokusgruppen, Beobachtung, Interviews) und weniger Informationen über die den Kompetenzen zugrunde liegenden Bedingungen und Anforderungen (z.B. Arbeitskontext, Handlungsanforderungen) herangezogen. Somit fehlen bei der Kompetenzmodellierung vielseitige und detaillierte Beschreibungen der Arbeitsaufgaben und -anforderungen, auf deren Basis die relevanten Kompetenzen abgeleitet werden können (Lievens, Sanchez & De Corte, 2004). Darüber hinaus wurde gefunden, dass bei kompetenzorientierten Ansätzen in geringerem Ausmaß die Reliabilität und Validität der erhobenen Daten überprüft wurde (z.B. Bestimmung der Interraterreliabilität hinsichtlich der Relevanz der einzelnen Kompetenzmerkmale).

Neben den Ergebnissen aus dem methodischen Vergleich zwischen arbeitsanalytischen und kompetenzorientierten Ansätzen berichten Tett et al. (2000) auch von Unterschieden hinsichtlich inhaltlicher Merkmalsaspekte. So lässt sich mit Hilfe von Arbeitsanalysen in der Regel eine bessere Differenzierbarkeit zwischen einzelnen Jobs oder Funktionsebenen erreichen, da die Items sehr detailliert beschrieben sind und ein hohes Maß an Granularität besitzen. Der Fokus bei Kompetenzmodellen liegt demgegenüber häufig eher auf einer breiten Beschreibung von Kompetenzen, die einer bestimmten Berufsgruppe bzw. Tätigkeitsfamilie gemeinsam sind oder sich gar auf die ganze Organisation beziehen. Wird der Fokus auf eine breite und generische Beschreibung von Kompetenzen gelegt, so wird vernachlässigt, welche Kompetenzaspekte und Verhaltensweisen für den individuellen Erfolg in einem Job verantwortlich sind. Allerdings ergaben die Befunde, dass Kompetenzmodellierungsansätze wesentlich stärker normativ bzw. strategisch ausgerichtet sind, so dass auch die Visionen, Werte und Ziele einer Organisation betont werden. Demnach ist ein wesentlicher Vorteil von Kompetenzmodellen darin zu sehen, dass die in ihnen beschriebenen Anforderungen an der Zukunft orientiert sind und damit ein Bezug zu den Unternehmenszielen und zur Unternehmensstrategie hergestellt werden kann (Shippman, 1999; Rogelberg, 1999).

Schlussfolgernd aus den Ergebnissen schlagen Shippmann et al. (2000) wie auch Lievens, Sanchez und De Corte (2004) eine Kombination aus Kompetenz- und Arbeitsanalysen vor, um auf dieser Grundlage die erfolgskritischen Kompetenzen zu identifizieren. Dazu gehört die Erhebung ausführlicher Informationen über die mit einer Funktion verbundenen Tätigkeiten oder Aufgaben genauso wie die Sammlung wesentlicher Hinweise zur Organisationsstrategie. Neuere Befunde stützen diese Annahme. In einer Studie mit Experten konnten Lievens et al. (2004) zeigen, dass bei der Bestimmung von erfolgsentscheidenden Kompetenzen für spezifische Berufsgruppen die höchste Übereinstimmungsrate zwischen Experten dann erzielt wird, wenn sowohl Hinweise über die Unternehmensstrategie als auch über die Tätigkeit selbst vorlagen.

Durchaus kontrovers diskutiert wird in diesem Zusammenhang, ob in einem Kompetenzmodell tatsächlich Kompetenzen abgebildet werden können, die Mitarbeiter und Führungskräfte für die Bewältigung neuartiger zukünftiger Anforderungen benötigen. So konzentrieren sich traditionelle methodische Verfahren zur Kompetenzanalyse (z.B. BEI, CIT) auf die Beschreibung vergangenen oder gegenwärtigen Verhaltens in erfolgskritischen Arbeitssituationen, anstatt ihren Fokus auf zukünftige Leistungsanforderungen zu legen (Antonacopoulou & FitzGerald, 1996; Athey & Orth, 1999; Hayes et al., 2000). Darüber hinaus sind Athey & Orth (1999) der Auffassung, dass die Identifikation von beruflichen

Kompetenzen vielmehr durch die Normen und Werte der Organisation bzw. des Managements bestimmt werden. Diese unternehmenskulturellen Werte determinieren, welche Leistungen als erfolgreich gelten und welche Stelleninhaber als Spitzenleister oder Durchschnittskräfte für Interviews zur Kompetenzanalyse ausgewählt werden. Das bedeutet, dass Kompetenzmodelle vielmehr die vom Management gewünschten Verhaltensweisen widerspiegeln als zukünftig relevante Leistungsmerkmale und oftmals unter der Prämisse entwickelt werden „if the CEO says it's a competency, it's a competency" (Dalton, 1997, S. 48). Eine fundierte Methode mit der strategische Veränderungsprozesse erfasst und zukünftige mit dem Wandel verbundene Anforderungen an die Mitarbeiter antizipiert werden können schlägt Sparrow (1995) vor: die „life-cycle analysis" (Lebenszyklusanalyse) und ein darauf basierendes „portfolio management of competencies" (S. 175). Mit Hilfe einer Lebenszyklusanalyse lassen sich zunächst systematisch Umweltwirkungen von Produkten während des gesamten Lebensweges sowie die damit verbundenen Prozesse analysieren. Aus der Prozessanalyse und eines aufgestellten Portfolios für Kompetenzen lassen sich dann zukünftig notwendige Kompetenzen ableiten, priorisieren und managen. Für eine ausführlichere Darstellung dieses Vorgehens sei der interessierte Leser auf Sparrow (1997) verwiesen.

3.5. Validierung von Kompetenzmodellen

Bevor Kompetenzmodelle in der betrieblichen Praxis eingesetzt und implementiert werden, sollte die Validität, d.h. die Gültigkeit des entwickelten Modells bzw. eines auf dem Kompetenzmodell basierenden Instruments (z.B. Assessment-Center, Leistungsbeurteilungssysteme) geprüft werden. Allgemein gesprochen gibt die Validität an, ob ein Instrument tatsächlich dasjenige Merkmal oder Konstrukt erfasst, das es erfassen soll. Übertragen auf die im betrieblichen Kontext entwickelten Kompetenzmodelle bedeutet die Validierung, dass geprüft wird, wie „gut" das Kompetenzmodell ist und ob es auch wirklich berufliche Kompetenzen erfasst. Nur am Rande soll an dieser Stelle erwähnt werden, dass es neben der Validität zwei weitere zentrale Gütekriterien gibt, an denen die Qualität eines Instruments (z.B. Test, Fragebogen) festgemacht werden kann: die Objektivität und die Reliabilität (Lienert & Raatz, 1998). Diese beiden Gütekriterien werden jedoch klassischerweise bei der Entwicklung psychometrischer Tests bzw. psychometrischer Fragebögen herangezogen (Bortz & Döring, 2005) und beziehen sich auf die Anwendung und Messgenauigkeit von Test- bzw. Fragebogenverfahren, die ein bestimmtes Merkmal erfassen. Für die zugrunde liegende Arbeit sind diese beiden Kriterien nicht relevant, da es sich bei dem entwickelten Kompetenzmodell für Personalmanager nicht um ein psychometrisches Verfahren handelt, mit Hilfe dessen Messwerte zur Ausprägung eines bestimmten Merkmals erhoben bzw. Testergebnisse gewonnen werden.

Im Wesentlichen kann zwischen drei Formen der Validität unterschieden werden, die nachfolgend näher erläutert werden: Inhalts-, Konstrukt- und Kriteriumsvalidität. Wird ein Kompetenzmodell im Rahmen der Aus- und Weiterbildung eingesetzt, so ist die inhaltliche Validierung des Modells durchaus ausreichend (Lucia & Lepsinger, 1999). Wird das Kompetenzmodell als Basis für die Personalauswahl, -beurteilung und Entlohnung eingesetzt, so ist eine weitergehende Validierung angebracht (Dubois, 1993). Für diesen Fall scheint die Kriteriums- oder Konstruktvalidierung des Kompetenzmodells sinnvoll (Spencer & Spencer, 1993; Dubois, 1993; Lucia & Lepsinger, 1993).

3.5.1. Konstruktvalidierung

Konstruktvalidität beschäftigt sich mit der Frage, ob das Kompetenzmodell durch seine Operationalisierungen das Konstrukt erfasst oder misst, was es erfassen soll. Konstruktvalidität liegt dann vor, wenn aus einem zu messenden Zielkonstrukt ein Netz von Hypothesen, die seine Relation zu anderen Konstrukten betreffen, abgeleitet und empirisch bestätigt wird (Bortz & Döring, 2005). Genau genommen werden auf theoretischer Basis Annahmen darüber formuliert, wie das interessierende Konstrukt mit anderen Variablen zusammenhängt. Die empirische Überprüfung der aus den Annahmen abgeleiteten Vorhersagen erfolgt durch die Erhebung von Daten mit dem interessierenden Messinstrument und von anderen relevanten Variablen (Hartig & Jude, 2007). Fallen die Testwerte entsprechend der vorgegebenen Hypothesen aus, ist das ein Indiz für die Konstruktvalidität des Instruments. Ein Kompetenzmessverfahren gilt beispielsweise als konstruktvalide, wenn die mit dessen Hilfe erhobenen Daten mit den Werten aus anderen Verfahren zur Kompetenzmessung übereinstimmen (Kauffeld, 2006).

Zur Validierung von Kompetenzmodellen ist der Ansatz weniger gut geeignet als für primär theoretisch definierte Konstrukte. Das liegt zum einen darin begründet, dass die Intention von Kompetenzmodellen darin besteht, erfolgreiches Handeln in einem bestimmten Situationsbereich abzubilden. Insbesondere für stark berufsbezogene, breitere Kompetenzkonstrukte scheinen Annahmen über Zusammenhänge mit anderen Konstrukten wenig sinnvoll (Hartig & Jude, 2007). Zum anderen gestaltet sich diese Art der Validierung als schwierig, da Kompetenzkonstrukte im Allgemeinen schwer zu operationalisieren bzw. zu erfassen sind (vgl. Kap. 3.5.5).

3.5.2. Inhaltsvalidierung

Die Inhaltsvalidität kann als ein spezieller Aspekt der Konstruktvalidität angesehen werden (Lienert & Raatz, 1998). Sie liegt dann vor, wenn das Konstrukt inhaltlich in seinen wichtigsten Aspekten erschöpfend erfasst wird (Bortz & Döring, 2005). Inhaltsvalidität bei einem Testverfahren wird dann angenommen, wenn die Grundgesamtheit der Aufgaben, die für die Operationalisierung eines Merkmals in Frage kommen, eine gute Stichprobe aller möglichen Aufgaben bildet. Übertragen auf ein Kompetenzmodell bedeutet das, dass die einzelnen Kompetenzaspekte und -beschreibungen den interessierenden Merkmals- oder Verhaltensbereich, den die Kompetenz definiert, hinreichend gut repräsentieren bzw. abbilden. Die inhaltliche Validierung kann nicht numerisch bestimmt werden, sondern basiert auf subjektiven Einschätzungen (Bortz & Döring, 2005). Üblicherweise erfolgt die Überprüfung der Inhaltsvalidität durch Urteile und Einschätzungen von Experten, die über hinreichend Erfahrungen in einem bestimmten Bereich verfügen. Als statistisches Maß wird die Beurteilerübereinstimmung berechnet, die kennzeichnet, in welchem Ausmaß zwei oder mehr Beurteiler übereinstimmend der Auffassung sind, das ein betreffendes Kompetenzitem repräsentativ, essentiell oder relevant für die Ausübung eines bestimmten Berufs oder einer Tätigkeit ist (Lawshe, 1975). Unter Umständen können nämlich zu viele, irrelevante Items und Dimensionen vorliegen. Ist dies der Fall, sollten diese als wenig bedeutsam eingestuft werden. Daneben ist aber auch interessant, ob einige Items oder Dimensionen fehlen, die für die Kompetenz charakteristisch sind. In diesem Fall sollte zusätzlich zur Repräsentativität einzelner Items die Frage gestellt werden, inwieweit die im Kompetenzmodell enthaltenen Items die Kompetenz qualitativ vollständig abbilden (Moser, Donat, Schuler & Funke, 1989). Nach Auffassung von Hayes et al. (2000) ist es nämlich kaum realisierbar mit einem Kompetenzmodell für eine bestimmte Berufsgruppe (z.B. Manager) alle jobspezifischen Kompetenzelemente vollständig zu erfassen.

In Zusammenhang mit der Erfassung von Kompetenzen ist die Frage nach der Inhaltsvalidität sehr zentral, da Kompetenzkonstrukte in erster Linie durch ihren Bezug auf einen bestimmten Situations- und Merkmalsbereich charakterisiert sind (Hartig & Jude, 2007). Allerdings bleibt zu diskutieren, inwieweit es überhaupt möglich ist, eine Kompetenz, die wesentlich durch ihre Komplexität und unendlich große Menge an Facetten charakterisiert ist, erschöpfend anhand von ausgewählten kompetenzbeschreibenden Aspekten abzubilden. Das bedeutet, dass die Unendlichkeit der Itempopulation eines Konstrukts (wie Kompetenz) mit der Problematik verknüpft ist, durch eine Stichprobenziehung zu einer repräsentativen Abbildung des interessierenden Kompetenzmerkmals zu gelangen (Moser, 1987). Schon früh formulierte Loevinger (1965) seine Bedenken zu diesem

Thema und stellt fest: „There is no meaning to talking about populations of tests or items. (....); there is no generating principle" (S. 147).

3.5.3. Kriteriumsvalidierung

Kriteriumsvalidität ist dann gegeben, wenn das Ergebnis eines Verfahrens zur Messung eines Merkmals bzw. Konstrukts (z.B. Kompetenz) mit Messungen eines korrespondierenden Merkmals (z.B. beruflicher Erfolg) übereinstimmt. Bei dieser Art der Validierung geht es weniger darum, *was* ein Instrument misst, sondern *wie gut* es sich in der Praxis bewährt. Daher ist es sehr wichtig, ein geeignetes Kriterium zu finden, anhand dessen das entsprechende Konstrukt validiert werden kann. Hier gibt es unterschiedliche Möglichkeiten. Es kann entweder ein äußeres Kriterium wie z.b. die Fremdeinschätzung durch andere herangezogen werden (äußere Validierung). Oder aber ein Vergleich mit einem oder besser mehreren Testverfahren vorgenommen werden, die dasselbe Konstrukt erfassen, wobei diese Tests selbst ausreichend validiert sein sollten (innere Validität). Darüber hinaus kann zwischen *prognostischer (prädiktiver Validität)* und *Übereinstimmungsvalidität* unterschieden werden. Bei der Übereinstimmungsvalidität werden Testwert und Kriteriumswert zum selben Zeitpunkt erhoben, während es bei der prädiktiven Validität darum geht, anhand eines Testwertes (z.B. aus einem Leistungstest) das spätere Verhalten (z.B. Berufserfolg) korrekt vorherzusagen. Liegen Hypothesen entsprechende Zusammenhänge zwischen zwei Merkmalen bzw. dem Prädiktor und dem Kriterium vor, die zum selben Zeitpunkt oder zeitlich versetzt erhoben wurden, wird von einer kriteriumsbezogenen bzw. prädiktiven Validität gesprochen (Nerdinger, Blickle & Schaper, 2008). Übertragen auf ein Kompetenzmodell impliziert die prädiktive Validität, dass die identifizierten Kompetenzen zukünftig erfolgsrelevante Fähigkeiten, Fertigkeiten, Motive und Verhaltensweisen in einem Beruf abbilden. Die prädiktive Validität lässt sich beispielsweise ermitteln, indem geprüft wird, ob Personen, die auf Basis des Kompetenzmodells und kompetenzbasierter Schulungsmaßnahmen weiterentwickelt worden sind, zukünftig bessere Leistung zeigen als in der Vergangenheit. Die Übereinstimmungsvalidität eines Kompetenzmodells oder kompetenzbasierten Systems lässt sich beispielsweise durch die *Technik der bekannten Gruppen* bestimmen (Bortz & Döring, 2005). Als Kriterium gilt bei dieser Technik die Zugehörigkeit von Personen zu einer Gruppe, die sich hinsichtlich der Ausprägung eines bestimmten Konstrukts voneinander unterscheiden. So würden bei einer Kompetenzmessung von Leistungsträgern und Durchschnittskräften höhere Kompetenzausprägungen bei den Leistungsträgern ein Indiz für die Validität des Messverfahrens sein.

Die Kriteriumsvalidität, die erfasst, wie gut mit einem Test das Verhalten außerhalb der Testsituation vorhergesagt werden kann, ist von zentraler Bedeutung für das

Kompetenzkonstrukt, da ja mit diesem gerade die Forderung nach einer besseren Realitätsnähe und Prognose verbunden ist (Hartig & Jude, 2007). So wird mit der Erfassung von Kompetenzen das Ziel verfolgt, eine bessere Passung von Testinhalten (z.B. eines kompetenzbasierten Einstellungsinterviews) und Anforderungen in realen beruflichen Situationen abzubilden, um damit Leistungsunterschiede in diesen Situationen besser vorhersagen zu können (Klieme & Hartig, 2007). Insbesondere für eine kompetenzbasierte Personalauswahl und –entwicklung ist es wichtig, solche Kriterien heranzuziehen, anhand derer zum einen die potentiell geeignetsten Kandidaten ausgewählt und zum anderen die Beschäftigten weiterentwickelt werden können, damit sie die zukünftigen Anforderungen bewältigen (Spencer & Spencer, 1993).

3.5.4. Forschungsstand zur Validierung von Kompetenzmodellen

Bisher existiert relativ wenig Forschung zur Validität von Kompetenzmodellen. Auch wenn sich die Entwicklung von Kompetenzmodellen in der Praxis wachsender Beliebtheit erfreut, so wird in der Wissenschaft die Validität von Kompetenzen durchaus kritisch diskutiert (Lawler, 1996; Pearlman, 1997). Sparrow (1995) vertritt die Auffassung, dass der Nutzen von Kompetenzmodellen im betrieblichen Kontext bisher nicht empirisch nachgewiesen werden konnte und die Befunde lediglich auf methodisch schwachen Fallstudien und Anekdoten basieren, so dass die wahre Güte von Kompetenzmodellen aufgrund des gegenwärtigen Mangels an Validierungsstudien unbekannt bleibt. Einige Autoren (Sparrow, 1995; Catano, 1998; Markus et al., 2005) sind sich weitgehend einig darüber, dass sich sowohl die Forschung als auch die Praxis auf die Identifizierung von berufsspezifischen Kompetenzen und der damit verbundenen Methoden bzw. auf die Entwicklung und Implementierung von Kompetenzmodellen beschränkt. Der empirischen Gültigkeitsüberprüfung von Kompetenz-modellen wird gegenüber der Entwicklung vergleichsweise wenig Beachtung geschenkt und insbesondere die Bestimmung der prädiktiven Validität solcher Modelle, die eine Vorhersage beruflichen Erfolgs erlauben, wird vernachlässigt (Catano, 1998). In diesem Zusammenhang stellt Sarges (2003) fest, dass sich „die Nutzung von Competency-Models in der Praxis erheblich schneller ausgebreitet hat als die wissenschaftliche Methodik zur Entwicklung von konstrukt- und prognostisch validen Competency-Models nachgekommen ist" (S. 198).

Einen Mangel an empirischen Befunden zum Zusammenhang von Kompetenzen bzw. kompetenzbasierten Personalinstrumenten einerseits und objektiven beruflichen Leistungs-kriterien andererseits kritisieren sowohl Markus et al. (2005) als auch Laber & O´Connor (2000). Die Autoren stellen fest, dass Kompetenzbeurteilungen eingesetzt und akzeptiert werden obwohl objektive ergebnisbezogene Kriterien sowie reliable und valide Messungen fehlen. Verschiedene Gründe lassen sich anführen für die Schwierigkeit, die wahre Validität von Kompetenzmodellen und kompetenzbasierten HR Systemen zu bestimmen, die nachfolgend dargestellt werden sollen.

3.5.5. Probleme der Kompetenzforschung

Die empirische Erfassung und Messung von Kompetenzen kann sowohl aus theoretischer als auch aus methodischer Sicht als anspruchsvoll bezeichnet werden (Hartig & Jude, 2007). Ohne an dieser Stelle umfassend die methodischen Probleme der psychologischen Messung eines Konstrukts im allgemeinen und der Kompetenzforschung im speziellen zu diskutieren, soll im Wesentlichen auf Schwierigkeiten eingegangen werden, das Kompetenzkonstrukt angemessen zu operationalisieren sowie Kompetenzen zuverlässig und valide zu erfassen.

3.5.5.1. Operationalisierung von Kompetenzen

Von der Operationalisierung hängt entscheidend die Validität von Kompetenzen bzw. kompetenzbasierten Instrumenten ab. Berufliche Kompetenzen sind Konstrukte, die sich in Form von Handlungen (Performanz) zeigen und nicht direkt oder durch eine einzelne Beobachtung erfasst, sondern vielmehr nur aus Indikatoren erschlossen werden können. Daher geht es bei der Gestaltung eines Kompetenzmodells um die Entwicklung von Merkmalskatalogen und Skalen, die in der Lage sind, das Konstrukt angemessen abzubilden (Schaper, 2003).

Für die Analyse und Modellierung von Kompetenzen wird nach der effektiven Bewältigung von Situationen oder Tätigkeiten in einem abgegrenzten Bereich oder Handlungsfeld gefragt (Gnahs, 2007). Das bedeutet, dass die situativen Charakteristika, die das erfolgreiche Handeln mitbestimmen, Aufschluss über die dem Handeln zugrundliegenden Prozesse geben, aus der sich die Struktur und Komplexität einer Kompetenz ableitet (Hartig & Jude, 2007). Die Operationalisierung einer Kompetenz muss sich daher immer auf konkrete Anforderungssituationen beziehen (Klieme & Hartig, 2007). Darüber hinaus sind Kompetenzen komplexe Konfigurationen verhaltensnaher psychologischer Indikatoren (Schaper, 2009a), so dass eine Beschreibung rein kognitiver Aspekte bei der Operationalisierung nicht ausreicht, sondern zusätzlich motivationale, emotionale, soziale und wertbezogene Elemente berücksichtigt werden müssen. In diesem Zusammenhang stellen Klieme et al. (2007) fest, dass der Bereich von Anforderungssituationen, in denen sich eine spezifische Kompetenz zeigt, immer ein mehr oder weniger breites Leistungsspektrum (z.B. Wissen, Können, Erfahrung, Motivation usw.) umfasst. Entsprechend sollte bei der Entwicklung von Kompetenzmodellen darauf geachtet werden, dass Kompetenzen nicht nur durch einzelne Leistungen dargestellt werden, denn "eine eng gefasste Leistungserfassung kann dem Anspruch von Kompetenzmodellen nicht gerecht werden" (Klieme et al., 2007, S.74).

Neben der Abbildung des Konstrukts in seiner Struktur und mit seinen Komponenten stellt auch die Operationalisierung unterschiedlicher Kompetenzausprägungen eine Herausforderung dar (Klieme et al., 2007). Mit Hilfe von Kompetenzstufen, die im Allgemeinen jeweils durch eine Kombination verschiedener Kompetenzfacetten (Kenntnisse, Fähigkeiten, Fertigkeiten, Motive) charakterisiert sind, lassen sich unterschiedliche Niveaus von Kompetenzen beschreiben und erfassen. Dies ermöglicht eine quantifizierende Aussage über die interessierende Merkmalsausprägung bei Stelleninhabern und eine Einstufung von Beschäftigten in „mehr" oder „weniger kompetent". Obgleich verhaltensverankerte Einstufungsskalen einige Vorteile bieten (vgl. Kap. 3.5.5.2), ist deren Konstruktion mit einem erheblichen Aufwand verbunden, da zunächst erfolgskritische Verhaltensweisen für verschiedene Kompetenzdimensionen identifiziert und übereinstimmend von mehreren Personen als „sehr effektives" Verhalten eingeschätzt werden müssen. Eine Methode zur Generierung verhaltensverankerter Skalen ist ausführlich bei Nerdinger et al. (2008) beschrieben.

Einige Probleme bei der Operationalisierung von Kompetenzen konnten Markus et al. (2005) in ihrer Studie identifizieren, in der sie mehr als 50 Kompetenzmodelle von Unternehmen in Neu Seeland hinsichtlich ihrer Validität untersuchten. Sie stellten dabei zum einen fest, dass die in den Modellen enthaltenen Beschreibungen bzw. Facetten einer Kompetenz häufig eine geringe Trennschärfe aufwiesen, so dass diese auch jeder anderen Kompetenz hätten zugeordnet werden können. Zum anderen waren einzelne Kompetenzbeschreibungen nicht repräsentativ für die Kompetenzdimension, die sie abbilden sollten. Darüber hinaus ist keines der untersuchten Kompetenzmodelle weder inhaltlich noch hinsichtlich des angenommenen Zusammenhangs mit beruflicher Leistung, der Kompetenzentwicklung der Beschäftigten oder der Optimierung von HR-Prozessen validiert worden.

3.5.5.2. *Erfassung und Messung von Kompetenzen*

Verschiedene Probleme bei der Operationalisierung von Kompetenzen können auch zu Problemen bei der Kompetenzerfassung und -messung von Kompetenzen führen, da die Art der Operationalisierung mitbestimmt, wie zuverlässig ein Merkmal gemessen werden kann. Darüber hinaus unterliegen Kompetenzeinschätzungen bei Individuen subjektiven Verzerrungen und Verfälschungen durch die Beurteiler, die die Existenz der wahren Merkmalsausprägung verschleiern und zu Validitätseinbußen führen (Bortz & Döring, 2005).

In Zusammenhang mit der Beurteilung von Kompetenzen sprechen Catano et al. (2007) von der „Achilles' heel of competency modeling" (S. 227).

Kompetenz- und Leistungsausprägungen bei Individuen werden häufig durch subjektive Einschätzungsverfahren (Selbst, Kollegen und Vorgesetzten) erfasst, die nicht immer zuverlässig sind. Aber selbst objektive Kriterien, die zur Validierung von Kompetenzen wie z.B. Beförderungsstufen oder Gehalt herangezogen werden, basieren oftmals auf subjektiven Beurteilungen und Bewertungen (Catano et al., 2007). Eine präzisere Einschätzung von Mitarbeiterkompetenzen und damit eine erhöhte Reliabilität und Validität kann erzielt werden, wenn die Beurteilungsdimensionen verhaltensnah beschrieben und in Form verhaltensverankerter Einstufungsskalen (*Behaviorally Anchored Rating Scale* - BARS) konkretisiert sind (Sparrow, 1995, Catano et al., 2007). Verhaltensverankerte Skalen werden in Stufen der Merkmalsausprägung eingeteilt, wobei den einzelnen Ausprägungen Verhaltensweisen als Anker zugeordnet werden. Die sprachlichen Verankerungen sollen zu einer einheitlichen Handhabung der Einstufungsskalen beitragen und individuelle Urteilstendenzen der Urteilenden reduzieren. Insgesamt kommen Studien zur Untersuchung der Reliabilität und Validität von Leistungseinstufungen zu dem Ergebnis, dass die Reliabilitätskennwerte von Einstufungsskalen gut sind und die Befunde zur Validität durchweg positiv ausfallen (Nerdinger et al., 2008). Trotzdem kann es auch bei verhaltensbezogenen Leistungsbeurteilungen zu Urteilsverzerrungen kommen, die generell in Zusammenhang mit Leistungsbewertungen berichtet werden (Fletcher, 2001). Es hat sich herausgestellt, dass selbst erfahrene Personalpsychologen unter bestimmten Umständen für Urteilsverzerrungen anfällig sind (Fisseni, 1997). Einige Urteilsfehler beim Einsatz von Kompetenzratings, die die Brauchbarkeit von Urteilen einschränken, sind z.B. Halo-Effekt, Zentrale Tendenz, Milde-Härte-Fehler, Rater-Ratee-Interaktion (Bortz & Döring, 2005).

Um hier aus Gründen der Übersichtlichkeit nicht auf alle Urteilsfehler einzugehen, soll an dieser Stelle nur ein häufig in Kompetenzstudien diskutierter Urteilsfehler beschrieben werden: der Halo-Effekt. Ein möglicher Hinweis auf einen Halo-Effekt ist dann gegeben, wenn es bei der Beurteilung von Kompetenzen zu hohen Interkorrelationen zwischen mehreren Kompetenzdimensionen kommt, da selbst geschulte Rater Schwierigkeiten haben, voneinander unabhängige Kompetenzmerkmale differenziert zu bewerten (Murphy & Cleveland, 1995). Vielmehr basiert die Beurteilung mehrerer Kompetenzmerkmale dann auf einer globalen Einschätzung der Kompetenz einer Person. Insbesondere kann die Beurteilung einer großen Anzahl von Kompetenzdimensionen in einem Assessment-Center dazu führen, dass der Rater aufgrund der kognitiven Überlastung sein Urteil auf Basis einzelner Dimensionen abgibt und andere vernachlässigt (Shore, Thornton & Shore, 1990;

Sagie & Magnezy, 1997). Zahlreiche Studien, die sich mit der Validität von Kompetenzeinschätzungen bei Assessment-Centern oder Auswahlinterviews beschäftigt haben, belegen dieses Phänomen mit dem Auftreten erhöhter Interkorrelationen, die Auswirkungen auf die Konstruktvalidität haben (Pulakos & Schmitt, 1995; Conway & Peneno, 1999, Huffcutt, Weekley, Wiesner, DeGroot & Jones, 2001; Atkinson & Wood, 2002). Allerdings kann eine Reduktion der Kompetenzdimensionen im Assessment-Center zu einer zuverlässigeren Einschätzung der Rater führen (Gaugler & Thornton, 1989). Auch lässt sich eine höhere Validität mit Kompetenzratings erzielen, wenn die Beurteiler vorher geschult werden. So konnten Lievens & Sanchez (2007) zeigen, dass geschulte Beobachter im Vergleich zu nicht geschulten eine höhere Beurteilerübereinstimmung erzielten und besser zwischen einzelnen Kompetenzen differenzieren konnten, was zu einer höheren diskriminanten Validität führte.

Weitere Validitätseinschränkungen lassen sich in Zusammenhang mit der Kriteriumsvalidität von kompetenzbasierten Instrumenten anführen. Diese liegen unter anderem darin begründet, dass die Terminologie von Kompetenzen als Prädiktorvariable und beruflicher Leistung als Kriteriumsvariable nicht eindeutig ist. Beiden Begriffen ist ähnliches inhärent. Kompetenzen sind komplexe Konfiguration psychologischer Dispositionen, die neben kognitiven Merkmalen auch handlungsbezogene und motivationale Aspekte einbeziehen, und zeigen sich in der erfolgreichen Bewältigung von Anforderungssituationen. Berufliche Leistung wird anhand objektiver Kriterien erfasst, besteht aber wiederum selbst aus kompetentem Verhalten. So wird Leistung nach Campbell (1990) wie folgt definiert „Performance ist behavior. It is something that people do and is reflected in the actions that people take....Performance is not the consequence(s) or result(s) of action; it is the action itself". Sind sowohl Kompetenz als auch Leistung sehr breit definiert und unzureichend anhand von Indikatoren operationalisiert, ist eine exakte Validitätsbestimmung nicht möglich (Markus et al., 2005). Darüber hinaus existieren zahlreiche andere strukturelle und situative Gegebenheiten, die eine systematische Beurteilung von Kompetenzen und deren Einfluss auf organisationale und mitarbeiterbezogene Leistungs- und Effektivitätskennziffern erschweren (Sparrow, 1995). Viele organisationsinterne und externe Faktoren (z.B. Arbeitsanforderungen, Komplexität des Berufes, Unternehmenskultur) können dabei eine Rolle spielen und den Zusammenhang zwischen Kompetenzen und beruflicher Leistung moderieren (Tett & Burnett, 2003; Bartram, 2005).

3.5.6. Ausgewählte Studien zur Validierung von Kompetenzen

Trotz der schlechten empirischen Befundlage zur Validität von Kompetenzmodellen sollen an dieser Stelle einige spezifische Befunde aufgegriffen und diskutiert werden.

3.5.6.1. Studien zur Inhaltsvalidität

Die inhaltliche Validität eines generischen Kompetenzmodells für Manager haben Tett et al., (2000) untersucht. Auf Basis bereits veröffentlichter Kompetenztaxonomien für Managementjobs entwickelten sie ein Kompetenzmodell mit neun Hauptdimensionen und 47 Subdimensionen, die jeweils durch drei Verhaltens- bzw. Kompetenzbeschreibungen konkretisiert wurde. Die zentrale Fragestellung der Studie bestand darin, wie gut die einzelnen Kompetenzbeschreibungen die jeweilige Kompetenz repräsentieren. Dazu wurde in der ersten Studie eine große Anzahl von Experten gebeten, in zufälliger Reihenfolge sortierte Verhaltensanker zu ihrer Zielkompetenz zuzuordnen. Den Probanden wurde eine Liste mit den 47 definierten Subdimensionen und 47 Kompetenzankern zugesandt, wobei jeder Anker nur zu einer Kompetenz sortiert werden durfte. Aufgrund des geringen Rücklaufs wurde in der zweiten Studie die Aufgabenkomplexität reduziert. Daher wurde den Probanden diesmal eine Liste mit nur neun definierten Subkompetenzen zur Verfügung gestellt sowie eine weitere Liste mit 27 Verhaltensbeschreibungen, die jewels alle drei Verhaltensbeschreibungen jeder Kompetenz enthielt. Mit Hilfe statistischer Analysen wurde berechnet, in welchem Ausmaß jedes einzelne Kompetenzelement korrekt in seine Zielkompetenz klassifiziert wurde. Es konnte gezeigt werden, dass die Experten die Kompetenzelemente mit einer sehr hohen Trefferquote zuverlässig zu ihren jeweiligen Zielkompetenzen zuordnen konnten. Insgesamt sprechen die Ergebnisse dafür, dass die Kompetenztaxonomie mit ihren Subdimensionen und Verhaltensankern sehr gut und differenziert berufsrelevante Kompetenzen für Managementjobs abbildet und damit für eine hohe inhaltliche Validität des Kompetenzmodells.

Dainty, Chang & Moore (2004) entwickelten und validierten in ihrer Studie ein Kompetenzmodell für Projektmanager mit der primären Zielsetzung, einen Katalog an Leistungs- bzw. Kompetenzstandards für die gehobene Managementebene bereit zu stellen und diesen für ein kompetenzbasiertes Leistungsmanagement zu nutzen. Dazu führten sie zunächst mit 40 Projektmanagern, die sich aus 24 Leistungsträgern und 16 Durchschnittskräften zusammensetzten, halbstrukturierte Interviews, die an die inhaltliche Vorgehensweise des BEI angelehnt waren. Durch eine Auswertung und Analyse der Interviewdaten identifizierten sie insgesamt 12 Kompetenzdimensionen hinsichtlich derer sich Topleister von Durchschnittskräften signifikant voneinander unterschieden. Das aufgestellte Kompetenzmodell validierten sie an einer zweiten Stichprobe in einer Kreuzvalidierungsstudie. Die Kreuzvalidierung ist eine Methode bei der eine zweite Kriteriumsstichprobe bestehend aus Leistungsträgern und durchschnittlichen Kräften herangezogen wird und geprüft wird, ob mit Hilfe des ursprünglichen Kompetenzmodells Leistungsunterschiede in der zweiten Stichprobe vorhergesagt werden können. Die Befunde ergaben, dass in der Kriteriumsstichprobe die Leistungsträger deutlich höhere Ausprägungen auf den Kompetenzdimensionen aufwiesen als die Durchschnittskräfte und sich beide Gruppen signifikant voneinander unterschieden, was für die Gültigkeit des Modells spricht.

3.5.6.2. Studien zur Reliabilität und Konstruktvalidität

Aufschlussreich ist auch eine jüngst erschienene Studie von Heinsman et al. (2007), die sich mit der Konstruktvalidität eines kompetenzbasierten Assessment-Centers (AC) beschäftigt hat. In ihrer Studie formulierten die Forscher ein Netz von Hypothesen hinsichtlich der Zusammenhänge zwischen den Kompetenzdimensionen *Thinking*, *Feeling* und *Power* einerseits und den beiden Konstrukten *Persönlichkeit* und *allgemeine kognitive Fähigkeiten* andererseits. Die Stichprobe bestand aus insgesamt 932 Bewerbern, die zusätzlich zur Teilnahme an dem AC noch einen Persönlichkeitsfragebogen ausfüllten und einen kognitiven Test durchführten. Hinsichtlich der Operationalisierung der Kompetenzen im AC umfasste die Kompetenzdimension *Thinking* kognitive Aspekte wie analytisches Denken, Urteilsvermögen und Ideenreichtum, die Dimension *Feeling* enthielt Subkompetenzen wie Empathie, Kooperation und Kundenorientierung und die Dimension *Power* wurde erfasst durch handlungsorientierte Fähigkeiten wie Überzeugungskraft, Risikobewusstsein und Entscheidungsfreudigkeit. Das Konstrukt Persönlichkeit wurde gemessen mit der Selbstbeurteilungsform des NEO Persönlichkeitsinventar (NEO-PI-R; Costa & McCrae, 1992), welches auf dem Fünf-Faktoren-Modells der Persönlichkeit basiert. Allgemeine kognitive Fähigkeit wurde mit Hilfe zweier Skalen zum verbalen Schlussfolgern und abstrakten Denken aus dem DAT´83 (Bennett, Seashore & Wesman, 1959) erfasst. Insgesamt formulierten die Forscher fünf Hypothesen über die Relationen der Kompetenzdimensionen zu den anderen beiden Konstrukten, beispielsweise wurden signifikante Zusammenhänge zwischen der Kompetenzdimension *Power* und dem Persönlichkeitsmerkmal *Extraversion* des NEO-PI-R angenommen. Die Ergebnisse erbrachten zunächst eine hohe Übereinstimmung zwischen den einzelnen Ratern hinsichtlich der Kompetenzeinschätzungen der Bewerber im AC, was für eine hohe Reliabilität des Verfahrens spricht. Darüber hinaus konnten die Hypothesen weitgehend bestätigt werden. Es wurden signifikante Zusammenhänge zwischen der Kompetenzdimension *Thinking* und kognitiven Fähigkeiten sowie zwischen der Kompetenzdimension *Feeling* und Persönlichkeitsmerkmalen gefunden. Die Befunde können als Hinweise für eine gelungene Operationalisierung der Kompetenzen sowie für die Konstruktvalidität des kompetenzbasierten ACs interpretiert werden.

Weitere Untersuchungen zur Reliabilität von Kompetenzbeurteilungen und zur diskriminanten Validität haben Lievens et al. (2004) in drei Studien vorgenommen. In ihrer ersten Studie hatten Studenten die Aufgabe, zu drei ausführlich beschriebenen Tätigkeiten bzw. Funktionen (Sekretärin, Vertriebsmanager, Controller) aus einem vorgegebenen Kompetenzkompendium die Kompetenzen zuzuordnen, die für die Bewältigung der Tätigkeit jeweils relevant sind oder nicht. Dabei hatte eine Hälfte der Studenten nur Informationen über die Unternehmens- und Personalstrategie des Unternehmens. Die andere Hälfte der Stichprobe hatte zusätzlich detaillierte Informationen über die einzelnen Aufgaben, die mit den Funktionen verknüpft waren. Mit Hilfe einer bestimmten Methode, der Q-Sort-Technik, sollten 67 Kompetenzen, die auf Karten beschrieben und durch detaillierte Verhaltensbeschreibungen konkretisiert wurden, in fünf Kategorien (von 1= bedeutsam für Erfolg bis 5 = wenig bedeutsam für Erfolg) einsortiert werden. Dabei war die Anzahl der Kompetenzen begrenzt, die in eine bestimmte Kategorie eingeteilt werden konnten. So durften in Anlehnung an eine Normalverteilung in die erste und fünfte Kategorie jeweils nur 6 Karten, in die zweite und vierte jeweils 16 Karten und in die dritte 24 Karten einsortiert werden. Anhand von Reliabilitätsanalysen wurde die Übereinstimmung der Rater ermittelt. Es konnte gezeigt werden, dass die Übereinstimmungsrate hinsichtlich der Kompetenzzuordnungen zu den einzelnen Funktionen in der Gruppe am höchsten war, denen sowohl Informationen über die Unternehmens- und Personalstrategie als auch detaillierte Hinweise zu der konkreten Tätigkeit vorlagen. Das heißt, dass eine Kombination von Informationen über das Unternehmen und die Tätigkeit zu reliableren und validieren Einschätzungen der relevanten Kompetenzen für eine Position zu führen scheint als das Vorhandensein lediglich einer Informationsquelle. In der zweiten Studie wurden ähnlich wie in der ersten Untersuchung Beschäftigte eines Unternehmens gebeten, vorgegebene Kompetenzen in Anlehnung an die Q-Sort-Methodik für drei bestimmte Funktionen (Maschinenbauingenieur, Produktionsleiter, Controller) zu klassifizieren. Bei den Beschäftigten handelte es sich jedoch im Gegensatz zu den Studenten der ersten Studie um Experten, die zum einen mit der Unternehmensstrategie vertraut waren und zum anderen aufgrund ihrer Betriebszugehörigkeit die Tätigkeiten, denen die Kompetenz zugeordnet werden sollten, gut kannten. Die Ergebnisse durchgeführter Varianzanalysen erbrachten den Nachweis, dass lediglich 16 % der Varianz der Kompetenzratings durch die Urteilenden selbst aufgeklärt wurde, was für eine geringe Variabilität der Einschätzungen und eine höhere Übereinstimmung zwischen den Experten der zweiten Studie spricht. Demgegenüber lag in der ersten Studie die Varianzaufklärung durch die Studenten wesentlich höher, was möglicherweise auf die fehlende Expertise und Vertrautheit mit den Positionen, denen die Kompetenzen zuzuordnen waren, zurückzuführen ist. Darüber hinaus konnten in der zweiten Studie knapp 20 % der Varianz durch die Funktionen aufgeklärt werden im Vergleich zu fast

13 % in der ersten Studie. Das bedeutet, dass die Experten besser als die Studenten in der Lage sind, zwischen der Bedeutung der einzelnen Kompetenzen für eine bestimmte Funktion zu diskriminieren, wodurch eine höhere Konstruktvalidität erreicht werden kann. Insgesamt lassen die Befunde beider Studien den Schluss zu, dass Urteilende, die über hinreichend Erfahrung verfügen und mit den Tätigkeiten im Unternehmen vertraut sind, zu reliableren und valideren Urteilen bei der Zuordnung von Kompetenzen zu ausgewählten Funktionen kommen.

3.5.6.3. Studien zur Kriteriumsvalidität

Werden Studien zur kriteriumsorientierten Validierung von Kompetenzen durchgeführt, wird oftmals untersucht, welcher Zusammenhang zwischen Kompetenzen und beruflichem Erfolg oder beruflicher Leistung besteht. Auch wenn berufliche Leistung (im Sinne von *Job Performance*) und beruflicher Erfolg (im Sinne von *Career Success*) durchaus Gemeinsamkeiten aufweisen, handelt es sich um konzeptionell und empirisch differente Konstrukte (Hülsheger & Maier, 2008). Berufliche Leistung beschreibt die Effektivität bei der Bewältigung von Aufgaben in einem spezifischen Tätigkeitsfeld und wird häufig über Vorgesetztenurteile erfasst. Demgegenüber handelt es sich bei Berufserfolg um die Ergebnisse bzw. Belohnungen, die ein Beschäftigter im Laufe seiner Berufstätigkeit (an unterschiedlichen Arbeitsplätzen) gesammelt hat und die anhand der Besoldung oder Beförderung gemessen wird.

Eine interessante Untersuchung zur Vorhersage von Selbsteinschätzungen beruflicher Kompetenzen als Prädiktor für das Kriterium Berufserfolg haben Weißflog und Rigotti (2002) durchgeführt. Im Rahmen einer Absolventenstudie haben die Forscher untersucht, inwieweit die im Studium erworbenen Kompetenzen in Verbindung mit der Bewährung in der Berufstätigkeit stehen. Dazu haben insgesamt n = 86 Psychologieabsolventen anhand eines Selbsteinschätzungsverfahren zum Selbstkonzept beruflicher Kompetenzen von Sonntag & Schäfer-Rauser (1993) ihre berufliche Kompetenz eingeschätzt und Angaben zu ihrer derzeitigen beruflichen Situation und Funktion gemacht. Das Kriterium beruflicher Erfolg wurde aus einem Index aus den objektiven Indikatoren *monatliches Bruttogehalt, berufliche Stellung* und den subjektiven Indikatoren *Arbeitszufriedenheit, berufliche Zielverwirklichung in der Vergangenheit, berufliche Zielverwirklichung in der Zukunft* gebildet. Die Analyseergebnisse identifizierten personale Kompetenz als besten Prädiktor für beruflichen Erfolg. Ein interessanter Befund ergibt sich daraus, dass sich auch soziale Kompetenz als signifikanter Prädiktor für beruflichen Erfolg erweist – jedoch mit negativem Vorzeichen. Insbesondere die Bereitschaft und Fähigkeit, mit anderen zu kooperieren scheint wenig förderlich für den Berufserfolg zu sein. Allerdings sind die Ergebnisse vor dem Hintergrund einer eher geringen Stichprobe, fehlender Längsschnittuntersuchungen und der mangelnden Übertragbarkeit auf Absolventen anderer Fachrichtungen vorsichtig zu interpretieren.

Weitere Studien konzentrieren sich auf den Zusammenhang zwischen Berufserfahrung und den beruflichen Erfolg. Häufig wird Berufserfahrung operationalisiert anhand der Zeit bzw. Dauer, die jemand eine bestimmte berufliche Tätigkeit ausübt. Allerdings konnte in der Vergangenheit gezeigt werden, dass die Erfassung rein quantitativer Maße der Berufserfahrung für die Vorhersage des beruflichen Erfolgs unzureichend sind, da dahinter stehende Konstrukte wie berufliches Wissen nicht erfasst werden (Sturman, 2003). Geithner & Moser (2007) haben die Prognosekraft von Berufserfahrung auf Berufserfolg untersucht und dabei die Berufserfahrung nicht ausschließlich über die Dauer der Tätigkeitsausübung bestimmt. Vielmehr haben sie erfasst, welche spezifischen (erfolgsrelevanten) Anforderungssituationen im Arbeitsalltag bewältigt und welche Erfahrungen dabei gesammelt wurden. Dabei haben sie den Prädiktor *Berufserfahrung* zum einen anhand zeitlicher Maße (z.B. Jahre im jetzigen Beruf) und zum anderen anhand eines Indexes von 53 herausfordernden Situationen operationalisiert. Die Messung des Kriteriums *beruflicher Erfolg* wurde anhand von vier Indikatoren erfasst: Gehalt, Leistungs- bzw. Karriereerfolg sowie die Anzahl an Beförderungen. Die Ergebnisse der Studie zeigten, dass Berufserfahrung, gemessen anhand a) zeitlicher Maße sowie b) erlebter Herausforderungen, mit Berufserfolg bedeutsam korreliert. Zwischen den beiden Operationalisierungen von Berufserfahrung besteht jedoch kein Zusammenhang, was darauf hindeutet, dass beide Indikatoren unterschiedliche Facetten von Erfahrung messen. Eine Erklärung diese Befundes wird darin gesucht, dass Personen, die weniger lange im Beruf sind, viele Situationen als herausfordernd erleben, während dies bei Personen, die ihre Tätigkeit schon zeitlich länger ausüben, weniger der Fall ist.

Einen weiteren überzeugenden Befund für die Kriteriumsvalidität eines Kompetenzmodells als Basis für ein Leistungsbeurteilungsinstrument liefern Catano, Darr und Campbell (2007). In ihrer Studie entwickelten sie ein Leistungsbeurteilungssystem für die kanadische Polizei mit acht verhaltensverankerten Kompetenzdimensionen, genannt *PRP - Performance Report for Promotion*. Dies wurde zunächst inhaltlich validiert, indem Experten befragt wurden, ob die Kompetenzitems eine repräsentative Stichprobe erfolgreichen Verhaltens im Polizeidienst darstellen. Im Anschluss wurde die prädiktive Validität des Instruments bestimmt, inwieweit also aufgrund der Kompetenzeinschätzungen mit dem PRP der potentielle berufliche Erfolg der Polizeibeschäftigten vorhergesagt werden kann. In die Analyse gingen als Prädiktoren Kompetenzbeurteilungen der Vorgesetzten ein, die mithilfe des PRP vorgenommen wurden. Als objektive Kriterien, die indikativ für den Berufserfolg betrachtet wurden, wurden Daten zur Beförderung aus den vergangenen Jahren von n = 4137 *Constables*, n = 1830 *Corporals* und n = 705 *Seargents* herangezogen worden. Die Ergebnisse der Analyse erbrachten signifikante Validitätskoeffizienten von .36 für die Gruppe der Constables, .38 für die Gruppe der Sergeants und .33 für die Gruppe der Corporals, und lassen den Schluss zu, dass mit Hilfe des PRP zuverlässig und valide Kompetenzen beurteilt werden können, die in hohem Maße eine Vorhersage beruflichen Erfolgs erlauben.

3.5.6.4. Implikationen für die Forschung

Trotz der in diesem Abschnitt beschriebenen Studien kann festgehalten werden, dass der Stand der Forschung zur Validität von Kompetenzmodellen und kompetenzbasierten Auswahl-, Entwicklungs-, und Leistungsbeurteilungsinstrumenten zum heutigen Zeitpunkt als unzureichend bezeichnet werden kann. Insbesondere kann ein Mangel an Studien ausgemacht werden, die sich mit der prädiktiven Validität von Kompetenzen beschäftigen, so dass aus dem Abschneiden bei einem Prädiktorinstrument (z.B. kompetenzbasiertes AC, Kompetenzbeurteilungsverfahren) auf den späteren Erfolg im Kriteriumsbereich (z.B. berufliche Leistung, Berufserfolg) geschlossen werden kann. Aufgrund der geringen Datenbasis ist es daher erforderlich, dass weitere Validierungsstudien vor allem hinsichtlich beruflicher Leistungskriterien (z.B. Verkaufszahlen, Führungserfolg) durchgeführt werden sollten, damit für die Praxis genauere Angaben über die Validität einzelner Kompetenzmerkmale bzw. kompetenzbasierter Instrumente gemacht werden können.

3.6. Zusammenfassende Betrachtung

In diesem Kapitel sind zunächst die theoretischen Grundlagen des Kompetenzmanagements erörtert und die Bedeutung des betrieblichen Kompetenzmanagements im nationalen und internationalen Raum dargestellt worden. Weiterhin wurden Anwendungsfelder und Funktionen von Kompetenzmodellen vorgestellt. Darüber hinaus sind verschiedene Vorgehensweisen im Prozess der Kompetenzmodellierung und verschiedene inhaltliche Gestaltungsansätze von Kompetenzmodellen gegenübergestellt worden. Schließlich wurden unterschiedliche Formen zur Validierung von Kompetenzmodellen und kompetenzbasierten Instrumenten beschrieben, spezifische Befunde zu diesem Thema aufgegriffen und Probleme der Kompetenzforschung diskutiert.

Insgesamt lässt sich feststellen, dass Kompetenzmodelle im betrieblichen Kontext für vielfältige Zwecke einsetzbar sind. Es können unterschiedliche Ansätze und Methoden zur Kompetenzmodellierung herangezogen werden und je nach Anwendungskontext scheint ein unterschiedliches Ausmaß an Detailliertheit, Vollständigkeit oder Spezifikation der Kompetenzen im Modell sinnvoll zu sein. Nichtsdestotrotz muss festgehalten werden, dass sich die Forschung mit der empirischen Güte von Kompetenzmodellen und kompetenzbasierten Instrumenten vergleichsweise weitaus weniger beschäftigt hat als mit der Validität anderer Leistungskonstrukte, die im beruflichen Kontext untersucht werden wie z.B. Intelligenz, Leistungsmotivation oder Persönlichkeit. Wünschenswert ist daher für die Zukunft, dass sich die Forschung verstärkt auf die empirische Evidenz für die Validität von Kompetenzmodellen und darauf basierender HR-Instrumente konzentriert.

Für die zugrunde liegende Arbeit, die sich mit der Entwicklung eines Kompetenzmodells für die Berufsgruppe der Personalmanager beschäftigt, ergibt sich in Anlehnung an die vorangegangenen Ausführungen die Frage, inwieweit der Ansatz zur Kompetenzmodellierung im Rahmen der betrieblichen Praxis auf den Kompetenzmodellierungsansatz für ein Berufsfeld übertragen werden kann. Hat beispielsweise ein Kompetenzmodell im betrieblichen Kontext die gleichen Anwendungsfelder und Funktionen wie ein berufsbezogenes Kompetenzmodell? Können die beschriebenen Methoden zur Kompetenzbestimmung und –modellierung im betrieblichen Kontext auf den dieser Arbeit liegenden Ansatz für ein Berufsfeld übertragen werden? Spielt die Bestimmung der Validität eines Kompetenzmodells für eine Berufsgruppe - insbesondere die inhaltlichen Validität - eine Rolle?

Zur Beantwortung dieser Fragen, soll nachfolgend das Berufsfeld Personalmanagement näher erläutert werden. Zunächst sollen die Aufgaben und Funktionsbereiche sowie die zur Bewältigung der Anforderungen in diesem Berufskontext nötigen Kompetenzen beschrieben werden. Im Anschluss daran werden verschiedene Studien vorgestellt, die sich mit der Bestimmung und Analyse von erfolgsrelevanten Kompetenzen für das Personalmanagement und kompetente Personalmanager beschäftigt haben.

4. Aufgaben, Funktionen und Kompetenzen von Personalmanagern

4.1. Veränderungen im Personalmanagement durch Entwicklungstrends

Zweifelsohne haben sich im Zuge der wirtschaftlichen Veränderungen in den vergangenen Jahren die Aufgaben und Rollen des Personalmanagements gewandelt, so dass sich vor diesem Hintergrund auch die Kompetenzen verändert haben, die Personalmanager zur erfolgreichen Ausübung ihrer beruflichen Aufgaben benötigen (Ulrich, Brockbank, Yeung & Lake, 1995; Ulrich, 1997; Deller, Süßmaier & Albrecht & Bruchmüller, 2005; Ulrich & Brockbank, 2005; Ramlall, 2006). Neben den inhaltlichen Aufgabenveränderungen ist es auch zu einer Erweiterung des Aufgabenfeldes der Personalarbeit gekommen, die Verantwortlichkeiten von HR Professionals sind angewachsen (Scholz, 2000; Lawler & Mohrmann, 2003), so dass das Personalmanagement eine „multidisziplinäre Funktion von großer Breite und hoher Komplexität geworden" ist (Böhm, 1999, S. 5). Längst müssen Mitarbeiter des Personalbereiches nicht mehr nur die klassischen Aktivitäten durchführen wie Personalbedarfsplanung und -beschaffung, Personaleinsatz und -verwaltung, Entgeltmanagement, Personalentwicklung, Personalabbau und Personalcontrolling (Lindner-Lohmann, Lohmann & Schirmer, 2008). Und schon seit geraumer Zeit wird das Personalmanagement in den Unternehmen nicht mehr nur als eine rein administrative oder verwaltende Funktion verstanden, sondern vielmehr als aktiv gestaltende Führungsaufgabe gesehen, indem der Personalbereich einen entscheidenden Beitrag zum unternehmerischen Erfolg leistet und die Unternehmensentwicklung mitgestaltet (Böhm, 2002; Huf, 2006; Lindner-Lohmann, Lohmann & Schirmer, 2008). Während der Personalmanager in der Vergangenheit dafür verantwortlich war, Personalpolitik zu gestalten, soll er heute als Business Partner des Topmanagements beim Erreichen dieser strategischen Ziele unterstützen (Yeung, Brockbank & Ulrich, 1994; Gorsline, 1996). Entsprechend haben sich die Anforderungen an Personalmanager von reinen Routinetätigkeiten zu strategischen Tätigkeiten verschoben (Kaufmann, 1999; Schuler, 1998; Martin, 2005; Holtbrügge, 2007). Und damit haben sich auch die erfolgskritischen Kompetenzen von Personalmanagern aufgrund der Rolle als HR Business Partner und der damit verbundenen Aufgabe, die Geschäftsstrategie eines Unternehmens in die praktische Personalarbeit zu integrieren verändert (Ulrich, Brockbank, Yeung & Lake, 1995; Ulrich & Brockbank, 2005; Ramlall, 2006; Ulrich, 1997).

Verschiedene wirtschaftliche und ökologische Entwicklungstrends haben Bernthal, Colteryahn und Davis (2004) zufolge die Veränderungen in der Personalarbeit beeinflusst wie beispielsweise die Betreuung von Leiharbeitnehmern durch Outsourcing, die

Flexibilisierung von Beschäftigungsverhältnissen durch veränderte Organisationsstrukturen, die Entsendung von Führungskräften ins Ausland aufgrund der Internationalisierung sowie die Bindung von Mitarbeitern aufgrund des Fachkräftemangels. Globalisierung, technischer und demographischer Wandel und Restrukturierungen unterstreichen die strategische Rolle des Human Resources Managements: Eine der heute und zukünftig zentralsten Aufgaben des Personalmanagements ist es, das Humankapital zu managen (Langbert, 2000; Giannantonio & Hurley, 2002). Schließlich gilt das Humankapital des Unternehmens als entscheidende Erfolgsressource, deren Einsatz strategieorientiert geplant und vollzogen werden muss. Nicht nur in Geschäftsberichten, sondern auch bei Vorstandsreden oder auf den Internetseiten eines Unternehmens tauchen immer wieder Bekräftigungen auf, dass das Humankapital die wichtigste Ressource des Unternehmens (Claßen, 2003) und deren Weiterentwicklung gefordert sei, um ein hohes Maß an Expertise zu erreichen (Chen, Bian & Hom, 2005). Auch in aktuellen Umfragen mit Geschäftsführern wird die Bedeutung des Humankapitels bzw. des Personalmanagements bekräftigt und als zentrale Erfolgsfaktoren insbesondere die Identifikation der Beschäftigten mit den Unternehmenszielen und Werten, die Entwicklung und Bindung von Leistungsträgern sowie die Rekrutierung von Talenten genannt (Meisinger, 2005). Die Aufgabe des Personalmanagements besteht also vornehmlich darin, anhand der unternehmensspezifischen Anforderungen die erfolgskritischen Ressourcen und Kompetenzen zu bestimmen, geeignete Mitarbeiter bzw. Talente zu gewinnen, an das Unternehmen zu binden und die Beschäftigten mithilfe geeigneter Maßnahmen weiterzuentwickeln (Belasen, Benke, DiPadove & Fortunato, 1996; Athey & Orth, 1999). Damit können die Potenziale der Mitarbeiter in für die Organisation verwertbare Leistungen überführt werden können (Huf, 2006).

Allerdings gibt es auch Bedingungen, die es dem Personalbereich erschweren, sich ausschließlich auf die Förderung und Entwicklung des Humankapitals zu konzentrieren. Im Vergleich zu anderen Unternehmensbereichen hat das Personalwesen es weitaus schwerer sich zu etablieren. Aufgrund der bestehenden Trends zum Outsourcing und der Sichtweise von Personal als Unterstützungsfunktion hat der HR-Bereich einen eher geringen Status (Truss, Gratton, Hope-Hailey, Stiles & Zaleska, 2002; Caldwell, 2003) und aus Perspektive der Managementtheorie stellt er lediglich eine Querschnittsfunktion dar, der einen Beitrag zum Geschäftserfolg liefern soll (Capgemini, 2004). Demzufolge wird als das wichtigste Beurteilungskriterium des Personalbereichs dessen Fähigkeit betrachtet, einen wesentlichen Teil zur Wertschöpfung und Wettbewerbsfähigkeit des Unternehmens beizutragen (Walker & Reif, 1999; Wrigth, Dyer & Takla 1999; Lawler, 2005). Daraus ergibt sich folgendes Problem, mit dem sich Personalmanager auseinandersetzten müssen: die Unternehmen sind primär ergebnisorientiert, aber das Personal stellt einen nicht unerheblichen Kostenfaktor dar

(Lawson & Limbrick, 1996). So sieht sich der Personalbereich eines Unternehmens oftmals dem Vorwurf ausgesetzt, dass er zwar eine Menge Ressourcen beansprucht, im Gegensatz dazu aber messbare Erfolgsnachweise fehlen. Oftmals wird der Stellenwert von HR bei der Unternehmensführung erst dann erkannt, wenn mit konkreten Zahlen belegt werden kann, dass Personalmanagement-Aktivitäten zu einer Ergebnissteigerung führen (Holtbrügge, 2007). Seitens der Personalmanager sollten dementsprechend Effektivitäts- und Effizienzsteigerungen angestrebt und eine Passung zwischen Unternehmenszielen und Aktivitäten des HR- Managements zu erreichen versucht werden (Wald, 2005). Daher kommt es künftig darauf an, dass HR-Manager den Wertbeitrag ihrer Arbeit quantifizieren (Böhm, 1999), um nicht „hilflos den Konsequenzen eines latent bestehenden Ineffizienz- oder gar Nutzlosigkeitsvorwurf ausgeliefert zu sein" (Capgemini, 2004, S. 38). Je aussagekräftiger das HR-Controlling ist, desto eher kann sich der Personalbereich als Business Partner präsentieren (Aldisert, 2002; Capgemini, 2004).

Damit sich das Personalmanagement auch langfristig als Business Partner positioniert, muss es eine strategische Perspektive für das eigene Aufgabenfeld einnehmen, Visionen für die Gestaltung entwickeln, Handlungskonzepte umsetzen und sich für die Implementierung engagieren (Marr, 2004). Welche Aufgaben und Funktionsbereiche in den nächsten Jahren für einen HR Business Partner am wichtigsten sind, dazu differieren die Meinungen in der Literatur sehr stark (Way, 2002). Hinsichtlich der bedeutsamsten Aufgabenstellungen eines HR Business Partners in den kommenden Jahren und Jahrzehnten lassen sich aber vor allem zwei Bereiche identifizieren: ein professionelles Talentmanagement und ein effektives Change Management (Giannantonio & Hurley, 2002; Lawler, 2005). Dabei bezieht sich Talentmanagement auf die Rekrutierung und Bindung von Personen mit strategisch erfolgsrelevanten Kompetenzen, die nur bedingt am Arbeitsmarkt verfügbar sind (Armutat, 2008) und wird häufig auch als *War of Talents* bezeichnet. Das Thema Talentmanagement ist vermutlich eine der kritischsten Fähigkeiten des zukunftsorientierten Personalmanagements und eine der wichtigsten Aufgabenstellungen der nächsten Jahre (Frosch & Trost, 2008; Armutat, 2008). Dies bestätigen nicht nur die Ergebnisse einer internationalen Befragung der Boston Consulting Group und der World Federation of People Management Associations, wonach die Gewinnung und Bindung von Talenten zu den Aufgaben mit höchster aktueller Relevanz, außerordentlicher Zukunftsbedeutung und den größten aktuellen Umsetzungsdefiziten gehören (BCG & WFPMA, 2008). Auch den Ergebnissen mehrerer Studien zufolge, die Capgemini seit Jahren zur Identifikation von Trends in der Personalarbeit durchführt, wird das Talentmanagement regelmäßig als eines der wichtigsten strategischen HR-Themen prognostiziert (Cap Gemini Ernst & Young, 2002; Capgemini, 2004; Capgemini, 2006; Capgemini, 2007; Capgemini, 2008). Aber auch das

Change Management, was die Unterstützung, Begleitung und Stabilisierung von Veränderungsprozessen und die Umsetzung damit verbundener Maßnahmen meint, ist aufgrund organisationaler Restrukturierungen und Reorganisationen, Kostensenkungsprogrammen und veränderter Unternehmensstrategien heute und zukünftig eine der zentralsten Managementaufgaben überhaupt (Langbert, 2000; Lawler, 2005; Rank & Scheinpflug, 2007). Dies ergab eine aktuelle Studie von Capgemini der zufolge Change Management eines der bedeutendsten Personal-Themen der Gegenwart und der Zukunft ist (Capgemini, 2008). Insbesondere die Kommunikationsfähigkeit seitens des Personalmanagements ist in organisationalen Veränderungsprozessen sehr wichtig, da die Mitarbeiter von der Notwendigkeit anstehender Veränderungen überzeugt werden müssen und deren *Commitment*[3] gesichert werden muss. Durch die schnelle Implementierung geeigneter Maßnahmen wird darüber hinaus dem Unternehmen ein Wettbewerbsvorteil verschafft (Deller et al., 2005).

Die geschilderte Transformation der Aufgaben und der Anforderungen des Personalmanagements hat dazu geführt, dass sich die Kompetenzen, die einen erfolgreich tätigen HR Professional definieren, verändert haben und auch zukünftig noch verändern werden (Gorsline, 1996; Mulcahy & James, 2000; Bates, Chen & Hatcher, 2002; Hansen, 2002; Chen, Bian & Hom, 2005; Graham & Tarbell, 2006; Bell, Lee & Yeung, 2006). Wie die Personalarbeit zukünftig aussehen wird und welche Fähigkeiten Personalverantwortliche in der Zukunft brauchen, ist von vielen Faktoren abhängig wie dem nationalen Kontext, der Branche, der individuellen Unternehmenssituation und der Funktion, die ein HR-Manager inne hat. So unterscheidet sich der Reifegrad der Personalfunktion in angloamerikanischen und asiatischen multinationalen Konzernen von mitteleuropäischen Mittelständlern erheblich (Capgemini, 2004). In einer aktuellen Studie verglichen Pudelko und Harzig (2007) die praktische Personalarbeit in den USA, Deutschland und Japan und konnten zeigen, dass länderspezifische und soziokulturelle Bedingungen die Personalmanagementpraxis in den Ländern beeinflussen, so dass in Abhängigkeit dessen auch die Anforderungen und die zu deren Bewältigung notwendigen Kompetenzen von Personalverantwortlichen länderbezogen variieren können. Darüber hinaus besitzt jede Branche abhängig von ihrer Gewinnsituation mehr oder weniger Ressourcen für die Personalarbeit, so dass in diesem Zusammenhang z.B. eine sehr gute wirtschaftliche Entwicklung einer Branche erstklassige Mitarbeiter erfordert und damit auch andere Anforderungen an den Personalbereich gestellt werden als wenn eine Branche schrumpft und über Sozialpläne nachgedacht wird (Capgemini, 2004). Zudem spielt die individuelle Unternehmenssituation eine Rolle, da die Grade an Internationalität und Diversifizierung bezogen auf die Unternehmen variieren und damit auch

---

[3] Mit organisationalem Commitment wird das Ausmaß der Identifikation einer Person gegenüber einer Organisation bezeichnet.

die Anforderungen an HR-Manager. Werden z.B. verschiedene Produktlinien angeboten, sind auch unterschiedliche Qualifikationen der Mitarbeiter in der Produktion, der Vermarktung etc. erforderlich und dies wiederum beeinflusst auch die Aktivitäten und das Know-How des Personalbereichs (Lawler, 2005). Aber auch strukturelle Bedingungen der Organisation und des Personalbereichs wie beispielsweise die Einführung eines *HR-Service-Centers*[4] führt zu einer Verlagerung der administrativen Aufgaben und zur Entwicklung spezifischer Mitarbeiterkompetenzen in diesem Funktionsbereich (Francis & Keegan, 2006). Nicht zuletzt variieren erfolgsrelevante Kompetenzen von Personalverantwortlichen in Abhängigkeit der Organisationsstruktur und der Hierarchieebene, auf der ein Mitarbeiter tätig ist z.b. als Junior oder Senior Manager (Deller et al., 2005) und ist auch davon abhängig, welche Rolle ein Personalmanager inne hat (Blancero, Boroski & Dyer, 1996) bzw. ob es sich um einen HR-Generalisten oder HR-Spezialisten handelt (Yeung, Woolcok & Sullivan, 1996).

Nichtsdestotrotz lassen sich unabhängig von situationsspezifischen Faktoren einige Leistungsvoraussetzungen von Personalmanagern definieren, die für die Bewältigung gegenwärtiger und zukünftiger Herausforderungen notwendig sind. Insbesondere die Entwicklung von Visionen und die Gestaltung von Strategien erfordern auf Seiten der HR-Managers eine Bandbreite von Kompetenzen im Bereich des analytischen und strategischen Denkens und Handelns mit dem Ziel, die HR-Strategie in die Unternehmensstrategie zu integrieren und die Geschäfts- und Personalprozesse stärker miteinander zu verzahnen (Ulrich, 1997; Alvares, 1997; Beatty & Schneider, 1997; Schoonover, 1998). In diesem Kontext ist auch ein tiefgehendes Verständnis des Kerngeschäftes des Unternehmens sehr zentral (Marr, 2006; Lawler, 2006) sowie Kenntnisse über Veränderungsprozesse in der Organisation (Meisinger, 2005). In diesem Zusammenhang werden Fähigkeiten im Bereich des Change Managements auf Seiten der HR-Manager benötigt, so dass Veränderungsprozesse begleitet, die Beschäftigten mit einbezogen und von der Relevanz der Maßnahmen überzeugt werden können (Becker, Huselid & Ulrich, 2001; Caldwell, 2003). Auch sollte ein grundlegendes Wissen über die das Unternehmen beeinflussenden gesellschaftlichen, politischen, wirtschaftlichen und sozialen Determinanten (Böhm, 1999; Deller et al., 2005) genauso bei einem Personalmanager vorhanden sein wie Kenntnisse über die wirtschaftliche Entwicklung in der Branche (Meisinger, 2005), externe Wettbewerbsfaktoren und Kundenanforderungen (Brockbank, Ulrich & Beatty, 1999; Way, 2002). Darüber hinaus ist es in den vergangenen Jahren für HR Professionals wichtiger geworden, über ein allgemeines

---

[4] Ein HR-Service-Center dient der kosteneffizienten Bündelung von administrativen Personalprozessen in einer gesonderten Einheit.

betriebswirtschaftliches Grundwissen zu verfügen (Ulrich, Brockbank, Yeung & Lake, 1995; Lawson & Limbrick, 1996; Hall & Torrington, 1998;). Nicht zu vernachlässigen ist eine von Personalmanagern geforderte fachliche Expertise, die aktuelle Fachkenntnisse über die personalwirtschaftlichen Instrumente (Holtbrügge, 2007), die Personalprozesse (Hansen, 2002) und informationstechnische Anwendungen einschließt. In Zusammenhang mit der Kosten-/Nutzendiskussion von HR sind Kompetenzen im Bereich des Kostenmanagements wichtig, zu dem auch ein systematisches Controlling gehört (Böhm, 1999; Claßen, 2003). Damit kann der Erfolg eigener Leistungen im Rahmen des Personalcontrollings nachgewiesen und die Effektivität und Effizienz der Personalarbeit gesteigert werden (Deller et al., 2005). Schließlich ist ein hohes Maß an Glaubwürdigkeit und Integrität wichtig (Johnson & King, 2002), da HR-Manager sich in einem Spannungsfeld gegensätzlicher Interessen befinden und mit der Aufgabe konfrontiert sind, die Interessen einer Bandbreite von internen Stakeholdern (u.a. Betriebsrat, Beschäftigte, mittleres und gehobenes Management) genauso auszubalancieren wie die Interessen von externen Stakeholdern wie z.B. Verbänden (Noe, Hollenbeck, Gerhart & Wright, 2006). Unternehmensintern müssen sie einerseits die Interessen des Arbeitgebers bei Verhandlungen mit dem Betriebsrat vertreten und sich andererseits um die Belange der Mitarbeiter kümmern. Es bedarf also interpersonaler Kompetenzen, um zwischen den Parteien vermitteln und Konflikte lösen zu können sowie dabei glaubwürdig zu bleiben und Integrität zu bewahren. Die Konflikt- und Kommunikationsfähigkeit ist ein wichtiges Anforderungsmerkmal, weil neben den Auseinandersetzungen mit dem Betriebsrat oftmals der Einsatz personalpolitischer Instrumente oder die Auswahl geeigneter Personalmaßnahmen eine intensive Kommunikation mit den Fachabteilungen und unterschiedlichen Mitarbeitergruppen erfordert (Oechsler, 2000; Holtbrügge, 2007). Insgesamt führt die Transformation der Aufgaben und Anforderungen im Personalwesen schließlich dazu, dass Personalverantwortliche differenzierter über ihre Rolle, ihre Funktion und ihre Profession nachdenken sollten (Gorsline, 1996; Hansen, 2002).

Nachfolgend sollen die geschilderten Ausführungen zu den zukünftigen Herausforderungen in der Personalarbeit sowie die zu deren Bewältigung relevanten Kompetenzen von Personalmanagern durch ausgewählte empirische Studien zu diesem Thema untermauert werden.

4.2. Studien zu Trends, Aufgaben und Kompetenzen im Personalmanagement

In Praxis und Wissenschaft gehen die Meinungen zu den zukünftigen Aufgaben und Anforderungen sowie den notwendigen beruflichen Kompetenzen im Personalmanagement stark auseinander. Betrachtet man Studien zu diesen Themen, ergibt sich ein nicht ganz einheitliches Bild. Die Gründe mögen zum einen darin liegen, dass die Kompetenzen in Abhängigkeit der untersuchten Rolle bzw. Funktion (z.B. HR-Generalist oder HR-Spezialist) oder des Hierarchielevels (Junior oder Senior HR-Manager) variieren (Way, 2002). Auch werden oftmals nicht die Stelleninhaber selbst zu den berufsrelevanten Kompetenzen befragt, sondern die Geschäftsführer (Lawson & Limbrick, 1996), Professoren (Langbert, 2000) oder Kollegen von Personalmanagern (Ulrich et al., 2005). Darüber hinaus determinieren verschiedene Faktoren den Umfang und die Inhalte der Aufgaben eines Personalbereichs, die wiederum die erforderlichen Kompetenzen von HR-Managern beeinflussen. In einer internationalen Studie von Brewster et al. (2006) konnte beispielsweise gezeigt werden, dass in Abhängigkeit der Unternehmensgröße, der Branche und der Nation die Aufgaben des Personalbereichs differieren. So wird in bestimmten Branchen wie der Energie- oder Chemiebranche einem umfassenden und professionellen Personalmanagement eine vergleichsweise höhere Bedeutung beigemessen als im Gesundheitssektor, der sich auf die leicht administrierbaren, traditionellen Formen des HR-Managements konzentriert. Darüber hinaus ist anzunehmen, dass der Personalbereich in größeren, internationalen Konzernen im Vergleich zum Personalbereich kleiner Unternehmen intensiver mit der Entwicklung von Mitarbeitern und der Gewinnung von Talenten im Rahmen des strategischen Managements beschäftigt ist, da ein größeres Humankapital vorhanden ist. Die Ergebnisse zeigen, dass spezifische Bedingungen einen Einfluss darauf haben, welche Kompetenzen bei Personalfachleuten wichtig sind.

4.2.1. Studien zu künftigen Herausforderungen im Personalmanagement

In den vergangenen Jahren haben sich insbesondere Unternehmensberatungen damit beschäftigt, die zukünftigen Anforderungen im Personalmanagement zu identifizieren. So haben in einer weltweiten Onlineumfrage die *Boston Consulting Group*[5] und die *World Federation of People Management Associations*[6] (BCG & WFPMA, 2008) Personalverantwortliche und Führungskräfte zu den wichtigsten künftigen Herausforderungen befragt. Insgesamt beteiligten sich an der Befragung mehr als n = 4700 Führungskräfte aus über 80 Ländern, die sich zu 17 Themen aus dem Personalmanagement

---

[5] Die Boston Consulting Group (BCG) ist eine der weltweit führenden Unternehmensberatungen mit Hauptsitz in Boston.
[6] Die World Federation of People Management Associations (WFPMA) ist ein weltweites Netzwerk von Experten aus dem Personalmanagement.

und 194 mit diesem Thema zusammenhängenden spezifischen Maßnahmen äußerten. Darüber hinaus wurden in Ergänzung der Onlineumfrage vertiefende Interviews zur heutigen und zukünftigen Situation im Personalbereich mit über 200 Führungskräften weltweit geführt. Im Rahmen der Umfrage wurden acht zukünftig kritische HR-Themen ermittelt, die Führungskräfte für die wichtigsten Herausforderungen zwischen 2010 und 2015 halten. Das Thema mit der höchsten Priorität über alle Regionen und Branchen hinweg ist das *Talentmanagement*, bei dem es um die Gewinnung, Entwicklung und Bindung von Mitarbeitern mit hohem Potential geht. Das zweitwichtigste Thema ist die *Verbesserung der Leadership-Qualitäten*, womit eine Förderung und Entwicklung der Führungskräfte im Unternehmen angestrebt wird. Die drittwichtigste Herausforderung ist das *Work-Life-Balance*, womit gemeint ist, dass Berufstätigkeit und Privatleben der Mitarbeiter optimaler miteinander verzahnt werden. Das Thema mit der viertwichtigsten Priorität ist das *Demografiemanagement*, das angesichts der Altersentwicklung der Beschäftigten in den Industrieländern gezielte Maßnahmen erfordert. Change *Management* und *Transformation der Unternehmenskultur* sind die Themen, die zukünftig am fünftwichtigsten sind, d.h. dass Veränderungen in Organisationen bewältigt werden müssen und damit auch eine Transformation der Unternehmenskultur einhergeht. Die an sechster Stelle rangierende Herausforderung ist das *Globalisierungsmanagement*, das aufgrund schnell wachsender globaler Märkte erfordert, dass in einem Unternehmen die richtigen Mitarbeiter auf die richtigen Positionen gesetzt werden und eine länder- und kulturübergreifende Zusammenarbeit stattfindet. Die an siebter Stelle stehende kritische Herausforderung im HR-Bereich ist die *Learning Organisation*, die sich auf die sorgfältige Planung, Umsetzung und Kontrolle von Fort- und Weiterbildungsmaßnahmen für die Mitarbeiter bezieht. Das Thema mit der achtwichtigsten Priorität ist *HR als strategischen Partner* zu etablieren, was meint, dass der Personalbereich als Partner der Geschäftsführung und des Linienmanagements anerkannt wird und einen wesentlichen Beitrag zum Unternehmenserfolg leistet. Trotz dieser Rangfolge der wichtigsten Herausforderungen im Personalbereich, die sich insgesamt länderübergreifend ergibt, hatten die befragten Führungskräfte in den verschiedenen Regionen tendenziell unterschiedliche Prioritäten. Während laut Umfrage beispielsweise in Europa das *Talentmanagement* und das *Demografiemanagement* die beiden größten Herausforderungen darstellen, haben in Lateinamerika *Work-Life-Balance* und *Talentmanagement* die höchste Priorität. Diese Unterschiede hinsichtlich der wichtigsten künftigen Herausforderungen spiegeln die bereits dargestellten länderspezifischen Bedingungen wieder, insbesondere die kulturellen, wirtschaftlichen und demografischen Merkmale der Regionen und Nationen, die einen Einfluss auf die Personalarbeit haben.

Die Unternehmensberatung *Capgemini*[7] hat in regelmäßigen Abständen in den Jahren 2002, 2004 und 2006 die Studie *HR-Barometer* durchgeführt und damit als Gradmesser die aktuellen und zukünftig relevanten Themenstellungen und Herausforderungen rund um Human Resources Management untersucht (Cap Gemini Ernst & Young, 2002; Capgemini, 2004; Capgemini, 2007). Dabei standen insbesondere die Themen Strategie, Controlling und Organisation der Personalarbeit und eine Analyse der künftigen Entwicklungslinien im Mittelpunkt. Für die Studie im Jahr 2002 wurde ein Fragebogen entwickelt, der an die HR-Entscheidungsträger der 1000 größten deutschen Unternehmen gesendet wurde. Eine Beantwortung des Fragebogens war sowohl schriftlich als auch online durch einen individualisierten Internetlink möglich. Insgesamt beteiligten sich n = 187 Personalverantwortliche an der Befragung. Für die Studien im Jahr 2004 und 2006 wurde die Befragung auf die größten österreichischen und schweizerischen Unternehmen ausgedehnt, wobei 2004 insgesamt 132 und 2006 insgesamt 94 ausgefüllte Fragebogen vollständig in die Auswertung einflossen. Die meisten Fragen aus dem ursprünglichen Fragebogen wurden für den 2004 und 2006 eingesetzten Fragebogen repliziert, allerdings wurden zusätzliche Aspekte ergänzt, so dass der überarbeitete Fragebogen 27 (2004) bzw. 32 (2006) thematische Fragen rund um HR-Strategiethemen und sieben strukturelle Fragen (zur Person und zum Unternehmen des Befragten) enthielt. Da die umfangreichen Ergebnisse der Studien von 2002 bis 2006 an dieser Stelle nicht im Detail dargestellt werden können, konzentrieren sich die nachfolgenden Ausarbeitungen auf die wesentlichen Ergebnisse zu den Bereichen HR-Rollen, HR-Strategie, HR-Organisation, HR-Controlling sowie gegenwärtige Themen und zukünftige Herausforderungen. Aus Gründen der Übersicht erfolgt eine Ergebnisdarstellung in Tabellenform (vgl. Tabelle 5).

---

[7] Capgemini ist eine weltweit tätige Management- und IT-Beratung mit Hauptsitz in Paris.

Tabelle 5: Ergebnisse der Capgemini Studie HR Barometer 2002 - 2006

Bereich	Ergebnisse
HR-Rollen	- HR werden bei der Planung und bei der Umsetzung von strategisch bedeutsamen Unternehmensaktivitäten nur bedingt Entscheidungsbefugnisse eingeräumt. (50 % der in 2006 befragten Personalbereiche kommt eine strategiegestaltende und mitentscheidende Rolle zu, 2004 waren es 48 %; 2002 waren es 62 %) - Nur sehr wenige HR-Ressorts sehen sich als echte Business Partner der Unternehmensbereiche. (10 % der in 2006 befragten Personalbereiche gaben an, „voll und ganz" als Business Partner angesehen zu werden; 2004 waren es 4 %; 2002 15 %)
HR-Strategie	- HR-Strategieentwicklung wird in immer mehr Unternehmen ein systematischer Prozess (in 48 % der in 2006 befragten Personalbereiche wird die HR-Strategie in einem systematischen und periodischen Prozess entwickelt, 2004 waren es lediglich 40 %) - Die drei typischsten Hindernisse bei der Umsetzung der HR-Strategie: 1. fehlende Priorisierung der Aktivitäten 2. langfristige Maßnahmen werden für kurzfristige Erfolge geopfert 3. Interessen und Zielkonflikte der Projektbeteiligten kollidieren
HR-Organisation	- Hinsichtlich der Organisationsform von HR ergab die Befragung von 2006, dass fast ein Drittel der Unternehmen (29 %) funktional entlang der klassischen HR-Aufgabenfelder ausgerichtet sind; für 37 % Prozent der Unternehmen ist keine einzelne Dimension, sondern eine Matrix-Organisation maßgeblich.
HR-Controlling	- Die Frage nach dem konzeptionellen Reifegrad des Controllings im Unternehmen (Bestimmung des Wertbeitrags von HR zum Unternehmenserfolg) ergab, dass die Mehrheit der Unternehmen kein HR-Controlling durchführt, sondern lediglich Kennzahlen zum Personalbestand, zur Fluktuation und zum Krankenstand ermittelt (2006 waren es 50 %, 2004 waren es 50 %). Lediglich ein sehr geringer Teil führt ein Wertbeitragscontrolling durch, d.h., dass der spezifische Wertbeitrag des HR-Bereichs für den gesamten Unternehmenserfolg bestimmt wird (2006 waren es 3 %, 2004 waren es 7 %).
Gegenwärtige Themen – zukünftige Herausforderungen	- Die fünf gegenwärtig wichtigsten HR-Themen, die in der Studie von 2006 identifiziert wurden: 1. Personal-/Führungskräfteentwicklung 2. Reduktion Personalkosten 3. HR als Business Partner 4. HR-Strategie 5. Vergütungs-/Anreizsysteme - Die fünf wichtigsten Herausforderungen und Top-Themen in der nahen Zukunft (Prognostizierte Wichtigkeit strategischer HR-Themen auf Basis der Studienergebnisse von 2006 mit Blick auf das Jahr 2008) 1. War-of-Talents/ High-Potential-Recruiting und Retention 2. Personal-/Führungskräfteentwicklung 3. Demographischer Wandel 4. Kompetenzmanagement 5. HR-Strategie

Aufgaben, Funktionen und Kompetenzen von Personalmanagern

In einer anderen Studie von Giannantorio und Hurley (2002) wurden n = 1100 Personalverantwortliche zu a) den zukünftigen Herausforderungen des Unternehmens, b) der Rolle des Personalbereichs im Unternehmen und c) dem berufsrelevanten Wissen und den Fähigkeiten von Personalmanagern befragt. Dabei sollten die Teilnehmer im ersten Teil zunächst 41 vorgegebene wirtschaftliche Herausforderungen (z.B. Change Management, Rekrutierung) hinsichtlich ihrer Priorität für das Unternehmen einschätzen und im zweiten Teil im Hinblick auf 13 mögliche Rollen (z.B. HR als interner Berater) beurteilen, ob der Personalbereich diese Rolle einnimmt oder nicht. Der dritte Teil umfasste eine Liste von 28 grundlegenden Fähigkeiten (z.B. Kommunikationskompetenz) sowie 20 zur Beherrschung bestimmter Abläufe notwendige Fertigkeiten eines Personalmanagers (z.B. Validierung eines Auswahlverfahrens), die nach ihrer Wichtigkeit eingeschätzt werden sollten. Die wesentlichen Studienergebnisse waren zusammengefasst:

- Die drei wichtigsten zukünftigen Herausforderungen sind das *Change Management,* die *Mitarbeiterzufriedenheit* und die *Mitarbeiterbindung.*
- *Die* wichtigste Rolle des Personalbereichs ist die des *HR-Strategen* (Implementierung von HR-Strategien und HR-Programmen).
- Die wichtigsten Fähigkeiten sind *Sozialkompetenzen* (z.B. Mitarbeitermotivation, Teammanagement) und *kommunikative Kompetenzen* (Präsentationsfähigkeiten).
- Die wichtigsten Fertigkeiten sind die *Entwicklung von Rekrutierungsprogrammen, Erstellen von Stellenbeschreibungen, Durchführung einer Kosten-/Nutzenanalyse.*

In einer Studie von Langbert (2000) wurden 121 Professoren und 58 HR-Manager nach den wichtigsten künftigen Herausforderungen im Personalbereich und zu den erfolgskritischen Kompetenzen von Personalmanagern gefragt. Die Probanden wurden zum einen gebeten, drei Herausforderungen hinsichtlich ihrer Bedeutsamkeit für die Zukunft einzuschätzen mit dem Ergebnis, dass 1. *HR zunehmend eine strategische Perspektive einnehmen* 2. *HR vom Linienmanagement akzeptiert* werden und 3. *HR als breit aufgestellter Business-Experte und weniger als Spezialist agieren sollte.* Zum anderen sollten die Probanden sechs Kompetenzen hinsichtlich ihrer Bedeutsamkeit für einen Personalmanager einschätzen. Die sechs Kompetenzen wurden alle übereinstimmend von beiden Berufsgruppen als äußerst oder sehr bedeutsam eingeschätzt, wobei sich folgende Reihenfolge der Wichtigkeit der Kompetenz nach ergab: 1. *Analytische und Problemlösende Fähigkeiten,* 2. *Interpersonelle Kommunikation,* 3. *Integration von Linieninteressen und HR,* 4. *Konfliktmanagement* 5. *Technische HR-Kompetenzen* 6. *Teambildung.*

4.2.2. Studien zu Aufgaben und Kompetenzen von Personalmanagern

Der Schwerpunkt bisheriger Studien zu beruflichen Kompetenzen von HR-Managern liegt im US-amerikanischen Raum, in Deutschland fand bisher keine fundierte empirische Analyse der Leistungsvoraussetzungen von Personalverantwortlichen statt (Deller et al., 2005). Insbesondere die Studien um das Team von Dave Ulrich von der *University of Michigan* haben in diesem Zusammenhang in der internationalen Personalmanagementliteratur höchste Beachtung gefunden (Becker, Huselid & Ulrich, 2001; Ulrich, Brockbank, Yeung & Lake, 1995). Unter der Leitung der beiden Professoren, Dave Ulrich und Wayne Brockbank, wurde an der Michigan Universität in Zusammenarbeit mit der RBL-Group, einer Unternehmensberatung und der *Society for Human Resource Management* (SHRM)[8] die weltweit umfangreichste und am längsten andauernde empirische Studie im Bereich des Personalmanagements durchgeführt. In der *Human Resource Competency Study (HRCS)* wurden in fünf Erhebungswellen in den Jahren 1988, 1992, 1997, 2002 und 2007 über verschiedene Branchen und Länder hinweg untersucht, welche Entwicklungstrends sich in der Personalwirtschaft abzeichnen, mit welchen veränderten Aufgaben und Rollen sich Beschäftigte im Personalwesen auseinandersetzen müssen und über welche erfolgskritischen Kompetenzen Personalmanager verfügen sollten, um die zukünftigen Anforderungen zu bewältigen. Insgesamt wurden mehr als 40000 HR Professionals sowie deren Kollegen und Vorgesetzte befragt (Ulrich, Brockbank, Johnson, Sandholtz & Younger, 2008). Zwar fand die Datenerhebung international statt, allerdings stammt der überwiegende Teil der Daten aus den USA. Es ist anzunehmen, dass die Befunde nicht ohne Anpassung auf Deutschland zu übertragen sind, u.a. wegen der stärkeren Betonung der Sozialpartnerschaft (Deller et al., 2005). Auf Basis der empirischen Daten wurde ein Kompetenzmodell für Personalmanager erstellt, wobei es im Laufe der Jahre zahlreiche Revisionen gegeben hat. Zu den im Rahmen der HRCS durchgeführten Untersuchungen, der Datenerhebung und den Ergebnissen finden sich in der Literatur kaum Veröffentlichungen. Eine Literaturrecherche in Datenbanken mit psychologischer Literatur und im Internet ergab lediglich drei interessante Treffer. Dabei handelt es sich zum einen um zwei Zeitschriftenaufsätze in denen Ulrich, Brockbank & Yeung (1989) sowie Ulrich, Brockbank, Yeung & Lake (1995) die Vorgehensweise und die Ergebnisse ihrer ersten beiden durchgeführten Studien aus den Jahren 1988 und 1992 beschreiben. Zum anderen werden in dem von der SHRM und der RBL-Group veröffentlichten Buch *HR Competencies: Mastery At The Intersection of People and Business* (Ulrich et al., 2008) das Vorgehen und die Ergebnisse der letzten Erhebungswelle der HRCS aus dem Jahr 2007 zusammengefasst. Auf die Befunde der aktuellsten Studie soll später in dieser Arbeit in

---

[8] Die Society for Human Resources Management ist die größte berufsständische Organisation für Personalmanager in den USA (vgl. Kap. 5.1.).

Zusammenhang mit der Beschreibung von Kompetenzmodellen und –standards für Personalmanager, die von berufsständischen Organisationen aufgestellt wurden, im Detail eingegangen werden (vgl. 5.1.2.1). An dieser Stelle sollen zunächst nur die wesentlichen Ergebnisse der ersten und zweiten Erhebungswelle der HRCS geschildert werden.

Insgesamt fand im Rahmen der HRCS eine Befragung von mehr als 12600 Probanden aus 109 Unternehmen im Sinne eines 360-Grad Ansatzes statt, d.h. dass nicht nur Personalmanager selbst sondern auch deren Vorgesetzte, Kollegen und interne Kunden der Personalabteilung, die mit den Aufgaben und Funktionen des Personalbereichs vertraut waren, mit einbezogen wurden. Sie wurden gebeten, vorgegebene Wissens- und Fähigkeitsaspekte (KSAs) hinsichtlich ihrer Bedeutsamkeit für die berufliche Tätigkeit eines Personalmanagers auf einer 5-stufigen Skala in folgenden drei Kompetenzbereichen einzuschätzen: betriebswirtschaftliches und organisationsbezogenes Wissen (*Knowledge of Business*), Change Management (*Management of Change*) und operative fachliche Expertise (*Delivery of HR Practices*). Dabei bezog sich der Kompetenzbereich *Knowledge of Business* auf strategische, technologische, organisationale und finanzbezogenes Kompetenzaspekte, der Bereich *Management of Change* auf Kompetenzen zur Bewältigung von Veränderungsprozessen und der Kompetenzbereich *Delivery of HR Practices* auf technisch-operationale Kompetenzen zur Bewältigung klassischer Personalmanagementaufgaben. Die Ergebnisse beider Studien erbrachten, dass das Change Management mit Abstand als die bedeutsamste Kompetenz eingeschätzt wurde, gefolgt von der fachlichen Expertise im operativen Personalmanagement. Die betriebswirtschaftlichen Kompetenzen wurden von allen drei Kompetenzbereichen am wenigsten relevant für einen erfolgreich tätigen HR-Manager beurteilt. Darüber hinaus konnte gezeigt werden, dass alle drei Kompetenzbereiche im Vergleich zur ersten Studie in der zweiten Erhebung weitaus bedeutsamer beurteilt wurden. Dieser Befund legt die Vermutung nahe, dass es im Laufe der Zeit durch die Übertragung zusätzlicher und neuartiger Aufgaben zu einer Erweiterung des Tätigkeitsfeldes der Personalarbeit gekommen ist und dies zu einer höheren Bedeutsamkeitseinschätzung der Kompetenzen geführt hat.

Way (2002) untersuchte in seiner Studie, welchen Personalmanagement-Aktivitäten in der operativen Personalarbeit die meiste Arbeitszeit gewidmet wird und welche Kompetenzen (KSAs) für die erfolgreiche Bewältigung der Aufgaben bei Personalverantwortlichen am wichtigsten sind. Dazu befragte er insgesamt 113 in der Personalpraxis tätige Mitglieder einer berufsständigen Vereinigung im mittleren Westen der USA. Sie sollten zunächst angeben, wie viel Prozent ihrer wöchentlichen Arbeitszeit sie jeweils mit der Bearbeitung der zur Auswahl vorgegebenen Aufgabenfelder verbringen. Darüber hinaus sollten sie 15

Kompetenzen dahingehend einschätzen, ob diese für die erfolgreiche Aufgabenbewältigung eines Personalmanagers bedeutsam sind. Die Probanden wurden gebeten, Angaben zu ihrer Funktion und dem Hierarchielevel zu machen, d.h. ob sie HR-Generalisten oder HR-Spezialisten sind und entweder die gesamte Bandbreite der Aufgaben oder lediglich spezifische Aufgaben (z.B. Personalentwicklung) im Personalmanagement bearbeiten sowie darüber hinaus, ob sie *Junior Manager, Manager* oder *Senior Manager* sind. Die Ergebnisse zeigten deutliche Unterschiede hinsichtlich der häufig zu bewältigenden Aufgaben sowohl in Abhängigkeit der Position als auch des Hierarchielevels, so dass auf eine detaillierte Darstellung an dieser Stelle verzichtet wird. Auffällig war lediglich, dass die HR-Generalisten einen wesentlichen Teil ihrer Arbeitszeit mit der *Gestaltung der Mitarbeiterbeziehungen* und mit der *Personalauswahl* verbringen. Die Bewertung der Kompetenzen hinsichtlich ihrer Bedeutsamkeit ergab übereinstimmend, dass allen zur Auswahl gestellten Kompetenzen eine entscheidende Relevanz zugesprochen wurde, wobei die folgenden sechs Kompetenzen als extrem bedeutsam für einen erfolgreichen Personalmanager eingeschätzt wurden: *Integrität, Teamwork, Kommunikative Fähigkeiten, Proaktivität, Problemlösungskompetenz, Verhandlungskompetenz.*

Johnson & King (2002) kamen zu ähnlichen Ergebnissen wie Way (2002). Sie befragten 12 Experten aus dem Personalmanagement zu den erfolgskritischen Fähigkeiten und Fertigkeiten von HR-Managern. Folgende vier Kompetenzen wurden als die wichtigsten eingeschätzt: *Integrität, Interpersonelle Kommunikation, Beziehungsmanagement, Problemlösung.* Beide Studien sollten allerdings vorsichtig interpretiert werden, da die Stichprobengröße sehr gering ist. Bei Way (2002) wurden lediglich Mitglieder einer berufsständischen Organisation befragt. Zum anderen wurde den Probanden nur eine sehr eingeschränkte Auswahl von Kompetenzen vorgegeben, die nicht definiert und auch nur teilweise anhand von wenigen Stichworten konkretisiert worden ist, so dass die Probanden bei ihrer Einschätzung ein durchaus abweichendes Verständnis von der jeweiligen Kompetenz zugrundegelegt haben könnten.

Auch Chen, Bian & Hom (2005) haben in ihrer Studie 254 taiwanesische in der Personalpraxis Tätige gebeten, die Relevanz der Kompetenzen von Personalmanagern einzuschätzen. Sie kamen zu dem Ergebnis, dass *Interpersonelle Kompetenz* sowohl heute als auch zukünftig die wichtigste Kompetenz für einen Personalmanager darstellt: „It can be concluded that it is essential for a successful HRD practitioner to possess expertise in interpersonal competencies, since they are regarded as the most important for now and for the future (S. 30)."

Zur Entwicklung eines Kompetenzmodells für Senior-HR-Manager führten Lawson & Limbrick (1996) Interviews mit insgesamt 23 Geschäftsführern aus großen amerikanischen Unternehmen durch und befragten diese zu den erforderlichen Fähigkeiten, Kernkompetenzen und Persönlichkeitsmerkmalen von berufserfahrenen Personalmanagern. Die folgenden Kompetenzen stellen eine Auswahl der von den Interviewten am häufigsten genannten erfolgskritischen Kompetenzen und Attribute dar: *Interpersonelle Fähigkeiten, Proaktive Entscheidungsfähigkeit, Kommunikations- und Überzeugungskompetenzen, Kreatives/Innovatives Denken, Technisches HR-Wissen, Betriebswirtschaftliches Wissen, Strategischer Fokus, Visionärer Sinn* und *Veränderungsbereitschaft*.

Graham & Tarbell (2006) untersuchten in ihrer Studie das Konstrukt Glaubwürdigkeit von HR-Managern vor der Hintergrundannahme, dass Glaubwürdigkeit eine der grundlegenden Kompetenzen eines Personalmanagers darstellt. Sie bildeten zwei Fokusgruppen mit HR-Experten und diskutierten mit den Mitgliedern, aus welchen Dimensionen und Facetten sich Glaubwürdigkeit zusammensetzt. Nach einer inhaltsanalytischen Auswertung wurden im Wesentlichen folgende Kompetenzdimensionen bestimmt: *Fachliche Expertise (KSAs), Zielorientierung, Effektives Beziehungsmanagement* und *Vertrauen*. Somit scheinen sowohl fachliche Kompetenzen als auch soziale, zwischenmenschliche Fähigkeiten für die Ausübung einer beruflichen Tätigkeit im Personalbereich eine bedeutsame Rolle zu spielen. In einer Befragung mit nationalen und internationalen Gewerkschaftsführern und Gewerkschaftsmitarbeitern konnten Graham & McHugh (2008) dies bestätigen, da kommunikative und interpersonelle Fähigkeiten genauso wie die fachliche Expertise als eine der wichtigsten Kompetenzen eines Personalverantwortlichen eingeschätzt wurden. Auch in einer von Shore, Lynch & Dookeran (2008) durchgeführten Studie zu relevanten Kompetenzen von Personalmanagern wurde die Glaubwürdigkeit als eine der wichtigsten Kompetenzen beschrieben, die ein HR Professional besitzen sollte.

Die Entwicklung eines unternehmensspezifischen Kompetenzmodells für Personalmanager bei Eastman Kodak[9] verfolgten Blancero, Boroski und Dyer (1996) mit ihrer Arbeit. Das Ziel lag darin, dass Modell in drei Kompetenzbereiche aufzuteilen: Kernkompetenzen, Kompetenzen für Job-Familien und spezifische Kompetenzen für verschiedene HR-Rollen bzw. Funktionen. Zur Entwicklung des Kompetenzmodells wurde ein strategiebasierter Ansatz gewählt, der in drei Phasen vollzogen wurde. Zunächst wurden mit Personalverantwortlichen aus verschiedenen Geschäftsbereichen im Rahmen eines Workshops die strategische Ausrichtung des Personalbereichs sowie die zukünftigen

---

[9] Die Eastman Kodak Company ist ein multinationales Unternehmen, das fotografische Ausrüstung wie Filme und Kameras produziert und mehr als 40.000 Mitarbeiter weltweit beschäftigt. Der Konzernsitz ist in den USA.

Herausforderungen für HR (z.B. Change Management) und die zu deren Bewältigung relevanten Kompetenzen erörtert. Das Ergebnis bestand in der Definition einer HR-Strategie, der Identifikation von 26 zentralen Herausforderungen sowie 96 Kompetenzen. Auf Basis dieser Ergebnisse wurden in der zweiten Phase durch die Personalverantwortlichen und Linienmanager die zukünftig im Unternehmen zu etablierenden HR-Rollen identifiziert und beschrieben. Es wurden sechs Rollen identifiziert: *Competency Practioner, Strategist/Generalist, HR Initiative Leader, Operational Support, Consultant - Change Agent, HR Leader.* In der dritten Phase entwickelte eine Gruppe von Beschäftigten des Personalbereichs spezifische Kompetenzprofile für die in der zweiten Phase identifizierten Rollen. Anhand einer Beschreibung der jeweiligen Rolle und der damit verbundenen Leistungsanforderungen wurde jede der 96 Kompetenzen hinsichtlich ihrer Bedeutsamkeit für jede Rolle auf einer siebenstufigen Skala eingeschätzt. Insgesamt wurden 11 Kernkompetenzen festgelegt (vgl. Tab. 6), die über alle sechs Rollen hinweg als sehr bedeutsam eingeschätzt wurden. Neben den in Tabelle 6 dargestellten Kernkompetenzen wurden weitere sechs Kompetenzen für eine Berufsfamilie identifiziert, die nur für bestimmte HR-Rollen bzw. Funktionsbereiche im HR-Management relevant sind. Darüber hinaus wurden schließlich 33 tätigkeitspezifische Kompetenzen identifiziert, die zur Entwicklung der Kompetenzprofile für die sechs HR-Rollen herangezogen wurden. Ohne an dieser Stelle auf die Kompetenzprofile im Detail eingehen zu wollen, sei erwähnt, dass jedes Kompetenzprofil nur die für die jeweilige Rolle wichtigsten zehn Kompetenzen umfasste, wobei einige Kompetenzen durchaus in mehreren Profilen auftauchten.

Tabelle 6: Kernkompetenzen für Personalmanager (Eastman Kodak Company)

Kompetenz	Erläuterung
Ethische Kompetenzen	besitzt verschiedene grundlegende Werte (Respekt vor jedem Individuum, Ehrlichkeit, Integrität, Fairness)
Kommunikative Kompetenzen	kann sich verbal (schriftlich und mündlich) und nonverbal in einem angemessen Stil und einer Sprache ausdrücken, so dass andere ihn verstehen
„Zuhörer"-Kompetenzen	Ist in der Lage, Informationen aus einer mündlichen Kommunikation zu interpretieren und zu extrahieren
Beziehungsmanagement	ist in der Lage Beziehungen zu knüpfen und Netzwerke zu einer Bandbreite von Gruppen und Personen aufzubauen
Teamwork	weiß, wie die Zusammenarbeit zwischen anderen gefördert werden kann
Qualitätsbewusstsein	hat einen hohen Leistungsanspruch an sich selbst und an andere
Urteilsvermögen	trifft rationale und realistische Entscheidungen auf Basis von Fakten und logischer Schlussfolgerungen
Ergebnisorientierung	weiß, wie man arbeiten muss, um zu Ergebnissen zu gelangen
Initiative	ist in der Lage über Pflichtaufgaben hinaus tätig zu werden
Selbstvertrauen	besitzt ein ausgeprägtes Vertrauen in seine eigenen Fähigkeiten
Enthusiasmus & Commitment	hat Vertrauen in die Beschäftigten, kann sich mit seiner Arbeit identifizieren und fühlt sich verantwortlich für einen hohen Leistungsstandard

In einer Studie der DGFP zur Organisation des Personalmanagement wurden 2006 im Rahmen einer onlinegestützten Befragung insgesamt 121 Personalexperten befragt (DGFP, 2006). Der Fragebogen enthielt Fragen zur Organisationsform und den Aufgaben des Personalbereichs (z.B. HR-Service-Center, HR-Expertise-Center) sowie zu Kompetenzen, die zur Aufgabenbewältigung in dem jeweiligen Bereich benötigt werden. Die Befragung ergab, dass sich die Aufgaben eines HR-Service-Centers, das vor allem die operative Personalarbeit unterstützt, von den Aufgaben eines HR-Expertise-Centers, das strategische und konzeptionelle Arbeit bündelt, unterscheiden und damit auch die für die Ausübung der jeweiligen Aufgaben benötigten Mitarbeiterkompetenzen differieren. Während klassischerweise im HR-Service-Center Tätigkeiten wie z.B. Personalverwaltung, Lohn- und Gehaltsabrechnung und Personalrekrutierung durchgeführt werden, kümmert sich das Expertise-Center hauptsächlich um die Konzeption von Vergütungssystemen, Personalentwicklung und die Personalpolitik. Dementsprechend unterscheiden sich auch die Kompetenzen, die für

Mitarbeiter im HR-Service-Center und HR-Expertise-Center als relevant betrachtet werden. Als wichtigste Kompetenz im HR-Service-Center wird die *Kundenorientierung* eingeschätzt, gefolgt vom *Fachwissen* und der *Kommunikationsfähigkeit*. Zu dem Kompetenzprofil eines Personalmanagers im HR-Expertise-Center gehört dabei als wichtigste Kompetenz die *Kommunikationsfähigkeit*, gefolgt vom *Unternehmerischen Denken und Handeln* und der *Konzeptionsfähigkeit*.

4.3. Zusammenfassende Betrachtung

In diesem Kapitel sind zunächst die zukünftigen Herausforderungen und Aufgaben in der Personalarbeit sowie die zu deren Bewältigung relevanten Kompetenzen von Personalmanagern diskutiert worden. Im Anschluss daran wurden die Ausführungen durch ausgewählte empirische Studien zu diesen Themen untermauert. In Tabelle 7 sind zu einem besseren Überblick noch einmal die wichtigsten empirischen Ergebnisse zu den künftigen Herausforderungen und Kompetenzen im Personalmanagement zusammengefasst.

Tabelle 7: Studienergebnisse zu den zukünftigen Herausforderungen und bedeutsamen Kompetenzen im Personalmanagement

Studie	Gegenstand der Studie	Ergebnisse (nach Priorität)
BCG & WFPMA, 2008	Zukünftige Herausforderungen des Personalmanagements (nach Prioritäten)	1. Talentmanagement 2. Optimierung Führungsqualitäten 3. Work-Life-Balance 4. Demografiemanagement 5. Change Management 6. Globalisierungsmanagement 7. Lernende Organisation 8. HR als strategischer Partner
Cap Gemini Ernst & Young, 2002; Capgemini, 2004; Capgemini, 2006; Capgemini, 2007)	Zukünftige Herausforderungen des Personalmanagements	1. Talentmanagement 2. Personal-/Führungskräfte-entwicklung 3. Demografischer Wandel 4. Kompetenzmanagement 5. HR-Strategie
Giannantonio & Hurley (2002)	Zukünftige Herausforderungen des Personalmanagements	1. Change Management 2. Mitarbeiterzufriedenheit 3. Mitarbeiterbindung
	Bedeutsame Kompetenzen von Personalmanagern	1. Sozialkompetenz 2. Kommunikationskompetenz

Aufgaben, Funktionen und Kompetenzen von Personalmanagern

Studie	Gegenstand der Studie	Ergebnisse (nach Priorität)
Langbert (2000)	Zukünftige Herausforderungen des Personalmanagements	1. Strategische Perspektive seitens HR 2. HR wird als Partner der Linie akzeptiert 3. HR agiert als Business Partner
	Bedeutsame Kompetenzen von Personalmanagern	1. Analyse-/Problemlösungskompetenz 2. Interpersonale Kommunikation 3. Integration HR- und Linieninteressen 4. Konfliktmanagement 5. HR-Fachwissen 6. Teambildung
Ulrich, Brockbank & Yeung, 1898; Ulrich, Brockbank, Yeung & Lake, 1995	Bedeutsame Kompetenzen von Personalmanagern	1. Change Management 2. Fachliche Expertise 3. Betriebswirtschaftliches Wissen
Way (2002)	Bedeutsame Kompetenzen von Personalmanagern	1. Integrität 2. Teamwork 3. Kommunikationskompetenz 4. Proaktivität 5. Problemlösungskompetenz 6. Verhandlungskompetenz
Johnson (2002)	Bedeutsame Kompetenzen von Personalmanagern	1. Integrität 2. Interpersonale Kommunikation 3. Beziehungsmanagement 4. Problemlösungskompetenz
Chen, Bian & Hom (2005)	Bedeutsame Kompetenzen von Personalmanagern	1. Interpersonale Kompetenz 2. Proaktivität 3. Kommunikationskompetenz 4. Kreatives/innovatives Denken 5. Fachliche Expertise (HR) 6. Betriebswirtschaftliches Wissen 7. Strategischer Fokus 8. Visionärer Sinn 9. Veränderungsbereitschaft
Blancero, Boroski & Dyer (1996)	Bedeutsame Kompetenzen von Personalmanagern	1. Integrität und Glaubwürdigkeit 2. Kommunikationskompetenz 3. Beziehungsmanagement 4. Teamwork 5. Qualitätsbewusstsein 6. Urteilsvermögen 7. Ergebnisorientierung 8. Initiative 9. Selbstvertrauen 10. Enthusiasmus/Commitment
DGFP (2006)	Bedeutsame Kompetenzen von Personalmanagern in einem Expertise-Center	1. Kommunikationsfähigkeit 2. Unternehmerisches Denken/Handeln 3. Konzeptionsfähigkeit

Es fällt auf, dass in den nächsten Jahren zu den Top-Themen im Personalmanagement insbesondere das Talentmanagement, das Change Management sowie das Management des demografischen Wandels gehören. Darüber hinaus ist wichtig, dass der Personalbereich sich als strategischer Partner etabliert und eine strategische Perspektive einnimmt. Hinsichtlich der wichtigsten Kompetenzen eines Personalmanagers ergibt sich ein weitgehend übereinstimmendes Bild. Die Studien erbrachten, dass vor allem soziale bzw. interpersonale Kompetenzen (Kommunikations- und Verhandlungsfähigkeit, Beziehungsmanagement, Teamfähigkeit) eine entscheidende Rolle bei Personalverantwortlichen spielen, aber auch Personalkompetenzen (Integrität, Glaubwürdigkeit, Proaktivität) und Fachkompetenzen (HR-Fachwissen und betriebswirtschaftliches Wissen, Problemlösungskompetenzen) von entscheidender Bedeutung für einen erfolgreich tätigen Personalmanager sind.

Insgesamt sollten die dargestellten Studienergebnisse allerdings vorsichtig interpretiert werden. Die Mehrheit der Studien basiert auf der Methode, bereits vorgegebene Aspekte - Kompetenzen oder zukünftige Herausforderungen - auf einer Ratingskala einzuschätzen. Das bedeutet, dass nur solche Aspekte zur Einschätzung zur Verfügung gestellt wurden, die die Forscher aufgrund ihrer Vorstellungen und entwickelten theoretischen Konzepte für potentiell bedeutsam halten. Aufgrund dieser methodischen Vorgehensweise werden solche Kompetenzaspekte vernachlässigt, die nicht zur Auswahl vorgegeben, sondern von den Ratern selbst generiert und als bedeutsam für Personalmanager eingeschätzt werden. Darüber hinaus zeigt sich in einigen Studien ein methodischer Mangel dahingehend, dass die zur Auswahl vorgegebenen Kompetenzen nicht hinreichend definiert sind und die verschiedenen Rater unter derselben Kompetenz etwas unterschiedliches verstanden haben könnten. Für zukünftige Forschungsarbeiten sollten daher solche Kompetenzen zur Einschätzung zur Verfügung gestellt werden, die aus theoretischen Konzepten abgeleitet worden und ausreichend definiert sind. Darüber hinaus sollte neben einer quantitativen Einschätzung vorgegebener Kompetenzen eine qualitative Erhebung erfolgskritischer Kompetenzen erfolgen.

5. Kompetenzstandards und Kompetenzmodelle internationaler Berufsverbände

Der Begriff Kompetenzstandards wird im deutschsprachigen Raum insbesondere in der Berufspädagogik in Zusammenhang mit der beruflichen Aus- und Weiterbildung diskutiert (Sloane & Dilger, 2005), da mit der Einführung von Kompetenzstandards für die berufliche Bildung die Qualität beruflicher Handlungskompetenz gesteigert und gesichert werden soll (Bundesinstitut für Berufsbildung, 2008). Kompetenzstandards beschreiben Fähigkeiten und Fertigkeiten, die zur sachgerechten und effizienten Bewältigung und Beherrschung beruflicher Handlungen relevant sind, zertifiziert werden und in direkter Beziehung zu einem Tätigkeitsbereich stehen (Piotrowski, Heckenhahn & Gerlach, 2005). Sie konkretisieren durch die Beschreibung berufsspezifischer Kompetenzen berufliche Bildungs- bzw. Qualifikationsziele und sie zielen auf ein bestimmtes Kompetenzniveau ab, das beispielsweise nach der Teilnahme an einer Weiterbildungsmaßnahme attestiert wird. Das Ziel der Festlegung von Kompetenzstandards besteht darin, dass dieselben berufsspezifischen Kompetenzen übereinstimmend von Unternehmen, Organisationen und Institutionen anerkannt werden. Kompetenzstandards lassen sich von Kompetenzmodellen dahingehend abgrenzen, dass Kompetenzstandards eher normativ bestimmt werden, während Kompetenzmodelle weitgehend empirisch fundiert sind. Darüber hinaus wird der Begriff Kompetenzstandards klassischerweise in der schulischen und beruflichen Bildung in Zusammenhang mit dem Setzen von Normen und Bildungszielen oder mit der Bestimmung eines Professionalitätsgrades in einem Berufszweig verwendet. Die Aufgabe von Kompetenzstandards besteht darin, eine kompetenz- und standardorientierte Bildung bzw. Qualifizierung sicherzustellen. Demgegenüber werden Kompetenzmodelle häufig im betrieblichen Kontext eingesetzt, um organisationale und individuelle erfolgskritische Kompetenzen zu beschreiben, die organisations-, berufsgruppen- und stellenspezifische Anforderungen konkretisieren. In diesem Zusammenhang haben Kompetenzmodelle vielfältige Funktionen und Einsatzgebiete, um ein integriertes Personalmanagement zu unterstützen und einen einheitlichen Bezugsrahmen bei der Auswahl, Beurteilung und Entwicklung der Mitarbeiter zu schaffen.

Überträgt man den Begriff Kompetenzstandards auf das Berufsfeld Personalmanagement so ist anzumerken, dass große berufsständische Organisationen im Ausland wie beispielsweise das *Chartered Institute of Personnel and Development (CIPD)* in Großbritannien, die *Society for Human Resource Management (SHRM)* in den USA sowie die *Canadian Council of Human Resources Associations (CCHRA)* in Kanada professionelle Standards für das Personalmanagement und kompetente Personalmanager aufgestellt haben, an denen sich nicht nur die Hochschulen orientieren (Böhm, 2002). Bei der Besetzung von Positionen in Großunternehmen in den USA und Großbritannien werden häufig Kompetenz- bzw. Qualifikationsnachweise gemäß den Standards verlangt (Böhm, 2002), was zeigt, dass die Professionalisierung des Personalmanagements insbesondere in den angelsächsischen Ländern voran getrieben wird (Böhm, 1999).

Im Folgenden sollen die Kompetenzstandards bzw. die Kompetenzmodelle von drei internationalen Personalmanagement-Organisationen sowie einem weltweiten Dachverband beschrieben werden. Die Organisationen und deren Kompetenzstandards bzw. Kompetenzmodelle stellen lediglich eine Auswahl aus einer Vielzahl von weltweit tätigen Organisationen des Berufsstandes dar. Die Auswahl wurde nach verschiedenen Kriterien getroffen. Zum einen handelt es sich bei der SHRM, der CIPD und der CCHRA um renommierte Institutionen, die in der Forschungsliteratur häufig zitiert werden und die aufgrund ihrer Mitgliederzahl zu den drei größten berufsständischen Vereinigungen des Berufsfeldes weltweit gehören. Zum anderen wurden nur solche Institutionen ausgewählt, die auch umfassendere Informationen zu den Kompetenzstandards und –modellen sowie deren Entwicklung zur Verfügung gestellt haben - sei es auf der institutseigenen Webseite oder in Form von Literatur. Ein weiteres Kriterium lag in dem Sprachverständnis und der Schriftform, so dass ausschließlich in englischsprachiger Schrift verfasste Kompetenzstandards berücksichtigt wurden. Vernachlässigt wurden solche Organisationen, die sich als Vertreter spezifischer Disziplinen im Berufsfeld Personal (z.B. Personalentwicklung) verstehen. Angemerkt werden sollte zusätzlich, dass den hier beschriebenen Kompetenzstandards und -modellen bestimmte Ansätze und Strukturierungen zugrunde liegen, die für das im Rahmen dieser Arbeit weiterentwickelte Kompetenzmodell herangezogen wurden.

Nicht unerwähnt bleiben soll an dieser Stelle, dass neben den von Berufsverbänden aufgestellten Kompetenzstandards für das Berufsfeld auch eine Reihe unternehmensspezifischer Kompetenzmodelle für Personalmanager existieren (Blancero et al., 1996). Insbesondere in Zusammenhang mit der veränderten strategischen Rolle von HR als Business Partner haben sich sowohl Beratungsunternehmen als auch die Forschung damit beschäftigt, rollenspezifische Kompetenzmodelle für HR Business Partner zu erstellen (Caldwell, 2003). Kritisch zu bewerten ist in diesem Zusammenhang allerdings, dass bisher kaum empirische Untersuchungen hinsichtlich der Effektivität dieser Modelle existieren (Huselid, Jackson & Randall, 1997; Boselie & Paauwe, 2005; Ulrich & Brockbank, 2005). Vor dem Hintergrund der vorliegenden Arbeit, die die Weiterentwicklung eines berufsfeldbezogenen Kompetenzmodells zum Gegenstand hat, soll sich die kommende Darstellung ausschließlich auf Kompetenzmodelle und Standards von berufsständischen Organisationen konzentrieren.

5.1. Society for Human Resource Management (SHRM) und Human Resource Certification Institute (HRCI)

Die *Society for Human Resource Management* (SHRM) wurde 1948 mit Hauptsitz in den USA gegründet und wurde vor 1989 unter der Bezeichnung ASPA (*American Society for Personnel Administration*) geführt (Leonard, 1998). Sie ist der weltweit größte berufsständische Verband im Bereich Personalmanagement mit mehr als 250.000 Mitgliedern in über 125 Ländern. Das Hauptziel der Organisation besteht darin, die Interessen von HR Professionals zu unterstützen sowie den Berufsstand zu fördern. Die SHRM stellt ein umfassendes Leistungsangebot zur Verfügung wie z.B. die Durchführung wissenschaftlicher Studien zu Themen des Personalmanagements, Erfahrungsaustausch zwischen den Mitgliedern, Weiterbildungsmaßnahmen sowie ein onlinegestütztes Kompetenzbeurteilungsverfahren für Personalverantwortliche. Die Grundlage des Kompetenzbeurteilungsverfahrens *(Competency Tool)* bildet ein Kompetenzmodell, das die für einen Personalmanager erfolgsrelevanten Kompetenzen spezifiziert und das die SHRM gemeinsam mit der Michigan Universität basierend auf den Ergebnissen der umfangreichen *Human Resource Competence Study* (vgl. Kap. 4.2.2) entwickelt hat.

Über das Angebot verschiedener Leistungen hinaus hat es sich der Verband zur Aufgabe gemacht, Standards für das Personalmanagement zu etablieren, zu überprüfen und auf den neuesten Stand zu bringen. In Anlehnung an ihren Auftrag als berufsständische Organisation und ihre Satzung formulieren sie die festgeschriebenen Ziele auf ihrer Webseite folgendermaßen:

"The purposes of the Society shall be to promote the use of sound and ethical human resource management practices in the profession...to be the voice of the profession on human resource management issues ...to facilitate the development and guide the direction of the human resource profession ...and to establish, monitor and update standards for the profession." (SHRM, 2007)

In Bezug auf die Standards kann differenziert werden zwischen ethischen Standards einerseits, die mit Verhaltensgrundsätzen bzw. einem Verhaltenskodex für eine Berufsgruppe verglichen werden können sowie professionellen Kompetenzstandards andererseits. Auf die ethischen Standards soll an dieser Stelle aus Gründen des Umfangs nicht näher eingegangen werden, zumal sie bezogen auf das Thema der vorliegenden Arbeit weniger wichtig erscheinen als die professionellen Standards. Zur Entwicklung und Etablierung professioneller Kompetenzstandards hat die SHRM ein Tochterunternehmen gegründet, das *Human Resource Certification Institute (HRCI)*. Das HRCI bietet Qualifikationsnachweise bzw. Zertifikate für Personalmanager an, denen professionelle Kompetenzstandards zugrunde liegen (Weinberg, 2002).

Das Kompetenzmodell der SHRM und die Kompetenzstandards des HRCI sind voneinander unabhängig zu betrachten. Das Kompetenzmodell, das auf den Ergebnissen der umfangreichen HRCS-Kompetenzstudie basiert, stellt ein allgemeines Modell dar, das die grundsätzlichen Fähigkeiten und Fertigkeiten von Personalmanagern konkretisiert. Demgegenüber fungieren die Kompetenzstandards des HRCIs als spezifische Grundlage für das Qualifizierungsprogramm (SHRM, 2010). Eine Verknüpfung zwischen der SHRM und dem HRCI besteht dahingehend, dass die SHRM ein Lernmanagementsystem (*HR Learning System*) entwickelt hat und anbietet, dass auf die zertifizierte Prüfung des HRCI vorbereitet. Allerdings ist fraglich, wie gut das Lernmanagementsystem auf das Bestehen der Prüfung vorbereitet, da die SHRM in die Auswahl der Testaufgaben für die Prüfung nicht einbezogen wird und keinen Zugang zu den Testaufgaben hat (Forman & Cohen, 1999). Vielmehr werden die Testitems der HRCI-Prüfung in einem kontrollierten Prozess (vgl. 5.1.1.1) entwickelt, in den die SHRM nicht involviert ist (Forman & Cohen, 1999). Um allerdings sicherzustellen, dass das Lernmanagementsystem der SHRM zur Vorbereitung auf die HRCI-Prüfung dient, werden freiwillige Studenten und Absolventen des Qualifizierungsprogramms gebeten, die Inhalte des Lernprogramms hinsichtlich seiner Bedeutsamkeit für die Prüfungsinhalte zu beurteilen.

Zunächst wird im Folgenden das eher allgemeine Kompetenzmodell der SHRM beschrieben, welches aus den Ergebnissen der HRCS abgeleitet und als Basis für die Entwicklung des onlinegestützten Kompetenzbeurteilungsverfahrens (*Competency Tool*) herangezogen wurde. Im Anschluss daran soll auf die professionellen Kompetenzstandards des HRCIs eingegangen werden.

5.1.1. Kompetenzmodell der SHRM

Neben den oben beschriebenen Kompetenzstandards, die die Grundlage für das Zertifizierungsprogramm des HRCIs darstellen, hat die SHRM als Basis für die Konzeption ihres onlinegestützten Kompetenzbeurteilungsverfahrens (*HR Competency Tool*) ein Kompetenzmodell für Personalmanager (siehe Abb. 4) herangezogen. Das Kompetenzmodell ist das Ergebnis der aktuellsten Erhebung der HRCS Studie 2007 und beschreibt erfolgskritische Fähigkeiten und Fertigkeiten von Personalmanagern. Das auf Basis des

Kompetenzmodells entwickelte *HR Competency Tool* besteht aus einem Kompetenz-Selbsteinschätzungsverfahren für Personalmanager und einem 360-Grad-Fragebogen. Mit Hilfe des Selbsteinschätzungsverfahrens können die eigenen Fähigkeiten und Fertigkeiten bewertet werden und nach der Bearbeitung des onlinegestützten Instruments wird als Feedback ein individueller Ergebnisbericht für den Teilnehmer übermittelt. Dieser enthält eine detaillierte Übersicht über die Kompetenzeinschätzungen, eine Erläuterung zu den Stärken und zu den Entwicklungsbereichen sowie einen Vergleich mit einer Normstichprobe von Personalmanagern. Das 360-Grad-Feedback erlaubt eine Kompetenzeinschätzung durch den Personalmanager selbst als Fokusperson und durch andere Mitglieder des persönlichen Arbeitsumfelds wie beispielsweise Kollegen, Vorgesetzte und Mitarbeiter, die ihre Bewertung für die Fokusperson abgeben. Der Feedbackbericht enthält einen Abgleich zwischen der Selbstwahrnehmung des Personalmanagers und der Fremdbeurteilung durch die Kollegen und Vorgesetzten.

5.1.1.1. *Entwicklung des Kompetenzmodells*

Das Kompetenzmodell der SHRM ist das Ergebnis der fünften Erhebungswelle der HRCS mit mehr als 10000 Teilnehmern aus 400 Unternehmen, die in Zusammenarbeit mit der Michigan Universität und einer Unternehmensberatung, der RBL Group, durchgeführt wurde. Das Vorgehen und die Ergebnisse der Studie werden von Ulrich, Brockbank, Johnson, Sandholtz & Younger (2008) in ihrem Buch *HR competencies - Mastery at the Intersection of People and Business* beschrieben. In Anlehnung an einen 360-Grad-Ansatz wurden Einladungen zur Studienteilnahme an Personalmanager verschickt, die den Fragebogen an ihre Kollegen und Vorgesetzten sowie internen Kunden bzw. Beschäftigten, die in anderen Unternehmensbereichen als der Personalabteilungen tätig sind, weitersenden sollten. Zur Entwicklung des Fragebogens wurden zunächst die gegenwärtigen ökonomischen Trends und Herausforderungen identifiziert, denen Unternehmen und Personalverantwortliche ausgesetzt sind. Der Fragebogen enthielt insgesamt 130 Items, mit denen erfasst werden sollte, in welchem Ausmaß der Personalmanager bestimmte Aufgaben erfolgreich bewältigt und dabei bestimmte Kompetenzen demonstriert (z.B. Beziehungen managen). Die Items waren nach dem folgenden Format aufgebaut: „Sind Sie in der Lage, vertrauensvolle Beziehungen aufzubauen?". Auf einer 5-stufigen Skala (von „trifft völlig zu" bis „trifft überhaupt nicht zu") sollten die Personalmanager ihre Selbsteinschätzung abgeben, während die Kollegen um eine Fremdeinschätzung gebeten wurden. Darüber hinaus sollten die Fragebogenteilnehmer auf einer Skala von 0-100 % einschätzen, welche Bedeutsamkeit die Kompetenz zum einen für den individuellen und zum anderen für den organisationalen Leistungserfolg hat.

Die Befragungsergebnisse wurden zunächst mit Hilfe einer Faktorenanalyse dahingehend untersucht, welche Zusammenhänge zwischen den Items bzw. Variablen bestehen und ob sich Gruppen von Variablen identifizieren lassen, denen jeweils eine komplexe Hintergrundvariable, ein Faktor, zugrunde liegt. Das Ziel bestand darin, den durch die Vielzahl an Variablen bedingten hohen Komplexitätsgrad interpretierbar zu machen und die Variablen auf möglichst wenige Faktoren zu reduzieren. Die faktorenanalytischen Berechnungen brachten sechs Kompetenzdimensionen hervor. Eine zweite Faktorenanalyse identifizierte zwischen zwei bis fünf Subkompetenzdimensionen innerhalb der sechs Kompetenzdimensionen. Im zweiten Schritt wurden mit Hilfe deskriptiver Analysen Mittelwerte für jede der sechs Kompetenzdimensionen berechnet, die angaben, wie effektiv jede der sechs Kompetenzen von den Personalmanagern im Arbeitsalltag eingebracht wird. Mit Hilfe von Regressionsanalysen wurde berechnet, welchen Einfluss die Kompetenzdimensionen auf die individuelle Leistungsfähigkeit einerseits und die gesamtorganisationale Leistungsfähigkeit andererseits haben. Abgeleitet aus den Ergebnissen wurde das Kompetenzmodell entwickelt.

5.1.1.2. Inhalte des Kompetenzmodells

Das SHRM Kompetenzmodell (SHRM, 2009) kann als dreistufige Pyramide visualisiert werden (Abb. 4) und beschreibt ein berufsspezifisches Anforderungsgefüge, das sechs Kompetenzdimensionen umfasst.

Abbildung 4: SHRM Kompetenzmodell als Basis des HR Competency-Tools

Die beiden Vektoren (*People* und *Business*), die das Kompetenzmodell begrenzen, beschreiben, dass der Personalmanager als Schnittstelle zwischen den Mitarbeitern und dem Kerngeschäft des Unternehmens fungiert. Die Kompetenz *Credible Activist* an der Spitze der Pyramide stellt die wichtigste Kompetenz eines Personalmanagers dar, da sie mit ihrer Glaubwürdigkeit sowohl Beziehungen zu den Mitarbeitern aufbauen als auch zum Erfolg des Unternehmens beitragen können. Folgt man dem Vektor *People* in Richtung der Pfeilspitze wird deutlich, dass in der Rolle als *Operational Executor* klassische Systeme und Prozesse (z.B. Gehaltsvergütung, Mitarbeiterversetzung) bewältigt werden müssen. Als *Talent Manager/Organizational Designer* stellt der Personalmanager sicher, das die Mitarbeiter entsprechend ihrer Fähigkeiten auf bestimmte Positionen gesetzt werden und ihren Fokus auf die Entwicklung erfolgskritischer organisationaler Kernkompetenzen lenken. Das bedeutet, dass die Beziehung zu den Mitarbeitern als Achse der Pyramide eine wichtige Basis darstellt, die in der Gestaltung der Personalprozesse zum Ausdruck kommt und zur Entwicklung der Organisation beiträgt. Betrachtet man den Vektor *Business* so sollte ein HR Professional als *Business Ally* ausgeprägte Kenntnisse über das Kerngeschäft des Unternehmens, die Kunden, Wettbewerber usw. verfügen, um dann mit diesem Wissen als *Strategy Architect* die HR-Praxis mit der Unternehmensstrategie in Einklang zu bringen. Die Rolle als *Cultural & Change Steward* stellt eine Brücke zwischen den beiden Vektoren dar, indem betriebswirtschaftliche Anforderungen mit den Erwartungen der Mitarbeiter verknüpft werden. Solche Personalmanager, die Kunden- und Businessanforderungen in Verhaltensweisen der Beschäftigten umwandeln, gestalten eine prägende Unternehmenskultur.

Eine detaillierte Übersicht über das Kompetenzmodell mit seinen sechs Dimensionen und deren Subkompetenzen, die durch spezifische Verhaltens- und Einstellungsanker bzw. Kompetenzitems konkretisiert sind, gibt Tabelle 8. Für die tabellarische Darstellung ist lediglich ein Kompetenzitem für jede Subkompetenz ausgewählt worden. Folgt man den Ergebnissen der aktuellen HRCS, so stellt die Kompetenz *Credible Activist*, die die Glaubwürdigkeit und das Ansehen eines Personalmanagers thematisiert, die wichtigste Kompetenz dar. Am zweitwichtigsten ist der *Cultural and Change Steward*, der die Unternehmenskultur und den Wandel gestaltet, gefolgt vom *Talent Manager/Organization Designer*, der Talente identifiziert und zur Organisationsentwicklung beiträgt, und dem *Strategy Architect*, der Veränderungsprozesse initiiert. Bei den beiden Kompetenzbereichen *Business Ally* und *Operational Executor* handelt es sich lediglich um Basiskompetenzen, über die jeder Personalmanager verfügen sollte, deren alleiniges Vorhandensein aber nicht ausreichend ist, um erfolgreich in der Personalarbeit tätig zu sein (Grossman, 2007).

Tabelle 8: Kompetenzmodell der SHRM

Kompetenzdimension und Definition	Subkompetenz	Kompetenzitem
Credible Activist wird respektiert, bewundert und vertritt seinen Standpunkt	• liefert Ergebnisse mit Integrität	- trägt Verantwortung für sein Handeln und die Konsequenzen
	• teilt Informationen	- kann Ideen überzeugend artikulieren
	• baut vertrauensvolle Beziehungen auf	- schafft eine vertrauensvolle Arbeitsatmosphäre
	• lebt HR als Einstellung	- nimmt angemessene Risiken in Kauf
Cultural and Change Steward versteht, lebt und gestaltet die Unternehmenskultur	• unterstützt den Wandel	- erklärt Beschäftigten die Relevanz von Veränderungsprozessen
	• gestaltet Kultur	- bringt individuelles Verhalten mit Organisationszielen in Einklang
	• stellt eine abteilungsübergreifende, konsistente Kultur sicher	- bewertet den Einfluss von Kultur auf die Organisationsleistung
	• personalisiert Kultur	- unterstützt die Mitarbeiter dabei, einen Sinn in ihrer Arbeit zu finden
Talent Manager/ Organization Designer beherrscht die Theorie, die Forschung und die Praxis im Bereich Talentmanagement und Organisationsgestaltung	• garantiert für Talente	- bindet Talente ans Unternehmen
	• entwickelt Talente	- gestaltet Entwicklungsmöglichkeiten bei der Arbeit
	• gestaltet die Organisation	- kann Teams zum Durchbruch verhelfen
	• pflegt die Kommunikation	- entwickelt eine umfassende interne Kommunikationsstrategie
	• entwickelt Belohnungssysteme	- berücksichtigt verschiedene Methoden der Leistungsmessung und Belohnungsarten

Kompetenzdimension und Definition	Subkompetenz	Kompetenzitem
Strategy Architect Initiiert die richtigen Veränderungsprozesse	▪ führt strategische Aktivitäten durch ▪ den Kunden berücksichtigen	- unterstützt bei der Etablierung der Unternehmensstrategie - verbessert die unternehmensweite Weitergabe und Verteilung von Kundeninformationen
Business Ally Leistet einen Beitrag zum Unternehmenserfolg	▪ optimiert die Wertschöpfung ▪ interpretiert Umweltbedingungen ▪ setzt Technologien sinnvoll ein	- führt Wettbewerbsanalysen durch - interpretiert den Einfluss demografischer Entwicklungen - nutzt computerbasierte Systeme
Operational Executor Verwaltet das tägliche Personalgeschäft	▪ implementiert Richtlinien am Arbeitsplatz ▪ entwickelt Belohnungssysteme ▪ fördert die HR-Technologie	- managt die Arbeitspolitik und die Arbeitsprozesse - konzipiert ein leistungs- basiertes Vergütungssystem - setzt HR-Informationssysteme in der Personalpraxis ein

5.1.2. Kompetenzstandards des HRCIs

Die professionellen Kompetenzstandards beschreiben erfolgskritische Fähigkeiten und Fertigkeiten zur Bewältigung beruflicher Aufgaben im Personalwesen. Sie bilden die Grundlage für drei angebotene Zertifikate des HRCIs, die als Qualifikationsnachweise den Erwerb und das Vorhandensein bestimmter im Personalmanagement relevanter Kompetenzen dokumentieren sollen. Die Voraussetzung für den Zertifikatserwerb ist das erfolgreiche Bestehen einer Prüfung. Seit 1976 werden vom HRCI zertifizierte Examina für Personalmanager durchgeführt und nach Angaben des Instituts haben bisher mehr als 250.000 Absolventen mit einem Zertifikat abgeschlossen (HRCI, 2010a). Mit der Zertifizierung soll ein gewisser Kompetenz- und Qualifikationsstand im Personalbereich nachgewiesen und die Professionalität von im Personalwesen tätigen Beschäftigten, Forschern und Beratern gesteigert werden.

5.1.2.1. Entwicklung der Kompetenzstandards

Zur Entwicklung der Kompetenzstandards hat das HRCI erstmals im Jahr 1979 eine umfangreiche Studie durchgeführt und mehr als 1000 HR-Experten befragt, welche Funktionsbereiche in der praktischen Personalarbeit existieren, welche Aufgaben bearbeitet werden und welches Wissen relevant ist. Durch eine Analyse der Befragungsergebnisse wurde ein Wissens- und Kompetenzgerüst *(Body of Knowledge)*[10] erarbeitet und als Basis für die Entwicklung der Prüfungsinhalte herangezogen. In den Folgejahren wurden in regelmäßigen Abständen in den Jahren 1988, 1993, 1997, 2000, 2005 und 2007 Studien zur aktuellen Personalpraxis durchgeführt, um die Prüfungsinhalte unter Berücksichtigung der gesamten Bandbreite fachlich relevanten Wissens und Könnens im Personalmanagement zu überarbeiten (HRCI, 2010b).

Das HRCI schildert auf deren Webseiten ausführlich den Prozess, wie das den Prüfungen zugrunde liegende Wissens- und Kompetenzgerüst und die spezifischen TestItems entwickelt werden. Damit schafft das Institut eine hohe Transparenz des Entwicklungsprozesses. Die in regelmäßigen Abständen durchgeführten Studien zur praktischen Personalarbeit finden immer nach der gleichen Vorgehensweise statt. Sie umfassen eine Befragung von Experten, Führungskräften, Praktikern, Forschern und Unternehmensberatern im Personalbereich sowie eine umfangreiche Sichtung und Analyse der Literatur und der Lehrbücher im Personalmanagement (Forman & Cohen, 1999; Weinberg, 2002). Es werden vielfältige Datenerhebungsmethoden eingesetzt wie umfangreiche Fragebögen, Critical-Incident-Interviews und Interviews mit Fokusgruppen. Mit Hilfe von Inhalts- und Prozessanalysen werden die erhobenen Daten ausgewertet und die Funktions-, Aufgaben- und Kompetenzbereiche von Personalpraktikern identifiziert. In einer Validierungsstudie werden dann Experten um ihre Einschätzung gebeten, wie bedeutsam jeder einzelne Funktions-, Aufgaben- und Kompetenzbereich ist und wie viel Prozent der gesamten Arbeitszeit er in Anspruch nimmt. Darüber hinaus werden die Teilnehmer der Validierungsstudie dazu befragt, welche Herausforderungen in der Personalpraxis in den nächsten drei bis fünf Jahren erwartet und welche Aufgaben- und Wissensbereiche aus den Examina eliminiert werden können. Eine Task Force von Experten diskutiert und analysiert die Umfrageergebnisse. Schließlich werden zwei hypothetische Testversionen präsentiert und basierend auf den Diskussionen der Task Force eine Empfehlung für eine der beiden ausgesprochen, die abermals durch die Geschäftsführung des HRCIs geprüft wird. In der Zwischenzeit der regelmäßig durchgeführten Studien zur Praxisanalyse werden die Themen

---

[10] Der Terminus *Body of Knowledge* wird häufig von Berufsverbänden verwendet und repräsentiert die Summe des relevanten Wissens, der Fähigkeiten und des Erfahrungsschatzes in einem Berufsfeld oder in einem Expertise-Bereich.

und Inhalte der Prüfungen fortlaufend nach einem Literaturreview den Veränderungen im Personalmanagement angepasst, so dass sichergestellt ist, dass die Prüfungsinhalte immer die aktuelle Personalpraxis widerspiegeln. Neben der Bestimmung der Prüfungsinhalte findet auch die Entwicklung der einzelnen Testitems in einem sehr kontrollierten Prozess statt. Mit der Einbindung von Personalpraktikern in den Prozess der Testentwicklung soll sichergestellt werden, dass der Erwerb des Zertifikats eine hohe Praxisrelevanz hat. Deshalb werden in einem Workshop mit ehemaligen Absolventen des Zertifizierungsprogramms nach einer Einführung in die Konzeption von validen Testitems zunächst Testfragen generiert, mit anderen Teilnehmern des Workshops diskutiert, inhaltlich geprüft und nach positiver Bewertung von einer unabhängigen Kommission, der *Assessment System Incorporated (ASI)* editiert. Schließlich werden in einem *Item Review Workshop* mit Experten die Items unter der Aufsicht von Beschäftigten des ASI und Geschäftsführungsmitgliedern des HRCls nochmals kritisch bewertet. Wird ein Item von dieser Kommission akzeptiert, wird im Rahmen eines Vortests geprüft, ob das Item Reliabilitäts- und Validitätskriterien genügt. Dazu wird das Item in einer realen Prüfung eingesetzt, geht aber nicht in die Bewertung mit ein. Nur solche Items werden schließlich in die Testdatenbank aufgenommen, die reliabel und valide sind.

5.1.2.2. Inhalte der Kompetenzstandards

Das Institut bietet in Anlehnung an unterschiedliche Funktionsbereiche und Hauptaufgaben von Personalmanagern im Wesentlichen drei Zertifikate an: *Professional in Human Resources (PHR)*, *Senior Professional in Human Resources (SPHR)* und *Global Professional in Human Resources (GPHR)*. Der PHR und der SPHR sind generisch angelegt, d.h. es werden alle klassischen Themenfelder des Personalmanagements behandelt und damit auf den Nachweis einer großen Bandbreite von im Personalbereich relevanten Kompetenzen abgezielt. Während sich der PHR aber eher auf ein operatives Level bezieht, fokussiert der SPHR auf strategische und politische Aspekte. Das bedeutet, dass beiden Zertifikaten inhaltlich identische Kompetenzstandards zugrunde liegen, diese aber unterschiedlich stark gewichtet werden. So hat beispielsweise das Kompetenzfeld *Strategisches Management* in dem SPHR-Zertifikat ein höheres Gewicht als in dem PHR-Zertifikat. Der GPHR richtet sich an HR Professionals, die international bzw. global tätig sind.

Die Voraussetzung für den Erwerb eines der Qualifikationsnachweise des HRCls ist das Bestehen einer Prüfung, wobei für die Teilnahme an der Prüfung - im Gegensatz zu klassischen Qualifizierungsprogrammen je nach Zertifikat - eine berufliche Erfahrung von zwei bis sechs Jahren erforderlich ist. Mit dem Erwerb eines der Zertifikate PHR, SPHR und

GPHR erbringt der Teilnehmer den Nachweis, national oder international relevante HR-Kompetenzen erworben zu haben und akzeptiert, sich über neue Entwicklungen im HR-Feld zu informieren. Alle Zertifikate der HRCI sind zeitlich befristet, so dass nach Ablauf von drei Jahren für eine Aktualisierung eine Rezertifizieung notwendig ist. Damit soll gewährleistet werden, dass relevantes HR-Wissen aufrechterhalten und aktualisiert wird.

Tabelle 9 beschreibt die Kompetenzstandards die in Form eines Wissens- und Kompetenzgerüstes den Prüfungen zum PHR und SPHR zugrunde liegen (HRCI, 2010). Auf die Darstellung des Wissens- und Kompetenzgerüstes des GPHR wird aus Gründen der Übersichtlichkeit verzichtet, zumal sich der GPHR an vorwiegend international tätige Personalmanager richtet. Den PHR- und SPHR-Examina liegen insgesamt sechs Kompetenzbereiche zugrunde, die jeweils definiert sind und durch mehrere Verhaltensanker in Form von Wissens-, Könnens-, und Einstellungsaspekten konkretisiert werden. Ergänzt werden die sechs Kompetenzen durch den Bereich Kernkompetenzen. Je nachdem, ob es sich um den PHR oder den SPHR handelt, haben die Kompetenzbereiche ein unterschiedlich starkes Gewicht in der Prüfung, deren Anteil in Prozent hinter dem jeweiligen Kompetenzbereich angegeben ist.

Tabelle 9: Wissens- und Kompetenzgerüst der HRCI-Zertifikate

Kompetenz-bereich	Definition	Kompetenzitem
Strategisches Management (12 % - PHR, 29 % - SPHR)	Entwicklung und Unterstützung der Werte und strategischen Ziele der Organisation; Formulierung von Unternehmensgrundsätzen; Unterstützung von Change-Prozessen; Bemessung des Wertbeitrags von HR zum Unternehmenserfolg	▪ kann Informationen über die wirtschaftliche Lage, Entwicklungen in der Branche, den Arbeitsmarkt und rechtliche Bestimmungen sowie deren Bedeutung für die strategischen Ziele der Organisation interpretieren ▪ hat Kenntnisse über die Werte, Visionen, wirtschaftlichen Ziele, Pläne und Prozesse der Organisation
Personalplanung u. Beschäftigung (26 %, 17 %)	Entwicklung, Implementierung und Bewertung von Prozessen und Verfahren zur Personalauswahl und -gewinnung, Laufbahnplanung, Mitarbeiterbindung und Outplacement, so dass die Erreichung der organisationalen Ziele mit den vorhandenen Humanressourcen sichergestellt werden kann	▪ führt Arbeitsanalysen durch, um Stellenbeschreibungen zu erstellen und arbeitsplatzbezogene Kompetenzen zu identifizieren ▪ entwickelt Strategien zur Etablierung einer Arbeitgebermarke, um potentiell qualifizierte Bewerber für das Unternehmen zu gewinnen ▪ hat Kenntnisse über die Reliabilität und Validität von Auswahlverfahren und –methoden

Kompetenz-bereich	Definition	Kompetenzitem
Personalentwicklung (17 %, 17 %)	Entwicklung, Implementierung und Bewertung von Aktivitäten und Programmen, die auf das Training und die Entwicklung von Beschäftigten, die Leistungsbeurteilung, das Talent- und Leistungsmanagement und die Bedürfnisse der Beschäftigten ausgerichtet sind und sicherstellen, dass mit Hilfe der vorhandenen Human Ressourcen die gegen-wärtigen und zukünftigen Anforde-rungen der Organisation bewältigt werden können	▪ führt eine Bedarfsanalyse durch, um Prioritäten bei der Entwicklung von Trainingsprogrammen zu identifizieren ▪ hat Kenntnisse über Methoden zur Leistungsbeurteilung (z.B. Rankings) und Leistungsmanagement (z.B. Zielvereinbarungen)
Vergütung u. Belohnung (16 %, 12 %)	Entwicklung, Implementierung, Verwaltung und Bewertung von Vergütungskonzepten, die die strategischen Ziele und Werte der Organisation unterstützen	▪ stellt sicher, dass bei den entwickelten Vergütungskonzepten die aktuelle Rechtssprechung berücksichtigt wurde ▪ hat Kenntnisse über Budgetierung und Rechnungslegung in Zusammenhang mit der Entlohnung inkl. aller Nebenleistungen (Prämien, leistungsorientierte Vergütung, Sozialleistungen)
Arbeitgeber-Arbeitnehmer Beziehung (22 %, 18 %)	Analyse, Entwicklung, Implementierung und Bewertung der Beziehung zwischen dem Arbeit-geber und den Arbeitnehmern mit dem Ziel, deren Bedürfnisse und Rechte in Einklang zu bringen, damit die organisationalen Ziele und Werte unterstützt werden	▪ beurteilt das Organisationsklima durch Befragung und Einbezug der Beschäftigten (z.B. Mitarbeiterbefragungen, Mitarbeiter-Meetings) ▪ hat Kenntnisse über Strategien zur Einbindung von Mitarbeitern (z.B. Ausschüsse mit Mitarbeitern und Management, selbstgesteuerte Teams)
Risikomanagement (7 %, 7 %)	Entwicklung, Implementierung und Bewertung von Plänen und internen Regularien, die auf eine sichere Arbeitsumgebung abzielen und die Organisation vor Haftungsfällen schützen	▪ unterrichtet die Beschäftigten hinsichtlich der Schutzvorschriften, damit die Verluste und Haftungspflichten der Organisation (z.B. Unfallquote, Gewalt am Arbeitsplatz, Drogenmissbrauch) minimiert werden ▪ hat Kenntnisse über Sicherheitsrisiken am Arbeitsplatz (z.B. Diebstahl, Spionage, Sabotage, Datenschutz)

Kernkompetenzen		▪ kommunikative Fähigkeiten und Strategien (z.B. Präsentationen und Beeinflussen)
		▪ fachliche Kenntnisse über
		  o Motivationskonzepte
		  o Change Management
		  o Arbeitsanalysemethoden und Stellenbeschreibungen
		  o grundlegende Konzepte der Budgetierung und Rechnungslegung

5.1.2.3. Vorbereitung auf die zertifizierte Prüfung des PHR und SPHR

Der Teilnahme an einer der zertifizierten Prüfungen des PHR und SPHR geht kein organisiertes Schulungsprogramm voraus, das durchlaufen werden muss und innerhalb dessen die Prüfungsinhalte vermittelt werden. Vielmehr liegt es in dem eigenen Verantwortungsbereich, sich das Prüfungswissen und die geforderten Kompetenzen selbst anzueignen. In dem *Certificate Handbook* der HRCI wird herausgestellt, dass es nicht möglich ist, für die Prüfung zu lernen oder sich durch eine Schulungsmaßnahme vorzubereiten, da die Anwendung fachlich relevanten Wissens in der Personalpraxis geprüft wird.

Allerdings wird seitens des HRCI empfohlen, in Vorbereitung auf die Prüfung vielfältige Materialien heranzuziehen. Eine Möglichkeit der Prüfungsvorbereitung besteht in dem Angebot des HRCIs einen Online-Test zu absolvieren, der Testitems aus vorangegangen Prüfungen enthält. Eine weitere Möglichkeit der Vorbereitung ist das Lernprogramm *(HR Learning System)*, dass die SHRM in Anlehnung an das veröffentlichte Wissens- und Kompetenzgerüst entwickelt hat und dieses entweder als Vorbereitung auf die zertifizierte Prüfung des HRCI oder zum Selbstlernen anbietet. Zu kritisieren ist, dass das Lernsystem sehr umfangreich ist, aber nicht alle möglichen Themengebiete des HR-Managements abdeckt, möglicherweise auch weil die SHRM in die Auswahl der Testaufgaben für die Prüfung nicht einbezogen wird und keinen Zugang zu den Testaufgaben hat (Forman & Cohen, 1999). Das Lernsystem wird in vielen Universitäten und in vielen großen Unternehmen eingesetzt, da das Tool die Möglichkeit bietet, ein grundlegendes HR-Wissen zu erwerben und die eigenen Kompetenzen in Anlehnung an die Kompetenzstandards zu entwickeln. Während einige Studenten es als Vorbereitung auf die Erlangung des HRCI Zertifikats betrachten, nutzen andere es davon unabhängig für ihre berufliche Entwicklung. Im Gegensatz zu einem klassischen Lehrbuch umfasst das Lern- und Übungssystem einen multifunktionalen Zugang: zusätzlich zu Textmaterialen kann mithilfe computerbasierter Materialen wie Videos, Audioanimationen, Internet Links usw. gelernt werden. Erstmals wurde das Lernprogramm 1988 angeboten und im Laufe der Jahre immer wieder in Anlehnung an die Revision der Prüfungsinhalte der HRCI-Zertifikate überarbeitet. Das Lernmanagementsystem der SHRM und das Zertifikat des HRCI sind jedoch voneinander unabhängig zu betrachten, da die Testitems der Prüfungen in einem kontrollierten Prozess (vgl. Kap. 5.1.1.1) entwickelt werden (Forman & Cohen, 1999), in den die SHRM nicht involviert ist. Die einzige Verknüpfung zwischen dem Lernmanagementsystem der SHRM und der HRCI Prüfung besteht dahingehend, dass freiwillige Studenten und Absolventen, die die Prüfung erfolgreich durchlaufen haben, die Inhalte des Lernprogramms hinsichtlich seiner Bedeutsamkeit für die Prüfungsinhalte beurteilen.

5.2. Chartered Institute of Personnel and Development (CIPD)

Die *Chartered Institute of Personnel and Development* (CIPD) ist die größte berufsständige Vereinigung in Großbritannien, die sich mit dem Personalmanagement beschäftigt und die insgesamt mehr als 135.000 Mitglieder hat. Einen offiziell anerkannten Status als Berufsvereinigung mit eigener Satzung erhielt die CIPD im Jahr 2000. Die CIPD verfolgt das Ziel, eine hinsichtlich der Qualifizierung von Personalmanagern führende und einflussreiche professionelle Organisation zu sein (CIPD, 2010a). Neben einem umfassenden Angebot an zertifizierten Qualifizierungsmaßnahmen führt die CIPD Forschungsprojekte durch und geht in ihren Studien verschiedenen Fragestellungen rund um das Thema Personalmanagement nach (z.B. *Employer Branding*, Arbeitsrecht, Kompetenzentwicklung etc.). Die publizierten Forschungsergebnisse werden in einer Datenbank verwaltet und mithilfe einer Suchmaschine kann nach Publikationen zu bestimmten Themen gesucht werden. Eines der Hauptziele der CIPD besteht in der Etablierung, Kontrolle und Förderung von professionellen Standards im Personalmanagement und ethischen Grundsätzen für den Berufsstand. Die CIPD hat neben zehn festgelegten Kernkompetenzen (*Core Competencies*) und professionellen Kompetenzstandards (*Professional Standards*) einen Verhaltenskodex (*Code of Professional Conduct*) für die Mitglieder der CIPD aufgestellt, der ethisch-moralische Grundsätze professionellen Verhaltens festlegt (CIPD, 2010b). Auf eine Darstellung des Verhaltenskodexes wird hier verzichtet, da sie für den Gegenstand der vorliegenden Arbeit weniger bedeutsam sind als die Kernkompetenzen und die professionellen Kompetenzstandards, die auf Fähigkeiten, Fertigkeiten und Kenntnisse von Personalmanagern Bezug nehmen.

5.2.1. Kernkompetenzen und Kompetenzstandards der CIPD

Die Kernkompetenzen umfassen zehn erfolgskritische Kompetenzen, über die ein Personalmanagern verfügen sollte und die bei der Formulierung der Kompetenzstandards Eingang gefunden haben (CIPD, 2010c). Die professionellen Kompetenzstandards wurden sowohl für spezialisierte als auch für generische Funktions- und Aufgabenbereiche entwickelt und berücksichtigen ein breites Aufgabenspektrum. Sie beschreiben, was Personalmanager auf verschiedenen Hierarchieebenen bzw. in verschiedenen Funktionsbereichen können und wissen sollten, damit sie einen effektiven Leistungsbeitrag zum Unternehmenserfolg erbringen und ein hohes Level an Expertise in ihrem Berufsfeld vorweisen können. Die Verwendungsmöglichkeiten der professionellen Standards sind vielfältig. Sie fungieren zum einen als Basis für die von der CIPD angebotenen und zertifizierten Qualifizierungsprogramme. Zum anderen bieten sie die Möglichkeit, dass Personalmanager ihre eigenen Kompetenzen den Kompetenzstandards gegenüberstellen und mit diesen abgleichen können. So können Personalmanager, die mit der Übernahme neuer Aufgabenbereiche während ihrer Laufbahn ihre eigenen Kompetenzen weiterentwickeln müssen, die eigenen Fähigkeiten mit den für verschiedene Aufgaben- und Funktionsbereiche festgelegten Kompetenzstandards vergleichen.

Im Folgenden werden die von der CIPD aufgestellten erfolgsrelevanten Kernkompetenzen eines Personalmanagers sowie im Anschluss daran die den Qualifizierungsprogrammen zugrunde liegenden Kompetenzstandards vorgestellt. Zunächst soll allerdings kurz auf die Entwicklung der Kernkompetenzen und der Standards eingegangen werden.

5.2.1.1. Entwicklung der Kernkompetenzen und der Kompetenzstandards

Hinsichtlich der Kernkompetenzen und der Kompetenzstandards der CIPD ist kritisch anzumerken, dass die Organisation keine Informationen zu deren Entwicklung bereit stellt. Weder auf ihrer Homepage noch in den zur Verfügung gestellten Dokumenten, in denen sie detailliert die Qualifizierungsprogramme und die zugrunde liegenden Kompetenzstandards beschreiben, finden sich Hinweise dazu. Zwar weisen sie auf ihrer Homepage darauf hin, dass regelmäßig Umfragen und empirische Studien zu allen Themen des Personalmanagements durchgeführt werden. Es ist also zu vermuten, dass die CIPD die von ihr im Rahmen der Studien gewonnen Ergebnisse bei der Entwicklung der Kompetenzstandards herangezogen hat. Es bleibt jedoch offen, inwieweit und in welchem Ausmaß die empirischen Befunde zugrunde gelegt worden sind und wie das Vorgehen im Einzelnen aussah. Eine an die Personalleitung der CIPD gerichtete E-Mail seitens der Autorin dieser Arbeit mit der Bitte, Literaturhinweise oder sonstige Informationen zur Entwicklung der Standards zu erhalten, blieb unbeantwortet. Darüber hinaus brachte eine Recherche zur CIPD in der Datenbank *Psyndex* als Ergebnis einige wenige Studien hervor, die die Konzepte der CIPD untersucht haben, allerdings keine, die sich mit der Entstehung der Kernkompetenzen und Kompetenzstandards beschäftigt haben.

5.2.1.2. Inhalte der Kernkompetenzen

Die von der CIPD formulierten Kernkompetenzen beschreiben zehn zentrale und erfolgskritische Kompetenzen über die ein Personalmanager verfügen sollte, um die Anforderungen seines Berufes bewältigen zu können. In Tabelle 10 ist das Kompetenzmodell der CIPD mit seinen zehn Kernkompetenzen, deren Definitionen und beispielhaft ein Kompetenzitem für jede Kompetenz dargestellt.

Tabelle 10: Kernkompetenzen der CIPD

Kompetenz-dimension	Definition	Kompetenzitem
Persönlicher Antrieb und Effektivität	HR-Manager verfügt über eine positive *Can-Do* Mentalität, findet Wege zur Beseitigung von Hindernissen und aktiviert Ressourcen zur Erreichung der Ziele	• identifiziert eigene Motivatoren und Stärken und nutzt diese zur Steigerung seiner persönlichen Leistung
Mitarbeitermanagement und -führung	HR-Manager motiviert Kollegen und Mitarbeiter zur Erreichung gemeinsamer Ziele durch professionelle Glaubwürdigkeit und durch die Entwicklung gegenseitigen Vertrauens	• zeigt seine Verbindlichkeit gegenüber Teamentscheidungen
Betriebswirtschaftliches Grundverständnis	HR-Manager nimmt eine unternehmerische Perspektive ein, die ein Bewusstsein für finanzielle Ziele, Kundeninteressen und die Notwendigkeit für Kosten-/Nutzenkalkulationen einschließt genauso wie das Nachdenken über kontinuierliche Verbesserungen	• versteht die geschäftlichen Interessen und Ziele einer Organisation
Professionelle und ethische Kompetenz	HR-Manager besitzt professionelle Fähigkeiten, technische Fertigkeiten, fachspezifisches Wissen, Entscheidungsfähigkeit und aktive Handlungsfähigkeit im Bereich des Personalmanagements	• zeichnet sich dadurch aus, dass er über die professionellen Kompetenzstandards sowohl generell als auch in definierten Bereichen verfügt
Kontinuierliches Lernen	HR-Manager strebt eine kontinuierliche Verbesserung und Veränderung durch die Anwendung selbst-organisierter Lernstrategien und durch Unterstützung externer Lernquellen (z.B. Coaching) an	• nimmt konstruktives Feedback positiv auf
Wertschöpfungsbeitrag	HR-Manager versucht bedeutsame Ergebnisse zu erzielen, die einen Wertschöpfungsbeitrag für die Organisation liefern und eliminiert/reduziert die Existenz leistungshemmender Faktoren bei gleichzeitiger Einhaltung legaler und ethischer Verpflichtungen	• nimmt gegebenenfalls zusätzliche Anstrengungen in Kauf, damit die Erreichung der Unternehmensziele nicht gefährdet wird
Analytisches und kreatives Denken	HR-Manager wendet einen systematischen Ansatz für eine situationsbezogene Analyse und die Entwicklung eines unternehmensbezogenen Handlungsplans an, kann mithilfe kreativen Denkens eine innovative Lösung generieren und ergreift proaktiv Gelegenheiten	• denkt ergebnisorientiert; konzentriert sich auf Fakten weniger auf Vermutungen

Kompetenz-dimension	Definition	Kompetenzitem
Kundenorientierung	HR-Manager beschäftigt sich mit den Wünschen interner Kunden, bittet um Feedback und hat die Bereitschaft, seine Leistungen angesichts dessen zu verbessern	▪ arbeitet eng und kontinuierlich mit seinen Kunden zusammen und entwickelt eine hohes Level an gegenseitigem Vertrauen
Strategische Fähigkeiten	HR-Manager hat die Fähigkeit, eine Zukunftsvision zu entwickeln, zukünftige Entwicklungen voranzutreiben, Möglichkeiten und ihre potentiellen Konsequenzen abzuschätzen; ist über das Tagesgeschäft erhaben	▪ identifiziert Stärken, Schwächen, Gelegenheiten und Gefahren unabhängig von den Prognosen für den Arbeitsmarkt
Kommunikative und interpersonelle Fähigkeiten	HR-Manager hat die Fähigkeit, Informationen an andere weiterzugeben, insbesondere in schriftlicher Form (sowohl überzeugend als auch stichhaltig); besitzt die Fähigkeit, zuzuhören und zu verstehen und verfügt über Sensibilität	▪ kann aktiv zuhören, kommuniziert klar und positiv, erzeugt Empathie bei anderen

5.2.1.3. Inhalte der Kompetenzstandards

Bei den Qualifizierungsprogrammen der CIPD wird im Wesentlichen zwischen drei professionellen Ebenen unterschieden: *Support-, Practioner-* und *Advanced Practioner-Level* (2010c). Die Qualifizierungsprogramme für den *Support-Level* richten sich in erster Linie an Beschäftigte, die beratende oder unterstützende Aufgabenbereiche des Personalmanagements übernehmen wie z.B. Personalsachbearbeiter oder Assistenten. Das *Practioner-Level* fokussiert auf die mittlere Hierarchieebene und bezieht Personalmanager mit ein, die sowohl operativ als auch strategisch tätig sind. Die Qualifizierungsprogramme des *Advanced-Practioner-Level* sind auf Personalverantwortliche ausgerichtet, die bereits über ausgeprägte HR-Kompetenzen verfügen und auf einer hohen Hierarchieebene im Unternehmen tätig sind sowie in erster Linie strategische Aufgaben bewältigen. Für jede Ebene werden mehrere zertifizierte Qualifizierungsprogramme angeboten, denen jeweils spezifische Kompetenzstandards zugrunde liegen. Die Kompetenzstandards sind unterteilt in Kompetenzmerkmale, die Fähigkeiten und Fertigkeiten beschreiben (*Operational Indicators*) und Kompetenzmerkmale, die sich auf Wissensaspekte und Kenntnisse beziehen (*Knowledge Indicators*). Tabelle 11 gibt eine Übersicht über die für die drei Hierarchieebenen angebotenen Qualifizierungsprogramme und beispielhaft ein dem jeweiligen Qualifizierungsprogramm zugrunde liegender Kompetenzstandard.

Tabelle 11: Qualifizierungsprogramme und Kompetenzstandards der CIPD

Ebene	Qualifizierungsprogramm	Kompetenzstandard
Support	Klassische Personalmanagementpraxis	leistet einen Beitrag zur Entwicklung und Implementierung einer HR-Strategie, die Unternehmensziele berücksichtigt
	Training und Schulung	kennt Methoden zu Identifikation von Lernbedarfen
	Personalrekrutierung und –auswahl	identifiziert und implementiert geeignete Auswahlinstrumente
	Mitarbeiterbeziehungen und Arbeitsrecht	kennt verschiedene Arten von Arbeitsverträgen (z.B. befristet, Teilzeit, Zeitarbeit) und kann die Unterschiede erklären
Practioner-	Qualifizierung für Spezialisten/ Generalisten	
	o Management von Beschäftigten	leistet einen Beitrag zur Personaleinsatzplanung, die das Erreichen der Unternehmensziele unterstützt
	o Lernen und Entwicklung	hat Kenntnisse über die Einführung und kontinuierliche Optimierung von Trainingsmaßnahmen, die Lernende motivieren, zur Leistungssteigerung und zur Erreichung der Unternehmensziele beitragen
	o Entlohnungssysteme	kennt die in Zusammenhang mit Belohnungssystemen stehenden und die Mitarbeiterzufriedenheit beeinflussenden Faktoren (z.B. Gerechtigkeit, Transparenz)
	o Mitarbeiterbeziehungen	ist als eine Schlüsselfigur in die Implementierung von organisationalen Veränderungsprozessen involviert
	o Personalentwicklung	zieht Benchmarks und andere Messungen heran, um den Wertbeitrag des Personalmanagements für den Unternehmenserfolg zu beurteilen
	Führung und Management	
	o Ergebnisorientiertes Management	gibt Hinweise hinsichtlich der Bedeutung, der Anforderungen und der Implementierung von kontinuierlichen Verbesserungsprozessen
	o Mitarbeiterführung	kennt Strategien zur Förderung von Einstellungen und Verhaltensweisen der Beschäftigten, die zum gewünschten Unternehmenserfolg beitragen
	o Strategisches Management	analysiert den Wettbewerb durch den Gebrauch bestimmter Methoden (z.B. SWOT-Analyse)
	o Informationsmanagement	kennt die Kommunikationsstrukturen im Unternehmen
	Angewandte Personalentwicklung	
	o Forschungsprojekte/ Berichterstattung	setzt ausgewählte Methoden zur Datengewinnung ein u. dokumentiert die Analyse
	o Kontinuierliche Entwicklung	managt die persönliche und berufliche Entwicklung

Ebene	Qualifizierungsprogramm	Kompetenzstandard
Advanced-Praction-er	Strategisches Personalmanagement	• führt eine strategische Analyse der organisationalen Stärken und Schwächen durch und richtet besonderes Augenmerk auf HR
	Internationales Personalmanagement	• kennt unterschiedliche Facetten nationaler Kulturen, ihre Quelle und deren Bedeutung für eine internationale Organisation
	Change Management	• identifiziert den Einfluss politischer, sozialer und ökonomischer Faktoren auf die Organisation und den Wandel als reaktive oder proaktive Antwort
	Beratendes Personalmanagement	• kennt die Bedeutung ethischer Grundsätze, die in einem Beratungsprojekt berücksichtigt werden müssen

5.3. Canadian Council of Human Resources Associations (CCHRA)

Die *Canadian Council of Human Resources Associations* (CCHRA) ist eine 1994 in Kanada gegründete berufsständische Organisation für Personalmanager mit mehr als 41.000 Mitgliedern (CCHRA, 2010a). Das Ziel der Organisation besteht darin, das Personalmanagement und den Berufsstand des Personalmanagers innerhalb Kanadas zu fördern und deren Anerkennung zu steigern. Um dieses Ziel zu erreichen verfolgt die CCHRA vielfältige Aktivitäten wie die Durchführung von Forschungsprojekten zur Positionierung aktueller HR-Themen im internationalen Raum sowie die Etablierung ihres zertifizierten Qualifizierungsprogramms für Personalmanager. Im Hinblick auf die Forschungsaktivitäten führt die CCHRA gemeinsam mit nationalen Ministerien oder anderen international tätigen Organisationen regelmäßig Forschungsprojekte durch, um Personalverantwortliche in Kanada über die neuesten Entwicklungstrends im Personalmanagement zu informieren und auf zukünftige Veränderungen vorzubereiten. So hat die CCHRA auch die weltweit durchgeführte Studie der Boston Consulting Group (BCG & EAPM, 2007) unterstützt, die sich thematisch mit den zukünftigen Herausforderungen im Personalmanagement beschäftigt hat. Die zentralste Zielsetzung der CCRA liegt jedoch in der Aufrechterhaltung und Weiterentwicklung professioneller Kompetenzstandards im Personalmanagement.

5.3.1. Kompetenzstandards der CCHRA

Die Kompetenzstandards der CCHRA werden als *Required Professional Capabilities* (*RPCs*) bezeichnet und beschreiben erfolgskritische Kenntnisse, Fähigkeiten, Fertigkeiten und andere Kompetenzmerkmale (KSAOs) von Personalmanagern in sieben Funktionsbereichen (CCHRA, 2010b). Die RPCs basieren auf in Kanada geltenden HR-Richtlinien und Praktiken und stellen die Grundlage für das Zertifikat CHRP - *Certified Human Resources Professional* dar, das Absolventen auf die gegen-wärtigen und zukünftigen Anforderungen im Personalwesen vorbereiten soll. Voraussetzung für den Zertifikatserwerb ist das Bestehen zweier Prüfungen, dem *National Knowledge Exam (NKE)*, das eher akademisches Wissen abfragt, und dem *National Professional Practice Assessment* (NPPA), das in erster Linie Erfahrungswissen testet, sowie die schriftliche Anerkennung des Verhaltenskodexes. Mit der CHRP-Qualifizierung soll der Nachweis erbracht werden, einen national anerkannten Leistungs- und Kompetenzstandard für das Berufsfeld erreicht zu haben. Das Zertifikat ist drei Jahre gültig und kann im Rahmen einer Rezertifizierung aktualisiert werden. Durch die regelmäßige Überarbeitung der Kompetenzstandards wird gewährleistet, dass die Inhalte des Programms die aktuellen und zukünftigen Kompetenzanforderungen widerspiegeln.

Neben den Kompetenzstandards hat die CCHRA wie die bereits dargestellten Berufsverbände in den USA (SHRM) und in Großbritannien (CIPD) Standards im Sinne eines Verhaltenskodexes für Personalmanager (*National Code of Ethics*) aufgestellt, der ethisch-moralische Verhaltensrichtlinien spezifiziert und an dieser Stelle aus Gründen der Übersichtlichkeit lediglich erwähnt, aber nicht im Detail dargelegt werden soll. Im Folgenden sollen vielmehr die Kompetenzstandards, die als Grundlage des CHPR-Zertifikats herangezogen werden, beschrieben und zunächst deren Entwicklung erläutert werden.

5.3.1.1. Entwicklung der Kompetenzstandards

Die ursprüngliche Version der Kompetenzstandards der CCHRA wurde 1997 in Zusammenarbeit mit Personalverantwortlichen der kanadischen Regierung und Wissenschaftlern kanadischer Universitäten entwickelt. In einer breit angelegten Studie wurden Praktiker, Führungskräfte und Wissenschaftler aus dem Bereich Personalmanagement zu erfolgsrelevanten Kenntnissen, Fähigkeiten, Fertigkeiten und anderen Kompetenzen von Personalmanagern befragt. Es wurden Interviews und Umfragen durchgeführt sowie Fokusgruppen gebildet, um mit Hilfe der *Critical Incident Technique* (Flanagan, 1954) die bedeutsamen Kompetenzen eines HR Professionals zu identifizieren. Die gewonnenen Daten wurden in einer Umfrage mit HR-Praktikern validiert. Das Ergebnis war eine strukturierte Darstellung von Kompetenzmerkmalen in Form eines Wissens- und Kompetenzgerüstes, den *RPCs*, die zur Entwicklung der beiden Testverfahren *NKE und NPPA* herangezogen wurde. Mit Hilfe dieser Testverfahren sollte das Vorhandensein eines professionellen Kompetenzstandards im Personalmanagement überprüft und das erfolgreiche Bestehen beider Tests mit dem Erwerb eines Zertifikats bescheinigt werden. Im

Jahr 2005 wurden die Kompetenzstandards in einem zweistufigen Prozess überarbeitet. Im ersten Schritt wurde zunächst das bestehende Wissens- und Kompetenzgerüst im Rahmen eines Reviews durch eine aus HR-Experten bestehende Task Force auf seine aktuelle Relevanz für das Berufsfeld hin überprüft. Die Mitglieder der Task Force wurden um ihre Einschätzung gebeten, welche einzelnen Kompetenzmerkmale (RPCs) beibehalten, modifiziert oder entfernt und ob zusätzliche Kompetenzaspekte aufgenommen werden sollten. Die Ergebnisse der Task Force wurden durch Beschäftigte der CCHRA, die für die Entwicklung der Kompetenzstandards verantwortlich sind, durchgesehen und durch eine unabhängige Kommission validiert. Im zweiten Schritt wurde eine Umfrage unter allen Absolventen des CHRPs Zertifikats mit insgesamt 2265 Teilnehmer durchgeführt, die die von der Task Force neu entwickelten RPCs validieren sollten. Sie sollten zum einen einschätzen, inwieweit jeder einzelne Kompetenzaspekt für einen der sieben Funktionsbereiche relevant ist. Zum anderen sollten sie beurteilen, ob es sich bei dem jeweiligen Kompetenzaspekt entweder um einen Indikator für akademisches Wissen oder für erfahrungsbasierte Kenntnisse und Fähigkeiten handelt, damit eine Zuordnung der RPCs zu einer der beiden Prüfungen erfolgen konnte. Die Endergebnisse wurden ebenfalls eines Reviews durch die CCHRA unterzogen und validiert. Der Aufbau und die Inhalte der überarbeiteten Kompetenzstandards werden nachfolgend beschrieben.

5.3.1.2. Inhalte der Kompetenzstandards

Die insgesamt 187 Kompetenzstandards (RPCs) der CCHRA sind sieben Funktionsbereichen zugeordnet. Die sieben Funktionsbereiche und die RPCs stellen das für einen in Kanada tätigen Personalmanager relevante Kompetenz- und Wissensgerüst (*Body of Knowledge*) dar und spezifizieren bedeutsame Kenntnisse, Fähigkeiten, Fertigkeiten und andere Kompetenzmerkmale. In diesem Zusammenhang ist zu betonen, dass das von der CCHRA auf deren Homepage zur Verfügung gestellte Dokument *Body of Knowledge and Required Professional Capabilities* (CCHRA, 2010b) nach eigenen Angaben zwar eine detaillierte Beschreibung der KSAOs umfasst, die die Grundlage für die beiden Prüfungen NKE und NPPA bilden. Allerdings wird damit nicht intendiert, eine Art Handbuch zur Prüfungs-vorbereitung, sondern vielmehr eine Übersicht über professionelle Kompetenzstandards für Personalmanager bereit zu stellen. In Tabelle 12 sind die dem CHRP-Zertifikat zugrunde liegenden sieben Funktionsbereiche, die diesen zugeordneten Subfunktionsbereiche und beispielhaft ein Kompetenzstandard bzw. RPC für jeden Subfunktionsbereich dargestellt. Die Anzahl der einzelnen RPCs für jeden Funktionsbereich variiert in Abhängigkeit der Bedeutsamkeit. So umfasst der Bereich *Professionelle Praxis* insgesamt 41 Kompetenzstandards und stellt damit die wichtigste Kompetenz eines

Personalmanagers dar, während der Bereich *Berufliche Sicherheit, Gesundheit und Wohlbefinden* nur 18 Kompetenzstandards beinhaltet.

Tabelle 12: Kompetenzstandards des CCHRA-Zertifikats

Funktions-bereich	Subfunktions-bereich	Kompetenzstandard
Professionelle HR-Praxis	Strategischer Beitrag zum Organisationserfolg	▪ trägt zur Entwicklung der Organisationsziele, -strategien und –visionen bei mit dem Fokus auf die Humanressourcen
	Planung und Implementierung von HR-Strategien	▪ entwickelt und implementiert einen HR-Plan, der die strategischen Ziele der Organisation unterstützt
	Messung erreichter Organisationsziele	▪ bewertet die Effektivität von HR- Strategien indem er verschiedene Beurteilungsinstrumente anwendet
	Unternehmerische Orientierung	▪ analysiert und berichtet über relevante Informationen in der Branche (inkl. globaler Trends) um die Entwicklung der HR-Strategie zu beeinflussen
	Management von Informationen	▪ trägt zur Entwicklung eines Informationsmanagementsystems bei
	Management externer Vertragspartner	▪ entwickelt Budgets für externe Vertragspartner und überwacht deren Leistung
	Projektmanagement	▪ stellt Projektteams zusammen und führt diese zielorientiert
	gesetzlicher Rahmen von Beschäftigungsverhältnissen	▪ kennt und verfolgt die Rechtsprechung im HR-Management
	Menschenrechte	▪ stellt sicher, dass die organisationalen Richtlinien und Praktiken in Einklang mit den Menschenrechten stehen
	Management von Kundenbeziehungen	▪ entwickelt und verwaltet ein Bereichs- oder ein Projektbudget
	Professionalität	▪ unterstützt und fördert die Weiterentwicklung des Berufsfeldes
	Steuerung und Betriebsführung	▪ bietet dem Aufsichtsrat Unterstützung in allen HR-Fragen an

Kompetenzstandards und Kompetenzmodelle internationaler Berufsverbände

Funktions-bereich	Subfunktions-bereich	Kompetenzstandard
Organisationale Effektivität	Organisationsgestaltung und –entwicklung	▪ entwickelt und implementiert notwendige Interventionen zur Organisationsentwicklung
	Strategien zur Mitarbeiterbindung	▪ fördert eine Unternehmenskultur, in der Vertrauen und Respekt für das Individuum einen hohen Wert haben
	Leistungsmanagement	▪ unterstützt und berät Führungskräfte, damit deren Mitarbeiter das erforderliche Leistungsniveau erreichen
Personal- und Stellenbesetzung	Personalplanung	▪ plant die Mitarbeiterbedarfe und Anforderungen im Voraus
	Rekrutierung und Auswahl	▪ entwickelt, implementiert und überwacht Prozesse zur Gewinnung qualifizierter Kandidaten
	Personaleinsatz	▪ entwickelt Verfahrensweisen zum Personaleinsatz (z.B. Versetzung)
	Kündigung und Outplacement	▪ weist auf Alternativen zur Kündigung von Mitarbeitern hin
Mitarbeiterbeziehungen und Arbeitgeber-Arbeitnehmer Verhältnis	Förderung der Mitarbeiterbeziehungen	▪ bietet Managern und Vorgesetzten Unterstützung bei der Mitarbeiterführung an
	Konfliktbewältigung	▪ entwickelt Richtlinien und Vorgehensweisen zur Schaffung einer respektvollen Arbeitsatmosphäre
	Tarifverhandlungen	▪ formuliert Strategien zur Tarifverhandlung die mit den kurz- und langfristigen Bedarfen der Organisation im Einklang stehen
Entlohnungspolitik	Entlohnungsstrategien	▪ bewertet Entlohnungsstrategien im Hinblick auf die Gewinnung, Motivierung und Bindung von qualifizierten Mitarbeitern
	Vergütungssysteme	▪ setzt sich für eine Kombination aus festen und variablen Gehaltsbestandteilen ein
	Sonstige Vergütungen (Benefits)	▪ analysiert die Bedarfe der Organisation und der Mitarbeiter hinsichtlich Vergütungsplänen
	Pensionszahlungen	▪ entwickelt ein Konzept für die Implementierung oder Überarbeitung eines Pensionszahlungsplans und dessen Verwaltung
	Verwaltung der Gehaltsabrechnung	▪ stellt sicher, dass Gehaltsabrechnungen korrekt sind und Gehälter termingerecht gezahlt werden
	Leistungsmanagement	▪ entwickelt und implementiert Trainings- und Entwicklungsmaßnahmen, um Kompetenzanforderungen zu bewältigen
	Entwicklungsmaßnahmen	▪ entwickelt Programme zur Karriereentwicklung, die mit den Unternehmenszielen in Einklang stehen
	Karrieremanagement	▪ unterstützt Vorgesetzte bei der Identifikation von Karrieremöglichkeiten für die Mitarbeiter
	Training	▪ führt Bedarfsanalysen für Trainingsmaßnahmen durch

Kompetenzstandards und Kompetenzmodelle internationaler Berufsverbände

Funktions-bereich	Subfunktions-bereich	Kompetenzstandard
Gesundheit, Sicherheit und Wohlbefinden		• entwickelt und implementiert Richtlinien, Regularien und Standards zur Erhaltung der Gesundheit und Sicherheit und stellt deren Anwendung sicher
	Wohlbefinden der Mitarbeiter	• stellt Informationen über das Angebot an Wellness-Maßnahmen für Mitarbeiter und Vorgesetzte zur Verfügung
	Sicherheit	• analysiert Gesundheits- und Sicherheitsrisiken und entwickelt Präventionsprogramme
	Schadensersatz für Mitarbeiter	• etabliert und implementiert Strategien, um Schadensersatzzahlungen an Mitarbeiter zu minimieren

5.4. World Federation of People Management Associations (WFPMA)

Die *World Federation of People Management Associations* (WFPMA) ist ein weltweites Netzwerk von Experten aus dem Personalmanagement. Der Weltverband wurde 1976 gegründet mit dem Ziel, die Entwicklung und Effektivität der Personalarbeit weltweit zu unterstützen und zu optimieren. Ihre Mitglieder sind fast 70 nationale Personalmanagement-Organisationen, die über 400.000 Personalverantwortliche repräsentieren (WFPMA, 2010) Die Mitgliedervertretung trifft sich regelmäßig, gibt Forschungsprojekte in Auftrag, veröffentlich viermal jährlich die Zeitschrift *WorldLink* und veranstaltet im Zwei-Jahres-Rhythmus einen internationalen Kongress. Eines der größten Projekte der WFPMA in den letzten Jahren war deren breit angelegte Studie zu professionellen Kompetenzstandards. Es wurde untersucht, ob sich weltweit einheitliche Kernkompetenzen definieren lassen, die ein HR Professional[11] zur Bewältigung der Aufgaben und Anforderungen im Personalmanagement benötigt. Das Vorgehen und die Ergebnisse der Studie werden im nächsten Abschnitt behandelt.

5.4.1. Kompetenzmodell der WFPMA

Die WFPMA hat im Jahr 1998 unter der Leitung von Chris Brewster, Professor am Lehrstuhl für Personalmanagement an der Cranfield University, mit Unterstützung durch die SHRM und die CIPD ihre weltweite Studie zu Kompetenzen und professionellen Standards im Personalmanagement begonnen. Das Ziel lag darin, eine weltweit einheitliche und

---

[11] Mit dem Begriff HR Professional wurden solche Personen eingeschlossen, die als Mitarbeiter einer Personalabteilung, als Unternehmensberater, Personaldienstleister, Trainer oder Forscher mit dem Management und der Entwicklung von Humanressourcen beschäftigt sind.

strukturierte Zusammenstellung von erfolgskritischen Kompetenzen zu identifizieren, die zur Ausübung beruflicher Aufgaben im Personalmanagement benötigt werden, und diese in einem Kompetenzmodell festzuhalten (Brewster et al., 2000). Das Kompetenzmodell beschreibt dabei detailliert, welche Kenntnisse und Fähigkeiten ein Personalmanager besitzen sollte, um in unterschiedlichen operativen und strategischen Funktionsbereichen erfolgreich zu handeln. Dabei wurde der Ansatz verfolgt, im Rahmen eines Literaturreviews und einer weltweiten Umfrage die bestehenden professionellen Standards und die Zertifizierungsprogramme von berufsständischen Organisationen in anderen Ländern zu analysieren. Es wurden vier verschiedene Forschungsfragen untersucht:

1. Welche Kompetenzstandards für Personalmanager sind in den verschiedenen Ländern formuliert worden?
2. Wie zertifizieren nationale Berufsverbände den Erwerb professioneller Standards und welche Lernwege werden zur Entwicklung der Kompetenzen verfolgt?
3. Existieren generische Kompetenzstandards, die allen oder vielen Ländern gemeinsam sind?
4. Können Standards dazu beitragen, dass berufsständige Organisationen eine Professionalisierung des Personalmanagements in ihrem Land forcieren?

Die Funktion des Kompetenzmodells der WFPMA besteht zum einen darin, die Entwicklung von Kompetenzen und hohen Standards zu unterstützen und zum anderen Berufsverbänden oder anderen Ausbildungsinstitutionen weltweit, die sich mit der Qualifizierung von Personalmanagern beschäftigen, einen Maßstab für professionelles Handeln zur Verfügung zu stellen. Darüber hinaus haben Personalmanager die Gelegenheit, die eigenen Fähigkeiten und Fertigkeiten mit denen im Kompetenzmodell abzugleichen. Anzumerken ist, dass die Kernkompetenzen grundsätzlich zwar eine gute Basis liefern, um ein Lerngerüst für ein Qualifizierungsprogramm zu erstellen und Kriterien für Leistungsstandards innerhalb der Profession festzulegen. Allerdings sollte nicht vernachlässigt werden, dass der Kontext, in dem die Standards angewendet werden, berücksichtigt werden muss und dass ein Kompetenz- und Wissensgerüst in Abhängigkeit der Organisation, der Branche, des Landes und der Rolle/der Funktion variieren kann.

5.4.1.1. *Entwicklung des Kompetenzmodells*

Das Kompetenzmodell der WFPMA ist auf Basis eines umfangreichen Literaturreviews einerseits und einer internationalen Befragung von Berufsverbänden und Experten im Personalmanagement andererseits entwickelt worden. Für die Literaturanalyse wurden zunächst verschiedene Definitionen und wissenschaftlich fundierte Ansätze zu

Kompetenzen, Aufgaben und Rollen von Personalmanagern untersucht. Die Analyse ergab, dass sich die in der Forschungsliteratur diskutierten erfolgsrelevanten Kompetenzen von Personalmanagern in vier Kompetenzbereiche einteilen lassen: Individual Style, Organisational Involvement, Leadership und Technical Activities. Dabei fokussiert der Bereich *Individual Style* in erster Linie auf die persönliche Glaubwürdigkeit, *Organisational Involvement* bezieht sich auf unternehmerische und strategische Fähigkeiten, *Leadership* beinhaltet Beziehungsmanagement sowie einflussreiches Handeln und der Bereich *Technical Activities* nimmt Bezug auf die Fähigkeit zu Bewältigung klassischer HR-Aufgaben wie Rekrutierung, Training und Entwicklung, Leistungsmanagement usw.. Ein weiteres Ergebnis der Literaturanalyse bestand darin, dass die relevanten Kompetenzen von Personalmanagern in Abhängigkeit von Kontextfaktoren variieren. So scheinen nationale, unternehmensspezifische und durch den wirtschaftlichen Wandel verursachte Bedingungen einen Einfluss darauf zu haben, mit welchen Aufgaben und Anforderungssituationen Personalverantwortliche konfrontiert sind und welche Kenntnisse, Fähigkeiten, Fertigkeiten die erfolgreiche Aufgabenbewältigung erfordert.

Zusätzlich zur Literaturanalyse haben Brewster et al. (2000) insgesamt drei voneinander unabhängige, aber sich aufeinander beziehende Studien durchgeführt: Eine weltweite Befragung von Berufsverbänden des Personalmanagements, eine Follow-up Umfrage bei einer Konferenz in den USA und eine internationale Befragung von Akademikern zur Literatur im Personalmanagement. Für die Entwicklung der in den ersten beiden Studien eingesetzten Fragebögen war eine große Anzahl von Wissenschaftlern und Praktikern verantwortlich, die im Bereich des internationalen Personalmanagements als Experten bezeichnet werden können. Der an die Berufsverbände gerichtete Fragebogen war in vier Bereiche unterteilt: 1. Angaben zum Verband und zu dessen Mitgliedern, 2. demografische Angaben der Person, 3. Fragen zu den thematischen Schwerpunkten der angebotenen Qualifizierungs- und Schulungsmaßnahmen (z.B. Personalauswahl, Training und Entwicklung, Change Management) und 4. Fragen zu den Aufgaben und Anforderungen, die ein Personalmanager in drei unterschiedlichen Funktionsbereichen (*Support/Administrative HR Practioner Role, Professional/Specialist HR Practioner Role, Senior/Strategic HR Practioner Role*) bewältigen muss sowie die zur Ausübung der beruflichen Aufgaben relevanten Kenntnisse und Fähigkeiten. Der in der zweiten Follow-up-Studie verteilte Fragebogen richtete sich an Teilnehmer einer Konferenz in Orlando und enthielt die gleichen Fragen wie der an die Berufsverbände entsandte Fragebogen, wobei der erste Bereich (Angaben zum Verband und deren Mitgliedern) entfiel. Die dritte Studie richtete sich an Akademiker, die um ihre Einschätzung hinsichtlich der Literatur im Personalmanagement und der Kompetenzterminologie gebeten wurden. Nähere Angaben zu dem in der dritten Studie eingesetzten Fragebogen wurden allerdings nicht gemacht.

In ihrem Projektbericht gehen Brewster et al. (2000) lediglich auf die Ergebnisse aus der Befragung mit den Berufsverbänden ausführlich ein, die an dieser Stelle nur im Wesentlichen zusammengefasst werden sollen. Insgesamt wurden 70 Fragebögen an die Geschäftsführung der Berufsverbände in 51 Länder weltweit verteilt, wobei ein Rücklauf von 23 vollständig ausgefüllten Fragebogen aus 22 Ländern erzielt werden konnte. Interessant ist der Befund, dass mehr als die Hälfte der Verbände (53 %) angab, ein Wissens- und Fähigkeitsgerüst (*Guidelines*) festgelegt zu haben, das die notwendigen Leistungsvoraussetzungen zur Ausübung verschiedener Aufgaben im Personalmanagement spezifiziert. Darüber hinaus hat ein Drittel der Befragten formale Richtlinien im Sinne eines Verhaltenskodexes für professionelle Personalmanager entwickelt. Sowohl die Formulierung eines Wissens- und Fähigkeitsgerüstes als auch die eines Verhaltenskodexes weisen nach Brewster et al. (2000) auf eine Professionalisierung des HR-Managements hin und sind eine Voraussetzung dafür, weltweit einheitliche Kompetenzstandards für die Profession festzulegen. Die Frage, welche Aufgabenfelder der Personalarbeit klassischerweise von einer der drei Hierarchieebenen bzw. HR-Funktionen (*Support/administrativ, Professional/Spezialist, Senior/Strategischer Manager*) bearbeitet werden, hat zu einer großen Bandbreite von Antworten geführt. Die Befragten gaben an, dass dies von der Größe einer Organisation, der Branche und der Nation abhängig ist. Insgesamt scheint das operative Tagesgeschäft weitgehend von der administrativen/unterstützenden HR-Funktion ausgeübt zu werden, während die Professionals/Spezialisten eher für die Bearbeitung technischer Aufgaben verantwortlich sind und der Senior/Strategischer Manager strategische Aufgaben bearbeitet.

Die Studie kommt zu dem Ergebnis, dass es zwar international keinen Konsens über einheitlich definierte professionelle Standards gibt. Allerdings besteht Einigkeit darüber, dass ein Personalmanager über eine Bandbreite von Kompetenzen zur Bewältigung von Anforderungen in seinem beruflichen Handlungsfeld verfügen sollte, wobei die Relevanz einzelner Kompetenzaspekte zum einen in Abhängigkeit der konkreten Funktion oder Rolle variiert und andererseits noch von anderen Kontextfaktoren (Unternehmen, Branche, Land) abhängt. In Anlehnung an die Befunde aus der Literaturanalyse und den drei Studien entwickelten Brewster et al. (2000) ein Kompetenzmodell, das nachfolgend dargestellt werden soll.

5.4.1.2. Inhalte des Kompetenzmodells

Das Kompetenzmodell der WFPMA beschreibt die notwendigen Kernkompetenzen eines „typischen" Personalmanagers, der als Generalist in einer Organisation zwischen 100 und 300 Beschäftigten tätig ist. Wie andere berufsständische Organisationen bezeichnet die WFPMA die Inhalte des Kompetenzmodells als *Body of Knowledge*. Tabelle 13 spiegelt das auf Basis der empirisch ermittelten Ergebnisse entwickelte Kompetenzmodell wider. Das Modell enthält vier Kompetenzbereiche *Personalkompetenzen*, *Organisationale Kompetenzen*, *Managementkompetenzen* und *Funktionale Kompetenzen*, welche sich wiederum jeweils aus mehreren Subkompetenzen zusammensetzen und durch Kompetenzitems konkretisiert sind, wobei in der Tabelle lediglich beispielhaft ein Kompetenzitem für jede Subkompetenz abgebildet ist.

Der Vorteil eines solchen Modells besteht zum einen darin, die Entwicklung von Kompetenzen und hohen Standards zu unterstützen und zum anderen Hinweise für Berufsverbände oder andere Ausbildungsinstitutionen zur Verfügung zu stellen, die sich mit der Qualifizierung von Personalmanagern beschäftigen. Darüber hinaus haben Personalmanager die Gelegenheit, die eigenen Fähigkeiten und Fertigkeiten mit denen im Kompetenzmodell zu vergleichen. Kritisch anzumerken ist, dass die Kernkompetenzen grundsätzlich zwar eine gute Basis liefern, um ein Lerngerüst für ein Qualifizierungsprogramm zu erstellen und Kriterien für Mitglieder und Leistungsstandards innerhalb der Profession zu setzen. Allerdings sollte man den Kontext berücksichtigen, in dem die Standards angewendet werden, da das Wissensgerüst immens in Abhängigkeit der Organisation, der Branche, des Landes und der Rolle/der Funktion variieren kann.

Tabelle 13: Kompetenzmodell der WFPMA

Kompetenz-dimension	Subkompetenz	Kompetenzitem
Personalkompetenz	Kommunikationsfähigkeit	▪ kann überzeugen
	Entscheidungsfindung	▪ ist kognitiv agil
	Unternehmerische Fähigkeiten	▪ ist ergebnisorientiert
	Glaubwürdigkeit/Professionalität	▪ definiert die eigene Rolle
	Führungskompetenzen	▪ gibt eine klare Richtung vor
	Beziehungsmanagement	▪ versteht Gruppenprozesse
	Anpassungsfähigkeit	▪ ist stresstolerant

Kompetenzstandards und Kompetenzmodelle internationaler Berufsverbände

Kompetenz-dimension	Subkompetenz	Kompetenzitem
Organisationale Kompetenz	Kenntnisse über die Unternehmensumwelt	• kennt soziale, ökonomische u. politische Umweltfaktoren
	Kenntnisse über die Branche	• kennt die Stakeholder-Perspektive
	Kenntnisse über die Organisation	• kennt die Organisations-struktur und –kultur
	Strategisches Denken	• nimmt eine strategische Geschäftsperspektive ein
	HR als Teil der Organisation	• gibt eine klare Richtung vor
Managementkompetenz	Selbstmanagement	• managt die eigene Karriere
	Management anderer	• identifiziert Entwicklungs-bedarfe
	Management von Ressourcen	• plant, budgetiert, kontrolliert und evaluiert Ressourcen
	Management von Arbeitsprozessen	• ist qualitätsorientiert
	Management von Informationen	• kann mit qualitativen und quantitativen Daten umgehen
	Management des Wandel	• ist innovativ und kreativ
Funktionale Kompetenz	Personalplanung und –rekrutierung	• führt Arbeitsanalysen durch und erstellt Stellenbeschreibungen
	Leistungsmanagement und Entwicklung	• managt Lernprozesse
	Management von Beziehungen	• verhandelt mit dem Betriebsrat bei Tarifverhandlungen
		• budgetiert und kontrolliert Kosten
	Belohnung und Vergütung	• kennt Methoden des Stressmanagements
	Gesundheit, Sicherheit, Wohlbefinden	• kennt interne Kommunikationsprozesse
	Management von Systemen und Informationen	• hat Kenntnisse über strategisches HR-Management
	Organisationsgestaltung und -entwicklung	

5.5. Gegenüberstellung der Kompetenzstandards und –modelle internationaler Berufsverbände

Nachdem die Kompetenzstandards und –modelle ausgewählter Personalmanagement-Organisationen sowie deren Entwicklung dargestellt worden sind, sollen im Folgenden anhand einer Gegenüberstellung Gemeinsamkeiten und Unterschiede der Modelle und Standards herausgearbeitet werden (Tabelle 14). Diese Gegenüberstellung findet vor dem Hintergrund einer sehr groben Charakterisierung statt, da die Fachverbände nicht in gleichem Umfang und teilweise nur sehr reduziert Informationen zu ihren Standards und Modellen bereit gestellt haben. Es werden vier Kriterien zur Gegenüberstellung herangezogen, die bereits im zweiten Kapitel dieser Arbeit bei den Ausführungen zu unternehmensbezogenen Kompetenzmodellen diskutiert worden sind: die Funktion, die inhaltliche Gestaltung, das Vorgehen bei der Entwicklung und die Validierung des Kompetenzmodells bzw. der Kompetenzstandards. Das Kriterium *Funktion* bezieht sich dabei auf den Zweck, den die jeweilige Institution mit der Entwicklung des Modells oder der Standards verfolgt hat. Im Hinblick auf das Kriterium *inhaltliche Gestaltung* wird beurteilt, wie die Modelle bzw. Standards inhaltlich gestaltet sind (generisch vs. tätigkeitsspezifisch, detailliert vs. einfach, Fokus auf Abbildung erfolgskritischer vs. umfassender Kompetenzbeschreibung). Das Kriterium *Vorgehen bei der Entwicklung* nimmt zum einen Bezug darauf, ob das Kompetenzmodell empirisch oder normativ bzw. strategisch entwickelt wurde, so dass entweder der an realen beruflichen Herausforderungen orientierte Situations- und Anforderungsbezug von Kompetenzen oder normativ bzw. prospektiv (z.B. die strategische Ausrichtung des Personalmanagements) orientierte Kompetenzaspekte im Vordergrund stehen. Mit dem Kriterium verknüpft ist auch die Frage nach den konkreten Erhebungsmethoden, also ob die erfolgsrelevanten Kompetenzaspekte mittels empirischer Verfahren (z.B. CIT, BEI) identifiziert wurden oder mit Hilfe normativ-prospektiv orientierter Methoden (z.B. Strategieworkshops, Workshops mit Fokusgruppen). In Bezug auf das vierte Kriterium *Validierung* soll herausgearbeitet werden, ob eine Validierung des Kompetenzmodells bzw. der –standards.

Kompetenzstandards und Kompetenzmodelle internationaler Berufsverbände

Tabelle 14: Gegenüberstellung der Kompetenzmodelle und -standards berufsständischer Organisationen anhand ausgewählter Kriterien

Kompetenz-modell/-standards	Funktion	Inhaltliche Gestaltung	Vorgehen bei der Entwicklung	Validierung
SHRM Kompetenzmodell	Basis des onlinegestützten Kompetenzbeurteilungsverfahrens (*Competency Tool*)	generisch, detailliert, Fokus auf Abbildung erfolgskritischer Kompetenzen	empirisch (weltweite Fragebogenstudie mit mehr als 10000 Personalmanagern und deren Kollegen)	nein
HRCI Kompetenz-standards	Grundlage für die Prüfungen zum Erwerb der Zertifikate PHR, SPHR und GHR	generisch, detailliert, Fokus auf Abbildung erfolgskritischer Kompetenzen	empirisch und normativ (Literaturanalyse und Interviews mit Experten im Personalmanagement; Workshops mit Fokusgruppen)	1. Expertenbefragung (Bedeutsamkeit der Kompetenzen) 2. Ergebnisanalyse durch Task Force
CIPD Kernkompetenzen und -standards	Grundlage für die Qualifizierungsprogramme der CIPD, Benchmark für Personalmanager	spezifisch und generisch, detailliert, Fokus auf Abbildung erfolgskritischer Kompetenzen	keine Angabe	keine Angabe
CCHRA Kompetenz-standards	Grundlage für die Prüfungen zum Erwerb des CHRP-Zertifikats	generisch, detailliert, Fokus auf Abbildung erfolgskritischer Kompetenzen	empirisch und normativ (Interviews mit Experten, Workshops mit Fokusgruppen)	durch Experten (keine näheren Angaben)
WFPMA Kompetenzmodell	Identifikation und Definition weltweit einheitlicher Kompetenzstandards für HR-Manager, Bereitstellung eines internationalen Benchmarks	generisch, detailliert, Fokus auf Abbildung erfolgskritischer Kompetenzen	empirisch (Literaturanalyse und weltweite Befragung von Berufsverbänden und Experten im Personalmanagement)	nein

In Bezug auf die *Funktion* der Kompetenzmodelle bzw. –standards der Verbände lassen sich einige Unterschiede herausarbeiten. So nutzen das HRCI, die CIPD und die CCHRA ihre Kompetenzstandards als Grundlage für ihre angebotenen Qualifikationsnachweise bzw. Qualifizierungsprogramme, während die SHRM ihr Kompetenzmodell als Basis für ihr Kompetenzbeurteilungsverfahren heranzieht. Die WFPMA intendiert, mit ihrem Modell weltweit einheitliche Kompetenzstandards für Personalmanager als Benchmark und für Berufsverbände als Orientierungshilfe für die Konzeption von Qualifizierungsmaßnahem bereit zu stellen. Folgt man den Ausführungen der CIPD auf deren institutseigener Homepage so soll mit den aufgestellten Kernkompetenzen und Kompetenzstandards Personalverantwortlichen ein Maßstab bereit gestellt werden, anhand dessen ein Vergleich mit den eigenen Fähigkeiten und Fertigkeiten vorgenommen werden kann.

Hinsichtlich der *inhaltlichen Gestaltung* finden sich dahingehend Gemeinsamkeiten, dass es sich weitgehend um generische und detaillierte Kompetenzmodelle/-standards handelt, in denen der Fokus auf der Abbildung erfolgskritischer Kompetenzen liegt. Mit Ausnahme der Kompetenzstandards der CIPD, die auch tätigkeitsspezifische Kompetenzaspekte in ihren Qualifizierungsprogrammen berücksichtigt, beziehen sich die von den anderen Fachorganisationen formulierten generischen Kompetenzen auf die Bewältigung der gesamten Bandbreite von Aufgaben im Personalmanagement, sie sind detailliert durch Verhaltens- und Einstellungsanker beschrieben und legen ihren Fokus auf die Abbildung erfolgskritischer Fähigkeiten und Fertigkeiten.

Hinsichtlich des *Vorgehens bei der Entwicklung* der Kompetenzmodelle/-standards lassen sich Unterschiede identifizieren. So haben das HRCI und die CCHRA bei der Kompetenzbestimmung eine Kombination aus empirisch und normativ orientierten Verfahren gewählt und zum einen *Critical-Incident-Interviews* mit Experten und zum anderen Workshops und Befragungen mit Fokusgruppen durchgeführt. Die SHRM und die WFPMA haben zur Bestimmung erfolgskritischer HR-Kompetenzen ein ausschließlich empirisch orientiertes Vorgehen gewählt und eine Fragebogenstudie durchgeführt, wobei die WFPMA zusätzlich aktuelle Personalmanagement-Literatur analysiert hat. Die CIPD macht keine Angaben zu der Entwicklung ihrer Kompetenzstandards.

In Bezug auf die *Validierung* lässt sich feststellen, dass das HRCI eine Gültigkeitsüberprüfung der Standards sowohl durch Experten als auch durch eine Task Force und die CCHRA eine Validierung durch Experten vorgenommen hat. Die SHRM und die WFPMA haben keine Validierungsstudien durchgeführt, wobei das auf Basis einer Längsschnittstudie entwickelte Kompetenzmodell der SHRM eine hohe Reliabilität und damit auch eine hohe Gültigkeit aufweisen dürfte. Die CIPD macht - wie bereits zur Entwicklung der Standards - keine Angaben zur Validierung.

5.6. Zusammenfassende Betrachtung

In diesem Kapitel sind die von ausgewählten Personalmanagement-Organisationen entwickelten Kompetenzmodelle bzw. professionellen Standards dargestellt worden, welche die für die Bewältigung beruflicher Aufgaben relevanten Kompetenzen von Personalverantwortlichen beschreiben. Es wurden die Modelle und Standards der aufgrund ihrer Mitgliederzahl weltweit größten Organisationen ausgewählt: SHRM (USA), CIPD (Großbritannien), CCHRA (Kanada). Daneben wurde auch das Kompetenzmodell der WFPMA dargestellt, einem Verband bzw. Netzwerk, dem mehrere Personalmanagement-Organisationen und Experten des Personalmanagements aus dem internationalen Raum angehören. Im vorangegangenen Abschnitt wurden zunächst die Institutionen vorgestellt sowie im Anschluss daran die Funktion, die Entwicklung und die Inhalte der Kompetenzmodelle bzw. Standards beschrieben. Schließlich wurden in einer Gegenüberstellung die Unterschiede und Gemeinsamkeiten der Modelle und Standards herausgearbeitet.

Kritisch anzumerken ist, dass die Institutionen in ganz unterschiedlichem Umfang Informationen über ihre Kompetenzmodelle und Kompetenzstandards sowie deren Entwicklung zur Verfügung stellen. Während die SHRM sowie deren Tochterunternehmen das HRCI relativ ausführliche Beschreibungen dazu auf der Homepage oder in ihren herausgegebenen Büchern liefern und auch die CCHRA sowie die WFPMA in Ansätzen ihre Vorgehensweise und die Methoden zur Kompetenzbestimmung beschreiben, so bleiben doch einige Fragen zum detaillierten Entwicklungsprozess, zu den Erhebungsmethoden und zur Auswertungsmethodik der erhobenen Daten unbeantwortet. Beispielsweise stellt die SHRM nicht einmal in einem eigens herausgegebenen Buch zur Entwicklung des Kompetenzmodells den Fragebogen zur Verfügung, der zur Bestimmung der erfolgsrelevanten Kompetenzen von Personalmanagern eingesetzt wurde. Auch die WFPMA macht keine Angaben dazu, wie sie genau zu den vier Hauptdimensionen, den Subkompetenzen und den Kompetenzankern gekommen ist. Zur Entwicklung der Kompetenzstandards der CIPD wurden weder in der Forschungsliteratur noch auf der institutseigenen Homepage Angaben gefunden und auch eine an die Personalleitung gerichtete Anfrage per E-Mail blieb ohne Antwort. Positiv zu bewerten ist, dass das HRCI und die CCHRA bei der Ermittlung der erfolgskritischen Kompetenzen einen integrativen Ansatz verfolgt haben, der eine empirisch orientierte Vorgehensweise mit einer normativ bzw. strategisch orientierten Vorgehensweise kombiniert. Weiterhin positiv einzuschätzen ist, dass beide genannten Institutionen das Critical-Incident-Interview als qualitative Erhebungsmethode zur Kompetenzanalyse eingesetzt haben, da hier der Fokus auf die spezifischen Anforderungssituationen im Berufskontext gerichtet ist. In diesem Zusammenhang stellt sich die Frage, inwieweit die von der SHRM und der WFPMA zur Kompetenzbestimmung eingesetzten Fragebogen eine geeignete Methode darstellen, die Verhaltens- und Leistungsaspekte zu erfassen, die Personalmanager zur Bewältigung komplexer und anspruchsvoller Anforderungssituationen befähigen. Schließlich ist zu kritisieren, dass lediglich zwei der vier beschriebenen Organisationen, das HRCI und die CCHRA, eine Validierung ihrer Kompetenzstandards durchgeführt haben. Wünschenswert wäre daher für die Zukunft, dass die Personalmanagement-Organisationen eine gewisse Transparenz hinsichtlich der Entwicklung der Kompetenzmodelle und der professionellen Standards schaffen. Darüber hinaus sollte in Ergänzung zu einer rein empirisch orientierten eine normativ orientierte Vorgehensweise bei der Kompetenzbestimmung und –modellierung herangezogen werden, da letztere ein bedeutsames Korrektiv empirischer Verfahrensweisen darstellen (Schaper, 2009a).

Resümierend soll versucht werden, Antworten zu finden auf die im Ausblick des zweiten Kapitels gestellte Frage, ob Kompetenzmodellierungsansätze für den betrieblichen Kontext mit denen für eine Berufsgruppe verglichen werden können. Dazu sollen die vier Kriterien herangezogen werden, die bereits für den Vergleich der Personalmanagement-Organisationen zugrunde gelegt wurden: die Funktion, die inhaltliche Gestaltung, das Vorgehen bei der Entwicklung und die Validierung des Kompetenzmodells.

Hinsichtlich der *Funktion* lassen sich Unterschiede bei den Ansätzen feststellen. Kompetenzmodelle im betrieblichen Kontext werden eher als Grundlage für klassische Personalmanagementaktivitäten (z.B. Personalauswahl und –entwicklung, Entlohnung, Leistungsmanagement) eingesetzt, während es bei den Kompetenzmodellen für ein Berufsfeld in erster Linie darum geht, eine grundlegende Basis für die qualifizierte Aus- und Weiterbildung einer Berufsgruppe (z.B. Curricula für Studiengänge, Wissens- und Kompetenzgerüste für Qualifizierungsmaßnahmen) bereit zu stellen und professionelle Standards festzulegen.

Das Kriterium *inhaltliche Gestaltung* wirft die Frage auf, ob in einem Kompetenzmodell generische vs. spezifische und detaillierte vs. einfache Kompetenzaspekte illustriert werden sowie ob der Fokus auf der Abbildung erfolgskritischer vs. umfassender Kompetenzen liegt. Zunächst werden mit berufsgruppenbezogenen Kompetenzmodellen in der Regel generische

Kompetenzen erfasst, die einen breiten Geltungsbereich beanspruchen und die auf die Bewältigung der gesamten Aufgabenpalette eines Berufsfeldes Bezug nehmen. Schließlich geht es genau darum, möglichst die für eine Bandbreite von Tätigkeiten der Berufsgruppe benötigten Fähigkeiten, Fertigkeiten und Kenntnisse zu beschreiben. Demgegenüber werden in einem unternehmensbezogenen Kompetenzmodell je nach Intention sowohl generische Kompetenzen, die auf eine Tätigkeitsfamilie oder eine gesamte Berufsgruppe bezogen sind, als auch spezifische Kompetenzen abgebildet, die lediglich Leistungsvoraussetzungen einer einzelnen, spezifischen Tätigkeit beschreiben. In Bezug auf die Detailliertheit des Kompetenzmodells ist sowohl für den Ansatz im betrieblichen Kontext als auch für den berufsfeldbezogenen Ansatz der Detaillierungsgrad der Kompetenzen zu klären. Sollen also die erfassten Fähigkeiten und Fertigkeiten hinsichtlich ihrer Ausprägung auf unterschiedlichen Niveaustufen illustriert und anhand von beobachtbaren Verhaltensweisen und ausformulierten Verhaltenskriterien im Detail präzisiert werden? Oder sollen im Sinne einfacher Kompetenzmodelle die einzelnen Dimensionen lediglich durch eine Definition und eine geringe Anzahl von Verhaltensankern erläutert werden? Werden Kompetenzmodelle und professionelle Kompetenzstandards für eine Berufsgruppe als Basis für die Entwicklung von Curricula herangezogen, so ist ein hoher Detaillierungsgrad sinnvoll, da das Kompetenzspektrum differenziert nach Teildimensionen und Stufen abgebildet und das Erreichen eines Lern- oder Leistungsziels (z.B. Bestehen einer Prüfung) einem bestimmten Kompetenzniveaus zugeordnet werden kann. Wird ein Kompetenzmodell im betrieblichen Kontext zum Zweck des integrierten Personal- und Leistungsmanagements eingesetzt, so sollte auch hier eine detaillierte, inhaltliche Beschreibung von Kompetenzausprägungen bzw. Niveaustufen für unterschiedliche Leistungsbereiche anhand von Verhaltensbeispielen erfolgen. Nicht zu vernachlässigen ist, dass eine detaillierte Kompetenzbeschreibung zwar eine präzise und transparente Darstellung der Anforderungen erlaubt, mit der Anwendung des Modells jedoch ein erhöhter Verwaltungsaufwand und eine geringere Nutzerfreundlichkeit einhergehen. Darüber hinaus ist für beide Modellierungsansätze zu klären, ob eine Abbildung erfolgskritischer oder vollständiger Kompetenzen intendiert wird, d.h. ob alle denkbaren Leistungsdispositionen erfasst werden oder ob man sich auf die zentralen erfolgskritischen Kompetenzen konzentriert. Es ist davon auszugehen, dass ein berufsfeldbezogenes Kompetenzmodell eine höhere Komplexität aufweist als ein unternehmensbezogenes. Das gilt zum einen in quantitativer Hinsicht, da eine größere inhaltliche Breite zu berücksichtigen ist. Zum anderen ist die Formulierung von Standards für eine Berufsgruppe auch in qualitativer Hinsicht anspruchsvoller, da nicht nur einzelne elementare Kompetenzen abgebildet werden müssen, sondern auch deren Zusammenwirken. Mit anderen Worten: Es geht um die gesamte für die Tätigkeiten in einem Berufsfeld erforderliche Kompetenz, die mehr als nur die Summe ihrer Teilkompetenzen ist.

Angesichts der Bandbreite und Komplexität von Kompetenzen scheint jedoch eher zweifelhaft, dass alle Leistungsvoraussetzungen, die zur Ausübung der beruflichen Tätigkeiten in einem Berufsfeld benötigt werden, vollständig erfasst werden können.

Das Kriterium *Vorgehen bei der Entwicklung* bezieht sich auf die Erfassung und Analyse der Kompetenzen, die in einem Kompetenzmodell abgebildet werden sollen. Für die Bestimmung relevanter Kompetenzen im betrieblichen Kontext einerseits und im berufsfeldbezogenen Kontext andererseits ist ein integrativer Ansatz zu empfehlen, der eine empirisch-orientierte Vorgehensweise mit einer strategisch-orientierten Vorgehensweise kombiniert. Das bedeutet, dass eine Identifikation erfolgsrelevanter Leistungs- und Verhaltensaspekte mittels qualitativer Erhebungsmethoden erfolgen sollte, die den an realen beruflichen Herausforderungen orientierten Situations- und Anforderungsbezug von Kompetenzen berücksichtigen. Die empirische Vorgehensweise sollte durch eine normativ bzw. prospektiv orientierte Kompetenzbestimmung ergänzt werden. Das bedeutet für den betrieblichen Ansatz, dass zukünftig relevante Kompetenzanforderungen beispielsweise aus der Unternehmensstrategie abgeleitet werden können und für den berufsfeldbezogenen Ansatz, dass Bildungs- bzw. Entwicklungsziele normativ gesetzt werden können. Mit dem Kriterium verknüpft sind auch die eingesetzten Erhebungsmethoden, sei es die erfolgsrelevanten Kompetenzaspekte mittels empirischer Verfahren oder mit Hilfe normativ-prospektiv orientierter Methoden zu identifizieren.

Mit dem Kriterium *Validierung* wird die Überprüfung der Gültigkeit des Kompetenzmodells angesprochen. In Zusammenhang mit der Kompetenzmodellierung ist gleichermaßen für den betrieblichen und für den berufsfeldbezogenen Kontext insbesondere die Bestimmung der inhaltlichen Validität von Bedeutung. Die Inhaltsvalidität bezieht sich darauf, ob der interessierende Merkmals- und Verhaltensbereich, den das betreffende Konstrukt repräsentiert (z.B. Berufliche Handlungskompetenz von Personalmanagern), in seinen wichtigsten Kompetenzaspekten erschöpfend erfasst wird. Gerade für den berufsfeldbezogenen Ansatz scheint die Frage zentral, da Kompetenzkonstrukte in erster Linie durch einen bestimmten Situations- und Merkmalsbereich definiert werden. Werden beispielsweise die in einem Kompetenzmodell konkretisierten professionellen Kompetenzstandards eines Berufsstandes als Basis für Curricula oder zertifizierte Examina herangezogen, so sollte das Modell die für die Ausübung der beruflichen Tätigkeit benötigten Leistungsvoraussetzungen hinreichend gut darstellen. Allerdings ist die Forderung, in einem Kompetenzmodell für eine Berufsgruppe alle jobspezifischen Kompetenzelemente qualitativ vollständig abzubilden, aufgrund der Komplexität und der unendlich großen Anzahl an Kompetenzfacetten kaum zu realisieren.

Kompetenzstandards und Kompetenzmodelle internationaler Berufsverbände

Insgesamt lassen sich eine Menge Überschneidungen hinsichtlich der Entwicklung, der Funktion und der Gestaltung eines unternehmensbezogenen Kompetenzmodells einerseits und eines berufsbezogenen Kompetenzmodells andererseits identifizieren. Allerdings sollten spezifische Bedingungen des unternehmensbezogenen und berufsfeldbezogenen Ansatzes nicht vernachlässigt werden. Ein Beispiel für ein berufsfeldbezogenes Kompetenzmodell im deutschsprachigen Raum ist das Kompetenzmodell für Personalmanager der Deutschen Gesellschaft für Personalführung (DGFP). Das Modell wird im folgenden Kapitel vorgestellt und Ansatzpunkte für eine Weiterentwicklung, die im Rahmen dieser Arbeit verfolgt wird, dargelegt.

6. Deutsche Gesellschaft für Personalführung (DGFP)

Die Deutsche Gesellschaft für Personalführung wurde 1950 gegründet und hat ihren Hauptsitz in Düsseldorf. Die DGFP hat mehr als 2000 Mitgliedsunternehmen. Sie ist eine bundesweit tätige berufsständische Organisation, die das Ziel verfolgt, das Personalmanagement in Praxis, Forschung und Lehre gleichermaßen zu fördern und zu professionalisieren. Dazu stellt die DGFP ein umfassendes Leistungsangebot zur Verfügung wie z.B. Erfahrungsaustauschgruppen, Arbeitskreise, empirische Studien zu aktuellen Themen des Personalmanagements, Kongresse, Konferenzen, Workshops und Seminare (DGFP, 2010). Dazu gehört auch eine sehr umfangreiche Weiterbildungs- und Schulungsmaßnahme für im Personalwesen tätige Personen und Führungskräfte: das Qualifizierungsprogramm ProPer (Professionalisierung für das Personalmanagement). Bei dem von der DGFP aufgelegten *ProPer*-Programm handelt es sich um eine anerkannte zertifizierte Qualifizierung, die Fach- und Führungskräfte auf zukünftige Aufgaben im Personalmanagement vorbereitet. Mit der systematischen Qualifizierung und Zertifizierung von Personalverantwortlichen hat die DGFP an die internationale Praxis der Berufsvereinigungen in den USA und Großbritannien angeknüpft und leistet damit in Deutschland einen entscheidenden Beitrag zu einem gemeinsamen Verständnis von professionellen Kompetenzstandards. Das DGFP-Professionalisierungsprogramm besteht aus drei aufeinander aufbauenden Qualifizierungen: *ProPer Expert* (für Personalsachbearbeiter), *ProPer Professional* (für Personalreferenten, Führungsnachwuchskräfte) und *ProPer Executive* (für gesamtverantwortliche Personalmanager, Personalleiter). In jedem der drei Qualifizierungsprogramme werden die für die jeweilige Tätigkeit und operative Ebene benötigten erfolgsrelevanten Kompetenzen vermittelt. Am Ende der Qualifizierungsmaßnahme wird den Teilnehmern freigestellt, eine Prüfung zu absolvieren, deren erfolgreicher Abschluss mit dem DGFP-Zertifikat nachgewiesen wird. Die Basis der Qualifizierungsprogramme bilden Kompetenzstandards, auf die nachfolgend näher eingegangen werden soll.

6.1. Kompetenzstandards der DGFP

Diese Arbeit beschäftigt sich ausschließlich mit der Weiterentwicklung der dem ProPer Professional Programm zugrunde liegenden Kompetenzstandards. Daher werden in diesem Kapitel lediglich die für die Zielgruppe der HR Professionals entwickelten Standards vorgestellt, die in ein Lernziel- und Lerninhaltsgerüst umgewandelt wurden. Aus Gründen des Umfangs wurde die Weiterentwicklung der Kompetenzstandards auf die mittlere Personalmanagementebene (Personalreferenten, Führungsnachwuchskräfte) eingeschränkt.

Im Folgenden sollen die bereits in den vorangegangenen Kapiteln diskutierten Kriterien herangezogen werden, um die DGFP Kompetenzstandards hinsichtlich ihrer Funktion, ihrer inhaltlichen Gestaltung, ihrer Entwicklung und Validierung näher zu beschreiben. Es werden die Schwächen des ursprünglichen Kompetenzmodells herausgearbeitet und die daraus abgeleiteten Schlussfolgerungen für das eigene Vorgehen bei der Weiterentwicklung des Modells dargestellt.

6.1.1. Funktion der Kompetenzstandards

Das Kriterium *Funktion* bezieht sich auf den Einsatzzweck der Kompetenzstandards. Die DGFP hat mit der Entwicklung ihrer Standards das Ziel verfolgt, eine grundlegende Basis für ihr Qualifizierungsprogramm ProPer bereit zu stellen. Die Kompetenzstandards geben an, welches Fach- und Methodenwissen, welche personalen und sozialen Kompetenzen Personalmanager benötigen, um die Personalarbeit professionell zu gestalten. Die dem ProPer Professional Programm zugrunde liegenden professionellen Kompetenzstandards hat die DGFP in spezifische Lernziele und Lerninhalte umgewandelt, die sich aus den Aufgabenstellungen und Kompetenzanforderungen von Personalreferenten ergeben und sich in den Ausbildungsmodulen widerspiegeln.

6.1.2. Entwicklung der Kompetenzstandards

Das Kriterium *Entwicklung* nimmt Bezug darauf, ob bei der Entwicklung der Kompetenzstandards eine empirische oder normative bzw. strategische Vorgehensweise herangezogen wird. Das Vorgehen bestimmt auch die Wahl der Erhebungsmethoden, also ob die erfolgsrelevanten Kompetenzaspekte mittels empirischer oder normativ-prospektiv orientierter Methoden identifiziert werden. Im vorliegenden Fall der DGFP-Standards wurde ein normatives Vorgehen herangezogen und dazu ein expertengestützter Ansatz gewählt. Die professionellen Standards wurden in einem Expertenkreis in enger Zusammenarbeit mit Personalverantwortlichen und Personalberatern aus der Wirtschaftspraxis sowie Vertretern der Wissenschaft erarbeitet, indem Experten dazu befragt wurden, über welche beruflichen Kompetenzen Personalverantwortliche idealerweise verfügen *sollten*. Es wurden zunächst acht Hauptkompetenzfelder identifiziert, die dann jeweils durch Lernziele in Form von Fähigkeits-, Wissens-, und Fertigkeitsaspekten für die operative Ebene der Personalreferenten konkretisiert wurden. Kritisch anzumerken ist in diesem Zusammenhang, dass bei der Formulierung der Lernziele keine Differenzierung zwischen unterschiedlichen Kompetenzaspekten (z.B. kognitiven, motivationalen, sozialen und einstellungsbezogenen) vorgenommen wurde. Auch wurde auf einen empirischen Zugang zur Bestimmung und Analyse erfolgskritischer Kompetenzen und eine Befragung von Stelleninhabern zu ihren

Aufgaben sowie zu deren Bewältigung erforderlichen Fähigkeiten, Fertigkeiten und Kenntnissen verzichtet.

6.1.3. Inhalte und inhaltliche Gestaltung der Kompetenzstandards

Das Kriterium *inhaltliche Gestaltung* wirft die Frage auf, ob in einem Kompetenzmodell generische vs. spezifische und detaillierte vs. einfache Kompetenzaspekte illustriert werden sowie ob der Fokus auf der Abbildung erfolgskritischer Kompetenzen vs. auf einer umfassenden Kompetenzbeschreibung liegt. Zunächst wurden mit den berufsgruppen-bezogenen Kompetenzstandards der DGFP generische Kompetenzen erfasst, die einen breiten Geltungsbereich beanspruchen und die auf die Bewältigung der gesamten Aufgabenpalette eines Personalmanagers Bezug nehmen. Darüber hinaus entsprechen die Standards der DGFP eher einer einfachen als einer detaillierten Beschreibung von Kompetenzen. Die einzelnen Dimensionen sind lediglich durch eine Definition und eine geringe Anzahl von Verhaltensankern erläutert und die beschriebenen Fähigkeiten und Fertigkeiten sind auch nicht hinsichtlich ihrer Ausprägung auf unterschiedlichen Niveaustufen illustriert worden. Die erfassten Kompetenzen sind teilweise nur sehr global und nicht anhand von beobachtbaren Verhaltensweisen und ausformulierten Verhaltenskriterien im Detail präzisiert worden, so wird beispielsweise der Kompetenzstandard bzw. das Lernziel *Selbstverantwortliches Lernen (Lernfähigkeit)* nicht weiter konkretisiert. Darüber hinaus hat sich die DGFP auf die Abbildung erfolgskritischer Kompetenzen im Personalmanagement konzentriert anstelle eine umfassende Beschreibung aller Leistungsvoraussetzungen zu verfolgen, die zur Ausübung der beruflichen Tätigkeit in dem Berufsfeld benötigt werden.

Inhaltlich umfassen die Kompetenzstandards der DGFP als Basis des ProPer Professional Programms acht Kompetenzdimensionen sowie einen Bereich mit übergeordneten Kompetenzen. Für jede Kompetenzdimension wurden in Anlehnung an das Qualifizierungsprogramm spezifische Kompetenzstandards bzw. Lernziele und Lerninhalte aufgestellt. Eine ausführliche Darstellung der Kompetenzstandards findet der interessierte Leser in dem Buch *Herausforderung Personalmanagement* (DGFP, 2002). Tabelle 15 gibt eine Übersicht über ausgewählte Kompetenzstandards bzw. Lernziele und Lerninhalte des ProPer Professional Programms.

Tabelle 15: Kompetenzstandards des ProPer Professional Programms (beispielhafte Auszüge)

Kompetenzdimension	Lerninhalte	Kompetenzstandards/ Lernziele
übergeordnete Kompetenzen	Soziologische Rollentheorie Einführung in die Kommunikationstheorie Zeitmanagement Grundlagen der Lernorganisation Präsentations- und Moderationsmedien	• ist sensibel für sein Selbst- und Fremdbild und reflektiert seine Rollenerfahrungen (Rollenbild und Selbstverständnis) • beachtet in seinem Handeln die Rolle und Gefühlslage seiner Interaktionspartner (Kommunikationskompetenz) • selbstorganisiertes Arbeiten (Arbeitstechniken) • selbstverantwortliches Lernen (Lernfähigkeit) • kann zielgruppenorientiert überzeugen (Moderations- und Präsentationstechnik)
Kulturprägende Kompetenz	Aufgaben des Personalmanagements bei der Kulturgestaltung des Unternehmens Führungskräfte als Gestalter und Träger der Unternehmenskultur (inkl. aktueller Tendenzen in der Führungsforschung)	• kennt und versteht Vorgehensweisen der strategischen und operativen Kulturgestaltung inkl. der aktuellen Ansätze und Werkzeuge und wirkt an deren Umsetzung im eigenen Unternehmen kompetent mit • kennt und versteht ausgewählte Konzepte der Unternehmenskultur, Grundlagen des normativen Managements sowie der Unternehmensethik und überträgt diese auf das eigene Unternehmen
Strategische Kompetenz	Aufgabenstellung und Organisation des Personalmanagements Grundsätze zu Führung und Zusammenarbeit	• kennt strategierelevante Markt-/ Wettbewerbs- und Produktfaktoren sowie die relevanten Quellen zur Informationsbeschaffung, die sich auf einen Aufgabenbereich auswirken • kennt die personalpolitischen Grundsätze und Handlungsleitlinien und wirkt an deren Weiterentwicklung mit
Kompetenz zur Gestaltung der betrieblichen Sozialpartnerschaft	Grundlagen des Arbeitsrechts Überblick über das Individualarbeitsrecht	• kennt und versteht die Regelungsebenen des Arbeits- und Sozialrechts, hat fundierte Kenntnisse im Betriebsverfassungsrecht sowie im Tarif- und Vertragsrecht und wendet diese situativ richtig in seinem Aufgabenbereich an • bereitet Betriebsvereinbarungen möglichst einfach und flexibel vor

Kompetenz-dimension	Lerninhalte	Kompetenzstandards/ Lernziele
Kompetenz zur Gestaltung externer Beziehungen	Grundlagen des Stakeholder-Ansatzes externe Bezugsgruppen	• kennt die wichtigsten externen Bezugsgruppen des Unternehmens (u.a. Verbände, Berufsgenossenschaften, Arbeitsamt) • kennt den Stakeholder-Ansatz und die Beziehungen der relevanten Stakeholder untereinander sowie deren Einfluss auf das eigene UN
Wertschöpfungsmanagement	Grundlagen eines ganzheitlichen Personalcontrollings kritische Erfolgsfaktoren des Personalcontrollings	• kennt und versteht Methoden und Instrumente der quantitativen und qualitativen Dokumentation aller Wertschöpfungsbeiträge des Personalmanagements und nutzt dieses Wissen für die Steuerung seines Aufgabenbereichs • kennt und versteht Konzepte des Wertschöpfungsmanagements und Konzepte interner Märkte
Kompetenzmanagement	Grundlagen erwachsenenbezogenen Lernens Wissensmanagement und Kommunikation	• kennt und versteht psychologische und pädagogische Grundlagen des Lernens sowie gängige Instrumente der kompetenzförderlichen Lerngestaltung • kennt die gängigen Instrumente des Lernens und wendet sie zielgerichtet in seinem Aufgabenbereich an
Instrumentenmanagement	Grundsätze und Handlungsleitlinien der Personalwirtschaft Gesamtsystem Personalwirtschaftliche Instrumente und deren Zusammenhänge inkl. Neue Technologien	• versteht und beherrscht die für seinen Aufgabenbereich relevanten Instrumente und wirkt bei ihrer anwendungsspezifischen Weiterentwicklung mit • kennt und nutzt Quellen, um sein Instrumentenwissen auf dem aktuellen Stand zu halten
Management des Wandels	Analyse des eigenen Unternehmens in Bezug auf Wandlungsnotwendigkeit und -bereitschaft Erarbeiten der detaillierten ex- und internen Faktoren eines Unternehmens die zum Wandel führen (u.a. Geschwindigkeit und Komplexität)	• kennt die ausschlaggebenden externen und internen Faktoren des Wandels und kann diese auf das eigene Unternehmen übertragen • versteht, dass Wandel eine grundsätzliche Bedeutung für Unternehmen hat

6.1.4. Validierung der Kompetenzstandards

In Bezug auf das Kriterium *Validierung* ist gemeint, ob eine Überprüfung der Gültigkeit der Kompetenzstandards stattfindet. Insbesondere die Bestimmung der inhaltlichen Validität ist für den berufsfeldbezogenen Kontext von Bedeutung, da geprüft wird, ob der interessierende Merkmals- und Verhaltensbereich, den das betreffende Konstrukt repräsentiert, in seinen wichtigsten Kompetenzaspekten erschöpfend erfasst wird. Werden die in einem Kompetenzmodell konkretisierten professionellen Kompetenzstandards eines Berufsstandes als Basis für ein zertifiziertes Qualifizierungsprogramm herangezogen, so sollte das Modell die für die Ausübung der beruflichen Tätigkeit benötigten Leistungsvoraussetzungen hinreichend gut darstellen. Kritisch anzumerken ist, dass die DGFP bisher keine Validierung ihrer Kompetenzstandards vorgenommen hat.

6.1.5. Zusammenfassende Betrachtung

In diesem Kapitel wurde zunächst die DGFP vorgestellt, die als berufsständische Organisation in Deutschland intendiert, das Personalmanagement in Praxis und Wissenschaft zu fördern. Darüber hinaus wurden das Qualifizierungsprogramm ProPer Professional und die diesem Programm zugrunde liegenden Kompetenzstandards anhand bestimmter Kriterien näher erläutert und Schwächen hinsichtlich der Entwicklung, der inhaltlichen Gestaltung und der Validierung der Standards herausgearbeitet. Einige nachfolgend erläuterte Gründe sprechen für die Weiterentwicklung der Kompetenzstandards, die im Rahmen dieser Arbeit verfolgt wird.

Bei der *Entwicklung* ihrer Kompetenzstandards hat die DGFP ausschließlich einen normativ orientierten Zugang zur Bestimmung der erfolgsrelevanten Kompetenzen von Personalmanagern ausgewählt. Auf eine empirische Vorgehensweise, die klassischerweise im Rahmen der Kompetenzanalyse und –modellierung eingesetzt wird, wurde verzichtet. Im Rahmen dieser Arbeit sollen daher zur Bestimmung und Analyse der erfolgskritischen Leistungsvoraussetzungen empirische Erhebungsmethoden herangezogen werden. Dazu wird eine Kombination aus Dokumenten- und Literaturanalyse einerseits und einer mündlichen Befragung von Stelleninhabern in Form aufgaben- und anforderungsbezogener Interviews andererseits gewählt. Mit Hilfe der Dokumentenanalyse wird eine systematische Auswertung relevanter Unterlagen vorgenommen, die dem ProPer Qualifizierungsprogramm zugrunde liegen. Darüber hinaus werden im Rahmen einer Literaturanalyse die von internationalen Fachverbänden aufgestellten Kompetenzmodelle und professionelle Kompetenzstandards für Personalmanager analysiert und vergleichend herangezogen. Auch werden internationale Studien analysiert, die sich mit der Identifikation von Kompetenzen im

HR-Bereich beschäftigt haben. Auf Basis der Dokumenten- und der Literaturanalyse wird ein Leitfaden erstellt, der als Grundgerüst für die Durchführung von Interviews dient. Im zweiten Schritt werden Interviews mit Personalmanagern in Anlehnung an die Critical Incident Technique (Flanagan, 1954) und das Behavioral Event Interview (McClelland, 1973) durchgeführt und die Probanden zu ihren Kompetenzanforderungen im Personalmanagement sowie zu ihrem Verhalten in arbeitsbezogenen Situationen und den Arbeitsergebnissen befragt. Der Hintergrund besteht darin, zu erfahren, wie die Befragten in erfolgsrelevanten Arbeitssituationen agieren und welche Strategien, Fähigkeiten und Dispositionen zur effektiven Bewältigung anspruchsvoller Arbeitsanforderungen im Personalmanagement zum Tragen kommen. Der Vorteil gegenüber einer rein normativ orientierten Kompetenzbestimmung, wie sie bei der ursprünglichen Entwicklung des DGFP-Modells verfolgt wurde, besteht darin, dass empirische Verfahren einen an realen beruflichen Herausforderungen orientierten Situations- und Anforderungsbezug berücksichtigen.

Hinsichtlich der *inhaltlichen Gestaltung* des Kompetenzmodells der DGFP ist zu kritisieren, dass keine detaillierte und differenzierte Beschreibung von Kompetenzen erfolgt ist. Werden allerdings Kompetenzmodelle und professionelle Kompetenzstandards für eine Berufsgruppe als Basis für die Entwicklung von Curricula herangezogen, so ist ein hoher Detaillierungsgrad sinnvoll, da das Kompetenzspektrum differenziert nach Teildimensionen und Stufen abgebildet und das Erreichen eines Lern- oder Leistungsziels (z.B. Bestehen einer Prüfung) einem bestimmten Kompetenzniveau zugeordnet werden kann. Im Rahmen dieser Arbeit wird daher zum einen angestrebt, die Kompetenzen durch die Beschreibung von Verhaltens- und Einstellungsankern zu spezifizieren und weiter auszudifferenzieren, d.h. eine Einteilung der Kompetenzen in die Kategorien Wissen/Kenntnisse, Fähigkeiten/Fertigkeiten und Einstellungen/motivationale Aspekte vorzunehmen. Darüber hinaus wird angestrebt, eine Ergänzung um weitere erfolgskritische Kompetenzaspekte vorzunehmen. Aus den Ergebnissen lassen sich schließlich differenzierte Aussagen ableiten, welche konkreten Voraussetzungen und Anforderungen zur Bewältigung der beruflichen Aufgaben für die Zielgruppe der mittleren Ebene im Personalmanagement erforderlich sind.

Eine *Validierung* der DGFP Standards, also eine Überprüfung der Gültigkeit, hat bisher nicht stattgefunden. Grundsätzlich ist aber insbesondere für einen berufsfeldbezogenen Ansatz wichtig zu ermitteln, ob das interessierende Konstrukt, in diesem Fall die berufliche Handlungskompetenz von Personalmanagern, in seinen wichtigsten Aspekten erschöpfend erfasst wird. Daher wird im Rahmen einer zweiten Studie dieser Arbeit durch eine inhaltliche Validierung des weiterentwickelten Kompetenzmodells überprüft, ob das Kompetenzmodell auch tatsächlich die erfolgskritischen Kompetenzen von Personalmanagern erschöpfend abbildet. Dazu werden Experteneinschätzungen bzw. Expertenurteile herangezogen und Fachleute aus der Wissenschaft und der Praxis gebeten, die Bedeutsamkeit der einzelnen Kompetenzmerkmale des weiterentwickelten Kompetenzmodells für die berufliche Tätigkeit eines Personalmanagers zu bestimmen.

Eine ausführliche Beschreibung des methodischen Vorgehens und die inhaltliche Darstellung des weiterentwickelten Kompetenzmodells der DGFP für die HR Professionals erfolgen im empirischen Teil dieser Arbeit, der sich an dieses Kapitel anschließt.

7. Zielsetzung und Fragestellungen (Studie 1)

In den vorangegangenen Kapiteln dieser Arbeit sind zunächst die theoretischen Grundlagen zur Kompetenzforschung allgemein und im Bereich Personalmanagement erörtert worden. In diesem Kapitel werden nun die Zielsetzung und die zu prüfenden Fragestellungen formuliert, die der empirischen Untersuchung der ersten Studie zugrunde liegen.

Das Ziel der ersten Studie dieser Arbeit ist es, ein bereits bestehendes Kompetenzmodell für Personalmanager weiter zu entwickeln. Dabei handelt es sich um ein Kompetenzmodell, das die DGFP gemeinsam mit einem Expertenkreis als Basis ihres Qualifizierungsprogramms *ProPer Professional* aufgestellt hat und das sich an die mittlere Personalmanagementebene (Personalreferenten, Führungsnachwuchskräfte) richtet (vgl. Kap. 6). Mit der Weiterentwicklung des Kompetenzmodells wird die Absicht verfolgt, ein unternehmensübergreifendes Kompetenzmodell für Personalmanager mit einem breiten Geltungsbereich zu erarbeiten. Das liegt darin begründet, dass das Kompetenzmodell als Basis des ProPer Qualifizierungsprogramms fungieren und auf die Bewältigung eines weiten Aufgabenspektrums im Personalmanagement vorbereiten soll und daher auf die Vermittlung einer umfassenden Bandbreite von Kompetenzen im Personalbereich ausgerichtet ist.

Der Grund für die Weiterentwicklung des Kompetenzmodells liegt darin, dass hinsichtlich der ursprünglichen Entwicklung des Modells und dessen inhaltlicher Gestaltung einige Schwächen identifiziert werden können. So wurde für die Entwicklung des ursprünglichen Kompetenzmodells lediglich ein normativ orientierter Zugang gewählt, indem Experten dazu befragt wurden, über welche beruflichen Kompetenzen Personalverantwortliche idealerweise verfügen *sollten*. Auf einen empirischen Zugang zur Bestimmung und Analyse erfolgskritischer Kompetenzen, der klassischerweise zur Generierung eines Kompetenzmodells herangezogen wird und der eine Befragung von Stelleninhabern zu ihren Aufgaben sowie zu deren Bewältigung erforderlichen Kompetenzen vorsieht, wurde verzichtet. Dabei kann grundsätzlich davon ausgegangen werden, dass Stelleninhaber hinsichtlich ihrer beruflichen Kompetenzen selbst am besten Auskunft geben können, vorausgesetzt, dass keine negativen Konsequenzen zu erwarten sind und die Person nicht sozial erwünscht antwortet (Frey, 2004). Auch wurde keine detaillierte Beschreibung der Kompetenzen anhand von Verhaltens- und Einstellungsankern und keine Differenzierung zwischen unterschiedlichen Kompetenzaspekten (z.B. kognitiven, motivationalen, sozialen und einstellungsbezogenen) vorgenommen.

Zielsetzung und Fragestellungen (Studie 1)

Im Rahmen der inhaltlichen Weiterentwicklung des Kompetenzmodells wird daher die Zielsetzung verfolgt, die bestehenden Kompetenzstandards durch Verhaltens- und Einstellungsbeschreibungen zu konkretisieren und zu spezifizieren. Mit einer Beschreibung der Kompetenzen anhand von Verhaltensbeispielen werden die Kompetenzen inhaltlich detailliert erläutert und eine exaktere Differenzierung zwischen den Kompetenzaspekten ermöglicht. Hinsichtlich einer Kompetenzdifferenzierung wird die Absicht verfolgt, eine Einteilung der Kompetenzen in die Kategorien Wissen/Kenntnisse, Fähigkeiten/Fertigkeiten und Einstellungen/Bereitschaft vorzunehmen. Diese Kompetenzeinteilung ist angelehnt an die im angloamerikanischen Sprachraum übliche Unterteilung von Leistungsvoraussetzungen in KSAs *(Knowledge, Skills, Abilities bzw. Attitudes)*. In Zusammenhang mit der Kompetenzdifferenzierung wird auch geprüft, auf welche Weise die Kompetenzen im Modell sinnvoll strukturiert und geordnet werden können. Beispielsweise wird untersucht, ob innerhalb der Kerndimensionen bzw. Hauptkompetenzfelder Unterkategorien gebildet werden können, die inhaltlich mehrere Kompetenzbeschreibungen zusammenfassen. Dabei wird allerdings nicht die Revision des bestehenden Kompetenzmodells der DGFP angestrebt. Vielmehr soll ein Vergleich hinsichtlich der Strukturierung bereits vorliegender Kompetenzmodelle bzw. -standards für Personalmanager vorgenommen und eine sinnvolle Lösung zur Ordnung der Kompetenzen auf das weiter zu entwickelnde Modell adaptiert werden. Darüber hinaus wird das Ziel verfolgt, das Kompetenzmodell durch weitere erfolgskritische Kompetenzen, die im Rahmen der Datenerhebung und –analyse identifiziert werden können, zu ergänzen. Das Ziel am Ende dieser Arbeitsschritte besteht in einem Modell mit mehreren Hauptkompetenzen, die jeweils durch eine Definition erläutert und durch definierte Unterkategorien strukturiert werden und die verbale Verankerungen enthalten, die die jeweilige Kompetenz beschreiben. Aus den Ergebnissen lassen sich schließlich differenzierte Aussagen ableiten, welche konkreten Voraussetzungen und Anforderungen zur Bewältigung beruflicher Aufgaben für die mittlere Personalmanagementebene erforderlich sind.

Abgeleitet aus der Zielsetzung der Arbeit, der Weiterentwicklung des Kompetenzmodells, lassen sich vier Fragestellungen formulieren, die in Tabelle 16 dokumentiert sind.

Zielsetzung und Fragestellungen (Studie 1)

Tabelle 16: Fragestellungen der ersten Studie

a) Lassen sich die im Kompetenzmodell der DGFP formulierten Kompetenzen durch Verhaltens- und Einstellungsanker konkretisieren und spezifischer beschreiben?

b) Lassen sich die Verhaltensbeschreibungen differenzieren und eine Einteilung in die Kompetenzfacetten Wissen/Kenntnisse, Fähigkeiten/Fertigkeiten, Einstellungen/Bereitschaft vornehmen?

c) Lassen sich sinnvolle Kompetenzstrukturierungen vornehmen?

d) Lassen sich bei dem bestehenden Modell weitere Kompetenzen ergänzen?

Zur Bestimmung und differenzierten Analyse der Anforderungen und Kompetenzen von Personalmanagern, die im Rahmen dieser Studie angestrebt wird, wird als Erhebungsmethode das qualitative Interview herangezogen. Für die Befragung von Personalmanagern zu deren Aufgaben und den erfolgsrelevanten Kompetenzen wird ein Interviewleitfaden eingesetzt, der auf einer Dokumenten- und Literaturanalyse basiert. Durch eine empirische Analyse der im Interview erhobenen Daten können erfolgsrelevante Verhaltens- und Leistungsaspekte eines Personalmanagers identifiziert, die Kompetenzen durch Verhaltens- und Einstellungsanker spezifiziert und hinsichtlich verschiedener Kompetenzkomponenten differenziert werden. Schließlich lassen sich die im Rahmen der Literaturanalyse identifizierten theoretischen Kompetenzansätze zur Strukturierung des Kompetenzmodells heranziehen.

Zusammenfassend ist festzuhalten: Das Ziel der ersten Studie dieser Arbeit besteht in der Weiterentwicklung eines bestehenden Kompetenzmodells für die mittlere Personalmanagementebene. Dabei wird die Absicht verfolgt, ein unternehmensübergreifendes Kompetenzmodell mit einem breiten Gültigkeitsbereich zu entwickeln. Abgeleitet aus der Zielsetzung ergeben sich verschiedene Fragestellungen. In diesem Zusammenhang soll untersucht werden, ob die im Modell dargestellten Kompetenzen durch Verhaltens- und Einstellungsanker näher beschrieben sowie nach kognitiven (wissens- und fähigkeitsbezogenen) und motivationalen (einstellungsbezogenen) Kompetenzkomponenten differenziert werden können. Darüber hinaus wird geprüft, ob eine sinnvolle Strukturierung des Modells vorgenommen und das bestehende Kompetenzmodell um weitere Kompetenzen ergänzt werden kann.

Bei der Zielsetzung nicht unerwähnt bleiben soll, dass die im Rahmen dieser Arbeit angestrebte Entwicklung eines unternehmensübergreifenden Kompetenzmodells für Personalverantwortliche mit einem sehr breiten Gültigkeitsanspruch auch die in der

Zielsetzung und Fragestellungen (Studie 1)

Kompetenzforschung vorgefundene Lücke hinsichtlich der Leistungs- und Kompetenzanforderungen für das Personalmanagement zu schließen vermag. So existiert bisher ist im deutschsprachigen Raum keine fundierte empirische Studie, die sich mit der Analyse und Modellierung von erfolgsrelevanten Kompetenzen im Personalmanagement beschäftigt hat. Die bisher im internationalen Raum durchgeführten Untersuchungen können nicht ohne weiteres auf Deutschland übertragen werden, da länder- und kulturspezifische Faktoren einen bedeutenden Einfluss auf die Personalmanagementpraxis und damit auf die beruflichen Leistungsvoraussetzungen von Personalverantwortlichen in den Ländern haben (Deller et al., 2005; Brewster et al., 2006; Pudelko & Harzig, 2007). Ein Kompetenzmodell mit einem breiten Gültigkeitsbereich, dass die in Deutschland spezifischen Bedingungen in der Personalpraxis berücksichtigt, kann je nach Intention für vielfältige Einsatzzwecke herangezogen werden wie beispielsweise für die Konzeption von Studiengängen im Personalmanagement, der Gestaltung innerbetrieblicher Qualifizierungsmaßnahmen für Personalverantwortliche oder als Benchmark für Personaler.

Das methodische Vorgehen zur Weiterentwicklung des Kompetenzmodells soll nachfolgend dargestellt werden.

8. Methodisches Vorgehen (Studie 1)

Dieses Kapitel stellt die für die Studie verwendete Erhebungsmethode und das Erhebungsinstrument (Kap. 8.1) vor und beschreibt das zugrunde liegende Untersuchungsfeld sowie die Untersuchungsdurchführung (Kap. 8.2). Eine differenzierte Erläuterung der Auswertungsverfahren bildet den Abschluss dieses Kapitels (Kap. 8.3).

8.1. Erhebungsmethode

8.1.1. Qualitatives Interview

Die im vorangegangenen Abschnitt dargelegte Zielsetzung der Arbeit ist mit der Aufgabe verbunden, die erfolgskritischen Verhaltens- und Leistungsaspekte von Personalmanagern zu bestimmen und zu analysieren. Zur Identifikation der für eine berufliche Position relevanten Kompetenzen bietet sich als Erhebungsmethode das qualitative Interview an. Grundsätzlich besteht das Ziel qualitativer Interviewverfahren darin, zu möglichst neuen, substantiellen Erkenntnissen über einen Gegenstand zu gelangen und bestimmte subjektiv besetzte Ereignisse, Sachverhalte und Erfahrungen zu erfassen. Im Gegensatz zu quantitativen Verfahren geht es dabei nicht um die Überprüfung vorab festgelegter Hypothesen oder um die Erfassung von Häufigkeiten oder Merkmalsausprägungen. Deswegen werden bei qualitativen Interviews meist offen formulierte Fragen verwendet, damit dem Befragten viel Spielraum bei der Darstellung seiner Gefühle, Einstellungen, Deutungsmuster etc. gelassen wird (Bortz & Döring, 2005). Das qualitative Interview kann zusammenfassend folgendermaßen charakterisiert werden: Es ist ein „wenig strukturiertes Interview, das, von lockeren Hypothesen angeleitet, der Exploration eines bestimmten, wissenschaftlich wenig erschlossenen Forschungsfeldes dienen soll, und das - zumindest der Intention nach - den Befragten einen breiten Spielraum der Strukturierung und Äußerung subjektiver Deutungen einräumt" (Hopf, 1978, S. 99). Darüber hinaus ist ein wichtiger Vorteil qualitativer Interviews darin zu sehen, dass die Interviewsituation die Klärung von Bedeutungsdivergenzen zulässt. Eine methodische Prämisse dieser Erhebungsmethode liegt darin, dass Äußerungen von Befragten in der Regel umso valider und substantieller sind, je weniger der Interviewer dem Befragten durch Nachfragen und Strukturierungsversuche seine eigenen Vorstellungen oktroyiert.

Eine im Rahmen dieser Arbeit eingesetzte Variante der häufig angewendeten qualitativen Forschungsverfahren, um komplexe Wissensbestände eines zu untersuchenden Gegenstands zu rekonstruieren, ist das Experteninterview (Meuser & Nagel, 1997). Die in den

Methodisches Vorgehen (Studie 1)

Interviews gewonnenen Informationen basieren auf praxisbezogenen Fähigkeiten und Kenntnissen von Personen, die aufgrund ihrer beruflichen Funktion und Eingebundenheit als Experten bezeichnet werden können. Als Interviewpartner für die zugrunde liegende Studie wurden daher Personalreferenten ausgewählt, die einerseits über mehrjährige berufliche Erfahrung in der Personalarbeit verfügen und andererseits in einem Unternehmen beschäftigt sind, von dem ausgegangen werden kann, dass es über ein professionelles Personalmanagement verfügt. Es wurden die Stelleninhaber selbst befragt und nicht deren Vorgesetzte, Kollegen oder Mitarbeiter, da nahe liegt, dass die betreffenden Personen bezüglich ihrer beruflichen Kompetenzen selbst am besten Auskunft über sich geben können, vorausgesetzt es sind keine negativen Konsequenzen zu erwarten und die Personen haben nicht sozial erwünscht geantwortet (Frey, 2004).

Die klassische Vorgehensweise zur Analyse und Modellierung von Kompetenzen bzw. zur Generierung eines Kompetenzmodells beruht auf einer Sonderform qualitativer Interviews, dem Behavioral Event Interview (BEI), einem ursprünglich von McClelland (1998) in Anlehnung an die Critical Incident Technique (CIT; Flanagan, 1954) entwickelten halbstrukturiertem Interviewverfahren. Das Ziel des BEI besteht darin, über eine systematische Befragung von sehr guten und durchschnittlichen Mitarbeitern in einer Aufgabendomäne kritische Verhaltensbeispiele sowie Denk- und Fühlweisen zu generieren, aus denen die spezifischen erfolgsrelevanten Kompetenzen für eine Position abgeleitet werden können. Mit der CIT lassen sich - ähnlich wie beim BEI - gezielte Befragungen von Stelleninhabern, Vorgesetzten oder Experten zur Identifikation effektiven und ineffektiven Verhaltens durchführen (Schaper & Hochholdinger, 2006). Die CIT basiert auf der Annahme, dass die Diskussion von vergangenen, kritischen Lebensereignissen eine gute Ausgangsbasis liefert, um das Verhalten in ähnlichen Situationen vorherzusagen (Peters & Winzer, 2003) bzw. dass im Sinne einer Verhaltenskonsistenz vergangenes Verhalten ein guter Indikator für zukünftiges Verhalten ist (Schmidt, Caplan, Bemis, Decuir, Dinn & Antone, 1979; McDaniel, Schmidt & Hunter, 1988). Ein Unterschied beider Methoden liegt darin, dass bei der CIT der Schwerpunkt auf der Erhebung von Arbeitsergebnissen und Verhaltensweisen in konkreten Arbeitssituationen liegt, während das BEI zusätzlich die Identifizierung individueller Gedanken, Gefühle und Motive in beruflichen Situationen betont (Peters & Winzer, 2003). Für die vorliegende Studie wurden in Anlehnung an das BEI und die CIT aufgaben- und situationsbezogene Interviews mit Personalmanagern durchgeführt. Die Probanden wurden gebeten, zu ihren Aufgaben und Kompetenzanforderungen im Personalmanagement sowie zu ihrem Verhalten in arbeitsbezogenen Situationen und den Arbeitsergebnissen Auskunft zu geben. Das heißt, sie wurden befragt, inwiefern bestimmte Kompetenzen, die anhand eines Leitfadens vorgegeben waren, für die Tätigkeit eines

Personalmanagers wichtig sind und ob es berufliche Situationen gab, in denen die jeweilige Kompetenz zur besonders guten Bewältigung der Anforderungen hilfreich war. Dabei sollten die Interviewten möglichst konkrete Bestimmungselemente der Kompetenzen (kognitive, sensumotorische, motivationale sowie einstellungs- und wertbezogene Komponenten) benennen. Der Hintergrund der Interviewtechnik besteht darin, zu verstehen und zu erfahren, wie die Befragten in erfolgsrelevanten Arbeitssituationen agieren, welche Gedanken und Gefühle sie haben und welche Strategien, Fähigkeiten und Dispositionen zur effektiven Bewältigung anspruchsvoller Arbeitsanforderungen zum Tragen kommen. Daraus abgeleitet lassen sich situations- und verhaltensbezogene Kompetenzaspekte für eine erfolgreiche Tätigkeit im Personalmanagement identifizieren und beschreiben.

Da es in der vorliegenden Studie um die Erfassung eines subjektiv besetzten Gegenstandsbereichs ging und den Befragten genug Spielraum bei der Schilderung ihrer Sichtweise eingeräumt werden sollte, trotzdem aber einige theoretisch fundierte Themenkomplexe und Nachfragekategorien vorgegeben waren, wurde ein halbstrukturiertes leitfadengestütztes Interview als Methode gewählt. Das heißt, dass die Befragung anhand eines vorbereiteten aber flexibel einsetzbaren Fragenkatalogs stattfand. Ein Leitfaden stellt ein Gerüst für die Datenerhebung und –analyse dar und macht die Ergebnisse unterschiedlicher Interviews vergleichbar. Dabei müssen die Leitfragen nicht wie beim quantitativen Interview in einer zuvor festgelegten Formulierung und Reihenfolge gestellt werden (Lamnek, 2005). Darüber hinaus bietet der Leitfaden genügend Spielraum, aus der Interviewsituation heraus neue Themen und Fragen einzubringen und bei der Auswertung Themen herauszuarbeiten, die bei der Leitfadenerstellung nicht berücksichtigt wurden (Bortz & Döring, 2005). Sollte der Interviewer das Gesagte der Befragungsperson nicht verstehen, so ist durch gezieltes Nachfragen eine Exploration des Bedeutungsgehaltes möglich. In dieser Flexibilität ist ein Vorteil teilstandardisierter Befragungen zu sehen, die standardisierte Befragungen nicht aufweisen.

Ein weiterer Vorteil des im Rahmen dieser Arbeit eingesetzten qualitativen Interviews liegt in der empirisch orientierten Kompetenzbestimmung, die im Gegensatz zu einer rein normativ orientierten Vorgehensweise, wie sie bei der ursprünglichen Entwicklung des DGFP-Modells verfolgt wurde, einen an realen beruflichen Herausforderungen orientierten Situations- und Anforderungsbezug berücksichtigt. Dieser Bezug wurde in der vorliegenden Untersuchung dadurch hergestellt, dass die Interviewpartner zu jeder der im Leitfaden enthaltenen Kompetenzen eine oder mehrere berufliche Situationen oder Aufgaben schildern sollten, in denen die jeweilige Kompetenz eine Rolle gespielt hat.

8.1.2. Dokumenten- und Literaturanalyse

Zur Konzeption des Interviewleitfadens im Vorfeld der Interviews wurden zum einen eine Dokumentenanalyse und zum anderen eine Literaturanalyse durchgeführt. Die Dokumentenanalyse ist eine Erhebungstechnik, bei der in Schriftform und elektronisch vorliegende Unterlagen gesammelt und ausgewertet werden, die zur Beschaffung von relevanten Daten und Informationen zum Untersuchungsbereich dienen. Sie wird häufig am Anfang einer Untersuchung durchgeführt, um sich in ein Themengebiet einzuarbeiten und dient beispielsweise als Vorbereitung einer Befragung. Die ausgewerteten Dokumente bilden die Grundlage für die Erstellung des Interviewleitfadens. Das Vorgehen bei einer Literaturanalyse sieht vor, die einschlägige Literatur zu sichten, zu sammeln und zum Zweck der Auswertung gezielt darauf hin zu untersuchen, ob sie einen Beitrag zu dem Thema der vorliegenden Studie leisten kann. Dazu wird ein Analyseraster erstellt und die Inhalte werden nach bestimmten Kriterien strukturiert. Für die vorliegende Studie wurden im Rahmen der Dokumentenanalyse die Unterlagen zu den Kompetenzstandards bzw. Lernzielen, die dem ProPer Professional-Programm zugrunde liegen, gesammelt und ausgewertet. Das Vorgehen erfolgte aus dem Grund, dass die Kompetenzen des ursprünglichen DGFP-Kompetenzmodells mit in den Leitfaden aufgenommen, im Interview angesprochen und die Probanden dazu befragt werden sollten. Schließlich wird mit der vorliegenden Arbeit - wie bereits im Rahmen der Zielsetzung erläutert - nicht die Revision des gesamten Kompetenzmodells, sondern eine weitgehende Beibehaltung der Kerndimensionen angestrebt.

Im Rahmen der Literaturanalyse wurden sowohl existierende Kompetenzmodelle bzw. professionelle Kompetenzstandards von ausgewählten Fachverbänden im internationalen Raum mit einbezogen als auch Publikationen, die sich mit der Identifikation von Kompetenzen im HR-Bereich beschäftigt haben. Es wurde eine Matrix erstellt, um einen Überblick zu bekommen, welche erfolgskritischen Kompetenzen von den einzelnen Fachorganisationen aufgestellt wurden und ob es inhaltliche Überschneidungen oder Abweichungen vom DGFP-Kompetenzmodell gab. Die Literaturanalyse zeigte, dass sich die Kompetenzstandards der DGFP mit denen anderer ausgewählter Fachverbände inhaltlich weitgehend überschneiden. Allerdings konnten zwei zusätzliche Kompetenzbereiche, zum einen *Sozial-kommunikative Kompetenzen* und zum anderen *Selbstkompetenzen* identifiziert werden, die von anderen Organisationen als bedeutsam für einen Personalmanager herausgestellt und die neben den von der DGFP formulierten Kompetenzen im Interviewleitfaden mit aufgenommen wurden. Darüber hinaus sind auf der Grundlage bisheriger Studien und bereits bestehender Kompetenzmodelle Gestaltungsempfehlungen zur Strukturierung der Kompetenzen im Modell gewonnen und abgeleitet worden.

Methodisches Vorgehen (Studie 1)

8.2. Durchführung der Untersuchung

Die Untersuchung lässt sich in mehrere Phasen unterteilen. Um einen Überblick über den zeitlichen Ablauf der ersten Studie dieser Arbeit zu bekommen, sind in Abbildung 5 die wichtigsten Phasen dargestellt. Wie im vorangegangenen Abschnitt (Kap. 8.1) geschildert, wurde zunächst eine Dokumenten- und Literaturanalyse zum Thema durchgeführt und darauf basierend ein Interviewleitfaden entwickelt. Im Anschluss dessen erfolgten die Auswahl der Interviewteilnehmer und die Vereinbarung eines Interviewtermins (Kap. 8.2.1). In Phase zwei wurden dann die Interviews mit den Probanden durchgeführt (Kap. 8.2.2). In der dritten Phase erfolgt die Aufbereitung der Interviewdaten (Kap. 8.2.3), die Auswertung des Interviewmaterials (Kap. 8.3) sowie die Erstellung des Kompetenzmodells.

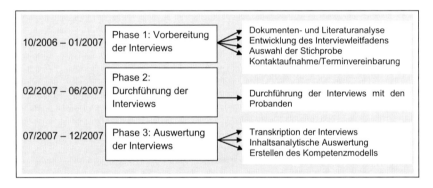

Abbildung 5: Ablauf der ersten Studie im Überblick

8.2.1. Auswahl der Stichprobe

Als Interviewteilnehmer für die vorliegende Untersuchung wurden Personalmanager der mittleren Führungsebene ausgewählt. Bei der vorliegenden Stichprobe handelt es sich um eine nicht-probalistische Stichprobe, d.h. dass die an der Untersuchung beteiligten Personen nicht per Zufall und nicht mit der gleichen Auswahlwahrscheinlichkeit wie alle anderen Personen aus der Grundgesamtheit selektiert wurden. Zwei Varianten der nicht-probabilistischen Stichproben, die häufig in der qualitativen Forschung eingesetzt werden, sind die Gelegenheitsstichprobe und die theoretische Stichprobe. Bei der Gelegenheitsstichprobe werden Personen für die Untersuchung herangezogen, die zur Verfügung stehen bzw. leicht zugänglich sind, während bei der theoretischen Stichprobe die Probanden nach Vorgabe theoretischer Überlegungen anhand festgelegter Kriterien gezielt ausgewählt werden (Bortz & Döring, 2005).

Für die vorliegende Arbeit wurde eine Stichprobe selektiert, die eine Kombination der beschriebenen Stichprobenarten darstellt. Zum einen handelte es sich um eine Gelegenheitsstichprobe, d.h. es wurden Personalmanager ausgewählt, die für die vorliegende Befragung leicht zugänglich waren. Dies waren ehemalige Absolventen des ProPer Professional Programms, deren Kontaktdaten seitens der DGFP zur Verfügung gestellt wurden und die dadurch leicht für die Untersuchung gewonnen werden konnten. Zum anderen handelte es sich um eine theoretische Stichprobe, d.h. die Interviewpartner wurden aufgrund theoretischer Vorüberlegungen nach bestimmten Kriterien bewusst selektiert. In diesem Zusammenhang stellt sich auch die Frage nach der Stichprobengröße. Da die vorliegende Untersuchung eine qualitative, explorativ ausgerichtete Studie ist, geht es weniger darum, „eine große Zahl von Fällen" zu selektieren, sondern für die Fragestellung „typische Fälle" zu identifizieren, deren Auswahl theoretisch angemessen begründet sein sollte (Lamnek, 2005, S. 195).

8.2.1.1. *Auswahlkriterien*

Für die Auswahl der Untersuchungsteilnehmer wurden drei Auswahlkriterien bestimmt. Als erstes Kriterium für die Stichprobe wurde festgelegt, dass die an der Studie partizipierenden Befragten in deutschen Unternehmen tätig sind, da lediglich die Anforderungen und Kompetenzen von Personalmanagern im deutschen Raum erfasst werden sollten. Wie bereits im theoretischen Teil dieser Arbeit erläutert und durch Studien belegt, differiert die Personalmanagementpraxis zwischen den Ländern aufgrund kulturspezifischer Bedingungen, so dass sich in Abhängigkeit dessen auch unterschiedliche Kompetenzanforderungen für Personalverantwortliche ergeben. Gegenstand der vorliegenden Arbeit ist die Weiterentwicklung eines Kompetenzmodells für das Personalmanagement in Deutschland, so dass eine Befragung von Personalmanagern außerhalb Deutschlands ausgeschlossen wurde.

Das zweite Kriterium lag darin, dass die Personalmanager aus Unternehmen stammen sollten, von denen vermutet werden kann, dass diese über ein professionelles Personalmanagement verfügen. Es kamen also Personalreferenten von Groß- und mittelständischen Unternehmen mit mehr als 500 Mitarbeitern in die engere Auswahl, da bei Groß- und mittelständischen Unternehmen im Gegensatz zu kleineren Betrieben ein höherer Professionalisierungsgrad des Personalmanagements zu erwarten ist. Das belegen auch Studien, nach denen die Personalarbeit in kleinen und mittelständischen Unternehmen mit einer geringen Mitarbeiterzahl stärker administrativ geprägt ist und weniger strategische Aufgaben bearbeitet werden (Berthel & Touet, 1997). Es ist also davon auszugehen, dass

Personalverantwortliche aus großen und mittelständischen Unternehmen im Gegensatz zu Beschäftigten kleinerer Unternehmen zuverlässigere Aussagen zu den erfolgskritischen Kompetenzen machen können, die zur Bewältigung der Anforderungen in der Personalarbeit notwendig sind.

Das dritte Auswahlkriterium bezog sich auf die Dauer der beruflichen Tätigkeit der Interviewpartner. Für die Teilnahme an der Interviewstudie wurden daher nur Personalreferenten ausgewählt, die bereits mindestens drei Jahre im Personalbereich beschäftigt sind und daher aufgrund ihrer beruflichen Erfahrung weitgehend als Experten in ihrem Bereich bezeichnet werden können.

8.2.1.2. *Rekrutierung der Untersuchungsteilnehmer*

Die Akquise der Untersuchungsteilnehmer erfolgte in einem mehrstufigen Verfahren. Zunächst wurden alle 264 ehemaligen Absolventen des ProPer Professional Programms der Jahrgänge 2003 bis 2006, deren Kontaktdaten vorlagen, durch die DGFP per E-Mail angesprochen und gebeten, bei der Weiterentwicklung der Kompetenzstandards im Rahmen des Dissertationsvorhabens zu unterstützen. Die Adressaten wurden gebeten, der DGFP innerhalb einer Frist von zwei Wochen mitzuteilen, falls sie für eine Befragung in Form eines ca. zweistündigen Interviews nicht zur Verfügung stehen. Des Weiteren wurde in der E-Mail darauf hingewiesen, dass - sofern keine negative Rückmeldung erfolgt - die Kontaktdaten an die Doktorandin weitergeleitet werden, damit telefonisch eine Terminvereinbarung für das Interview erfolgen kann. Lediglich 19 der angeschriebenen Personen sprachen sich gegen das Interview aus, so dass aufgrund der großen Anzahl der noch verbleibenden potentiellen Kandidaten zunächst ein Ausschluss der nicht in Frage kommenden Interviewteilnehmer vorgenommen wurde. Es wurden zunächst alle Personen aus der Liste eliminiert, bei denen keine Kontaktdaten (z.B. E-Mail-Adresse, postalische Adresse) vorlagen sowie keine Angaben zum Unternehmen und zur Funktion bzw. Position (z.B. Personalreferent, HR-Manager, HR Professional etc.) vorhanden waren. Im Anschluss daran wurde eine Selektion der Interviewpartner anhand der drei oben dargestellten Auswahlkriterien getroffen. Die potentiellen Kandidaten wurden telefonisch von der Autorin dieser Arbeit kontaktiert. Nach einer persönlichen Vorstellung wurde das Anliegen kurz skizziert. Als Anreiz für die Teilnahme an der Untersuchung wurde in Aussicht gestellt, dass alle Interviewpartner über die Untersuchungsergebnisse informiert werden. Stieß das geplante Vorgehen beim Gesprächspartner auf Interesse und erklärte dieser sein Einverständnis zur Teilnahme an der Studie, wurde zunächst noch geklärt, welche beruflichen Erfahrungen im Personalbereich vorhanden sind. Konnte der Telefonpartner mehr als drei Jahre Berufserfahrung im

Personalmanagement vorweisen, wurde ein Termin für das Interview vereinbart. Im Anschluss an das Telefonat wurde per E-Mail der Termin bestätigt und der Interviewleitfaden zugesandt, damit sich der Interviewpartner ein Bild vom Interviewablauf machen konnte.

8.2.2. Durchführung der Interviews

Der größte Teil der Interviews (n = 26) wurde face-to-face in der vertrauten Umgebung der Befragten, an deren Arbeitsplatz oder in einem Konferenzraum, durchgeführt. Lediglich n = 5 Interviews fanden aufgrund der räumlichen Distanz telefonisch statt. Nach einer gegenseitigen Begrüßung und einem Dank für die Gesprächsbereitschaft erfolgte zunächst eine kurze Aufwärmphase mit Small-Talk, so dass eine angenehme Atmosphäre erzeugt wurde. Zu Beginn des Gesprächs wurde zunächst geklärt, ob die Probanden mit einer Audioaufzeichnung des Interviews einverstanden seien, so dass Akzeptanzprobleme im Vorfeld abgebaut werden konnten. Im Anschluss wurde das Mikrophon aufgebaut und an das Notebook, mit Hilfe dessen die digitale Aufzeichnung erfolgte, angeschlossen. Die Befragung fand anhand eines halbstrukturierten Interviewleitfadens statt, dessen Grundgerüst in Tabelle 17 dargestellt ist. Der Leitfaden kann in seiner vollständigen Form dem Anhang entnommen werden. Das Interview war in vier Abschnitte unterteilt: 1. Vorstellung und Einleitung, 2. Arbeitsaufgaben und Verantwortungen, 3. Kompetenzen im Personalmanagement und 4. Weiterbildungs- und Lernverhalten.

Methodisches Vorgehen (Studie 1)

Tabelle 17: Themenbereiche und Inhalte des Interviewleitfadens

Abschnitt	Themenbereich
I	**Vorstellung und Einleitung**
	<ul><li>Persönliche Vorstellung der Interviewerin</li><li>Beschreibung des Dissertationsprojektes</li><li>Ziel des Interviews</li><li>Ablauf des Interviews</li><li>Überblick über Interviewablauf</li><li>Einverständnis mit der Vorgehensweise</li><li>Arbeitsdefinition zu Kompetenz</li></ul>
II	**Arbeitsaufgaben und Verantwortung**
	<ul><li>Einstiegsfragen<ul><li>Beschreiben Sie bitte Ihre berufliche Entwicklung!</li><li>Wie lange arbeiten Sie schon im Personalbereich?</li></ul></li><li>Vertiefend:<ul><li>Beschreiben Sie bitte Ihre Hauptaufgaben und Verantwortungen!</li><li>Beschreiben Sie bitte Ihre wichtigsten Aufgaben im Tagesgeschäft!</li></ul></li></ul>
III	**Kompetenzen im Personalmanagement**
	<ul><li>Leitfragen zu den Kompetenzbereichen (siehe unten):</li><li>Gibt es Situationen oder Aufgaben in Ihrem Arbeitsalltag, in denen die genannte Kompetenz eine Rolle spielt? Beschreiben Sie bitte eine Situation konkreter in der diese Kompetenz hilfreich war!</li><li>Welches Wissen, Können oder welche Einstellung sind bezüglich dieser Kompetenz relevant? Welches Verhalten haben sie bei der Bewältigung der Situation/Aufgabe gezeigt? Haben Sie ein Beispiel dafür, wie sich die Kompetenz in der Praxis zeigt?</li><li>Kompetenzbereiche:<ul><li>Kulturprägende Kompetenzen</li><li>Strategische Kompetenzen</li><li>Rechtliche Kompetenzen</li><li>Beziehungsmanagement</li><li>Wertschöpfungsmanagement</li><li>Kompetenzmanagement</li><li>Instrumentenmanagement</li><li>Management des Wandels</li><li>Sozial-kommunikative Kompetenz</li><li>Selbstkompetenz</li></ul></li></ul>
IV	**Weiterbildungs- und Lernverhalten**
	<ul><li>Wie stellen Sie Ihren Weiterbildungs- und Lernbedarf fest?</li><li>Welche Maßnahmen und Lernstrategien wählen Sie aus, um diese Kompetenz weiter zu entwickeln?</li><li>Was tun Sie, um das Gelernte in den Arbeitskontext zu übertragen?</li></ul>
Abschluss und Dank	<ul><li>Sind Ihnen im Laufe des Gespräches Fragen aufgekommen, die Sie mir noch stellen möchten?</li></ul>

Im ersten Abschnitt erfolgte nach einer Vorstellung der Person zunächst eine ausführliche Beschreibung des Dissertationsprojektes und dessen Zielsetzung. Darüber hinaus wurden dem Interviewten Hinweise zum Ablauf des Gesprächs und zur Dauer bereit gestellt sowie das Kompetenzverständnis für die dem Gespräch zugrunde liegende Arbeit erläutert. Der zweite Interviewabschnitt enthielt Fragen zu den Arbeitsaufgaben und Verantwortungen der Personalreferenten. Die Probanden wurden im Anschluss an die Schilderung ihrer beruflichen Entwicklung gebeten, ihre Hauptaufgaben und Verantwortungen und die wichtigsten Aufgaben im Tagesgeschäft zu beschreiben. Im dritten Interviewblock fand die eigentliche Befragung zu den erfolgskritischen Kompetenzen statt. Die Probanden wurden gefragt, inwiefern bestimmte Kompetenzen, die anhand eines Leitfadens vorgegeben waren, für die Tätigkeit eines Personalmanagers wichtig sind und ob es berufliche Situationen gab, in denen die jeweilige Kompetenz zur besonders guten Bewältigung der Anforderungen hilfreich war. Die Leitfragen zur Kompetenzanalyse lauteten folgendermaßen: „Gibt es Situationen oder Aufgaben in Ihrem Arbeitsalltag, in denen die genannte Kompetenz eine Rolle spielt? Beschreiben Sie bitte eine Situation konkreter in der diese Kompetenz hilfreich war!" „Welches Wissen, Können oder welche Einstellung sind bezüglich dieser Kompetenz relevant?" „Welches Verhalten haben sie bei der Bewältigung der Situation/Aufgabe gezeigt?" „Haben Sie ein Beispiel dafür, wie sich die Kompetenz in der Praxis zeigt?". Die Fragen verdeutlichen, dass neben einer differenzierten Beschreibung der beruflichen Situationen und der erforderlichen Verhaltensweisen bzw. Handlungen zur effektiven Situationsbewältigung auch relevante kognitive, sensumotorische und einstellungsbezogene Kompetenzaspekte abgefragt werden. Im Interviewleitfaden waren zehn Kompetenzbereiche (vgl. Tab. 17) aufgeführt, zu denen die Gesprächspartner nach der dargestellten Methodik befragt wurden, wobei aus Zeitgründen nicht jeder Proband zu jeder Kompetenz befragt wurde. Die einzelnen Kompetenzen wurden nur mit wenigen Stichworten definitorisch erläutert, um zu verhindern, dass durch die Vorgaben und Strukturierungsversuche der Interviewerin die Antworten des Gesprächspartners beeinflusst werden. Außerdem konnte davon ausgegangen werden, dass den Probanden die genannten Kompetenzbereiche geläufig sind, da alle Befragten zuvor das ProPer Professional Programm absolviert und damit Kenntnis von den der Qualifizierungsmaßnahme zugrunde liegenden Kompetenzstandards hatten. Im vierten Abschnitt wurde das Weiterbildungs- und Lernverhalten der Probanden erfragt. Damit sollten Erkenntnisse darüber gewonnen werden, welche Bedingungen und Weiterbildungsformen beim Erwerb von beruflichen Kompetenzen bedeutsam sind. Das offizielle Ende des Interviews wurde durch das Abschalten des Tonbandgerätes markiert. Nach dem Interviewende wurde nochmals ein Dank an die Gesprächspartner für die Teilnahme am Interview ausgesprochen und Informationen zum weiteren Verlauf des Forschungsprojektes bereit gestellt sowie ein Termin für die

Ergebnismitteilung an die Untersuchungsteilnehmer angekündigt. Schließlich folgte die Verabschiedung.

Die Gespräche dauerten im Durchschnitt 1:30 h bis 2:00 h. Aus zeitlichen Gründen konnte nicht alle Interviewpartner zu allen Kompetenzen befragt werden. Auch wurde aus denselben Gründen das Weiterbildungs- und Lernverhalten nur bei einem Teil der Interviewpartner erfragt. Der inhaltliche und zeitliche Schwerpunkt der Interviews wurde auf den dritten Interviewabschnitt gelegt, da vor allem die Erhebung der erfolgskritischen Kompetenzen für die Beantwortung der zugrunde liegenden Fragestellung der Arbeit zentral ist.

8.2.3. Aufbereitung der Interviewdaten

Jedes Interview wurde mithilfe eines Notebooks digital aufgezeichnet und die Aufzeichnungen mit Unterstützung des Transkriptionsprogramms *Transana*, eine im Internet zum Download frei verfügbare Software, von zwei Diplomanden verschriftet. Als Richtlinien für die Transkription wurden Transkriptionsregeln aufgestellt (vgl. Tab. 18).

Als Protokolltechnik wurde die Übertragung in normales Schriftdeutsch gewählt. Es wurde eine wortwörtliche Transkription vorgenommen, aber es wurden keine Dialekte und sprachliche Besonderheiten und auch keine nonverbalen Elemente (z.B. Sprechpausen, Lachen, Räuspern, lauter oder hektisch werdende Rede) erfasst, da diese für die Zielsetzung der vorliegenden Arbeit nicht von Bedeutung waren. Eine aus Datenschutzgründen erforderliche Anonymisierung identifizierender Merkmale des Gesprächspartners oder dritter Personen wurde nicht während der Verschriftlichung der Audioaufzeichnungen durchgeführt, weil dies die Transkribierenden überfordert hätte. Aus diesem Grund wurden die Interviews erst im Anschluss an die Transkription anonymisiert, indem identifizierende Merkmale des Gesprächspartners und dritter Personen unkenntlich gemacht wurden, so dass keine Rückschlüsse mehr auf den Namen einer Person, den Wohnort, das Unternehmen, den Arbeitsort usw. gezogen werden können. Dabei wurden Namen und Zeitangaben durch Buchstaben (z.B. Herr A, Jahr X) und Orte durch Platzhalter wie etwa „Dorf" oder „Kleinstadt" etc. ersetzt. Für die eigene Entschlüsselung der Daten wurde eine entsprechende Überblickstabelle erstellt.

Im Anschluss an die Transkription wurde mit einer qualitativen inhaltsanalytischen Auswertung der Interviews begonnen, deren Methode im folgenden Abschnitt beschrieben wird.

Tabelle 18: Transkriptionsregeln

Grundregel

- Wichtig bei der Transkription ist, dass es auf den Inhalt des Gesagten ankommt und nicht *wie* etwas gesagt wurde.
- Darüber hinaus erfolgt die Auswertung nach den drei zentralen Bereichen des Interviews (1. Arbeitsaufgaben und Verantwortungen 2. Kompetenzen 3. Weiterbildungsverhalten), die im Transkriptionsprotokoll durch Überschriften gekennzeichnet werden sollen.

Dazu folgende Erläuterungen, die bei der Transkription berücksichtigt werden müssen und welche nicht:

(1) Textmerkmale, die bei der Transkription berücksichtigt werden müssen:

- Alle gesprochenen Worte (außer ähms, ähs, usw.)
- Vermerk zum Sprecher (Y- Yasmin Kurzhals, BV- Initialien des Interviewpartners)
- Kennzeichnung jeden Interviewabschnitts durch eine Überschrift (1. Arbeitsaufgaben und Verantwortungen, 2. Kompetenzen, 3. Weiterbildungsverhalten)
- Kennzeichnung jeder Kompetenz durch eine Überschrift
- Kennzeichnung nicht zu Ende gesprochener Worte/Sätze durch eine Rundklammer (...)
- Kennzeichnung akustisch unverständlicher Äußerungen durch eine Eckklammer [...]

(2) Textmerkmale, die bei Transkription nicht berücksichtigt werden müssen:

- gesamte Einleitung (Projektbeschreibung) und das „Vorgeplänkel" (sofern es keine wesentliche inhaltliche Bedeutsamkeit hat)
- Tönungen und Betonungen
- Lautstärke
- Dehnungen
- Sprechpausen und ihre Länge
- Überlappungen zwischen den Äußerungen verschiedener Sprecher
- Dialektfärbungen (werden in deutsche Schriftsprache gesetzt)
- paraverbale Äußerungen wie Lachen, Hüsteln, Stöhnen

(3) Anonymisierung der Interviewdaten:

- im Anschluss an die Transkription werden alle identifizierenden Merkmale des Gesprächspartners und dritter Personen unkenntlich gemacht (z.B. Name, Alter, Wohnort, Unternehmen, Zeitangaben)
- Personen, Orts- und Zeitangaben werden durch Buchstaben bzw. Platzhalter ersetzt (z.B. Frau A, Großstadt B, Jahr X)
- die Platzhalter zur Verschlüsselung der Daten werden in einer gesonderten Datei festgehalten

8.3. Auswertungsmethode

8.3.1. Qualitative Inhaltsanalyse

Das Ziel einer qualitativen Analyse besteht darin, die Inhalte sprachlichen Materials in ihrem Bedeutungsfeld nachvollziehbar und erschöpfend zu interpretieren, wobei insbesondere die Perspektive der Befragten herausgearbeitet wird (Bortz & Döring, 2005). Eine für die vorliegende Arbeit gewählte Variante qualitativer Auswertungsmethoden ist die qualitative Inhaltsanalyse nach Mayring (2003). Sie erlaubt eine systematische, d.h. theorie- und regelgeleitete Analyse des sprachlichen Materials. Das bedeutet, dass der Stand der Forschung zum Gegenstandsbereich und die Fragestellung beim Vorgehen und bei den Analyseschritten herangezogen werden, da ohne eine spezifische Fragestellung und ohne die Bestimmung der Richtung der Analyse eine Inhaltsanalyse nicht möglich ist (Mayring, 2003). Die zentralen Instrumente der qualitativen Inhaltsanalyse sind zum einen Feinanalysen (Betrachtung kleinster Sinneinheiten) und zum anderen ein Kategoriensystem anhand dessen das Material zusammengefasst, strukturiert und interpretiert wird, wobei die Kategorien nach theoretischen Gesichtspunkten aus den Forschungsfragen und dem Interviewleitfaden abgeleitet sind. Auf die Kategorienkonstruktion und –begründung wird besonderes Augenmerk gelegt, da somit die Analyse bzw. die Intersubjektivität des Vorgehens nachvollzogen werden kann und die Ergebnisse miteinander verglichen werden können. Mayring (2003) unterscheidet die drei folgenden Grundformen des Interpretierens innerhalb der Inhaltsanalyse, deren Einsatz je nach Untersuchungszweck unterschiedlich sinnvoll ist:

- *Zusammenfassung*: Das Ziel dieser Analyse besteht darin, dass Material unter Erhaltung der wesentlichen Inhalte zu reduzieren und einen Korpus zu schaffen, der immer noch Abbild des Grundmaterials ist.
- *Explikation:* Hier geht es darum, zu fraglichen Textstellen zusätzliches Material heranzutragen, um dadurch den Inhalt verständlicher zu machen und die Textstelle zu erläutern.
- *Strukturierung*: Dieses Vorgehen zielt darauf ab, bestimmte Aspekte aus dem Material herauszufiltern oder das Material aufgrund bestimmter Kriterien, die durch theoretische Vorüberlegungen definiert wurden, einzuschätzen.

Es ist zu beachten, dass die einzelnen Formen der Inhaltsanalyse sich nicht gegenseitig ausschließen, sondern in Abhängigkeit des Untersuchungsziels miteinander kombiniert werden können. Sowohl bei der Explikation als auch bei der Strukturierung sind weitere Unterformen zu differenzieren, wobei auf die Explikation an dieser Stelle nicht weiter eingegangen werden soll, da sie für die vorliegende Arbeit keine Rolle spielt. Bei der

Strukturierung werden vier Untergruppen unterschieden. Das Ziel der *formalen Strukturierung* besteht in der Ausarbeitung einer inneren Struktur des Materials, die *typisierende Strukturierung* zielt auf die Suche nach markanten Ausprägungen des Materials ab, mit der *skalierenden Strukturierung* wird das Material nach Dimensionen in Skalenform eingeschätzt und die *inhaltliche Strukturierung* dient der Extraktion und der Zusammenfassung des Materials zu bestimmten Themen. Für die Auswertung des im Rahmen dieser Studie vorliegenden Interviewmaterials wurde eine inhaltliche Strukturierung des Materials gewählt, d.h. dass bestimmte Themen, Inhalte, Aspekte aus dem Material herausgefiltert, zusammengefasst und nach Kategorien strukturiert werden. Welche Inhalte aus dem Interviewmaterial extrahiert werden sollen, wird durch die aus der Fragstellung abgeleiteten Kategorien bzw. Unterkategorien bestimmt. Mit Hilfe eines Ablaufmodells soll die genaue Schrittfolge der Auswertung visualisiert werden (vgl. Abb. 6).

Methodisches Vorgehen (Studie 1)

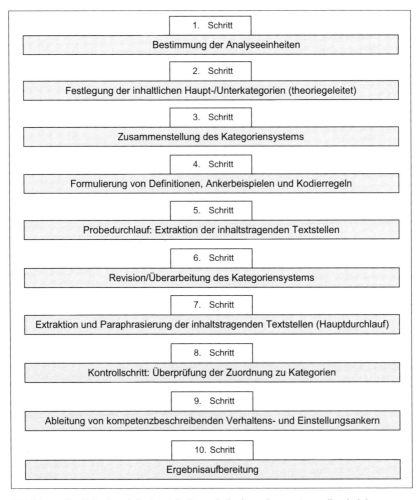

Abbildung 6: Ablaufmodell der inhaltsanalytischen Auswertung (in Anlehnung an Mayring, 2003)

Nachdem das Ausgangsmaterial festgelegt worden ist, was der Auswertung zugrunde gelegt werden sollte, wurden im ersten Auswertungsschritt die Analyseeinheiten bestimmt, d.h. es wurde der kleinste Materialbestandteil bestimmt, der ausgewertet werden soll. Im vorliegenden Fall waren das die kleinsten Einheiten bzw. Textteile, die - für sich genommen - bezogen auf eine Kategorie einen Sinn ergaben (z.B. ein kompetenzbeschreibendes Verhalten), wobei es sich hier bereits um eine Präposition als minimalen Bedeutungsträger handeln konnte. Im zweiten Schritt folgte die theoriegeleitete Festlegung der grundsätzlichen Strukturierungsdimensionen bzw. Kategorien. Die Bildung von Kategorien dient in diesem Zusammenhang der Einführung eines Selektionskriteriums anhand dessen unwesentliches und vom Thema abweichendes Textmaterial ausgeschlossen werden kann. Die Kategorien wurden deduktiv entwickelt, d.h. sie wurden aufgrund theoretischer Vorüberlegungen und der im Vorfeld festgelegten Fragestellung abgeleitet. Im Gegensatz zu einer deduktiven Kategorienbildung werden bei einer induktiven Kategorienbildung die Kategorien direkt aus dem Material in einem Verallgemeinerungsprozess abgeleitet, ohne sich auf vorab formulierte Theoriekonzepte zu beziehen. Im dritten Schritt folgte die Zusammenstellung des Kategoriensystems, d.h. die Auswertungskategorien wurden zu einem hierarchischen Kategorienschema zusammengestellt. Dabei wurden die grundlegenden Strukturierungsdimensionen bzw. die Hauptkategorien (HK) weiter differenziert und in einzelne Unterkategorien (UK) aufgespalten (vgl. Tab. 19).

Die deduktiv gebildeten Kategorien ergaben sich zum einen aus der Fragestellung bzw. dem darauf basierenden Interviewleitfaden. So lag es nahe, die Kategorien in Anlehnung an die Interviewleitfragen (z.B. zu den verschiedenen Kompetenzbereichen und zu den drei Kompetenzaspekten Wissen/Kenntnisse, Fähigkeiten/Fertigkeiten, Einstellungen/Bereitschaft) zu definieren, damit die für die Fragestellung interessierenden Textbestandteile durch die Kategorien angesprochen und aus dem Datenmaterial extrahiert werden konnten. Darüber hinaus wurden auf Basis des bisherigen Forschungsstandes zum Gegenstandsbereich weitere Strukturierungsdimensionen bestimmt, die eine Einordnung von Aussagen zu bestimmten Kompetenzaspekten und damit eine differenziertere Betrachtung der Hauptkompetenzbereiche ermöglichen sollten. Nach einer gründlichen Analyse einschlägiger Literatur zu Kompetenzen bzw. Kompetenzmodellen im HR-Bereich wurden die folgenden Dimensionen bzw. Unterkategorien identifiziert, die als zusätzliche Strukturierung der Kompetenzbereiche herangezogen wurden: strategisch/organisational, technisch/operativ und kommunikativ/beziehungsorientiert. Diese Klassifikation basiert auf einer Zusammenstellung von Kompetenztaxonomien für Personalmanager, die im Rahmen empirischer Studien von Fachverbänden ermittelt wurden. Die theoretische Basis der Subkompetenzfelder wird ausführlich im Ergebnisteil dieser Arbeit erläutert (vgl. Kap. 9.3.2).

Tabelle 19: Kategorienschema

Abschnitt	Haupt- und Unterkategorien

I	• Arbeitsaufgaben und Verantwortung (HK)
	  o Berufliche Entwicklung (UK)
	  o Hauptaufgaben und Verantwortung (UK)

II	• Kulturprägende Kompetenz (HK)
	  o strategisch/organisational (UK)
	    ▪ Wissen/Kenntnisse (UK)
	    ▪ Fähigkeiten/Fertigkeiten (UK)
	    ▪ Einstellungen/Bereitschaft (UK)
	  o technisch/operativ (UK)
	    ▪ Wissen/Kenntnisse (UK)
	    ▪ Fähigkeiten/Fertigkeiten (UK)
	    ▪ Einstellungen/Bereitschaft (UK)
	  o kommunikativ/beziehungsorientiert (UK)
	    ▪ Wissen/Kenntnisse (UK)
	    ▪ Fähigkeiten/Fertigkeiten (UK)
	    ▪ Einstellungen/Bereitschaft (UK)
	
	• Strategische Kompetenz[a]
	• Arbeitsrechtliche und Sozialpartnerschaftliche Kompetenz[a]
	• Beziehungsmanagement mit Externen[a]
	• Wertschöpfungsmanagement[a]
	• Kompetenzmanagement[a]
	• Instrumentenmanagement[a]
	• Management des Wandels[a]

III	• Lern- und Weiterbildungsverhalten (HK)
	  o Feststellung des Lernbedarfs (UK)
	  o Maßnahmen/Lernstrategien zur Kompetenzentwicklung (UK)
	  o Übertragung des Gelernten in den Arbeitskontext (UK)

[a] alle Hauptkompetenzbereiche sind strukturiert wie die Kulturprägende Kompetenz

Der vierte Auswertungsschritt umfasste die genaue Beschreibung der Kategorien durch Definitionen sowie der Formulierung von Ankerbeispielen mit dessen Hilfe das transkribierte Material kodiert werden sollte. Dabei stellen Ankerbeispiele Beschreibungen kritischer Verhaltensweisen und Einstellungen dar, die typisch für eine bestimmte Kompetenz sind. Es wurde definiert, welche Textbestandteile unter eine Kategorie fallen und es wurden Textstellen als Beispiele für eine Kategorie angeführt, die eine eindeutige Zuordnung des Datenmaterials bei der Kodierung ermöglichen. Sobald das Material einer Auswertungseinheit die Anforderungen einer Kategorie erfüllte, konnte es kodiert werden. Der Zweck eines differenzierten Kategoriensystems besteht darin, dass für alle an einer inhaltsanalytischen Auswertung beteiligten Kodierer intersubjektiv nachvollziehbar ist, was mit den

Kategorien gemeint ist. Dadurch kann jedes Merkmal des untersuchten Inhalts zweifelsfrei einer Kategorie zugeordnet werden und es können subjektive Einflüsse bei der Kodierung des Datenmaterials weitgehend eliminiert werden.

Tabelle 20 stellt den Kodierleitfaden dar, der für die Auswertung des Textmaterials konzipiert wurde, das unter die Kompetenzkategorien fallen kann.

Tabelle 20: Kodierleitfaden für die inhaltsanalytische Auswertung

Hauptkategorie	Definition	Ankerbeispiele/Erläuterung
Kulturprägende Kompetenz	Kenntnis und Gestaltung der Unternehmenskultur	▪ Unternehmensgrundsätze kennen und bei der Entwicklung mitwirken ▪ Methoden der Kulturgestaltung kennen
Strategische Kompetenz	Kenntnis und Durchführung strategischer Personalaktivitäten	▪ Instrumente der strategischen Personalplanung kennen und bei der Entwicklung mitwirken ▪ strategische Ziele der Unternehmensführung kennen
Rechtliche Kompetenz	Kenntnis und Anwendung des Individual- und Kollektivarbeitsrechts sowie Zusammenarbeit mit dem Betriebsrat	▪ grundlegende Inhalte des Kollektiv- und Individualarbeitsrechts kennen ▪ Mitwirkungsrechte des Betriebsrates kennen
Beziehungsmanagement mit Externen	Kenntnis von und Zusammenarbeit mit wichtigen Stakeholdern des Unternehmens	▪ die Bezugsgruppen des Unternehmens und deren Ansprechpartner kennen ▪ Beziehungen zu Berufskollegen und Bezugsgruppen pflegen
Wertschöpfungsmanagement	Kenntnis und Anwendung von Instrumenten des Personalcontrolling	▪ Personalwirtschaftliche Kennziffern kennen und bereit stellen ▪ Leistungs- und Erfolgsbeiträge des Personalbereiches ermitteln
Kompetenzmanagement	Kenntnis und Anwendung von Instrumenten zur Entwicklung der Mitarbeiterkompetenzen	▪ Bedarfsanalysen durchführen und beurteilen ▪ Maßnahmen zur Kompetenzentwicklung kennen und durchführen
Instrumentenmanagement	Kenntnis und Anwendung von Personalinstrumenten	▪ Personalinstrumente des Unternehmens kennen, konzipieren und anwenden ▪ Führungskräfte beim Einsatz von Personalinstrumenten beraten
Management des Wandels	Kenntnis und Bewältigung von Veränderungsprozessen	▪ Faktoren des Wandels kennen und Veränderungen gestalten ▪ Mitarbeiter bei Veränderungsprozessen unterstützen

Methodisches Vorgehen (Studie 1)

Unterkategorie	Definition	Ankerbeispiele/Erläuterung
Kenntnisse/ Wissen	Aspekte des deklarativen Wissens, Fakten-, Regel- und Zusammenhangswissen über Objekte, Personen und Konzepte	• die Unternehmensleitlinien kennen • wissen, welche Anforderungen an die Kompetenzen der Mitarbeiter gestellt werden
Fähigkeiten/ Fertigkeiten	Personenmerkmale, die der Bewältigung einer physischen und/oder mentalen Aufgabe dienen	• eine Kündigung schreiben • interne Weiterbildungsangebote konzipieren
Einstellungen/ Bereitschaft	Merkmale, die sich auf Auffassungen, Werthaltungen, Motive und Interessen gegenüber Personen, Dingen, Ideen und Verhaltensweisen beziehen	• Bereitschaft, auf die Mitarbeiter zuzugehen • Bereitschaft, sich Kenntnisse im Arbeitsrecht anzueignen
strategisch/ organisational	Aspekte, die sich auf die strategische Ausrichtung von HR oder auf Unternehmensspezifika beziehen	• Inhalte der Unternehmensgrundsätze kennen • Personalpolitische Strategien entwickeln
technisch/ operativ	Aspekte, die sich auf die operationale Personalarbeit beziehen	• Maßnahmen zur Erhaltung der Beschäftigungsfähigkeit durchführen • Schulungsmaßnahmen konzipieren
kommunikativ/ beziehungsorientiert	Aspekte, die sich auf die Kommunikation und zwischenmenschliche Kontakte beziehen	• Führungskräfte bei kritischen Gesprächen unterstützen

In der vorliegenden Studie wurde ausgehend von dem bestehenden Kompetenzmodell der DGFP eine Kategorisierung nach den ursprünglichen Kompetenzdimensionen angestrebt. Die Hauptkategorien wurden weiter differenziert in Unterkategorien, die das Ergebnis theoretischer Vorüberlegungen waren. Im Rahmen dieses Arbeitsschrittes wurde das gesamte Kategoriensystem überprüft und kritisch mit Personen aus derselben Forschergruppe diskutiert. Die Einbeziehung mehrerer Personen in die Diskussion über die Kategorien war unerlässlich, nicht zuletzt um die Eindeutigkeit der Kategorien zu überprüfen und die Kategoriendefinitionen eventuell zu modifizieren. Auf diese Art und Weise wurde die Objektivität und Reliabilität des Kategorienschemas gewährleistet.

Im fünften Schritt wurde ein zumindest ausschnittsweiser Materialdurchlauf erprobt und geprüft, ob die zuvor festgelegten Definitionen und Ankerbeispiele überhaupt greifen. Dazu wurden Textbestandteile, die durch die Kategorien angesprochen werden, systematisch aus dem Material extrahiert und die nicht inhaltstragenden Textbestandteile fallengelassen. Die Zuordnung des Materials erfolgte aufgrund des vorgegebenen Kategorienschemas und des Kodierleitfadens und nicht (unbedingt) weil eine Aussage zu einer bestimmten Leitfrage genannt wurde. Beispielsweise wurden Aspekte zur rechtlichen Kompetenz nicht nur an der Stelle im Interview genannt, wo spezifisch nach dieser Kompetenz gefragt wurde, sondern auch an anderen Stellen des Interviews. Der Probelauf ergab geringfügige Überarbeitungen des Kategoriensystems (6. Schritt).

Der Hauptmaterialdurchlauf erfolgte im siebten Schritt. Hier wurde das extrahierte Material paraphrasiert, d.h. die Texteinheiten wurden in eine knappe, nur auf den Inhalt beschränkte Form umgeschrieben und die Aussagen nach Sinn in die Kategorien eingeordnet. Dabei stellten die Ankerbeispiele Anhaltspunkte dar, anhand derer die Interviewaussagen kategorisiert werden konnten. Ausgehend von dem Kategoriensystem wurden die Aussagen zunächst nach Sinn in eine Hauptkategorie eingeordnet. Im Anschluss daran wurde eine Einteilung in die Unterkategorien *strategisch/organisational*, *technisch/operativ* oder *kommunikativ/beziehungsorientiert* und innerhalb dieser Unterkategorien eine Differenzierung der Kompetenzaspekte nach *Wissen/Kenntnisse*, *Fähigkeiten/Fertigkeiten* und *Einstellungen/Bereitschaft* vorgenommen. Das Klassifikationsschema erlaubte eine weitgehend eindeutige Zuordnung der Aussagen zu den Kategorien. Einige Aussagen waren nur schwer zuzuordnen und wurden zunächst in einer Restkategorie zusammengefasst. Ein Beispiel: Die originäre Aussage im Interview lautete: „...wir haben ein Junior Talent-Programm in Anlehnung an die Unternehmensstrategie entwickelt mit verschiedenen Kriterien z.B. starke Internationalisierung, Flexibilität der Mitarbeiter, d.h. gut ausgebildete Fachleute, die an verschiedenen Standorten einsetzbar sind....". Diese Aussage wurde zunächst paraphrasiert zu „bei der Konzeption eines Führungsnachwuchskräfteprogramms unternehmensstrategische Aspekte integrieren". Im Anschluss erfolgte eine Zuordnung zur Hauptkategorie *Instrumentenmanagement* und in die Unterkategorie *strategisch/organisational*, da der inhaltliche Schwerpunkt der Aussage auf der Konzeption eines Personalinstruments lag und unternehmensstrategische Aspekte angesprochen wurden. Da sich die Aussage auf die Bewältigung einer mentalen Aufgabe bezog, erfolgte eine Zuordnung in die Unterkategorie *Fähigkeiten/Fertigkeiten*.

Im achten Schritt wurde - um die Qualität der Auswertung sicherzustellen - in einem Kontrollschritt stichprobenartig durch einen zweiten Kodierer geprüft, ob das Textmaterial korrekt den Kategorien zugeordnet worden ist. Zweifelsfälle wurden dokumentiert und es fand eine Rücküberprüfung am Ausgangsmaterial statt, gegebenenfalls wurden die Ankerbeispiele weiter ausdifferenziert, um somit eine einheitliche Kodierung über das gesamte Interviewmaterial sicherzustellen.

Im neunten Schritt erfolgte die Ableitung von Verhaltens- und Einstellungsankern, d.h. die paraphrasierten Aussagen wurden in eine inhaltlich verständliche, prägnante kompetenz- bzw. verhaltensbeschreibende Aussage gebracht. Zum Beispiel wurde aus der paraphrasierten Aussage: „...verschiedene Maßnahmen durchführen, um dem Fachkräftemangel langfristig zu begegnen" der Verhaltensanker „strategische Maßnahmen zur Bewältigung des Fachkräftemangels durchführen".

Abschließend wurden die Ergebnisse aufbereitet (10. Schritt). Es wurden letzte sprachliche Korrekturen bei den Definitionen und Verhaltensbeschreibungen vorgenommen und das Kompetenzmodell und seine Strukturierung optisch ansprechend gestaltet. Das Ergebnis der gesamten Auswertung ist ein Kompetenzmodell mit mehreren Kompetenzbereichen, die jeweils durch eine Definition erläutert und durch definierte Unterkategorien strukturiert sind. Darüber hinaus umfasst das Modell illustrierende, verbale Verhaltens- und Einstellungsbeispiele, die die jeweiligen Kompetenzdimensionen beschreiben. Die gegenüber dem ursprünglichen Kompetenzmodell detaillierter ausgearbeitete Klassifikation von Kompetenzen bietet ein differenziertes Bild der Kompetenzen mit ihren Facetten und erlaubt eine spezifische Konzeption von Trainingsbausteinen auf Basis der Taxonomie.

8.3.2. Überprüfung der inhaltsanalytischen Gütekriterien

Inhaltsanalytische Methoden als eine Sonderform qualitativer Forschungsmethoden gelten aufgrund ihres offenen Charakters als subjektiv, so dass Objektivitäts-, Reliabilitäts- und Validitätsüberprüfungen nach der üblichen Vorgehensweise der empirischen Sozialforschung als schwierig oder gar unmöglich eingeschätzt werden. Die mit Gütekriterien klassischerweise verbundene Zielvorstellung, die vorliegenden Daten einer quantifizierenden Vergleichbarkeit und Standardisierung zu unterziehen, steht im Gegensatz zur Logik qualitativer Forschung, da hier die Transformation und Reduktion der zu erfassenden Informationen zu statistischen Analysezwecken abgelehnt wird. Vielmehr geht es beim qualitativen Ansatz um die Erfassung und interpretative Auswertung verbalen bzw. nichtnumerischen Materials und um die besondere Berücksichtigung des Objektbereiches, der Situationen und Situationsdeutungen (Lamnek, 2005). Eine Standardisierung des Untersuchungsvorgangs ist bei qualitativen Daten z.B. bei einer Befragung nicht – oder nur in geringem Umfang – notwendig, da dadurch natürlich genau der inhaltliche Reichtum der individuellen Antworten und subjektiven Sicht-, Fühl- und Erlebensweisen in den Analysen berücksichtigt werden kann. Eine einfache Übertragung der Anforderungen von Gütekriterien quantitativer Methoden auf qualitative Methoden kommt daher im Grunde einer Negation qualitativer Zielvorstellungen gleich. Die klassischen Hauptgütekriterien empirischer Forschung lassen sich demnach nur eingeschränkt auf die inhaltsanalytische Forschung übertragen. Daraus ergibt sich die Frage, ob die üblichen Gütekriterien überhaupt zur Beurteilung qualitativer Methoden herangezogen werden können oder ob neue entwickelt werden müssen. Verschiedene diskutierte Ansätze zur Überprüfung inhaltsanalytischer Gütekriterien sollen an dieser Stelle nicht im Detail behandelt werden, vielmehr sei der interessierte Leser auf weiterführende Literatur zu diesem Thema verwiesen (Ritsert, 1972; Lisch & Kriz, 1978; Kirk & Miller, 1986; Atlheide & Johnson, 1994; Huber & Mandl, 1994; Steinke, 1999; Flick, v. Kardoff & Steinke, 2000; Mayring, 2003).

Zumindest ist eine implizite Reliabilitäts- und Validitätsbestimmung in der qualitativen Forschung nicht ungewöhnlich und auch anzustreben, da jede wissenschaftliche Untersuchung einen gewissen Grad an Zuverlässigkeit und Gültigkeit aufweisen sollte und damit sichergestellt werden kann, dass die verbalen Daten auch das zum Ausdruck bringen, was sie zu sagen vorgeben (Lamnek, 2005; Bortz & Döring, 2005). Nachfolgend wird daher auf ausgewählte Aspekte eingegangen, die für die Zuverlässigkeit und Güte der vorliegenden inhaltsanalytischen Auswertungen eine Rolle spielen.

8.3.2.1. *Objektivität*

Die Objektivität bezieht sich auf die Unabhängigkeit der Durchführung, Auswertung und Interpretation der Daten durch einen Forscher, so dass unterschiedliche Forscher bei der Untersuchung desselben Sachverhalts mit denselben Methoden zu vergleichbaren Resultaten kommen sollten. Im quantitativen Ansatz ist die Objektivität vor allem auf die Unabhängigkeit der Untersuchung von subjektiven Einflüssen seitens der Forscher bezogen und durch weitgehende Kontrolle und strenge Standardisierung der äußeren Bedingungen sichergestellt. Demgegenüber besteht durch die Standardisierung einer qualitativen Erhebung und der bewusst herbeigeführten Neutralität des Forschers unter Ausschluss aller situativen Kontextfaktoren die Gefahr, dass eine Künstlichkeit erzeugt wird, die sich verzerrend auf den Untersuchungsinhalt auswirken kann (Lamnek, 2005). Im qualitativen Forschungsansatz versucht man aus diesem Grund, der Forderung nach Objektivität gerade durch eine gezielte Berücksichtigung der spezifischen Untersuchungssituation gerecht zu werden, indem bei einer qualitativen Befragung der Interviewer die einzelnen Fragen dem Verständnis des Respondenten und dem Gesprächsverlauf anpasst. Die grundlegende Überlegung dahinter ist, dass einzelnen Probanden die Fragestellungen unterschiedlich präsentiert werden müssen, um ihnen zu einem vergleichbaren Verständnis der

Fragestellung zu verhelfen (Bortz & Döring, 2005) und somit die verschiedenen Problemdimensionen möglichst umfassend erforschen und analysieren zu können. Die Objektivität lässt sich daher auch als Ausmaß bezeichnen, indem die relevanten Untersuchungsinhalte auch wirklich umfassend erhoben werden können.

Für die vorliegende Arbeit wurde zur Sicherstellung der Objektivität ein halbstandardisierter Interviewleitfaden eingesetzt. Damit kann sich der Interviewer mit offenen Fragen individuell auf die untersuchten Personen einstellen, den Befragten genügend Spielraum beim Schildern ihrer Sichtweisen bieten und zu einer umfassenden Gewinnung der interessierenden Daten gelangen.

8.3.2.2. Reliabilität

Die Reliabilität eines Verfahrens bestimmt, ob mit dessen Hilfe stabile, zuverlässige und replizierbare Ergebnisse hervorgebracht werden können (Oesterreich & Bortz, 1994). Das bedeutet, dass insbesondere mit wiederholten Messungen des gleichen Gegenstandes kaum voneinander abweichende Ergebnisse erzielt werden sollten. Allerdings gibt die Offenheit qualitativer Methoden den individuellen Ausdrucksmöglichkeiten viel Spielraum und erzeugt so ein Datenmaterial, das sich nur schwerlich exakt wiederholen lässt (Lamnek, 2005). Eine mangelnde Reliabilität darf somit weniger als "Unvollkommenheit" qualitativer Methoden verstanden werden, sondern liegt in den Charakteristika der Methoden und der Vielschichtigkeit sozialer Realitäten, d.h. im Untersuchungsgegenstand selbst, begründet. Darüber hinaus ist die Forderung nach Reliabilität und einer Reproduzierbarkeit des erhobenen Datenmaterials, die üblicherweise durch den Reliabilitätskoeffizienten erfasst wird, nicht realisierbar, da keine eindeutig quantifizierbaren Ergebnisse vorliegen und sich Zuverlässigkeitsüberprüfungen auf konkrete statistische Messwerte beziehen. An die Stelle von Reliabilitätskontrollen tritt bei qualitativen Erhebungen die Forderung nach einer ausreichenden Transparenz, Offenlegung und Begründung der Auswertungs- und Interpretationsschritte. Eine zuverlässige und umfassende Erfassung des zu untersuchenden Gegenstands kann also dadurch sicherstellt werden, dass der gesamte Ablauf der Datenauswertung und –interpretation entsprechend aufgezeichnet und seine Entstehungsbedingungen festgehalten werden, so dass eine Nachvollziehbarkeit der Ergebnisse unterstützt wird.

Im Rahmen dieser Arbeit wurde zunächst mit Hilfe eines festen Ablaufs der qualitativen Inhaltsanalyse der Auswertungsprozess in einzelne Stufen zerlegt und ein konkretes Vorgehen beim Bestimmen der Analyseeinheiten, der Kategorienbildung und der Zuweisung des Materials festgelegt. Der Auswertungsprozess erhält durch dieses Vorgehen eine verbindliche Struktur, die einer subjektiv-willkürlichen Interpretation der Daten vorbeugt (Mayring, 2003). Trotzdem lassen sich Prozesse des Verstehens und Interpretierens von sprachlichem Material nicht durch vorgegebene Regeln ersetzen, so dass es letztlich immer an dem jeweiligen Auswerter liegt, wie er bestimmte Aussagen versteht und welche Schlüsse er daraus zieht. Interpretationen verbalen Datenmaterials spiegeln grundsätzlich die subjektiven Sichtweisen bzw. die innere Realität der Auswerter wider. Dabei geht es in der Phase der Datenauswertung weniger darum, Subjektivität zu eliminieren, sondern sie in kontrollierter Form zuzulassen und zu nutzen. Allerdings steigt die Objektivität und Zuverlässigkeit einer Auswertung, wenn die vorgenommenen Interpretationen nachvollzogen werden können, so dass die einzelnen Interpretationsschritte transparent gemacht werden sollten. Eine weitere Möglichkeit, die Objektivität und Zuverlässigkeit einer Interpretation zu steigern und der subjektiven Beliebigkeit bei der Auswertung zu begegnen, besteht darin, eine vergleichende Interpretation und Diskussion derselben Daten durch möglichst unabhängige Forscher stattfinden zu lassen und deren Ergebnisse miteinander zu vergleichen (*Interkoderreliabilität*). In der Praxis sind dies häufig die Mitglieder der eigenen Forschungsgruppe, idealerweise aber Mitglieder anderer Forschungsgruppen. Die Interkoderreliabilität gilt als ein wesentlicher Indikator für die Reliabiliät von inhaltsanalytischen Untersuchungen. Solche Verfahren zur Kontrolle von Subjektivität basieren auf der begründeten Hoffnung, dass nicht alle Auswerter ihren „blinden Fleck" an derselben Stelle haben. Einige Autoren kritisieren das Konzept der Interkoderreliabilität. So merkt Ritsert (1972) an, dass eine hohe Übereinstimmung zwischen verschiedenen Kodierern nur bei sehr einfachen Analysen zu erreichen sei und dass bei einem differenzierten, umfangreichen Kategoriensystem eine „hohe Zuverlässigkeit der Resultate" (S. 70) nur schwer zu erzielen sei. Und auch Lisch & Kriz (1978) sind der Auffassung, dass Interpretationsunterschiede bei sprachlichem Material zwischen mehreren Analytikern die Regel sind.

Im Rahmen der vorliegenden Arbeit wurde aufgrund der begründeten Kritik an der Interkoderreliabilität einerseits und aufgrund mangelnder Ressourcen andererseits nicht die gesamte Analyse des Datenmaterials von mehreren Personen durchgeführt. Dennoch wurde zum einen die Angemessenheit der Kategorienkonstruktion (Definitionen, Ankerbeispiele, Kodierregeln) mit der eigenen Forschergruppe diskutiert sowie zum anderen stichprobenartig die Anwendung der Kategorien auf das Material (die Kodierung) durch einen zweiten Auswerter geprüft. Kam es zu Unstimmigkeiten, fanden eine Überarbeitung der Kategorien und eine Veränderung der fraglichen Interpretation statt. Durch dieses Vorgehen konnte die semantische Gültigkeit, die sich auf die Richtigkeit der Bedeutungsrekonstruktion des

Datenmaterials bezieht, zumindest stichprobenhaft überprüft werden. Einige Autoren (Krippendorff, 1980; Bortz & Döring, 2005) bezeichnen diese Form der interpersonalen Konsensbildung, bei der sich mehrere an einem Projekt beteiligte Forscher auf den Bedeutungsgehalt des Materials einigen, als ein wesentliches Validitätskriterium für die Qualität der Inhaltsanalyse.

8.3.2.3. Validität

Die Validität bezieht sich auf die Güte mit der ein Instrument das erfasst, was es erfassen soll. Im qualitativen Ansatz wird also mit der Validität bestimmt, ob die verbalen Daten wirklich das zum Ausdruck bringen, was man erfassen wollte. Die Validität gilt sowohl in der quantitativen als auch in der qualitativen Forschung als das wichtigste Gütekriterium einer Datenerhebung. Zur Validierung qualitativer Daten werden oftmals Hintergrundinformationen aus der Literatur oder von Experten herangezogen. Das wichtigste Kriterium für die Validität qualitativer Daten ist nach Bortz & Döring (2005), wenn eine Konsensbildung hinsichtlich der Interpretation des Datenmaterials erzielt wird.

Eine umfangreiche Validierung des beschriebenen entwickelten Kompetenzmodells wurde mit der zweiten Studie dieser Arbeit verfolgt (vgl. Kap. 10). Bereits in der ersten Studie wurde eine Art *Prevalidierung* durchgeführt und dafür eine methodische Vorgehensweise ausgewählt, die bereits im Rahmen der Entwicklung von Beurteilungsverfahren (Schuler, Funke, Moser & Donat, 1995; Schuler, Muck, Hell, Höft, Becker & Diemand, 2004) und bei der Entwicklung einer Taxonomie für Managementkompetenzen (Tett, Guterman, Bleier & Murphy, 2000) angewendet wurde. Nach Tett et al. (2000) kann das beschriebene Vorgehen als eine Form der inhaltlichen Validierung[12] bezeichnet werden. Das Vorgehen besteht darin, eine Rückzuordnung (Reallokation) der Verhaltens- und Einstellungsanker zu den Kompetenzdimensionen (Haupt- und Unterkategorien) vorzunehmen. Eine von mehreren Urteilern übereinstimmende und eindeutige Zuordnung von zufällig präsentierten Verhaltens- und Einstellungsbeschreibungen zu ihren Dimensionen spricht dann dafür, dass die Kompetenzbeschreibungen repräsentativ für das zu erfassende Konstrukt sind. Für die vorliegende Arbeit wurden zwei Diplomanden, die sich bereits mit dem Thema Kompetenzmodellierung beschäftigt hatten, gebeten, 298 Verhaltens- und Einstellungsanker des Kompetenzmodells, die in randomisierter Form präsentiert wurden, sowohl in eine der acht Hauptkompetenzfelder als auch in eine der Subkompetenzfelder strategisch/ organisational, technisch/operativ, kommunikativ/beziehungsorientiert inhaltlich einzuordnen. Den Diplo-

---

[12] Unter der inhaltlichen Validität eines Instruments wird das Ausmaß verstanden, indem das Instrument den Gegenstandsbereich, auf den es sich bezieht, in seinen relevanten Bereichen abdeckt (Sireci, 2003).

manden wurden einzig die Definitionen der Kompetenz- und Subkompetenzdimensionen vorgelegt. Jeder Kompetenzanker sollte zu der Dimension klassifiziert werden, die aufgrund ihrer Definition das beschriebene Verhalten am besten charakterisiert. Im Anschluss an die Zuordnung der Kompetenzanker wurde überprüft, inwieweit jeder einzelne Kompetenzanker eindeutig der richtigen Kompetenz bzw.- Subkompetenzdimension zugeordnet werden konnte und ermittelt, ob die Kategorien voneinander unabhängig bzw. trennscharf sind. Die Reallokation hat den Zweck, dass Aussagen über die Präzision des Kategoriensystems bzw. die Struktur des Kompetenzmodells getroffen werden können. Mit Hilfe des geschilderten Vorgehens und durch die eindeutige Klassifikation der Verhaltensbeschreibungen kann ein möglichst hohes Maß an Repräsentativität der Verhaltens- und Einstellungsanker für die jeweiligen Dimensionen und für das Konstrukt gewährleistet werden (Tett et al., 2000; Schuler et al., 2004). Da es sich im vorliegenden Fall nicht um Experten im klassischen Sinne handelt und auch die Stichprobe sehr gering ist, kann hier weniger von einer inhaltlichen Validierung des Kompetenzmodells gesprochen werden, wie sie in der Studie von Tett et al. (2000) verfolgt wurde. Vielmehr handelt es sich um eine Überprüfung, ob die Verhaltens- und Einstellungsanker eindeutig anhand der Definitionen zu einer Kompetenzdimension klassifiziert werden können und diese Dimension auch charakterisieren (können). Die Ergebnisse sind im Ergebnisteil dieses Kapitels nachzulesen (vgl. Kap. 9.2). Eine inhaltliche Validierung des weiterentwickelten Kompetenzmodells, die erfasst, ob die beruflichen Kompetenzen von Personalmanagern in ihren wichtigsten Aspekten erschöpfend abgebildet worden sind, wird mit der zweiten Studie dieser Arbeit verfolgt.

9. Ergebnisse (Studie 1)

In diesem Kapitel werden die Ergebnisse der ersten Studie dieser Arbeit vorgestellt. Zunächst erfolgt eine Beschreibung der Stichprobe (Kap. 9.1). Im Anschluss daran werden die Ergebnisse der Prevalidierung (Kap. 9.2) beschrieben. Abschließend werden die Struktur des Kompetenzmodells sowie ausgewählte Kompetenzdimensionen dargestellt (Kap. 9.3).

9.1. Beschreibung der Stichprobe

Insgesamt nahmen 31 Personalreferenten an der Interviewstudie teil, davon 42 % (n = 13) Männer und 58 % (n = 18) Frauen. Bei allen Probanden handelte es sich um Absolventen des ProPer Professional Programms, deren Stellenbezeichnungen neben der Bezeichnung *Personalreferent* u.a. *Mitarbeiter HR, HR Associate, HR-Manager, HR Business Partner, Referent Personalentwicklung, Referent Führungskräftebetreuung und –entwicklung* lauteten. Die Analyse der Interviewdaten ergab, dass die Aufgaben- und Verantwortungsbereiche der Befragten die gesamte Bandbreite der klassischen Aufgabenfelder eines Personalreferenten bzw. eines HR-Managers umfassten. Tabelle 21 gibt einen zusammenfassenden Überblick über die Hauptaufgaben bzw. Verantwortungsbereiche der Befragten sowie Beispiele für Tätigkeiten innerhalb dieser Aufgabenbereiche.

Tabelle 21: Hauptaufgaben und Tätigkeitsbeispiele der Befragten

Hauptaufgaben bzw. Verantwortungsbereiche	Tätigkeiten (Beispiele)
Personalbeschaffung	▪ Personalrekrutierung ▪ Bewerbermanagement ▪ Konzeption und Durchführung von Auswahlverfahren

Personalbetreuung und -verwaltung	▪ Betreuung der Mitarbeiter und Führungskräfte zu personalbezogenen Fragestellungen, wie z.B.
	   o Arbeitsrecht
	   o Altersteilzeit
	   o Betriebliche Altersvorsoge
	   o disziplinarische Maßnahmen
	   o Entgelt
	   o Sozialversicherungsrecht
	▪ Abwicklung der personalbezogenen Prozesse von der Personaleinstellung bis zur Entlassung wie z.B.
	   o Konzeption von Arbeitsverträgen
	   o Abwicklung der Entgeltabrechnungen
	   o Erstellen von Abmahnungen, Kündigung
	   o Zusammenarbeit mit der Arbeitnehmervertretung

Personalentwicklung	▪ Konzeption des internen Weiterbildungsprogramms ▪ Bestimmung des Personalentwicklungsbedarfs ▪ Entwicklung, Durchführung und Evaluation von Schulungsmaßnahmen ▪ Auswahl externer Trainer

Personalcontrolling	▪ Planung der Personalbedarfe (Gegenüberstellung von Soll-/Ist-Personalstruktur)
	▪ Bestimmung Personalwirtschaftlicher Kennzahlen z.B.
	   o Fluktuationsrate
	   o Krankenstand
	   o Entsendungsquote
	   o Personalkostenstruktur

Personalentlassung	▪ Durchführung/Begleitung von Kündigungsgesprächen ▪ Unterstützung der ausscheidenenden Mitarbeiter (Outplacement)
Projektbezogene Aufgaben	▪ Konzeption und Durchführung von Mitarbeiterbefragungen ▪ Entwicklung von Vergütungskonzepten ▪ Entwicklung von Beurteilungssystemen ▪ Entwicklung von Konzepten zur Arbeitszeitgestaltung

Hinsichtlich der *Berufsausbildung* der Untersuchungsteilnehmer hat sich gezeigt, dass die Stichprobe sehr gut beruflich ausgebildet war. Abbildung 7 stellt die prozentuale Verteilung der Berufsausbildung der Probanden grafisch dar. Die Gruppe der Beschäftigten, die ein Studium absolviert haben, war mit 45 % (n = 14) am häufigsten vertreten gefolgt von den Beschäftigten, die sowohl eine Ausbildung als auch ein Studium abgeschlossen haben (26 %, n = 8). Sowohl eine Ausbildung als auch eine ergänzende Weiterbildung zum Personalkaufmann bei der IHK konnten 16 % (n = 5) der befragten Personalreferenten vorweisen. Ausschließlich eine abgeschlossenen Ausbildung haben 13 % (n = 4) absolviert.

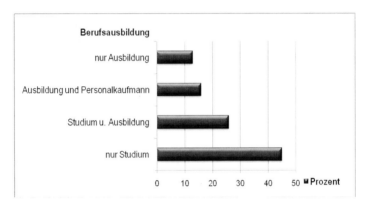

Abbildung 7: Berufsausbildung der Befragten

Die Frage nach der *Berufserfahrung im Personalbereich* bei den Interviewpartnern ergab, dass die meisten Probanden (39 %, n = 12) zwischen drei und fünf Jahren im Personalbereich tätig waren. Bereits seit mehr als 10 Jahren im Personalmanagement waren 32 % (n = 10) der Befragten beschäftigt. Über eine Berufserfahrung zwischen sechs und 10 Jahren verfügten 29 % (n = 9). Eine Übersicht über die Berufstätigkeit in Jahren gibt die nachfolgende Abb. 8.

Ergebnisse (Studie 1)

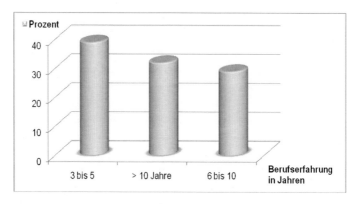

Abbildung 8: Berufserfahrung der Befragten im Personalbereich

Neben den personenbezogenen Daten wurden mit der Branchenzugehörigkeit und der Mitarbeiteranzahl des Unternehmens, in dem die Beschäftigten arbeiten, unternehmensbezogene Daten erfasst. Bei Betrachtung der *Branchenzugehörigkeit* der Unternehmen, aus denen die Probanden stammten, ist eine deutliche Mehrheit des produzierenden bzw. verarbeitenden Sektors zu erkennen (vgl. Abb. 9). Mit einem Anteil von 29 % (n = 9) der Beschäftigten waren die produzierenden Unternehmen am häufigsten vertreten, gefolgt von Dienstleistungs- und Energieunternehmen, in denen jeweils 19 % (n = 6) der Befragten arbeiteten. Insgesamt n = 4 Personen (13 %) waren in Unternehmen im Kredit- und Versicherungsbereich tätig. Lediglich 10 % (n = 3) der Beschäftigten waren jeweils im Handel und in der Verwaltung beschäftigt.

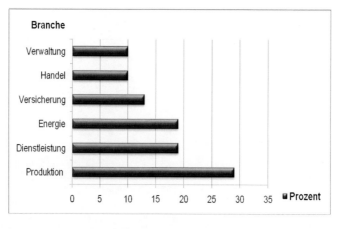

Abbildung 9: Branchenzugehörigkeit der Unternehmen der Befragten

Die *Mitarbeiterzahl* gilt als ein Indikator für die Unternehmensgröße. Die nachfolgende Abbildung 10 zeigt die prozentuale Verteilung der Mitarbeiterzahl der Unternehmen. Die Befragten stammten mehrheitlich aus Unternehmen mit mehr als 2000 Mitarbeitern (71 %, n = 22). Lediglich 23 % (n = 7) gaben eine Größe von 501 bis 2000 Mitarbeitern an und nur 7 % (n = 2) arbeiteten in Unternehmen, die zwischen 50 und 500 Mitarbeitern beschäftigen.

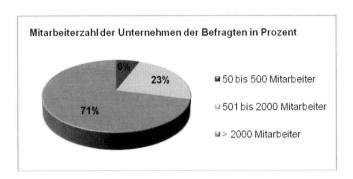

Abbildung 10: Anzahl der Mitarbeiter in den Unternehmen der Befragten

9.2. Ergebnisse der Prevalidierung

Um zu überprüfen, ob und inwieweit die Verhaltensanker des Kompetenzmodells eindeutig die Kompetenz- und Subkompetenzdimensionen repräsentieren, wurde vor der inhaltlichen Validierung des Kompetenzmodells (Studie 2) eine *Prevalidierung* durchgeführt. Zwei mit der Kompetenzmodellierung vertraute Diplomanden wurden gebeten, 298 Verhaltens- und Einstellungsanker, die in randomisierter Form präsentiert wurden, sowohl in eine der acht Kompetenzdimensionen (Hauptkategorien) als auch in eine der drei Subkompetenz-dimensionen (Unterkategorien) strategisch/ organisational, technisch/operativ, kommunikativ/beziehungsorientiert inhaltlich einzuordnen. Den Diplomanden wurden einzig die Definitionen der Kompetenz- und Subkompetenzdimensionen vorgelegt. Da die Stichprobe mit n = 2 sehr klein war, fand keine Berechnung der Ergebnisse mittels statistischer Analyseverfahren statt. Es wurde lediglich ermittelt, wie viele der 298 Verhaltens- bzw. Kompetenzanker vom jeweiligen Beurteiler richtig in die Haupt- und Unterkategorie einsortiert wurden, zu der sie gehörten. Dabei wurde zum einen berechnet, wie viele der Kompetenzanker sowohl in die richtige Hauptkategorie als auch in die richtige Unterkategorie klassifiziert wurden (z.B. der Verhaltensanker *das Kerngeschäft des Unternehmens kennen* wird eindeutig der Kompetenzdimension *Personalstrategische Kompetenz* und dessen Subkompetenzdimension *strategisch/organisational* zugeordnet).

Ergebnisse (Studie 1)

Zum anderen wurde ermittelt, inwieweit die einzelnen Kompetenzanker entweder eindeutig in dazugehörige Kompetenzdimension oder aber in die richtige Subkompetenzdimension klassifiziert wurden. Diese Vorgehensweise trägt dem Umstand Rechnung, dass ein Verhaltensanker zwar möglicherweise korrekt in die richtige Hauptkompetenzdimension einsortiert wurde, nicht aber in die richtige Subkompetenzdimension oder umgekehrt.

Anzumerken ist an dieser Stelle, dass 298 Verhaltens- und Einstellungsanker durch die Beurteiler kategorisiert werden sollten, letztlich aber nur 242 Kompetenzanker in die endgültige Version des Kompetenzmodells eingegangen sind. Das liegt darin begründet, dass vor der Online-Schaltung der Validierungsstudie durch die DGFP angeraten wurde, den Umfang des Kompetenzmodells durch die Eliminierung von Kompetenzankern zu reduzieren. Damit wurde intendiert, den hohen kognitiven und zeitlichen Aufwand, der mit der Relevanzeinschätzung der Kompetenzanker für die Probanden verbundenen sein würde, zu minimieren. Die nachfolgend dargestellten Ergebnisse sind vor diesem Hintergrund zu interpretieren.

Abbildung 11 gibt einen Überblick über die Ergebnisse hinsichtlich der Zuordnung der Kompetenzanker zur Zielkategorie. Es zeigt sich, dass die Kompetenzanker von den Urteilern zu einem großen Anteil zuverlässig in die Hauptkategorie (67 %, n = 199 bzw. 84 %, n = 251) bzw. in die Unterkategorie (63 %, n = 184 bzw. 79 %, n = 235) eingeordnet werden konnten. Hinsichtlich der Klassifikation der Verhaltensanker in die richtige Haupt- und Unterkategorie zeigten sich deutliche Unterschiede zwischen Urteiler 1 und Urteiler 2. Während der zweite Urteiler n = 213 Kompetenzanker (72 %) richtig einsortierte, hat der erste Urteiler lediglich n = 118 (40 %) eindeutig zur Haupt- und Unterkategorie zugeordnet. Eine mögliche Erklärung dafür, dass Urteiler 2 eine bessere Einschätzung hinsichtlich der Zuordnung der Kompetenzanker zu den Zielkategorien abgegeben hat, könnte darin begründet liegen, dass dieser mit Kompetenzmodellen besser vertraut war.

Ergebnisse (Studie 1)

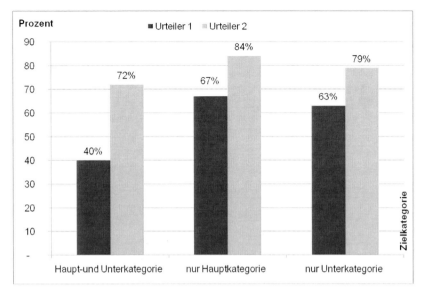

Abbildung 11: Zuordnung der Kompetenzanker zur Zielkategorie

Im Vergleich zu Befunden aus Studien, die ein nahezu identisches methodisches Vorgehen angewendet habe, können die oben dargestellten Ergebnisse als gut bis zufriedenstellend interpretiert werden. So berichten Tett et al. (2000), dass in ihren drei Studien zur Validierung einer Taxonomie für Managementkompetenzen 68 % (Studie 1), 85 % (Studie 2) und 88,5 % (Studie 3) der Kompetenzitems zuverlässig der richtigen Kompetenzdimension zugeordnet wurden. Schuler et al. (2004) berichten, dass in ihrer Studie ausgewählte Experten 70 % der in randomisierter Form präsentierten Verhaltensaussagen korrekt in die erwarteten Dimensionen klassifiziert haben. Berücksichtigt werden muss, dass die Probanden in den Studien von Tett et al. (2000) und Schuler et al. (2005) die Verhaltensbeschreibungen lediglich zu einer Dimension zuordnen sollten. Damit sind die Anforderungen an das Urteilsvermögen bzw. an die Differenzierungsleistung der Urteiler gegenüber der Pre-Validierungsstudie dieser Arbeit, in der eine Zuordnung sowohl zur Haupt- als auch zur Subkompetenzdimension erfolgen sollte, als weitaus geringer zu bezeichnen. Es ist nicht auszuschließen, dass Urteiler zuweilen mit anspruchsvollen Einschätzungsaufgaben und ihrer Bemühung, zu einem fundierten Urteil zu gelangen, überfordert sind (Bortz & Döring, 2005). Möglicherweise hat auch in der Prevalidierungsstudie dieser Arbeit bei Urteiler 1 die Überforderung an das Urteilsvermögen - neben seiner mangelnden Vertrautheit mit Kompetenzmodellen - dazu geführt, dass er im Vergleich zu Urteiler 2 eine geringere Anzahl von Kompetenzankern der richtigen Dimension zuordnen konnte. Insgesamt kann aber vor dem Hintergrund der dargestellten Befunde vergleichbarer Studien davon ausgegangen werden, dass die Verhaltens- und Einstellungsanker des vorliegenden Kompetenzmodells ein hohes Maß an Repräsentativität für die jeweilige Dimension gewährleisten.

9.3. Struktur des Kompetenzmodells

Auf der Basis der vorliegenden inhaltsanalytischen Auswertungen wurde ein Kompetenzmodell mit definierten Kompetenzdimensionen und Unterkategorien entwickelt. Die Abbildung 12 gibt eine Übersicht über den Aufbau des Kompetenzmodells. Das Modell enthält insgesamt acht Kompetenzdimensionen (Hauptkategorien) mit jeweils drei Unterkategorien (strategisch/organisational, technisch/operativ, kommunikativ/beziehungsorientiert). Die einzelnen Unterkategorien beinhalten ihrerseits mehrere Verhaltensbeschreibungen, die drei unterschiedliche Kompetenzcharakteristika (Wissen/Kenntnisse, Können/Fähigkeiten, Einstellungen/Bereitschaften) repräsentieren. Die Verhaltensbeschreibungen stellen Beispiele dar, wie sich die einzelnen Kompetenzen in der Praxis manifestieren.

Nachfolgend sollen zunächst die Struktur des weiterentwickelten Kompetenzmodells und die acht Kompetenzdimensionen mit ihren Definitionen dargestellt werden (Kap. 9.3.1). Im Anschluss daran werden zum einen die theoretische Basis der Unterkategorien sowie deren Definitionen beschrieben und zum anderen die Kompetenzcharakteristika und deren Bedeutung näher erläutert (Kap. 9.3.2). Abschließend werden beispielhaft zwei Kompetenzen des Kompetenzmodells vollständig mit ihren Unterkategorien und Verhaltensbeschreibungen vorgestellt (Kap. 9.3.3).

Ergebnisse (Studie 1)

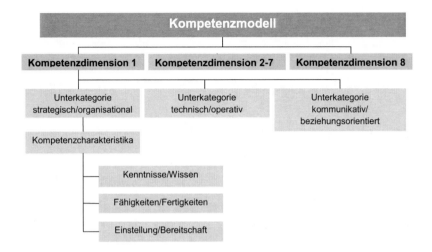

Abbildung 12: Struktur des Kompetenzmodells

9.3.1. Kompetenzdimensionen

Die Befragungsergebnisse bestätigten die von der DGFP formulierten Kompetenzdimensionen für Personalmanager, so dass diese auch bei der weiteren Kompetenzmodellentwicklung beibehalten und keine zusätzlichen Kompetenzfelder ergänzt wurden. Lediglich die Bezeichnungen für einige Hauptkompetenzbereiche wurden leicht abgewandelt, da die Ergebnisse aus den Interviews bzw. die inhaltliche Erweiterung einiger Kompetenzbereiche dies nahe gelegt hat. Beispielsweise wurde die ursprüngliche Kompetenzbezeichnung *Aufgaben zur Gestaltung der betrieblichen Sozialpartnerschaft* in *Arbeitsrechtliche und Sozialpartnerschaftliche Kompetenz* geändert, aus dem Begriff *Externe Beziehungen* wurde *Beziehungsmanagement mit Externen*. In Tabelle 22 sind die aus der Befragung und Kompetenzmodellentwicklung resultierenden Kompetenzdimensionen mit ihren Definitionen aufgeführt.

Tabelle 22: Definitionen der Kompetenzdimensionen

Kompetenzdimension	Definition
Kulturelle Kompetenz	Kenntnis und Mitgestaltung kultureller Rahmenbedingungen sowie Unterstützung von Führungskräften und Mitarbeitern bei der Gestaltung der Unternehmenskultur (Führungskultur, Umgang der Mitarbeiter untereinander)
Personalstrategische Kompetenz	Kenntnis und Mitgestaltung eines Handlungsrahmens für strategische Personalaktivitäten und Umsetzung damit verbundener Maßnahmen (Mitarbeitergewinnung, -bindung, -qualifizierung und -führung) unter Berücksichtigung unternehmensinterner und -externer Rahmenbedingungen
Arbeitsrechtliche und Sozialpartnerschaftliche Kompetenz	Kenntnis und Berücksichtigung des Individual- und Kollektivarbeitsrechts bei allen auf die Personalarbeit bezogenen Fragestellungen und Maßnahmen sowie partnerschaftliche Zusammenarbeit mit den Arbeitnehmervertretern
Beziehungsmanagement mit Externen	Zusammenarbeit mit externen Anspruchs- und Bezugsgruppen des Unternehmens (Lieferanten, Verbände und Behörden) sowie Berufskollegen unter Berücksichtigung der damit verbundenen Rahmenbedingungen und Bedürfnisse der jeweiligen Person, Gruppe oder Institution
Personalcontrolling und Wertschöpfungsmanagement	Planung, Steuerung und Kontrolle personalwirtschaftlicher Maßnahmen und Optimierung des personalwirtschaftlichen Leistungsbeitrags unter Berücksichtigung von unternehmensspezifischen Zielgrößen
Kompetenzmanagement	Kenntnis und Anwendung von Maßnahmen und Methoden zur Erfassung, Entwicklung und zum Management von Mitarbeiterkompetenzen, mit dem Ziel, nachhaltig die wirtschaftliche Handlungskraft eines Unternehmens zu erhöhen
Instrumentenmanagement	Kenntnis, Entwicklung und Anwendung von Personalinstrumenten
Management des Wandels	Kenntnis der Einflussfaktoren und Bedingungen des Wandels sowie Durchführung von Maßnahmen (Information, Kommunikation, Personalentwicklung) zur Bewältigung im Unternehmen

9.3.2. Unterkategorien und Kompetenzfacetten

Neben der Einteilung der Kompetenzen in acht Dimensionen bzw. Hauptkompetenzfelder wurde im weiterentwickelten Kompetenzmodell zusätzlich eine Strukturierung der Kompetenzdimensionen in Unterkategorien bzw. Subkompetenzfelder und eine Ordnung der kompetenzbeschreibenden Verhaltensanker nach verschiedenen Kompetenzcharakteristika vorgenommen. Die drei Unterkategorien können als eine Art Querschnittsstruktur der

Hauptkompetenzfelder verstanden werden. Die Bildung der Unterkategorien erfolgte auf Basis eines deduktiven Ansatzes, d.h. einer theoriegeleiteten Festlegung der Strukturierungsdimensionen. Darüber hinaus wurde innerhalb der Unterkategorien differenziert zwischen unterschiedlichen Kompetenzcharakteristika bzw. Kompetenzfacetten und eine Einteilung von Kompetenzmerkmalen in die drei Kategorien Wissen/Kenntnisse, Fähigkeiten/ Fertigkeiten und Einstellungen/Bereitschaft vorgenommen.

Die Formulierung bzw. Definition der Unterkategorien zur Strukturierung der Kompetenzdimensionen erfolgte auf Basis einer gründlichen Analyse relevanter Literatur und Studien zum Thema Kompetenzen und Kompetenzmodelle im HR-Bereich. Es wurden schließlich die Befunde aus zwei einschlägigen Kompetenzstudien herangezogen, um Unterkategorien des Kompetenzmodells zu definieren. Dazu gehören zum einen die Ergebnisse der Human Resource Competency Study[13], die von der Society for Human Resource Management (SHRM) gemeinsam mit der Michigan University durchgeführt wurde. Für die zugrunde liegende Arbeit wurden die auf Basis der Studienergebnisse von 2002 und 2007 formulierten erfolgskritischen Kompetenzen für Personalmanager berücksichtigt, die in den Ausarbeitungen von Ulrich und Brockbank (2005) und Grossman (2007) beschrieben sind. Zum anderen wurden für die theoretischen Überlegungen zur Kompetenzstrukturierung neben den Ergebnissen der HRCS die Befunde aus der weltweiten Studie der World Federation of People Management Associations (WFPMA) und der Cranfield School of Management zu professionellen Kompetenzstandards für HR-Manager zugrunde gelegt, die Brewster et al. (2000) in ihrem Projektbericht darlegen.

Zur Bildung der Subkompetenzfelder wurden die Kompetenzmodelle der SHRM/Michigan University und der WFPMA/Cranfield School of Management analysiert, indem die in ihnen beschriebenen Kompetenzen nach gemeinsamen Begrifflichkeiten und Inhalten gruppiert wurden (vgl. Tabelle 23). Dabei entstanden drei thematisch abgrenzbare Unterkategorien unter die die in den Studien identifizierten Kompetenzen subsummiert werden konnten. Die drei Unterkategorien wurden jeweils mit einem Begriff versehen, der die entsprechende Kategorie inhaltlich am besten repräsentiert, und wurden folgendermaßen bezeichnet: Unterkategorie strategisch/organisational, Unterkategorie technisch/operativ, Unterkategorie kommunikativ/beziehungsorientiert. Dabei bezieht sich das *strategisch/organisationale* Subkompetenzfeld auf Kompetenzaspekte, die den Handlungsrahmen sowie die internen und externen Rahmenbedingungen der Organisation (Strategie, Kultur, Wirtschaft, Politik, Gesetzgebung, Markt, Wettbewerb) beschreiben. Das *technische/operative* Subkompetenzfeld beschreibt Kompetenzfacetten, die mit der klassischen Personalarbeit und deren

---

[13] Die HRCS ist die international umfangreichste Längsschnittstudie zur Identifikation erfolgsrelevanter Kompetenzen von HR-Professionals mit fünf Erhebungszeitpunkten über insgesamt 20 Jahre.

Ausführung im Tagesgeschäft (Personalgewinnung, -betreuung, -entwicklung, -administration) verknüpft sind. Unter das Subkompetenzfeld *kommunikativ/beziehungsorientiert* werden Kompetenzmerkmale subsumiert, die sich auf die Gestaltung sozial-kommunikativer Beziehungen sowie auf die Glaubwürdigkeit von HR-Managern beziehen.

Tabelle 23: Theoretische Basis der Unterkategorien

Unterkategorie strategisch/organisational	
Kompetenzdimension	**Erläuterung**
Organisational (Brewster et al., 2000)	<ul><li>kennt die Unternehmensumwelt (Politik, Märkte, Branche)</li><li>kennt das Unternehmen selbst (Kultur, Strategie, Vision)</li><li>entwickelt und implementiert Strategien und Praktiken</li></ul>
Strategic Partner (Ulrich & Brockbank, 2005)	<ul><li>hat Businesswissen (Kunden, Ressourcen)</li><li>kann Strategien formulieren</li><li>richtet die HR-Systeme auf die Strategie aus</li><li>fungiert als Coach und Change Agent</li></ul>
Business Knowledge (Ulrich & Brockbank, 2005)	<ul><li>kennt die Unternehmensprodukte, die Branche</li><li>kennt die Wertschöpfungskette (Kunden, Wettbewerber)</li><li>kennt die Unternehmenseinheiten und deren Funktion (Absatz, Beschaffung, etc.)</li></ul>
Strategic contribution (Ulrich & Brockbank, 2005)	<ul><li>unterstützt die Kultur durch HR Praxis/Umsetzung ins Tagesgeschäft</li><li>bringt sich bei strategischen Entscheidungen ein</li><li>richtet die Unternehmenskultur an Markt- und Kundenerfordernissen aus</li></ul>
Business Ally (Grossman, 2007)	<ul><li>kennt das Kerngeschäft des Unternehmens</li><li>kennt die Kunden, Produkte und Services</li><li>artikuliert Werte, Businessziele</li></ul>
Strategy Architect (Grossman, 2007)	<ul><li>beobachtet Businesstrends und erkennt deren Bedeutung für das Unternehmen</li><li>aktiver Part bei der Etablierung der Unternehmensstrategie</li></ul>
Cultural Steward (Grossman, 2007)	<ul><li>unterstützt den Kulturwandel</li><li>gestaltet und lebt Kultur (Work-Life-Balance der Beschäftigten usw.)</li></ul>

Ergebnisse (Studie 1)

	Unterkategorie technisch/operativ
Kompetenzdimension	**Erläuterung**

Functional (Brewster et al., 2000)	• bearbeitet im Tagesgeschäft folgende Aufgaben:
	   o Personalplanung und –besetzung
	   o Leistungsmanagement und –entwicklung
	   o Entlohnung
	   o Gesundheit, Sicherheit, Wohlbefinden
	   o Informationsmanagement

Managerial (Brewster et al., 2000)	• managt die Beschäftigten
	   o identifiziert Weiterbildungsbedarfe
	   o bewertet Leistungen und gibt Feedback
	• managt die technischen, finanziellen, personellen Ressourcen
	   o plant, budgetiert, kontrolliert und bewertet

Funcional Expert (Ulrich & Brockbank, 2005)	• entwickelt Lösungen zur Bewältigung von HR-Problemen • trägt zur Steigerung von Effektivität und Effizienz der operativen Tätigkeiten bei • kennt die Theorie und die Praxis in seinem Fach
Human Capital Developer (Ulrich & Brockbank, 2005)	• entwickelt die Arbeitskräfte (unter Berücksichtigung von Bedarfen und Kompetenzen) • unterstützt als Coach die Führungskräfte • beschäftigt sich intensiv mit Laufbahnplanung und Leistungsmanagement

HR Delivery (Ulrich & Brockbank, 2005)	• stellt HR-Tools bereit:
	   o Personalbeschaffung und –besetzung
	   o Training und Entwicklung
	   o Arbeitsrecht
	   o Leistungsmanagement

Talent Manager (Grossman, 2007)	• entwickelt Talente • berücksichtigt Forschung und Praxis • entwickelt die Organisation (Struktur, Praktiken, Politik) mit dem Ziel, Talente zu fördern

Operational Executor (Grossman, 2007)	• organisiert und verwaltet das Tagesgeschäft:
	   o Personalbeschaffung
	   o Lohn & Gehalt
	   o Training
	   o Konzeption von Arbeitsverträgen

Ergebnisse (Studie 1)

Unterkategorie kommunikativ/beziehungsorientiert	
Kompetenzdimension	**Erläuterung**
Personal (Brewster et al., 2000)	• besitzt kommunikative Fähigkeiten • besitzt eine hohe persönliche Glaubwürdigkeit und Professionalität • managt Beziehungen
Employee Advocate (Ulrich & Brockbank, 2005)	• ist für die Mitarbeiter erreichbar (per E-Mail, telefonisch) • kennt die Beschäftigten und ihre Bedürfnisse • implementiert faire und gerechte Arbeitsbedingungen • berücksichtigt Mitarbeiterinteressen bei der Formulierung der Strategie
Personal Credibility (Ulrich & Brockbank, 2005)	• hält Vereinbarungen ein, handelt mit persönlicher Integrität • fördert effektive interpersonelle Beziehungen und hält diese aufrecht (Netzwerke im Unternehmen) • Kommunikationskompetenz
Credible Activist (Grossman et al., 2007)	• ist glaubwürdig (respektiert, bewundert) und aktiv (bezieht Stellung) • gestaltet vertrauensvolle Beziehungen • teilt Informationen

In Anlehnung an die zugrunde liegende dreiteilige Querstruktur der Hauptkompetenzfelder wurde für jede Unterkategorie eine spezifische Definition entwickelt. Einen Überblick über die Definitionen der Unterkategorien gibt Tabelle 24.

Tabelle 24: Definitionen der Unterkategorien

Unterkategorie	Definition
Kulturelle Kompetenz	
strategisch/ organisational	Kenntnis der Unternehmens-/Führungsgrundsätze sowie Unterstützung bei der Entwicklung derselben
technisch/ operativ/	Kenntnis und Sicherstellung der Einhaltung und Umsetzung der Unternehmensgrundsätze
kommunikativ/ beziehungs- orientiert	Gestaltung sozial-kommunikativer Beziehungen zwischen den Organisationsmitgliedern (Mitarbeitern und Führungskräften) insbesondere bei Konflikten
Personalstrategische Kompetenz	
strategisch/ organisational	Kenntnis und Einschätzung des Unternehmens (Branche, Kerngeschäft, Wettbewerber) und seiner Strategie sowie Unterstützung bei der Entwicklung der grundlegenden Personalstrategie
technisch/ operativ	Kenntnis und Durchführung von strategischen Maßnahmen zur Personalgewinnung, -bindung und -qualifizierung
kommunikativ/ beziehungs- orientiert	Gestaltung sozial-kommunikativer Beziehungen (Networking, Gespräche) zur Umsetzung der personalstrategischen Ziele (Personalgewinnung, -bindung, -qualifizierung)
Arbeitsrechtliche und Sozialpartnerschaftliche Kompetenz	
strategisch/ organisational	Kenntnis und Schaffung grundlegender arbeitsgesetzlicher und -rechtlicher Rahmenbedingungen und -vereinbarungen
technisch/ operativ	Kenntnis und Anwendung von einzelnen Gesetzesbestandteilen und Paragraphen bei der Personaleinstellung, -verwaltung, -disziplinierung und -kündigung
kommunikativ/ beziehungs- orientiert	Gestaltung der Zusammenarbeit mit dem Betriebsrat sowie Führen von Gesprächen mit Mitarbeitern und Führungskräften in arbeitsrechtlichen Fragestellungen
Beziehungsmanagement mit Externen	
strategisch/ organisational	Kenntnis und Berücksichtigung grundlegender Rahmenbedingungen (gesetzlich, rechtlich) in der Zusammenarbeit mit Bezugsgruppen des Unternehmens sowie Auswahl externer Dienstleister
technisch/ operativ	Kenntnis und Nutzung von Förderungs-/Unterstützungsmöglichkeiten externer Bezugsgruppen sowie Zusammenarbeit mit diesen bei konkreten personalbezogenen Fragestellungen (Personalbeschaffung, -förderung)
kommunikativ/ beziehungs- orientiert	Gestaltung sozial-kommunikativer Beziehungen (Networking, Gespräche) mit externen Bezugsgruppen und Berufskollegen

Personalcontrolling und Wertschöpfungsmanagement

Unterkategorie	Definition
strategisch/ organisational	Kenntnis und Bereitstellung grundlegender Kennzahlen des Personalcontrollings im Unternehmen sowie Steuerung personalwirtschaftlicher Maßnahmen unter Berücksichtigung ökonomischer Rahmenbedingungen
technisch/ operativ	Kenntnis und Bereitstellung spezifischer Kennzahlen des Personalcontrollings (Personaleinstellung, -verwaltung, -disziplinierung, -kündigung) sowie Steuerung personalwirtschaftlicher Maßnahmen unter Berücksichtigung unternehmensbezogener Ziele und Auswirkungen
kommunikativ/ beziehungs- orientiert	Sozial-kommunikativer Austausch zur Bewältigung von Personalcontrolling-Aufgaben

Kompetenzmanagement

strategisch/ organisational	Kenntnis und Umsetzung der grundlegenden Maßnahmen des Kompetenzmanagements
technisch/ operativ	Kenntnis und Anwendung von Methoden zur Kompetenzdiagnose, zum –management und zur –entwicklung im Rahmen der Personalgewinnung und –förderung (insbesondere Führungsnachwuchs)
kommunikativ/ beziehungs- orientiert	Führen von Gesprächen mit Mitarbeitern und Führungskräften zur Umsetzung des Kompetenzmanagementsystems (insbesondere Qualifizierung) sowie Unterstützung des Wissensaustauschs und der Wissensweitergabe

Instrumentenmanagement

strategisch/ organisational	Kenntnis und Entwicklung der im Unternehmen eingesetzten Personalinstrumente
technisch/ operativ	Kenntnis und Anwendung von Personalinstrumenten im Rahmen der Personalauswahl, -entwicklung, -administration
kommunikativ/ beziehungs- orientiert	Führen von Gesprächen zum Einsatz von Personalinstrumenten (zur Personalbeurteilung, - förderung, -verwaltung)

Management des Wandels

strategisch/ organisational	Kenntnis und Analyse der internen und externen Faktoren des Wandels
technisch/ operativ	Kenntnis und Anwendung von Instrumenten und Methoden zur Bewältigung des Wandels unter Berücksichtigung gegenwärtiger und zukünftiger Anforderungen
kommunikativ/ beziehungs- orientiert	Führen von Gesprächen sowie Bereitstellung von Informationen in betrieblichen Veränderungsprozessen (z.B. Umstrukturierungen, Unternehmensfusionen)

Neben der Strukturierung der Kompetenzdimensionen in die oben dargestellten drei Unterkategorien wurde innerhalb der Unterkategorien eine weitere Differenzierung nach unterschiedlichen Kompetenzcharakteristika bzw. Kompetenzfacetten vorgenommen. Eine Übersicht über die Beschreibung der Kompetenzcharakteristika ist der Tabelle 25 zu entnehmen.

Tabelle 25: Kompetenzcharakteristika und ihre Beschreibung

Kompetenzcharakteristika	Beschreibung
Kenntnisse/Wissen	Aspekte des deklarativen Wissens; Fakten- und Zusammenhangswissen über Personen bzw. Konzepte
Fähigkeiten/Fertigkeiten	Fähigkeit, eine physische oder mentale Aufgabe bzw. bestimmte Abläufe zu bewältigen/auszuführen
Einstellung/Bereitschaft	Werthaltungen, Interessen, Einstellungen, motivationale Bereitschaft etc.

Die kompetenzbeschreibenden Verhaltensanker, die im Rahmen der Auswertung und Analyse des Interviewmaterials generiert wurden, wurden in die drei Kompetenzaspekte Kenntnisse/Wissen, Fähigkeiten/Fertigkeiten und Einstellungen/Bereitschaft eingeteilt. Diese Einteilung von Personen- bzw. Kompetenzmerkmalen ist eine durchaus übliche Klassifizierung, die häufig in der Personalwirtschaftslehre, im Personalmanagement sowie in der amerikanischen Personalpsychologie herangezogen wird (Nerdinger et al., 2008). Dieser Einteilung liegt die Annahme zugrunde, dass Kompetenzen sich aus unterschiedlichen psychologischen Leistungsvoraussetzungen bzw. Facetten zur erfolgreichen Bewältigung von beruflichen Aufgaben zusammensetzen. Im Hinblick auf den angloamerikanischen KSA-Ansatz zur Differenzierung von Kompetenzen beziehen sich inhaltlich die *Kenntnis- und Wissensaspekte* auf das fachliche Wissen (z. B. Arbeitsrecht) sowie auf das Fakten- und Zusammenhangswissen über Personen und Konzepte (z. B. Unternehmensstruktur). Unter *Fähigkeiten/Fertigkeiten* werden die Beherrschung bestimmter Abläufe und Verhaltensweisen verstanden (z. B. eine Abmahnung schreiben können). Die personenbezogenen Merkmale *Einstellungen/Bereitschaft* beschreiben motivationale Dispositionen wie Werthaltungen, Interessen und Bereitschaften von Individuen.

Während in diesem Abschnitt nähere Erläuterungen zur theoretischen Basis, Definition und inhaltlichen Bedeutung der Unterkategorien und Kompetenzfacetten gegeben wurden, sollen nachfolgend zwei ausgewählte Kompetenzdimensionen des weiterentwickelten Kompetenzmodells vollständig dargestellt werden.

9.3.3. Darstellung des gesamten Kompetenzmodells

Das weiterentwickelte Kompetenzmodell für Personalmanager ist das zentrale Ergebnis dieser Studie, so dass an dieser Stelle alle acht Kompetenzdimensionen des Modells mit ihren jeweiligen Unterkategorien und allen Kompetenzankern beschrieben werden (siehe Tabellen 26 - 33).

Tabelle 26: Kompetenzdimension *Kulturelle Kompetenz* mit ihren Unterkategorien und Verhaltensbeschreibungen

Kulturelle Kompetenz	
Kenntnis und Mitgestaltung kultureller Rahmenbedingungen sowie Unterstützung von Führungskräften und Mitarbeitern bei der Gestaltung der Unternehmenskultur (Führungskultur, Umgang miteinander)	
Unterkategorie strategisch/ organisational	**Kenntnis der Unternehmens-/Führungsgrundsätze sowie Unterstützung bei der Entwicklung derselben**
Wissen/ Kenntnisse	▪ die Inhalte der Unternehmens-/Führungsgrundsätze kennen (z.B. Position auf dem Markt, beim Kunden, in der Öffentlichkeit) ▪ Vorgehen zur Entwicklung der Unternehmensgrundsätze kennen (z.B. Workshops mit Führungskräften, unternehmensweite Mitarbeiterbefragung) ▪ Indikatoren für die (Weiter-)Entwicklung der Unternehmensgrundsätze kennen (z.B. Schaffen eines gemeinsamen Grundverständnisses) ▪ die Unternehmenshistorie und deren Bedeutung für die Unternehmenskultur kennen (z.B. Fusion unterschiedlich kulturgeprägter Unternehmen) ▪ wissen, dass die Partizipation der Mitarbeiter bei der Entwicklung der Unternehmensgrundsätze von Bedeutung ist
Fähigkeiten/ Fertigkeiten	▪ bei der Formulierung der Unternehmensgrundsätze die Führungskräfte und Mitarbeiter beteiligen (Akzeptanz sichern) ▪ an der (Weiter-)Entwicklung der Unternehmensgrundsätze mitwirken (z.B. Betonung wichtiger Themen, Durchführung von Workshops)
Einstellungen/ Bereitschaft	▪ Bereitschaft und Geduld mitbringen, um auch "Widerständler" von den Unternehmensgrundsätzen zu überzeugen ▪ akzeptieren, dass man als Personalmanager nicht auf alle kulturprägenden Aspekte im Unternehmen Einfluss hat ▪ Bereitschaft, den Betriebsrat bei der Entwicklung der Unternehmensgrundsätze mit einzubeziehen (als Sprachrohr der Mitarbeiter)

Ergebnisse (Studie 1)

technisch/ operativ	**Kenntnis und Sicherstellung der Einhaltung und Umsetzung der Unternehmensgrundsätze**
Wissen/ Kenntnisse	- wissen, wie die Kenntnis der Unternehmensgrundsätze bei den Mitarbeitern abgefragt und sichergestellt werden kann (z.B. Mitarbeiterbefragung) - wissen, in welche Personalinstrumente die Unternehmensgrundsätze integriert sind (z.B. Qualifizierungsmaßnahmen, Beurteilungssysteme)
Fähigkeiten/ Fertigkeiten	- Projekte begleiten, die zur Umsetzung der Unternehmensgrundsätze beitragen (z.B. Projekt "Familie und Beruf", Veränderung der Führungskultur) - Personalinstrumente (Trainings, Auswahlverfahren) konzipieren, die auf den Unternehmens-/Führungsgrundsätzen basieren - im Rahmen der Personalauswahl prüfen, ob der Bewerber sich mit den Unternehmensgrundsätzen identifizieren kann (z.B. Kundenorientierung) - Ergebnisse aus Mitarbeiterbefragungen und deren Bedeutung für die Unternehmenskultur interpretieren können (z.B. Betriebsklima) - Maßnahmen zur Einführung und Verbreitung der Unternehmensgrundsätze durchführen (z.B. Plakatkampagne, Kick-off-Veranstaltungen) - den Mitarbeitern die Unternehmensgrundsätze vermitteln
Einstellungen/ Bereitschaft	- Bereitschaft, das Augenmerk der Mitarbeiter auf die Unternehmensgrundsätze und deren Einhaltung zu lenken
kommunikativ/ beziehungsor.	**Gestaltung sozial-kommunikativer Beziehungen zwischen den Organisationsmitgliedern (Mitarbeitern und Führungskräften) insb. bei Konflikten**
Wissen/ Kenntnisse	- Vorgehensweisen kennen, Konflikte zwischen Führungskraft und Mitarbeiter zu lösen (z.B. Beteiligte zu einem Gespräch motivieren) - die Kultur von Mitarbeitern aus anderen Ländern kennen (z.B. Indien)
Fähigkeiten/ Fertigkeiten	- Konflikttrainings mit Mitarbeitern zur Prävention organisieren/durchführen (z.B. gruppendynamische Trainings) - die Führungskräfte im Umgang mit den Mitarbeiter beraten - die Führungskraft bei kritischen Gesprächen unterstützen - Konflikte zwischen Führungskraft und Mitarbeiter im Gespräch analysieren, zwischen den Parteien vermitteln, einvernehmliche Lösung finden - in kritischen Gesprächen sachlich und neutral bleiben (beide Seiten anhören), Gespräche vertraulich behandeln - beim Umgang mit ausländischen Kollegen deren Werte, Kultur und Einstellungen berücksichtigen (z.B. in Meetings, persönliche Ansprache) - das Zusammengehörigkeitsgefühl der Beschäftigten durch gemeinsame Veranstaltungen fördern - Erkenntnisse (z.B. aus Konfliktgesprächen) vermitteln können, so dass sie verstanden werden (z.B. zielgruppenorientiert vermitteln)
Einstellungen/ Bereitschaft	- Bereitschaft, einen externen Coach einzuschalten, wenn man als Personalmanager einen Konflikt nicht selbständig lösen kann - Bereitschaft, einer Führungskraft die Dienstleisterrolle zu verweigern (z.B. Durchführung von kritischen Gesprächen ablehnen) - Bereitschaft, die Führungskraft wiederholt auf fehlerhaftes Führungsverhalten hinzuweisen und Abhilfe zu schaffen

Tabelle 27: Kompetenzdimension *Personalstrategische Kompetenz* mit ihren Unterkategorien und Verhaltensbeschreibungen

Personalstrategische Kompetenz	
Kenntnis und Mitgestaltung eines Handlungsrahmens für strategische Personalaktivitäten und Umsetzung damit verbundener Maßnahmen (Mitarbeitergewinnung, -bindung, -qualifizierung und -führung) unter Berücksichtigung unternehmensinterner und -externer Rahmenbedingungen	
Unterkategorie strategisch/ organisational	**Kenntnis und Einschätzung des Unternehmens (Branche, Kerngeschäft, Wettbewerber) und dessen Strategie sowie Unterstützung bei der Entwicklung der grundlegenden Personalstrategie**
Wissen/ Kenntnisse	▪ das Kerngeschäft des Unternehmens kennen ▪ die Position des Unternehmens am Markt/in der Branche kennen ▪ die grundlegenden Abläufe und Prozesse im Unternehmen kennen (z.B. Aufgaben der Abteilungen) ▪ die Personalstrategie kennen (z.B. attraktiver/sozialer Arbeitgeber, Markführer, Talentförderung) ▪ die strategischen Weiterbildungs-/ Qualifizierungsziele kennen (z. B. Verbesserung der Kommunikation, Entwicklung überfachlicher Kompeten-zen) ▪ Gegenstände des Personal-Benchmarkings kennen (z.B. Vergütungssysteme)
Fähigkeiten/ Fertigkeiten	▪ bei der Entwicklung der Personalstrategie mitwirken ▪ auf relevante Faktoren hinweisen, die der Umsetzung der Unternehmensstrategie aus personalstrategischer Sicht im Wege stehen ▪ personalpolitische Strategien der Mitbewerber sichten (z.B. Internetrecherchen) ▪ die Auswirkungen unternehmensstrategischer Entscheidungen auf die Personalarbeit einschätzen (z.B. Personalabbau)
Einstellungen/ Bereitschaft	▪ Bereitschaft, unternehmensstrategische Entscheidungen seitens der Personalabteilung zu begleiten ▪ Bereitschaft, die Führungskräfte bei der Umsetzung personalstrategischer Maßnahmen einzubeziehen ▪ Bereitschaft, an abteilungsübergreifenden Sitzungen teilzunehmen (z.B. informieren über Ziele, Veränderungen der Abteilungen)
technisch/ operativ	**Kenntnis und Durchführung von strategischen Maßnahmen zur Personalgewinnung, -bindung und –qualifizierung**
Kenntnisse/ Wissen	▪ die strategischen Bewerbungswege des Unternehmens kennen (z. B. Stellenanzeigen, Rekrutierungsmessen) ▪ strategische Maßnahmen zur Gewinnung von High Potentials/Bewältigung des Fachkräftemangels kennen (z.B. Hochschulmarketing) ▪ wissen, dass für bestimmte Stellen/Funktionen ein Bewerber- und Qualifikationsmangel auf dem Arbeitsmarkt existiert (z.B. Ingenieure) ▪ wissen, ob Job-Hopper für das Unternehmen attraktiv sind (Erfahrung, Know-how)

Ergebnisse (Studie 1)

technisch/ operativ	Kenntnis und Durchführung von strategischen Maßnahmen zur Personalgewinnung, -bindung und –qualifizierung
Fähigkeiten/ Fertigkeiten	<ul><li>das Unternehmen als attraktiven Arbeitgeber präsentieren, Alleinstellungsmerkmale herausstellen (Employer Branding)</li><li>im Rahmen der strategischen Personalauswahl prüfen, ob es zu einer langfristigen Zusammenarbeit zwischen Bewerber und Unternehmen kommen kann</li><li>unternehmensstrategische Ziele bei der (Weiter-)Entwicklung von Qualifizierungsmaßnahmen berücksichtigen (z.B. zunehmende Internationalisierung)</li><li>strategische Maßnahmen entwickeln und durchführen, um dem Fachkräftemangel/der Fluktuation zu begegnen (z.B. Führungsnachwuchsprogramme)</li><li>die Einführung einer Mitarbeiterkapitalbeteiligung begleiten (als strategische Maßnahme zur Mitarbeitermotivation/-bindung)</li></ul>
Einstellungen/ Bereitschaft	<ul><li>Bereitschaft, Praktikanten und Diplomanden zu beschäftigen und zu betreuen (mit dem Ziel der frühzeitigen Mitarbeiterbindung)</li></ul>
kommunikativ/ beziehungsor.	Gestaltung sozial-kommunikativer Beziehungen (Networking, Gespräche) zur Umsetzung der personalstrategischen Ziele (Personalgewinnung, -bindung, -qualifizierung)
Fähigkeiten/ Fertigkeiten	<ul><li>im Rahmen der strategischen Personalauswahl die Eignung von Bewerbern mit den jeweiligen Fachabteilungen diskutieren</li><li>mit der Geschäftsführung/Vertretern aus den Unternehmensbereichen personalstrategische Ziele und deren Realisierung diskutieren</li><li>Netzwerke zu Universitäten und Hochschulen aufbauen (z. B. Gewinnung von High Potentials)</li><li>den Mitarbeitern die Vorteile und Risiken beim Kauf von Belegschaftsaktien im Rahmen der Mitarbeiterkapitalbeteiligung erläutern</li></ul>
Einstellungen/ Bereitschaft	<ul><li>Bereitschaft, neuen Mitarbeitern den Einstieg in das Unternehmen zu erleichtern (z.B. Erstellung eines Einarbeitungsplans)</li></ul>

Tabelle 28: Kompetenzdimension *Arbeitsrechtliche und Sozialpartnerschaftliche Kompetenz* mit ihren Unterkategorien und Verhaltensbeschreibungen

Arbeitsrechtliche und Sozialpartnerschaftliche Kompetenz	
Kenntnis und Berücksichtigung des Individual- und Kollektivarbeitsrechts bei allen auf die Personalarbeit bezogenen Fragestellungen, Aufgaben und Maßnahmen sowie partnerschaftliche Zusammenarbeit mit den Arbeitnehmervertretern	
Unterkategorie strategisch/ organisational	**Kenntnis und Schaffung grundlegender arbeitsgesetzlicher und – rechtlicher Rahmenbedingungen und Vereinbarungen**
Kenntnisse/ Wissen	▪ die grundlegenden Gesetzte des Individualarbeitsrechtes und deren Inhalte kennen (z.B. Kündigungsschutzgesetz, Teilzeit- und Befristungsgesetz) ▪ die grundlegenden Gesetzte des Kollektivarbeitsrechtes und deren Inhalte kennen (z.B. Tarifvertragsgesetz, Betriebsverfassungsgesetz) ▪ die grundlegenden Inhalte der geltenden Tarifverträge kennen (z.B. Entgeltrahmenabkommen, Entgeltgruppen und Eingruppierung) ▪ die Regelungsgegenstände und Form einer Betriebsvereinbarung/Betriebsordnung kennen ▪ die Rechte des Betriebsrates kennen (z.B. Informations-, Mitwirkungs-, Mitbestimmungsrechte) ▪ die Mitbestimmungsstrukturen/-gremien im eigenen Unternehmen kennen (z.B. Gesamtbetriebsräte, Aufsichtsräte)
Fähigkeiten/ Fertigkeiten	▪ die strategischen Entscheidungen des Managements bei der Konzeption der Arbeitsverträge berücksichtigen (befristet/unbefristet) ▪ einen Sozialplan erstellen (unter Berücksichtigung von Aspekten wie z.B. Dauer der Betriebszugehörigkeit, Lebensalter) ▪ ein Konzept für eine Betriebsvereinbarung erstellen
Einstellungen/ Bereitschaft	▪ Bereitschaft, bei der Personalarbeit nach den rechtlichen und gesetzlichen Bestimmungen zu handeln
technisch/ operativ	**Kenntnis und Anwendung von einzelnen Gesetzesbestandteilen und Paragraphen bei der Personaleinstellung, -verwaltung, -disziplinierung, und -kündigung**
Kenntnisse/ Wissen	▪ die rechtlichen Bedingungen bei einer Abfindungszahlung kennen (z.B. Anspruch nach betriebsbedingter Kündigung im KSchG) ▪ die formalrechtlichen Aspekte bei einer Kündigung kennen (z.B. Kündigungsfristen und –gründe, Schriftform) ▪ wissen, ob und welche Tarifverträge für die einzelnen Arbeitsverhältnisse gelten (z.B. Tarif-, Manteltarif-, Lohntarifvertrag)

Ergebnisse (Studie 1)

technisch/ operativ	**Kenntnis und Anwendung von einzelnen Gesetzesbestandteilen und Paragraphen bei der Personaleinstellung, -verwaltung, -disziplinierung, und -kündigung**
Fähigkeiten/ Fertigkeiten	• bei der Personalbeschaffung/-auswahl das Allgemeine Gleichbehandlungsgesetz (AGG) berücksichtigen • Arbeitsverträge unter Berücksichtigung gesetzlicher Bestimmungen und der Form des Arbeitsverhältnisse konzipieren (z.B. befristet/unbefristet) • eine Entgeltabrechnung verstehen/erklären können (z.B. versicherungs- und beitragsrechtliche Gründe) • eine Abmahnung unter Berücksichtigung gesetzlicher Bestimmungen erstellen (u.a. Schilderung des beanstandeten Sachverhalts, Hinweis auf Unterlassung) • eine Kündigung unter Berücksichtigung gesetzlicher Bestimmungen erstellen (z.B. Schriftform, Angabe der Kündigungsgründe) • die Risiken/Folgen einer Kündigungsschutzklage einschätzen (z.B. finanzielle Folgen bei einem Vergleich, Arbeitgeberprestige)
Einstellungen/ Bereitschaft	• Bereitschaft, sich über aktuelle Änderungen/Rechtsurteile im Arbeitsrecht zu informieren (z.B. über Newsletter, Zeitschriften)
kommunikativ/ beziehungsor.	**Gestaltung der Zusammenarbeit mit dem Betriebsrat sowie Führen von Gesprächen mit Mitarbeitern und Führungskräften in arbeitsrechtlichen Fragestellungen**
Kenntnisse/ Wissen	• wissen, dass eine Einigungsstelle einberufen werden kann, wenn sich der Betriebsrat und der Arbeitgeber nicht einigen können
Fähigkeiten/ Fertigkeiten	• Ansprechpartner für Führungskräfte und Mitarbeiter in arbeitsrechtlichen Fragestellungen sein • die Führungskräfte bei disziplinarischen Maßnahmen und Entlassungen beraten (z.B. Kündigungsgründe, Alternativen zur Abmahnung) • die Gespräche mit dem Betriebsrat vorbereiten (z.B. Ziele und Interessen berücksichtigen, Argumente für Zustimmung überlegen) • sozial-kommunikative Kompetenzen in Zusammenarbeit mit dem Betriebsrat mitbringen • einem Mitarbeiter seine Kündigung mitteilen (ggf. gemeinsam mit dem Vorgesetzten, Gründe für die Kündigung erläutern) • Austrittsinterviews mit Mitarbeitern führen (z.B. nach Gründen für die Kündigung fragen, sich Zeit nehmen) • mit den Mitarbeitern arbeitsrechtliche Modalitäten bei Personalentlassungen klären (z.B. Abfindung)
Einstellungen/ Bereitschaft	• Bereitschaft, den Betriebs-/Personalrat frühzeitig und aktiv mit einzubeziehen (z.B. bei Projekten, bei der Personalauswahl) • akzeptieren, dass Entscheidungen durch den Betriebsrat nicht im Sinne des Personalmanagers ausfallen • Bereitschaft, sich bei arbeitsrechtlichen Fragen an fachkompetente Beratung oder Kollegen zu wenden (z.B. Jurist im Haus) • Bereitschaft, einen guten Kontakt zum Betriebsrat zu pflegen, eine vertrauensvolle Zusammenarbeit aufzubauen (z.B. Einigung durch Kompromissfindung)

Tabelle 29: Kompetenzdimension *Beziehungsmanagement mit Externen* mit ihren Unterkategorien und Verhaltensbeschreibungen

Beziehungsmanagement mit Externen	
Zusammenarbeit mit externen Anspruchs- und Bezugsgruppen des Unternehmens (Lieferanten, Verbände und Behörden) sowie Berufskollegen unter Berücksichtigung der damit verbundenen Rahmenbedingungen und Bedürfnisse der jeweiligen Person, Gruppe oder Institution	
Unterkategorie strategisch/ organisational	**Kenntnis und Berücksichtigung grundlegender Rahmenbedingungen (gesetzlich, rechtlich) in der Zusammenarbeit mit Bezugsgruppen des Unternehmens sowie Auswahl externer Dienstleister**
Wissen/ Kenntnisse	▪ die Rahmenbedingungen für Verträge mit externen HR-Dienstleistern kennen (z.B. Personaldienstleistern) ▪ wissen, welche HR-Aufgabenfelder mit welcher Intention an externe Dienstleister ausgelagert werden (z.B. Lohnbuchhaltung) ▪ die grundlegenden Verordnungen der IHK zur Aus- und Weiterbildung kennen (z.B. bundeseinheitliche Zwischen- und Abschlussprüfungen) ▪ die gesetzlichen Rahmenbedingungen in der Zusammenarbeit mit dem Integrationsamt kennen (z.B. Sozialgesetzbuch) ▪ die Aufgaben/Anforderungen an externe HR-Dienstleister (z.B. Berater, Personaldienstleister) kennen
Fähigkeiten/ Fertigkeiten	▪ bei der Auswahl von externen HR-Dienstleistern deren Referenzen berücksichtigen (z.B. Branchenerfahrung) ▪ dem Management eine Entscheidungsgrundlage zur Auswahl eines HR-Dienstleisters vorlegen (Empfehlung begründen) ▪ die Rahmenbedingungen der IHK (Ausbildungsinhalte, Zwischen- und Abschlussprüfungen) berücksichtigen
Einstellungen/ Bereitschaft	▪ Bereitschaft, bei sozialversicherungsrechtlichen Fragestellungen mit der Krankenkasse zusammen zu arbeiten ▪ Bereitschaft, sich bei arbeits- und tarifrechtlichen Fragestellungen an den Arbeitgeberverband zu wenden
technisch/ operativ	**Kenntnis und Nutzung von Förderung- und Unterstützungsmöglichkeiten externer Bezugsgruppen sowie Zusammenarbeit mit diesen bei konkreten personalbezogenen Fragestellungen (Personalbeschaffung- und förderung)**
Wissen/ Kenntnisse	▪ die Möglichkeiten und Bedingungen der Altersteilzeitförderung durch das Arbeitsamt kennen ▪ die Unterstützungsmöglichkeiten des Integrationsamtes für behinderte Beschäftigte kennen

Ergebnisse (Studie 1)

technisch/ operativ	Kenntnis und Nutzung von Förderung- und Unterstützungsmöglichkeiten externer Bezugsgruppen sowie Zusammenarbeit mit diesen bei konkreten personalbezogenen Fragestellungen (Personalbeschaffung- und förderung)
Fähigkeiten/ Fertigkeiten	<ul><li>das Arbeitsamt bei personalbezogenen Fragestellungen kontaktieren (z.B. bei der Personalrekrutierung, Eingliederungszuschüssen)</li><li>mit dem Arbeitsamt das Anforderungsprofil für einen Stelle besprechen</li><li>mit dem Integrationsamt zusammen arbeiten, um die Beschäftigung eines behinderten Mitarbeiters zu fördern (z.b. finanzielle Leistungen)</li><li>dem Dienstleister (Personaldienstleister, -Berater) das Anforderungsprofi einer zu besetzenden Stelle zur Verfügung stellen</li><li>gemeinsam mit einem Personaldienstleister überlegen, ob geeignete Personen aus dem Bewerberpool für die Ausführung der Tätigkeit vorliegen</li></ul>
Einstellungen/ Bereitschaft	<ul><li>Bereitschaft, externe Berater (z.B. Personal-/Unternehmensberater) darauf aufmerksam zu machen, wenn gewünschte Arbeitsergebnisse ausbleiben</li><li>Bereitschaft, an Fachvorträgen/Informationsveranstaltungen externer Institutionen teilzunehmen (z.B. Arbeitgeberverband)</li><li>Bereitschaft, mit Universitäten im Rahmen der Personalrekrutierung zusammen zu arbeiten (z.B. bei Praktika)</li><li>Bereitschaft, mit externen Dienstleistern zur Entwicklung und zum Einsatz von Personalinstrumenten zusammen zu arbeiten (z.B. Mitarbeiterbefragung, Assessment Center)</li><li>Bereitschaft, mit externen Weiterbildungsanbietern zusammen zu arbeiten</li></ul>
kommunikativ/ beziehungsor.	Gestaltung sozial-kommunikativer Beziehungen (Networking, Gespräche) mit externen Bezugsgruppen und Berufskollegen
Wissen/ Kenntnisse	<ul><li>die Ansprechpartner beim Arbeitgeberverband, beim Arbeitsamt und bei der IHK persönlich kennen</li></ul>
Fähigkeiten/ Fertigkeiten	<ul><li>Forderungen gegenüber dem Integrationsamt durchsetzen bzw. diese überzeugen können</li><li>sich mit dem Arbeitgeberverband hinsichtlich tarifvertraglicher Regelungen auseinandersetzen (z.B. bei Zulagen)</li></ul>
Einstellungen/ Bereitschaft	<ul><li>Bereitschaft, sich regelmäßig mit externen Dienstleistern auszutauschen (z.B. während eines Projekts, im Laufe der Zusammenarbeit)</li><li>Bereitschaft, sich mit Berufskollegen aus anderen Unternehmen über die Personalarbeit auszutauschen</li></ul>

Tabelle 30: Kompetenzdimension *Personalcontrolling und Wertschöpfungsmanagement* mit ihren Unterkategorien und Verhaltensbeschreibungen

Personalcontrolling und Wertschöpfungsmanagement Planung, Steuerung und Kontrolle personalwirtschaftlicher Maßnahmen und Optimierung des personalwirtschaftlichen Leistungsbeitrags unter Berücksichtigung von unternehmensspezifischen Zielgrößen	
Unterkategorie strategisch/ organisational	Kenntnis und Bereitstellung grundlegender Kennzahlen des Personalcontrollings im Unternehmen sowie Steuerung personalwirtschaftlicher Maßnahmen unter Berücksichtigung ökonomischer Rahmenbedingungen
Wissen/ Kenntnisse	▪ grundlegende betriebswirtschaftliche Kenntnisse haben (z.B. betriebliches Rechnungswesen) ▪ wissen, aus welchen Kategorien/Kostenarten sich die Personalkosten zusammensetzen (z.B. Lohnkosten, Lohnnebenkosten) ▪ die Vergütungsstrukturen des Unternehmens kennen ▪ die personalwirtschaftlichen Kennzahlen des Unternehmen kennen (z.B. Mitarbeiterzahlen, Fluktuations-/Krankenstandsquoten) ▪ unternehmensstrukturelle Änderungen (z.B. Auflösung eines Produktionsbereiches) und damit verbundene personenbezogene Zukunftsdaten kennen
Fähigkeiten/ Fertigkeiten	▪ personalwirtschaftliche Kennzahlen für unternehmensinterne Interessensgruppen zielgruppenspezifisch bereitstellen (z.B. Gehaltsentwicklungen) ▪ die Bedeutung ökonomischer Rahmenbedingungen und Entwicklungen für das Personalmanagement aufzeigen (Informationsfunktion) ▪ Handlungsempfehlungen zum Umgang mit zukünftigen Entwicklungen ableiten und integrieren (Steuerungsfunktion) ▪ personalwirtschaftliche Leistungen/ Kennziffern mit anderen Unternehmen oder internen Unternehmensbereichen vergleichen (Benchmarking) ▪ ein transparentes Vergütungskonzept entwickeln (z.B. auf Basis von Stellenbewertungen
Einstellungen/ Bereitschaft	▪ Bereitschaft, die Bedeutung betriebswirtschaftlicher Kennziffern bei Verständnisproblemen nachzufragen (z.B. Income Statement)
technisch/ operativ	Kenntnis und Bereitstellung spezifischer Kennzahlen des Personalcontrollings (Personaleinstellung, -verwaltung, -disziplinierung, -kündigung) sowie Steuerung personalwirtschaftlicher Maßnahmen unter Berücksichtigung unternehmensbezogener Ziele und Auswirkungen
Wissen/ Kenntnisse	▪ Maßnahmen zur Kosteneinsparung bei einzelnen Kostenträgern kennen (z.B. Arbeitszeiterhöhung, Senkung der Krankheitsquote) ▪ die Höhe des Budgets für einzelne Kostenstellen kennen (z.B. Weiterbildungsbudget) ▪ personalbezogene Maßnahmen kennen, die zu Verbesserung von personalwirtschaftlichen Kennzahlen beitragen (z.B. Mitarbeiterqualifizierung zur Produktivitätserhöhung)

Ergebnisse (Studie 1)

technisch/ operativ	**Kenntnis und Bereitstellung spezifischer Kennzahlen des Personalcontrollings (Personaleinstellung, -verwaltung, -disziplinierung, -kündigung) sowie Steuerung personalwirtschaftlicher Maßnahmen unter Berücksichtigung unternehmensbezogener Ziele und Auswirkungen**
Fähigkeiten/ Fertigkeiten	<ul><li>mit Hilfe von personenbezogenen Prognosedaten zukünftige Personalbestände vorhersagen</li><li>bei der Festsetzung der Abfindungshöhe im Einzelfall die Auswirkungen abschätzen (z.b. Höhe des Arbeitslosengeldes)</li><li>personalwirtschaftliche Kennzahlen zum Personalbestand und zur –struktur interpretieren (z.B. Mitarbeiterstamm, Altersstruktur)</li><li>EDV-gestützte Controllingsysteme bedienen</li><li>interne Leistungsverrechnungen durchführen</li><li>über konkrete Leistungsbeiträge/-ergebnisse des Personalmanagements informieren (z.B. in der Mitarbeiterzeitung, in internen Meetings)</li><li>Vorschläge zur Kosteneinsparung für spezifische personalwirtschaftliche Handlungsfelder einbringen (z.B. Ausbildungsquoten herunterfahren)</li><li>Personalkostenbudget planen und ggf. Änderungen vornehmen (z.B. unter Berücksichtigung der Vorgaben des Managements)</li><li>die Ursachen/Faktoren bei Kostenexplosionen im Personalbereich analysieren</li><li>Maßnahmen durchführen, um das Potential einzelner Mitarbeiter effizient und effektiv zu nutzen (z.B. Versetzungen)</li><li>den Einsatz eines Personaldienstleiters bei Personalengpässen abwägen (Wertschöpfung durch Flexibilität)</li><li>mit externen/internen Dienstleistern über Preise verhandeln mit dem Ziel, z.B. Budgetvorgaben einzuhalten, Kosten zu reduzieren)</li></ul>
Einstellungen/ Bereitschaft	<ul><li>akzeptieren, dass die strategische Personalplanung im Laufe des Jahres geändert wird</li></ul>
kommunikativ/ beziehungsor.	**Sozial-kommunikativer Austausch zur Bewältigung von Aufgaben des Personalcontrollings**
Einstellungen/ Bereitschaft	<ul><li>notwendige Informationen zur Budgetplanung von den Kollegen/der Abteilung einholen (ggf. darauf hinweisen)</li><li>Bereitschaft, mit Beschäftigten aus anderen Unternehmensbereichen zusammen zu arbeiten, um eine realistische Personalkostenplanung durchführen zu können</li><li>Bereitschaft, sich mit Kollegen aus dem Personalcontrolling/anderen Abteilungen über Maßnahmen zur Kostenoptimierung auszutauschen</li></ul>

Ergebnisse (Studie 1)

Tabelle 31: Kompetenzdimension *Kompetenzmanagement* mit ihren Unterkategorien und Verhaltensbeschreibungen

Kompetenzmanagement	
Kenntnis und Anwendung von Maßnahmen und Methoden zur Erfassung, Entwicklung und zum Management von Mitarbeiterkompetenzen, mit dem Ziel, nachhaltig die wirtschaftliche Handlungskraft eines Unternehmens zu erhöhen	
Unterkategorie strategisch/ organisational	**Kenntnis und Umsetzung der grundlegenden Maßnahmen des Kompetenzmanagements**
Wissen/ Kenntnisse	▪ das Kompetenzmodell des Unternehmens kennen (z.B. Kernkompetenzen und deren Abstufungen) ▪ die unternehmensinternen Maßnahmen zur Kompetenzentwicklung kennen (z.B. internes Seminarprogramm) ▪ die auf dem Kompetenzmodell basierenden Personalinstrumente kennen (z.B. Einstellungsinterview, Zielvereinbarungssysteme, Karriereplanung) ▪ wissen, welche Anforderungen an die Kernkompetenzen der Beschäftigten gestellt werden (z.B. Kundenorientierung, Teamfähigkeit)
Fähigkeiten/ Fertigkeiten	▪ Kompetenzmanagementmaßnahmen mit anderen Unternehmen vergleichen (z.B. Nachwuchsförderung) ▪ Kompetenzentwicklungsmaßnahmen unter Berücksichtigung unternehmensbezogener Rahmenbedingungen (z.B. des Weiterbildungsbudgets) planen ▪ bei der Entwicklung des Kompetenzmodells mitwirken (z.B. Interviews mit Führungskräften führen, bei anderen Unternehmen recherchieren)
technisch/ operativ	**Kenntnis und Anwendung von Maßnahmen und Methoden zur Kompetenzdiagnose, zum Kompetenzmanagement und zur Kompetenzentwicklung im Rahmen der Personalgewinnung und –förderung (insbesondere Führungsnachwuchs)**
Wissen/ Kenntnisse	▪ die Voraussetzungen/Auswahlkriterien zur Förderung einer Führungsnachwuchskraft kennen (z.B. Erfahrung, Flexibilität, Mobilität) ▪ die Kompetenzanforderungen/das Kompetenzprofil für eine Stelle/ Fördermaßnahme kennen ▪ die Funktion des Mitarbeitergesprächs im Rahmen des Kompetenzmanagements kennen ▪ Methoden kennen, die zur Diagnose vorhandener Mitarbeiterkompetenzen eingesetzt werden (z.B. Interviews, Testverfahren) (z.B. Entwicklungspotential identifizieren) ▪ Methoden zur Analyse des Kompetenzentwicklungs-/Weiterbildungsbedarfs kennen (z.B. Fragebogen, Gespräche mit Führungskräften) ▪ die Inhalte eines Trainee-/Führungsnachwuchsprogramms kennen (z.B. Dauer, Ablauf, Maßnahmenkatalog) ▪ die Bedeutung kontinuierlicher Weiterbildung kennen (z.B. lebenslanges Lernen, neue Technologien und Innovationen)

Ergebnisse (Studie 1)

technisch/ operativ	**Kenntnis und Anwendung von Maßnahmen und Methoden zur Kompetenzdiagnose, zum Kompetenzmanagement und zur Kompetenzentwicklung im Rahmen der Personalgewinnung und –förderung (insbesondere Führungsnachwuchs)**
Fähigkeiten/ Fertigkeiten	- bei der unternehmensweiten Erfassung der Mitarbeiterkompetenzen unterstützen (Ziel: Identifikation von Entwicklungsmaßnahmen zur Bewältigung zukünftiger Anforderungen) - Kompetenzanforderungen/-profile für Stellen im Unternehmen beschreiben/ definieren - den Kompetenzentwicklungsbedarf von Beschäftigten regelmäßig erfassen (z.B. Online-Befragung, Gespräche) - die Weiterbildungswünsche der Beschäftigten im Einzelfall beurteilen (z.B. Wirtschaftlichkeit) - die Teilnahme der Beschäftigten an Kompetenzentwicklungsmaßnahmen dokumentieren (z.B. Qualifikationserwerb) - Kompetenzentwicklungsmaßnahmen am Arbeitsplatz organisieren, begleiten (z.B. Job-Rotation) - Kompetenzentwicklungsmaßnahmen evaluieren (z.B. Erfolgskontrolle durch Wissensabfrage) - bei internen Stellenbesetzungen die Übereinstimmung des Anforderungsprofils mit dem IST-Profil des Beschäftigten prüfen (ggf. mit Unterstützung von Personalinformationssystemen) - bei der Konzeption von Kompetenzentwicklungsmaßnahmen unterstützen (z.B. Potential-AC für Nachwuchskräfte) - einen Entwicklungsplan für eine Führungsnachwuchskraft erstellen (z.B. Maßnahmen, Ziele, Perspektiven)
kommunikativ/ beziehungsor.	**Führen von Gesprächen mit Mitarbeitern und Führungskräften zur Umsetzung des Kompetenzmanagementsystems (insbesondere Qualifizierung) sowie Unterstützung des Wissensaustauschs und der -weitergabe**
Fähigkeiten/ Fertigkeiten	- an Management-Konferenzen zur Identifikation entwicklungsfähiger Mitarbeiter teilnehmen - Mitarbeiter und Führungskräfte zu Entwicklungs-/Weiterbildungsmöglichkeiten individuell beraten - mit einem Beschäftigten die Rahmenbedingungen zur Teilnahme an einer Weiterbildungsmaßnahme besprechen (z.B. Kostenübernahme, Freistellung) - die Mitarbeiter und Führungskräfte über das Kompetenzmanagementsystem informieren (z.B. Schulungen durchführen, Fragen beantworten)
Einstellung/ Bereitschaft	- Bereitschaft, einen Wissensaustausch und Kompetenztransfer unter den Mitarbeitern zu ermöglichen (z.B. Teambesprechungen) - Bereitschaft, Wissen und Informationen weiterzugeben (z.B. rechtliche Änderungen bekannt geben, an Austauschrunden teilnehmen) - Bereitschaft, bei den Mitarbeitern die Eigeninitiative zur Weiterentwicklung zu fördern (Kompetenz- und Qualifikationserwerb)

Tabelle 32: Kompetenzdimension *Instrumentenmanagement* mit ihren Unterkategorien und Verhaltensbeschreibungen

Instrumentenmanagement	
Kenntnis, Entwicklung und Anwendung von Personalinstrumenten	
Unterkategorie strategisch/ organisational	**Kenntnis und Entwicklung der im Unternehmen eingesetzten Personalinstrumente**
Wissen/ Kenntnisse	▪ die grundlegenden im Unternehmen eingesetzten Personalinstrumente kennen ▪ Betriebsvereinbarungen kennen, die die Anwendung von Personalinstrumenten regeln (z.B. jährliches Mitarbeitergespräch, Vergütungssysteme)
Fähigkeiten/ Fertigkeiten	▪ einen Leitfaden für die Anwendung von Personalinstrumenten erstellen (z.B. für ein Mitarbeitergespräch) ▪ recherchieren, welche Personalinstrumente andere Unternehmen einsetzen (Benchmarks heranziehen z.B. aus Netzwerken, im Internet) ▪ in der Planungsphase von Personalinstrumenten recherchieren, ob bereits in anderen Gesellschaften des Unternehmens ausgearbeitete Konzepte vorhanden sind ▪ Betriebsvereinbarungen zur Anwendung von Personalinstrumenten konzipieren ▪ die Handhabbarkeit von im Unternehmen eingesetzten Personalinstrumenten analysieren (z.B. Befragung von Führungskräften und Mitarbeitern) ▪ Personalinstrumente an aktuelle Bedingungen anpassen ▪ bei der Entwicklung von Personalinstrumenten (unternehmens-)strategische Aspekte berücksichtigen
Einstellung/ Bereitschaft	▪ Bereitschaft, Führungskräfte in die Konzeption und Weiterentwicklung von Personalinstrumenten einzubeziehen (Akzeptanz erhöhen)
technisch/ operativ	**Kenntnis und Anwendung von Personalinstrumenten im Rahmen der Personalauswahl, -entwicklung und –administration**
Wissen/ Kenntnisse	▪ Inhalt, Ablauf und Bedingungen von Auswahlverfahren kennen (z.B. ACs, Eignungstests) ▪ die Zeitwirtschaftsmodelle und deren Geltungsbereich im Unternehmen kennen (z.B. bestimmte Abteilungen, Standorte) ▪ wissen, dass Leistungsbeurteilungen an Vergütungsbestandteile geknüpft sind ▪ die Strukturierung/Inhalte des Mitarbeitergesprächs kennen (z.B. Zielabgleich von geplanten und erreichten Zielen, Stärken und Schwächen) ▪ die Grundregeln bei der Formulierung von Zielvereinbarungen kennen (z.B. Ziele müssen spezifisch, messbar, realistisch, in Handeln umsetzbar sein) ▪ die Funktionsweise leistungsabhängiger Vergütung kennen (z.B. Prämiensysteme für bestimmte Zielgruppen)

Ergebnisse (Studie 1)

technisch/ operativ	Kenntnis und Anwendung von Personalinstrumenten im Rahmen der Personalauswahl, -entwicklung und –administration
Fähigkeiten/ Fertigkeiten	• Stellenanzeigen/Anforderungsprofile erstellen (Beschreibung von Anforderungen und Aufgaben) • Stellen- und Arbeitsplatzbewertungen als Grundlage für die Vergütungssysteme erstellen • Einstellungsinterviews durchführen (z.B. Fragen zu vergangenen beruflichen Erfolgen stellen, Verhalten in zukünftigen Situationen erfragen) • bei der Konzeption, Durchführung und Auswertung eines Assesment-Centers unterstützen (Aufgabenkonzeption anhand der Anforderungen) • bei der Entwicklung variabler Vergütungssysteme unterstützen • Personalauswahlverfahren validieren (z.B. Praktikabilität und Kosten des Assessment Centers) • die der Vergütung zugrunde liegenden Kriterien der Leistungsbeurteilung kennen (z.B. Qualifikationen, Kompetenzen) • Richtlinien zur Durchführung des Mitarbeitergesprächs entwickeln (z.B. Ablauf, regelmäßige Durchführung, Protokollierung) • die Durchführung von Mitarbeitergesprächen durch die Führungskräfte sicherstellen (z.B. Gesprächprotokolle verlangen) • die Dokumentation aus Mitarbeiter-/Zielvereinbarungsgesprächen auswerten (z.B. Beurteilungen, vereinbarte Entwicklungsmaßnahmen)
Einstellung/ Bereitschaft	• akzeptieren, dass man als Personalmanager bei Personalauswahlentscheidungen in einer Ratgeberrolle ist • im Bewerbungsgespräch offen und freundlich mit dem Bewerber umgehen (angenehme Atmosphäre schaffen)
kommunikativ/ beziehungsor.	**Führen von Gesprächen zum Einsatz von Personalinstrumenten (zur Personalbeurteilung, -förderung, -verwaltung)**
Fähigkeiten/ Fertigkeiten	• die Inhalte einer Mitarbeiterbefragung vor deren Durchführung im Projektteam abstimmen (z.B. Fragen zum Betriebsklima, Führungskultur) • Mitarbeiter und Führungskräfte zur Durchführung eines Mitarbeitergesprächs/einer Personalbeurteilung schulen (z.B. Formulierung von Zielen, Ansprechen von Kritik) • die Fragen der Mitarbeiter und Führungskräfte zu Personalinstrumenten beantworten (z.B. Mitarbeitergespräch, Vergütungssysteme) • den Führungskräften beratend bei der Entwicklung von Karriereplänen für Mitarbeiter zur Seite stehen
Einstellung/ Bereitschaft	• Bereitschaft, die Führungskräfte auf ihre Verantwortung bezogen auf eine faire Mitarbeiterbeurteilung hinzuweisen • Mitarbeitergespräche (zwischen Mitarbeiter und Führungskraft) auf Wunsch begleiten

Tabelle 33: Kompetenzdimension *Management des Wandels* mit ihren Unterkategorien und Verhaltensbeschreibungen

Management des Wandels	
Kenntnis der Einflussfaktoren und Bedingungen des Wandels sowie Durchführung von Maßnahmen (Information, Kommunikation, Personalentwicklung) zur Bewältigung der Wandlungsprozesse im Unternehmen	
Unterkategorie strategisch/ organisational	**Kenntnis und Analyse der internen und externen Faktoren des Wandels**
Wissen/ Kenntnisse	▪ die internen und externen Faktoren des Wandels kennen (z.B. Gewinnvorgaben durch den Mutterkonzern, Wettbewerber am Markt) ▪ die Auswirkungen externer Einflüsse auf organisationale Veränderungsprozesse kennen (z.B. Personalabbau)
Fähigkeiten/ Fertigkeiten	▪ die wirtschaftlichen Veränderungen am Markt beobachten (z.B. in der Branche, bei einzelnen Unternehmen) ▪ benchmarken/recherchieren, wie andere Unternehmen den veränderten ökonomischen Rahmenbedingungen (z.B. Politik, Technik) begegnen ▪ erörtern, in welchen Unternehmensbereichen eine Anpassung an die externen Veränderungen (z.B. wirtschaftliche Entwicklungen) erfolgen muss ▪ das demografische Problem im eigenen Unternehmen/in der Branche einschätzen (z.B. Altersstruktur der Fachkräfte)
Einstellung/ Bereitschaft	▪ Bereitschaft, sich dem wirtschaftlichen Wandel anzupassen, flexibel zu sein
technisch/ operativ	**Kenntnis und Anwendung von Instrumenten und Methoden zur Bewältigung des Wandels unter Berücksichtigung gegenwärtiger und zukünftiger Anforderungen**
Wissen/ Kenntnisse	▪ wissen, dass die Mitarbeiter für die Bewältigung zukünftiger Aufgaben weiterqualifiziert werden müssen ▪ die Vorgehensweisen und Instrumente zur Bewältigung des demografischen Wandels kennen (z.B. strukturierte Nachfolgeplanung)

Ergebnisse (Studie 1)

technisch/ operativ	**Kenntnis und Anwendung von Instrumenten und Methoden zur Bewältigung des Wandels unter Berücksichtigung gegenwärtiger und zukünftiger Anforderungen**
Fähigkeiten/ Fertigkeiten	- Maßnahmen durchführen, um gemeinsam mit Verantwortlichen aus den Unternehmenseinheiten die Gestaltung der Veränderungsprozesse zu planen - Maßnahmen durchführen, um den Mitarbeitern die anstehenden Veränderungsprozesse im Unternehmen aufzuzeigen (z.B. Strategien, Maßnahmen) - Maßnahmen anbieten, um die im Rahmen von Umstrukturierungen entlassenen Mitarbeiter zu unterstützen (z.B. Outplacement) - Maßnahmen durchführen, um die Zusammenarbeit zwischen Kollegen aus fusionierten Unternehmen zu optimieren (z.B. gemeinsame Betriebsausflüge) - die organisatorischen, personellen Veränderungen (z.B. Versetzungen, Abteilungsfusionen) in Personalinformationssystemen abbilden - die Qualifikationsstruktur der Beschäftigten analysieren (mit dem Ziel, Personalentwicklungsmaßnahmen abzuleiten, die auf zukünftige Aufgaben vorbereiten) - die veränderten wirtschaftlichen Bedingungen bei der Umsetzung von Personalentwicklungsmaßnahmen berücksichtigen - betriebliche Altersstrukturanalysen durchführen (mit dem Ziel der Identifizierung zukünftiger betrieblicher Personalengpässe)
Einstellung/ Bereitschaft	- Bereitschaft, die Mitarbeiter auf die Notwendigkeit der Weiterqualifizierung hinzuweisen (z.B. um sich organisationalen Veränderungen anzupassen)
kommunikativ/ beziehungsor.	**Führen von Gesprächen sowie Bereitstellung von Informationen in betrieblichen Veränderungsprozessen (Umstrukturierungen/ Unternehmensfusionen)**
Wissen/ Kenntnisse	- die Bedeutung einer offenen Kommunikation in Veränderungsprozessen kennen
Fähigkeiten/ Fertigkeiten	- als Ansprechpartner für die Mitarbeiter bei unternehmensstrukturellen Veränderungen zur Verfügung stehen (bei fachlichen und persönlichen Fragen) - den Informations- und Kommunikationsfluss im Rahmen von Umstrukturierungsprozessen zwischen den Unternehmenseinheiten und der Personalabteilung sicherstellen (z.B. Erstellung eines Kommunikationsplans, der die Informationsweitergabe an die Mitarbeiter regelt) - im Rahmen betrieblich bedingter Personalentlassungen den Mitarbeitern die Ängste nehmen, Zuversichtlichkeit demonstrieren - einem Mitarbeiter mitteilen, dass er aufgrund von Restrukturierungsmaßnahmen versetzt/entlassen wird - im Rahmen von Restrukturierungsmaßnahmen (z.B. Personalabbau, Versetzungen) Gespräche mit dem Betriebsrat und den betreffenden Abteilungen führen, Einigung treffen

Ergebnisse (Studie 1)

kommunikativ/ beziehungsor.	Führen von Gesprächen sowie Bereitstellung von Informationen in betrieblichen Veränderungsprozessen (Umstrukturierungen/ Unternehmensfusionen)
Einstellung/ Bereitschaft	▪ Bereitschaft, offen und ehrlich die anstehenden betrieblichen Veränderungsprozesse an die Mitarbeiter zu kommunizieren ▪ Bereitschaft, den Betriebsrat in die anstehenden Veränderungsprozesse frühzeitig mit einzubinden ▪ den Mitarbeitern das Gefühl vermitteln, ihre mit betrieblichen Veränderungsprozessen verbundenen Ängste ernst zu nehmen (ggf. trösten, beruhigen) ▪ Bereitschaft, bei betrieblichen Veränderungsprozessen auf die Mitarbeiter zuzugehen (nach ihrem Befinden und Unterstützungsmöglichkeiten fragen)

Betrachtet man das weiterentwickelte Kompetenzmodell mit seinen n = 242 Verhaltensankern hinsichtlich der Zusammensetzung der Kompetenzfacetten so ist auffällig, dass die Kompetenzmerkmale *Fähigkeiten und Fertigkeiten* (n = 127) insgesamt den größten Anteil ausmachen, während die Anker, die Wissen/Kenntnisse beschreiben, mit n = 69 am zweithäufigsten vertreten sind. Den zahlenmäßig geringsten Anteil (n = 46) haben die personenbezogenen Kompetenzmerkmale *Einstellungen/Bereitschaft*. Wie sich die zahlenmäßige Verteilung der Kompetenzfacetten im Einzelnen darstellt, ist in Tabelle 34 veranschaulicht.

Tabelle 34: Zahlenmäßige Verteilung der Kompetenzmerkmale pro Kompetenz

Kompetenz	Anzahl der Kompetenzmerkmale (n)		
	Wissen/ Kenntnisse	Fähigkeiten/ Fertigkeiten	Einstellungen/ Bereitschaft
Kulturelle Kompetenz	9	16	7
Personalstrategische Kompetenz	10	13	5
Arbeitsrechtliche und Sozialpartnerschaftliche Kompetenz	10	16	6
Beziehungsmanagement mit Externen	8	10	9
Personalcontrolling und Wertschöpfungsmanagement	8	17	5
Kompetenzmanagement	11	17	3
Instrumentenmanagement	8	21	5
Management des Wandels	5	17	6

9.3.4. Unterschiede zu existierenden Kompetenzmodellen für Personalmanager

In den vorangegangenen Kapiteln wurden die Struktur und die Inhalte des weiterentwickelten Kompetenzmodells dargestellt. Resümierend soll auf wesentliche Unterschiede des Kompetenzmodells zu bereits existierenden Kompetenzmodellen für Personalmanager eingegangen werden. Das im Rahmen der Studie weiterentwickelte Kompetenz-modell weist wesentliche Unterschiede zum ursprünglichen DGFP-Kompetenzmodell zum einen hinsichtlich seines Detaillierungs- und Konkretisierungsgrades und zum anderen hinsichtlich seiner Strukturierung auf. Was den Detaillierungsgrad betrifft, so wird in dem weiterentwickelten Kompetenzmodell jede Kompetenz durch mehrere spezifische Verhaltens- und Einstellungsanker beschrieben, die konkrete Erläuterungen typischen Arbeitsverhaltens und berufsrelevante Einstellungen eines Personalmanagers darstellen. Darüber hinaus werden die Verhaltensweisen und professionellen Einstellungen durch Beispiele näher erläutert. Demgegenüber ist im ursprünglichen Kompetenzmodell jeder Kompetenzbereich durch nur wenige und weitgehend allgemein formulierte Kompetenz-standards bzw. Lernziele erläutert. Es fehlt eine detaillierte Beschreibung der Kompetenzen anhand von Verhaltens- und Einstellungsankern. Auch wurde auf die Beschreibung von kognitiven Kompetenzfacetten (fachliches Wissen, fachliche Fertigkeiten) fokussiert, während nicht kognitive Kompetenzmerkmale (motivationale Orientierungen, professionelle Überzeugungen) vernachlässigt wurden. Ein zentrales Charakteristikum einer Kompetenz-definition ist jedoch, dass diese nicht auf die reine „Beschreibung von Leistungs-voraussetzungen ausgerichtet ist, sondern neben kognitiven und sensumotorischen auch motivationale, volitionale, einstellungs- und wertebezogene sowie sozial-kommunikative Elemente enthält" (Schaper, 2009b, S. 184). In dem weiterentwickelten Modell wurden daher neben Wissensvoraussetzungen und kognitiven Fähigkeiten auch relevante nicht-kognitive Kompetenzaspekte erfasst. Ein weiterer Unterschied gegenüber dem ursprünglichen Modell ist darin zu sehen, dass eine Differenzierung zwischen wissens-, handlungs- und einstellungsbezogenen Kompetenzaspekten vorgenommen wurde. Im ursprünglichen DGFP-Modell wurden diese Personen- bzw. Kompetenzmerkmale in einer Kompetenzbeschreibung gebündelt.

Tabelle 35 stellt beispielhaft ausgewählte Lernziele/Kompetenzstandards des ursprünglichen Kompetenzmodells ausgewählten Verhaltens- und Einstellungsankern des weiterent-wickelten Modells gegenüber, die sich hinsichtlich ihres Detaillierungs- und Differenzierungs-grads unterscheiden.

Tabelle 35: Gegenüberstellung des ursprünglichen DGFP- und des weiterentwickelten Kompetenzmodells anhand ausgewählter Kompetenzanker

ursprüngliches DGFP-Kompetenzmodell	weiterentwickeltes Kompetenzmodell
Bsp. Lernziel/Kompetenzstandard (Kulturprägende Kompetenz)	**Bsp. Kompetenzanker (Kulturelle Kompetenz)**
a) ▪ kennt und versteht Vorgehensweisen der strategischen und operativen Kulturgestaltung inklusive der aktuellen Ansätze und Werkzeuge und wirkt an deren Umsetzung im eigenen Unternehmen kompetent mit	▪ die Unternehmenshistorie und deren Bedeutung für die Unternehmenskultur kennen (z.B. Fusion unterschiedlich kulturgeprägter Unternehmen) ▪ Indikatoren für die (Weiter-)Entwicklung der Unternehmensgrundsätze kennen (z.B. Schaffen eines gemeinsamen Grundverständnisses) ▪ Vorgehen zur Entwicklung der Unternehmensgrundsätze kennen (z.B. Workshops mit Führungskräften, unternehmensweite Mitarbeiterbefragung) ▪ an der Weiterentwicklung der Unternehmensgrundsätze mitwirken (z.B. Betonung wichtiger Themen, Durchführung von Workshops) ▪ akzeptieren, dass man als Personalmanager nicht auf alle kulturprägenden Aspekte im Unternehmen Einfluss hat
Bsp. Lernziel/Kompetenzstandard (Kompetenz zur Gestaltung der betrieblichen Sozialpartnerschaft)	**Bsp. Kompetenzanker (Arbeitsrechtliche und Sozialpartnerschaftliche Kompetenz)**
b) ▪ kennt und versteht die Regelungsebenen des Arbeits- und Sozialrechts, hat fundierte Kenntnisse im Betriebsverfassungsrecht sowie im Tarif- und Vertragsrecht und wendet diese situativ richtig in seinem Aufgabenbereich an	▪ die grundlegenden Gesetze des Individualarbeitsrechtes und deren Inhalte kennen (z.B. Kündigungsschutzgesetz, Teilzeit- und Befristungsgesetz) ▪ die grundlegenden Inhalte der geltenden Tarifverträge kennen (z.B. Entgeltrahmenabkommen, Entgeltgruppen und Eingruppierung) ▪ die Rechte des Betriebsrates kennen (z.B. Information-, Mitwirkungs-, Mitbestimmungsrechte) ▪ einen Sozialplan erstellen (unter Berücksichtigung von Aspekten wie z.B. Dauer der Betriebszugehörigkeit, Lebensalter) ▪ Bereitschaft, bei der Personalarbeit nach den rechtlichen und gesetzlichen Bestimmungen zu handeln

Betrachtet man die beiden beispielhaft ausgewählten Kompetenzstandards/Lernziele des ursprünglichen Kompetenzmodells so fällt zum einen auf, dass fachliche Wissens- und Kenntnisaspekte mit Fähigkeits- und Fertigkeitsaspekten (im Sinne konkreten beruflichen Handelns) in einer Kompetenzbeschreibung gebündelt worden sind. Zum anderen sind die Beschreibungen allgemein und inhaltlich wenig konkret formuliert. Demgegenüber zeigen die Verhaltens- und Einstellungsanker des weiterentwickelten Modells, dass eine Differenzierung zwischen wissens-, handlungs- und einstellungsbezogenen Kompetenzfacetten sowie eine detailliertere und durch Beispiele ergänzte Beschreibung der Kompetenzen vorgenommen wurde. Darüber hinaus wurde im weiterentwickelten Kompetenzmodell im Gegensatz zum Ursprungsmodell eine Strukturierung der Hauptkompetenzfelder vorgenommen, indem Unterkategorien gebildet wurden, die inhaltlich mehrere Kompetenzbeschreibungen zusammenfassen. Nicht zuletzt wurden weitere Kompetenzaspekte ergänzt, die im Rahmen der Interviewanalyse als erfolgskritische Leistungsvoraussetzungen im Personalmanagement identifiziert werden konnten.

Neben den beschriebenen Unterschieden des weiterentwickelten Modells zum ursprünglichen Kompetenzmodell interessiert, ob zentrale Unterschiede zu den im internationalen Raum entwickelten Kompetenzstandards und Kompetenzmodellen existieren. Dabei wird zum einen Bezug genommen auf die bereits in Kap. 5 beschriebenen Kompetenzstandards, die als Grundlage für Qualifizierungsprogramme entwickelt wurden. Dazu gehören die Kompetenzstandards des Human Resource Certification Institute (HRCI, vgl. Kap. 5.1.2), der Chartered Institute of Personnel and Development (CIPD, vgl. Kap. 5.2) und der Canadian Council of Human Resources Associations (CCHRA, vgl. Kap. 5.3). Ohne im Detail auf die Standards jeder einzelnen Institution eingehen zu wollen, lässt sich grundsätzlich feststellen, dass eine weitgehend auf das gesamte Tätigkeitsfeld gerichtete Kompetenzbeschreibung vorgenommen und eine Bandbreite von beruflichen Anforderungen im Personalmanagement berücksichtigt wurde. Allerdings bezieht sich das Spektrum der betrachteten Kompetenzfacetten in erster Linie auf kognitive Facetten, während nicht kognitive Facetten (z.B. professionalitätsbezogene Einstellungen) nur vereinzelt auftauchen und nicht deutlich als solche gekennzeichnet sind. Beispielsweise kann angenommen werden, dass sich das Kompetenzitem „zeigt seine Verbindlichkeit gegenüber Teamentscheidungen" aus dem Kompetenzmodell der CIPD weniger auf ein kognitives Kompetenzmerkmal, sondern vielmehr auf die Einstellung bezieht, sich als Personalmanager Teamentscheidungen gegenüber verbindlich zu zeigen. Eine Begründung dafür, dass motivations- und einstellungsbezogene Kompetenzaspekte in den Kompetenzmodellen weitgehend unberücksichtigt geblieben sind, mag darin liegen, dass bei Qualifizierungsprogrammen die Vermittlung von Wissens- und Fähigkeitsaspekten im Vordergrund steht. Einstellungsbezogene

Kompetenzaspekte bzw. professionelle Überzeugungen sind demgegenüber weitaus schwieriger zu vermitteln. Darüber hinaus ist auffällig, dass die Kompetenzstandards - anders als im weiterentwickelten Modell - über keine konkreten Beispiele im Sinne einer ergänzenden Erläuterung zu den einzelnen Kompetenzbeschreibungen verfügen.

Betrachtet man die Kompetenzmodelle der Human Resources Management (SHRM, vgl. Kap. 5.1.1) und der World Federation of People Management Associations (WFPMA, vgl. Kap. 5.4.1), die eine große Bedeutsamkeit in der Personalmanagementliteratur haben, so lässt sich feststellen, dass die enthaltenen Kompetenzen durch eine Definition und durch mehrere Kompetenzanker, die die Kompetenz näher beschreiben, erläutert sind. Allerdings sind gegenüber dem im Rahmen dieser Arbeit entwickelten Kompetenzmodell die Verhaltens- und Einstellungsbeschreibungen eher allgemein formuliert und es fehlen konkrete Beispiele zur Erläuterung derselben (vgl. Tab. 36 und 37). Ein weiterer Unterschied besteht darin, dass in den Kompetenzmodellen der SHRM und der WFPMA keine über alle Kompetenzen hinweg einheitliche Systematik zur Strukturierung der Kompetenzen gewählt wurde. Demgegenüber wurde im weiterentwickelten Kompetenzmodell jede Hauptkompetenz in die Subkompetenzbereiche strategisch/organisational, technisch/operativ und kommunikativ/beziehungsorientiert unterteilt und eine Differenzierung der Kompetenzbeschreibungen in die Facetten Wissen/Kenntnisse, Fähigkeiten/Fertigkeiten und Einstellungen/Bereitschaft vorgenommen.

Tabelle 36: Gegenüberstellung des SHRM-Kompetenzmodells und des weiterentwickelten Kompetenzmodells anhand ausgewählter Kompetenzanker

SHRM-Kompetenzmodell	weiterentwickeltes Kompetenzmodell
Bsp. Kompetenzanker (*Talent Manger*)	**Bsp. Kompetenzanker** (*Kompetenzmanagement*)
a) ▪ gestaltet Entwicklungsmöglichkeiten bei der Arbeit	▪ Kompetenzentwicklungsmaßnahmen am Arbeitsplatz organisieren und begleiten (z.B. durch Job-Rotation)
Bsp. Kompetenzanker (*Talent Manger*)	**Bsp. Kompetenzanker** (*Personalstrategische Kompetenz*)
b) ▪ bindet Talente an das Unternehmen	▪ strategische Maßnahmen zur Gewinnung von High Potentials/Bewältigung des Fachkräftemangels kennen (z.B. Hochschulmarketing)

Ergebnisse (Studie 1)

Tabelle 37: Gegenüberstellung des WFPMA-Kompetenzmodells und des weiterentwickelten Kompetenzmodells anhand ausgewählter Kompetenzanker

WFPM-Kompetenzmodell	weiterentwickeltes Kompetenzmodell
Bsp. Kompetenzanker (*Managementkompetenz*)	**Bsp. Kompetenzanker** (*Kompetenzmanagement*)
a) ▪ identifiziert Entwicklungsbedarfe	▪ Methoden zur Analyse des Kompetenzentwicklungs-/Weiterbildungsbedarfs kennen (z.B. Fragebogen, Gespräche mit Führungskräften)
Bsp. Kompetenzanker (*Funktionale Kompetenz*)	**Bsp. Kompetenzanker** (*Personalcontrolling und Wertschöpfungsmanagement*)
b) ▪ budgetiert und kontrolliert Kosten	▪ Personalkostenbudget planen und ggf. Änderungen vornehmen (z.B. unter Berücksichtigung der Vorgaben des Managements)

10. Zusammenfassung und Diskussion (Studie 1)

In diesem Abschnitt wird die erste Studie dieser Arbeit diskutiert. Zunächst wird auf die zugrunde liegende Zielsetzung und die Fragestellungen eingegangen (Kap. 10.1). Darüber hinaus wird die Untersuchungsmethodik einer näheren Betrachtung unterzogen (Kap. 10.2). Im Anschluss wird die Repräsentativität der zugrunde liegenden Stichprobe thematisiert (Kap. 10.3). Danach werden der Erkenntnisgewinn der Studie und die Implikationen für die Praxis (Kap. 10.4) besprochen. Das Kapitel endet mit einem Ausblick auf die weitere Forschung.

10.1. Überprüfung der Zielsetzung und Fragestellungen

Die theoretische Zielsetzung dieser Arbeit bestand darin, ein bereits bestehendes Kompetenzmodell für Personalmanager, das von der Deutschen Gesellschaft für Personalführung (DGFP) entwickelt und als Grundlage ihres Qualifizierungsprogramms ProPer eingesetzt wurde, weiter zu entwickeln. Der Grund für die Weiterentwicklung des Kompetenzmodells liegt darin, dass hinsichtlich der ursprünglichen Entwicklung des Modells und dessen inhaltlicher Gestaltung einige Schwächen identifiziert werden konnten. Dazu gehörte zum einen, dass für die Entwicklung des ursprünglichen Kompetenzmodells lediglich Experten dazu befragt wurden, über welche beruflichen Kompetenzen Personalverantwortliche idealerweise verfügen *sollten*. Auf eine Befragung von Personalmanagern zu ihren Aufgaben sowie zu deren Bewältigung erforderlichen Kompetenzen wurde verzichtet, obwohl davon ausgegangen werden kann, dass Stelleninhaber selbst am besten und detailliert über Leistungsvoraussetzungen zur erfolgreichen Bewältigung der Situationsanforderungen in ihrem beruflichen Handlungsfeld berichten können. Darüber hinaus wurde keine detaillierte Beschreibung der Kompetenzen anhand von Verhaltens- und Einstellungsankern und keine Differenzierung zwischen unterschiedlichen Kompetenzaspekten (z.B. kognitiven, motivationalen, einstellungs- und wertbezogenen) vorgenommen. Aus den geschilderten Gründen wurde mit der Weiterentwicklung des Kompetenzmodells die Zielsetzung verfolgt, die im Modell enthaltenen Kompetenzen a) durch Definitionen und verbale Verankerungen zu konkretisieren, b) nach verschiedenen Kompetenzkomponenten (wie kognitiven, motivationalen, einstellungs- und wertbezogenen Aspekten) zu differenzieren, c) durch definierte Unterkategorien sinnvoll zu strukturieren und d) gegebenenfalls durch weitere Kompetenzen zu ergänzen. Anzumerken ist, dass nicht die Revision des bestehenden Kompetenzmodells angestrebt wurde. Vielmehr war die Vorgabe seitens der DGFP, die acht Hauptkompetenzbereiche bzw. Kompetenzdimensionen des Modells beizubehalten. Im Rahmen dieser Arbeit wurde also keine Kompetenzanalyse und –modellierung im klassischen Sinne verfolgt, sondern von bereits existierenden Kompetenzkategorien ausgegangen. Idealtypisch werden in der Praxis die für eine berufliche Position relevanten Kompetenzen nicht nur deduktiv, sondern auch induktiv bestimmt (Schaper, 2009a), d.h. dass bei der Kompetenzbestimmung und -modellierung ein a priori aufgestelltes, grobes Kategorien- bzw. Kompetenzraster im Rahmen der Durchsicht und Auswertung des Datenmaterials ergänzt und verfeinert wird (Bortz & Döring, 2005).

Abgeleitet aus der Zielsetzung der Arbeit wurden vier verschiedene Fragestellungen formuliert. Bei der ersten Fragestellung ging es darum, ob sich die im Kompetenzmodell der DGFP formulierten Kompetenzen durch Verhaltens- und Einstellungsanker konkretisieren und spezifischer beschreiben lassen. Der Hintergrund für die Formulierung dieser Fragestellung lag darin, dass Kompetenzen mit einer Beschreibung anhand von Verhaltensbeispielen inhaltlich detaillierter erläutert werden. Die zweite Fragstellung bezog sich darauf, ob eine exaktere Differenzierung zwischen den Kompetenzaspekten möglich ist und sich eine Klassifikation in die Kompetenzfacetten Wissen/Kenntnisse, Fähigkeiten/Fertigkeiten, Einstellungen/Bereitschaft vornehmen lässt. Eine solche Kompetenzeinteilung ist angelehnt an die im angloamerikanischen Sprachraum übliche Unterteilung von Leistungsvoraussetzungen in *Knowledge, Skills, Abilities* bzw. *Attitudes* (Nerdinger et al., 2008). In Zusammenhang mit der Kompetenzdifferenzierung wurde die dritte Fragestellung formuliert und geprüft, auf welche Weise die Kompetenzen im Modell sinnvoll strukturiert und geordnet werden können. Die vierte und letzte Fragestellung bezog sich darauf, ob das Kompetenzmodell durch weitere erfolgskritische Kompetenzen ergänzt werden kann, die im Rahmen der Datenerhebung und –analyse identifiziert werden.

Um die erste Frage nach Konkretisierung der Kompetenzen beantworten zu können, wurde zur detaillierten Ermittlung der erfolgskritischen Verhaltens- und Leistungsaspekte eines Personalmanagers eine qualitative Erhebungsmethode herangezogen. In Anlehnung an das BEI und die CIT sind aufgaben- und situationsbezogene Interviews mit Personalmanagern durchgeführt worden. Der Hintergrund für die Wahl dieser Erhebungsmethode bestand darin, dass sie eine detaillierte Erfassung der spezifischen Leistungsvoraussetzungen für eine bestimmte berufliche Tätigkeit erlaubt, indem bei Stelleninhabern die individuellen Verhaltensweisen, Gedanken, Gefühle, Motive in konkreten Arbeitssituationen erfasst werden. Mit Hilfe einer qualitativen Inhaltsanalyse und einer generisch-interpretativen Auswertung des erhobenen Datenmaterials wurden die für die Tätigkeit eines Personalmanagers erfolgsrelevanten Personenmerkmale heraus gearbeitet. Für jede Kompetenz wurden Verhaltens- und Einstellungsanker definiert, die die Bewältigung verschiedener Anforderungssituationen widerspiegeln und konkrete Verhaltensbeispiele darstellen, wie sich

Zusammenfassung und Diskussion (Studie 1)

die jeweilige Kompetenz im Alltag manifestiert. Durch die Formulierung verhaltensbezogener, beobachtbarer Anforderungen wurde somit eine detaillierte, präzise Kompetenzbeschreibung erzielt und eine konkrete Sprache zu den tätigkeitsspezifischen Verhaltens- und Leistungsvoraussetzungen gesprochen (Peters & Winzer, 2003).

Die zweite Fragestellung bezog sich darauf, ob eine Beschreibung der Kompetenzen hinsichtlich verschiedener Kompetenzkomponenten (z.b. kognitive, sensumotorische, motivationale Aspekte) möglich ist. Schließlich wird in der Literatur die Mehrdimensionalität domänenspezifischer Kompetenzen betont, nach der eine rein kognitive Begriffsbestimmung von Kompetenzen nicht ausreicht (Breuer, 2005; Schaper, 2009a). In diesem Zusammenhang betont Weinert (2001), dass Kompetenzen nicht nur durch kognitive Fähigkeiten und Fertigkeiten beschrieben werden können, sondern auch durch die „motivationalen, volitionalen und sozialen Bereitschaften und Fähigkeiten, die Problemlösungen in variablen Situationen erfolgreich und verantwortungsvoll nutzen zu können" (S. 27). Das Kompetenzkonzept sollte also nur dann benutzt werden, wenn zur Bewältigung komplexer beruflicher Aufgabenstellungen sowohl kognitive als auch motivationale, ethische, willensmäßige und soziale Komponenten gehören. Konsens ist allerdings auch, dass es angesichts der Bandbreite und Komplexität von Kompetenzen und der Vielzahl an Tätigkeitsfeldern eine enorme Schwierigkeit darstellt, ein Kategoriensystem zu ihrer Klassifizierung zu entwerfen (Faulstich, 1997; Erpenbeck & Heyse, 1999). Daher wurde in der vorliegenden Arbeit untersucht, ob in Anlehnung an theoretische Ansätze zur Klassifikation von Kompetenzmerkmalen die berufsrelevanten Merkmale hinsichtlich verschiedener Charakteristika differenziert werden können bzw. ob sich Unterschiede zwischen verschiedenen Kompetenzfacetten explizit herausarbeiten lassen. Für die Einteilung von Leistungsvoraussetzungen werden in der Literatur je nach wissenschaftlicher Bezugsdisziplin und professionellen Tätigkeitsfeldern unterschiedliche Begriffe und Ordnungskriterien herangezogen (Sackett & Laczo, 2003; Frey & Balzer, 2003; Maag Merki & Grob, 2003; Straka & Lenz, 2003; Schwadorf, 2003). Für die zugrunde liegende Thematik dieser Arbeit wurde eine im Personalmanagement und der amerikanischen Personalpsychologie durchaus übliche Ordnung von Kompetenzmerkmalen in Knowledge, Skills, Abilities bzw. Attitudes ausgewählt (Nerdinger et al., 2008). Diese erlaubt eine explizite Unterscheidung zwischen unterschiedlichen Kompetenzaspekten in fähigkeits-, motivations-, einstellungs-, und wertbezogene Komponenten der Kompetenz. Demnach wurde bei der Auswertung des vorliegenden Datenmaterials eine Einteilung der erfolgskritischen Kompetenzen in die Kategorien Wissen/Kenntnisse, Fähigkeiten/Fertigkeiten und Einstellungen/Bereitschaft vorgenommen. Durch diese Unterscheidung wird eine differenzierte Betrachtungsweise der Kompetenzen erreicht, die insbesondere einen Nutzen für die inhaltliche Gestaltung des

ProPer-Qualifizierungsprogramms und für die Kompetenzentwicklung der Teilnehmer darstellen kann. So erfordert die Vermittlung von reinem Fachwissen, dass Trainingsbausteine konzeptionell anders gestaltet und operativ umgesetzt werden als der Erwerb fachbezogener Fertigkeiten im Sinne der Beherrschung von Abläufen bzw. sensumotorischen Handlungen oder die Förderung nicht-kognitiver Kompetenzelemente. Das bedeutet, dass die Auswahl von Trainingsmodulen bzw. die Gestaltung von Lernumgebungen in Abhängigkeit der Zielsetzung erfolgen sollte, welche Leistungsvoraussetzungen und Kompetenzelemente zu fördern sind und dass zu berücksichtigen ist, dass Kompetenzen nicht nur gelehrt werden können (Klieme et al., 2007; Schaper, 2009a). So sind für die Vermittlung nicht-kognitiver Elemente (z.B. Sozialkompetenzen) eher integrierte Lernmaßnahmen (z.B. die Bearbeitung von Aufgaben in Gruppen) heranzuziehen als Trainingsmodule, die klassischerweise zum Erwerb von fachlichem Wissen eingesetzt werden.

Mit der dritten Fragestellung sollte untersucht werden, ob eine sinnvolle Lösung zur Strukturierung der Kompetenzbereiche gefunden werden kann und ob innerhalb der Kerndimensionen bzw. Hauptkompetenzfelder Unterkategorien gebildet werden können, die inhaltlich mehrere Kompetenzbeschreibungen zusammenfassen. Um diese Frage zu beantworten, wurde eine Literaturanalyse bereits vorliegender Kompetenztaxonomien für Personalmanager vorgenommen. Es wurden insgesamt drei Kompetenztaxonomien herangezogen, die das Ergebnis von Kompetenzstudien internationaler Fachverbände des Personalmanagements waren. Dazu gehören zum einen zwei Kompetenztaxonomien, die als Ergebnis aus der Human Resource Competency Study (HRCS)[14] hervorgingen. Für die zugrunde liegende Arbeit wurden die auf Basis der Studienergebnisse von 2002 und 2007 formulierten erfolgskritischen Kompetenzen für Personalmanager berücksichtigt, die in den Ausarbeitungen von Ulrich und Brockbank (2005) bzw. bei Grossman (2007) beschrieben sind. Zum anderen wurden für die theoretischen Überlegungen zur Kompetenzstrukturierung neben den Ergebnissen der HRCS die Befunde aus der weltweiten Studie der World Federation of People Management Associations (WFPMA) zu professionellen Kompetenzstandards für HR-Manager zugrunde gelegt, die Brewster et al. (2000) in ihrem Projektbericht darlegen. Die in den Kompetenztaxonomien beschriebenen Kompetenzen wurden nach gemeinsamen Begrifflichkeiten und Inhalten gruppiert (vgl. Kap. 9.3.2). Es entstanden dabei drei thematisch abgrenzbare Unterkategorien unter die die in den Studien identifizierten Kompetenzen subsumiert werden konnten und die jeweils mit einem Begriff versehen wurden, der die entsprechende Kategorie inhaltlich am besten repräsentiert. Auf diese Art und Weise konnte eine sinnvolle Querstrukturierung der Hauptkompetenzbereiche

---

[14] Die HRCS wurde von der Society for Human Resource Management (SHRM) gemeinsam mit der Michigan University durchgeführt.

Zusammenfassung und Diskussion (Studie 1)

vorgenommen und jede Kompetenz in die Unterkategorien strategisch/organisational, technisch/operativ, kommunikativ/beziehungsorientiert eingeteilt werden.

Die vierte Fragestellung bezog sich darauf, ob das ursprüngliche Kompetenzmodell der DGFP um weitere erfolgskritische Kompetenzen ergänzt werden kann, die im Rahmen der Datenerhebung und –analyse identifiziert werden. Der Hintergrund dieser Fragestellung bestand darin, dass ein generisches Kompetenzmodell entwickelt werden sollte, dass sich auf eine gesamte Berufsgruppe bzw. Berufsfeld bezieht, einen breiten Gültigkeitsanspruch besitzt und auf die Bewältigung der gesamten Aufgabenpalette eines Personalmanagers Bezug nimmt. Es ist davon auszugehen, dass ein berufsfeldbezogenes Kompetenzmodell eine sehr hohe Komplexität aufweist. Das gilt zum einen in quantitativer Hinsicht, da eine große inhaltliche Breite zu berücksichtigen ist. Für den berufsfeldbezogenen Ansatz scheint die Frage sehr zentral, ob der interessierende Merkmals- und Verhaltensbereich, den das betreffende Konstrukt repräsentiert in seinen wichtigsten Kompetenzaspekten erschöpfend erfasst wird oder ob bisher vernachlässigte Verhaltens- und Leistungsdispositionen ergänzt werden sollten. Insbesondere wenn die in einem Kompetenzmodell konkretisierten professionellen Kompetenzstandards als Basis für Curricula oder zertifizierte Examina herangezogen werden, sollte das Modell alle für die Ausübung der beruflichen Tätigkeit benötigten Leistungsvoraussetzungen hinreichend gut darstellen. Damit wird eine umfassende, auf das gesamte Tätigkeitsfeld gerichtete Kompetenzbeschreibung erzielt (Schaper, 2009a). Zum anderen ist die Modellierung von Kompetenzen für eine Berufsgruppe auch in qualitativer Hinsicht anspruchsvoller, da nicht nur kognitive Kompetenzaspekte abgebildet werden, sondern verschiedene Facetten (motivationale, volitionale, sozial-kommunikative) einer Kompetenz zusammengetragen werden müssen. Mit anderen Worten: Es geht darum, ein möglichst breites Spektrum an Kompetenzfacetten zu berücksichtigen und sowohl kognitive als auch nicht-kognitive Elemente zu bündeln, die für die gesamte in einem Berufsfeld erforderliche Kompetenz relevant sind.

Für das der Arbeit zugrunde liegende Kompetenzmodell wurden keine zusätzlichen Hauptkompetenzbereiche ergänzt. Eine vergleichende Analyse bereits bestehender Kompetenzmodelle von Fachverbänden aus dem internationalen Raum ergab, dass sich die von der DGFP formulierten Kompetenzen mit denen anderer ausgewählter Fachverbände inhaltlich weitgehend überschneiden. Auch im Rahmen der Auswertung des Datenmaterials konnten keine weiteren Kompetenzdimensionen identifiziert werden. Allerdings erbrachte die inhaltsanalytische Auswertung des Interviewmaterials, dass sozial-kommunikative Kompetenzaspekte eine wichtige Voraussetzung für die Bewältigung der Anforderungen eines Personalmanagers sind und diese Kompetenzmerkmale im ursprünglichen

Kompetenzmodell weitgehend vernachlässigt wurden. Das relevante Textmaterial, das durch diese Kompetenz angesprochen wurde, ist entsprechend unter die Unterkategorie *kommunikativ/beziehungsorientiert* subsumiert worden.

Zusammenfassend lässt sich festhalten, dass die Zielsetzung der Arbeit, die Weiterentwicklung des Kompetenzmodells der DGFP erreicht wurde. Alle vier Fragestellungen konnten bearbeitet werden. Das heißt, dass die im Modell abgebildeten Kompetenzen durch Verhaltens- und Einstellungsanker konkretisiert und hinsichtlich verschiedener kognitiver, motivationaler, sozialer und einstellungsbezogener Kompetenzcharakteristika klassifiziert werden konnten. Darüber hinaus konnte eine sinnvolle Lösung zur Strukturierung der Kompetenzbereiche gefunden werden. Es wurden innerhalb der Kerndimensionen bzw. Hauptkompetenzfelder Unterkategorien gebildet, die inhaltlich mehrere Kompetenzbeschreibungen zusammenfassen. Schließlich wurden sozial-kommunikative Kompetenzaspekte, die im ursprünglichen Modell weitgehend unberücksichtigt geblieben waren, ergänzt und unter die Unterkategorie kommunikativ/beziehungsorientiert subsumiert.

10.2. Diskussion der Untersuchungsmethodik

In diesem Abschnitt soll diskutiert werden, ob und inwieweit sich das methodische Vorgehen dieser Arbeit bewährt hat, um zu zuverlässigen und validen Ergebnissen bei der Analyse und Modellierung beruflicher Kompetenzen von HR-Managern zu kommen.

10.2.1. Erhebungsmethode

Zur Bestimmung der kompetenzbezogenen Anforderungen von Personalmanagern hat die DGFP einen normativ orientierten Zugang gewählt, indem Experten dazu befragt wurden, über welche beruflichen Kompetenzen Personalverantwortliche idealerweise verfügen *sollten*. Eine empirisch orientierte Kompetenzanalyse, die klassischerweise zur Kompetenzmodellierung herangezogen wird, und die eine Befragung von Stelleninhabern zur Bewältigung der realen beruflichen Herausforderungen vorsieht, wurde nicht vorgenommen. Dabei kann grundsätzlich davon ausgegangen werden, dass Stellinhaber hinsichtlich ihrer beruflichen Kompetenzen selbst am besten Auskunft geben können, vorausgesetzt, dass keine negativen Konsequenzen zu erwarten sind und die Person nicht sozial erwünscht antwortet (Frey, 2004). Eine rein normative Kompetenzbestimmung lässt außer Acht, dass Kompetenzen situations- und anforderungsbezogen sind und sich auf die Bewältigung besonders typischer Anforderungssituationen in einem spezifischen Berufs- bzw. Arbeitskontext beziehen (Schaper, 2009a). Erst in Hinblick auf die mit einer konkreten

Zusammenfassung und Diskussion (Studie 1)

berufsspezifischen Tätigkeit oder Problemstellung verbundenen Anforderungen können die Kompetenzen beschrieben werden, die zur erfolgreichen Aufgabenbewältigung in einem Beruf relevant sind. Eine empirisch orientierte Kompetenzanalyse sichert diesen Anspruch der Kompetenzmodellierung (Schaper, 2009b).

Für die vorliegende Arbeit, die die Analyse und Modellierung von Kompetenzen in einem spezifischen Berufskontext zum Ziel hat, wurde daher eine qualitativ-empirische Erhebungsmethode herangezogen, mit deren Hilfe die erfolgsrelevanten Verhaltens- und Leistungsaspekte einer Position identifiziert werden können. Eine sehr breit eingesetzte und geeignete empirische Methode zur Kompetenzbestimmung und –modellierung ist das bereits mehrfach erwähnte Behavioral Event Interview (McClelland, 1998), eine an die Critical Incident Technique (Flanagan, 1954) angelehnte Interviewmethodik, mit der leistungskritische Kompetenzelemente in einer Aufgabendomäne erfasst werden. Das BEI basiert auf der Vorgehensweise, dass Spitzenleister und Durchschnittskräfte zu ihren Verhaltens-, Denk- und Fühlweisen in beruflichen Situationen gefragt und Unterschiede zwischen den beiden Gruppen herausgearbeitet werden. Mit der CIT lassen sich - ähnlich wie beim BEI - gezielte Befragungen von Stelleninhabern, Vorgesetzten oder Experten zur Identifikation effektiven und ineffektiven Verhaltens durchführen (Schaper & Hochholdinger, 2006). In Anlehnung an das BEI und die CIT wurden für die erste Studie dieser Arbeit aufgaben- und situationsbezogene Interviews mit Personalmanagern durchgeführt mit dem Ziel, konkrete Kompetenzen sowie kognitive und nicht-kognitive Kompetenzaspekte zu identifizieren und zu beschreiben, die für eine erfolgreiche Tätigkeit im Personalmanagement relevant sind. Es handelt sich hier um eine Kombination zweier Methoden zur Kompetenzanalyse, deren Einsatz sich in der Praxis durchaus bewährt hat.

Es stellt sich die Frage, ob es sich bei dem im Rahmen dieser Arbeit eingesetzten qualitativen Interview um ein wissenschaftliches und hinsichtlich zentraler Gütekriterien fundiertes Instrument handelt. Grundsätzlich ist festzuhalten, dass eine Übertragbarkeit der klassischerweise im Kontext quantitativer Messungen eingesetzten Gütekriterien auf die qualitative Forschung häufig kritisiert wurden und daher nur eingeschränkt erfolgen kann. Die Begriffe *Objektivität* und *Reliabilität* werden in Zusammenhang mit qualitativen Verfahren kaum gebraucht, häufiger wird hingegen die *Validität* diskutiert, die erfasst, ob die verbalen Daten wirklich das zum Ausdruck bringen, was man erfassen wollte (Bortz & Döring, 2005). Kritisch anzumerken ist, dass mit dem Einsatz qualitativer Interviewverfahren bestimmte Fehlerquellen verbunden sind, die das Interviewergebnis entscheidend beeinflussen können und die Güte des Erhebungsinstruments bzw. der Erhebungsergebnisse beeinträchtigen. Nachfolgend sollen daher in erster Linie die dem qualitativen Interview inhärenten

Zusammenfassung und Diskussion (Studie 1)

Fehlerquellen und Probleme dargelegt und am Rande auf die Gütekriterien Bezug genommen werden.

Fehlerquellen des Interviews betreffen zum einen die fachliche und persönliche Kompetenz des Interviewers und „strukturelle, der qualitativen Interviewsituation inhärente Probleme" (Hopf, 1978, S. 98) sowie zum anderen die Beeinträchtigung der Ergebnisse durch die Befragungsperson. Was die Person des Interviewers und die Interviewstruktur betrifft, so besteht beim BEI - wie bei anderen Interviewverfahren auch - die Gefahr einer hohen Subjektivität hinsichtlich der Durchführung und Auswertung (Peters & Winzer, 2003). Bei unstrukturierten oder halbstandardisierten Interviews wird den Befragten ein breiter Spielraum der Strukturierung und Äußerung subjektiver Deutungen eingeräumt. Das liegt daran, dass vor dem Hintergrund relativ geringer empirischer Informationen oder theoretischer Vorentscheidungen gearbeitet wird und es nicht wie bei quantitativen Erhebungen um die Überprüfung eines stark eingegrenzten Sets von Hypothesen geht. Eine wichtige Anforderung an den Interviewer und seine Interviewstrategie ist daher, den Befragten bei der kognitiven, affektiven und wertbezogenen Bedeutung bestimmter Situationen und bei der Darstellung seiner Involviertheit zu unterstützen. Durch die Spezifizierung bestimmter Handlungen, Entscheidungen und Stellungnahmen und durch die Erläuterung ihres Hintergrundes wird ein sinnhaftes Verstehen der Reaktionen ermöglicht (Merton, Fiske & Kendall, 1954).

Darüber hinaus können auf Seiten des Interviewers Fehler auftauchen, die die Objektivität der Untersuchung gefährden, wie z.B. festes Klammern vs. Abweichen von den Interviewleitfragen, Verhaltensunsicherheiten bei offenen oder unklaren Gesprächssituationen, „bürokratisches Abhaken" von Leitfragen unter Zeitdruck, suggestive Frageformulierungen sowie Ignorieren von Themen, die nicht im Leitfaden vorgegeben sind, aber von den Befragten eingebracht werden (Hopf, 1978). Aus den genannten Gründen ist es unerlässlich, erfahrene Interviewer und Auswerter bzw. Kodierer bei der Erhebung und Interpretation qualitativen Interviewmaterials einzusetzen. In diesem Zusammenhang betonen verschiedene Autoren, dass das qualitative Interview stärker als andere Interviewformen nur geübten und fachlich kompetenten Interviewern vorbehalten sein sollte, die mit den Forschungszielen vertraut sind, über eine gewisse Eloquenz verfügen und in der Lage sind, die Aussagen des Befragten nicht innerhalb des eigenen Bezugsrahmens zu sehen (Hopf, 1978; Ulich, 1998; Bortz & Döring, 2005).

Ob und inwieweit die beschriebenen Fehlerquellen einen Einfluss auf die vorliegende Untersuchung gehabt haben, kann nicht eindeutig beantwortet werden. Allerdings wurde durch den Einsatz eines halbstandardisierten Interviewleitfadens versucht, eine gewisse Objektivität in der Interviewdurchführung auf Seiten des Interviewers sicherzustellen und Subjektivität weitgehend zu eliminieren, ohne dabei die Antwortfreiheit der Interviewten zu gefährden. Darüber hinaus hat die Autorin dieser Arbeit bereits im Vorfeld der Interviewstudie Erfahrungen in der Durchführung von Interviews zur Ermittlung von Kompetenzanforderungen im wissenschaftlichen und betrieblichen Kontext gesammelt. Gleichwohl ist kritisch anzumerken, dass vermutlich auch bei ausreichender Interviewerfahrung gewisse systematische Probleme des qualitativen Interviews bestehen bleiben. Was allerdings subjektive Fehlereinflüsse des Interviewers betrifft, so weisen Gerdes und von Wolffersdorff-Ehlert (1974) darauf hin, dass die Forderung nach Objektivität und das durch die Standardisierung methodisch begründete Festhalten des Forschers am Fragenkatalog die Wahrnehmung der Welt der Untersuchungsperson verhindert. Beispielsweise werden gerade bei nicht standardisierten Forschungsoperationen (z.B. Interviews) wegen der subjektiven Bedeutsamkeit des Betroffenen realistische Informationen über die Vorstellungen, Bedürfnisse und Einsichten des Untersuchten gewonnen und damit objektive Erkenntnis produziert. Demnach sollte also Objektivität im qualitativen Paradigma dadurch hergestellt werden, dass Subjektivität nicht ausgeblendet, sondern vielmehr berücksichtigt wird (Lamnek, 2005).

Die mit qualitativen Interviews verbundenen Fehlerquellen, die möglicherweise auch einen Einfluss auf die vorliegenden Studienergebnisse gehabt haben können, sind jedoch nicht nur auf Merkmale des Interviewers und der im Interview stattfindenden Interaktion zwischen Interviewer und Befragten zurückzuführen. Die Beeinträchtigung der Interviewergebnisse durch die Person des Interviewers ist in weitaus stärkerem Maße durch die Person des Befragten gegeben (Bortz & Döring, 2005). Schwierigkeiten in diesem Zusammenhang sind beispielsweise die Ablehnung einzelner Fragen aus Gründen der Meinungslosigkeit, der Unentschlossenheit, der Nichtinformiertheit und der Verweigerung (Leverkus-Brüning, 1966) oder Antwortverfälschungen durch Tendenzen der sozialen Erwünschtheit, Antizipation negativer Konsequenzen, geringer Bereitschaft zur Selbstenthüllung (Chelune & Associates, 1979), Vermutungen über die Untersuchungsziele (Crespi, 1950) oder Priming-Effekte (Hippler, Schwarz & Sudman, 1987; Tourangeau & Rasinski, 1988). Dazu kommt, dass Interviewereffekte durch den Einsatz erfahrener und geschulter Interviewer reduziert werden können, demgegenüber aber bei den Befragten derartige Selektionsmaßnahmen zur Verbesserung der Interviewqualität versagen. Schließlich sollte in Untersuchungen, deren Resultate den Anspruch auf Generalisierbarkeit haben, theoretisch jede in der Stichprobe vorgesehene Person unabhängig von ihrer Eignung zum Interview befragt werden (Bortz & Döring, 2005). Für die Probanden, die für die hier beschriebene Studie herangezogen wurden, können die genannten Fehlerquellen auf Seiten der Befragten weitgehend ausgeschlossen werden. Schließlich wurden die Befragungspersonen im Vorfeld der Interviews ausführlich über die Studie informiert und die persönliche Bereitschaft zur Interviewteilnahme erfragt, so dass das Auftreten von Fehlerquellen wie Unentschlossenheit, Nichtinformiertheit und Verweigerung seitens der für diese Studie ausgewählten Probanden nahezu ausgeschlossen werden kann. Auch kann davon ausgegangen werden, dass Tendenzen der sozialen Erwünschtheit oder die Antizipation negativer Konsequenzen keine Rolle bei den Probanden gespielt haben. Zum einen lag die Intention der Befragung nicht in einer Beurteilung bzw. Bewertung der Befragungspersonen durch das Unternehmen, in dem die Probanden beschäftigt waren, und auch die Ergebnisse wurden nicht an das Unternehmen zurückgemeldet. Zum anderen wurde die Anonymität der Probanden mehrfach zugesichert und betont.

Aber selbst wenn die Befragungsperson vermeintlich ehrlich antwortet, besteht eine entscheidende Grenze der Befragungsmethode darin, dass es sich um einen subjektiven Analysezugang zur Bestimmung der erfolgskritischen Kompetenzen der Befragten handelt. Qualitative Interviews liefern grundsätzlich nur verbale Daten, d.h. Aussagen über die subjektiven Sichtweisen bzw. die innere Realität der Befragten. So laufen bei der Beantwortung von Fragen kognitive Prozesse bei der Befragungsperson ab, die beeinflussen, wie der Befragte eine gestellte Frage interpretiert, welche Informationen er aus dem Gedächtnis abruft und welche er als relevant interpretiert, um diese in einer Antwort zu formulieren (Sudman, Bradburn & Schwarz, 1996). Möglicherweise werden bei einer Frage Informationen oder Erinnerungen wachgerufen, deren hohe subjektive Relevanz für die Befragungsperson die Beantwortung der gestellten Frage beeinflusst. In diesem Zusammenhang lassen sich Bezüge zum *Konzept der mentalen Modelle* (Seel, 1997) und zum *Konzept der subjektiven Theorien* (Gröben & Scheele, 1982) herstellen. Diese Konzepte gehen von der Annahme aus, dass jedes Individuum seine eigene Wahrnehmung hat und bestimmte Bereiche des Erlebens und menschlichen Verhaltens individuell aufgefasst und erklärt werden, aber nicht intersubjektiv geteilt werden. Demnach sind Aussagen über die *objektive* Realität, also z.B. über das reale Verhalten des Befragten, per definitionem nicht möglich. Wo solche Schlüsse dennoch gezogen werden, sollten sie durch zusätzliche Daten - etwa aus Verhaltensbeobachtungen oder aus der Literatur - abgesichert werden. Zwar bedient sich ein großer Teil von Arbeits- und insbesondere Anforderungsanalysen subjektiver Formen der Datenerhebung[15]. So stellt die im Rahmen dieser Arbeit zur Kompetenzanalyse eingesetzte tätigkeitserfahrungsgeleitete Methode, die eine Befragung

---

[15] Arbeits- und Anforderungsanalysen sind mit Kompetenzanalysen weitgehend vergleichbar, da alle drei Analyseformen Instrumentarien der Arbeitsdiagnostik darstellen und sich hinsichtlich der Analyseinhalte und methodischen Zugänge überschneiden.

Zusammenfassung und Diskussion (Studie 1)

von Arbeitsplatzinhabern zu ihren Verhaltensweisen in beruflichen Situationen vorsieht, in der betrieblichen Praxis einen grundsätzlichen Zugang zur Anforderungsanalyse dar (Schuler & Höft, 2004). Der für die vorliegende Untersuchung herangezogene subjektive Analysezugang wird dadurch gerechtfertigt, dass die Frage, welche kognitiven und nicht-kognitiven Dispositionen für die Ausübung beruflicher Tätigkeiten benötigt werden, eng mit der Wahrnehmung und der subjektiven Interpretation durch die Stelleninhaber zusammenhängt.

Darüber hinaus kann durch die Befragung von Arbeitsplatzexperten und deren Wissen über die tatsächlichen Gegebenheiten vor Ort sowie durch den konkreten Bezug auf Verhaltensweisen im Berufsalltag die Inhaltsvalidität sichergestellt werden (Nerdinger et al., 2008). Schließlich ist der grundlegende Gedanke der inhaltlichen Validität, dass der zu erfassende Gegenstandsbereich bzw. das zu erfassende Konstrukt erschöpfend in seinen wichtigsten Aspekten abgebildet wird. Durch die Einbeziehung von Stelleninhabern bei der Kompetenzanalyse im Rahmen dieser Untersuchung wurde das Ziel verfolgt, alle wesentlichen und relevanten Kompetenzaspekte zur Bewältigung der beruflichen Tätigkeiten weitgehend zu erfassen. Dies bildet der subjektive Analysezugang überzeugend ab.

Oftmals werden zur Erfassung von Arbeits- und Organisationsmerkmalen wie beispielsweise von beruflichen Kompetenzen auch objektive Analysezugänge gewählt (Ford, Quinones, Sego, & Sorra, 1992) bzw. subjektive Verfahren mit objektiven Verfahren kombiniert (z.B. Beobachtungsinterviews). Durch den Einsatz objektiver Verfahren lassen sich die mit Befragungsmethoden verbundenen Fehlerquellen auf Seiten des Interviewers (z.B. Suggestivfragen) und auf Seiten der Befragungsperson (z.B. soziale Erwünschtheit) vermeiden. Unabhängig von der Subjektivität vs. Objektivität des Verfahrens ist anzuraten, bei der Bestimmung beruflicher Leistungsvoraussetzungen nicht nur auf eine Methode zu setzen, sondern eine Kombination unterschiedlicher Analysemethoden zu verwenden. So schlägt Schuler (2002) in Zusammenhang mit Anforderungsanalysen einen multimodalen-multimethodalen Ansatz vor, d.h. zur Ermittlung komplexer Anforderungen grundsätzlich immer mit mehreren empirischen Operationalisierungen zu arbeiten und parallel unterschiedliche Verfahren einzusetzen. Dem Ansatz liegt der Gedanke zugrunde, dass eine multimodale Anforderungsanalyse eine umfassende und vollständige Erfassung verschiedener Leistungsfacetten (z.B. Aufgabenanforderungen, Verhaltensanforderungen) erlaubt und zur Ermittlung dieser Anforderungen gleichzeitig unterschiedliche Verfahren berücksichtigt werden (Nerdinger et al., 2008).

Zusammenfassung und Diskussion (Studie 1)

Auch für kompetenzorientierte Ansätze bietet sich der kombinierte Einsatz verschiedener Analysemethoden an und sollte in zukünftigen Studien umgesetzt werden, indem qualitative Verfahren, die einen subjektiven Analysezugang darstellen, durch quantitative bzw. objektive Analyseverfahren ergänzt werden. In Ergänzung zu den Interviews mit Arbeitsplatzinhabern könnten beispielsweise Beobachtungen am Arbeitsplatz von psychologisch ausgebildeten Fachexperten durchgeführt und bestimmte erfolgskritische Verhaltensweisen anhand von Verhaltensbeobachtungsskalen eingeschätzt werden. Dadurch lassen sich einseitige empirische Ausrichtungen verhindern und Schwächen qualitativer Verfahren durch Stärken anderer Verfahren (z.B. verhaltensorientierte Einstufungsskalen) ausgleichen (Schaper, 2009a). Subjektiv gefärbte Aussagen von Stellinhabern werden somit nicht unkritisch akzeptiert, sondern in Bezug auf Plausibiliät geprüft (Nerdinger et al., 2008). Darüber hinaus sollte für weiterführende Untersuchungen berücksichtigt werden, dass in Anlehnung an Schulers multimodalen-multimethodalen Ansatz eine umfassende Kompetenzanalyse und eine Erfassung von beruflichen Handlungskompetenzen in einem Berufsfeld in all ihren Facetten dadurch erzielt werden kann, wenn zur Ermittlung der komplexen und vielseitigen beruflichen Anforderungen unterschiedliche Methoden und Verfahren eingesetzt werden. Nicht zuletzt erfordert die anzustrebende Integration empirisch mit normativ bzw. prospektiv orientierten Vorgehensweisen bei der Kompetenzbestimmung die Kombination unterschiedlicher Methoden (Schaper, 2009a).

Nachdem in diesem Abschnitt in Zusammenhang mit den potentiellen Fehlerquellen qualitativer Interviews bereits die Objektivität und die inhaltliche Validität angesprochen wurden, soll abschließend kurz auf das Gütekriterium Reliabilität eingegangen werden. Grundsätzlich ist die Frage nach der Reliabilität von qualitativen Erhebungstechniken nicht eindeutig zu beantworten. Schließlich können Zuverlässigkeitsprüfungen, die üblicherweise in der quantitativen Forschung angewendet werden, nicht einfach auf die qualitative Sozialforschung übertragen werden. Qualitative Forschung betont die Einzigartigkeit, die Individualität, die Unwiederholbarkeit von Situationen und ihre kontextabhängige Bedeutung, so dass die klassischen Formen der Reliabilitätsbestimmung (Retest-, Paralleltest- und Split-Half-Reliabilität) nicht ohne Probleme auf diesen Kontext übertragen werden können (Mayring, 2003; Bortz & Döring, 2005). In diesem Zusammenhang stellt Lamnek (2005) fest, dass die besondere Berücksichtigung eines Objektbereiches, der Situationen und Situationsdeutungen bei der Datenerhebung die scheinbare Vergleichbarkeit von Instrumenten, wie sie in der quantitativen Sozialforschung hergestellt wird, verbietet. Beispielsweise würde die Reliabilitätsbestimmung durch ein Parallelverfahren kaum realisierbar sein, da die Äquivalenz zweier Methoden bei der Erhebung sprachlichen Materials nur selten erweisbar sein dürfte (Mayring, 2003). Aber auch die wiederholte

Zusammenfassung und Diskussion (Studie 1)

Durchführung des Interviews zu einem späteren Zeitpunkt (Retest-Reliabilität) dürfte aufgrund der dargestellten Situationsspezifität und Individualität auf Seiten des Interviewers und der Befragungsperson, die mit diesem Verfahren verknüpft sind, kaum zur Gewinnung eines identischen Interviewdatenmaterials beitragen. Nicht zuletzt ist die Anwendung der Split-Half-Methode deshalb nicht sinnvoll, da der Umfang des Datenmaterials und des Erhebungsinstruments (der Kategorien) oft so bestimmt wird, dass eine Aufteilung des Materials in zwei Hälften vermutlich zu wesentlichen das Gesamtergebnis verändernden Erkenntnissen führen würde. Aus diesem Grund wird bei der Reliabilitätsbestimmung qualitativer Erhebungstechniken oftmals so vorgegangen, dass die gesamte Analyse des Datenmaterials von mehreren Forschern durchgeführt wird und deren Ergebnisse miteinander verglichen werden (*Interkoderreliabiliät*). Nachfolgend soll darauf in Zusammenhang mit der Auswertung des dieser Untersuchung zugrunde liegenden Interviewmaterials eingegangen werden.

10.2.2. Auswertungsmethode

Im Rahmen der vorliegenden Arbeit wurde mit Hilfe einer generisch-interpretativen Auswertungsmethode, der qualitativen Inhaltsanalyse nach Mayring (2003), das erhobene qualitative Interviewdatenmaterial ausgewertet und die erfolgskritischen Verhaltens- und Leistungsaspekte von Personalmanagern heraus gearbeitet. Ebenso wie in Zusammenhang mit der Erhebungsmethode stellt sich die Frage, ob es sich bei der inhaltsanalytischen Auswertungsmethode um ein wissenschaftliches und hinsichtlich zentraler Gütekriterien fundiertes Instrument handelt. Für die inhaltsanalytische Forschung gilt ebenso wie für qualitative Erhebungsverfahren, dass eine Übertragbarkeit klassischer Gütekriterien oftmals in Frage gestellt wird. Vielmehr werden spezifische inhaltsanalytische Gütekriterien herangezogen (Mayring, 2003).

Festzuhalten ist, dass Interpretationen von qualitativ erhobenen Untersuchungsergebnissen immer einen gewissen subjektiven Spielraum auf Seiten des Auswerters besitzen. Im Gegensatz zu quantitativen Forschungsansätzen, deren Interpretationen zum Großteil auf vorab gemachten Annahmen basieren, werden im Rahmen qualitativer Forschung die Interpretationsansätze erst auf Basis der erhobenen Informationen gebildet. Je nach Eindeutigkeit oder Heterogenität der Daten kann sich hier ein weites Spektrum an möglichen Interpretationen des verbalen Datenmaterials ergeben, die grundsätzlich die subjektiven Sichtweisen bzw. die innere Realität der Auswerter widerspiegeln. Und selbst wenn das Fehlen von Subjektivität im Forschungsprozess allseits gefordert wird, gestaltet es sich trotzdem als schwierig. Eine vom Forscher ausgehende subjektive Betrachtungsweise der Wirklichkeit bzw. ein Vorverständnis über einen Untersuchungsgegenstand ist schließlich schon deshalb notwendig, um überhaupt einen Sachverhalt verstehen und interpretieren zu können (Lamnek, 2005). Für die vorliegende Arbeit ist daher nicht auszuschließen, dass subjektive Theorien und Annahmen der Autorin dieser Arbeit, die die Auswertung und Interpretation des Datenmaterials vorgenommen hat, die Ergebnisse beeinflusst haben. Ein Streben nach objektiver Erkenntnis kann unter Umständen dadurch erzielt werden, dass eine störende subjektive Voreingenommenheit bewusst gemacht und weit möglichst beseitigt wird (Lamnek, 2005).

Darüber hinaus kann die Objektivität und Zuverlässigkeit der Auswertung qualitativer Daten dadurch erhöht werden, dass die vorgenommenen Interpretationen nachvollzogen werden können. Flick, Kardoff & Steinke (2000) sind sogar der Auffassung, dass die in quantitativen Datenanalysen geltenden Gütekriterien der Objektivität, Reliabilität und Validität durch die nachvollziehbare, plausible Begründung der Ergebnisse entsprechend auch in qualitativen Analyseverfahren sicher gestellt werden kann. Demnach sollten alle mit der Datenauswertung gemachten Überlegungen und Interpretationsschritte transparent gemacht werden. Eine weitere Möglichkeit, der drohenden Gefahr der subjektiven Beliebigkeit zu begegnen sowie die Objektivität und Zuverlässigkeit einer qualitativen Datenauswertung zu steigern, besteht darin, eine Interpretation desselben Interviewmaterials durch mehrere Forscher vornehmen zu lassen und deren Ergebnisse miteinander zu vergleichen (*Interkoderreliabilität*). Dabei kann z.B. eine Interpretation in der Gruppe vorgenommen werden, die den Vorteil besitzt, dass die individuelle Meinung des einzelnen Interpreten in der Gruppe jeweils argumentativ begründet werden muss. Die Interkoderreliabilität gilt als ein wesentlicher Indikator für die Reliabilität von inhaltsanalytischen Untersuchungen. Solche Verfahren zur Kontrolle von Subjektivität basieren auf der begründeten Hoffnung, dass nicht alle Auswerter ihren „blinden Fleck" an derselben Stelle haben.

Im Rahmen dieser Arbeit wurde weitestgehend versucht, Objektivitäts-, Reliabilitäts- und Validitätsgrundsätze der qualitativen Inhaltsanalyse zu erfüllen, indem der Auswertungs- und Interpretationsprozess mit Hilfe eines strukturierten, nach Kriterien festgelegten Ablaufs in einzelne Stufen zerlegt und ein konkretes Vorgehen zur Bestimmung der Analyseeinheiten, zur Kategorienbildung und zur Zuweisung des Materials festgelegt wurde. Der Auswertungs- und Interpretationsprozess erhielt durch diese „intersubjektive Kontrollierbarkeit des Vorgehens" (Lamnek, 2005, S. 183) eine verbindliche Struktur, die einer subjektiv-willkürlichen Interpretation der Daten vorbeugt (Mayring, 2003). Darüber hinaus wurde aufgrund der in der Literatur begründeten Kritik an der Interkoderreliabilität einerseits und aufgrund mangelnder Ressourcen andererseits nicht die gesamte Analyse des Datenmaterials von mehreren Personen durchgeführt. Dennoch wurde zum einen die

Zusammenfassung und Diskussion (Studie 1)

Angemessenheit der Kategorienkonstruktion mit der eigenen Forschergruppe diskutiert sowie stichprobenartig die Anwendung der Kategorien auf das Material (die Kodierung) durch einen zweiten Auswerter geprüft. Kam es zu Unstimmigkeiten, fanden eine Überarbeitung der Kategorien und eine Veränderung der fraglichen Interpretation statt. Durch dieses Vorgehen konnte die semantische Gültigkeit, die sich auf die Richtigkeit der Bedeutungsrekonstruktion des Datenmaterials bezieht, zumindest stichprobenhaft überprüft werden. Einige Autoren (Krippendorff, 1980; Bortz & Döring, 2005) bezeichnen diese Form der interpersonalen Konsensbildung, bei der sich mehrere an einem Projekt beteiligte Forscher auf den Bedeutungsgehalt des Materials einigen, als ein wesentliches Validitätskriterium für die Qualität der Inhaltsanalyse.

Um zusätzliche Aussagen zur Güte der im Rahmen dieser Arbeit eingesetzten qualitativen Erhebungs- und Auswertungstechnik zu treffen, wurde mit der zweiten Studie dieser Arbeit eine Überprüfung der inhaltlichen Validität des Kompetenzmodells durch Experten vorgenommen (vgl. Kap. 11).

10.3. Stichprobe

Die Untersuchungsstichprobe umfasste n = 31 Personalreferenten und kann hinsichtlich des Geschlechts der Befragungspersonen als recht heterogen bezeichnet werden. Die Befragten arbeiteten vorwiegend in Unternehmen, die hauptsächlich dem Produktions- und Dienstleistungssektor zuzuordnen sind. Die Befunde zeigen, dass die Befragungspersonen in erster Linie aus großen Konzernen und Unternehmen kommen, die üblicherweise ein umfassenderes Personalmanagement implementiert haben als kleine Organisationen. Es kann also angenommen werden, dass die Probanden durchaus eine Bandbreite von Aufgaben im Personalmanagement bewältigen müssen und daher über die zu deren Bewältigung notwendigen Kompetenzen vergleichsweise zuverlässigere Einschätzungen abgeben können als Personalmanager, die in kleinen Betrieben beschäftigt sind.

Bei der vorliegenden Stichprobe handelte es sich um eine nicht-probalistische Stichprobe, d.h. die an der Untersuchung beteiligten Personen wurden nicht per Zufall selektiert. Zwei Varianten der nicht-probabilistischen Stichproben, die häufig in der qualitativen Forschung eingesetzt werden, sind die Gelegenheitsstichprobe und die theoretische Stichprobe. Für die vorliegende Arbeit wurde eine Stichprobe selektiert, die eine Kombination der beschriebenen Stichprobenarten darstellt. Zum einen handelte es sich um eine Gelegenheitsstichprobe, d.h. es wurden Personalmanager ausgewählt, die für die vorliegende Befragung leicht zugänglich waren. Dies waren ehemalige Absolventen des ProPer Professional Programms, deren

Zusammenfassung und Diskussion (Studie 1)

Kontaktdaten seitens der DGFP zur Verfügung gestellt wurden und die dadurch leicht für die Untersuchung gewonnen werden konnten. Zum anderen handelte es sich um eine theoretische Stichprobe, d.h. die Interviewpartner wurden gezielt aufgrund theoretischer Vorüberlegungen und nach bestimmten Kriterien von der Autorin dieser Arbeit selektiert. Die Kriterien legten fest, dass die Befragungspersonen in Deutschland tätig sein und mindestens über drei Jahre Berufserfahrung verfügen sollten sowie in einem Unternehmen beschäftigt sein sollten, dass mindestens 500 Mitarbeiter hat. Der Hintergrund bestand darin, dass ein Kompetenzmodell für Personalmanager in Deutschland aufgestellt werden sollte und für eine Befragung nur solche Personen ausgesucht werden sollten, die aufgrund ihrer Berufserfahrung und ihrer Zugehörigkeit zu einem großen Unternehmen mit hoher Wahrscheinlichkeit zuverlässige Auskünfte über die beruflichen Kompetenzen im Personalmanagement erteilen können.

In Bezug auf die Stichprobengröße qualitativer Untersuchungen ist festzuhalten, dass es weniger darum geht, „eine große Zahl von Fällen" zu selektieren, sondern für die Fragestellung „typische Fälle" zu identifizieren, deren Auswahl theoretisch begründet werden kann (Lamnek, 2005, S. 195). Da es sich bei der vorliegenden Stichprobe um Untersuchungspersonen handelt, die zum einen verfügbar waren und die zum anderen nach theoretisch-systematischen Kriterien ausgewählt wurden, kann auch die im Vergleich zu quantitativen Untersuchungen geringe Zahl der Befragungspersonen begründet werden. Abgesehen davon sind qualitative Verfahren sehr aufwendig und daher ist oftmals die Zahl der untersuchten Probanden deutlich kleiner als in der quantitativen Forschung. Aus dem Grund, dass die Stichprobengröße recht klein ist, sollten die gewählten Probanden einen hohen Grad an Nützlichkeit aufweisen, d.h. wertvolle Informationen über den Gegenstandsbereich der Untersuchung liefern können. Diese Bedingung wurde versucht dadurch sicherzustellen, dass alle Befragungspersonen über eine mehrjährige Berufserfahrung im Personalmanagement verfügen.

Die in dieser Studie vorgenommene Auswahl der Untersuchungspersonen und die dadurch bedingte geringe Stichprobengröße führen unweigerlich zu der Frage, inwieweit die im Rahmen der Arbeit gefundenen Forschungsresultate Generalisierbarkeit beanspruchen. Während Generalisierbarkeit in der quantitativen Forschung durch den begründeten Schluss von Stichprobenkennwerten auf Populationsparameter erreicht wird, zieht die qualitative Sozialforschung das Konzept der *exemplarischen Verallgemeinerung* heran (Wahl, Honig & Gravenhorst, 1982). Das geht davon aus, dass für die Untersuchung bzw. die Fragestellung relevante Fälle (Personen, Situationen) herangezogen werden, die als repräsentativ bezeichnet werden können, wenn sie als typische Stellvertreter einer untersuchten Gruppe

Zusammenfassung und Diskussion (Studie 1)

oder Klasse gelten. Dieses Vorgehen impliziert eine Entscheidung gegen den Zufall und eine Auswahl der Probanden, die theoretisch angemessen begründet werden kann. In der qualitativen Forschung spielt also weniger die statistische Repräsentativität eine Rolle, da es nicht wie bei quantitativen Untersuchungen um die zahlenmäßige Verteilung bestimmter Merkmale geht. Vielmehr interessiert die inhaltliche Repräsentativität, also die Erkenntnis wesentlicher und typischer Zusammenhänge, die sich - unabhängig von der Häufigkeit der Merkmalskombinationen - an wenigen Fällen aufzeigen lässt und die über eine angemessene, nicht zufällige, sondern kriteriengesteuerte Zusammenstellung der Stichprobe erfüllt werden kann (Lamnek, 2005). Nach Lamnek (2005) ist Generalisierbarkeit also über Fallbeispiele hinaus möglich und eröffnet sich - trotz der Situations- und Kontextgebundenheit der Ergebnisse - durch die intensiv-subjektive Abklärung der Gültigkeit. Demnach würde übertragen auf die vorliegende qualitative Untersuchung die Möglichkeit der Generalisierung dadurch hergestellt sein, dass eine kriteriengestützte Auswahl typischer Fallbeispiele und eine subjektive Abklärung der Gültigkeit der Ergebnisse erfolgt ist. Mit anderen Worten: Die auf Basis der Befragung von typischen Personalmanagern gefundenen Ergebnisse dieser Arbeit sind verallgemeinerbar und die identifizierten erfolgskritischen Kompetenzen können als relevant für die gesamte Berufsgruppe der Personalmanager betrachtet werden.

Allerdings wird Generalisierbarkeit in der qualitativen Forschung auch kritisch beurteilt und es wird angezweifelt, ob generalisierende Aussagen nach dem Prinzip der exemplarischen Verallgemeinerung überhaupt begründet werden können. So vertreten Bortz & Döring (2005) die Auffassung, dass Generalisierbarkeit von Interpretationen „allein durch willkürliches Auswählen vermeintlich typischer Fälle" nicht gerechtfertigt ist (S. 337). Schließlich kann es sich unter Umständen bei der Auswahl von Fällen, die der Forscher nach theoretischen Gesichtspunkten intuitiv als „typisch" oder repräsentativ identifiziert hat, auch um ganz untypische Sonderfälle handeln. Dazu kommt, dass für die vorliegende Untersuchung Probanden herangezogen wurden, die sehr leicht erreichbar waren. Es handelte sich um ehemalige Absolventen des ProPer Programms der DGFP. Es ist nicht auszuschließen, dass die Art der Antworten dieser Befragungspersonen mit Merkmalen, die diese Interviewpartner von anderen – nicht erreichbaren - Personalmanagern differenziert, systematisch kovariiert. Schließlich war den Interviewpartner das ursprüngliche Kompetenzmodell der DGFP bereits bekannt. Die Probanden sind möglicherweise mit bestimmten Vorstellungen und subjektiven Theorien in die Untersuchung gegangen, die zufällig ausgewählte Personalreferenten nicht gehabt hätten. Zwar wurde in der Befragungssituation versucht, eine gewisse Subjektivität bzw. Beliebigkeit bei der Antwort durch den konkreten Bezug auf Verhaltensweisen im Berufsalltag einzuschränken. Allerdings wird man über Informationen, die durch nicht erreichbare Personen verloren gegangen sind und über damit verbundene Ergebnisverzerrungen nur Mutmaßungen anstellen können (Bortz & Döring, 2005). Ein potentieller Stichprobeneffekt und ein Einfluss der Untersuchungsstichprobe auf die vorliegenden Untersuchungsergebnisse sind daher nicht auszuschließen.

In Zusammenhang mit möglichen Stichprobenverzerrungen in qualitativen Studien und deren Übertragbarkeit schlagen Bortz & Döring (2005) vor, ergänzend zur qualitativen Untersuchung quantifizierende Aussagen zu machen. Würden die Ergebnisse der qualitativen Studie also in einer quantitativen Erhebung bestätigt, könnte dies ein Indiz für die Generalisierbarkeit der Ergebnisse darstellen. Für die vorliegende Arbeit wurden daher die in der ersten Studie auf Basis qualitativer Analysen gefundenen Ergebnisse, das entwickelte Kompetenzmodell für Personalmanager, in einer zweiten quantitativen Erhebung durch Experten validiert. Wünschenswert für zukünftige Erhebungen ist aber dennoch, dass eine Zufallsstichprobe herangezogen wird, die einen wahrscheinlichkeitstheoretischen Schluss von Stichprobenkennwerten auf Populationsparameter und damit eine Generalisierbarkeit der Ergebnisse erlaubt.

10.4. Erkenntnisgewinn der Studie und Implikationen für die Praxis

In der vorliegenden Untersuchung wurde ein Kompetenzmodell für das Berufsfeld Personalmanagement entwickelt, das die Verhaltens- und Leistungsdispositionen beschreibt, die Personalmanager zur Bewältigung komplexer und anspruchsvoller Anforderungssituationen befähigen. Ein berufsfeldbezogenes Kompetenzmodell berücksichtigt grundsätzlich die Kernbereiche aller fachbezogenen Gegenstände, die in ihrer Gesamtheit auf die fachlichen Erfordernisse des Berufs oder des Berufsfeldes abgestimmt sind. Bisher wurden zwar in der relevanten nationalen und internationalen Literatur die Rollen und Aufgaben des Personalmanagements ausführlich diskutiert und es existieren auch Untersuchungen zur Identifikation erfolgskritischer Kompetenzen von Personalmanagern, die sich allerdings ausschließlich auf den internationalen Raum beschränken. Insbesondere haben in diesem Zusammenhang die Studien um das Team von Dave Ulrich von der Michigan Universität (Ulrich et al., 1995; Ulrich & Brockbank, 2005; Ulrich et al., 2008) und die Studie der World Federation of People Management Associations (Brewster et al., 2000) in der internationalen Personalmanagementliteratur höchste Beachtung gefunden. Zu einem deutlichen Erkenntnisgewinn im deutschen Sprachraum trägt demnach die vorliegende empirische Studie bei, da sie Aussagen darüber ermöglicht, welche Leistungs-, Verhaltens- und Einstellungsvoraussetzungen Personalmanager auf der mittleren Managementebene für die erfolgreiche Bewältigung ihrer beruflichen Aufgaben mitbringen sollten. Darüber hinaus

Zusammenfassung und Diskussion (Studie 1)

eröffnet das in dieser Arbeit ausgearbeitete generische Kompetenzmodell eine sehr umfassende, unternehmensübergreifende und weitgehend vollständige Sichtweise auf die erfolgskritischen Kompetenzen von Personalverantwortlichen. Das Kompetenzmodell geht über die reine Beschreibung von Kompetenzen für spezifische Tätigkeiten in der Personalarbeit hinaus, vielmehr besitzt es einen breiten, funktionsübergreifenden Gültigkeitsanspruch und nimmt auf die gesamte für die Tätigkeiten in einem Berufsfeld erforderliche Kompetenz Bezug.

Hinsichtlich der Implikationen des Kompetenzmodells für die Praxis kann dahingehend differenziert werden, welche Bedeutung das Modell für den berufsfeldbezogenen Ansatz einerseits und für das betriebliche Kompetenzmanagement andererseits hat. Für den berufsfeldbezogenen Ansatz erweist sich das Modell insofern als interessant, als dass es sowohl von Hochschulen für die akademische Erstausbildung als auch von privaten Institutionen für nebenberufliche Weiterbildungsmaßnahmen von Personalverantwortlichen herangezogen werden kann. Auch im Kontext des betrieblichen Kompetenzmanagements eröffnet das Modell vielfältige Einsatzmöglichkeiten im Rahmen der Personalauswahl und – entwicklung für die Berufsgruppe der Personaler. Nachfolgend soll zunächst auf den Stellenwert des Modells für das Berufsbild Personalmanagement eingegangen werden.

In der Berufsbildungsforschung wird schon seit längerer Zeit die Forderung nach einer stärkeren Berufsfeldorientierung seitens der Bildungsträger und der Formulierung von Curricula auf Basis von berufsbezogenen Kompetenzstandards diskutiert (Armutat, 2006; Siller, 2007). Das Ziel der Festlegung von Kompetenzstandards, an denen sich nicht nur private Weiterbildungsinstitute sondern auch die Hochschulen orientieren, besteht in der Professionalisierung des Personalmanagements (Brewster et al., 2000; Armutat, 2006). Die Standards orientieren sich an Lernzielen, die dem Lernenden aufzeigen sollen, welche Kompetenzen unabhängig von spezifischen Funktionen im Personalbereich erworben werden sollten und für das Berufsbild Personalmanagement wichtig sind. Die Standards tragen zur Vereinheitlichung der Lerninhalte bei und sichern dadurch bis zu einem gewissen Grad Effizienz, Qualität und Nachhaltigkeit.

Hinsichtlich der akademischen Erstausbildung lassen sich auf Basis des vorliegenden Kompetenzmodells Standards für ein professionelles Personalmanagement festlegen, die der Ableitung eines zeitgemäßen Studienfach-Curriculums Personal dienen, das angehende Personaler auf die Tätigkeit in einer Organisation vorbereitet. Dabei berücksichtigt das vorliegende Kompetenzmodell nicht nur gegenwärtige sondern auch zukünftig relevante Kompetenzanforderungen (z.B. strategieorientiertes Arbeiten, Bewältigen des Wandels) und beschreibt nicht nur relevantes Fachwissen und Können, sondern enthält auch Aspekte zum Selbstverständnis von Personalmanagern. Die veränderten Anforderungen in der Praxis bringen neue Herausforderungen für die Lehre mit sich wie beispielsweise die Vermittlung von Werteinstellungen oder die Aneignung von Handlungsmustern, um professionelle Personalarbeit in der Praxis zu gewährleisten (Armutat, 2009). Werden berufsfeldbezogene Kompetenzmodelle als Basis für die Entwicklung von Curricula herangezogen so ist es sinnvoll das Kompetenzspektrum differenziert nach Teildimensionen und Stufen abzubilden und das Erreichen eines Lern- oder Leistungsziels (z.B. Bestehen einer Prüfung) einem bestimmten Kompetenzniveau zuzuordnen. In dem vorliegenden Modell wurden jedoch keine Kompetenzstufen berücksichtigt, so dass zukünftige Studien dies anstreben sollten. An dieser Stelle soll nicht weiter auf die inhaltliche Gestaltung von Hochschulcurricula eingegangen werden, da diese nicht unmittelbar mit der Thematik der vorliegenden Arbeit verknüpft ist. Der interessierte Leser sei auf Armutat (2006) verwiesen, der auf Erfolgsfaktoren eingeht, die über die tatsächliche Wirksamkeit von professionalitätsförderlichen Standards für das Studienfach Personal entscheiden.

Im Hinblick auf die außeruniversitäre bzw. berufsbegleitende Weiterbildung für Personalmanager, wie das von der DGFP angebotene Qualifizierungsprogramm ProPer für Personalmanager, ermöglicht die detaillierte und differenzierte Beschreibung der Kompetenzen im vorliegenden Modell eine spezifische Gestaltung von Trainingsmodulen. Je nachdem, welche Kompetenzbereiche bzw. Kompetenzaspekte (kognitive, motivationale, sozial-kommunikative) entwickelt werden sollen, können entsprechend Lerninhalte und Lernziele sowie daran angelehnte Entwicklungsmaßnahmen abgeleitet und konzipiert werden, die auf die Förderung der im Kompetenzmodell spezifizierten kognitiven bzw. nichtkognitiven Leistungsvoraussetzungen abzielen. Beispielsweise könnten Trainingsbausteine so konzipiert sein, dass sie entweder der Vermittlung von Fachwissen dienen oder der Schwerpunkt auf der Entwicklung von Handlungsweisen bzw. problemlösungsorientiertem Handeln liegt, möglicherweise aber auch eine Kombination angestrebt wird. In Anlehnung an die Entwicklung bestimmter Kompetenzbereiche und Facetten dürfte die Gestaltung der Lehr- und Lernprozesse unterschiedlich ausfallen und der Einsatz und die Anwendung verschiedener Lernformen effektiv sein (Schaper & Sonntag, 1999; Schaper, 2009a). Neben der Konzeption von Trainingsbausteinen auf Basis der Standards wird den Schulungsteilnehmern ein Maßstab bereit gestellt, der festlegt, über welche Wissensinhalte, Fähigkeiten und Fertigkeiten, aber auch Einstellungen, Werthaltungen und Motive ein Personaler verfügen sollte. Anhand der Kompetenzstandards kann also ein Vergleich mit den eigenen Fähigkeiten, Fertigkeiten und motivationalen Einstellungen vorgenommen werden. Schließlich kann neben der universitären Erstausbildung durch berufsbegleitende

Zusammenfassung und Diskussion (Studie 1)

Professionalisierungsangebote, die in Anlehnung an festgelegte Standards konzipiert werden, eine Professionalisierung im Personalmanagement erzielt werden.

Nicht nur für den berufsfeldbezogenen Ansatz sondern auch für das betriebliche Kompetenzmanagement eröffnet das im Rahmen dieser Arbeit entwickelte Kompetenzmodell vielfältige Einsatzmöglichkeiten im Bereich der Personalauswahl, -entwicklung, Leistungsbeurteilung, Entlohnung, strategischen Personalplanung usw.. Aus Gründen der Übersichtlichkeit und besseren Verständlichkeit soll hier nicht im Detail auf alle denkbaren Einsatzmöglichkeiten des Modells, sondern lediglich beispielhaft auf dessen Funktion im Rahmen der Personalauswahl und –entwicklung sowie der Leistungsbeurteilung eingegangen werden. Zunächst kann das Kompetenzmodell als Grundlage für Personalauswahlentscheidungen herangezogen werden, wenn Bewerber für einen Funktionsbereich selektiert werden, der die Bearbeitung übergreifender Aufgaben im Personalmanagement umfasst. Aus dem Kompetenzmodell lassen sich differenzierte Aussagen ableiten, welche konkreten Voraussetzungen und Anforderungen zur Bewältigung beruflicher Aufgaben für die mittlere Personalmanagementebene erforderlich sind. Im Auswahlverfahren wird dann geprüft, inwieweit die Bewerber über die geforderte Kombination von Kompetenzen verfügen. Auf Basis des Modells können aussagefähige Selektionsinstrumente wie fundierte Testverfahren, kompetenzbasierte Assessment-Center, leitfadengestützte Interviews und verhaltensverankerte Einstufungsskalen konzipiert werden, die die Identifikation und Beurteilung des Vorhandenseins der relevanten Kompetenzmerkmale erleichtern. Berücksichtigt werden sollte in diesem Zusammenhang, dass das vorliegende Modell generische, funktionsübergreifende Kompetenzen beschreibt. Für die Auswahl von Mitarbeitern für spezifische Funktionsbereiche im Bereich Personal (z.B. Mitarbeiter im HR-Service-Center) ist das Kompetenzmodell weniger gut geeignet, da für die Aufgabenbewältigung in diesem Bereich nicht alle im Modell aufgeführten Kompetenzen notwendig sind, dafür aber andere nicht im Kompetenzmodell spezifizierte Fähigkeiten und Fertigkeiten relevant sind.

Das Kompetenzmodell lässt sich darüber hinaus im betrieblichen Kontext in Bereich der Personalentwicklung einsetzen. Es kann beispielsweise als Orientierungshilfe zur Gestaltung von Lernumgebungen und kompetenzunterstützenden Maßnahmen herangezogen werden. Auf Grundlage der beschriebenen relevanten Verhaltens- und Leistungsvoraussetzungen im Personalmanagement können Inhalte für Trainings- und Schulungsmaßnahmen abgeleitet werden, die gezielt zur Förderung der Kompetenzen beitragen. Auch lassen sich arbeitsplatznahe und arbeitsintegrierte Lernformen identifizieren, die eine Weiterentwicklung der Handlungskompetenzen direkt durch die Auseinandersetzung mit der Tätigkeit und im Arbeitsprozess anstreben. Dazu wird zunächst anhand der Kompetenzbeschreibungen auf

Zusammenfassung und Diskussion (Studie 1)

passende Kontexte im Arbeitsleben und auf jobspezifische Anforderungen geschlossen. Im zweiten Schritt werden die betrieblichen Prozesse und Aufgaben derart gestaltet, dass Kompetenzen im Arbeitskontext angewendet werden und eine Weiterentwicklung stattfinden kann. Als Unterstützung unterschiedlicher Personalentwicklungsmaßnahmen kann ein Selbsteinschätzungsverfahren, was zeitlich vor, während und/oder nach einer Maßnahme eingesetzt wird, darüber Auskunft geben, inwieweit die derzeitig vorhandenen Mitarbeiterkompetenzen den Soll-Kompetenzen für eine bestimmte Tätigkeit entsprechen. Das Selbsteinschätzungsverfahren sollte in Anlehnung an die im Modell spezifizierten Kompetenzanker entwickelt werden und eine Einschätzung der Kompetenzausprägungen auf einer Ratingskala ermöglichen. Der Personalmanager bekommt so eine Rückmeldung über seine Stärken und Schwächen und wird zur Reflexion des eigenen Lernstandes angeregt, um auch informelle Lernprozesse ans Tageslicht zu befördern. Als sehr zuverlässig haben sich in Zusammenhang mit Selbsteinschätzungsverfahren verhaltensverankerte Einstufungsskalen erwiesen, bei der den einzelnen Skalenabschnitten Verhaltensweisen als Anker zugeordnet werden (Nerdinger et al., 2008). In Bezug darauf lässt sich ein Bedarf für zukünftige Forschungsarbeiten ableiten, deren Fokus auf der Konzeption eines *Self-Assessments* liegt, das unterschiedliche Niveaustufen von Kompetenzen spezifiziert.

Neben Zwecken der Personalauswahl und –entwicklung kann das Modell auch im Rahmen des Leistungsmanagements bzw. der Leistungsbeurteilung Anwendung finden. Die Leistungsbewertung erfolgt mit Hilfe eines Beurteilungsverfahrens hinsichtlich dessen die Mitarbeiter eingeschätzt werden. Das Beurteilungsverfahren enthält aus dem Kompetenzmodell abgeleitete Beurteilungsdimensionen, die anhand der erfolgskritischen Verhaltens- und Einstellungsanker operationalisiert werden. Mit Hilfe einer *Gap-Analyse* ist ein Abgleich zwischen dem vorhandenen Kompetenz- bzw. Mitarbeiterprofil (Ist-Profil) und dem angestrebten Kompetenzprofil (Soll-Profil) sinnvoll. Auf diesem Weg lassen sich anhand von Übereinstimmungen und Abweichungen die Stärken und Schwächen eines Mitarbeiters identifizieren und Lücken zwischen den momentanen Kompetenzen und den Anforderungen einer spezifischen Position im Unternehmen festmachen. Aus den Einschätzungen lassen sich individuelle Entwicklungs- und Qualifizierungsbedarfe ableiten und mit Hilfe geeigneter Kompetenzentwicklungsmaßnahmen eine Reduzierung der Unterschiede zwischen Soll- und Ist-Profil anstreben.

10.5. Perspektiven für die weitere Forschung

Das in dieser Arbeit entwickelte Kompetenzmodell liefert bedeutsame Erkenntnisse über die funktions- und unternehmensübergreifenden erfolgskritischen Kompetenzen für das Berufsfeld Personalmanagement. Das Modell besitzt einen praktischen Wert sowohl für den berufsbildenden Kontext im Sinne einer Professionalisierung für das Personalmanagement aber auch für das betriebliche Kompetenzmanagement und deren Einsatzzwecke. Dennoch ergeben sich einige Perspektiven für die zukünftige Forschung.

Im Hinblick auf die eingesetzte Erhebungsmethodik der Untersuchung, einer qualitativen Befragung, ist festzuhalten, dass es sich um einen subjektiven Analysezugang zur Bestimmung der beruflichen Leistungsvoraussetzungen von Personalmanagern handelt, der mit bestimmten Fehlerquellen verbunden ist. Für zukünftige Studien ist daher zu empfehlen, zusätzlich zu qualitativen Methoden (z.B. Interviews) objektive Verfahren (z.B. Beobachtungen, verhaltensorientierte Einstufungsskalen) heranzuziehen und eine Kombination unterschiedlicher Analysemethoden zu verwenden. Objektive Verfahren stellen eine bedeutsame Ergänzung zu subjektiven Analysezugängen dar, da sich durch deren Einsatz die mit Befragungsmethoden verbundenen Fehlerquellen auf Seiten des Interviewers (z.B. Suggestivfragen) und auf Seiten der Befragungsperson (z.B. soziale Erwünschtheit) vermeiden lassen. Darüber hinaus kann davon ausgegangen werden, dass erst durch eine multimodale Anforderungsanalyse eine umfassende und vollständige Erfassung verschiedener Leistungsfacetten (z.B. Aufgabenanforderungen, Verhaltensanforderungen) erzielt werden kann, wenn zur Ermittlung dieser Anforderungen gleichzeitig unterschiedliche Verfahren berücksichtigt werden (Nerdinger et al., 2008). Darüber hinaus wurde in der zugrunde liegenden Studie eine rein empirisch orientierte Kompetenzbestimmung vorgenommen und damit vernachlässigt, dass Bildungs- bzw. Entwicklungsziele auch normativ gesetzt werden. Wichtig wäre in Bezug auf zukünftige Untersuchungen, dass neben empirischen Verfahrensweisen, die prospektive Kompetenzanforderungen nur unzureichend ermitteln, auch normative Kompetenzerwartungen an Wissen, Fertigkeiten, Fähigkeiten aber auch Einstellungen, Interessen und Motiven formuliert werden. Ergänzend zu einer empirischen Bestimmung könnte mit Hilfe einer normativen Kompetenzbestimmung (z.B. Workshops mit Experten, Analyse fachsystematischer Curricula), die sich auf bildungstheoretisch oder pragmatisch begründete Konzepte zu relevanten Bildungszielen bezieht, festgelegt werden, was in einer Domäne erlernt werden soll (Schaper, 2009b). Mit der Festlegung von Lernzielen und Lerninhalten können sodann auch fachsystematische Überlegungen mit einbezogen werden (Schaper, 2009b). Insbesondere in Zusammenhang mit dem berufsfeldbezogenen Ansatz dürfte eine normativ orientierte Kompetenzbestimmung interessant sein, da mit dem Setzen von Standards und der Konkretisierung von Bildungszielen in der beruflichen Aus- und Weiterbildung von Personalmanagern eine Professionalisierung des Personalmanagements verfolgt werden kann. In diesem Zusammenhang ist zu erwähnen, dass die DGFP eine Arbeitsgruppe etabliert hat, die im Rahmen der Überarbeitung der Lerninhalte und Lernziele für das ProPer Professional Programm derartige normative Kompetenzanforderungen entsprechend berücksichtigt.

Ein weiterer Punkt in Zusammenhang mit dem Vorgehen bei der Kompetenzbestimmung in der vorliegenden Untersuchung ist, dass die Kompetenzanalyse und Kompetenzmodellierung basierend auf einer deduktiven Vorgehensweise vorgenommen wurde. Das bedeutet, dass zur Auswertung des Datenmaterials und zur Entwicklung des Kompetenzmodells auf bereits bestehende Kompetenzkategorien zurückgegriffen wurde, die aus der Theorie oder dem Forschungsstand abgeleitet worden sind (Mayring, 2003). Zum einen wurden die im ursprünglichen DGFP-Modell enthaltenen Kompetenzdimensionen berücksichtigt, indem die Interviewpartner nach arbeitsbezogenen Situationen gefragt wurden, in denen die im DGFP-Modell spezifizierten und im Interview angesprochenen Kompetenzen eine Rolle gespielt haben. Zum anderen wurden bereits existierende Ansätze zur Kompetenzmodellierung herangezogen. So wurden die Probanden konkret zu bestimmten Kompetenzaspekten (Kenntnissen, Fähigkeiten, Motiven) befragt, deren Einteilung auf einem theoretischen und in der Literatur häufig verwendeten Ansatz zur Klassifizierung von kompetenzbezogenen Merkmalen basiert. Darüber hinaus wurden existierende Kompetenztaxonomien für Personalmanager, die von internationalen Fachverbänden aufgestellt wurden, zur Strukturierung des weiterentwickelten Kompetenzmodells herangezogen. Zukünftig sind weitere Forschungsarbeiten sinnvoll, die neben einer deduktiven Herangehensweise auch eine induktive Herangehensweise zur Kompetenzmodellierung für das Berufsbild Personalmanagement berücksichtigen. Der induktiv fundierte Ansatz geht nicht von bereits existierenden Kompetenzkategorien aus, vielmehr werden Kategorien entwickelt und Strukturierungen vorgenommen, die sich direkt aus dem empirisch erhobenen Datenmaterial ergeben (Mayring, 2003). Eine Kombination aus deduktiver und induktiver Strategie kann als eine angemessene Lösung zur Kompetenzmodellierung bezeichnet werden (Schaper, 2009b).

Neben einer Replikation der vorliegenden Ergebnisse ergeben sich weitere Forschungsperspektiven hinsichtlich einer Generalisierbarkeit bzw. Verallgemeinerbarkeit der Befunde. Die an der Untersuchung beteiligten Personalmanager wurden nicht nach dem Zufallsprinzip selektiert, so dass eine Generalisierbarkeit durch den Schluss von Zufallsstichproben auf Populationen - wie sie in der quantitativen Forschung üblich ist - nicht erreicht werden konnte. Für die vorliegende Studie wurden zum einen Personalmanager ausgewählt, die für

Zusammenfassung und Diskussion (Studie 1)

die vorliegende Befragung leicht zugänglich waren. Dabei handelt es sich um ehemalige Absolventen des ProPer Professional Programms, deren Kontaktdaten seitens der DGFP zur Verfügung gestellt wurden. Die Probanden kannten das ursprüngliche DGFP Kompetenzmodell und haben möglicherweise durch ihre Vorannahmen, Erfahrungen und ihre Involviertheit einen Einfluss auf die Untersuchungsergebnisse gehabt. Zum anderen handelt es sich um eine theoretische Stichprobe, d.h. die Interviewpartner wurden aufgrund theoretischer Vorüberlegungen nach bestimmten Kriterien bewusst selektiert. Da es sich um eine nicht-probabilistische Stichprobe handelt, ist eine Generalisierbarkeit der Befunde im Sinne eines wahrscheinlichkeitstheoretischen Schlusses von Stichprobenkennwerten auf Populationsparameter nur bedingt möglich. Für zukünftige Studien wäre daher wünschenswert, eine zufällige Auswahl der Probanden vorzunehmen, um die Repräsentativität der Stichprobe zu sichern und damit verallgemeinerbare Aussagen der Untersuchungsbefunde treffen zu können. Einschränkend muss hinzugefügt werden, dass dieses Vorgehen aller Wahrscheinlichkeit nach einige Probleme hinsichtlich der Erreichbarkeit und der Bereitschaft von Personalmanagern mit sich bringt. Zum einen würde die Ziehung einer Zufallsstichprobe voraussetzen, dass jeder Personalmanager in Deutschland erfasst ist und nach dem Zufallsprinzip aus der Population ausgewählt werden kann. Diese Voraussetzung ist praktisch jedoch kaum zu erfüllen, da die Population der Personalmanger nur teilweise bekannt sein dürfte. Zum anderen dürfte es Ausfälle dadurch geben, dass sich Personalmanager aus den vielfältigsten Gründen (z.B. Zeitmangel, geringe Bereitschaft zur Selbstenthüllung) weigern, an einer Untersuchung teilzunehmen. Nach Schnell, Hill & Esser (2005) ist beispielsweise für mündliche Interviews damit zu rechnen, dass 50 % aller Ausfälle auf Verweigerungen zurückzuführen sind. Die dargestellten Probleme würden somit zu einer Stichprobenverzerrungen führen und eine eingeschränkte Generalisierbarkeit der Befunde mit sich bringen.

Neben einem möglichen Stichprobeneffekt aufgrund der Rekrutierung der Probanden in dieser Untersuchung kann darüber hinaus nicht ausgeschlossen werden, dass die Branche und die Unternehmensgröße der Befragten einen Einfluss auf die Ergebnisse gehabt haben. Es ist anzunehmen, dass der Personalbereich in größeren, internationalen Konzernen im Vergleich zum Personalbereich kleiner Unternehmen intensiver mit der Entwicklung von Mitarbeitern und der Gewinnung von Talenten im Rahmen des strategischen Managements beschäftigt ist, da ein größeres Humankapital vorhanden ist. So konnte eine internationale Studie von Brewster et al. (2006) zeigen, dass in Abhängigkeit der Unternehmensgröße und der Branche die Aufgaben des Personalbereichs differieren, was wiederum die erforderlichen Kompetenzen von HR-Managern beeinflussen dürfte. In diesem Zusammenhang sind also Analysen notwendig, die prüfen, ob die Kompetenzen von Personalmanagern, die zur erfolgreichen Bearbeitung der Aufgaben in einem Unternehmen, in Abhängigkeit der Branche des Unternehmens variieren.

Für zukünftige Forschungsarbeiten ist im Sinne einer inhaltlichen Entwicklung des Modells die Abbildung von Kompetenzstufen (z.B. Basiskompetenzen, erweiterte Kompetenzen, fortgeschrittene Kompetenzen) bzw. die inhaltliche Beschreibung von Kompetenzausprägungen auf unterschiedlichen Niveaustufen denkbar. Die Definition und Operationalisierung von Kompetenzstufen ist dann sinnvoll, wenn das Kompetenzniveau eines Individuums in einem bestimmten Kompetenzbereich bestimmt werden soll (Baumert, Stanat & Demmrich, 2001) und quantifizierende oder klassifizierende Aussagen über interessierende Merkmalsausprägungen einer Person getroffen werden sollen. Auf Grundlage der im Modell enthaltenen Verhaltens- und Einstellungsanker, die unterschiedliche Kompetenzniveaus beschreiben, könnte ein Instrument zur Selbst- und Fremdeinschätzung entwickelt werden, indem die einzelnen Kompetenzanker in Aussagen (Items) umgewandelt werden. Auf einer verhaltensverankerten Ratingskala kann dann eine Einschätzung der Kompetenzausprägungen entweder durch den Personalmanager selbst und/oder durch Vorgesetzte, Kollegen, Kunden etc. vorgenommen werden. Die Funktion eines solchen Verfahrens besteht darin, dass sich Individuen hinsichtlich einer Kompetenz als „mehr" oder „weniger" kompetent beschreiben lassen und es kann überprüft werden, ob und inwieweit ein gewisser Kompetenzstandard bzw. ein gewisses Fähigkeitslevel (z.B. Anfänger, Fortgeschrittener, Experte) erreicht worden ist. Darüber hinaus bekommt der Personalmanager eine Rückmeldung über seine Stärken und Schwächen und wird zur Reflexion des eigenen Lernstandes angeregt. Nicht zuletzt könnte - wenn die Kompetenzentwicklung durch die inhaltliche Beschreibung von Kompetenzstufen in einem Kompetenzmodell tatsächlich nachgezeichnet werden kann - anhand der Stufen der Kompetenzerwerb durch Fördermaßnahmen stimmig unterstützt werden. Allerdings lässt sich in Zusammenhang mit der Festlegung von Niveaustufen anmerken, dass die sachgerechte und methodisch akzeptable Durchführung der damit verbundenen Prüf- und Auswertungsschritte ein schwieriger und langwieriger Prozess ist. Beispielsweise werden anhand von Expertenratings zunächst schwierigkeitsbestimmende Aufgabenmerkmale ermittelt (z. B. Niveau des zu einer Aufgabenlösung erforderlichen Wissens), die dann zur Definition und Charakterisierung der Kompetenzstufen herangezogen werden (Schaper, 2009b). Auf der Grundlage dieser Niveaustufen können dann kriteriumsbezogene Interpretationen von Testleistungen vorgenommen werden. Darüber hinaus existiert zur Differenzierung von Niveaustufen in einem Kompetenzmodell keine Software. Helmke und Hosenfeld (2003) merken an: „Kompetenzstufen sind nicht irgendwo vorhanden, um nur entdeckt zu werden, sondern sie werden konstruiert" (S. 6).

Zusammenfassung und Diskussion (Studie 1)

Eine weitere Forschungsperspektive hinsichtlich der inhaltlichen Gestaltung des Kompetenzmodells betrifft die Spezifizität bzw. Generalität des Modells. Das vorliegende Kompetenzmodell beschreibt generische Kompetenzen, die für eine gesamte Berufsgruppe relevant und auf eine Bandbreite verschiedener Jobs im Personalmanagement anwendbar sind. Der Nachteil eines generischen Kompetenzmodells mit einem sehr weiten Gültigkeitsanspruch liegt darin, dass die Verhaltens- und Leistungsvoraussetzungen so breit definiert sind, dass sie für Mitarbeiter mit spezialisierten Aufgaben innerhalb des Personalbereichs möglicherweise nicht relevant sind. Aus diesem Grund sollten weitere Untersuchungen dahingehend unternommen werden, welche spezifischen Kompetenzanforderungen an Personalmanager in unterschiedlichen Funktionsbereichen gestellt werden (Supportfunktion, Spezialist, Stratege). Schließlich unterscheiden sich die Tätigkeiten von Mitarbeitern aus einem HR-Service-Center, das vor allem die operative Personalarbeit unterstützt, durchaus von den Aufgaben, die Mitarbeiter aus dem strategischen Personalmanagement ausüben, so dass hier auch von unterschiedlich bedeutsamen Kompetenzen für den jeweiligen Funktionsbereich ausgegangen werden kann. Verschiedene Studien belegen, dass die Kompetenzen von Personalern in Abhängigkeit der untersuchten Rolle bzw. Funktion (z.B. HR-Generalist vs. HR-Spezialist; HR-Service-Center vs. HR-Expertise-Center) oder des Hierarchielevels (Junior vs. Senior HR-Manager) variieren (Way, 2002; DGFP, 2006). Kompetenzmodelle, die sich auf spezifische Funktionsbereiche im Personalmanagement beziehen, ermöglichen eine differenziertere Betrachtungsweise, welche Fähigkeiten und Fertigkeiten für die Aufgabenbewältigung in einer bestimmten Funktion notwendig sind.

Neben den genannten zukünftig möglichen Forschungsaktivitäten sollte auch eine Überprüfung der Güte von Kompetenzmodellen im Allgemeinen angestrebt werden. Für das in dieser Arbeit entwickelte Kompetenzmodell wurde im Rahmen einer zweiten Untersuchung die inhaltliche Validität geprüft und ermittelt, inwieweit das abgebildete Kompetenzmodell tatsächlich für die Tätigkeit bzw. den Tätigkeitserfolg des Personalmanagers bedeutsame Kompetenzaspekte abbildet. Die Studie soll nachfolgend dargestellt werden.

11. Zielsetzung und Fragestellungen (Studie 2)

Das Ziel der zweiten (quantitativen) Studie dieser Arbeit besteht darin, das in der ersten Studie entwickelte Kompetenzmodell hinsichtlich seiner Güte und Qualität durch Experten im Personalmanagement einschätzen zu lassen. Dies entspricht einer inhaltlichen Validierung des Kompetenzmodells. Die Inhaltsvalidität gilt neben der Konstrukt- und Kriteriumsvalidität als zentrales Gütekriterium psychologischer Test- und Analyseverfahren (Moser, 1987). Sie wird herangezogen, um zu bestimmen, ob die im Instrument enthaltenen Items das zu erfassende Konstrukt bzw. Merkmal repräsentieren und in den relevanten Bereichen abdecken (Schuler et al., 1995). Übertragen auf ein Kompetenzmodell wird bei der inhaltlichen Validierung eines Kompetenzmodells untersucht, ob die im Modell enthaltenen Kompetenzaspekte und –facetten eine repräsentative Stichprobe aller denkbaren Aspekte und Facetten des zu erfassenden Kompetenzkonstrukts darstellen. Mit anderen Worten: es wird geprüft, ob das Kompetenzkonstrukt hinsichtlich seines Bedeutungsinhalts durch die Verhaltensbeschreibungen sehr gut abgebildet wird. Nach Schaper (2009b) wird mit der inhaltlichen Validierung die „praxisbezogene Tauglichkeit und die Generalisierbarkeit eines Modells" (S. 182) sichergestellt.

Zur Bestimmung der inhaltlichen Validität eines Kompetenzmodells für das Berufsfeld Personalmanagement sind nach Kenntnis und umfangreichen Recherchen der Autorin dieser Arbeit bisher sowohl national als auch international keine fundierten Studien durchgeführt worden. Es existieren in der einschlägigen Literatur auch keine objektiven bzw. einheitlichen Kriterien oder standardisierten Vorgehensweisen zur Erfassung der Inhaltsvalidität von Kompetenzmodellen. In diesem Zusammenhang ist anzumerken, dass neben der Bestimmung der Inhaltsvalidität von Kompetenzmodellen auch für Messinstrumente objektive Kriterien und quantitative Methoden zur Erfassung der inhaltlichen Validität weitgehend fehlen und zumeist auf qualitative Verfahren zurückgegriffen wird. So betonen Parasuraman, Zeithaml & Berry (1988): „Assessing a (….) content validity is necessarily qualitative rather than quantitative" (p. 28). Üblicherweise wird die Bestimmung der Inhaltsvalidität anhand subjektiver Einschätzungen von Experten, die sich mit dem intendierten Gegenstandsbereich sehr gut auskennen, vorgenommen (Green & Tull, 1982; Oesterreich & Bortz, 1994; Schnell, Hill & Esser, 2005; Markus, Cooper-Thomas & Allpress, 2005). In aller Regel wird durch die Experten die Bedeutsamkeit oder Relevanz einzelner Merkmale für das zu erfassende Konstrukt beurteilt (Moser, Donat, Schuler & Funke, 1989; Dubois, 1993; Lucia & Lepsinger, 1999; Bortz & Döring, 2005).

Zielsetzung und Fragestellungen (Studie 2)

In der vorliegenden Studie soll die Inhaltsvalidität durch das Urteil von Experten, die aus der Wissenschaft und aus der Unternehmenspraxis stammen, eingeschätzt werden. Neben dem Beurteilungskriterien Bedeutsamkeit wurden weitere Kriterien festgelegt, anhand derer die Güte und Qualität des zugrunde liegenden Kompetenzmodells beurteilt werden soll. Die Beurteilungskriterien ergeben sich zum einen direkt aus den Definitionen der Inhaltsvalidität und zum anderen sind sie bereits in Zusammenhang mit der Validierung von Arbeits- und Anforderungsanalysen[16] diskutiert worden. Betrachtet man Definitionen der Inhaltsvalidität so beschäftigt sich die Inhaltsvalidität nach Pepels (2004) mit der Plausibilität, Vollständigkeit, Angemessenheit und Relevanz und kann auch als Inhaltsrelevanz oder Inhaltsrepräsentativität bezeichnet werden (Messick, 1989; Domino & Domino, 2006). Für Bortz & Döring (2005) ist Inhaltsvalidität dann gegeben, wenn „der Inhalt der Testitems das zu messende Konstrukt in seinen wichtigsten Aspekten erschöpfend erfasst" (S. 200). Abgeleitet aus diesen Definitionen kann als ein wichtiges Kriterium die *Relevanz/ Repräsentativität* genannt werden, die angibt, inwieweit sämtliche Items eines Verfahrens für eine bestimmte Tätigkeit oder Anforderung relevant bzw. repräsentativ sind (Fleishman & Quaintance, 1984; Amelang & Zielinski, 1994). Ein weiteres Kriterium bezieht sich auf die *Vollständigkeit* im dem Sinne, ob durch die Items des Instruments alle bedeutsamen Facetten des Konstrukts weitgehend vollständig abgedeckt sind (Klauer, 1987; Schaper, 1995; Lucia & Lepsinger, 1999, Nerdinger et al., 2008). Neben den beiden Kriterien Repräsentativität und Vollständigkeit werden in Anlehnung an die Überprüfung der Validität von Arbeits- und Anforderungsanalyseverfahren wie dem Tätigkeitsanalyseinventar (TAI; Frieling, Facaoaru, Benedix, Pfaus & Sonntag, 1993), dem Leitfaden für qualitative Personalplanung (LPI; Güntert, 1996; Sonntag, Schaper & Benz, 1999) und einem Arbeitsanalyseverfahren für die industrielle Forschung (Schuler et al., 1995) zwei zusätzliche Kriterien angesprochen. Dazu gehört einerseits die *Differenziertheit/Detailliertheit*, mit der die inhaltlich präzise und unterscheidbare Beschreibung der Items gewährleistet wird und die *Verständlichkeit*, die sich auf eine klare und eindeutige Formulierung der Items bezieht (Mummendy, 1995).

Die in dieser Arbeit herangezogenen Kriterien zur Bestimmung der inhaltlichen Validität des Kompetenzmodells sowie die daraus abgeleiteten Fragestellungen der zugrunde liegenden Studie sind in Tabelle 38 zusammengefasst. In Bezug auf das Beurteilungskriterium *Bedeutsamkeit/Relevanz* wird der Frage nachgegangen, ob die einzelnen Kompetenz-, Verhaltens- und Einstellungsanker auch wirklich berufs- und erfolgsrelevante Kompetenzmerkmale eines Personalmanagers beschreiben bzw. inwieweit die einzelnen

---

[16] Arbeits- und Anforderungsanalysen sind insofern mit Kompetenzmodellen vergleichbar, als dass sie zentrale Instrumentarien der Arbeitsdiagnostik darstellen und sich auch die Analyseinhalte und methodischen Zugänge in hohem Maße überschneiden.

Kompetenzbeschreibungen für einen Personalmanager bedeutsam/relevant sind. Irrelevante Items sollten beispielsweise als wenig bedeutsam für die Kompetenz eines Personalmanagers eingestuft werden. Darüber hinaus wird untersucht, ob das Kompetenzmodell nicht nur auf Ebene einzelner Verhaltensbeschreibungen, sondern *insgesamt* berufs- und erfolgsrelevante Kompetenzen für das Berufsbild des Personalmanagers abbildet. Hinsichtlich des Kriteriums *Vollständigkeit* wird der Fragestellung nachgegangen, in welchem Ausmaß die Verhaltens- und Einstellungsbeschreibungen das Konstrukt (hier: erfolgskritische Kompetenzen eines Personalmanagers) in seinen wichtigsten Aspekten erschöpfend erfassen (Bortz & Döring, 2005). Dabei geht es weniger um die Einschätzung, ob das Kompetenzmodell alle denkbaren Kompetenzaspekte vollständig erfasst, sondern vielmehr darum, ob die wesentlichen erfolgsrelevanten Kompetenzfacetten eines Personalmanagers berücksichtigt wurden. Schließlich wird versucht zu klären, ob das Kompetenzmodell insgesamt detailliert/differenziert genug ist (Kriterium *Detailliertheit/Differenziertheit*) sowie darüber hinaus klar/eindeutig (Kriterium *Verständlichkeit*) formuliert ist.

Tabelle 38: Fragestellungen der Studie in Anlehnung an die Beurteilungskriterien zur Bestimmung der inhaltlichen Valididät

Beurteilungs-kriterium	Fragestellung	Beurteilungs-ebene
Bedeutsamkeit/ Relevanz	a) Inwieweit sind die *einzelnen Verhaltensbeschreibungen* für die Tätigkeit eines Personalmanagers bedeutsam/relevant?	Verhaltens-beschreibung
	b) Erfasst das *Kompetenzmodell insgesamt* die berufs- und erfolgsrelevanten Kompetenzanforderungen für Personalmanager?	Kompetenzmodell
Vollständigkeit	c) Erfasst das *Kompetenzmodell insgesamt* weitgehend vollständig alle berufs- und erfolgsrelevanten Kompetenzaspekte von Personalmanagern?	Kompetenzmodell
Differenziertheit/ Detailliertheit	d) Ist das *Kompetenzmodell insgesamt* detailliert/ differenziert genug?	Kompetenzmodell
Verständlichkeit	e) Ist das *gesamte Kompetenzmodell* klar und eindeutig formuliert?	Kompetenzmodell

Zur Bestimmung der inhaltlichen Validität des Kompetenzmodells werden zunächst die Mittelwerte und Standardabweichungen für die Einschätzungen der einzelnen Kompetenz-anker, Subkompetenz- und Hauptkompetenzfelder sowie für die Gesamteinschätzung des Modells ermittelt. Außerdem wird die Güte der Beurteilung darüber bestimmt, inwieweit die

Beurteiler in ihren Einschätzungen übereinstimmen bzw. zu ähnlichen oder identischen Ergebnissen kommen (Beurteilerübereinstimmung). Die Beurteilung ist reliabel, wenn verschiedenen Rater zu möglichst identischen Einschätzungen über denselben Sachverhalt kommen (Wirtz & Caspar, 2002). Zur Analyse der Konkordanz von Beurteilern, die auch als Interrater-Reliabilität bezeichnet wird, wird als statistisches Maß der Intraclass-Korrelationskoeffizient (ICC) berechnet. Neben der *Intra*klassenkorrelation wird als ein weiteres Maß der Interraterreliabilität eine *Inter*klassenkorrelation (Pearson´s Produkt-Moment Korrelation) berechnet und bestimmt, inwieweit die Einschätzungen der beiden Expertengruppen zusammenhängen. Darüber hinaus interessiert im Rahmen der Beurteilerübereinstimmung auch, ob sich die beiden Expertengruppen (Wissenschaftler und Personalpraktiker) in ihren Einschätzungen signifikant voneinander unterscheiden. Eine Klärung dieser Frage kann mit Hilfe von Mittelwertvergleichen (t-Test) beantwortet werden. Neben den in Tabelle 38 abgebildeten Fragestellungen lassen sich in Zusammenhang mit der Beurteilerübereinstimmung zwei zusätzliche Fragestellungen der Studie formulieren (Tab. 39).

Tabelle 39: Fragestellungen der Studie bezogen auf die Zuverlässigkeit der Expertenurteile

Fragestellung	Bewertungsebene
f) Wie zuverlässig sind die Urteile der Experten (Personalpraktiker/ Wissenschaftler/gesamte Expertengruppe) und wie hoch ist demnach die Güte des Beurteilungssystems einzuschätzen?	Verhaltensbeschreibungen
	Kompetenzmodell
g) Unterscheiden sich die beiden Expertengruppen (Personalpraktiker/ Wissenschaftler) in ihren Einschätzungen signifikant voneinander?	Verhaltensbeschreibungen
	Kompetenzmodell

Zusammenfassend ist festzuhalten: Das Ziel der zweiten Studie dieser Arbeit besteht in der inhaltlichen Validierung des in der ersten Studie weiterentwickelten Kompetenzmodells für Personalmanager. Die Inhaltsvalidität wird durch Experteneinschätzungen von Personalpraktikern und Wissenschaftlern bestimmt. Die Einschätzungen erfolgen anhand der folgenden vier Beurteilungskriterien: *Bedeutsamkeit/Relevanz* der Verhaltensbeschreibungen bzw. des Kompetenzmodells, *Vollständigkeit* des Kompetenzmodells, *Detailliertheit/ Differenziertheit* des Kompetenzmodells, *Verständlichkeit* des Kompetenzmodells. Darüber hinaus wird die Zuverlässigkeit der Expertenurteile durch Inter- bzw. Intraklassenkorrelationen erfasst und geprüft, ob sich die beiden Expertengruppen in ihren Einschätzungen voneinander unterscheiden.

12. Methodisches Vorgehen (Studie 2)

In diesem Kapitel wird die in dieser Studie verwendete Erhebungsmethode (Kap. 12.1) vorgestellt und das zugrunde liegende Untersuchungsfeld sowie die Untersuchungsdurchführung (Kap. 12.2) beschrieben. Den Abschluss des Kapitels bildet eine Erläuterung der Auswertungsverfahren (Kap. 12.3) zur Überprüfung der Fragestellungen.

12.1. Erhebungsmethode

12.1.1. Expertenbefragung

Bei der vorliegenden Untersuchung handelt es sich um eine querschnittlich angelegte Befragungsstudie, in der Experten um ihre Einschätzung hinsichtlich der Güte und Qualität des in der ersten Studie dieser Arbeit entwickelten Kompetenzmodells für Personalmanager gebeten wurden. Zur Bestimmung der inhaltlichen Validität eines Instruments werden in aller Regel Einschätzungen von Experten herangezogen, die sich mit dem betreffenden Gegenstandsbereich gut auskennen (Green & Tull, 1982; Oesterreich & Bortz, 1994; Schnell, Hill & Esser, 2005; Markus, Cooper-Thomas & Allpress, 2005). Üblicherweise überprüfen die Experten dabei inhaltlich logisch den Umfang und die Abgrenzung des Gegenstandsbereiches sowie die Repräsentation des Konstrukts durch die Items (Nerdinger et al., 2008). Durch die Experten wird das Ausmaß an Bedeutsamkeit oder Relevanz einzelner Merkmalen für das zu erfassende Konstrukt beurteilt (Cunningham, Boese, Neeb & Pass, 1983; Dubois, 1993; Schuler et al. 1995; Bortz & Döring, 2005; Lucia & Lepsinger, 1999). Zumeist wird zur Bestimmung der Inhaltsvalidität von Instrumenten auf qualitative Verfahren zurückgegriffen und auf objektive Kriterien sowie quantitative Methoden weitgehend verzichtet. Allerdings existieren in der Literatur auch Studien, die eine quantitative Bestimmung der inhaltlichen Validität zum Gegenstand haben. So wird beispielsweise bei Schuler et al. (1995) eine quantitative Studie zur Überprüfung eines Arbeitsanalyseverfahrens dargestellt, in der Experten die Items und Dimensionen des Instruments anhand objektiver Kriterien auf einer Ratingskala beurteilen sollten. Ein Beurteilungskriterium in dieser Studie ist die *Itemrelevanz,* die als ein Aspekt der Inhaltsvalidität aufgefasst wird, da sie „die inhaltliche Anwendbarkeit eines Arbeitsanalyseitems für die Beschreibung von Arbeitsplätzen" (Schuler et al., 1995, S. 33) kennzeichnet. Übertragen auf Kompetenzmodelle bedeutet die Itemrelevanz, dass ein bestimmtes im Modell enthaltenes Kompetenzmerkmal der inhaltlichen Beschreibung eines Kompetenzkonstrukts dienlich ist. Aber es liegen auch quantitative Studien zur Validierung von Kompetenzmodellen vor, in denen über Expertenurteile die Bedeutsamkeit einzelner

Kompetenzaspekte für eine berufliche Tätigkeit erfasst und die mittlere Bedeutsamkeitseinschätzung über alle Experten hinweg ermittelt wird (Rodriguez, Patel, Bright, Gregory & Gowing, Stewart, 2006).

Aufgrund der obigen Ausführungen wurden für die vorliegende Studie fachlich versierte Personen aus der Wissenschaft und aus der Unternehmenspraxis herangezogen, die aufgrund ihrer beruflichen Funktion und Eingebundenheit in das Thema Personalmanagement über entsprechende Kenntnisse und Erfahrungen verfügen. Es wurde in der vorliegenden Untersuchung ein quantitativer Ansatz zur Bestimmung der Inhaltsvalidität gewählt, der bereits in anderen Studien zur Validierung von Arbeitsanalyseverfahren und Kompetenzmodellen verfolgt wurde. Dabei sollten die ausgewählten Experten anhand objektiver Kriterien, die nachfolgend näher erläutert werden, eine Einschätzung der Kompetenzitems des Kompetenzmodells auf einer Ratingskala vornehmen.

12.1.2. Onlinegestützter Fragebogen

Zur Beurteilung der inhaltlichen Validität des Kompetenzmodells wurde ein onlinegestützter Fragebogen eingesetzt. Der onlinebasierte Fragebogen wurde mit Unterstützung der Befragungssoftware *Unipark*[17] konzipiert. Er setzte sich aus insgesamt vier Abschnitten zusammen: 1. Einleitung und Instruktion, 2. Angaben zu soziodemographischen und unternehmensspezifischen Daten, 3. Bedeutsamkeitseinschätzung aller im Kompetenzmodell enthaltenen Verhaltensbeschreibungen, 4. Gesamtbewertung des Kompetenzmodells.

Zu Beginn des Fragebogens wurde das Ziel der Fragebogenstudie erläutert und das Kompetenzmodell für Personalmanager beschrieben (Ursprung, Hintergrund der Weiterentwicklung, Aufbau). Zudem erfolgte eine Instruktion, in der der Umgang mit dem Fragebogen und beispielhaft das Item- und Antwortformat vorgestellt wurde. Darüber hinaus wurden den Probanden absolute Anonymität und Vertraulichkeit zugesichert.

Im zweiten Teil des Fragebogens wurden zur näheren Beschreibung der Stichprobe soziodemographische und unternehmensspezifische Daten erfasst. Zu den soziodemographischen Variablen zählen in dieser Studie das *Alter*, das *Geschlecht*, die *Berufsausbildung*, der *Studienabschluss* bzw. *das Studienfach*, die *Dauer der Berufserfahrung* im Bereich Personal sowie die *Berufsgruppenzugehörigkeit*

---

[17] Unipark ist eine professionelle Befragungssoftware für Hochschulen, Forschungseinrichtungen und Universitäten, die die Erstellung und Online-Durchführung von wissenschaftlichen Umfragen erlaubt.

(Personalpraktiker/Wissenschaftler). Zusätzlich wurde noch erfragt, ob die Befragten eine Führungsposition inne haben und wenn ja, auf welcher Ebene diese anzusiedeln ist. Als unternehmensspezifische Daten wurden die *Branchenzugehörigkeit* und die *Mitarbeiterzahl* als Indikator für die Unternehmensgröße erfasst.

Im dritten Teil erfolgte die eigentliche Befragung. Die Experten wurden gebeten, jede einzelne Verhaltensbeschreibung bzw. jeden einzelnen Kompetenzanker auf einer sechsstufigen bipolaren numerischen Ratingskala zu bewerten. Das zentrale Bewertungskriterium ist hierbei die Relevanz/Bedeutsamkeit bzw. die Repräsentativität der einzelnen Kompetenzaspekte für die Tätigkeit eines Personalmanagers. Die Antwortkategorien der Skala reichen von 1 = „überhaupt nicht bedeutsam" bis 6 = „sehr bedeutsam". Liegen irrelevante Items vor, sollten diese als wenig bedeutsam für das Kompetenzmodell eingeschätzt werden. Neben der Einschätzung der Bedeutsamkeit hatten die Experten die Gelegenheit, in einem freien Antwortfeld zusätzliche Anmerkungen (z.B. Ergänzungsvorschläge) für jede Subkompetenz zu machen.

Zur besseren Übersicht und Darstellung auf dem Bildschirm sowie zur besseren Bearbeitung der Aufgabe wurde das Kompetenzmodell zunächst in eine Art Kompetenzliste übertragen. Es wurden auf einer Bildschirmseite nur die zu einer Subkompetenz aufgeführten Verhaltensanker auf einer Seite dargestellt. In Abbildung 13 ist beispielhaft für die Dimension *Kompetenzmanagement* und das Subkompetenzfeld *strategisch/organisational* veranschaulicht, wie die visuelle Darstellung der einzuschätzenden Verhaltensbeschreibungen inklusive Antwortformat im onlinegestützten Fragebogen aussah.

Methodisches Vorgehen (Studie 2)

Abbildung 13: Darstellung des Antwortformats zur Einschätzung der Kompetenzanker

Kompetenzmanagement (Kompetenzfeld)
Kenntnis und Anwendung von Maßnahmen und Methoden zur Erfassung, Entwicklung und zum Management von Mitarbeiterkompetenzen, mit dem Ziel, nachhaltig die wirtschaftliche Handlungskraft eines Unternehmens zu erhöhen

6.1 Kenntnis und Umsetzung der grundlegenden Maßnahmen des Kompetenzmanagements (Subkompetenzfeld: strategisch/organisational)

Bitte schätzen Sie die nachfolgenden Verhaltensbeschreibungen hinsichtlich ihrer Bedeutsamkeit für die Tätigkeit als Personalmanager ein:

	überhaupt nicht bedeutsam				sehr bedeutsam
das Kompetenzmodell des Unternehmens kennen (z.B. Kernkompetenzen und deren Abstufungen)	☐	☐	☐	☐	☐
die unternehmensinternen Maßnahmen zur Kompetenzentwicklung kennen (z.B. internes Seminarprogramm)	☐	☐	☐	☐	☐
die auf dem Kompetenzmodell basierenden Personalinstrumente kennen (z.B. Einstellungsinterview, Zielvereinbarungssysteme, Karriereplanung)	☐	☐	☐	☐	☐
wissen, welche Anforderungen an die Kernkompetenzen der Beschäftigten gestellt werden (z.B. Kundenorientierung, Teamfähigkeit)	☐	☐	☐	☐	☐
Kompetenzmanagementmaßnahmen mit anderen Unternehmen vergleichen (z.B. Führungsnachwuchsförderung)	☐	☐	☐	☐	☐
Kompetenzentwicklungsmaßnahmen unter Berücksichtigung unternehmensbezogener Rahmenbedingungen planen (z.B. des Weiterbildungsbudgets)	☐	☐	☐	☐	☐
bei der Entwicklung des Kompetenzmodells mitwirken (z.B. Interviews mit Führungskräften führen, bei anderen Unternehmen recherchieren)	☐	☐	☐	☐	☐

Hier können Sie Anmerkungen zu diesem Subkompetenzfeld oder einzelnen Verhaltensbeschreibungen machen (z.B. Ergänzungsvorschläge):

Im letzten Teil des Fragebogens sollten die Probanden das Kompetenzmodell in seiner Gesamtheit (mit seinen Verhaltensbeschreibungen, Subkompetenzfeldern und Kompetenzfeldern) im Hinblick auf die Kriterien Bedeutsamkeit/Relevanz, Vollständigkeit, Differenziertheit/Detailliertheit und Verständlichkeit beurteilen (vgl. Abb. 14). Auch hier kam eine sechsstufige Skala mit den verbalen Abstufungen von 1 = "trifft überhaupt nicht" zu bis 6 = "trifft völlig zu" zur Anwendung. Mit dem Kriterium *Bedeutsamkeit/Relevanz* wurde gefragt, ob das Kompetenzmodell insgesamt die berufsrelevanten Kompetenzen für Personalmanager abbildet und mit dem Kriterium *Vollständigkeit* wurde erfasst, ob die Kompetenzen eines Personalmanagers durch die Kompetenzitems auch qualitativ vollständig abgebildet werden. Neben den beiden Kriterien Relevanz und Vollständigkeit wurden in Anlehnung an die Vorgehensweise von Schuler et al. (1995) zur Überprüfung der Validität eines Arbeitsanalyseverfahrens zusätzlich abgefragt, ob das Kompetenzmodell insgesamt detailliert genug (Kriterium *Detailliertheit/Differenziertheit*) sowie klar und eindeutig (Kriterium *Verständlichkeit*) ist. Schließlich wurde den Probanden die Möglichkeit gegeben, bei Interesse an den Ergebnissen ihre E-Mail-Adresse anzugeben.

Abbildung 14: Darstellung des Antwortformats zur Einschätzung des Kompetenzmodells

Abschließend möchten wir Sie bitten, das Kompetenzmodell in seiner Gesamtheit (mit seinen Verhaltensbeschreibungen, Subkompetenzfeldern und Kompetenzfeldern) hinsichtlich der folgenden Kriterien einzuschätzen:						
	trifft überhaupt nicht zu					trifft völlig zu
Das Kompetenzmodell erfasst insgesamt die berufs- und erfolgsrelevanten Kompetenzanforderungen für den Berufsstand der Personalmanager.	☐	☐	☐	☐	☐	☐
	trifft überhaupt nicht zu					trifft völlig zu
Das Kompetenzmodell erfasst insgesamt weitgehend vollständig alle Kompetenzaspekte von Personalmanagern.	☐	☐	☐	☐	☐	☐
	trifft überhaupt nicht zu					trifft völlig zu
Das Kompetenzmodell ist insgesamt detailliert genug.	☐	☐	☐	☐	☐	☐
	trifft überhaupt nicht zu					trifft völlig zu
Das gesamte Kompetenzmodell ist insgesamt klar und eindeutig.	☐	☐	☐	☐	☐	☐

12.1.3. Ratingskala

Durch die Festlegung von Beurteilungskriterien und den Einsatz einer Ratingskala wird das Ziel verfolgt, die inhaltliche Validierung weitgehend zu strukturieren und zu quantifizieren. Nach Bortz und Döring (2005) wird durch die Verwendung einer Ratingskala die Erfassung von Einschätzungen, die intervallskaliert interpretiert werden können, ermöglicht und somit eine statistische Auswertung des Datenmaterials zugelassen. Der Vorteil einer geradzahligen Ratingskala, wie sie in dieser Studie verwendet wird, ist, dass auf eine neutrale Kategorie verzichtet und der Beurteiler gezwungen wird, eine Urteilstendenz abzugeben. Damit kann Urteilsfehlern wie eine *Tendenz zur Mitte* oder eine *Ambivalenz-Indifferenz-Problematik* entgegen gewirkt werden (Bortz & Döring, 2005). Darüber hinaus wird mit Hilfe des vorliegenden Skalenformats (sechs Skalenstufen) den Befragungsteilnehmern eine ausreichende Differenzierungsmöglichkeit bei ihrer Beantwortung gegeben und somit eine reliable und valide Erfassung ermöglicht (Krosnik & Fabrigar, 1997). Gleichzeitig muss angemerkt werden, dass mit einer hohen Anzahl an Skalenstufen die Differenzierungskapazität der Urteilenden weitaus mehr beansprucht wird als bei einer geringen Anzahl an Skalenstufen (Bortz & Döring, 2005).

12.2. Durchführung der Untersuchung

Die Untersuchung lässt sich in mehrere Phasen unterteilen. Um einen Überblick über den zeitlichen Ablauf der zweiten Studie dieser Arbeit zu bekommen, sind in Abbildung 15 die wichtigsten Phasen dargestellt.

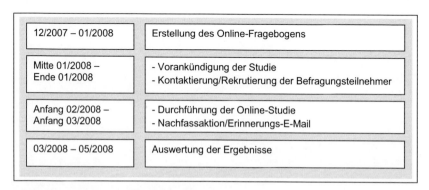

Abbildung 15: Ablauf der zweiten Studie im Überblick

Methodisches Vorgehen (Studie 2)

Für die zweite Studie wurde zunächst über eine webgestützte Benutzeroberfläche der Online-Fragebogen konzipiert, der in der Befragungsstudie eingesetzt werden sollte. Dazu wurde das in der ersten Studie entwickelte Kompetenzmodell mit seinen Kompetenzitems (Verhaltensbeschreibungen) in eine Art Kompetenzliste übertragen. Die Beantwortung des Fragebogens wurde mit einem Zeitaufwand von ca. einer Stunde eingeschätzt. Aufgrund des umfangreichen Zeitrahmens wurden im Vorfeld der Befragung Maßnahmen ergriffen, um die Teilnahmebereitschaft abzuklären. Ungefähr zwei Wochen vor dem Start der online-gestützten Untersuchung erfolgte eine Vorankündigung der Online-Befragung per E-Mail. Einige potentielle Befragungsteilnehmer wurden darüber hinaus persönlich telefonisch kontaktiert sowie namentlich per E-Mail angeschrieben und um ihre Studienteilnahme gebeten. Anfang Februar 2008 wurde die Online-Studie für drei Wochen freigeschaltet und die personalisierten Zugänge zum Fragebogen versandt. Gegen Ende des Ablaufs der Befragung wurde eine Erinnerungsmail an alle Personen versandt mit der Bitte, an der Studie teilzunehmen, sofern dies noch nicht geschehen sei. Um die Stichprobengröße der Untersuchung zu erhöhen, wurde die Befragung um weitere zwei Wochen verlängert. Danach erfolgten die Auswertung der Ergebnisse sowie die Überarbeitung des Kompetenzmodells.

12.2.1. Auswahl der Stichprobe

Zur Bestimmung der inhaltlichen Validität des vorliegenden Kompetenzmodells sollten Experten des Personalmanagements aus der angewandten Forschung (Professoren und Lehrkräfte mit thematischer Ausrichtung auf das Thema Personalmanagement) und aus der Unternehmenspraxis (u.a. Personalverantwortliche, Personalentwickler, Weiterbildungsexperten) befragt werden. Bei der Stichprobe dieser Studie handelt es sich - wie bei den Untersuchungspersonen in der ersten Studie - nicht um eine Zufallsstichprobe im klassischen Sinne. Die Auswahl geeigneter Experten für einen bestimmten Gegenstandsbereich ist schon an sich ein komplexes Unterfangen, so dass im Kontext von Expertenbefragungen eine Auswahl potentieller Probanden nach dem Zufallsprinzip nur schwer bis kaum zu realisieren ist. Für die vorliegende Studie wurden daher berufserfahrene Personen im Personalmanagement herangezogen, deren Expertenstatus dokumentiert ist oder im Rahmen eines telefonischen Kontakts erfragt wurde.

12.2.1.1. *Auswahlkriterien und Rekrutierung der Untersuchungsteilnehmer*

Ein Problem bei der Auswahl von Experten für eine Untersuchung liegt in der Unklarheit, wer als Experte bezeichnet werden kann. Daher ist es für die Güte der Untersuchung wichtig, darzulegen und zu begründen, nach welchen Kriterien eine Person als Experte ausgewählt wurde (Nerdinger et al., 2008). Für die Teilnahme an der vorliegenden Studie wurden nur solche Personen als potentielle Befragungsteilnehmer angesprochen, die bereits mehrere Jahre im Personalmanagement tätig sind und sich intensiv mit dem Thema Personalmanagement beschäftigt haben sowie darüber hinaus aufgrund ihrer beruflichen Funktion umfangreiche Kenntnisse und Fähigkeiten in dem intendierten Gegenstandsbereich erworben haben. Die Rekrutierung der Probanden erfolgte zum einen durch die DGFP und zum anderen durch die Autorin dieser Arbeit sowie einem Studenten, der die Durchführung der Studie im Rahmen der Fertigstellung seiner Masterarbeit unterstützt hat.

Im Falle der Rekrutierung von Befragungsteilnehmern durch die DGFP wurden ausschließlich Personalpraktiker (n = 167) angesprochen, deren Kontaktdaten der DGFP in einer Datenbank vorlagen. Der Expertenstatus wurde dadurch sichergestellt, dass einerseits Personen angesprochen wurden, die der DGFP aufgrund ihrer beruflichen Funktion als erfahrene Personalmanager bekannt waren. Andererseits wurden ehemalige Absolventen des *ProPer Executive Programms* um ihre Teilnahme an der Studie gebeten. Das ProPer Executive Programm richtet sich ausschließlich an Personalleiter und Personalmanager kurz vor oder nach Übernahme einer Leitungsfunktion mit Gesamtverantwortung für das Personalmanagement. Es kann also davon ausgegangen werden, dass bei den von der DGFP rekrutierten Personen umfassende Kenntnisse und Erfahrungen im Personalmanagement vorlagen. Eine persönliche Bereitschaft zur Studienteilnahme wurde nicht explizit abgeklärt. Vielmehr wurde eine Vorankündigung zur Online-Befragung an die oben beschriebenen potentiellen Probanden geschickt und darum gebeten, an der Umfrage teilzunehmen. Mit dem offiziellen Start der Online-Studie wurden die Personalpraktiker erneut per E-Mail angeschrieben und es wurde jeder potentiellen Befragungsperson ein personalisierter Link zum entsprechenden Onlinefragebogen zugeschickt. Durch den personalisierten Zugang sollte die Möglichkeit offeriert werden, den Fragebogen zu einem späteren Zeitpunkt zu beenden.

Die Rekrutierung von Probanden durch die Autorin dieser Arbeit erfolgte zum einen durch eine persönliche telefonische Ansprache von Personalpraktikern (n = 40), die entweder der Autorin selbst bekannt waren oder von einem erfahrenen Unternehmensberater als Experten empfohlen und deren Kontaktdaten zur Verfügung gestellt wurden. Durch das persönliche Telefonat sollte die individuelle Bereitschaft zur Teilnahme an der Expertenstudie abgeklärt werden, um damit die Stichprobengröße zu erhöhen. Zum anderen wurden durch die Autorin dieser Arbeit und einen Studenten potentielle Teilnehmer für die Expertengruppe der Wissenschaftler recherchiert. Dazu wurden über Internetrecherchen Professoren und Lehrkräften identifiziert, die ihre Forschungs- und Lehrtätigkeit schwerpunktmäßig auf den HR-Bereich ausgerichtet haben (z.B. Professoren von Lehrstühlen für Personalmanagement). Um den Expertenstatus zu gewährleisten, wurden im Vorfeld der Befragung Informationen über die potentiellen Befragungsteilnehmer eingeholt (anhand Recherchen nach veröffentlichten Lebensläufen, institutseigene Webseiten) sowie deren fachliche und berufliche Schwerpunkte geprüft. Die ausgewählten Experten (n = 197) wurden in einer E-Mail mit einer namentlichen Ansprache über die Befragung informiert und ihre Bereitschaft zur Studienteilnahme erfragt. Auch in diesem Fall sollte durch eine persönliche Ansprache die Rücklaufquote der Fragebögen erhöht werden. Stimmten die durch die Autorin und den Studenten angesprochenen Experten einer Teilnahme zu, wurde den Probanden bei Start der Online-Studie der personalisierte Link zum Onlinefragebogen per E-Mail zugesandt. Alternativ konnte der Fragebogen auf Wunsch auch in einer Papierversion zur Verfügung gestellt werden. Diese Möglichkeit wurde aber nicht genutzt.

12.3. Auswertungsmethoden

In diesem Abschnitt sollen die Methoden beschrieben werden, die zur Auswertung der gewonnenen quantitativen Daten herangezogen wurden. Die empirische Bestimmung der inhaltlichen Validität des zugrunde liegenden Kompetenzmodells erfolgte mit Hilfe Deskriptiver Statistiken (Kap. 12.3.1), der Berechnung des Intraclass-Korrelations-koeffizienten (ICC, Kap. 12.3.2) als ein Maß für den Grad der Beurteilerübereinstimmung und der Berechnung der Interklassenkorrelationen (Kap. 12.3.3) als ein Maß für den Zusammenhang der Ratings beider Expertengruppe. Darüber hinaus wurden signifikante Unterschiede zwischen den Einschätzungen der beiden Expertengruppen mittels t-Test identifiziert (Kap. 12.3.4) sowie Unterschiede zwischen den Mittelwerten der Haupt-kompetenzfelder einerseits und Subkompetenzfelder andererseits mit Hilfe multivariater Verfahren berechnet (Kap. 12.3.5).

12.3.1. Deskriptive Statistiken der Bedeutsamkeitseinschätzungen

Der Mittelwert kann als das gebräuchlichste Maß zur Kennzeichnung der Tendenz einer Verteilung angesehen werden. In Zusammenhang mit der inhaltlichen Validierung von Kompetenzmodellen lässt sich der Itemmittelwert als Kennwert für die Bedeutsamkeit eines Kompetenzitems in einem Kompetenzmodell verwenden. Schuler et al. (1995) stellen fest, dass die über alle Urteiler hinweg eingeschätzte durchschnittliche Bedeutsamkeit eines Items als ein genereller Relevanzindikator interpretiert und als ein Aspekt der Inhaltsvalidität aufgefasst werden kann. Dementsprechend deuten im vorliegenden Fall – unter Verwendung einer sechsstufigen Skala mit den Abstufungen „überhaupt nicht bedeutsam" bis „sehr bedeutsam" bzw. „trifft überhaupt nicht zu" bis „trifft völlig zu" – hohe Mittelwerte der eingeschätzten Bedeutsamkeit der Kompetenzitems auf eine „gute" Inhaltsvalidität des Kompetenzmodells hin. Als Selektionskriterium in Bezug auf die Bedeutsamkeit eines Kompetenzmerkmals wurde gemäß der verwendeten Ratingskala ein Itemmittelwert von 3,5 festgelegt. Das bedeutet, dass die vorgenommenen Einschätzungen der im Kompetenzmodell enthaltenen Verhaltensbeschreibungen einerseits und des gesamten Kompetenzmodells andererseits ab einem Mittelwert unterhalb von 3,5 als „nicht erfolgskritisch" für die Tätigkeit von Personalmanagern interpretiert werden. Umgekehrt lassen Einschätzungen mit einem Mittelwert ab 3,5 aufwärts darauf schließen, dass es sich bei den entsprechenden Kompetenzen um erfolgskritische Verhaltens- und Leistungsaspekte eines Personalmanagers handelt.

Die Berechnung von Mittelwerten reicht jedoch nicht aus, um eine Verteilung ausreichend zu beschreiben (Scharnbacher, 2004). Ebenso wie die Mittelwerte können auch Standardabweichungen Auskunft über das Niveau der Inhaltsvalidität geben. Die Standardabweichung drückt aus, wie unterschiedlich oder ähnlich die Ratings einzelner Probanden untereinander sind (Zwerenz, 2006). Eine große Standardabweichung bedeutet, dass das arithmetische Mittel für die Verteilung „nicht sehr typisch" ist, da große und/oder zahlreiche Abweichungen vom Durchschnittswert existieren. Eine kleine Standardabweichung impliziert hingegen, dass das arithmetische Mittel für die Verteilung „typisch" ist, da die einzelnen Ratings der Beurteiler ähnlich sind und nur gering vom Mittelwert abweichen. Das Minimum einer Standardabweichung liegt bei 0 und würde bedeuten, dass die Einschätzungen aller Probanden identisch und gleich dem Mittelwert sind (Scharnbacher, 2004; Zwerenz, 2006). Für die vorliegende Studie gibt die Standardabweichung Auskunft über den Grad der Beurteilerübereinstimmung. Eine geringe Standardabweichung kann als ein Indiz für eine „gute" Inhaltsvalidität des Kompetenzmodells betrachtet werden.

12.3.2. Überprüfung der Beurteilerübereinstimmung (Intraklassenkorrelation)

Es gibt verschiedene Maße mit denen die Übereinstimmung zwischen mehreren Urteilern hinsichtlich ihrer Einschätzung von Merkmalsausprägungen erfasst werden kann. Ein Maß zur Quantifizierung der Beurteilerübereinstimmung unterschiedlicher Rater, das auch systematische Urteilstendenzen und Niveauunterschiede der Beurteiler berücksichtigt, ist die Intraklassenkorrelation (engl. Intra-Class-Correlation - ICC, Shrout & Fleiß, 1979). Die Intraklassenkorrelation ist ein wichtiger Indikator für die Reliabilität einer Beurteilung (Wirtz & Caspar, 2002) und wird daher im Rahmen der vorliegenden Studie als Hinweis für die Güte der Beurteilung und zur Bestimmung der inhaltlichen Validität herangezogen.

Methodisches Vorgehen (Studie 2)

Die Voraussetzungen für die Berechnung des ICC liegen darin, dass die Ratings normalverteilt sind und intervallskalierte Ratingwerte vorliegen, d.h. dass die Distanzen zwischen allen benachbarten Skalenpunkten jeweils identisch sind. Eine Normalverteilung der Variablen kann insofern angenommen werden, weil ab einer Stichprobengröße von n >= 30 eine Annäherung an die Normalverteilung als hinreichend eng angesehen wird (Kuß, 2004). Da die Intervallskalierung von Ratingskalen empirisch nur sehr aufwendig überprüft werden kann, wird davon ausgegangen, dass das in dieser Studie verwendete Beurteilungsinstrument als approximativ intervallskaliert ist. Dies gilt umso mehr, da lediglich die Endpunkte der Skala bezeichnet sind, die die Extreme eines Kontinuums andeuten (Bortz & Döring, 2005). Unabhängig davon haben Simulationsstudien gezeigt, dass die Varianzanalyse vor allem bei großen Stichprobenumfängen relativ robust auf Verletzungen ihrer Voraussetzungen reagiert (Bortz & Döring, 2005).

Der ICC kann ähnlich wie das in der Statistik häufig eingesetzte Korrelationsmaß, die Produkt-Moment-Korrelation, interpretiert werden. Ein Wert von 0 indiziert, dass keinerlei Übereinstimmung zwischen den Urteilen der Rater vorliegt. Je eher sich die Ausprägung des Koeffizienten dem Wert 1 nähert, desto höher ist die Reliabilität der Urteile. Ein Wert von 1 postuliert eine perfekte Interraterreliabilität (Wirtz & Caspar, 2002; Bortz & Döring, 2005). Ab welcher Höhe der Koeffizient als Indikator für eine gute Übereinstimmungsreliabilität bezeichnet werden kann, hängt von den jeweiligen Bedingungen der Untersuchung ab (Wirtz & Caspar, 2002). In der Regel wird aber eine Intraklassenkorrelation von 0.7 als Indiz für eine gute Interraterreliabilität angesehen (Greve & Wentura, 1997). Im Unterschied zur Produkt-Moment-Korrelation ist der ICC ein Maß für die *Intraklassenkorrelation*, d.h. hier handelt es sich um den Zusammenhang zwischen Variablen einer Klasse, die dieselbe Metrik und Varianz aufweisen (McGraw & Wong, 1996). Der ICC ist ein strengeres Maß als die Produkt-Moment-Korrelation, weil die Bedingung erfüllt sein muss, dass dasselbe Merkmal durch mehrere Rater eingeschätzt wurde. Die Produkt-Moment-Korrelation stellt einen Spezialfall des ICC dar, wenn der Zusammenhang der Einschätzungen zweier Rater oder allgemein zweier Messwertreihen bestimmt werden soll, wobei hier auch Merkmale mit unterschiedlichen Maßeinheiten und Varianzen zueinander in Beziehung gesetzt werden können. Der ICC kann für beliebig viele Rater berechnet werden.

Das Grundprinzip der Berechnung des ICC basiert auf einem varianzanalytischen Ansatz, da es um die Zerlegung von Varianzbestandteilen und deren Verhältnis geht. Es wird unterschieden zwischen a) der Varianz *zwischen* den Beurteilungen, die teilweise auf eine systematische Merkmalsvariation zurückgeführt wird und b) der Varianz *innerhalb* der Beurteilungsfälle, die auf eine mangelhafte Beurteilerübereinstimmung hinweist

(Fehlervarianz). Zur Bestimmung des ICC wird die Varianz zwischen verschiedenen Ratings in Bezug auf dasselbe Meßobjekt (systematische Varianz) verglichen mit der über alle Ratings und Meßobjekte entstandenen Varianz (Gesamtvarianz). Die Formel lautet:

$$ICC = \frac{\text{systematische Varianz}}{\text{Gesamtvarianz}} = \frac{MS_{zwischen} - MS_{innerhalb}}{MS_{zwischen} + (k-1) \times MS_{innerhalb}}$$

Die Varianzen werden durch mittlere Quadratsummen wie folgt geschätzt:

$$MS_{zwischen} = \frac{\sum_i (e_i - g)^2}{n - 1}$$

$$MS_{innerhalb} = \frac{\sum_{i,j} (x_{ij} - e_i)^2}{n \times (k - 1)}$$

n: Anzahl der Beurteilungsfälle (Laufindex: i)
k: Anzahl der Beurteiler (Laufindex: j)
x_{ij}: Beurteilungswert von Beurteiler j im Beurteilungsfall i
e_i: Mittelwert eines Beurteilungsfalles i
g: Mittelwert aller Beurteilungsfälle x_{ij}

Nach Shrout & Fleiss (1979) können sechs verschiedene Formen des ICC unterschieden werden. Die Anwendung einer dieser sechs Formen hängt maßgeblich vom Zweck und Design der Untersuchung, der Art der Messung und vor allem von der angestrebten Reliabilitätsaussage ab. Es spielt beispielsweise eine Rolle, ob alle Objekte von denselben Ratern eingeschätzt wurden oder aber die Rater verschiedene Objekte beurteilt haben. Darüber hinaus ist ein weiteres Kriterium die Berücksichtigung von Niveauunterschieden zwischen den Beurteilern. Mögliche Niveauunterschiede äußern sich darin, dass beispielsweise ein Rater die Objekte im Durchschnitt deutlich schlechter einstuft als ein anderer. Für die Auswahl eines geeigneten Maßes ist weiterhin zu entscheiden, ob die Reliabilität eines einzelnen mittleren Raters oder die Reliabilität der über die gesamte Beurteilergruppe gemittelten Ratings erfasst werden soll. Außerdem ist es für die Wahl des Koeffizienten entscheidend, ob die Rater eine Zufallsauswahl einer größeren Population darstellen oder nicht. Aus Gründen der Übersichtlichkeit soll an dieser Stelle nicht im Detail auf alle Varianten des ICC eingegangen werden, sondern vielmehr der für die vorliegende Studie verwendete Koeffizient erläutert werden.

Der für die Studie verwendete ICC-Koeffizient geht davon aus, dass alle Objekte (hier: jedes Kompetenzitem des Modells) von denselben Ratern beurteilt werden. Auch werden eventuelle Niveauunterschiede zwischen den Beurteilern berücksichtigt, d.h. mit dem

Koeffizienten werden die absoluten Unterschiede zwischen den Ratings der verschiedenen Beurteiler angesprochen. Darüber hinaus wird mit dem verwendeten Koeffizienten die Reliabilität der über die gesamte Beurteilergruppe gemittelten Ratings erfasst. Da in der zugrunde liegenden Studie keine zufällige Auswahl der Rater vorgenommen wurde, wird ein ICC-Koeffizient angewendet, der berücksichtigt, dass die Rater nicht zufällig, sondern bewusst ausgewählt worden sind. Mit Hilfe des ICCs wird geprüft, inwieweit die Urteiler hinsichtlich ihrer Einschätzungen zu übereinstimmenden Ergebnissen kommen und wie zuverlässig die Expertenurteile sind (Shrout & Fleiss, 1979; Cho, 1981; McGraw & Wong, 1996; Wirtz & Caspar, 2002). Eine hohe Präzision der Beurteilungen ist dann gegeben, wenn die Unterschiede zwischen den Einschätzungen verschiedener Rater für dieselben Verhaltensbeschreibungen des Kompetenzmodells vernachlässigbar klein sind.

12.3.3. Überprüfung der Beurteilerübereinstimmung (Produkt-Moment-Korrelation)

Die *Produkt-Moment-Korrelation* (Bravais-Pearson-Korrelation) gibt den Zusammenhang zweier Messwertreihen an und kann als das in der Statistik am häufigsten verwendete Korrelationsmaß angesehen werden (Wirtz & Caspar 2002; Bühl, 2006). Insbesondere in der älteren Literatur wird der Korrelationskoeffizient r als Maß der Interraterreliabilität verwendet und diskutiert (Wirtz & Caspar, 2002). Grundsätzlich ist jedoch der ICC, wenn die Fragen nach der Interraterreliabilität beantwortet werden soll, diesem Koeffizienten vorzuziehen (Hopkins, 1979; Hartmann, 1979; Hawkins & Fabryn, 1979). Im Gegensatz zur Produkt-Moment-Korrelation kann beim ICC zwischen verschiedenen Formen differenziert werden und eine Entscheidung für ein bestimmtes ICC-Maß explizit in Anlehnung an die vorliegenden Bedingungen vorgenommen und transparent gemacht werden. Unterscheiden sich beispielsweise die Varianzen zweier Beurteiler, so ist der ICC ein günstigeres Maß, da Varianzunterschiede berücksichtigt werden. Die statistischen Voraussetzungen zur Durchführung einer Produkt-Moment-Korrelation sind intervallskalierte und normalverteilte Variablen (Bühl, 2006). Wie bereits in Zusammenhang mit dem ICC dargestellt (vgl. Kap. 12.3.2) können beide Voraussetzungen als erfüllt betrachtet werden.

In dieser Studie wird der Korrelationskoeffizient r herangezogen, um zu prüfen, ob und inwieweit die Ratings der beiden Expertengruppen zusammenhängen. Der Korrelationskoeffizient r ist im Gegensatz zum ICC, welcher ein Maß für die Intraklassenkorrelation ist und für eine beliebige Anzahl von Beurteilern einsetzbar, ein Maß für die *Interklassenkorrelation*, die den linearen Zusammenhang zweier Rater(-gruppen) bzw. allgemein zweier Messwertreihen angibt (Wirtz & Caspar, 2002). Die Berechnung erfolgt nach folgender Formel:

$$r = \frac{\sum_{i=1}^{n}(x_i - \bar{x}) \times (y_i - \bar{y})}{(n-1) \times s_x \times s_y}$$

x_i und y_i = die betrachteten Variablen

$\bar{x}$ und $\bar{y}$ = Mittelwerte von x_i und y_i

s_x und s_y = Standardabweichungen von x_i und y_i

n = Anzahl der Objekte

Der Korrelationskoeffizient r kann Werte zwischen -1 und +1 annehmen, wobei bei einem Wert nahe 1 von einem starken Zusammenhang gesprochen wird und ein Wert nahe 0 auf einen schwachen Zusammenhang schließen lässt. Nimmt der Korrelationskoeffizient einen negativen Wert an, wird das als ein gegenläufiger Zusammenhang interpretiert, d.h. je größer der Wert der einen Variable ist, desto geringer wird der Wert der anderen Variablen und umgekehrt (Bühl, 2006). Der Zusammenhang zwischen zwei Messwertreihen ist also umso höher, je größer der Wert des Korrelationskoeffizienten ist. Laut Bühl (2006) sind folgende Abstufungen zur verbalen Beschreibung der Höhe des Korrelationskoeffizienten üblich (vgl. Tab. 40).

Tabelle 40: Interpretation des Pearson-Korrelationskoeffizienten

Höhe des Korrelationskoeffizienten r	Interpretation
bis 0,2	sehr geringe Korrelation
bis 0,5	geringe Korrelation
bis 0,7	mittlere Korrelation
bis 0,9	hohe Korrelation
über 0,9	sehr hohe Korrelation

Die Produkt-Moment-Korrelation kann bezogen auf die Urteile zweier Rater(-gruppen) als ein Maß der Interraterreliabilität angesehen werden (Wirtz & Caspar, 2002). Werden in der vorliegenden Studie durch beide Expertengruppen übereinstimmend hohe Bedeutsamkeitseinschätzungen der Verhaltensbeschreibungen vorgenommen, liegt damit eine große Übereinstimmung zwischen den Beurteilergruppen vor, die im Sinne einer hohen inhaltlichen Validität des Kompetenzmodells interpretiert werden kann.

12.3.4. Überprüfung der Unterschiede zwischen den Expertengruppen (t-Test)

Der t-Test für unabhängige Stichproben ist ein Verfahren zur Überprüfung des Unterschieds zwischen zwei Stichprobengruppen. Mithilfe von Mittelwertvergleichen erhält man darüber Aufschluss, ob das Auftreten von Mittelwertunterschieden rein zufällig ist, oder ob bedeutsame (systematische) Unterschiede zwischen den beiden Stichprobengruppen existieren. Dazu wird die Wirkung einer unabhängigen, nominal skalierten Variable auf eine abhängige, metrisch skalierte Variable untersucht, wobei die unabhängige Variable als Gruppenvariable fungiert, welche die Zugehörigkeit zur jeweiligen Gruppe bestimmt (Brosius, 2006). In der vorliegenden Studie wird der t-Test für unabhängige Stichproben angewendet, da die Versuchspersonen der beiden Berufsgruppen voneinander unabhängig erhoben wurden. Das bedeutet, dass die Auswahl der Versuchspersonen, die in eine Stichprobe aufgenommen wurden, keinen Einfluss auf die Auswahl der zur anderen Stichprobe gehörenden Versuchspersonen ausgeübt hat. Anhand von *Mittelwertvergleichen* bestimmt werden, ob und inwieweit sich die beiden Expertengruppen (Personalpraktiker vs. Wissenschaftler) in ihren Bewertungen - bezogen auf die Bedeutsamkeitseinschätzungen der einzelnen Kompetenzitems bzw. des gesamten Kompetenzmodells - voneinander unterscheiden. Es wird also die Nullhypothese überprüft, ob sich die Einschätzungen der beiden Expertengruppen *nicht* systematisch voneinander unterscheiden. Eine Beibehaltung der Nullhypothese würde in der zugrunde liegenden Untersuchung bedeuten, dass die beiden Expertengruppen in ihren Einschätzungen nicht signifikant voneinander abweichen. Kommen sowohl die Personalpraktiker als auch die Wissenschaftler zu hohen Bedeutsamkeitseinschätzungen der Kompetenzmerkmale im Kompetenzmodell und weichen in ihren Beurteilungen nicht voneinander ab, kann dieser Befund als Indikator für die inhaltliche Validität des Kompetenzmodells interpretiert werden.

Nach Eckstein (2006) wird der t-Test folgendermaßen definiert: „Der t-Test für zwei unabhängige Stichproben ist ein Zwei-Stichproben-Test, mit dem man auf einem vorgegebenen Signifikanzniveau α prüft, ob die unbekannten Mittelwerte μ_1 und μ_2 eines metrischen und $N(\mu_1, \sigma_1)$-verteilten bzw. $N(\mu_2, \sigma_2)$-verteilten Merkmals aus zwei disjunkten statistischen Grundgesamtheiten übereinstimmen. Die Standardabweichungen $\sigma_1, \sigma_2 > 0$ bzw. die Varianzen $\sigma^2_1, \sigma^2_2 > 0$ in beiden disjunkten Grundgesamtheiten sind unbekannt" (S. 112). Die Anwendung des t-Testes ist an zwei Voraussetzungen geknüpft: 1. Normalverteilung, 2. Varianzhomogenität (Bortz, 2005). Im Vorfeld der Anwendung des t-Tests wurde zur Überprüfung der Normalverteilungsannahme der Kolmogorov-Smirnoff-Anpassungstest durchgeführt. Unabhängig davon kann - gemäß dem zentralen Grenzwerttheorem der Statistik - angenommen werden, dass die vorliegende Stichprobe aufgrund ihrer Stichprobengröße (n > 30) annähernd normalverteilt ist. Neben der Voraussetzung der Normalverteilung sollten die betrachteten Variablen in den beiden Stichproben die gleiche Varianz aufweisen *(Varianzhomogenität)*. Dies kann mittels des Levene-Tests abgeprüft werden (Brosius, 2006). In Zusammenhang mit den Voraussetzungen zur Durchführung der t-Testes für unabhängige Stichproben ist festzuhalten, dass der Test auf Verletzungen seiner Voraussetzungen relativ robust reagiert (Bortz, 2005). Nach Brosius (2006) sprechen Abweichungen von der Normalverteilung nicht gegen den Einsatz des T-Tests und auch die Varianzgleichheit stellt keine *notwendige* Voraussetzung für die Anwendbarkeit des t-Tests dar.

12.3.5. Überprüfung der Unterschiede zwischen den Bedeutsamkeitseinschätzungen (Multivariate Verfahren)

Ein Pendant zum t-Test für abhängige Stichproben, wenn mehr als zwei Mittelwerte abhängiger Messungen miteinander verglichen werden, ist die Varianzanalyse mit Messwiederholung. Das Modell sieht eine varianzanalytische Prüfung vor, ob zwischen den Mittelwerten von J abhängigen Stichproben, d.h. zwischen den Mitteln von J Variablen, signifikante Unterschiede bestehen (Diehl & Staufenbiel, 2002). Diese Prüfung wird mit Unterstützung von SPSS mittels der Prozedur Allgemeines Lineares Modell/ Meßwiederholung (bzw. GLM-General Linear Model) durchgeführt. Die Prozedur ermöglicht einen F-Test mit Epsilon-adjustierten Freiheitsgraden und einem anschließenden paarweisen Vergleich der J Mittelwerte. In der vorliegenden Studie wird geprüft, ob sich zum einen die Mittelwerte der Hauptkompetenzfelder und zum anderen die Mittelwerte der Subkompetenzfelder pro Hauptkompetenzfeld signifikant unterscheiden. Darüber hinaus wurde mit Hilfe einer Post-Hoc-Analyse (*Bonferroni*-Test) ein paarweiser Vergleich der Haupteffekte durchgeführt.

Die Varianzanalyse mit Messwiederholung wird nicht nur bei Untersuchungsdesigns mit verschiedenen Messzeitpunkten angewendet. Sie kann auch dann berechnet werden, wenn man Unterschiede zwischen mehreren vergleichbaren Variablen untersuchen möchte und Daten bei denselben Personen zu einem Zeitpunkt erhoben hat. Im vorliegenden Fall handelt es sich dabei um die zu einem Zeitpunkt erfassten Bedeutsamkeitseinschätzungen zu den acht Hauptkompetenz- und 24 Subkompetenzfeldern, die jeweils von denselben Personen vorgenommen wurden. Die Voraussetzung zur Anwendung dieses Verfahrens ist, dass die sogenannte Sphärizitätsbedingung (Zirkularitätsbedingung) erfüllt ist, d.h. dass die Varianzen unter den einzelnen Faktorstufen (hier: die Varianzen unter den einzelnen Hauptkompetenzfeldern sowie den einzelnen Subkompetenzfeldern) und die Korrelationen zwischen den Faktorstufen homogen sind (Bortz & Döring, 2005). Zur Überprüfung der Sphärizität führt SPSS den *Mauchly-Test* durch. Sollte die Sphärizitätsbedingung nicht erfüllt sein, können diese jedoch dadurch kompensiert werden, dass man für den kritischen F-Wert des F-Testes in der Messwiederholungsanalyse modifizierte Freiheitsgrade verwendet (Bortz & Döring, 2005). Das heißt, dass eine Korrektur der Freiheitsgrade vorgenommen wird, mit deren Hilfe die Signifikanztests der Messwiederholungseffekte dennoch interpretiert werden können (genauer: es werden dazu die Freiheitsgrade bei den Signifikanztests mit Epsilon multipliziert). Insbesondere bei großen Stichproben und bei einer starken Verletzung der Sphärizitätsannahme sollten jedoch anstelle der varianzanalytischen Ergebnisse mit Messwiederholung die Ergebnisse multivariater Verfahren herangezogen werden, da sie reliablere Ergebnisse liefern und zudem teststärker sind (Rasch, Friese, Hofmann & Naumann, 2009).

13. Ergebnisse (Studie 2)

In diesem Kapitel werden die Ergebnisse der zweiten Studie dieser Arbeit beschrieben. Nach einer Charakterisierung der Stichprobe (Kap. 13.1) werden die Ergebnisse zur Bestimmung der inhaltlichen Validität des weiterentwickelten Kompetenzmodells (Kap. 13.2) erläutert. Dazu gehören zunächst die deskriptiven Analysen der Bedeutsamkeitseinschätzungen für die Kompetenzitems (Kap. 13.2.1) und die Gesamteinschätzung des Kompetenzmodells (Kap. 13.2.3). Außerdem werden die Ergebnisse der Intraklassenkorrelation (ICC) vorgestellt, mit der die Konkordanz der Beurteiler berechnet wurde (Kap. 13.2.3). Zur Analyse der Übereinstimmung zwischen den beiden Expertengruppen wurde der Produkt-Moment-Korrelationskoeffizient herangezogen; die Ergebnisse der Analyse werden in Kap. 13.2.4 dargelegt. Abschließend ermöglichen die Ergebnisse des t-Tests Einblicke dahingehend, ob sich die beiden Expertengruppen sich in ihren Einschätzungen signifikant voneinander unterscheiden (Kap. 13.2.5).

13.1. Beschreibung der Stichprobe

Die Beteiligungsquote an der Online-Studie lag insgesamt bei 17 % aller durch die DGFP und die Autorin angesprochenen potentiellen Befragungsteilnehmer. In diesem Zusammenhang ist festzuhalten, dass die Rücklaufquote an (weitgehend) vollständig beantworteten Fragebögen aller persönlich (telefonisch, per Mail) angesprochenen Probanden bei 26 % lag. Hingegen haben von den Experten, die lediglich durch eine E-Mail über die Studie informiert worden sind, nur 7 % den Fragebogen ausgefüllt. Die Befunde sprechen dafür, vor einer umfangreichen Online-Befragung, die eine kognitiv anspruchsvolle und zeitlich umfassende Aufgabe darstellt, die persönliche Bereitschaft der Studienteilnehmer abzuklären.

Die Stichprobe der Studie setzte sich aus insgesamt 72 Befragten zusammen, von denen n = 26 (36 %) Probanden weiblich und n = 46 Probanden (64 %) männlich waren. Hinsichtlich der Berufsgruppenzugehörigkeit ergab sich eine gleichmäßige Verteilung der Probanden auf die Expertengruppen. Mit n = 36 war die Gruppe der in der Wissenschaft tätigen Experten (Professor/in bzw. Lehrkraft an einer Uni/Fachhochschule) genauso groß wie die Gruppe der Fachleute, die in der Unternehmenspraxis beschäftigt sind. Nachfolgend werden die beiden Expertengruppen bezogen auf ihre demografischen Variablen getrennt voneinander betrachtet.

Ergebnisse (Studie 2)

13.1.1. Expertengruppe der Personalpraktiker

Der Abbildung 16 ist zu entnehmen, dass mehr als die Hälfte der Personalpraktiker (53 %, n = 19) zwischen 30 und 39 Jahre alt war. Die zweitgrößte Altersgruppe stellten die 40 bis 49-jährigen dar (25 %, n = 9), gefolgt von der Altersgruppe zwischen 50 und 59 Jahren (17 %, n = 6). Ein Teilnehmer war zwischen 20 und 29 Jahre und einer machte keine Angabe zu seinem Alter. Der jüngste Proband war 26 Jahre, der älteste 59 Jahre alt.

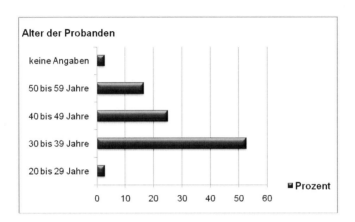

Abbildung 16: Altersverteilung der befragten Personalpraktiker

Im Hinblick auf die *berufliche Ausbildung* der befragten Personlmanager (vgl. Abb. 17) waren Mehrfachnennungen möglich. Fast alle Befragten konnten einen Hochschulabschluss vorweisen (98 %, n = 35), nur eine Person besaß keine akademische Ausbildung. N = 13 (36 %) der Probanden gaben an, (zusätzlich) eine Lehre oder Ausbildung beendet zu haben. 14 % (n = 5) der Nennungen entfielen auf sonstige Angaben der Befragten zu ihrem Berufstitel (z.B. Dr. phil., Industrial Engineering, Systemischer Coach). Nur wenige Probanden (11 %, n = 4) verfügten über weitere Qualifikationen (z.B. Geprüfter Personalkaufmann IHK). Die Daten zeigen, dass die vorliegende Stichprobe über ein sehr gutes berufliches Ausbildungsniveau verfügt, das als ein Indiz für einen hohen Expertenstatus angesehen werden kann.

Ergebnisse (Studie 2)

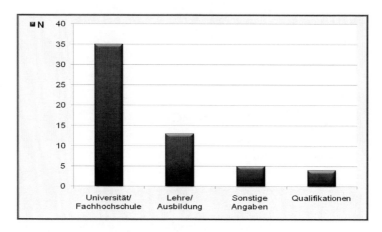

Abbildung 17: Berufliche Ausbildung der befragten Personalpraktiker

Die Frage nach dem *Fachbereich bzw. Studiengang* der Experten aus der Personalpraxis (vgl. Abb. 18) ergab, dass n = 15 (42 %) einen betriebs- bzw. wirtschaftswissenschaftlichen Studiengang absolviert hat. Die zweitgrößte Gruppe stellten mit n = 9 (25 %) Absolventen eines Psychologiestudiums dar. Einen Abschluss im Studiengang Rechtswissenschaft konnten n = 5 (14 %) Probanden, im Bereich Pädagogik n = 2 (6 %) und im Fach Ingenieurwissenschaft n = 1 (3 %) vorweisen. In einem sonstigen Fach (z.B. Sozialwissenschaft, Informatik) hatten n = 3 (8 %) Probanden einen Abschluss erworben. Eine Person machte keine Angaben.

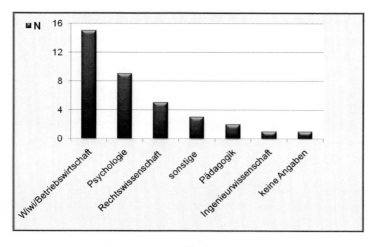

Abbildung 18: Studienfachrichtung der befragten Personalpraktiker

Hinsichtlich der *Dauer der Berufstätigkeit* im Personalbereich (vgl. Abb. 19) wies die Hälfte der befragten Personalmanager (50 %, n = 18) zwischen 5 und 10 Jahren Berufserfahrung auf. Zwischen 11 und 20 Jahren waren 25 % (n = 9) der Probanden im Personalbereich tätig. 19 % (n = 7) konnten auf weniger als 5 Jahre Berufserfahrung zurückblicken und 6 % (n = 2) der Rater waren seit mehr als 20 Jahren im Bereich Personal beschäftigt. Die Ergebnisse der Grafik zeigen, dass mehr als 80 % der befragten Personalmanager länger als fünf Jahre im Personalbereich tätig waren.

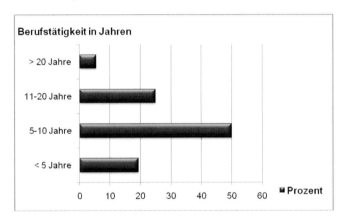

Abbildung 19: Dauer der Berufstätigkeit der befragten Personalpraktiker

Hinsichtlich der *Führungsebene der Personalmanager* (vgl. Tab. 41) haben n = 12 Personen (33 %) keine Angaben gemacht. Der Großteil der Probanden war nach den vorliegenden Angaben im gehobenen Management tätig (33 %, n = 12), gefolgt von der mittleren Führungsebene (28 %, n = 10) und der unteren Hierarchiestufe (6 %, n = 2).

Tabelle 41: Führungsebene der befragten Personalmanager

Führungsebene	Häufigkeit	Prozent
untere (z.B. Teamleiter/in)	2	6
mittlere (z.B. Abteilungsleiter/in)	10	28
obere (z.B. Management, Geschäftsführung)	12	33
Fehlende Angaben	12	33

Ergebnisse (Studie 2)

In Bezug auf die *Anzahl der Mitarbeiter* (vgl. Abb. 20) stammte der überwiegende Großteil der Personalpraktiker (75 %, n = 27) aus Organisationen mit mehr als 1.000 Mitarbeitern. 11 % (n = 4) der Teilnehmer kam aus Unternehmen mit weniger als 50 Mitarbeitern. Aus Organisationen mit 51 bis 500 Arbeitnehmern kamen ebenfalls 11 % (n = 4) der Probanden. Nur ein Befragungsteilnehmer (3 %) war in einem Unternehmen mit 501 bis 1000 Mitarbeitern beschäftigt.

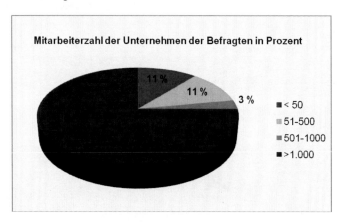

Abbildung 20: Anzahl der Mitarbeiter im Unternehmen der befragten Personalpraktiker

Die Frage nach der *Branche* der Unternehmen (vgl. Abb. 21), aus denen die Befragungsteilnehmer kamen, ergab, dass ein Großteil (44 %, n = 16) im Dienstleistungssektor beschäftigt war. Immerhin ein Drittel der Befragten (33 %, n = 12) stammte aus dem produzierenden Gewerbe. Im öffentlichen Dienst und im Handel waren jeweils n = 2 (6 %) Probanden beschäftigt. 11 % (n = 4) waren sonstigen Branchen zuzuordnen.

Ergebnisse (Studie 2)

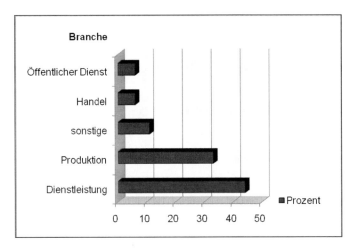

Abbildung 21: Branche der Unternehmen der Personalpraktiker

13.1.2. Expertengruppe der Wissenschaftler

Die Altersverteilung der befragten Wissenschaftler zeigt ein sehr heterogenes Bild. Wie aus der Abbildung 22 zu entnehmen ist, war der überwiegende Teil der Befragten (33 %, n = 12) zwischen 30 und 39 Jahre alt. Die zweitgrößte Altersgruppe stellten die 20 bis 29-jährigen dar (22 %, n = 8), gefolgt von der Altersgruppe zwischen 50 und 59 Jahren (20 %, n = 7). 17 % der Befragten gaben an, zwischen 40 und 49 Jahren alt zu sein. Drei Teilnehmer (8 %) waren zwischen 60 und 69 Jahren alt. Das Durchschnittsalter der befragten Wissenschaftler betrug 40 Jahre.

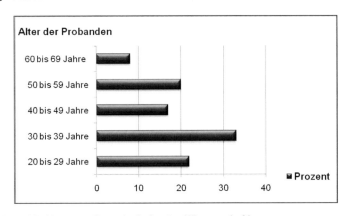

Abbildung 22: Altersverteilung der befragten Wissenschaftler

Im Hinblick auf die *berufliche Ausbildung* der Probanden (vgl. Abb. 23) waren Mehrfachnennungen möglich. Alle befragten Wissenschaftler konnten einen Hochschulabschluss vorweisen (n = 36), eine Person gab an, ihren Abschluß an einer Berufsakadamie erworben zu haben. N = 9 (25 %) der Probanden gaben an, (zusätzlich) eine Lehre oder Ausbildung beendet zu haben. Auch hier zeigen die Daten, dass die vorliegende Expertengruppe über ein sehr gutes berufliches Ausbildungsniveau verfügt.

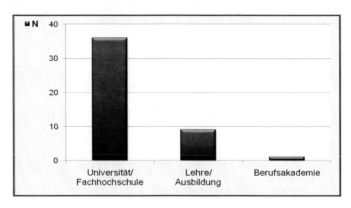

Abbildung 23: Berufliche Ausbildung der befragten Wissenschaftler

Die Frage nach dem *Fachbereich bzw. Studiengang* der Befragten (vgl. Abb. 24) ergab, dass n = 21 (58 %) einen betriebs- bzw. wirtschaftswissenschaftlichen Studiengang absolviert hatten. Die zweitgrößte Gruppe stellten mit n = 13 (25 %) Absolventen eines Psychologiestudiums dar. In einem sonstigen Fach hatten n = 2 (6 %) Probanden einen Abschluss erworben.

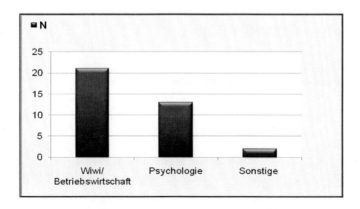

Abbildung 24: Studienfachrichtung der befragten Wissenschaftler

Hinsichtlich der *Dauer der Berufstätigkeit* im Personalbereich (vgl. Abb. 25) wies fast die Hälfte der Wissenschaftler (44 %, n = 16) weniger als 5 Jahre Berufserfahrung auf. Zwischen 5 und 10 Jahren waren 22 % (n = 8) der Probanden im Personalbereich tätig. 19 % (n = 7) konnten auf eine Berufserfahrung zwischen 11 und 20 Jahren zurückblicken und 14 % (n = 5) der Rater waren seit mehr als 20 Jahren im Bereich Personal beschäftigt. Die Ergebnisse der Grafik zeigen, dass die befragte Expertengruppe der Wissenschaftler im Vergleich zur Expertengruppe der Personalmanager insgesamt über eine geringere Berufserfahrung im Personalbereich verfügte.

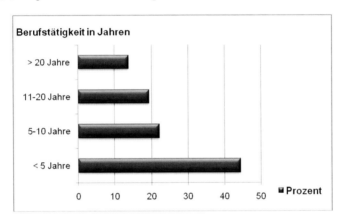

Abbildung 25: Dauer der Berufstätigkeit der befragten Wissenschaftler

Hinsichtlich der *Führungsebene bwz. Position der Wissenschaftler* (vgl. Tab. 41) war der Großteil der Wissenschaftler war nach den vorliegenden Angaben in einer gehobenen Position tätig (44 %, n = 16), gefolgt von der unteren Führungsebene (42 %, n = 15) und der unteren Hierarchiestufe 11 %, n = 4). Eine Person machte keine Angaben.

Tabelle 42: Führungsebene/Position der befragten Wissenschaftler

Position	Häufigkeit	Prozent
untere (z.B. wissenschaftliche Hilfskraft)	15	41
mittlere (z.B. akademischer Rat, Dozent)	4	11
obere (z.B. Lehrstuhlinhaber/Professor)	16	44

Ergebnisse (Studie 2)

In Bezug auf die *Anzahl der Mitarbeiter* (vgl. Abb. 26) ergab sich ein sehr heterogenes Bild. Der größte Anteil der Probanden (31 %, n = 11) kam aus Organisationen mit weniger als 50 Mitarbeitern. 28 % (n = 10) der Teilnehmer kam aus einer wissenschaftlichen Einrichtung, die zwischen 51 und 500 Beschäftigte hat. Aus einer Organisation mit mehr als 1000 Beschäftigten kamen 22 % (n = 8) der Probanden. 19 % (n = 7) der Befragungsteilnehmer waren in Unternehmen mit 501 bis 1000 Mitarbeitern beschäftigt. Letztlich sind die Befunde vorsichtig zu interpretieren, da ungeklärt bleibt, welche Bezugsgröße die Befragten bei der Beantwortung der Frage herangezogen haben. Dies kann beispielsweise die gesamte Universität, eine Fakultät, ein Lehrstuhl oder eine Forschergruppe gewesen sein. Je nach Bezugsgröße, die die Probanden gewählt haben, dürften sich die Wissenschaftler für die eine oder andere Kategorie entschieden haben.

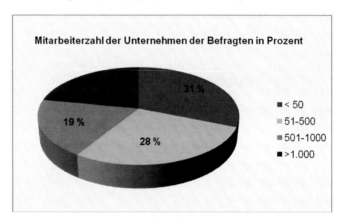

Abbildung 26: Anzahl der Mitarbeiter im Unternehmen der befragten Wissenschaftler

Die Frage nach der *Branche* der Unternehmen, aus denen die Befragungsteilnehmer kamen, ergab, dass die Mehrheit (n = 35) im Öffentlichen Dienst (u.a. Hochschule, Städtische Betriebe) beschäftigt ist. Nur ein Proband gab an, im Dienstleistungsbereich beschäftigt zu sein.

Zusammenfassend lässt sich festhalten, dass die vorliegende Stichprobe zwar nicht repräsentativ für eine Grundgesamtheit von Experten im Wissenschaftsbereich gelten kann. Aufgrund ihrer Heterogenität im Hinblick auf das Alter, der Berufserfahrung, der Position sowie der Größe der Unternehmen deckt sie jedoch eine Bandbreite von Perspektiven hinsichtlich der Bedeutsamkeit von Kompetenzen im Personalmanagement ab.

13.2. Ergebnisse der Validierungsstudie

13.2.1. Deskriptive Statistiken der Bedeutsamkeitseinschätzungen

Zur Bestimmung der inhaltlichen Validität des weiterentwickelten Kompetenzmodells wurden zunächst die Mittelwerte (M) und Standardabweichungen (SD) für die Bedeutsamkeitseinschätzungen der Kompetenzanker sowie der Subkompetenz- und Hauptkompetenzfelder des Modells ermittelt. Als Basis für die Berechnung der oben genannten Größen dienen 72 Datensätze. Fehlende Werte wurden mittels SPSS durch geschätzte, d.h. gemittelte Werte der entsprechenden Variablen (*Zeitreihen-Mittelwert*) ersetzt (Janssen & Laatz, 2005). Somit sollte einer Verzerrung entgegengewirkt und eine höhere Genauigkeit der Ergebnisse gewährleistet werden.

Aus Gründen der Übersichtlichkeit und des Umfangs wird auf eine Ergebnisdarstellung der deskriptiven Statistiken aller im Kompetenzmodell enthaltenen Kompetenzanker verzichtet. Vielmehr sollen zunächst die durchschnittlichen Einschätzungen der Bedeutsamkeit für alle Subkompetenzfelder und jedes Hauptkompetenzfeld dargestellt werden. Lediglich für zwei ausgewählte Kompetenzbereiche werden die Ergebnisse der Einschätzungen für alle Kompetenzanker, die diese Kompetenzen beschreiben, erläutert.

13.2.1.1. Bedeutsamkeitseinschätzungen der Haupt- und Subkompetenzfelder

Eine Übersicht über die Mittelwerte (M) und die Standardabweichungen (SD), die die durchschnittlich eingeschätzte Bedeutsamkeit der Haupt- und Subkompetenzfelder sowie deren Abweichung vom Mittelwert über alle Experten hinweg kennzeichnet, gibt Tabelle 43. Hierbei handelt es sich um aggregiert Werte. Mittelwerte und Standardabweichungen der Hauptkompetenzfelder sind fettgedruckt. Unterhalb der Hauptkompetenzfelder folgen jeweils die Subkompetenzfelder: 1. strategisch/organisational, 2. technisch/operativ und 3. kommunikativ/beziehungsorientiert. Gemäß der verwendeten sechsstufigen Ratingskala und der Kompetenzanker sind die berechneten Mittelwerte wie folgt zu interpretieren:

1 = „überhaupt nicht bedeutsam"
2 = „nicht bedeutsam"
3 = „eher nicht bedeutsam"
4 = „eher bedeutsam"
5 = „bedeutsam"
6 = „sehr bedeutsam"

Tabelle 43: Mittelwerte und Standardabweichungen der Bedeutsamkeitseinschätzungen für die Haupt- und Subkompetenzfelder

Haupt-/Subkompetenzfelder	M	SD
Kulturelle Kompetenz	**4.90**	**.58**
1. Kenntnis der Unternehmens-/Führungsgrundsätze sowie Unterstützung bei der Entwicklung derselben	4.98	.70
2. Kenntnis und Sicherstellung der Einhaltung und Umsetzung der Unternehmensgrundsätze	4.97	.67
3. Gestaltung sozial-kommunikativer Beziehungen zwischen den Organisationsmitgliedern (Mitarbeitern und Führungskräften) insbesondere bei Konflikten	4.76	.68
Personalstrategische Kompetenz	**5.08**	**.56**
1. Kenntnis und Einschätzung des Unternehmens (Branche, Kerngeschäft, Wettbewerber) und dessen Strategie sowie Unterstützung bei der Entwicklung der grundlegenden Personalstrategie	5.36	.45
2. Kenntnis und Durchführung von strategischen Maßnahmen zur Personalgewinnung, -bindung und -qualifizierung	5.12	.63
3. Gestaltung sozial-kommunikativer Beziehungen (Networking, Gespräche) zur Umsetzung der personalstrategischen Ziele (Personalgewinnung, -bindung, -qualifizierung)	4.74	.81
Arbeitsrechtliche und Sozialpartnerschaftliche Kompetenz	**4.99**	**.72**
1. Kenntnis und Schaffung grundlegender arbeitsgesetzlicher und -rechtlicher Ramenbedingungen und -vereinbarungen	5.17	.70
2. Kenntnis und Anwendung von einzelnen Gesetzesbestandteilen und Paragrafen bei der Personaleinstellung, -verwaltung, -disziplinierung und -kündigung	4.84	.98
3. Gestaltung der Zusammenarbeit mit dem Betriebsrat sowie Führen von Gesprächen mit Mitarbeitern und Führungskräften in arbeitsrechtlichen Fragestellungen	4.96	.74
Beziehungsmanagement mit Externen	**4.23**	**.79**
1. Kenntnis und Berücksichtigung grundlegender Rahmenbedingungen (gesetzlich, rechtlich) in der Zusammenarbeit mit Bezugsgruppen des Unternehmens sowie Auswahl externer Dienstleister	4.30	1.00
2. Kenntnis und Nutzung von Förderungs-/Unterstützungsmöglichkeiten externer Bezugsgruppen sowie Zusammenarbeit mit diesen bei konkreten personalbezogenen Fragestellungen (Personalbeschaffung, -förderung)	4.19	.80
3. Gestaltung sozial-kommunikativer Beziehungen (Networking, Gespräche) mit externen Bezugsgruppen und Berufskollegen	4.21	.88

Ergebnisse (Studie 2)

Haupt-/Subkompetenzfelder	M	SD
Personalcontrolling und Wertschöpfungsmanagement	**4.88**	**.83**
1. Kenntnis und Bereitstellung grundlegender Kennzahlen des Personalcontrollings im Unternehmen sowie Steuerung personalwirtschaftlicher Maßnahmen unter Berücksichtigung ökonomischer Rahmenbedingungen	5.11	.83
2. Kenntnis und Bereitstellung spezifischer Kennzahlen des Personalcontrollings (Personaleinstellung, -verwaltung, -disziplinierung, -kündigung) sowie Steuerung personalwirtschaftlicher Maßnahmen unter Berücksichtigung unternehmensbezogener Ziele und Auswirkungen	4.68	.89
3. Sozial-kommunikativer Austausch zur Bewältigung von Personalcontrolling-Aufgaben	4.83	1.00
Kompetenzmanagement	**5.01**	**.69**
1. Kenntnis und Umsetzung der grundlegenden Maßnahmen des Kompetenzmanagements	5.16	.86
2. Kenntnis und Anwendung von Methoden zur Kompetenzdiagnose, zum Kompetenzmanagement und zur Kompetenzentwicklung im Rahmen der Personalgewinnung und -förderung (insbesondere Führungsnachwuchs)	4.98	.80
3. Führen von Gesprächen mit Mitarbeitern und Führungskräften zur Umsetzung des Kompetenzmanagementsystems (insbesondere Qualifizierung) sowie Unterstützung des Wissensaustauschs und der -weitergabe	4.91	.70
Instrumentenmanagement	**4.97**	**.70**
1. Kenntnis und Entwicklung der im Unternehmen eingesetzten Personalinstrumente	4.97	.85
2. Kenntnis und Anwendung von Personalinstrumenten im Rahmen der Personalauswahl, -entwicklung und -administration	4.90	.82
3. Führen von Gesprächen zum Einsatz von Personalinstrumenten (zur Personalbeurteilung, -förderung und -verwaltung)	5.04	.67
Management des Wandels	**4.97**	**.67**
1. Kenntnis und Analyse der internen und externen Faktoren des Wandels	4.93	.81
2. Kenntnis und Anwendung von Instrumenten und Methoden zur Bewältigung des Wandels unter Berücksichtigung gegenwärtiger und zukünftiger Anforderungen	4.86	.76
3. Führen von Gesprächen sowie Bereitstellung von Informationen in betrieblichen Veränderungsprozessen	5.11	.69

Ergebnisse (Studie 2)

Die oben dargestellten Ergebnisse zeigen durchgehend hohe bis sehr hohe Bedeutsamkeitseinschätzungen für die Haupt- und Subkompetenzfelder des Kompetenzmodells. Die Mittelwerte der Hauptkompetenzfelder bewegen sich zwischen M = 4.23 und M = 5.08, die Standardabweichungen reichen von SD = .56 bis SD = .83. Ein Vergleich der Hauptkompetenzfelder zeigt, dass die *Personalstrategische Kompetenz* (M = 5.08) und das *Kompetenzmanagement* (M = 5.01) im Schnitt die höchsten Einschätzungen aufweisen, gefolgt von der *Arbeitsrechtlichen und Sozialpartnerschaftlichen Kompetenz* (M = 4.99). Es folgen die Dimensionen *Instrumentenmanagement* und *Management des Wandels* (beide M = 4.97). Nur geringfügig niedrigere Skalenwerte finden sich bei der *Kulturellen Kompetenz* (M = 4.90) sowie dem *Personalcontrolling und Wertschöpfungsmanagement* (M = 4.88). Mit Abstand den niedrigsten Durchschnittswert verzeichnet das Kompetenzfeld *Beziehungsmanagement mit Externen* (M = 4.23), wobei die Kompetenz damit immerhin noch als „eher bedeutsam" eingeschätzt wurde. Bei dieser Kompetenz sowie bei der Kompetenz *Personalcontrolling und Wertschöpfungsmanagement* zeigen sich auch die höchsten Standardabweichungen der Einstufungen (SD = .79 und SD = .83), was darauf hinweist, dass die Experten hinsichtlich der Beurteilung der Kompetenzaspekte in diesen Kompetenzfeldern stärker voneinander abweichen.

Die Mittelwerte der Subkompetenzfelder bewegen sich zwischen M = 4.19 und M = 5.36, die Standardabweichungen reichen von SD = .45 bis SD = 1.00. Ohne auf alle Subkompetenzfelder eingehen zu wollen, sollen hier nur die beiden Subkompetenzfelder erwähnt werden, die im Durchschnitt die höchsten und die niedrigsten Bedeutsamkeitseinschätzungen aufweisen. So wurde am bedeutsamsten folgendes Subkompetenzfeld der *Personalstrategischen Kompetenz* eingeschätzt: *Kenntnis und Einschätzung des Unternehmens (Branche, Kerngeschäft, Wettbewerber) und dessen Strategie sowie Unterstützung bei der Entwicklung der grundlegenden Personalstrategie* (M = 5.36), gefolgt von dem zur Dimension Kompetenzmanagement gehörenden Subkompetenzfeld *Kenntnis und Umsetzung der grundlegenden Maßnahmen des Kompetenzmanagements* (M = 5.16). Die durchschnittlich geringsten Bedeutsamkeitseinschätzungen (M = 4.19 und M = 4.21) weisen die zwei folgenden Subkompetenzfelder der Dimension *Beziehungsmanagement mit Externen* auf: *Kenntnis und Nutzung von Förderungs-/Unterstützungsmöglichkeiten externer Bezugsgruppen sowie Zusammenarbeit mit diesen bei konkreten personalbezogenen Fragestellungen (Personalbeschaffung, -förderung)* und *Gestaltung sozial-kommunikativer Beziehungen (Networking, Gespräche) mit externen Bezugsgruppen und Berufskollegen*. Festzuhalten ist, dass diese beiden Subkompetenzfelder - trotz der im Vergleich zu den anderen Subkompetenzfeldern niedrigeren Bedeutsamkeitseinschätzungen - im Durchschnitt immerhin noch als „eher bedeutsam" eingeschätzt werden.

13.2.1.2. Bedeutsamkeitseinschätzungen für ausgewählte Kompetenzbereiche

Insgesamt zeigte die Berechnung der Bedeutsamkeitseinschätzungen aller 242 Kompetenzanker des Kompetenzmodells, dass der überwiegende Teil als „eher bedeutsam" bis „sehr bedeutsam" eingeschätzt wurde. Das heißt, dass das Kompetenzmodell nach Ansicht der Experten fast ausnahmslos erfolgskritische Kompetenzanforderungen von Personalmanagern abbildet. Für eine übersichtliche Darstellung werden an dieser Stelle nur die Bedeutsamkeitseinschätzungen der Kompetenzanker von zwei Subkompetenzfeldern (Subkompetenzfeld strategisch/organisational der Personalstrategischen Kompetenz und das Subkompetenzfeld strategisch/organisational des Kompetenzmanagement) erläutert, da diese beiden Kompetenzbereiche durchschnittlich am bedeutsamsten für einen Personalmanager eingeschätzt werden.

Hinsichtlich des Subkompetenzfelds *strategisch/organisational* der *Personalstrategischen Kompetenz* bewegen sich die Mittelwerte der Kompetenzanker zwischen 4.49 und 5.74 bei einer Standardabweichung zwischen .48 und .96 (vgl. Tab. 44). Dabei wurde die Kompetenzanker des Subkompetenzfelds von den Experten fast ausnahmslos als „bedeutsam", nur ein Kompetenzanker als „eher bedeutsam" eingeschätzt. Die vier Verhaltensbeschreibungen d), e), g) und j) sind dem Bereich „sehr bedeutsam" zuzuordnen. Hervorzuheben ist der Kompetenzanker d) aufgrund des relativ hohen Mittelwerts ($M = 5.74$) und der relativ geringen Standardabweichung ($SD = 0.48$).

Tabelle 44: Mittelwerte und Standardabweichungen der Bedeutsamkeitseinschätzungen ausgewählter Kompetenzanker der Personalstrategischen Kompetenz

	Personalstrategische Kompetenz		
	Subkompetenzfeld strategisch/organisational		
	Kenntnis und Einschätzung des Unternehmens (Branche, Kerngeschäft, Wettbewerber) und dessen Strategie sowie Unterstützung bei der Entwicklung der grundlegenden Personalstrategie		
	Kompetenzanker	**M**	**SD**
a)	das Kerngeschäft des Unternehmens kennen	5.49	.73
b)	die Position des Unternehmens am Markt und in der Branche kennen	5.29	.85
c)	die grundlegenden Abläufe und Prozesse im Unternehmen kennen (z. B. Aufgaben der Abteilungen)	5.29	.70
d)	die Personalstrategie kennen (z. B. attraktiver/sozialer Arbeitgeber, Marktführer, Talentförderung)	5.74	.48
e)	die strategischen Weiterbildungs-/Qualifizierungsziele kennen (z. B. Verbesserung der Kommunikation, Entwicklung überfachlicher Kompetenzen)	5.64	.56
f)	Gegenstände des Personal-Benchmarkings kennen (z. B. Vergütungssysteme)	5.29	.76
g)	bei der Entwicklung der Personalstrategie mitwirken	5.60	.66
h)	auf relevante Faktoren hinweisen, die der Umsetzung der Unternehmensstrategie aus personalstrategischer Sicht im Weg stehen	5.38	.76
i)	personalpolitische Strategien der Mitbewerber sichten (z. B. mithilfe von Internetrecherchen)	4.49	.96
j)	die Auswirkungen unternehmensstrategischer Entscheidungen auf die Personalarbeit einschätzen (z. B. Personalabbau)	5.51	.65
k)	Bereitschaft, unternehmensstrategische Entscheidungen seitens der Personalabteilung zu begleiten	5.46	.69
l)	Bereitschaft, die Führungskräfte bei der Umsetzung personalstrategischer Maßnahmen einzubeziehen	5.39	.74
m)	Bereitschaft, an abteilungsübergreifenden Sitzungen teilzunehmen (z. B. informieren über Unternehmensziele, Veränderungen der Abteilungen)	5.17	.87

Das Subkompetenzfeld *strategisch/organisational* der Kompetenzdimension *Kompetenzmanagement* weist Mittelwerte zwischen 4.55 und 5.44 auf, die Standardabweichungen liegen zwischen 0.88 und 1.22 (vgl. Tab. 45). Alle Kompetenzanker sind als „bedeutsam" bis „sehr bedeutsam" zu klassifizieren.

Tabelle 45: Mittelwerte und Standardabweichungen der Bedeutsamkeitseinschätzungen ausgewählter Kompetenzanker der Kompetenz Kompetenzmanagement

Kompetenzmanagement		
Subkompetenzfeld strategisch/organisational		
Kenntnis und Umsetzung der grundlegenden Maßnahmen des Kompetenzmanagements		
Kompetenzanker	**M**	**SD**
a) das Kompetenzmodell des Unternehmens kennen (z.B. Kernkompetenzen und deren Abstufungen)	5.35	0.92
b) die unternehmensinternen Maßnahmen zur Kompetenzentwicklung kennen (z.B. internes Seminarprogramm)	5.24	0.94
c) die auf dem Kompetenzmodell basierenden Personalinstrumente kennen (z.B. Einstellungsinterview, Zielvereinbarungssysteme, Karriereplanung)	5.43	1.00
d) wissen, welche Anforderungen an die Kernkompetenzen der Beschäftigten gestellt werden (z.B. Kundenorientierung, Teamfähigkeit)	5.44	0.87
e) Kompetenzmanagementmaßnahmen mit anderen Unternehmen vergleichen (z.B. Führungsnachwuchsförderung)	4.55	1.22
f) Kompetenzentwicklungsmaßnahmen unter Berücksichtigung unternehmensbezogener Rahmenbedingungen planen (z.B. des Weiterbildungsbudgets)	5.03	1.10
g) bei der Entwicklung des Kompetenzmodells mitwirken (z.B. Interviews mit Führungskräften führen, bei anderen Unternehmen recherchieren)	5.06	1.21

13.2.1.3. *Bedeutsamkeitseinschätzungen auffälliger Kompetenzanker*

Als Selektionskriterium in Bezug auf die Relevanz der Kompetenzanker wurde ein Mittelwert von >= 3,5 festgelegt, so dass die Kompetenzanker, die einen Mittelwert von < 3,5 (Trennwert) aufwiesen, als nicht bedeutsam klassifiziert und aus dem Kompetenzmodell eliminiert wurden. Lediglich zwei Kompetenzanker, die den kritischen Trennwert von M < 3,5 unterschritten, können als „eher nicht bedeutsam" für einen Personalmanager bezeichnet werden und wurden daher aus dem Kompetenzmodell entfernt (Tab. 46).

Ergebnisse (Studie 2)

Tabelle 46: Mittelwerte und Standardabweichung auffälliger Kompetenzanker des Kompetenzmodells

	Kompetenzanker	M	SD
a)	den Mitarbeitern die Vorteile und Risiken beim Kauf von Belegschaftsaktien erläutern	3.40	1.35
b)	mit dem Arbeitsamt das Anforderungsprofil für eine Stelle besprechen	3.01	1.54

13.2.2. Deskriptive Statistiken der Gesamteinschätzung des Kompetenzmodells

In Tabelle 47 sind die Mittelwerte (M) und Standardabweichungen (SD) für die *Gesamteinschätzung des Kompetenzmodells* dargestellt. Zu bewerten war das Kompetenzmodell in seiner Gesamtheit in Bezug auf die Kriterien: Bedeutsamkeit/Relevanz (G 1), Vollständigkeit (G 2), Differenziertheit/Detailliertheit (G 3) und Verständlichkeit (G 4). Die Bewertungen wurden auf einer sechsstufigen Ratingskala erfasst, mit den verbalen Abstufungen von 1 = „trifft überhaupt nicht zu" bis 6 = „trifft völlig zu".

Tabelle 47: Mittelwerte und Standardabweichungen für die Gesamteinschätzung des Kompetenzmodells

Gesamteinschätzung des Kompetenzmodells	M	SD
G 1. Das Kompetenzmodell erfasst insgesamt die berufs- und erfolgsrelevanten Kompetenzanforderungen für den Berufsstand der Personalmanager	4.6	1.28
G 2. Das Kompetenzmodell erfasst insgesamt weitgehend vollständig alle Kompetenzaspekte von Personalmanagern	4.7	1.08
G 3. Das Kompetenzmodell ist insgesamt detailliert genug	5.2	1.09
G 4. Das gesamte Kompetenzmodell ist insgesamt klar und eindeutig	4.3	1.40

Die Ergebnisse verdeutlichen, dass die Befragungsteilnehmer das Kompetenzmodell insgesamt als bedeutsam, vollständig, detailliert und klar/eindeutig beurteilen. Auffällig ist, dass das Modell nach Meinung der Experten als äußerst detailliert (M = 5.2) eingeschätzt wird, was unter Umständen auch auf den Umfang und die Differenziertheit der einzelnen Kompetenzanker zurückzuführen ist. Demgegenüber weist das Kriterium *Verständlichkeit* (G 4) mit M=4.3 zwar einen positiven Mittelwert auf, der aber im Vergleich zu den anderen Werten der Gesamteinschätzung geringer ausfällt. Dies liegt unter Umständen darin begründet, dass die Strukturierung des Modells (Differenzierung in Haupt- und Subkompetenzfelder sowie Unterscheidung zwischen Kompetenzcharakteristika) als eher komplex wahrgenommen wurde. In der Online-Studie sind die Befragungsteilnehmer zwar zu Beginn des Fragebogens in die Modellstruktur eingeführt worden, eine detaillierte Erläuterung der Struktur wurde aber wegen der ohnedies zeitintensiven Fragebogenbearbeitung bewusst vernachlässigt.

13.2.3. Überprüfung der Beurteilerübereinstimmung (Intraklassenkorrelation)

Als ein weiterer Hinweis auf die inhaltliche Validität des Kompetenzmodells wurde die Übereinstimmung zwischen den Beurteilern betrachtet. Zur Analyse der Konkordanz von Beurteilern, die auch als *Interraterreliabilität* bezeichnet wird, wurde als statistisches Maß der Intraclass-Korrelationskoeffizient (ICC) berechnet. Intraklassenkorrelationskoeffizienten geben Auskunft über den Grad der Übereinstimmung der Einschätzungen unterschiedlicher Rater und gelten als ein wichtiges Reliabilitätsmaß des zugrunde liegenden Beurteilungssystems. Das heißt, der ICC enthält Angaben darüber, wie zuverlässig die Rater sind und wie hoch die Güte der Beurteilungen einzuschätzen ist (Shrout & Fleiss, 1979; Wirtz & Caspar, 2002). In der Literatur wird eine Intraklassenkorrelation von mindestens 0.7 als Indiz für eine *gute Reliabilität* angesehen (Greve & Wentura, 1997). Fallen im vorliegenden Fall die Einschätzungsergebnisse mehrerer Rater ähnlich oder identisch aus, kann man davon ausgehen, dass das Kompetenzmodell die erfolgsrelevanten Kompetenzen von Personalmanagern in übereinstimmender Weise erfasst bzw. abbildet. Mit anderen Worten: Die im Kompetenzmodell enthaltenen Verhaltensbeschreibungen repräsentieren erfolgskritische berufliche Kompetenzmerkmale von Personalmanagern.

In dieser Studie wurden zur Berechnung der Beurteilerübereinstimmung insgesamt sechs ICC-Koeffizienten ermittelt. Dazu wurden für drei Beurteilergruppen (gesamte Stichprobe, nur Personalpraktiker, nur Wissenschaftler) die Reliabilität der Ratings zum einen bezogen auf die einzelnen Kompetenzanker und zum anderen bezogen auf das Gesamtkompetenzmodell ermittelt. Die varianzanalytischen Berechnungen wurden mit Hilfe von SPSS durchgeführt. Für die Berechnung eines geeigneten Reliabilitätsmaßes müssen zunächst drei wesentliche Aspekte geklärt werden. Zunächst ist die Frage von Bedeutung, welche Art der Beurteilerübereinstimmung erfasst werden soll. Soll nur die korrelative Übereinstimmung der einzelnen Rater erfasst oder sollen auch eventuelle Niveauunterschiede der Beurteiler berücksichtigt werden? Bei der rein korrelativen Übereinstimmung ist die Reliabilität umso größer, je höher die Wertereihen der Rater interkorrelieren (Diehl & Staufenbiel, 2002). Strengere Kriterien werden an die Reliabilität gestellt, wenn für das Vorliegen einer hohen Übereinstimmung bei den Urteilern nicht nur

Ergebnisse (Studie 2)

gleiche „Rangreihen", sondern auch möglichst gleiche „Werte" verlangt werden, so dass auch die absoluten Unterschieden zwischen den Ratings der verschiedenen Beurteiler angesprochen werden. Für die vorliegenden Berechnungen wurde ein Korrelationskoeffizient ermittelt, der mögliche Niveauunterschiede zwischen den Beurteilern berücksichtigt und die absoluten Unterschiede zwischen den Ratings der verschiedenen Beurteiler anspricht (Typ „Absolute Übereinstimmung").

Desweiteren ist zu entscheiden, ob die Reliabilität eines einzelnen mittleren Raters oder die Reliabilität der über die gesamte Beurteilergruppe gemittelten Ratings berechnet werden soll. So würde im ersten Fall die Reliabilität eines einzelnen „mittleren" Raters ermittelt, während im zweiten Fall die Reliabilität der Mittelwerte der beurteilten Kompetenzitems erfasst wird. Für die vorliegende Untersuchung wurde ein Korrelationskoeffizient („Average Measure Intraclass Correlation") ermittelt, der die Reliabilität der über die gesamte Beurteilergruppe gemittelten Ratings angibt.

Abschließend ist zu berücksichtigen, ob entweder die beurteilten Kompetenzitems und/oder die Rater eine Zufallsstichprobe darstellen oder bewusst ausgewählt worden sind. Die für diese Arbeit durchgeführten Berechnungen basieren auf dem „Zwei-Weg-Gemischt-Modell". Das bedeutet, dass die beurteilten Kompetenzitems eine Zufallsauswahl darstellen, während die Beurteiler bewusst ausgewählt wurden. Da es sich in der vorliegenden Studie um bewusst ausgewählte Experten handelt, kann damit die gefundene Konkordanz der Ratings nur eingeschränkt auf andere Beurteiler übertragen werden.

In Tabelle 48 sind die Ergebnisse der Beurteilerübereinstimmung bezogen auf die Einschätzung der Kompetenzitems in Abhängigkeit der jeweils betrachteten Beurteilergruppe dargestellt. Die Einschätzung der Kompetenzitems bezog sich darauf, dass die Probanden auf einer sechsstufigen Ratingskala jeden Kompetenzanker von 1 = „überhaupt nicht bedeutsam" bis 6 = „sehr bedeutsam" für die Tätigkeit eines Personalmanagers bewerten sollten. Die Ergebnisse zeigen eine hohe Konkordanz der Beurteiler hinsichtlich der eingeschätzten Relevanz der einzelnen Kompetenzanker des Modells. Für alle drei betrachteten Beurteilergruppen ergibt sich ein statistisch hochsignifikanter ICC, der als ein Indiz für eine sehr gute Interraterreliabilität gewertet werden kann. Dabei ist die Intraklassenkorrelation für die gesamte Stichprobe mit $r = .92$ am höchsten, gefolgt vom ICC für die Gruppe der Personalpraktiker ($r = .88$) und für die Gruppe der Wissenschaftler ($r = .83$). Cronbachs α ist ein Maß, das die interne Konsistenz des über die Beurteiler gebildeten Mittels angibt. Nach Bortz und Döring (2002) gilt eine Reliabilität über .90 als sehr gut, eine Reliabilität zwischen .80 und .90 als gut. Dementsprechend kann die interne

Konsistenz der Beurteilungen für die gesamte Stichprobe sowie für die Gruppe der Personalpraktiker als sehr gut, für die Gruppe der Wissenschaftler als gut bezeichnet werden.

Tabelle 48: ICC für die Beurteilung der Kompetenzitems in Abhängigkeit der Beurteilergruppe

	ICC (durchschnittliche Maße)[a]	95%-Konfidenzintervall		Cronbachs Alpha
		Untergrenze	Obergrenze	
Gesamte Stichprobe	.92*	.90	.93	.96[b]
nur Personalpraktiker	.88*	.85	.90	.91[c]
nur Wissenschaftler	.83*	.78	.86	.87[c]

[a] ICC-Modell „Zwei-Weg-gemischt", Typ „Absolute Übereinstimmung". Die Berechnung des durchschnittlichen Maßes geht davon aus, dass keine Interaktionseffekte zwischen Beurteiler und Kompetenzitems existieren.
[b] Reliabilitätskoeffizient für die interne Konsistenz des über die Beurteiler gebildeten Mittels (N der beurteilten Items = 242; N der Beurteiler = 72)
[c] Reliabilitätskoeffizient für die interne Konsistenz des über die Beurteiler gebildeten Mittels (N der beurteilten Items = 242; N der Beurteiler = 36)
* Die Korrelation ist auf dem Niveau von 0,01 (2-seitig signifikant).

Die Reliabilität der Expertenbeurteilungen bezogen auf die Gesamteinschätzung des Kompetenzmodells ist in Tabelle 49 dargestellt. Die Beurteilung des Kompetenzmodells in seiner Gesamtheit (mit seinen Verhaltensbeschreibungen, Subkompetenzfeldern und Kompetenzfeldern) sollte auf einer sechsstufigen Skala im Hinblick auf die Kriterien Bedeutsamkeit/Relevanz, Vollständigkeit, Differenziertheit/Detailliertheit und Verständlichkeit eingeschätzt werden. Es wurde die Übereinstimmung innerhalb der Gruppe der Personalpraktiker, innerhalb der Gruppe der Wissenschaftler sowie innerhalb der Gesamtgruppe berechnet. In Bezug auf die Gesamteinschätzung des Kompetenzmodells ergeben sich sowohl für die gesamte Stichprobe (.87) als auch jeweils für die Gruppe der Personalpraktiker (.78) und der Wissenschaftler (.77) statistisch signifikante Werte des ICC. Diese sind ein Indiz für eine gute bis befriedigende Konkordanz der Einschätzungsergebnisse. Die interne Konsistenz der Beurteilungen kann für die gesamte Stichprobe (α = .92) als *sehr gut*, für die Gruppe der Personalpraktiker (α = .82) und für die Gruppe der Wissenschaftler (α = .88) als *gut* charakterisiert werden. Interessant ist der Befund, dass Cronbachs α für die Expertengruppe der Wissenschaftler höher ausfiel als für die der Personalpraktiker, beim ICC zeigte sich ein entgegengesetztes Ergebnismuster. Der im

Rahmen dieser Arbeit berechnete ICC-Koeffizient (Typ Absolute Übereinstimmung) berücksichtigt nicht die korrelative, sondern die absolute Übereinstimmung der Urteiler. Die beim ICC verringerte Reliabilität kann darauf zurückgeführt werden, dass die Varianzkomponenten, die auf Unterschiede zwischen dem Grundniveau der von den Ratern vergebenen Werten zurückgehen, als Teil der Fehlervarianz aufgefasst werden (Wirtz & Caspar, 2002). Eine Erklärung für die geringere Intraklassenkorrelation für die Gruppe der Wissenschaftler ist also in den Niveauunterschieden bzw. unterschiedlichen Mittelwerttendenzen der Rater zu suchen. Bei Cronbachs α werden diese Unterschiede nicht zu Lasten der Reliabilität verrechnet (Wirtz & Caspar, 2005).

Tabelle 49: ICC für die Beurteilung des gesamten Kompetenzmodells in Abhängigkeit der Beurteilergruppe

	ICC (durchschnittliche Maße)[a]	95%-Konfidenzintervall		Cronbachs Alpha
		Untergrenze	Obergrenze	
Gesamte Stichprobe	.87*	.62	.99	.92[b]
nur Personalpraktiker	.78*	.36	.98	.82[c]
nur Wissenschaftler	.77*	.40	.98	.88[c]

[a] ICC-Modell „Zwei-Weg-gemischt", Typ „Absolute Übereinstimmung". Die Berechnung des durchschnittlichen Maßes geht davon aus, dass keine Interaktionseffekte zwischen Beurteiler und Kompetenzitems existieren.
[b] Reliabilitätskoeffizient für die interne Konsistenz des über die Beurteiler gebildeten Mittels (N der beurteilten Items = 4; N der Beurteiler = 72)
[c] Reliabilitätskoeffizient für die interne Konsistenz des über die Beurteiler gebildeten Mittels (N der beurteilten Items = 4; N der Beurteiler = 36)
* Die Korrelation ist auf dem Niveau von 0,01 (2-seitig signifikant).

Insgesamt zeigen die Befunde, dass die Expertenstichprobe sowohl hinsichtlich ihrer Einschätzung bezogen auf die einzelnen Kompetenzitems als auch bezogen auf die Gesamteinschätzung des Kompetenzmodells eine gute bis befriedigende Interraterreliabilität aufweist. Die interne Konsistenz (Cronbachs α) der Expertenratings liegt im sehr guten bis guten Bereich. Damit deuten die Ergebnisse auf eine hohe Zuverlässigkeit der Experteneinschätzungen hin. Auffällig ist der Befund, dass die Personalpraktiker innerhalb ihrer Berufsgruppe zu einer höheren Übereinstimmung in ihren Urteilen kommen als die Gruppe der Wissenschaftler. Möglicherweise ist das darauf zurückzuführen, dass innerhalb der Stichprobe der Wissenschaftler Befragungsteilnehmer unterschiedlicher Fachrichtungen wie z. B. Betriebswirtschaft, Psychologie usw. vertreten waren, deren fachliche Curricula im

Personalmanagement unterschiedliche Inhalte und Schwerpunkte zugrunde liegen. Dadurch kommt möglicherweise ein divergierendes Kompetenzverständnis unter den Wissenschaftlern zustande.

13.2.4. Überprüfung der Beurteilerübereinstimmung (Produkt-Moment-Korrelation)

Im Unterschied zum ICC ist die Produkt-Moment-Korrelation ein Interklassenkorrelationsmaß, welches den Zusammenhang zwischen zwei Messwertreihen angibt. In der vorliegenden Studie wird mit Hilfe des Produkt-Moment-Korrelationskoeffizienten der Zusammenhang zwischen den Expertenratings der beiden Berufsgruppen (Personalpraktiker und Wissenschaftler) und damit ein weiteres Maß für die Interraterreliabilität ermittelt (Wirtz & Caspar, 2002). Dabei werden Zusammenhänge zwischen den Einschätzungen der beiden Gruppen a) bezogen auf die Relevanz der Kompetenzitems und b) bezogen auf die Gesamteinschätzung des Kompetenzmodells berechnet.

Der Tabelle 50 ist zu entnehmen, in welchem Ausmaß die Beurteilungen der Personalpraktiker mit denen der Wissenschaftler bezogen auf die Relevanz der Kompetenzitems zusammenhängen. Der ermittelte Korrelationskoeffizient von .82 kann als hoch bezeichnet werden und bedeutet, dass beide Berufsgruppen in ihren Bedeutsamkeitseinschätzungen in hohem Maße übereinstimmen. Die hohe Übereinstimmung zwischen den Beurteilergruppen spricht für eine gute Interraterreliabilität und damit für die inhaltliche Validität des Kompetenzmodells.

Tabelle 50: Produkt-Moment-Korrelation für die Beurteilung der Kompetenzitems in Abhängigkeit der Beurteilergruppe

		Wissenschaftler
Personalmanager	Korrelation nach Pearson	.82*
	N (Anzahl der Kompetenzanker)	242

* Die Korrelation ist auf dem Niveau von 0,01 (2-seitig signifikant).

Bei näherer Betrachtung der Produkt-Moment-Korrelation für die Gesamteinschätzung des Kompetenzmodells durch die Wissenschaftler und Personalmanager kann ebenfalls eine hohe Intraklassenkorrelation von .81 festgestellt werden, welche jedoch *statistisch nicht signifikant* ist (vgl. Tab. 51).

Tabelle 51: Produkt-Moment-Korrelation für die Beurteilung des gesamten Kompetenzmodells in Abhängigkeit der Beurteilergruppe

		Wissenschaftler
Personalmanager	Korrelation nach Pearson	.81
	N (Anzahl der Kompetenzanker)	4

13.2.5. Überprüfung der Unterschiede zwischen den Expertengruppen (t-Test)

Ob sich die Berufsgruppe der Wissenschaftler signifikant in ihren Bedeutsamkeitseinschätzungen von der Berufsgruppe der Personalpraktiker unterscheidet wird anhand von Mittelwertgleichen bestimmt. Zur Berechnung wird der t-Test für unabhängige Stichproben angewendet.

Die Ergebnisse des t-Testes belegen, dass bei der überwiegenden Anzahl der Kompetenzanker die Irrtumswahrscheinlichkeit mit über 5 % zu groß ist, um die Nullhypothese ohne weiteres abzulehnen. Lediglich bei fünf Kompetenzankern des Kompetenzmodells weichen die Einschätzungen durch Wissenschaftler und Personalmanager *signifikant* voneinander ab (vgl. Tab. 52). Somit muss angenommen werden, dass sich die Einschätzungen durch die Wissenschaftler und Personalmanager *nicht* systematisch voneinander unterscheiden. Festgehalten werden kann, dass nur ein Bruchteil der Kompetenzanker signifikant unterschiedlich durch Wissenschaftler und Personalmanager eingeschätzt wurde. Der überwiegende Großteil der Einschätzungen weist jedoch keine statistisch signifikanten Unterschiede auf.

Tabelle 52: Signifikante Unterschiede in den Bedeutsamkeitseinschätzungen einzelner Kompetenzanker zwischen den Expertengruppen

	Kompetenzanker	t-Test für die Mittelwertgleichheit
		t
4.2.d	mit dem Arbeitsamt das Anforderungsprofil für eine Stelle besprechen	-3.5*
5.2.d	mit Hilfe von personenbezogenen Vorausschau- und Prognosedaten zukünftige Personalbestände vorhersagen	-3.7*
5.2.e	bei der Festsetzung der Abfindungshöhe im Einzelfall die Auswirkungen abschätzen (z.B. Höhe des Arbeitslosengeldes)	-3.1*
5.2.h	interne Leistungsverrechnungen durchführen	-3.4*
6.1.e	Kompetenzmanagementmaßnahmen mit anderen Unternehmen vergleichen (z.B. Führungsnachwuchsförderung)	-3.4*

* Die Korrelation ist auf dem Niveau von 0,05 (2-seitig) signifikant.

Betrachtet man die durchschnittlichen Bedeutsamkeitseinschätzungen für die oben dargestellten fünf Kompetenzanker in Abhängigkeit der jeweiligen Expertengruppe kann festgestellt werden, dass die durch die Gruppe der Wissenschaftler vergebenen Einschätzungen systematisch höhere Werte aufweisen als die der Personalpraktiker (vgl. Tabelle 53). Eine Begründung für die höheren Einschätzungen der Wissenschaftler ist an dieser Stelle nur ansatzweise für drei der fünf Kompetenzanker möglich. Eine Erklärung für die drei Kompetenzanker der Kompetenz *Personalcontrolling und Wertschöpfungsmanagement* kann darin gesucht werden, dass einerseits die Bedeutung eines systematischen Personalcontrollings in der personalwirtschaftlichen Literatur immer wieder betont wird (Böhm, 1999; Wald, 2005; Holtbrügge, 2007). Demgegenüber jedoch aktuelle Studien, in denen Personalpraktiker zu dem konzeptionellen Reifegrad des Personalcontrollings im Unternehmen befragt wurden, ergeben haben, dass die Mehrheit kein systematisches Wertbeitragscontrolling durchführt (Capgemini 2007, 2008). Möglicherweise besteht hier eine Lücke zwischen dem, was als theoretisch relevant betrachtet wird und woran sich Wissenschaftlicher in ihren Einschätzungen orientieren und dem, was in der Praxis tatsächlich umgesetzt und daher als weniger bedeutsam eingeschätzt wird. Insbesondere vor dem Hintergrund des demografischen Wandels scheinen in der Praxis Themen wie Talentmanagement, Nachfolgeplanung und Führungskräfteentwicklung eine prominentere Rolle einzunehmen als das Personalcontrolling (BCG & WFPMA, 2008; PriceWaterhouseCoopers, 2008; Kienbaum, 2009; Hewitt Associates, 2009).

Tabelle 53: Mittelwerte und Standardabweichungen der Kompetenzanker

Kompetenzanker	Personal-praktiker		Wissen-schaftler	
	MW	SD	MW	SD
mit dem Arbeitsamt das Anforderungsprofil für eine Stelle besprechen	2.42	1.46	3.61	1.34
mit Hilfe von personenbezogenen Vorausschau- und Prognosedaten zukünftige Personalbestände vorhersagen	4.50	1.16	5.39	0,84
bei der Festsetzung der Abfindungshöhe im Einzelfall die Auswirkungen abschätzen (z.B. Höhe des Arbeitslosengeldes)	3.64	1.48	4.58	1.11
interne Leistungsverrechnungen durchführen	3.14	1.48	4.19	1.17
Kompetenzmanagementmaßnahmen mit anderen Unternehmen vergleichen (z.B. Führungsnachwuchsförderung)	4.06	1.39	5.04	0.76

13.2.6. Überprüfung der Unterschiede zwischen den Bedeutsamkeitseinschätzungen (Multivariate Verfahren)

In der vorliegenden Studie wurde zum einen geprüft, ob sich die über alle Personen gemittelten Bedeutsamkeitseinschätzungen der Hauptkompetenzfelder signifikant voneinander unterscheiden. Zum anderen wurde für alle acht Hauptkompetenzfelder untersucht, ob signifikante Unterschiede zwischen den drei Subkompetenzfeldern eines Hautkompetenzfeldes bestehen. Dies wurde mit Hilfe multivariater Verfahren (SPSS-Prozedur: Varianzanalyse für abhängige Stichproben) überprüft. Im Anschluss erfolgte mit Hilfe des Post-Hoc-Testes (Bonferroni-Test) ein paarweiser Vergleich der Mittelwerte zum einen für die Hauptkompetenzfelder und zum anderen für die Subkompetenzfelder der jeweiligen Hauptkompetenzfelder.

Mit Hilfe von SPSS wurde zunächst der Messwiederholungsfaktor bzw. der Innersubjektfaktor als unabhängige Variable mit seinen Faktorstufen definiert, also der Faktor *Hauptkompetenzfeld* mit acht Faktorstufen (in Anlehnung an die acht

Hauptkompetenzfelder) definiert. Dann wurden als Innersubjektvariablen die Variablen (Bedingungen) aufgeführt, deren Mittelwerte via Varianzanalyse miteinander verglichen werden sollten. Im vorliegenden Fall waren das die über alle Personen gemittelten Bedeutsamkeitseinschätzungen der acht Hauptkompetenzfelder. Analog wurde das gleiche Vorgehen für die drei Subkompetenzfelder jedes Hauptkompetenzfeldes durchgeführt. Für die Hauptkompetenzfelder wurden also acht Mittelwerte und für die Subkompetenzfelder jeweils drei Mittelwerte pro Hauptkompetenzfeld auf Unterschiedlichkeit getestet. Da neben der Varianzanalyse auch sämtliche paarweisen Vergleiche zwischen den Mitteln der Haupt- und Subkompetenzfelder durchgeführt werden sollten, wurde die Option *Haupteffekte vergleichen* aktiviert. So kann festgestellt werden, zwischen welchen Mittelwerten bedeutsame Unterschiede bestehen. Weiterhin ist zur Anpassung des Konfidenzintervalls die Bonferroni-Adjustierung sinnvoll. Die Bonferroni-Korrektur ist die einfachste aber zugleich konservativste Korrektur für die Kumulierung des α-Niveaus im Fall des multiplen Testes einer Hypothese. Bei der Bonferroni-Korrektur wird das gewünschte Gesamt-Signifikanzniveau durch die Anzahl benötigter Einzeltests dividiert. Daraus resultiert das korrigierte Signifikanzniveau für jeden Einzelvergleich und die Kumulierung des α-Fehlers der einzelnen Tests kann nun nicht mehr das Gesamtsignifikanzniveau übersteigen (Rasch, Friese, Hofmann & Naumann, 2009).

Die Datenanalyse mit SPSS ergab für die Untersuchung der Hauptkompetenzfelder, dass der durchgeführte Mauchly-Test auf Sphärizität signifikant und damit eine Verletzung der Voraussetzung zur Durchführung der Messwiederholungsanalyse vorlag (Tab. 54). Einschränkend muss erwähnt werden, dass der Mauchly-Test bei einer kleinen Stichprobe eine geringe Teststärke hat und eine Verletzung der Sphärizität vorliegen kann, ohne dass der Mauchly-Test signifikant wird. Demgegenüber ist der Test bei einer hohen Anzahl an Versuchspersonen - wie in der vorliegenden Studie - zu sensitiv, d.h. es wird ein signifikantes Ergebnis gezeigt, obwohl keine Verletzung der Annahme vorliegt (Rasch et al., 2009).

Tabelle 54: Mauchly-Test zur Überprüfung der Sphärizitätsannahme

Innersubjekt-effekt	Mauchly-W	Approxi-miertes Chi-Quadrat	df	Signi-fikanz	Epsilon[a]		
					Greenhouse-Geisser	Huynh-Feldt	Unter-grenze
HAUPTK	0,14	132,69	27	0,00	0,66	0,71	0,14

[a] Kann zum Korrigieren der Freiheitsgrade für die gemittelten Signifikanztests verwendet werden.

Für den Fall, dass der Mauchly-Test signifikant wird, können bei kleinen Stichroben zur Interpretation der Daten die drei F-Werte *Greenhouse-Geisser*, *Huynh-Feldt* und *Untergrenze* herangezogen werden, die Korrekturmöglichkeiten bei Verletzung der Sphärizität darstellen. Nach Bortz (2005) lassen sich dann Verletzungen der Sphärizitätsannahme dadurch kompensieren, dass man für den kritischen F-Wert des F-Testes in der Messwiederholungsanalyse Epsilon-modifizierte Freiheitsgrade verwendet. Allerdings wird empfohlen, bei deutlichen Verletzungen der Normalverteilungsannahme und der Varianz-Kovarianz-Homogenität anstelle der varianzanalytischen Hypothesenprüfung ein multi-variates Verfahren (z.B. Hotellings T^2-Test) einzusetzen, wenn – wie im vorliegenden Fall – n > 20 und ε < 0,75 ist (Bortz, 2005). Berücksichtigt werden muss, dass die multivariate Auswertung, bei der die mathematische Annahme der Sphärizität der Daten keine Rolle spielt, in den meisten Fällen im Vergleich zur Varianzanalyse mit Messwiederholung konservativer ausfällt. Das bedeutet, dass Unterschiede weniger häufiger signifikant werden. Jedoch liefert die multivariate Auswertung bei starker Verletzung der Sphärizitätsannahme reliablere Ergebnisse und ist darüber hinaus auch teststärker als die messwiederholte Varianzanalyse (Rasch et al., 2009). Daher werden für die zugrunde liegenden Daten die Ergebnisse der multivariaten Prüfung mittels Hotellings T^2-Test herangezogen (Tab. 55). Mit Hilfe des multivariaten Tests wird geprüft, ob ein Haupteffekt des Treatmentfaktors vorliegt und ob Wechselwirkungen zwischen dem Haupteffekt und den übrigen Faktoren vorliegen.

Tabelle 55: Ergebnisse der Unterschiede zwischen den Bedeutsamkeitseinschätzungen der Hauptkompetenzfelder mittels multivariater Tests

Hauptkompetenz-felder	Wert	F	Hypothese df	Fehler df	Signifikanz
Hotellings T^2-Test	3,30	30,68	7,00	65,00	0,00

Die Ergebnisse zeigen, dass die Werte signifikant sind (p < 0.00), so dass die Nullhypothese der Mittelwertgleichheit der Hauptkompetenzfelder zu verwerfen ist.

Darüber hinaus wurde ein paarweiser Vergleich der einzelnen Innersubjektfaktoren (Vergleich der acht Hauptkompetenzfelder) durchgeführt und geprüft, welche Mittelwerte sich im Einzelnen signifikant voneinander unterscheiden. Bei den von SPSS durchgeführten Vergleichen erfolgt keine Kontrolle etwaiger Abweichungen von der Sphärizität durch Epsilon-Adjustierung der Freiheitsgrade. Daher sollten die Ergebnisse in Tab. 56 unter Vorbehalt interpretiert werden. Auch wenn nicht auszuschließen ist, dass der Mauchly-Test auf Sphärizität fälschlicherweise wegen der großen Anzahl an Versuchspersonen signifikant geworden ist, obwohl keine Sphärizitätsverletzung vorlag (s.o.). Ein alternatives Verfahren, um multiple Vergleiche anzustellen, das jedoch keinerlei Sphärizität voraussetzt, stellen paarweise (abhängige) T-Tests mit Bonferroni-Adjustierung dar. Auf eine solche Berechnung wurde jedoch aus Gründen des Umfangs verzichtet werden.

Aus der Tabelle 56 kann entnommen werden, zwischen welchen Mittelwerten der Hauptkompetenzfelder signifikante Unterschieden bestehen.

Tabelle 56: Paarweise Vergleiche der Mittelwerte der Hauptkompetenzfelder

Hauptkompetenz (I)	M	Hauptkompetenz (J)	M
Beziehungsmanagement mit Externen	4.23	Kulturelle Kompetenz	4.90*
		Personalstrategische Kompetenz	5.08*
		Arbeitsrechtliche und Sozialpartnerschaftliche Kompetenz	4.99*
		Personalcontrolling und Wertschöpfungsmanagement	4.88*
		Kompetenzmanagement	5.01*
		Instrumentenmanagement	4.97*
		Management des Wandels	4.97*
Personalstrategische Kompetenz	5.08	Personalcontrolling und Wertschöpfungsmanagement	4.88*

* Die mittlere Differenz zwischen (I) und (J) Korrelation ist auf dem Niveau von 0,05 signifikant.

Es wird deutlich, dass sich die mittleren Bedeutsamkeitseinschätzungen der Kompetenz *Beziehungsmanagement mit Externen* von den Einschätzungen aller anderen Kompetenzen signifikant unterscheiden. Die Kompetenz *Beziehungsmanagement mit Externen* wurde im Vergleich zu den anderen Kompetenzen im Mittel weniger bedeutsam eingeschätzt. Darüber hinaus unterscheidet sich die *Personalstrategische Kompetenz* bedeutsam von der Kompetenz *Personalcontrolling und Wertschöpfungsmanagement*. Die über alle Urteiler gemittelte Bedeutsamkeitseinschätzung für die Personalstrategische Kompetenz fällt höher aus als die für die Kompetenz Personalcontrolling und Wertschöpfungsmanagement.

Analog zu den Berechnungen für die Hauptkompetenzfelder wurde überprüft, ob sich die Bedeutsamkeitseinschätzungen der Subkompetenzfelder signifikant voneinander unterscheiden. Dabei wurden immer die Subkompetenzfelder einer Kompetenz miteinander verglichen. Es wurden acht Analysen durchgeführt und, wie bereits bei der Berechnung der Hauptkompetenzfelder, anstelle der varianzanalytischen Ergebnisse mit Messwiederholung die Ergebnisse multivariater Verfahren (Hotellings T^2-Test) herangezogen werden. Multivariate Testverfahren sollten insbesondere bei großen Stichproben angewendet werden, da sie reliablere Ergebnisse liefern und zudem teststärker sind (Rasch et al., 2009).

Der nachfolgenden Tabelle 57 kann entnommen werden, welche Subkompetenzfelder innerhalb der jeweils zugehörigen Hauptkompetenz signifikant unterschiedlichen eingeschätzt wurden. Die Nummerierung der Subkompetenzfelder kennzeichnet jeweils, unter welche Kategorie die entsprechende Subkompetenz fällt: (1) strategisch/organisational, (2) technisch/operativ und (3) kommunikativ/beziehungsorientiert.

Tabelle 57: Paarweise Vergleiche der Subkompetenzfelder pro Hauptkompetenz

Kulturelle Kompetenz			
Subkompetenz (I)	M	Subkompetenz (J)	M
(1) Kenntnis der Unternehmens-/Führungsgrundsätze sowie Unterstützung bei der Entwicklung derselben	4.98	(3) Gestaltung sozial-kommunikativer Beziehungen zwischen den Organisationsmitgliedern insbesondere bei Konflikten	4.76*
(2) Kenntnis und Sicherstellung der Einhaltung und Umsetzung der Unternehmensgrundsätze	4.97	(3) Gestaltung sozial-kommunikativer Beziehungen zwischen den Organisationsmitgliedern insbesondere bei Konflikten	4.76*
Personalstrategische Kompetenz			
Subkompetenz (I)	M	Subkompetenz (J)	M
(1) Kenntnis und Einschätzung des Unternehmens und dessen Strategie sowie Unterstützung bei der Entwicklung der grundlegenden Personalstrategie	5.36	(2) Kenntnis und Durchführung von strategischen Maßnahmen zur Personalgewinnung, -bindung und –qualifizierung	5.12*
(1) Kenntnis und Einschätzung des Unternehmens und dessen Strategie sowie Unterstützung bei der Entwicklung der grundlegenden Personalstrategie	5.36	(3) Gestaltung sozial-kommunikativer Beziehungen zur Umsetzung der personalstrategischen Ziele	4.74*
(3) Gestaltung sozial-kommunikativer Beziehungen zur Umsetzung der personalstrategischen Ziele	4.74	(2) Kenntnis und Durchführung von strategischen Maßnahmen zur Personalgewinnung, -bindung und –qualifizierung	5.12*

Ergebnisse (Studie 2)

Arbeitsrechtliche und Sozialpartnerschaftliche Kompetenz

Subkompetenz (I)	M	Subkompetenz (J)	M
(1) Kenntnis und Schaffung grundlegender arbeitsgesetzlicher und -rechtlicher Rahmenbedingungen und -vereinbarungen	5.17	(2) Kenntnis und Anwendung von einzelnen Gesetzesbestandteilen und Paragrafen bei der Personaleinstellung, -verwaltung, -disziplinierung und -kündigung	4.84*
(1) Kenntnis und Schaffung grundlegender arbeitsgesetzlicher und -rechtlicher Rahmenbedingungen und -vereinbarungen	5.17	(3) Gestaltung der Zusammenarbeit mit dem Betriebsrat sowie Führen von Gesprächen mit Mitarbeitern und Führungskräften in arbeitsrechtlichen Fragestellungen	4.96*

Kompetenzmanagement

Subkompetenz (I)	M	Subkompetenz (J)	M
(1) Kenntnis und Bereitstellung grundlegender Kennzahlen des Personalcontrollings im Unternehmen sowie Steuerung personalwirtschaftlicher Maßnahmen unter Berücksichtigung ökonomischer Rahmenbedingungen	5.11	(2) Kenntnis und Bereitstellung spezifischer Kennzahlen des Personalcontrollings sowie Steuerung personalwirtschaftlicher Maßnahmen unter Berücksichtigung unternehmensbezogener Ziele und Auswirkungen	4.68*
(1) Kenntnis und Bereitstellung grundlegender Kennzahlen des Personalcontrollings im Unternehmen sowie Steuerung personalwirtschaftlicher Maßnahmen unter Berücksichtigung ökonomischer Rahmenbedingungen	5.11	(3) Sozial-kommunikativer Austausch zur Bewältigung von Personalcontrolling-Aufgaben	4.83*

Management des Wandels

Subkompetenz (I)	M	Subkompetenz (J)	M
(3) Führen von Gesprächen sowie Bereitstellung von Informationen in betrieblichen Veränderungsprozessen	5.11	(1) Kenntnis und Analyse der internen und externen Faktoren des Wandels	4.93*
(3) Führen von Gesprächen sowie Bereitstellung von Informationen in betrieblichen Veränderungsprozessen	5.11	(2) Kenntnis und Anwendung von Instrumenten und Methoden zur Bewältigung des Wandels unter Berücksichtigung gegenwärtiger und zukünftiger Anforderungen	4.86*

* Die mittlere Differenz zwischen (I) und (J) Korrelation ist auf dem Niveau von 0,05 signifikant.

Die multivariate Prüfung mittels Hotellings T^2-Test ergab, dass sich die Bedeutsamkeitseinschätzungen für die Subkompetenzfelder der folgenden drei Hauptkompetenzen nicht signifikant unterscheiden: *Personalcontrolling und Wertschöpfungsmanagement, Beziehungsmanagement mit Externen* sowie *Instrumentenmanagement*. Für die anderen fünf Kompetenzfelder brachte Hotellings T^2-Test signifikante Ergebnisse. Es fällt auf, dass sich bei fünf Hauptkompetenzbereichen das Subkompetenzfeld *strategisch/ organisational* entweder signifikant vom Subkompetenzfeld *technisch/operativ* oder vom Subkompetenzfeld *kommunikativ/beziehungsorientiert* unterscheidet bzw. bei drei Hauptkompetenzfeldern sogar von beiden Subkompetenzfeldern.. Dabei wurde - mit Ausnahme der Kompetenz *Management des Wandels* - das Subkompetenzfeld *strategisch/ organisational* hinsichtlich der Bedeutsamkeit höher eingeschätzt als die beiden anderen Subkompetenzfelder. Dies zeigt, dass für mehr als die Hälfte der Kompetenzfelder des Modells strategisch/organisationalen Kompetenzaspekten eine signifikant größere berufliche Relevanz beigemessen wird als Merkmalen, die operative und die kommunikative Aspekte beschreiben. Die dargestellten Befunde stehen in Einklang mit aktuellen Studienergebnissen zu Herausforderungen im HR Management, nach denen es zunehmend wichtiger wird, dass sich der Personalbereich als strategischer Partner etabliert und eine strategische Perspektive einnimmt. Nur bei der Kompetenz *Management des Wandels* wurden kommunikative Kompetenzaspekte gegenüber strategisch/organisationalen und technisch/ operativen Merkmalen signifikant bedeutsamer eingeschätzt. Eine Erklärung ist darin zu suchen, dass in Veränderungsprozessen vor allem soziale bzw. interpersonale Kompetenzen (Kommunikations- und Verhandlungsfähigkeit, Beziehungsmanagement, Teamfähigkeit) von entscheidender Bedeutung für einen erfolgreich tätigen Personalmanager zu sein scheinen.

14. Zusammenfassung und Diskussion (Studie 2)

Dieses Kapitel diskutiert die zweite Studie dieser Arbeit. Dazu wird zunächst auf die zugrunde liegende Zielsetzung und die Fragestellungen eingegangen (Kap. 14.1) und die Untersuchungsmethodik einer näheren Betrachtung unterzogen (Kap. 14.2). Darüber hinaus wird die Repräsentativität der zugrunde liegenden Stichprobe thematisiert (Kap. 14.3). Im Anschluss werden der Erkenntnisgewinn der Studie (Kap. 14.4) und die Implikationen für die Praxis (Kap. 14.5) besprochen. Das Kapitel endet mit einem Ausblick auf die weitere Forschung (Kap. 14.6).

14.1. Überprüfung der Zielsetzung und Fragestellungen

Die Zielsetzung der zweiten Studie dieser Arbeit bestand darin, dass im Rahmen der ersten Studie weiterentwickelte Kompetenzmodell für Personalmanager hinsichtlich seiner Güte und Qualität durch Experten beurteilen zu lassen. Diese Form der Experteneinschätzung entspricht einer inhaltlichen Validierung des Kompetenzmodells. Bei einem empirisch entwickelten Kompetenzmodell handelt es sich zunächst nur um ein „hypothetisches Beschreibungsmodell über relevante Leistungsvoraussetzungen bzw. personale Ressourcen für die Bewältigung zentraler Anforderungen" (Schaper, 2009b, S. 179). Nach Hartig & Jude (2007) stellt erst die Validierung von Kompetenzmodellen eine notwendige Legitimation dar, um auf Basis eines theoretischen Modells individuelle und institutionelle Konsequenzen zu ziehen. Aus diesem Grund wurde die Gültigkeit des Kompetenzmodells im Sinne einer präzisen und inhaltlichen stimmigen Beschreibung der erfolgskritischen Kompetenzen für die Tätigkeit eines Personalmanagers überprüft. Gleichzeitig sollte mit der inhaltlichen Validierung des Kompetenzmodells eine Forschungslücke geschlossen werden. Bisher wurde der empirischen Gültigkeitsüberprüfung von Kompetenzmodellen gegenüber der Entwicklung vergleichsweise wenig Beachtung geschenkt. Nach Kenntnis und umfangreichen Recherchen der Autorin dieser Arbeit wurden bisher sowohl national als auch international keine fundierten Studien zur inhaltlichen Validierung von Kompetenzen für das Berufsfeld Personalmanagement durchgeführt. Es existieren noch nicht einmal Validierungsstudien zu den empirisch entwickelten Kompetenzmodellen für HR-Manager, die aus der renommierten *Human Resource Competency Study* (Ulrich et al., 1995; Ulrich & Brockbank, 2005; Ulrich et al., 2008) und aus der Studie der WFPMA (Brewster et al., 2000) hervorgegangen sind. Entsprechend dem Forschungsstand finden sich in der einschlägigen Literatur keine Kriterien oder standardisierten Vorgehensweisen zur Erfassung der Inhaltsvalidität von Kompetenzmodellen.

Zusammenfassung und Diskussion (Studie 2)

Für die Überprüfung der Inhaltsvalidität des zugrunde liegenden Kompetenzmodells wurden Urteile von Experten aus der Personalpraxis und aus der Wissenschaft, die sich aufgrund ihrer Erfahrung und Involviertheit mit dem Gegenstandsbereich Personalmanagement gut auskennen, herangezogen. In Anlehnung an die Validierung von Arbeitsanalyseverfahren, die bezogen auf die Erfassung von arbeitsrelevanten Merkmalen mit Kompetenzmodellen vergleichbar sind, wurden Kriterien generiert. Anhand dieser Kriterien sollten die Experten die Güte des vorliegenden Modells einschätzen. Die Fachleute sollten beurteilen, ob die im Modell enthaltenen Kompetenzaspekte und –facetten bedeutsame Merkmale für das Berufsbild eines Personalmanagers darstellen und prüfen, ob die Kompetenzen hinsichtlich ihres Bedeutungsinhalts durch die Einstellungs- und Verhaltensbeschreibungen qualitativ vollständig abgebildet werden. Zur Bestimmung der inhaltlichen Validität wurde die Konkordanz bzw. die Reliabilität der Beurteiler erfasst. Mit der inhaltlichen Validierung sollte auch die „praxisbezogene Tauglichkeit und Generalisierbarkeit" (Schaper, 2009b, S. 182) des Modells sichergestellt werden. So lassen sich auf Basis des vorliegenden validierten Kompetenzmodells Standards für ein professionelles Personalmanagement festlegen, die beispielsweise von Hochschulen für die akademische Erstausbildung oder von privaten Institutionen für berufliche Weiterbildungsmaßnahmen herangezogen werden können. Auch im Kontext des betrieblichen Kompetenzmanagements eröffnet das Modell vielfältige Einsatzmöglichkeiten im Rahmen der Personalauswahl und –entwicklung für die Berufsgruppe der Personaler.

Abgeleitet aus der Zielsetzung der Arbeit wurden vier verschiedene Fragestellungen formuliert. Bei der ersten Fragestellung ging es zum einen darum, ob die im Kompetenzmodell enthaltenen Kompetenz-, Verhaltens- und Einstellungsanker auch wirklich berufs- und erfolgsrelevante Kompetenzmerkmale eines Personalmanagers beschreiben bzw. inwieweit die einzelnen Kompetenzbeschreibungen für einen Personalmanager repräsentativ, essentiell oder relevant sind (Beurteilungskriterium *Bedeutsamkeit/Relevanz*). Zum anderen sollte untersucht werden, ob das Kompetenzmodell nicht nur auf Ebene einzelner Kompetenzitems sondern *insgesamt* berufs- und erfolgsrelevante Kompetenzen für das Berufsbild des Personalmanagers abbildet. Der Hintergrund für die Formulierung der ersten Fragestellung besteht darin, dass in Zusammenhang mit der inhaltlichen Validierung die Frage zentral ist, ob die Items eines Instruments oder Kompetenzmodells bedeutsame Facetten des Konstrukts darstellen (Nerdinger et al., 2008; Schaper, 2009b)

Die zweite Fragestellung bezog sich darauf, ob das Kompetenzmodell insgesamt weitgehend vollständig die berufs- und erfolgsrelevanten Kompetenzaspekte von Personalmanagern erfasst *(Kriterium Vollständigkeit)*. Dabei ging es weniger um die Einschätzung, ob das

Kompetenzmodell alle denkbaren Kompetenzaspekte eines Personalmanagers erfasst. Vielmehr sollten die wesentlichen Kompetenzen, die für eine erfolgreiche Bewältigung der berufsspezifischen Anforderungen nötig sind, berücksichtigt werden. Dieser Frage wurde nachgegangen, da unter einer inhaltlichen Validierung der Nachweis des Ausmaßes verstanden wird, in dem das Modell den Gegenstandsbereich, auf den es sich bezieht, umfassend in den relevanten Bereichen abdeckt (Sireci, 2003).

Mit der dritten Fragestellung wurde geprüft, ob das Kompetenzmodell insgesamt detailliert bzw. differenziert genug ist (*Kriterium Detailliertheit/Differenziertheit*). In diesem Zusammenhang interessiert, ob die Kompetenzen durch die Verhaltens- und Einstellungsbeschreibungen ausführlich genug beschrieben sind und sich die einzelnen Kompetenzen bzw. Kompetenzmerkmale voneinander abgrenzen lassen. Diese Frage scheint zentral, da Kompetenzkonstrukte primär durch einen bestimmten Situations- und Merkmalsbereich definiert sind (Hartig & Jude, 2007) und durch die Formulierung der Kompetenzitems dieser interessierende Bereich so detailliert wie möglich dargestellt bzw. von anderen Merkmals- und Verhaltensbereichen abgegrenzt werden sollte.

Die vierte und letzte Fragestellung bezog sich darauf, ob das Kompetenzmodell klar und eindeutig formuliert ist (*Kriterium Verständlichkeit*). Die sprachliche Verständlichkeit der Kompetenzitems im Modell stellt eine wichtige Voraussetzung für die Anwendbarkeit und Handhabung des Kompetenzmodells dar.

Zusammenfassend lässt sich festhalten, dass die Zielsetzung der Studie, die inhaltliche Validierung des Kompetenzmodells erreicht wurde und alle Fragestellungen bearbeitet werden konnten. Die Ergebnisse werden in Kap. 14.4 diskutiert.

14.2. Diskussion der Untersuchungsmethodik

In diesem Abschnitt soll diskutiert werden, ob und inwieweit sich das in dieser Studie gewählte methodische Vorgehen zur Validierung des Kompetenzmodells bewährt hat.

14.2.1. Erhebungsmethode

Die vorliegende Untersuchung ist eine querschnittlich angelegte quantitative Befragungsstudie, in der Experten gebeten wurden, ein Urteil bezogen auf die Güte des in der ersten Studie dieser Arbeit weiterentwickelten Kompetenzmodells für Personalmanager abzugeben. Mit Hilfe eines onlinegestützten Fragebogens sollten die Experten anhand

Zusammenfassung und Diskussion (Studie 2)

objektiver Kriterien eine Einschätzung der einzelnen Kompetenzitems sowie des gesamten Kompetenzmodells auf einer Ratingskala vornehmen. Es wurden fachlich versierte Personen aus der Wissenschaft und aus der Unternehmenspraxis herangezogen, die aufgrund ihrer beruflichen Funktion und Eingebundenheit in das Thema Personalmanagement über entsprechende Kenntnisse und Erfahrungen verfügen. Durch die Berechnung der Interraterreliabilität wurde die Höhe der Beurteilerübereinstimmung erfasst und damit eine Aussage zum Ausmaß der inhaltlichen Validität des Modells ermöglicht.

Es stellt sich die Frage, ob die im Rahmen dieser Arbeit eingesetzte Erhebungsmethode eine wissenschaftlich fundierte Vorgehensweise zur inhaltlichen Validierung eines Kompetenzmodells darstellt. Grundsätzlich ist festzuhalten, dass zur Bestimmung der Kontentvalidität die Befragung von Experten, die über hinreichend Erfahrung in der jeweiligen Domäne verfügen, sowie die Messung der Beurteilerübereinstimmung eine relativ verbreitete Praxis darstellt (Moser, 1987; Moser et al., 1989; Hartig & Jude, 2007; Nerdinger et al., 2008; Schaper, 2009b). Die Inhaltsvalidität wird jedoch in erster Linie als Kriterium psychologischer Tests betrachtet und in Zusammenhang mit der Konstruktion sowie der abschließenden Bewertung von Test- und Analyseverfahren diskutiert. Üblicherweise überprüfen dabei die Experten für den intendierten Gegenstandsbereich inhaltlich logisch den „Umfang und die Abgrenzung des Gegenstandsbereichs sowie die Gegenstandsrepräsentation des Konstrukts durch die Items" (Nerdinger et al., 2008, S. 254). Die Übertragung dieser Vorgehensweise auf das zugrunde liegende Kompetenzmodell wird dadurch gerechtfertigt, dass die Erhebungsmethode oftmals auch bei der Entwicklung von Arbeitsanalyseverfahren, die eine Vergleichbarkeit zu Kompetenzmodellen aufweisen, Anwendung findet. Zur inhaltlichen Validierung gehört nach Schuler et al. (1995) die Berechnung der Expertenübereinstimmung hinsichtlich des Ausmaßes der Bedeutsamkeit von Merkmalen des Analyseverfahrens. So wurde auch im Rahmen dieser Untersuchung durch die Einbeziehung von Experten das Ziel verfolgt, die Kompetenzaspekte des Modells hinsichtlich ihrer Bedeutsamkeit für die Bewältigung der beruflichen Tätigkeiten eines Personalmanagers einschätzen zu lassen. Die Heranziehung von Experten für diese Aufgabe ist deshalb sinnvoll, da diese umfangreiche Kenntnisse über die tatsächlichen Gegebenheiten einer Tätigkeit vor Ort besitzen und einen konkreten Bezug zu Verhaltensweisen im Berufsalltag herstellen können.

Mögliche Grenzen der Erhebungsmethode sind zum einen in der Art der Befragung und zum anderen im Umfang des Fragebogens zu sehen. Was die Art der Befragung betrifft, so ist nicht auszuschließen, dass die internetgestützte Erhebung und der Zugang über einen personalisierten Link für einige potenzielle Befragungsteilnehmer ein Akzeptanzproblem dargestellt haben könnte. Anders als bei konventionellen schriftlichen (anonymen) Befragungen könnten bei computergestützten Erhebungen, die über einen personalisierten Link zugänglich gemacht werden, größere Bedenken bezüglich der Anonymität personenbezogener sensibler Daten bestehen. In diesem Zusammenhang merken Bungard, Müller und Niethammer (2007) an, dass die Vergabe von Zugangscodes die Wahrnehmung der Anonymität im Sinne der Nicht-Identifizierbarkeit der Befragten unterminiert und ein verzerrtes Antwortverhalten provozieren kann. Aus diesem Grund wurden die Befragungsteilnehmer der Studie deutlich darauf hingewiesen, dass die Resultate absolut vertraulich behandelt werden und nur zu wissenschaftlichen Zwecken verwendet werden. Darüber hinaus könnte für einige potentielle Probanden der technische Zugang ein Hinderungsgrund zur Studienteilnahme gewesen sein oder zum vorzeitigen Abbruch der Befragung geführt haben. So setzte die Teilnahme an der zugrunde liegenden Studie voraus, dass die Befragungspersonen über einen Computer mit Internetzugang und die entsprechenden Kompetenzen zum Umgang mit diesem Medium verfügen. Auch könnten technische Hindernisse aufgetreten sein (z.B. bedingt durch eine langsame Internetverbindung), die zur Nichtbeendigung des Fragebogens geführt haben. Dem ist entgegenzuhalten, dass die rekrutierten Experten aufgrund ihrer beruflichen Anforderungen Erfahrungen im Umgang mit Computern haben dürften und bei einer leicht bedienbaren Benutzeroberfläche und detaillierten Instruktion, die in der vorliegenden elektronischen Fragebogenversion herzustellen versucht wurde, auch die Gefahr eines frühzeitigen Abbruchs als reduziert wurde. Ein weiterer Nachteil der vorliegenden elektronischen Befragung ist in der unkontrollierten Erhebungssituation zu sehen (Bortz & Döring, 2005). Ob tatsächlich die angeschriebene Zielperson oder eine andere Person den Fragebogen ausgefüllt hat und ob alle Fragen auch ohne Erläuterungen durch einen Interviewer richtig verstanden wurden, bleibt ungeklärt. Allerdings sind besondere Antwortverzerrungen, die durch eine computergestützte Fragebogenadministration bedingt sind, im Vergleich zu papierbasierten schriftlichen Fragebogenversionen, nicht zu befürchten (Bortz & Döring, 2005).

Neben den technischen Bedingungen ist eine weitere Einschränkung der Methode im Umfang des Fragebogens zu sehen, die einen Einfluss auf die Studienteilnahme und den vorzeitigen Abbruch der Fragebogenbeantwortung gehabt haben könnte. Die zeitliche Dauer zur Beantwortung des Fragebogens wurde zwischen 45 Minuten und einer Stunde eingeschätzt und stellt damit einen nicht unerheblichen Zeitaufwand dar. Allerdings hängt die Rücklaufquote von Befragungen nicht nur mit dem Zeitaufwand, sondern auch mit dem Thema der Untersuchung zusammen. Fragebögen mit aktuellen und den Befragten interessierenden Themen werden schneller und vollständiger beantwortet als Fragebögen, die sich mit unwichtig und langweilig erscheinenden Themen beschäftigen (Bortz & Döring, 2005). Für die vorliegende Studie wurden daher im Vorfeld die potentiellen Befragungsteilnehmer persönlich entweder per E-Mail oder telefonisch kontaktiert, über den Gegenstand der Befragung informiert und die Bereitschaft zur Studienteilnahme abgeklärt. Des Weiteren wurde in Aussicht gestellt, dass die Teilnehmer bei vollständiger Beantwortung des Fragebogens über die Ergebnisse der Studie informiert werden. Damit sollte das Interesse der Befragten geweckt und die Motivation zur Teilnahme an der Fragebogenstudie erhöht werden.

Unabhängig von den dargestellten Restriktionen, die mit der Online-Datenerhebung und dem Umfang des Fragebogens einhergehen können, werden in Zusammenhang mit schriftlichen Befragungen diverse Fehlerquellen diskutiert, die auch für die vorliegende Studien betrachtet werden sollten. Nicht auszuschließen ist beispielsweise, dass sozial erwünschtes Antwortverhalten einen Einfluss auf die Befragungsergebnisse hatte. So wird in den Befragungsergebnissen dieser Studie eine erkennbare Neigung der Experten zu überdurchschnittlichen Beurteilungen deutlich. Smith und Hakel (1979) fanden in ihrer Untersuchung zur Reliabilitätsbestimmung von Arbeitsanalyseverfahren heraus, dass sozial erwünschte Items höhere Skalenwerte erzielten als unerwünschte Items. In diesem Zusammenhang soll die qualitative Anmerkung eines Befragungsteilnehmers zum Fragebogen zitiert werden: „*Wie schon bei den vorangegangenen Kompetenzfeldern fällt es schwer, einzelne Items als weniger bedeutsam anzukreuzen: Zum einen aufgrund der Art der Fragestellung. Zum anderen aber auch aufgrund der Auswahl der Verhaltensbeschreibungen - natürlich können alle genannten Verhaltensbeschreibungen sehr wichtig sein, unter den jeweils gegebenen Kontextbedingungen.*" Welchen Einfluss in der vorliegenden Studie sozial erwünschtes Antwortverhalten auf die Befragungsergebnisse hatte und wie dieses hätte verhindert werden können, ist nicht eindeutig festzumachen. Zwar werden bei Mummendy (1995) und Nederhof (1985) verschiedene Methoden diskutiert, Effekte sozialer Erwünschtheit zu vermindern. Allerdings kommen beide Autoren zu dem Schluss, dass es unmöglich ist, sozial erwünschtes Antwortverhalten grundsätzlich zu unterbinden. Nicht zuletzt gilt nach Bergmann (2003) die garantierte und gewährleistete Anonymität der Daten als ein erfolgversprechender Kontrollversuch für soziale Erwünschtheit.

Ob und inwieweit die oben beschriebenen potentiellen Fehlerquellen die vorliegenden Untersuchungsergebnisse beeinflusst haben, kann nicht eindeutig beantwortet werden. Allerdings wurde versucht, durch den Einsatz eines standardisierten Fragebogens eine größtmögliche Objektivität sicherzustellen. Insgesamt liegt der zentrale Vorteil des in der

Zusammenfassung und Diskussion (Studie 2)

vorliegenden Untersuchung eingesetzten elektronischen Fragebogens in dem Ökonomisieren der Datenerhebung. Durch die onlinegestützte Befragung konnte die Eingabe der Datenerfassung nach der Durchführung der Befragung entfallen, so dass zwar Personalkosten für die Erstellung des computergestützten Fragebogens, nicht jedoch für die Dateneingabe der Ergebnisse entstanden sind. Auch entfielen Kosten für den Versand und den Druck der Fragebögen. Des Weiteren konnten Änderungen im Fragebogen - sei es Formulierungen oder die Reihenfolge der Fragenpräsentation - bis zum Ende des Befragungszeitraums vorgenommen werden (Bungard et al., 2007). Mit Hilfe der digitalisierten Fragebogenantworten standen die Daten sofort nach Studienende zur Verfügung und konnten problemlos in statistische Datenprogramme transferiert und weiter verarbeitet werden.

In Bezug auf die herangezogenen Validierungskriterien der vorliegenden Studie, muss kritisch erwähnt werden, dass die Frage, ob bestimmte Items oder Dimensionen fehlen, die für die Kompetenz charakteristisch sind, bzw. ob das Modell alle bedeutsamen Facetten des Konstrukts abdeckt, nur in Bezug auf das gesamte Kompetenzmodell gestellt wurde. Zwar gab es die Möglichkeit, unter den jeweiligen Subkompetenzen Anmerkungen vorzunehmen, jedoch wurde nicht spezifisch nach fehlenden Kompetenzaspekten gefragt. Zusätzlich zur Bedeutsamkeit einzelner Items wäre also die Frage sinnvoll, inwieweit die Kompetenzitems des Modells das entsprechende Konstrukt qualitativ vollständig abbilden (Moser et al., 1989) und welche Kompetenzmerkmale fehlen. Dies sollte in weiterführenden Untersuchungen berücksichtigt werden.

Eine weitere Einschränkung der eingesetzten Validierungsmethode ist in Bezug auf die Vielzahl und dadurch bedingte mögliche Redundanz der im Kompetenzmodell enthaltenen und den Experten zur Validierung vorgelegten Verhaltensbeschreibungen zu sehen. So wurden Anmerkungen der Beurteiler dahingehend gemacht, dass sich einige Verhaltensbeschreibungen im Kompetenzmodell inhaltlich überschneiden. Ein Experte äußerte sich folgendermaßen: *„Das ist ziemlich redundant zu Fragen, die bereits gestellt wurden."* Möglicherweise hätten bereits vor der inhaltlichen Validierung einige offensichtlich irrelevante Items ausgeschlossen werden können. Analog zur Validierung von Kompetenzmodellen schlagen Frieling und Hoyos (1978) dieses Vorgehen im Vorfeld der Validierung von Arbeitsanalyseverfahren vor. In diesem Zusammenhang stellt sich jedoch die Frage, welche Items „offensichtlich irrelevant" sind und von daher schon im Voraus ausgeschieden hätten werden können (Hossinger, 1982). Eine Begründung dafür, dass den Experten in der vorliegenden Studie eine Vielzahl und große Bandbreite von Kompetenzmerkmalen zur inhaltlichen Validierung vorgelegt wurde, lag in der Intention, die

Zusammenfassung und Diskussion (Studie 2)

beruflichen Kompetenzen von Personalmanagern vollständig abzubilden. Dem ist jedoch entgegenzuhalten, dass die Erfassung und differenzierte Abbildung von beruflichen Kompetenzen in ihrer gesamten Komplexität und Mehrdimensionalität nicht möglich scheint (Kaufhold, 2006). Grob und Maag-Merki (2001) gehen davon aus, dass Kompetenzen sich durch eine hohe Komplexität auszeichnen und daher auch ihre Interpretation und die Möglichkeiten der Operationalisierung stark fehleranfällig sind. In weiteren Untersuchungen sollte demnach der Frage nachgegangen werden, welche anderen als in der vorliegenden Studie eingesetzten qualitativen und quantitativen Ansätze herangezogen werden können, um zu einer differenzierten und komplexen Abbildung beruflicher Kompetenzen zu gelangen (Flasse & Stieler-Lorenz, 2000).

Ein zusätzlicher Aspekt, der im Zusammenhang mit der Komplexität und der vollständigen Abbildung von beruflichen Kompetenzen für Personalmanager diskutiert werden soll, liegt in der Zielsetzung dieser Arbeit, ein generisches berufsfeldbezogenes Kompetenzmodell zu entwickeln. Ein berufsfeldbezogenes Kompetenzmodell berücksichtigt die Kernbereiche aller fachbezogenen Gegenstände, die in ihrer Gesamtheit auf die fachlichen Erfordernisse des Berufs oder des Berufsfeldes abgestimmt sind. Demnach wurde in der vorliegenden Arbeit das Ziel verfolgt, eine Bandbreite von erfolgskritischen Fähigkeiten zu erfassen und damit auf eine für das Berufsbild Personalmanagement umfassende berufliche Handlungskompetenz Bezug zu nehmen. Der Nachteil eines generischen Kompetenzmodells mit einem sehr weiten Gültigkeitsanspruch liegt darin, dass einige der beschriebenen Verhaltens- und Leistungsvoraussetzungen für spezifische HR-Funktionen nicht relevant sind und dafür andere Kompetenzen unberücksichtigt geblieben sind. Einige der befragten Experten äußerten sich kritisch gegenüber der vorliegenden Darstellung des Kompetenzmodells, die eine differenzierte Abbildung von Kompetenzen in Abhängigkeit von einer spezifischen Rolle oder Funktion im HR-Bereich vernachlässigt. Ausgewählte Anmerkungen von Befragungsteilnehmern sind in Tabelle 58 dargestellt.

Tabelle 58: Qualitative Anmerkungen der Experten

Befragungs-teilnehmer	Anmerkung
A	„Es kommt immer darauf an, ob bestimmte Dienstleistungen überhaupt noch im Unternehmen sind. Vieles wurde ausgelagert (bewusst um Platz zu schaffen für strategische Aufgaben) daher ist das Wissen nicht unbedingt erforderlich."
B	„Viele dieser Details können und werden von spezialisierten Arbeitsrechtlern bearbeitet. Wichtig wäre zu wissen, wann ein solcher Spezialist eingeschaltet werden sollte."
C	„Für tiefergehende arbeitsrechtliche Fragestellungen sollten die Unternehmen ein Team von Arbeitsrechtlern haben, die einerseits für die Erstellung von Betriebsvereinbarungen, andererseits für die Beratung der Personaler zuständig sind."
D	„Die Verhaltensbeschreibungen geben sehr detailliert Aufgaben-/Tätigkeitsaspekte und Verantwortungsfelder in der HR-Organisation eines Unternehmens wieder, die alle wichtig sind. Um die Bedeutsamkeit sinnvoll differenzieren zu können, müsste man die Tätigkeitsschwerpunkte verschiedener Rollen in der HR-Organisation miteinander vergleichen (z.B. Personalleiter vs. Personalberater - "Personalmanager" ist zu allgemein)."
E	„Vieles in den Fragen kann man nicht auf eine einzelne Person beziehen. Aufgaben verteilen sich innerhalb der Personalabteilung und nicht jeder kann alles wissen. Das wäre ein toller Personalmanager, der das alles kann!".
F	„Ist mit Personalmanager und Sachbearbeiter das Gleiche gemeint? Viele der genannten Kompetenzen sind nicht auf Management-, sondern auf Sachbearbeitungsebene angesiedelt."

In der vorliegenden Arbeit wurde nicht das Ziel verfolgt, spezifische Kompetenzen in Abhängigkeit bestimmter HR-Rollen in einem Kompetenzmodell darzustellen. Verschiedene Studien belegen jedoch, dass die Kompetenzen von Personalern in Abhängigkeit der untersuchten Rolle bzw. Funktion oder des Hierarchielevels (Junior vs. Senior HR-Manager) variieren (Way, 2002; DGFP, 2006). Auch eine aktuelle Studie der HRblue AG (2009), ein Beratungsunternehmen für das Personalmanagement, hat ergeben, dass sich in den letzten Jahren neue Rollen im HR-Bereich etabliert haben, die unterschiedliche Kompetenzen und Entwicklungsmaßnahmen der Rolleninhaber erfordern. Das Unternehmen hat auf Basis einer Befragung von 39 Unternehmensvertretern für spezifische Rollen (z.B. Talent Manager, Recruitment Manager, HR-Interimmanager, Manager Employer Branding) die Hauptaufgaben, die erforderlichen Kompetenzen zur Aufgabenbewältigung und Beispiele für Entwicklungsmaßnahmen abgeleitet. Aufgrund der geringen Stichprobe und fehlender Informationen zur Datenerhebung, ist fraglich, ob es sich um eine fundierte wissenschaftliche Erhebung handelt. Die Aussagekraft dieser Studie ist somit eingeschränkt. Weitere Forschungsarbeiten sind sinnvoll, die sich auf spezifische Funktionsbereiche im Personalmanagement beziehen und die Entwicklung von Kompetenzmodellen zum Ziel haben, die im Vergleich zu generischen Kompetenzmodellen eine differenziertere Betrachtungsweise erlauben, welche Fähigkeiten und Fertigkeiten für die Aufgabenbewältigung in einer bestimmten Funktion notwendig sind. Derartige Kompetenzmodelle ermöglichen darüber hinaus die Ableitung passender Maßnahmen zur Entwicklung der jeweiligen Rolleninhaber.

14.2.2. Auswertungsmethode

Im Rahmen der vorliegenden Arbeit wurde mit Hilfe verschiedener statistischer Analysemethoden geprüft, inwieweit die im Kompetenzmodell enthaltenen Verhaltens- und Einstellungsbeschreibungen durch die Experten als relevant eingeschätzt wurden und ob die Experten in ihren Urteilen übereinstimmen. Dazu wurden zum einen Mittelwerte und Standardabweichungen als Kennwerte für die Bedeutsamkeit der Kompetenzanker berechnet. Die Berechnung dieser Kennwerte für die Studie ist daher geeignet, da sich die über alle Urteiler hinweg eingeschätzte durchschnittliche Bedeutsamkeit eines Items als ein genereller Relevanzindikator interpretieren und als ein Aspekt der Inhaltsvalidität auffassen lässt (Schuler et al., 1995). Zum anderen wurden zwei Maße herangezogen, um die Konkordanz von Beurteilern bzw. Ratings zu bestimmen, d.h. ob und inwieweit die Experten zu übereinstimmenden Einschätzungen hinsichtlich der Bedeutsamkeit der Kompetenzanker gekommen sind. Für die vorliegende Studie wurden der Intraklassenkorrelationskoeffizient (ICC) einerseits und der Produkt-Moment-Korrelationskoeffizient r andererseits herangezogen. Die Intraklassenkorrelation ist ein Maß zur Quantifizierung der Beurteilerübereinstimmung unterschiedlicher Rater, das auch systematische Urteilstendenzen und Niveauunterschiede der Beurteiler berücksichtigt. Dieser Kennwert gilt als ein wichtiger Indikator für die Reliabilität einer Beurteilung (Wirtz & Caspar, 2002) und daher für die vorliegende Studie als wichtiger Hinweis für die Güte der Beurteilung und die inhaltliche Validität. In dieser Studie wurde der ICC sowohl für die gesamte Expertengruppe als auch jeweils für beide Berufsgruppen - Personalpraktiker und Wissenschaftler - berechnet. Mit Hilfe des Produkt-Moment-Korrelationskoeffizienten r wurde geprüft, ob und inwieweit die Ratings der beiden Expertengruppen zusammenhängen. Der Korrelationskoeffizient r ist ein Maß für die Interklassenkorrelation, die den linearen Zusammenhang zweier Rater(-gruppen) bzw. allgemein zweier Messwertreihen angibt (Wirtz & Caspar, 2002). Ein Nachteil des Produkt-Moment-Korrelationskoeffizienten gegenüber dem ICC ist darin zu sehen, dass eventuelle Niveauunterschiede der Beurteiler, oder wie in diesem Fall Beurteilergruppen, nicht berücksichtigt werden können (Wirtz & Caspar, 2002). Das bedeutet für die vorliegende Arbeit, dass die Korrelationsschätzung unberücksichtigt lässt, ob beispielsweise die Gruppe der Wissenschaftler die Bedeutsamkeit der Kompetenzitems im Durchschnitt höher oder geringer eingestuft hat als die Gruppe der Personalpraktiker.

Zusammenfassung und Diskussion (Studie 2)

Eine Grenze der in dieser Arbeit eingesetzten Intraklassenkorrelation liegt darin, dass die Ausprägung des Koeffizienten immer in Abhängigkeit vom zu messenden Merkmal und der untersuchten Stichprobe beurteilt werden muss (Wirtz & Caspar, 2002) und daher die gefundenen Ergebnisse dieser Studie nur eingeschränkt generalisierbar sind. Die Intraklassenkorrelation basiert auf einem varianzanalytischen Modell (Bortz, 2005) und je weniger Varianz in den wahren Werten der Objekte vorhanden ist, desto schwieriger wird es, diese Varianz aufzuklären und reliable Urteile zu erhalten. Wenn es nun beispielsweise keine nennenswerten Unterschiede zwischen den Mittelwerten der Beurteiler gibt, so kann keine oder keine bedeutsame Reliabilität gemessen werden. Die geringen Mittelwertunterschiede sind dabei nicht notwendigerweise auf die Unzuverlässigkeit der Rater zurückzuführen, sondern die wahren Merkmalsausprägungen unterscheiden sich tatsächlich nur schwach. Für die vorliegende Arbeit könnte das bedeuten, dass die im Kompetenzmodell enthaltenen Kompetenzitems sich in ihrer Bedeutsamkeit tatsächlich nicht stark voneinander unterscheiden. Wird also eine recht homogene Stichprobe untersucht, mag die Reliabilität geringer ausfallen als dies bei einer heterogenen Stichprobe der Fall wäre. Aus diesem Grund ist es schwer, Reliabilitätskoeffizienten auf eine andere Untersuchungssituation zu übertragen (Wirtz & Caspar, 2007) und die in dieser Arbeit identifizierte Interraterreliabilität ist vor allem in Abhängigkeit des vorliegenden Untersuchungskontextes zu sehen.

Des Weiteren wurde der t-Test für unabhängige Stichproben eingesetzt. Dies ist ein Verfahren zur Überprüfung des Unterschieds zwischen zwei Stichprobengruppen. Mithilfe von Mittelwertvergleichen erhält man darüber Aufschluss, ob das Auftreten von Mittelwertunterschieden rein zufällig ist, oder ob bedeutsame (systematische) Unterschiede zwischen den beiden Stichprobengruppen existieren. Für die vorliegende Studie stellt der t-test eine geeignete Methode dar, um zu prüfen, ob und inwieweit sich die beiden Expertengruppen in ihren Bewertungen - bezogen auf die Bedeutsamkeitseinschätzungen der einzelnen Kompetenzitems bzw. des gesamten Kompetenzmodells - voneinander unterscheiden.

Zuletzt wurde eine Varianzanalyse mit Messwiederholung durchgeführt werden, um mit Hilfe dieses Verfahrens Unterschiede zwischen den Mittelwerten der acht Hauptkompetenzfelder und zwischen den Mittelwerte der jeweiligen Subkompetenzfelder einer Hauptkompetenz zu identifizieren. Für die zugrunde liegende Untersuchung konnten jedoch die Ergebnisse der Messwiederholungsanalyse nicht interpretiert werden, da eine Verletzung der Voraussetzung zur Durchführung des Verfahrens vorlag. Der Mauchly-Test auf Sphärizität wurde signifikant. Anstelle der varianzanalytischen Prüfung wurde dann ein multivariates Verfahren (Hotellings T^2-Test) eingesetzt, dass bei starker Verletzung der Sphärizitätsannahme empfohlen wird.

Mit Hilfe des multivariaten Tests wurde geprüft, ob ein Haupteffekt des Treatmentfaktors vorliegt und ob Wechselwirkungen zwischen dem Haupteffekt und den übrigen Faktoren vorliegen. Der Nachteil der multivariaten Auswertung liegt darin, dass diese in den meisten Fällen im Vergleich zur Varianzanalyse mit Messwiederholung konservativer ausfällt und Unterschiede weniger häufig signifikant werden. Für die Studie dieser Arbeit eignete sich dieses Verfahren jedoch deshalb, da es bei starker Verletzung der Sphärizitätsannahme reliablere Ergebnisse liefert als die messwiederholte Varianzanalyse und zudem auch teststärker ist (Rasch et al., 2009).

14.3. Stichprobe

Die Untersuchungsstichprobe umfasste n = 72 Experten des Personalmanagements, von denen der Großteil der Befragten (n = 46; 64 %) männlich und n = 26 (36 %) Probanden weiblich waren. Bei den Experten handelte es sich um Fachleute, die zum einen aus der Unternehmenspraxis (u.a. Personalverantwortliche, Personalentwickler, Weiterbildungsexperten) und zum anderen aus der angewandten Forschung (u.a. Professoren und Lehrkräfte mit thematischer Ausrichtung auf das Thema Personalmanagement) stammten. Hinsichtlich der Zugehörigkeit zu einer der genannten Berufsgruppen ergab sich eine von der Anzahl her gleichmäßige Verteilung der Probanden auf beide Expertengruppen. Mit n = 36 war die Stichprobe der in der Wissenschaft tätigen Experten genauso groß wie die Stichprobe der Personalpraktiker. Die zahlenmäßig gleiche Aufteilung der Experten in den beiden Berufsgruppen kann im Hinblick auf die Analyse von Urteilsunterschieden zwischen den beiden Gruppen als vorteilhaft betrachtet werden.

Bei der vorliegenden Expertenstichprobe handelte es sich - wie bei den Untersuchungspersonen in der ersten Studie - nicht um eine Zufallsstichprobe im klassischen Sinne. Bei Expertenbefragungen ist eine Auswahl potentieller Probanden bzw. geeigneter Fachleute für einen bestimmten Gegenstandsbereich nach dem Zufallsprinzip nicht sinnvoll und üblich, da allein durch die Selektivität der Gruppe eine Zufallsauswahl erschwert ist. Vielmehr erfolgt bei derartigen Befragungen eine bewusste Auswahl der Probanden nach theoretischen Überlegungen des Forschers. Nach Nerdinger et al. (2008) ist es im Kontext von Expertenbefragungen wichtig zu begründen, nach welchen Kriterien eine Person als Experte ausgewählt wurde. Aufgrund des vorliegenden Untersuchungsgegenstandes wurden für die Expertenauswahl zwei wesentliche Kriterien festgelegt. Erstens sollten die Experten über mehrjährige Berufserfahrung im Personalmanagement verfügen. Der Hintergrund bestand darin, für die Befragung nur solche Personen auszusuchen, die sich bereits intensiv mit dem Thema beschäftigt und die

Zusammenfassung und Diskussion (Studie 2)

aufgrund ihrer Berufspraxis und Expertise mit hoher Wahrscheinlichkeit zuverlässige Auskünfte über die Bedeutsamkeit der beruflichen Kompetenzen von Personalmanagern erteilen können. Zweitens sollten die Probanden in Deutschland beschäftigt sein, da sich das Kompetenzmodell auf die berufsrelevanten Kompetenzen von Personalmanagern im deutschen Raum bezieht.

Die Überprüfung des Expertenstatus von Probanden in der Forschungspraxis erweist sich oftmals als schwierig (Fischer, 2006). Hilfreich ist es, durch eine telefonische Vorbefragung der Experten deren Sachkenntnis zur Problemstellung erfragen (Fischer, 2006). Dies konnte für die vorliegende Studie aus Gründen der großen Anzahl an potentiellen Befragungsteilnehmern nur in Einzelfällen umgesetzt werden. Zudem lagen einige Kontaktdaten nur der DGFP vor und wurden aus Datenschutzgründen nicht der Autorin dieser Arbeit zur Verfügung gestellt.

Die Rekrutierung der Befragungsteilnehmer der Validierungsstudie erfolgte zum einen durch die DGFP und zum anderen durch die Autorin dieser Arbeit sowie einem Studenten, der die Durchführung der Studie im Rahmen der Fertigstellung seiner Masterarbeit unterstützt hat. Im Falle der Rekrutierung von Befragungsteilnehmern durch die DGFP wurden ausschließlich Personalpraktiker (n = 167) per E-Mail angesprochen, deren Kontaktdaten der DGFP in einer Datenbank vorlagen. Der Expertenstatus wurde dadurch sichergestellt, dass einerseits Personen angesprochen wurden, die der DGFP aufgrund ihrer beruflichen Funktion als erfahrene Personalmanager bekannt waren. Andererseits wurden ehemalige Absolventen des *ProPer Executive Programms* um ihre Teilnahme an der Studie gebeten. Das ProPer Executive Programm richtet sich ausschließlich an Personalleiter und Personalmanager kurz vor oder nach Übernahme einer Leitungsfunktion mit Gesamtverantwortung für das Personalmanagement. Es kann also davon ausgegangen werden, dass bei den von der DGFP rekrutierten Personen umfassende Kenntnisse und Erfahrungen im Personalmanagement vorlagen. Eine persönliche Bereitschaft zur Studienteilnahme wurde für diese Gruppe nicht explizit abgeklärt. Von allen Experten, die von der DGFP per E-Mail über die Studie informiert worden sind, haben lediglich 7 % den Fragebogen ausgefüllt. Insgesamt lag die Beteiligungsquote an der Online-Studie bei 17 % aller angesprochenen Befragungsteilnehmer. Die Befunde sprechen dafür, vor einer umfangreichen Online-Befragung, die eine kognitiv anspruchsvolle und zeitlich umfassende Aufgabe darstellt, die persönliche Bereitschaft der Studienteilnehmer abzuklären.

Die Rekrutierung von Probanden durch die Autorin dieser Arbeit erfolgte zum einen durch eine persönliche telefonische Ansprache von Personalpraktikern (n = 40), die entweder der

Zusammenfassung und Diskussion (Studie 2)

Autorin selbst bekannt waren oder von einem erfahrenen Unternehmensberater als Experten empfohlen und deren Kontaktdaten zur Verfügung gestellt wurden. Durch das persönliche Telefonat wurde die individuelle Bereitschaft zur Teilnahme an der Expertenstudie abgeklärt mit dem Ziel, die Anzahl der Befragungsteilnehmer zu erhöhen. Gleichzeitig konnte die Problematik der Fehlauswahl von Experten vermieden werden, indem eine Vorabüberprüfung des Kenntnisstandes vorgenommen wurde. Zum anderen wurden durch die Autorin dieser Arbeit sowie einem Studenten potentielle Teilnehmer für die Expertengruppe der Wissenschaftler recherchiert. Dazu wurden über Internetrecherchen Professoren und Lehrkräften identifiziert, die ihre Forschungs- und Lehrtätigkeit schwerpunktmäßig auf den HR-Bereich ausgerichtet haben (z.B. Professoren von Lehrstühlen für Personalmanagement). Um den Expertenstatus zu gewährleisten, wurden im Vorfeld der Befragung Informationen über die potentiellen Befragungsteilnehmer eingeholt sowie deren fachliche und berufliche Schwerpunkte geprüft. Dies wurde anhand von Recherchen über veröffentlichte Lebensläufe und die institutseigenen Webseiten durchgeführt. Die ausgewählten Experten (n = 197) wurden in einer E-Mail mit einer namentlichen Ansprache über die Befragung informiert und ihre Bereitschaft zur Studienteilnahme erfragt. Auch in diesem Fall sollte durch eine persönliche Ansprache die Rücklaufquote der Fragebögen erhöht werden. In diesem Zusammenhang ist festzuhalten, dass die Rücklaufquote an (weitgehend) vollständig beantworteten Fragebögen aller telefonisch und per E-Mail namentlich angesprochenen Probanden bei 26 % lag.

Was die demografischen Daten der beiden Expertenstichproben betrifft, so soll an dieser Stelle auf die wesentlichen Ergebnisse eingegangen werden. Die Befunde sprechen dafür, dass die Stichprobe der Wissenschaftler bezogen auf das Alter insgesamt heterogener ausfiel. Darüber hinaus kann aufgrund des Alters der Wissenschaftler davon ausgegangen werden, dass – im Gegensatz zur Stichprobe der Personalpraktiker – sowohl einige (junge) Probanden über eher wenig als auch einige (ältere) Probanden über viel Berufserfahrung im Personalmanagement verfügen. Hinsichtlich der beruflichen Ausbildung der Experten kann festgestellt werden, dass bis auf eine Person alle Befragten über einen Universitäts- oder Fachhochschulabschluss und damit über ein gutes berufliches Ausbildungsniveau verfügen, was als ein Indiz für den Expertenstatus betrachtet werden kann. Was die Studienfachrichtung betrifft, so zeigt sich in beiden Stichproben, dass die Mehrheit einen betriebs- bzw. wirtschaftswissenschaftlichen Studiengang absolviert hat, gefolgt von Personen mit einem Psychologiestudium. In der Stichprobe der Personalpraktiker waren darüber hinaus auch Absolventen anderer Studiengänge vertreten (u.a. Rechtswissenschaft, Pädagogik und Ingenieurwissenschaften). Gefragt nach der Dauer der Berufstätigkeit wies in der Stichprobe der Personalpraktiker die Hälfte zwischen 5 und 10 Jahren und immerhin noch ein Viertel zwischen 11 und 20 Jahren Berufserfahrung auf. Demgegenüber wiesen in der Expertengruppe der Wissenschaftler fast die Hälfte der Probanden weniger als 5 Jahre berufliche Erfahrung auf, gefolgt von 22 % der Personen, die zwischen 5 und 10 Jahren Berufserfahrung nachweisen konnten. Die Befunde decken sich mit den Angaben zum Alter, das in der Regel hoch mit Berufserfahrung korreliert, und sprechen dafür, dass die befragte Expertengruppe der Wissenschaftler im Vergleich zur Expertengruppe der Personalmanager insgesamt vermutlich über eine geringere Berufserfahrung im Personalbereich verfügt. Betreffend die Anzahl der Mitarbeiter im Unternehmen, stammen 75 % der befragten Personalpraktiker aus Organisationen mit mehr als 1000 Beschäftigten. Grundsätzlich kann davon ausgegangen werden, dass der Großteil dieser Experten aus Unternehmen stammt, die aufgrund ihrer Größe ein umfassenderes Personalmanagement implementiert haben als kleinere Organisationen. Es kann also angenommen werden, dass die Probanden durchaus eine Bandbreite von Aufgaben im Personalmanagement kennen und daher über die zu deren Bewältigung notwendigen Kompetenzen vergleichsweise zuverlässigere Einschätzungen abgeben können als Personalmanager, die in kleinen Betrieben beschäftigt sind.

Die in dieser Studie vorgenommene Auswahl der Untersuchungspersonen und die Struktur der Stichprobe führen zu der Frage, inwieweit die im Rahmen der Arbeit gefundenen Forschungsresultate valide und generalisierbar sind. Während in der quantitativen Forschung Generalisierbarkeit durch den begründeten Schluss von Stichprobenkennwerten auf Populationsparameter erreicht wird, so ist dies bei einer nicht zufälligen Auswahl von Probanden nicht möglich. Da es sich bei der vorliegenden Stichprobe nicht um zufällig ausgewählte Beurteiler handelt, ist kritisch zu fragen, ob die Reliabilitätsaussage über die Raterstichprobe hinaus Gültigkeit besitzt (Wirtz & Caspar, 2002). Zwar ist festzuhalten, dass es sich bei der vorliegenden Expertenstichprobe um eine große Stichprobe handelt und der Einsatz großer Stichproben empfohlen wird, um zu repräsentativen Ergebnissen zu kommen (Borman, Dorsey & Ackerman, 1992; Brannick & Levine, 2002). Darüber hinaus haben die Befunde eine hohe Übereinstimmung zwischen den Befragungsteilnehmern ergeben. Nach Diehl und Staufenbiehl (2002) sind jedoch die Ergebnisse derartiger Untersuchungen in erster Linie für die gewählte Ratergruppe gültig und die gefundene Übereinstimmung sollte nur eingeschränkt auf andere Beurteiler übertragen werden.

Eine weitere Einschränkung besteht nach Hossinger (1982) darin, dass die Validitätsüberprüfung durch Experten durch ihren subjektiven Charakter geprägt ist und beispielsweise durch „Betriebsblindheit" oder die Auswahl der Experten verzerrt sein kann. So könnte im vorliegenden Fall die berufsspezifische Sichtweise von Personalpraktikern und

Zusammenfassung und Diskussion (Studie 2)

Wissenschaftlern auf die berufsrelevanten Leistungsvoraussetzungen im Personalmanagement einen Einfluss auf die Urteile gehabt haben. Vermutlich können Personalpraktiker als Arbeitsplatzinhaber ihre Kompetenzen, die zur Bewältigung der beruflichen Arbeitsaufgaben wichtig sind, relativ exakt beschreiben und auch deren Relevanz beurteilen (Schuler et al., 1995). Demgegenüber sind sie wahrscheinlich weniger vertraut mit dem in einem theoretisch-wissenschaftlichen Kontext entwickelten Kompetenzmodell und deren Struktur. Für Experten aus der Forschung mag das Gegenteil zutreffen. In beiden Fällen könnte das Resultat mangelnde Beurteilerzuverlässigkeit sein. Darüber hinaus ist nicht auszuschließen, dass demographische Charakteristika (z.b. Berufserfahrung, Alter) und personenabhängige Determinanten (z.B. Motivation) einen Einfluss auf die Bedeutsamkeitseinschätzungen gehabt haben. In der Forschungsliteratur existieren einige Studien, die sich mit dem Einfluss von demografischen Variablen auf die Beurteilung von arbeitsrelevanten Aspekten beschäftigt haben. Einschränkend muss erwähnt werden, dass sich die Untersuchungen auf Arbeits- und Anforderungsanalysen beziehen, die jedoch hinsichtlich der Beschreibung von arbeits- und anforderungsrelevanten Merkmalen mit Kompetenzmodellen vergleichbar sind. Die Befunde ergaben, dass sowohl das Geschlecht (Arvey, Passino & Lounsbury, 1977; Schmitt & Cohen, 1989) als auch das Alter (Silverman, Wexley & Johnson, 1984; Spector, Brannick & Coovert, 1989) keinen Einfluss auf die Einschätzung von Arbeitsanalyseverfahren hatte. Andere Untersuchungen zeigen jedoch wiederum, dass berufliche Erfahrung einen Einfluss auf die Beurteilung arbeitsrelevanter Merkmale haben kann (Landy & Vasey, 1991; Borman, Dorsey & Ackerman, 1992; Richman & Quinones, 1996; Tross & Maurer, 2000). Und auch Goldstein, Zedeck und Schneider (1993) präsentierten Ergebnisse, nach denen die Bedeutsamkeit beruflicher Aufgaben und Anforderungen von Personen mit mehr Berufserfahrung im Vergleich zu weniger berufserfahrenen Probanden höher eingeschätzt wird. Für die vorliegende Studie zeigte sich nicht, dass die Expertengruppe der Personalpraktiker, die verglichen mit den Wissenschaftlern über eine größere Berufserfahrung verfügte, durchschnittlich zu höheren Bedeutsamkeitseinschätzungen der Kompetenzen kam.

Nicht zuletzt konnten Cornelius und Lyness (1980) einen Zusammenhang zwischen dem Ausbildungsniveau und der Akkuratheit der Beurteilung finden und argumentieren, dass die kognitive Leistungsfähigkeit einen Einfluss auf die Beurteilung arbeitsbezogener Merkmale hat, da der Urteilsprozess einen komplexen, viele Informationen integrierenden Prozess umfasst. Überträgt man die Befunde auf die Validierungsstudie, mag sich das gute Ausbildungsniveau der Experten positiv auf die Akkuratheit der Bedeutsamkeitseinschätzungen ausgeübt haben. Die Probanden verfügten bis auf eine

Ausnahme alle über ein abgeschlossenes Hoch- bzw. Fachhochschulstudium und kamen zu einer hohen Beurteilerübereinstimmung, was für die Reliabilität der Rater spricht.

14.4. Erkenntnisgewinn der Studie

In diesem Kapitel soll auf die über alle Experten gemittelten Relevanzbeurteilungen für die Haupt- und Subkompetenzfelder sowie auf die Gesamteinschätzung des Kompetenzmodells eingegangen werden. Darüber hinaus werden bedeutsame Unterschiede zwischen den acht Hauptkompetenzfeldern einerseits sowie zwischen den Subkompetenzfeldern der jeweiligen Hauptkompetenzfelder andererseits diskutiert. Im Anschluss wird die Übereinstimmung der Beurteiler in den beiden Expertengruppen einer näheren Betrachtung unterzogen

14.4.1. Bedeutsamkeit der Kompetenzen

Die Bedeutsamkeit der im Modell enthaltenen Kompetenzbeschreibungen wurde auf einer 6-stufigen Likert-Skala von „sehr bedeutsam" bis „überhaupt nicht bedeutsam" eingeschätzt. Die Ergebnisse der Validierungsstudie zeigen durchgehend hohe bis sehr hohe Bedeutsamkeitseinschätzungen. Lediglich zwei Kompetenzanker beurteilten die Experten als „eher nicht bedeutsam". Diese wurden aus dem Kompetenzmodell eliminiert. Insgesamt weisen die Befunde darauf hin, dass die im zugrunde liegenden Kompetenzmodell abgebildeten Fähigkeiten, Fertigkeiten und professionellen Überzeugungen für die erfolgreiche Bewältigung der berufsspezifischen Anforderungen eines Personalmanagers eine hohe Relevanz aufweisen.

Neben den Bedeutsamkeitseinschätzungen der einzelnen Kompetenzmerkmale sollten die Experten auch noch eine Gesamteinschätzung des Modells vornehmen. Zu bewerten war das Kompetenzmodell in seiner Gesamtheit in Bezug auf die Kriterien: Bedeutsamkeit/Relevanz, Vollständigkeit, Differenziertheit/Detailliertheit und Verständlichkeit. Nachfolgend werden die zentralen Ergebnisse für die Gesamteinschätzung des Kompetenzmodells sowie für die Bedeutsamkeitseinschätzungen der Haupt- und Subkompetenzfelder diskutiert ohne auf die Kompetenzmerkmale im Einzelnen einzugehen.

14.4.1.1. *Gesamtes Kompetenzmodell*

Die Ergebnisse für die Gesamteinschätzung des Kompetenzmodells belegen, dass die Befragungsteilnehmer das Kompetenzmodell insgesamt als bedeutsam, vollständig, detailliert und verständlich beurteilten. Auffällig ist, dass das Modell durch die Experten als

Zusammenfassung und Diskussion (Studie 2)

sehr detailliert (M = 5.2) eingeschätzt wurde, was unter Umständen auf den Umfang und die Differenziertheit der 242 Kompetenzmerkmale zurückzuführen ist. Die Studie trägt zu einem deutlichen Erkenntnisgewinn im deutschen Sprachraum bei, da sie differenzierte Aussagen darüber ermöglicht, welche Leistungs-, Verhaltens- und Einstellungsvoraussetzungen für die erfolgreiche Bewältigung der beruflichen Aufgaben eines HR-Managers bedeutsam sind. Im Gegensatz zu den bereits im internationalen Raum entwickelten Kompetenzmodellen für Personalmanager berücksichtigt das dieser Arbeit zugrunde liegende Modell auch nichtkognitive Kompetenzfacetten wie beispielswiese sozial-kommunikative Fähigkeiten sowie professionelle Überzeugungen und Einstellungen. Nach Schaper (2009b) haben Überzeugungen zur beruflichen Rolle sowie selbstbezogene Überzeugungen eine Bedeutsamkeit für das Handeln im Beruf.

Etwas geringere Mittelwerte erzielten die Kriterien Bedeutsamkeit/Relevanz (M = 4.6) und die Vollständigkeit (M = 4.7) des gesamten Kompetenzmodells. Eine Begründung für die gegenüber dem Kriterium Detailliertheit geringeren Mittelwertausprägungen mag in der grundsätzlichen Schwierigkeit liegen, in einem generischen Kompetenzmodell alle Kompetenzen, die für ein Berufsbild relevant sind, vollständig abzubilden. Je nachdem welche Funktion oder Rolle ein Personalmanager inne hat oder welche Aufgaben er schwerpunktmäßig bearbeitet (z.B. Personalentwicklung, Personalcontrolling, Administration), wird das eine Kompetenzmerkmal einen größeren Stellenwert haben als ein anderes und unter Umständen können weitere Kompetenzfacetten von Bedeutung sein, die im zugrunde liegenden Kompetenzmodell nicht erfasst wurde. Möglicherweise haben auch unterschiedliche Auffassungen und Einstellungen der Experten bedingt durch ihre Fachdisziplin (z.B. Psychologie, Betriebswirtschaft) oder ihre Erfahrungen in der eigenen Organisation mit einer bestimmten HR-Rolle die Einschätzungen beeinflusst. So ergänzte ein Experte seine quantitativen Einschätzungen mit der Anmerkung: *„Es kommt immer darauf an, ob bestimmte Dienstleistungen überhaupt noch im Unternehmen sind. Vieles wurde ausgelagert (bewusst um Platz zu schaffen für strategische Aufgaben) daher ist das Wissen nicht unbedingt erforderlich."* Festzuhalten bleibt, dass die Aussagen, dass das Kompetenzmodell insgesamt a) die berufsrelevanten Kompetenzen und b) weitgehend vollständig alle Kompetenzaspekte von Personalmanagern erfasst, von den Experten als „zutreffend" eingeschätzt wurden.

Das Kriterium *Verständlichkeit* weist mit M = 4.3 zwar einen positiven Mittelwert auf, der aber im Vergleich zu den anderen Werten der Gesamteinschätzung geringer ausfällt. Möglicherweise wurde die Strukturierung des Modells - die Differenzierung in Haupt- und Subkompetenzfelder sowie die Unterscheidung zwischen den Kompetenzcharakteristika

Kenntnisse/Fähigkeiten/Einstellungen - als zu komplex wahrgenommen wurde. Zwar wurden die Experten zu Beginn des Fragebogens in die Modellstruktur eingeführt, auf eine detaillierte Erläuterung der Struktur wurde jedoch wegen der ohnehin zeitintensiven Fragebogenbearbeitung bewusst verzichtet.

14.4.1.2. Hauptkompetenzfelder

Die über alle Experten gemittelten Bedeutsamkeitseinschätzungen der Hauptkompetenzfelder lagen in ihrer Ausprägung nah beieinander. Sieben der acht Kompetenzfelder verzeichneten Durchschnittswerte zwischen M = 5.01 und M = 4.88, lediglich ein Kompetenzfeld wies einen Wert von M = 4.23 auf. Dabei wies die *Personalstrategische Kompetenz* die höchsten und das *Kompetenzmanagement* die zweithöchsten Relevanzbeurteilungen auf, d.h. die beiden Kompetenzen scheinen gegenüber den anderen Kompetenzen eine größere Rolle zu spielen. Das Kompetenzfeld *Arbeitsrechtliche und Sozialpartnerschaftliche Kompetenz* wurde am drittwichtigsten eingeschätzt. Dann folgen die Kompetenzen *Instrumentenmanagement* und *Management des Wandels*. Nur geringfügig niedrigere Skalenwerte finden sich bei der *Kulturellen Kompetenz* sowie dem *Personalcontrolling und Wertschöpfungsmanagement*. Mit Abstand den niedrigsten Durchschnittswert verzeichnet das Kompetenzfeld *Beziehungsmanagement mit Externen*, wobei die Kompetenz immerhin noch als „eher bedeutsam" eingeschätzt wurde. Ein paarweiser Vergleich der acht Hauptkompetenzfelder mittels multivariater Verfahren ergab, dass sich die mittleren Bedeutsamkeitseinschätzungen der Kompetenz *Beziehungsmanagement mit Externen* von den Einschätzungen aller anderen Kompetenzen signifikant unterscheiden.

Eine Erklärung für die hohen Relevanzbeurteilungen der *Personalstrategischen Kompetenz* und des *Kompetenzmanagements* liegt möglicherweise darin, dass ein anspruchsvolles strategisches Personal- und Kompetenzmanagement in den Unternehmen gegenwärtig eine hohe Bedeutung hat und zukünftig noch zunimmt. Insbesondere die Internationalisierung und der demografische Wandel haben diese strategischen Herausforderungen im Bereich Human Resources mit sich gebracht haben. Folgt man den Ergebnissen aktueller Studien zu Trends in der Personalarbeit, wird die Rekrutierung, Bindung und Entwicklung von „High Potentials" sowie das damit verbundene strategische Nachfolgemanagement regelmäßig als eines der wichtigsten gegenwärtigen und strategischen HR-Themen prognostiziert (Capgemini, 2006; Capgemini, 2007; BCG & WFPMA, 2008; Capgemini, 2008; PriceWaterhouseCoopers, 2008; DGFP, 2009; Kienbaum, 2009; Hewitt Associates, 2009). Die Personalfunktion hat die strategische Aufgabe, Mitarbeiter mit solchen Kompetenzen

Zusammenfassung und Diskussion (Studie 2)

anzuheuern, die in den Märkten von morgen benötigt werden. Dies erfordert auf Seiten der Personalmanager Markt- und Kundenkenntnisse, Verständnis für die Unternehmensstrategie, Strategiemethoden sowie unternehmerisches Denken. Darüber hinaus muss ein Personalverantwortlicher als „Kompetenzmanager" dafür sorgen, dass Kompetenz und Professionalität auf Seiten der Mitarbeiter weiter entwickelt werden, damit Veränderungen umgesetzt werden können. Die aktuelle Personalmanagementliteratur betont über die Gewinnung und Entwicklung von qualifizierten Mitarbeitern hinaus (Langbert, 2000; Giannantonio & Hurley, 2002; Sattelberger, 2007), dass ein Personalmanager viele personalstrategische und strategieunterstützende Aufgaben bewältigen muss und dafür verantwortlich ist, das Management insgesamt bei der Erreichung strategisch relevanter Unternehmensziele zu unterstützen (Böhm, 2002; Huf, 2006; Lindner-Lohmann, Lohmann & Schirmer, 2008). Diese die Personalstrategie und das Kompetenzmanagement betreffenden Kompetenzmerkmale sind im Kompetenzmodell abgebildet. Die hohen Bedeutsamkeitseinschätzungen der Experten für die Kompetenzfelder Personalstrategische Kompetenz und Kompetenzmanagement stehen also in Einklang mit den in der Forschungs- und Managementliteratur diskutierten aktuellen Trends im Personalmanagement.

Die *Arbeitsrechtliche und Sozialpartnerschaftliche Kompetenz* wurde durch die Experten am drittwichtigsten eingeschätzt (M = 4.99). Eine Erklärung für die hohen Relevanzeinschätzungen ist darin zu suchen, dass die Zusammenarbeit mit dem Betriebsrat und den Beschäftigten im Unternehmen einen großen Stellenwert hat. Zwar wird dieser Kompetenz in der internationalen Managementliteratur keine tragende Rolle zugesprochen, in Deutschland hat aber möglicherweise die Zusammenarbeit mit der betrieblichen Interessensvertretung aufgrund der Gesetzgebung und der hier geltenden Mitbestimmungs- und Mitwirkungsrechte der betrieblichen Interessenvertretung eine größere Bedeutsamkeit. Für HR-Manager in deutschen Unternehmen bedeutet eine sozialpartnerschaftliche Kompetenz einerseits die Interessen des Arbeitgebers bei Verhandlungen mit dem Betriebsrat zu vertreten und sich anderseits um die Belange der Mitarbeiter zu kümmern. Sie befinden sich in einem Spannungsfeld gegensätzlicher Interessen und haben die anspruchsvolle Aufgabe, Interessen einer Bandbreite von internen Stakeholdern auszubalancieren (Noe, Hollenbeck, Gerhardt & Wright, 2006). Es bedarf also interpersonaler Kompetenzen wie Konflikt- und Kommunikationsfähigkeit, um zwischen den Parteien vermitteln und Konflikte lösen zu können sowie dabei glaubwürdig zu bleiben und Integrität zu bewahren.

Für die beiden Kompetenzen Instrumentenmanagement und Management des Wandels ergaben sich gleich hohe Bedeutsamkeitseinschätzungen. Eine Begründung für die hohen Relevanzbeurteilungen (M = 4.97) für das *Instrumentenmanagement* mag darin liegen, dass in Zusammenhang mit der zunehmenden Bedeutsamkeit der Umsetzung strategischer Unternehmensziele eine fachliche Expertise gefordert ist, die aktuelle Fachkenntnisse über die personalwirtschaftlichen Instrumente zur Lösung der zukünftigen Herausforderungen einschließt. Die Kompetenz taucht in anderen internationalen Studien zu erfolgskritischen Kompetenzen von Personalmanagern unter einer anderen Begrifflichkeiten auf wie beispielsweise *Fachliche Expertise* (Ulrich, Brockbank & Yeung, 1989; Ulrich, Brockbank, Yeung & Lake, 1995), *Technische HR-Kompetenz* (Langbert, 2000), *Funktionale Kompetenz* (Brewster et al., 2000), *Operational Executor* (Grossmann, 2007). Allerdings wird diese Kompetenz in aktuellen Studien, die sich auf das Personalmanagement in Deutschland bzw. den deutschen Sprachraum beziehen, kaum thematisiert. Möglicherweise werden Fähigkeiten im Umgang mit den gängigen HR-Instrumenten vom Personalmanager erwartet und deshalb oftmals nicht explizit erwähnt oder andere Kompetenzen aufgrund der hier gültigen Bedingungen als wichtiger betrachtet.

Das *Management des Wandels*, womit die Unterstützung, Begleitung und Stabilisierung von Veränderungsprozessen und die Umsetzung damit verbundener Maßnahmen gemeint ist, wurde von den Experten der zugrunde liegenden Studie als bedeutsam (M = 4.97) für das Berufsbild eines Personalmanagers eingeschätzt. Das Thema wird sowohl national als auch international aufgrund organisationaler Restrukturierungen und Reorganisationen, Kostensenkungsprogrammen, Wachstumsinitiativen und veränderter Unternehmensstrategien heute und zukünftig als eines der zentralsten Managementaufgaben überhaupt betrachtet (Langbert, 2000; Meisinger, 2005; Rank & Scheinpflug, 2007). Dies bestätigen auch aktuelle Studien, denen zufolge Change Management eines der bedeutendsten Personal-Themen der Gegenwart und der Zukunft ist (Giannantonio & Hurley, 2002; BCG & WFPMA, 2008; Capgemini, 2008). Die Befunde der zugrunde liegenden Studie stehen somit in Einklang mit Ergebnissen anderer empirischer Studien: Change Management erfordert Kompetenzen auf Seiten der HR-Verantwortlichen, um die organisationalen Veränderungsprozesse effektiv zu begleiten und zu unterstützen.

Auch die *Kulturelle Kompetenz* wurde von den Experten als bedeutsam (M = 4.90) für das Berufsbild eines Personalmanagers eingeschätzt. Die Kulturelle Kompetenz spricht die Unterstützung des Personalbereichs bei der Entwicklung und Gestaltung einer mitarbeiterorientierten Unternehmenskultur an. Die Entwicklung und Etablierung einer Kultur im Unternehmen wird durch die Personalfunktion unterstützt, indem sie durch die Art der Kommunikation und durch das Verhalten eine Vorbildfunktion für die Mitarbeiter darstellt. Bisher wurde dieser Kompetenz in der Forschungsliteratur zu zukünftigen Herausforderungen im Personalmanagement kein großer Stellenwert eingeräumt. Eine Befragung von HR-Experten durch die DGFP (2009) ergab jedoch, dass die Schaffung von Wert- und Sinnkontexten für Mitarbeiter als ein personalpolitisches Thema gesehen wird, was in den nächsten drei bis fünf Jahren eine wichtige Rolle spielen wird. Eine Begründung für die Experteneinschätzungen dieser Studie mag darin zu suchen sein, dass angesichts der aktuellen Diskussion um die Verknappung talentierter und qualifizierter Fach- und Führungskräfte die Entwicklung einer werte- und normorientierten Unternehmenskultur wichtig erscheint. Über diese wiederum kann sich ein Unternehmen als attraktiver Arbeitgeber präsentieren (Frick, 2009). Die Etablierung einer Arbeitgebermarke erleichtert die Gewinnung von Talenten und bindet qualifizierte Beschäftigte an das Unternehmen. Darüber hinaus lassen sich die hohen Relevanzeinschätzungen dadurch erklären, dass in einer Zeit, in der Unternehmensfusionen an der Tagesordnung sind, die Unterstützung seitens Personal bei der Entwicklung und dem Aufbau eines gemeinsamen Leitbildes und einer gemeinsamen Kultur für alle Organisationsmitglieder eine entscheidende Tragweite bekommt.

Eine hohe Relevanz (M = 4.88) für einen Personalmanager hat nach Ansicht der Expertenstichprobe auch das *Personalcontrolling und Wertschöpfungsmanagement*, wobei diese Kompetenz verglichen mit den anderen Kompetenzen im Mittel weniger essenziell eingeschätzt wurde. Die Befunde stimmen überein mit der in der Managementliteratur geforderten Fähigkeit des Personalbereichs, einen entscheidenden Teil zur Wertschöpfung und Wettbewerbsfähigkeit des Unternehmens beizutragen (Walker & Reif, 1999; Böhm, 1999; Wrigth, Dyer & Takla 1999; Lawler, 2005). Besonders im Zuge der Diskussion um Outsourcing von Personalaufgaben und Kosteneinsparungen für den HR-Bereich bekommt das Thema Personalcontrolling einen anderen Stellenwert. Mit Hilfe eines systematischen und aussagekräftigen HR-Controllings lässt sich der Wertbeitrag von HR quantifizieren und der Erfolg eigener Leistungen nachweisen (Böhm, 1999; Aldisert, 2002; Capgemini, 2004). Nach Holtbrügge (2007) bekommt HR erst dann einen Stellenwert, wenn mit konkreten Zahlen belegt werden kann, dass Personalmanagement-Aktivitäten zu einer Ergebnissteigerung führen. Trotz des in der Literatur bekräftigten Bedeutungsgehaltes eines systematischen Personalcontrollings haben Studien ergeben, dass das HR-Controlling schweizerischer, österreichischer und auch deutscher Unternehmen gegenwärtig in den Kinderschuhen steckt (Capgemini, 2006). Darüber hinaus muss berücksichtigen werden, dass sich Personalarbeit nicht immer in Zahlen ausdrücken lässt und somit andere Messinstrumente bzw. Kennwerte herangezogen werden müssen (DGFP, 2009). Möglicherweise lag den Experten bei ihrer Einschätzung die Auffassung zugrunde, dass ein fundiertes Controlling zwar essenziell ist, die Umsetzung in der praktischen Personalarbeit bisher jedoch weniger gut gelingt bzw. nicht immer möglich ist.

Zusammenfassung und Diskussion (Studie 2)

Das Kompetenzfeld *Beziehungsmanagement mit Externen* wies verglichen mit den anderen Kompetenzen geringere Relevanzbeurteilungen auf, wobei es immer noch als „eher bedeutsam" eingeschätzt wurde. Die Kompetenz spricht die Kontaktpflege, den Austausch und die Zusammenarbeit mit Bezugsgruppen außerhalb des eigenen Unternehmens an (z.b. mit HR-Dienstleistern, mit der IHK, mit dem Arbeitsamt, mit Berufskollegen aus anderen Unternehmen). Eine mögliche Begründung für die vergleichsweise geringeren Relevanzbeurteilungen mag darin liegen, dass die Personalarbeit in dem eigenen Unternehmen bereits so gut funktioniert, dass ein Austausch mit externen Bezugsgruppen oder eine Unterstützung durch HR-Dienstleister weniger bedeutsam ist. Bezogen auf die Zusammenarbeit mit externen HR-Dienstleistern könnte dies auch so interpretiert werden, dass der Personalbereich seine Aufgaben immer noch weitgehend durch die eigenen internen Ressourcen bewältigt und – wenn überhaupt – nur einen Teil der HR-Funktion ausgelagert hat. Eine andere Erklärung für die im Vergleich zu den anderen Kompetenzbereichen geringeren Bedeutsamkeitseinschätzungen mag darin liegen, dass die HR-Arbeit in Abhängigkeit des jeweiligen Unternehmens so spezifisch und kulturabhängig ist, dass der Austausch mit den Mitarbeitern der eigenen Organisation eine höhere Relevanz hat als der Austausch mit Externen. Studien bestätigen, dass die Personalmanagementpraxis in Abhängigkeit von der Branche und der Unternehmensgröße variiert (Brewster et al., 2006; Pudelko & Harzig, 2007). Jede Branche benötigt abhängig von ihrer Gewinnsituation entsprechende personelle Ressourcen, so dass eine gute wirtschaftliche Entwicklung in einer Branche erstklassige Mitarbeiter erfordert und damit andere Anforderungen an den Personalbereich gestellt werden als wenn eine Branche schrumpft und über Sozialpläne nachgedacht wird (Capgemini, 2004). Zudem spielt die individuelle Unternehmenssituation eine Rolle, da die Grade an Internationalität und Diversifizierung bezogen auf die Unternehmen variieren und damit auch die Anforderungen und die Kompetenzen eines HR-Managers. Werden z.B. verschiedene Produktlinien angeboten, sind auch unterschiedliche Qualifikationen der Mitarbeiter in der Produktion, der Vermarktung etc. erforderlich und dies wiederum beeinflusst die Aktivitäten und das Know-How des Personalbereichs (Lawler, 2005). Eine letzte Erklärung für die vergleichsweise geringeren Relevanzbeurteilungen könnte darin zu suchen sein, dass in einer Zeit des demografischen Wandels und der wirtschaftlichen Krise anderen Kompetenzen wie beispielsweise der Umsetzung der Personalstrategie oder dem Management von Veränderungen ein größerer Stellenwert zugeschrieben wird als dem Austausch mit externen Bezugsgruppen.

14.4.1.3. Subkompetenzfelder

Die über alle Experten gemittelten Relevanzeinschätzungen der Subkompetenzfelder ergaben Werte zwischen M = 4.19 und M = 5.36. Das bezüglich seiner Relevanz am höchsten bzw. am geringsten bewertete Subkompetenzfeld stammt jeweils aus dem am bedeutsamsten bzw. am wenigsten bedeutsam eingeschätzten Hauptkompetenzfeld. Den über alle Experten gemittelten höchsten Bedeutsamkeitswert erzielte folgendes Subkompetenzfeld der *Personalstrategischen Kompetenz*: *Kenntnis und Einschätzung des Unternehmens (Branche, Kerngeschäft, Wettbewerber) und dessen Strategie sowie Unterstützung bei der Entwicklung der grundlegenden Personalstrategie*. Als Begründung für die hohen Relevanzeinschätzungen lässt sich die gleiche Erklärung heranziehen, die bereits in Zusammenhang mit dem Hauptkompetenzfeld Personalstrategische Kompetenz dargelegt wurde. Die Internationalisierung und der demografische Wandel haben neue oder veränderte strategische Anforderungen hervorgebracht, die sich auch auf das Personalmanagement auswirken. Ein Personalmanager sollte demnach über Kompetenzen verfügen, um die personalstrategischen und strategieunterstützenden Aufgaben zu bewältigen. Um nur ein Beispiel zu nennen: Die Personalfunktion hat die Aufgabe - unter Berücksichtigung zukünftiger Anforderungen des Unternehmens - Mitarbeiter mit solchen Fähigkeiten und Fertigkeiten zu rekrutieren, die in den Märkten von morgen benötigt werden. Dies erfordert auf Seiten der Personalmanager nicht nur grundlegende Markt-, Branchen- und Kundenkenntnisse sowie Wissen über die das Unternehmen beeinflussenden Determinanten sondern auch Kompetenzen in der Anwendung von Strategiemethoden und unternehmerisches Denken (Brockbank, Ulrich & Beatty, 1999, Way, 2002; Meisinger, 2005).

Die durchschnittlich geringste Bedeutsamkeitseinschätzung weist das folgende Subkompetenzfeld der Dimension *Beziehungsmanagement mit Externen* auf: *Kenntnis und Nutzung von Förderungs-/Unterstützungsmöglichkeiten externer Bezugsgruppen sowie Zusammenarbeit mit diesen bei konkreten personalbezogenen Fragestellungen (Personalbeschaffung, -förderung)*. Festzuhalten ist, dass dieses Subkompetenzfeld - trotz der im Vergleich zu den anderen Subkompetenzfeldern höheren Relevanzeinschätzungen - im Durchschnitt immer noch als „eher bedeutsam" eingeschätzt wurde. Auch hier kann für eine Begründung der vergleichsweise geringeren Bedeutsamkeitseinschätzungen ein Erklärungsansatz dienen, der in Zusammenhang mit dem dazugehörigen Hauptkompetenzfeld dargelegt wurde. Möglicherweise sind die HR-Prozesse eines Unternehmens und die damit in Zusammenhang auftretenden Probleme weitgehend organisationsspezifisch, so dass für den Austausch zu personalbezogenen Fragestellungen Beschäftigte der eigenen Organisation gegenüber Externen bedeutsamer sind. Um nur ein Beispiel zu nennen: Der Einsatz personalpolitischer Instrumente oder die Auswahl geeigneter Personalmaßnahmen erfordert oftmals einen intensiven Austausch mit dem Betriebsrat, den Fachabteilungen und unterschiedlichen Mitarbeitergruppen im Unternehmen (Oechsler, 2000; Holtbrügge, 2007). Darüber hinaus mögen in wirtschaftlich schwierigen Zeiten die Aufgaben- und Kompetenzschwerpunkte von HR weniger auf das Networking mit externen Bezugsgruppen ausgerichtet sein, sondern eher auf die Bewältigung strategischer Anforderungen und Veränderungsprozesse im Unternehmen. Unabhängig von der Suche nach Erklärungen für die vergleichs-weise geringeren Relevanzeinschätzungen, darf nicht vernachlässigt werden, dass der diskutieren Subkompetenz durchaus eine Bedeutsamkeit zugesprochen wurde.

Analog zu den Hauptkompetenzfeldern wurde überprüft, ob sich die Bedeutsamkeitseinschätzungen der Subkompetenzfelder signifikant voneinander unterscheiden. Dabei wurden die Subkompetenzfelder einer Kompetenz miteinander verglichen. Die multivariate Prüfung ergab signifikante Unterschiede für die Subkompetenzfelder der folgenden fünf Dimensionen: *Kulturelle Kompetenz, Personalstrategische Kompetenz, Arbeitsrechtliche und Sozialpartnerschaftliche Kompetenz, Kompetenzmanagement und Management des Wandels*. Bei näherer Betrachtung fiel auf, dass sich bei vier der genannten fünf Dimensionen das Subkompetenzfeld *strategisch/organisational* sowohl signifikant vom Subkompetenzfeld *technisch/operativ* als auch vom Subkompetenzfeld *kommunikativ/ beziehungsorientiert* unterschied. Dabei wurde - mit Ausnahme der Kompetenz *Management des Wandels* - das Subkompetenzfeld *strategisch/organisational* hinsichtlich der Bedeutsamkeit höher eingeschätzt als die beiden anderen Subkompetenzfelder. Dies zeigt, dass strategisch/organisationalen Kompetenzaspekten für die Hälfte der Kompetenzfelder des Modells eine signifikant größere berufliche Relevanz beigemessen wird als Aspekten, die operative und kommunikative Merkmale beschreiben. Die dargestellten Befunde stehen in Einklang mit aktuellen Studienergebnissen zu Herausforderungen im HR-Management, nach denen es zunehmend wichtiger wird, dass sich der Personalbereich als strategischer Partner etabliert und eine strategische Perspektive einnimmt. Darüber hinaus gilt es, die personalstrategischen Anforderungen und damit verbundenen Aufgaben wie Change Management sowie die Gewinnung, Entwicklung und Bindung von qualifizierten Mitarbeitern zu bewältigen und in die operative Personalarbeit umzusetzen. Die Befunde dürfen jedoch nicht zu dem Schluss verleiten, dass kommunikative Kompetenzen von einer geringen Relevanz für die Tätigkeit eines HR Professionals sind. Gerade für den Bereich Personalmanagement sind Soft Skills wie Sozialkompetenz und die Fähigkeit zur professionellen Kommunikation eine unverzichtbare Voraussetzung (Prochaska, 2002). So wurden kommunikative Kompetenzaspekte bei der Kompetenz *Management des Wandels* gegenüber strategisch/organisationalen und technisch/operativen Merkmalen signifikant bedeutsamer eingeschätzt. Eine Erklärung ist darin zu suchen, dass in Veränderungsprozessen vor allem soziale bzw. interpersonale Kompetenzen wichtig erscheinen, um sich mit den Mitarbeitern konstruktiv, effektiv und zielgerichtet zu verständigen und die Mitarbeiter von den anstehenden Veränderungen zu überzeugen. Eine Untersuchung von Capgemini (2008), in der Experten unter anderem 21 zur Auswahl vorgegebene Fähigkeiten und Eigenschaften hinsichtlich ihrer Wichtigkeit für einen Change Manager bewerten sollten, ergab, dass die Kommunikationsfähigkeit an der Spitze der wünschenswerten Kompetenzen steht.

14.4.2. Fehlerquellen

Resümierend stellt sich angesichts der hohen Relevanzbeurteilungen für jedes Kompetenzfeld, die darüber hinaus - bis auf das Kompetenzfeld *Beziehungsmanagement mit Externen* - ihn ihrer Ausprägung sehr nah beinander liegen, die kritische Frage, inwieweit die Einschätzungen auf Fehlereinflüsse (z.B. soziale Erwünschtheit) zurückzuführen sind. Diese Frage wurde bereits in Zusammenhang mit der Erhebungsmethode ansatzweise kritisch beleuchtet. Ein Experte merkte beispielsweise an: „In dem ganzen Fragebogen sind eine Menge sozial erwünschter Dinge beschrieben (…). Tut mir leid, aber das sind reine Plattitüden, und davon wimmelt es in dem Fragebogen nur so. Kein Personalreferent wird da die Note *überhaupt nicht bedeutsam* vergeben". Und ein anderer vertrat die Auffassung: „Vieles, was hier erfragt wird setzt Zeit voraus; allein die fehlt zumeist im operativen Sumpf. Selbst wenn also die Bedeutung hier als sehr hoch eingestuft wird, sollte man sich keinen Illusionen über die tatsächliche Umsetzung hingeben." Ein wiederum anderer Befragungsteilnehmer kommentierte den Fragebogen folgendermaßen: „Ich kann mir schwer vorstellen, dass hier etwas nicht wichtig sein soll; außerdem gibt es in dieser Liste eine Vermischung von erworbenem Wissen (…) und sozial erwünschten Überzeugungen (...)".

Den Befragungsteilnehmern ist insofern Recht zu geben, dass in erster Linie erwünschte Kompetenzen im Sinne von erfolgsrelevanten Fähigkeiten eines „idealen Personalmanagers" erfasst wurden. Genau dies wurde jedoch mit Weiterentwicklung des Kompetenzmodells intendiert. Berücksichtigt man den Einsatzbereich des Kompetenzmodells, kann das Modell die Funktion erfüllen, als Grundlage für die Qualifizierung von Personalmanagern eingesetzt zu werden, die – ähnlich wie ein Studium – auf eine große Bandbreite von Aufgaben und Anforderungen im HR-Management vorbereiten soll. Im Kompetenzmodell sind daher auch vielfältige Fähigkeiten und Fertigkeiten abgebildet, die zur erfolgreichen Bewältigung der beruflichen Aufgabenanforderungen bedeutsam und wünschenswert sind. Das bedeutet im Gegenzug aber nicht, dass das Modell alle Leistungsvoraussetzungen abdeckt, die in spezifischen HR-Rollen oder Funktionen bedeutsam sind. In diesem Zusammenhang lässt sich eine weitere Fehlerquelle diskutieren, die möglicherweise einen Einfluss auf die

Expertenurteile gehabt haben kann. Einige Befragungsteilnehmer hatten offensichtlich Probleme mit der Aufgabenstellung, ihre Relevanzeinschätzungen bezogen auf die generischen Kompetenzen für das Berufsbild eines Personalmanagers vorzunehmen. Ein Experte stellte fest: *„Vieles in den Fragen kann man nicht auf eine einzelne Person beziehen. Aufgaben verteilen sich innerhalb der Personalabteilung und nicht jeder kann alles wissen. Das wäre ein toller Personalmanager, der das alles kann!"* Ein weiterer Befragungsteilnehmer stellte die Frage: *„Ist mit Personalmanager und Sachbearbeiter das Gleiche gemeint? Viele der genannten Kompetenzen sind nicht auf Management-, sondern auf Sachbearbeitungsebene angesiedelt."*

Wie hätte man nun die potentiellen Fehlerquellen, die die Untersuchungsergebnisse beeinflusst haben, vermeiden können? Eine Möglichkeit wäre gewesen, in der Instruktion deutlicher darauf hinzuweisen, dass es sich bei dem vorliegenden Modell um ein generisches Kompetenzmodell für HR-Manager handelt. Das Modell versucht weitgehend vollständig die erfolgskritischen Fähigkeiten, Fertigkeiten und Einstellungen für das gesamte Berufsfeld Personalmanagement und nicht für eine spezifische Tätigkeit im Personalbereich abzubilden. Das bedeutet jedoch nicht, dass ein einzelner Personalmanager in seiner HR-Funktion bzw. HR-Rolle, die er in einer Organisation einnimmt, über alle im Modell enthaltenen Kompetenzfacetten verfügen muss. Des weiteren bedeutet es auch nicht, dass die für eine spezifische Funktion bedeutsamen Kompetenzen (z.B. administrative HR-Funktion, Personalentwickler, Change Manager) alle im Modell abgebildet sind. Letztlich verdeutlichen die Anmerkungen der Befragungsteilnehmer die Schwierigkeit, ein Kompetenzmodell zu entwickeln, was positionsübergreifend die erfolgsrelevanten Fähigkeiten und Fertigkeiten für ein gesamtes Berufsfeld erfasst.

14.4.3. Beurteilerübereinstimmung

Die Übereinstimmung der Experten bezogen auf ihre Relevanzbeurteilungen wurde zum einen mit Hilfe des Intraklassenkorrelationskoeffizienten (ICC) erfasst, wobei hier die Übereinstimmung der Rater sowohl innerhalb der gesamten Stichprobe als auch jeweils innerhalb der beiden Berufsgruppen betrachtet wurde. Zum anderen wurde mit Hilfe des Produkt-Moment-Korrelationskoeffizienten r geprüft, inwieweit die beiden Expertengruppen in ihren Urteilen übereinstimmen. Bei beiden Koeffizienten wurde die Beurteilerübereinstimmung sowohl bezogen auf die einzelnen Kompetenzitems als auch bezogen auf das gesamte Kompetenzmodell erfasst.

Zur Analyse der Konkordanz von Beurteilern, wurde zunächst der Intraclass-Korrelationskoeffizient (ICC) berechnet. Der ICC enthält Angaben darüber, wie zuverlässig die Rater sind und wie hoch die Güte der Beurteilungen einzuschätzen ist (Shrout & Fleiss, 1979; Wirtz & Caspar, 2002). Die Ergebnisse des ICC zeigen eine hohe Übereinstimmung der Rater hinsichtlich der eingeschätzten Relevanz der einzelnen Kompetenzanker des Modells, was für die Güte des Kompetenzmodells spricht. Für alle drei betrachteten Beurteilergruppen ergibt sich ein statistisch hochsignifikanter ICC, der als ein Indiz für eine sehr gute bis gute Interraterreliabilität gewertet werden kann. Dabei ist die Intraklassenkorrelation für die gesamte Stichprobe mit $r = .92$ am höchsten, gefolgt vom ICC für die Gruppe der Personalpraktiker ($r = .88$) und für die Gruppe der Wissenschaftler ($r = .83$). Nach Bortz und Döring (2005) gilt eine Reliabilität über .90 als sehr gut, eine Reliabilität zwischen .80 und .90 als gut. Dementsprechend kann die Konkordanz der Beurteilungen für die gesamte Stichprobe als sehr gut, für die Gruppe der Personalpraktiker und die der Wissenschaftler als gut bezeichnet werden. In Bezug auf die Gesamteinschätzung des Kompetenzmodells ergeben sich sowohl für die gesamte Stichprobe als auch jeweils für die Gruppe der Personalpraktiker und der Wissenschaftler statistisch signifikante Werte des ICC von .87 bis .77. Diese sind ein Indiz für eine gute bis befriedigende Konkordanz der Einschätzungsergebnisse. Die Beurteilerübereinstimmung kann für die gesamte Stichprobe ($r = .87$) als *gut*, für die Gruppe der Personalpraktiker ($r = .78$) und für die der Wissenschaftler ($r = .77$) als befriedigend charakterisiert werden.

Auffällig ist jedoch der Befund, dass die Personalpraktiker innerhalb ihrer Berufsgruppe zu einer höheren Übereinstimmung in ihren Urteilen kommen als die Wissenschaftler. Diese Befunde beziehen sich sowohl auf die Bedeutsamkeitseinschätzungen für die einzelnen Kompetenzbeschreibungen als auch auf das gesamte Kompetenzmodell. Möglicherweise ist das darauf zurückzuführen, dass innerhalb der Stichprobe der Wissenschaftler Befragungsteilnehmer unterschiedlicher Fachrichtungen wie z. B. Betriebswirtschaft, Psychologie usw. vertreten waren, deren fachliche Curricula im Personalmanagement unterschiedliche Inhalte und Schwerpunkte zugrunde liegen. Zum anderen sind Wissenschaftlicher möglicherweise im Allgemeinen kritischer als Personalpraktiker. Dadurch kam gegebenenfalls ein divergierendes Kompetenzverständnis unter den Wissenschaftlern zustande.

Mit Hilfe des Produkt-Moment-Korrelationskoeffizienten wurde der Zusammenhang zwischen den Expertenratings der beiden Berufsgruppen ermittelt. Es wurde berechnet, in welchem Ausmaß die Beurteilungen der Personalpraktiker mit denen der Wissenschaftler bezogen auf die Relevanz der Kompetenzitems zusammenhängen. Der ermittelte Korrelationskoeffizient von .82 kann als hoch bezeichnet werden und bedeutet, dass beide Berufsgruppen in ihren Bedeutsamkeitseinschätzungen in hohem Maße übereinstimmen. Die hohe

Übereinstimmung zwischen den Beurteilergruppen spricht für eine gute Interraterreliabilität und damit für die inhaltliche Validität des Kompetenzmodells. Für die Produkt-Moment-Korrelation zur Gesamteinschätzung des Kompetenzmodells durch die Wissenschaftler und Personalmanager kann ebenfalls eine hohe Intraklassenkorrelation von .81 festgestellt werden, welche jedoch statistisch nicht signifikant war.

Zusammenfassend kann festgestellt werden, dass die Experten übereinstimmend zu sehr hohen bis hohen Relevanzeinschätzungen bezogen auf die Kompetenzmerkmale und auf das Kompetenzmodell insgesamt kommen. Dies spricht für die inhaltliche Validität des weiterentwickelten Kompetenzmodells und zeigt, dass das Modell die wesentlichen Fähigkeiten, Fertigkeiten und professionellen Überzeugungen eines Personalmanagers abbildet.

14.5. Implikationen für die Praxis

Hinsichtlich der Implikationen des erarbeiteten Kompetenzmodells für die Personalmanagementpraxis kann dahingehend unterschieden werden, welche Bedeutung das Modell für das Berufsfeld Personalmanagement im Kontext der Professionalisierung der Personalarbeit einerseits und für das betriebliche Kompetenzmanagement andererseits hat. Für das Berufsfeld Personalmanagement erweist sich das Modell insofern als nützlich, als dass es sowohl von Hochschulen für die akademische Erstausbildung als auch von Weiterbildungsinstitutionen in Zusammenhang mit der Qualifizierung von Personalverantwortlichen herangezogen werden kann. Die akademische Erstausbildung von angehenden Personalern findet insbesondere vor dem Hintergrund der Professionalisierung des Personalmanagements und der Forderung eines stärkeren Berufsfeldbezugs große Beachtung. Die DGFP hat beispielsweise die Diskussion um ein Studienfach Personal angeregt und sich in einem Expertenkreis mit Vertretern aus der Hochschule und Praktikern aus Unternehmen darüber auseinandergesetzt, was eine Hochschulausbildung für die Führungskräfte und die Personalprofis der Zukunft leisten kann. Ansatzpunkt war die Frage, was ein idealer Absolvent können und wissen muss. Daraus resultierend wurden in einem Eckpunktepapier für das Lehrfach Personalmanagement curriculare Empfehlungen und Mindeststandards für die akademische Ausbildung im Fach Personalmanagement definiert (DGFP, 2008). Wie kann nun das in dieser Arbeit weiterentwickelte Kompetenzmodell in Zusammenhang mit der Erstausbildung von angehenden Personalern dienlich sein?

Das zugrunde liegende Modell liefert durch die Einteilung von Kompetenzen in verschiedene Facetten (Fähigkeiten, Fertigkeiten und professionellen Überzeugungen) und Aspekte

Zusammenfassung und Diskussion (Studie 2)

(strategisch/organisational, technisch/operativ, kommunikativ/beziehungsorientier) eine sehr differenzierte Sichtweise von erfolgsrelevanten Leistungsvoraussetzungen. Auf Basis dieser Differenzierung von Kompetenzmerkmalen lassen sich Curricula formulieren und förderliche Lernarrangements konzipieren, die neben der Vermittlung reinen Fachwissens auf die Entwicklung von spezifischen Fertigkeiten bzw. Schlüsselkompetenzen (z.B. strategisches Denken, soziale und kommunikative Kompetenzen) und der Förderung einer professionellen Einstellung (z.B. soziale Sensibilität) Bezug nehmen. Damit können angehende Personalmanager anforderungsgerecht und verhaltensnah auf ihre berufliche Tätigkeit vorbereitet werden. Nicht zu vernachlässigen dabei ist, dass es an der Hochschule eher um forschungsrelevante Sichtweisen und der Herstellung von Problembewusstsein geht, während in den Unternehmen Kompetenzen gefordert sind, die berufliche Aufgaben und Probleme durch erfolgreiches Handeln zu lösen (DGFP, 2008). Nichtsdestotrotz mag es Überschneidungspunkte bezogen auf die Kompetenzanforderungen, Inhalte und Methoden geben, die in einem Wissens- und Kompetenzgerüst gebündelt werden, das auf Lernprozesse in beiden Settings Bezug nimmt.

Über die akademische Erstausbildung hinaus lassen sich weitere praktische Funktionen des Kompetenzmodells außerhalb der Hochschule im Rahmen anderer Ausbildungssettings und Qualifizierungsansätze identifizieren. Als Beispiele für postuniversitäre, anwendungsfeldnahe Weiterbildungen für Personaler sind beispielsweise das Qualifizierungsprogramm ProPer der DGFP und die Qualifizierung als Personalkaufmann der IHK zu nennen. Bei diesen Weiterbildungen geht es weniger um den systematischen Wissenserwerb mit Blick auf den praktischen Wissenstransfer, den die Hochschulausbildung verfolgt, sondern es steht deutlicher der „formelle und der informelle Wissenserwerb mit unmittelbarer Handlungsrelevanz im Vordergrund" (DGFP, 2008, S. 16). Auch hier kann das zugrunde liegende Kompetenzmodell mit seiner differenzierten Beschreibung von Leistungsvoraussetzungen als Basis für die Entwicklung von Lehr-/Lerninhalten herangezogen kann, die spezifische Fähigkeits- und Fertigkeitsmerkmale fördern.

Im Kontext des betrieblichen Kompetenzmanagements eröffnet das in dieser Arbeit entwickelte Modell für HR-Manager die gleiche Funktionsvielfalt wie andere Kompetenzmodelle (vgl. Kap. 3). An dieser Stelle soll jedoch nicht auf alle Einsatzmöglichkeiten eingegangen werden, sondern nur Beispiele erwähnt werden. Aus dem Kompetenzmodell lassen sich differenzierte Aussagen ableiten, welche konkreten Voraussetzungen und Anforderungen zur Bewältigung beruflicher Aufgaben für die mittlere Personalmanagementebene erforderlich sind. Auf dieser Basis lassen sich aussagefähige Selektions- und Personalentwicklungsinstrumente wie kompetenzbasierte Einstellungsinterviews und Assessment-Center konzipieren. Diese lassen sich dann heranziehen, um zu prüfen, inwieweit ein potentieller Mitarbeiter im Personalbereich über die geforderte Kombination von Kompetenzen verfügt und welche Fähigkeiten noch entwickelbar sind. Auch lässt sich das Modell zur Entwicklung von Instrumenten der Leistungsbeurteilung einsetzen, wenn bewertet werden soll, inwieweit ein Personalmanger die relevanten Soll-Kompetenzen besitzt und in welcher Ausprägung diese vorhanden sind. Mit einem Selbsteinschätzungsverfahren, das basierend auf dem Modell entwickelt werden kann, wird Personalmanagern die Gelegenheit gegeben, die eigenen Fähigkeiten und Fertigkeiten mit denen im Kompetenzmodell abzugleichen. Berücksichtigt werden sollte in diesem Zusammenhang, dass das vorliegende Modell generische, funktionsübergreifende Kompetenzen beschreibt. Für die Auswahl und Beurteilung von Mitarbeitern für spezifische Funktionsbereiche im Bereich Personal (z.B. Talent Manager) ist das Kompetenzmodell weniger gut geeignet, da für die Aufgabenbewältigung in diesem Bereich nicht alle im Modell aufgeführten Kompetenzen notwendig sind, darüber hinaus aber andere nicht im Kompetenzmodell spezifizierte Fähigkeiten und Fertigkeiten bedeutsam sein könnten.

14.6. Perspektiven für die Forschung

Das in dieser Arbeit entwickelte generische Kompetenzmodell nimmt Bezug auf das gesamte Tätigkeits- bzw. Berufsfeld Personalmanagement und liefert bedeutsame Erkenntnisse über die funktions- und unternehmensübergreifenden erfolgskritischen Kompetenzen von Personalern. Das Modell besitzt einen praktischen Wert sowohl für den berufsbildenden Kontext im Sinne einer Professionalisierung für das Personalmanagement als auch für das betriebliche Kompetenzmanagement und deren Einsatzzwecke. Dennoch ergeben sich einige Perspektiven für die zukünftige Forschung.

Eine Forschungsperspektive betrifft die Vollständigkeit und Differenziertheit des Kompetenzmodells. Die Zielsetzung der Arbeit bestand darin, ein generisches Kompetenzmodell zu entwickeln, welches weitgehend vollständig und differenziert die bedeutsamen Fähigkeiten und Fertigkeiten eines HR-Managers abbildet. Allerdings muss kritisch hinterfragt werden, ob die Erfassung und differenzierte Abbildung von beruflichen Kompetenzen in ihrer gesamten Komplexität und Mehrdimensionalität überhaupt möglich scheint (Kaufhold, 2006). Es stellt sich die Frage, inwieweit dies mit Hilfe der eingesetzten Erhebungs- und Validierungsmethode in vollem Umfang gelungen ist.

So wurden in der ersten Studie mit erfahrenen Personalmanagern qualitative Interviews in Anlehnung an die Behavioral Event Methode und die Critical Incident Technique

Zusammenfassung und Diskussion (Studie 2)

durchgeführt, in denen die Experten nach konkreten berufsbezogenen Situationen gefragt wurden, in denen sie ihre Kompetenzen unter Beweis stellen konnten. Um zu einer differenzierten Betrachtung der Leistungsvoraussetzungen von Personalmanagern zu gelangen, wurden die Interviewten darüber hinaus gebeten, möglichst konkrete Bestimmungselemente der Kompetenzen (kognitive, sensumotorische, motivationale sowie einstellungs- und wertbezogene Komponenten) zu benennen. Grundsätzlich kann davon ausgegangen werden, dass die Experten relativ umfassend und detailliert über den zu untersuchenden Gegenstand Auskunft gegeben haben (Meuser & Nagel, 1997). Einschränkend muss erwähnt werden, dass die Experten schwerpunktmäßig - in Anlehnung an die acht Hauptkompetenzbereiche des ursprünglichen DGFP-Kompetenzmodells - zu diesen Kompetenzen befragt wurden. Der Hintergrund bestand darin, dass die acht Kompetenzkategorien bei der Weiterentwicklung des Modells berücksichtigt bzw. weitgehend beibehalten werden sollten. Unabhängig davon hatten die Experten gegen Interviewende die Gelegenheit, ergänzend zu den bisher erwähnten Kompetenzen weitere zu nennen, um damit zusätzliche Fähigkeits- und Fertigkeitsmerkmale zu berücksichtigen. In der zweiten (quantitativen) Studie der Arbeit wurde eine inhaltliche Validierung des Kompetenzmodells durch Experten vorgenommen. In diesem Rahmen wurde auch danach gefragt, ob das Modell weitgehend vollständig die charakteristischen Kompetenzmerkmale eines HR-Managers erfasst. Die Frage nach Vollständigkeit bezog sich jedoch lediglich auf das Kompetenzmodell in seiner Gesamtheit, nicht auf die einzelnen Kompetenzen bzw. Subkompetenzen. Zwar hatten die Experten die Möglichkeit, unter den jeweiligen Subkompetenzen Anmerkungen vorzunehmen, jedoch wurde nicht spezifisch nach fehlenden Kompetenzaspekten gefragt.

Abgeleitet aus der oben dargestellten Vorgehensweise ergeben sich einige Forschungsperspektiven. Interessant wäre in Zusammenhang mit der Erhebung erfolgskritischer Kompetenzen zunächst, zu welchen Ergebnissen man gelangt, wenn die Befragten nicht anhand vorgegebener Kompetenzfelder befragt werden, sondern erfolgsrelevante Kompetenzen frei generieren. Darüber hinaus ist für zukünftige Validierungsstudien zu empfehlen, dass zusätzlich zur Einschätzung der Bedeutsamkeit einzelner Kompetenzmerkmale, wie sie in der vorliegenden Arbeit vorgenommen wurde, erfasst wird, inwieweit die Kompetenzitems einer Kompetenz und Subkompetenz diese jeweils qualitativ vollständig abbilden (Moser et al., 1989) und welche Kompetenzmerkmale fehlen. Dies sollte in weiterführenden Untersuchungen berücksichtigt werden. Insgesamt sollte in weiteren Untersuchungen der Frage nachgegangen werden, welche anderen als in der vorliegenden Studie eingesetzten qualitativen und quantitativen Ansätze herangezogen werden können, um zu einer differenzierten und komplexen Abbildung beruflicher Kompetenzen zu gelangen (Flasse & Stieler-Lorenz, 2000).

Eine weitere Forschungsperspektive ergibt sich aus der Zielsetzung der Arbeit, generische und nicht spezifische Kompetenzen in einem Kompetenzmodell darzustellen. Einige Befragungsteilnehmer der Validierungsstudie merkten an, dass bestimmte im Modell abgebildete Kompetenzmerkmale nur in Abhängigkeit der Ausübung bestimmter HR-Rollen bzw. HR-Funktionen relevant seien. Weitere Untersuchungen in diesem Feld könnten darüber Auskunft geben, welche Kompetenzanforderungen an Personalmanager gestellt werden, die in spezifischen Funktionsbereichen (z.B. Talentmanagement, Personalrekrutierung) tätig sind. Derartige Kompetenzmodelle erlauben eine differenziertere Betrachtungsweise, welche Fähigkeiten und Fertigkeiten für die Aufgabenbewältigung in einer bestimmten Rolle notwendig sind und ermöglichen darüber hinaus die Ableitung passender Maßnahmen zur Entwicklung der jeweiligen Rolleninhaber.

Weitere Forschungsmöglichkeiten ergeben sich hinsichtlich der Generalisierbarkeit bzw. Verallgemeinerbarkeit der Befunde. Die an der Untersuchung beteiligten Interviewpartner wurden nicht nach dem Zufallsprinzip selektiert, vielmehr handelte es sich um ehemalige Absolventen des ProPer Professional Programms, deren Kontaktdaten seitens der DGFP zur Verfügung gestellt wurden. Diese kannten bereits das bestehende Kompetenzmodell, was einen Einfluss auf die Interviewergebnisse gehabt haben kann. Für zukünftige Studien wäre daher wünschenswert, erfahrene Personalmanager zu befragen, die nach dem Zufallsprinzip ausgewählt wurden, um die Repräsentativität der Stichprobe zu sichern und damit verallgemeinerbarere Aussagen der Untersuchungsbefunde treffen zu können. Einschränkend muss hinzugefügt werden, dass dieses Vorgehen aller Wahrscheinlichkeit nach einige Probleme hinsichtlich der Erreichbarkeit und der Bereitschaft von Personalmanagern mit sich bringt. Neben einem möglichen Stichprobeneffekt, der durch das Vorwissen der Probanden in dieser Untersuchung bedingt ist, kann darüber hinaus nicht ausgeschlossen werden, dass die Branche und die Unternehmensgröße der Befragten einen Einfluss auf die Ergebnisse gehabt haben. Dies gilt sowohl für die erste als auch für die zweite Studie. Es ist anzunehmen, dass der Personalbereich in größeren, internationalen Konzernen im Vergleich zum Personalbereich kleiner Unternehmen intensiver mit der Entwicklung von Mitarbeitern und der Gewinnung von Talenten im Rahmen des strategischen Managements beschäftigt ist, da ein größeres Humankapital vorhanden ist. In diesem Zusammenhang sind Analysen wünschenswert, die untersuchen, ob die relevanten Kompetenzen von Personalmanagern in Abhängigkeit der Branche und der Größe des Unternehmens variieren.

Zusammenfassung und Diskussion (Studie 2)

Zukünftige Forschungsarbeiten sollten sich bezogen auf die Güte von Kompetenzmodellen damit beschäftigen, ein Kompetenzmodell neben der inhaltlichen Validierung auch hinsichtlich weiterer Kriterien zu überprüfen. Neben dem Gütekriterium der Inhaltsvalidität sind bei Kompetenzmodellen ähnlich wie bei psychodiagnostischen Testverfahren auch weitere Formen der Validierung wie Konstrukt- und Kriteriumsvalidierung von Bedeutung. In diesem Zusammenhang merkt Schaper (2009b) an, dass Kompetenzmodelle wie jedes andere psychologische Konstrukt hinsichtlich seiner kriterien– und konstruktgerechten Beschreibung der psychologischen Sachverhalte überprüft werden sollte. Auch könnten weitere bedeutsame Prüf- und Qualitätskriterien für Kompetenzmodelle wie Handhabbarkeit, Akzeptanz und Nützlichkeit (Schaper, 2009b) herangezogen werden. Diese lassen sich - wie die inhaltliche Validierung - zum einen durch Urteile von Experten und zum anderen durch den Einsatz des Kompetenzmodells im Anwendungskontext sowie damit verbundener formativer Evaluationen prüfen.

15. Fazit

Das Ziel der zugrunde liegenden Arbeit lag darin, ein bereits bestehendes Kompetenzmodell für Personalmanager, das die DGFP als Basis ihres Qualifizierungsprogramms für Personalreferenten entwickelt hat, weiterzuentwickeln und zu validieren. Dabei wurde eine umfassende, auf das gesamte Tätigkeitsfeld eines HR-Managers gerichtete Kompetenzbeschreibung bzw. -modellierung angestrebt. Das Ergebnis war ein Kompetenzmodell mit acht Hauptkompetenzbereichen, die durch Verhaltens- und Einstellungsanker konkretisiert und hinsichtlich kognitiver, motivationaler, sozialer und einstellungsbezogener Kompetenzcharakteristika differenziert wurden. Damit wurde im Vergleich zum ursprünglichen Modell ein breites Spektrum von Kompetenzmerkmalen in die Modellierung einbezogen und neben kognitiven Facetten (fachliches Wissen) auch nicht-kognitive Facetten (motivationale Orientierungen, unterschiedliche Arten professioneller Überzeugungen etc.) erfasst. In einer zweiten Studie wurde das weiterentwickelte Kompetenzmodell durch ein Expertenrating hinsichtlich seiner inhaltlichen Validität überprüft. Hierbei wurden die im Modell enthaltenen Kompetenzfacetten bezüglich ihrer Bedeutsamkeit für die Tätigkeit eines HR-Managers beurteilt. Die Ergebnisse erbrachten hohe Relevanzeinschätzungen für die beschriebenen Kompetenzelemente und eine hohe Übereinstimmung der Beurteiler bezüglich dieser Relevanzbeurteilungen, was für die Güte des Kompetenzmodells spricht. Mit der Weiterentwicklung und Validierung des Kompetenzmodells für HR-Manager konnte eine Forschungslücke im deutschen Sprachraum geschlossen werden, bisher existieren keine fundierten empirischen Studien zu diesem Thema. Das weiterentwickelte Kompetenzmodell lässt sich sowohl im Rahmen der beruflichen Ausbildung und Qualifizierung von HR-Managern als auch im betrieblichen Kontext beispielsweise zur Auswahl und Entwicklung einsetzen.

Weitere Forschungsperspektiven ergeben sich im Hinblick auf die Entwicklung von Kompetenzmodellen, die sich nicht – wie das zugrunde liegende Modell - auf das gesamte Berufsfeld, sondern auf spezifische Funktionen oder Rollen im HR-Management beziehen. Darüber hinaus sollten weitere Bemühungen zur Validierung von Kompetenzmodellen unternommen werden, die sich nicht nur auf eine inhaltliche Validierung beschränken, sondern auch eine konstrukt- und kriteriumsgestützte Gültigkeitsüberprüfung anstreben. Nicht zuletzt sollten Überlegungen dahingehend unternommen werden, welchen anderen als die im Rahmen dieser Arbeit eingesetzten qualitativen und quantitativen Methoden und Ansätze zur Analyse und Modellierung berufsbezogener und professioneller Kompetenzen herangezogen werden können.

16. Literaturverzeichnis

Aebli, H. (1980). *Denken. Das Ordnen des Tuns.* Stuttgart: Klett-Cotta.

Aldisert, L.M. (2002). *Valuing people. How human capital can be your strongest asset.* Chicago: Dearborn Trade.

Allbredge, M.E. & Nilan, K.J. (2000). 3M's leadership competency model: an internally developed solution. *Human Resource Management, 39*(2), 133-145.

Altheide, D.L. & Johnson, J.M. (1994). Cirteria for assessing valdity in qualitative research. In N.K. Denzin & Y.S. Lincoln (Eds.), *Handbook of qualitative research* (pp. 485-499). Thousand Oaks: Sage Publications.

Alvares, K. (1997). The business of Human Resources. *Human Resource Management, 36*(1), 9–16.

Amelang, M. & Bartussek, D. (1997). *Differentielle Psychologie und Persönlichkeitsforschung.* Stuttgart: Kohlhammer.

Amelang, M. & Zielinski, W. (1994). *Psychologische Diagnostik und Intervention.* Berlin: Springer.

Antonacopoulou, E.P. & FitzGerald, L. (1996). Reframing competency in management development. *Human Resource Management Journal, 6*(1), 27-48.

Arends, L. (2006). *Vocational competencies from a life-span perspective.* Noderstedt.

Armutat, S. (2006). *Leitfaden für die Erstellung und Evaluation professionalitätsförderlicher Studienfachkonzepte im Studienfach Personal* (PraxisPapier, 2). Düsseldorf: DGFP.

Armutat, S. (2008). Bindung durch Verbindlichkeit - die Bedeutung von Wertkodizes für die Bindung von Talenten. *Werte in der Unternehmensführung, 3,* 24-43.

Armutat, S. (2009). Eckpunkte für das Studienfach Personal. Personalmanagement in Bachelor-Studiengängen. *Personalführung, 3,* 82.

Arvey, R.D., Passino, E.M., & Lounsbury, J.W. (1977). Job analysis results as influenced by sex of incumbent and sex of analyst. *Journal of Applied Psychology, 62*(4), 411-416.

Athey, T.R. & Orth, M.S. (1999). Emerging competency methods for the future. *Human Resource Management, 38*(3), 215-226.

Atkinson, P.W.B & Wood, R.W. (2002). Self versus others´ ratings as predictors of assessement center ratings: validation evidence for 360-degree feedback programs. *Personnel Psychology, 55*(4), 871-904.

Bach, V., Österle, H. & Vogler, P. (2000). *Business Knowledge Management in der Praxis*. Berlin: Springer.

Barrett, G.V. & Depinet, R. L. (1991). A reconsideration of testing for competence rather than for intelligence. *American Psychologist, 46*(10), 1012-1024.

Bartram, D. (2005). The great eight competencies: a criterion-centric approach to validation. *Journal of Applied Psychology, 90*(6), 1185-1203.

Bates, R., Chen, H.C. & Hatcher, T. (2002). Value priorities of HRD scholars and practitioners. *International Journal of Training and Development, 6*(4), 229–339.

Baumert, J., Stanat, P. & Demmrich, A. (2001). PISA 2000: Untersuchungsgegenstand, theoretische Grundlagen und Durchführung der Studie. In: Deutsches PISA-Konsortium (Hrsg.), *PISA 2000. Basiskompetenzen von Schülerinnen und Schülern im internationalen Vergleich* (S. 11-38). Opladen: Leske & Budrich.

Beatty, R.W. & Schneider, C.E. (1997). New HR roles impact organizational performance: from partners to players. *Human Resource Management, 36*(1), 29–37.

Becker, B.E., Huselid, M.A. & Ulrich, D. (2002). *The HR scorecard: linking people, strategy and performance*. Boston: Harvard Business School Press.

Belasen, A.T., Benke, M., DiPadove L.N. & Fortunato, M.V. (1996). Downsizing and the hyper-effective manager: The shifting importance of managerial roles during organizational transformation. *Human Resource Management, 35*(1), 87-117.

Bennett, G.K., Seashore, H.G. & Wesman, A.G. (1959). *Manual for the Differential Aptitude Test.* New York: The psychological Corporation.

Bergmann, B. (1999). *Training für den Arbeitsprozess - Entwicklung und Evaluation aufgaben- und zielgruppenspezifischer Trainingsprogramme.* Zürich: vdf.

Bergmann, B. (2000). Arbeitsimmanente Kompetenzentwicklung. In B. Bergmann, A. Fritsch, P. Göpfert, F. Richter, B. Wardanjan, S. Wilczek (Hrsg.), *Kompetenzentwicklung und Berufsarbeit* (S. 11-39). Münster: Waxmann.

Bergmann, B. (2003). Selbstkonzept beruflicher Handlungskompetenz. In J. Erpenbeck und L. v. Rosenstiel (Hrsg.), *Handbuch Kompetenzmessung* (S. 229-260). Stuttgart: Schäffer-Poeschel.

Bernthal, P.R., Colteryahn, K. & Davis, P. (2004). *ASTD competency study: mapping the future. New workplace learning and performance competencies.* Alexandria: ASTD.

Berthel, J. & Touet, M. (1997). Mittelstand verzichtet vielfach auf Personalplanung und Leistungsbeurteilung. *Personalwirtschaft, 24*(1), 27-29.

Blank, W.E. (1987). Anatomy of three quality competency-based programs. *Canadian Vocational Journal, 22,* 27-31.

Böhm, H. (1999). Das Personalmanagement der Zukunft. Standortbestimmung und Perspektiven. *PersonalführungPlus,* 4-9.

Böhm, H. (2002). Vorwort. In Deutsche Gesellschaft für Personalführung (Hrsg.), *Herausforderung Personalmanagement. Ergebnisse des Arbeitskreises „Personalfunktion der Zukunft"* (S. 9-13). Düsseldorf: Frankfurter Allgemeine Zeitung.

Boon, J. & van de Klink, M. (2002). *Competencies: the triumph of a fuzzy concept.* Proceedings of the Annual Conference, 27 February – 3 March, Academy of Human Resource Development, Honolulu, HA. (pp. 25-36).

Borkenau, P., Egloff, B., Eid, M., Hennig, J., Kersting, M., Neubauer, A. C. & Spinath, F. M. (2005). Persönlichkeitspsychologie: Stand und Perspektiven. *Psychologische Rundschau, 56(*4), 271-290.

Borman, W.C., Dorsey, D. & Ackerman, L. (1992). Time-spent responses as time allocation strategies: relations with sales performance in a stockbroker sample. *Personnel Psychology, 45*(4), 763-777.

Borman, W.C. & Brush, D.H. (1993). More progress toward a taxonomy of managerial performance requirements. *Human Performance, 6*(1), 1-21.

Bortz, J. (2005). *Statistik für Sozialwissenschaftler.* Heidelberg: Springer.

Bortz, J. & Döring, N. (2005). *Forschungsmethoden und Evaluation.* Heidelberg: Springer.

Boselie, P. & Paauwe, J. (2005). Human Resource function competencies in european companies. *Personnel Review, 34*(5), 550-566.

Boston Consulting Group [BCG] & European Association for Personnel Management [EAPM] (2007). *The future of HR in Europe* (Research Report). Boston: Author.

Boston Consulting Group [BCG] & World Federation of People Management Associations [WFPMA] (2008). *Creating people advantage. How to address HR challenges worldwide through 2015* (Research Report). Boston: Author.

Boyatzis, R.E. (1982). *The competent manager: a model for effective performance.* New York: Wiley & Sons.

Brandstätter, H. (1999). Veränderbarkeit von Persönlichkeitsmerkmalen – Beiträge der Differentiellen Psychologie. In K. H. Sonntag (Hrsg.), *Enzyklopädie der Psychologie* (S. 383-443). Göttingen: Hogrefe.

Brannick, M.T. & Levine, T.L. (2002). *Job analysis: methods, research and applications for Human Resources Management in the new millenium.* Thousand Oaks: Sage.

Breuer, K. (2005). Berufliche Handlungskompetenz - Aspekte zu einer gültigen Diagnostik in der beruflichen Bildung. *Berufs- und Wirtschaftspädagogik Online, 8.* Zugriff am 15.05.2007 unter http://www.bwpat.de/ausgabe8/breuer_bwpat8.html

Brewster, C., Farndale, E. & van Ommeren, J. (2000). *HR competencies and professional standards. World Federation of People Management Associations* (Research Report). Zugriff am 27.04.2009 unter http://www.wfpma.com/comp.pdf

Brewster, C., Wood, G., Brookes, M. & v. Ommeren, J. (2006). What determines the size of the HR function? A cross-national analysis. *Human Resource Management, 45*(1), 3-21.

Briscoe, J.P. & Hall, D.T. (1999). Grooming and picking leaders using competency frameworks: Do they work? An alternative approach and new guidelines for practice. *Organizational Dynamics, 28*(2), 27-52.

Brockbank, W., Ulrich, D. & Beatty, R. (1999). The professional development: creating the future creators at the University of Michigan Business School. *Human Resource Management, 38*(2), 111-118.

Brosius, F. (2006). *SPSS 14: Das mitp-Standardwerk.* Heidelberg: Redline.

Bühl, A. (2006). *SPSS 14 – Einführung in die moderne Datenanalyse.* München: Pearson.

Bundesinstitut für Berufsbildung [BIBB] (2008). *Kompetenzstandards in der Berufsbildung.* Zugriff am 01.05.2010 unter http://www.bibb.de/de/wlk29205.htm

Bungard, W., Müller, K., Niethammer, C. (2007). *Mitarbeiterbefragung - was dann? MAB und Folgeprozesse erfolgreich gestalten.* Berlin: Springer.

Burgoyne, J. (1990). Doubts about competency. In M. Devine (Ed.), *The photofit manager: Building a picture of management in the 1990s* (pp. 20-26). London: Unwyn-Heiman.

Burnett, M. & Dutsch, J. V. (2006). Competency based training and Assessment-Center: strategies, technology, process, and issues. *Advances in Developing Human Resources, 8*(2), 141-143.

Byham, W.C. & Moyer, R.P. (1996). *Using competencies to build a successful organization.* Pittsburgh: Development Dimensions International.

Caldwell, R. (2003). The changing roles of personnel managers: old ambiguities, new uncertainties. *Journal of Management Studies, 40*(4), 983–1004.

Campbell, J.P. (1990). Modeling the performance prediction problem in industrial and organizational psychology. In M.D. Dunnette & L.M. Houghs (Eds.), *Handbook of Industrial and Organizational Psychology* (pp. 687-732). Palo Alto: Consulting Psychologist Press.

Campbell, J.P., McCloy, R.A., Oppler, S.H. & Sager, C.E. (1993). A theory of performance. In N. Schmitt & W.C. Borman (Eds.), *Personnel selection in organization* (pp.35-70). San Francisco: Jossey-Bass.

Canadian Council of Human Resources Associations [CCHRA] (2010a). *About the CCHRA.* Zugriff am 01.05.2010 unter http://www.cchra.ca/about-us

Canadian Council of Human Resources Associations [CCHRA] (2010b). *Required Professional Capabilities.* Zugriff am 01.05.2010 unter http://www.chrp.ca/required-professional-capabilities

Cap Gemini Ernst & Young (2002). *Human Resources Management 2002/05. Bedeutung, Strategien, Trends* (Forschungsbericht). Berlin: Cap Gemini Ernst & Young.

Capgemini (2004). *HR Barometer 2004/2006. Bedeutung, Strategien, Trends in der Personalarbeit* (Broschüre). Zugriff am 5.10.2008 unter http://www.de.capgemini.com/m/de/tl/HR-Barometer_2004_2006.pdf

Capgemini (2006). *Studie HR Business Partner. Theorie und Praxis - Sichtweisen und Perspektiven* (Broschüre). Zugriff am 5.10.2008 unter http://www.de.capgemini.com/m/de/tl/HR_Business_Partner.pdf

Capgemini (2007). *HR Barometer 2007. Bedeutung, Strategien, Trends in der Personalarbeit (Broschüre).* Zugriff am 30.05.2009 unter http://www.ch.capgemini.com/m/ch/tl/HR-Barometer_2007.pdf

Capgemini (2008). *Change Management-Studie 2008. Business Transformation – Veränderungen erfolgreich gestalten* (Broschüre). Zugriff am 27.05.2009 unter http://www.de.capgemini.com/m/de/tl/Change_Management-Studie_2008.pdf

Catano, V.M. (1998). *Competencies: a review of the literature and bibliography* (Research report CCHRA Phase 1). Halifax: Saint Mary's University.

Catano, V.M., Darr, W., Campbell, C.A. (2007). Performance appraisal of behavior-based competencies: a reliable and valid procedure. *Personnel Psychology, 60*(1), 201-230.

Cell Consulting (2002). *Studie Kompetenzmanagement 2002* (Management Summary). Zugriff am 07.02.2006 unter http://www.edusys.ch/media/studie:kompetenzmanagement.pdf

Chartered Institute of Personnel and Development [CIPD] (2010a). *About CIPD*. Zugriff am 01.05.2010 unter http://www.cipd.co.uk/about

Chartered Institute of Personnel and Development [CIPD] (2010b). *Code of professional conduct*. Verfügbar am 01.05.2010 unter http://www.cipd.co.uk/about/profco.htm.

Chartered Institute of Personnel and Development [CIPD] (2010c). *Core competencies*. Zugriff am 01.05.2010 unter http://www.cipd.co.uk/about/profstands/corecompetencies.htm

Chelune, G.J. & Associates (1979). *Self-Disclosure*. San Francisco: Jossey-Bass.

Chen, A.S., Bian, M., Hom, Y. (2005). Taiwan HRD practioner competencies: an application of the ASTD WLP competency model. *International Journal of Training and Development, 9*(1), 21-32.

Cho, D. W. (1981). Inter-Rater reliability: Intraclass Correlation Coefficients. *Educational and Psychological Measurement, 41*(1), 223-226.

Claßen, M. (2003). Human Asset Management in deutschen Unternehmen. In K. Schwuchow & J. Gutmann (Hrsg.), *Jahrbuch Personalentwicklung und Weiterbildung. Praxis und Perspektiven* (S. 20-27). München: Wolters Kluwer.

Clement, U. (2002). Kompetenzentwicklung im internationalen Kontext. In U. Clement & R. Arnold (Hrsg.). *Kompetenzentwicklung in der beruflichen Bildung* (S. 29-54). Opladen: Leske & Budrich.

Collins, D.B., Lowe, J.S. & Arnett, C.R. (2000). High-performance leadership at the organizational level. *Advances in Developing Human Resources, 6,* 18-46.

Conway, J.M. & Peneno, G.M. (1999). Comparing structured interview questions: construct validity and applicant reactions. *Journal of Business Psychology, 13,* 485-506.

Cornelius, E. T., & Lyness, K. S. (1980). A comparison of holistic and decomposed judgement strategies in job analysis by job incumbents. *Journal of Applied Psycholgy, 65,* 155-163.

Crawley, B., Pinder, R. & Herriot, P. (1990). Assessment centre dimensions, personality an aptitudes. *Journal of Occupational Psychology, 63*(3), 211-216.

Crespi, L.P. (1950). The influence of military government sponsorship in german opinion polling. *International Journal of Opinion and Attitude Research, 4*(2), 151-178.

Costa, P.T. & McCrae, R.R. (1992). *Revised NEO Personality Inventory (NEO PI-R) and NEO Five Factor Inventory (NEO FFI). Professional Manual.* Odessa: Psychological Assessment Resources.

Cunningham, J.W., Boese, P.R., Neeb, R.W. & Pass, J.J. (1983). Systematically derived work dimensions: factor analyses of the occupational analysis inventory. *Journal of Applied Psychology, 68*(2), 232-252.

Dainty, A.R.J, Cheng, M.I. & Moore, D.R. (2003). Redefining performance measures for construction project managers: an empirical evaluation. *Construction Management and Economis, 21*(2), 209-218.

Dainty, A.R.J, Cheng, M.I. & Moore, D.R. (2004). A competeny-based performance model for construction project managers. *Construction Management and Economics, 22*(8), 877-888.

Dalton, M. (1997). Are competency models a waste? *Training and Development, 51*(10), 46-49.

Delamare Le Deist, F. & Winterton, J. (2005). What is competence? *Human Resources Development International, 8*(1), 27-46.

Deller, J., Süßmair, A., Albrecht, A.-G. & Bruchmüller, S. (2005). Der HR-Manager als strategischer Partner. Akademische Ausbildung von Fachkräften für das Personalmanagement. *Personalführung, 10*, 53-59.

Diehl, J.M. & Staufenbiel, T. (2002). *Statistik mit SPSS.* Eschborn: Klotz.

Deloitte (2007). Aligned at the top. How business and HR executives view today's most significant people challenges - and what they're doing about it (Broschüre). Zugriff am 29.12.2009 unter http://www.deloitte.com/assets/Dcom-Global/Local%20Assets /Documents/dtt_consulting_aligned052307(1)!!1!!.pdf

Deutsches Institut für Internationale Pädagogische Forschung (2010). *Kompetenzmodelle zur Erfassung individueller Lernergebnisse und zur Bilanzierung von Bildungsprozessen.* Zugriff am 01.05.2010 unter http://kompetenzmodelle.dipf.de/de/front-page

DGFP (2002). *Herausforderung Personalmanagement – Auf dem Weg zu professionellen Standards* (Schriftenreihe der DGFP 65). Frankfurt: Frankfurter Allgemeine Buch.

DGFP (2006). *Organisation des Personalmanagements. Ergebnisse einer Tendenzbefragung* (PraxisPapier). Düsseldorf: DGFP.

DGFP (2008). *Personalmanagement studieren: Eckpunkte eines Bachelor-Curriculums für das Studienfach Personal - ein Diskussionsvorschlag* (PraxisPapier). Düsseldorf: DGFP.

DGFP (2009). *Trends im Personalmanagement* (PraxisPapier). Düsseldorf: DGFP.

DGFP(2010). *Über uns.* Zugriff am 01.05.2010 unter http://www.dgfp.de/de/content/articles/die-deutsche-gesellschaft-fuer-personalfuehrung-ev-50

Domino, G. & Domino, M.L. (2006). *Psychological testing: an introduction.* Cambridge. Cambridge University Press.

Dubois, D. (1993). *Competency-based performance: a strategy for organizational change.* Boston: HRD Press.

Dubois, D.A. & Rothwell, W.J. (2004). *Competency-based human resource management.* Palo-Alto: Davies-Black.

Eckstein, P.P. (2006). *Angewandte Statistik mit SPSS. Praktische Einführung für Wirtschaftswissenschaftler.* Wiesbaden: Gabler.

Employment Department and NCVQ (1991). *Guide to National Vocational Qualifications.* Sheffield: ED.

Ericsson, K. A., Trampe, R.T. & Tesch-Römer, C. (1993). The role of deliberate practice in the acquisition of expert performance. *Psychological Review, 100*(3), 363-406.

Erpenbeck, J. (1996). Kompetenz und kein Ende. *QUEM-Bulletin, 1,* 9-13.

Erpenbeck, J. (2003). KODE - Kompetenz-Diagnostik und –Entwicklung. In J. Erpenbeck & L. v. Rosenstiel (Hrsg.), *Handbuch Kompetenzmessung* (S. 365-375). Stuttgart: Schäffer-Poeschel.

Erpenbeck, J. & Heyse, V. (1999). Kompetenzbiographie – Kompetenzmilieu – Kompetenztransfer: Zum biologischen Kompetenzerwerb von Führungskräften der mittleren Ebene, nachgeordneten Mitarbeitern und Betriebsräten. *QUEM- report, 62.*

Erpenbeck, J. & Rosenstiel, L. v. (2003). Einführung. In J. Erpenbeck & L. v. Rosenstiel (Hrsg.), *Handbuch Kompetenzmessung* (S. IX-XL). Stuttgart: Schäffer-Poeschel.

Erpenbeck, J. & Heyse, V. (2007). *Die Kompetenzbiographie. Wege der Kompetenzentwicklung.* Berlin: Waxman.

Faulstich, P. (1997). Kompetenz - Zertifikate - Indikatoren im Hinblick auf arbeitsorientierte Erwachsenenbildung. In: Arbeitsgemeinschaft Betriebliche Weiterbildungsforschung (Hrsg.), *Kompetenzentwicklung '97. Berufliche Weiterbildung in der Transformation - Fakten und Visionen* (S. 141-196). Münster: Waxmann.

Fischer, T. (2006). *Unternehmenskommunikation und neue Medien. Das neue Medium Weblogs und seine Bedeutung für die Public-Relations-Arbeit.* Wiesbaden: Deutscher Universitätsverlag.

Fisseni, H.-J. (1997). *Lehrbuch der psychologischen Diagnostik.* Göttingen: Hogrefe.

Flanagan, J.C. (1954). The Critical Incident Technique. *Psychological Bulletin, 51*(4), 327-359.

Flasse, M. & Stieler-Lorenz, B. (2000). Berufliche Weiterbildungsstatistik im Spannungsfeld zwischen Industrie- und Wissensgesellschaft. In Arbeitsgemeinschaft Qualifikations-Entwicklungs-Management (Hrsg.), *Kompetenzentwicklung 2000: Lernen im Wandel-Wandel durch Lernen* (S. 185-224). Münster: Waxman.

Fleishman, E.A. & Quaintance, M.K. (1984). *Taxonomies of human performance. The description of human tasks.* New York: Academic Press.

Fleishman, E.A. & Reilly, M.E. (1992). *Handbook of human abilities. Definitions, measurements, and job task requirements.* Palo Alto: Consulting Psychologists Press.

Fletcher, C. (2001). *Competence-based assessment techniques.* London: Kogan Page.

Flick, U., v. Kardoff, E. & Steinke, J. (2000). *Qualitative Forschung. Ein Handbuch.* Hamburg: Rowohlt.

Formann, A, Hilpert, A. & Nedkov, S. (2006). Iwis ketten – Kompetenzmanagement in einem mittelständischen Unternehmen der Automobilzulieferindustrie: Lernkultur als Erfolgsfaktor. In S. Grote, S. Kauffeld & E. Frieling (Hrsg.), *Kompetenzmanagement. Grundlagen und Praxisbeispiele* (S. 169-191). Stuttgart: Schäffer-Poeschel.

Ford, K.J., Quinones, M.A., Sego, D.J. & Sorra, J.S. (1992). Factors affecting the opportunity to perform trained tasks on the job. *Personnel Psychology, 45*(3), 511-527.

Francis, H. & Keegan, A. (2006). The changing face of HRM: in search of balance. *Human Resource Management Journal, 16*(3), 231-249.

Frey, A. (2004). Kompetenzentwicklung und deren Diagnose in unterschiedlichen Ausbildungsberufen - eine berufspädagogische Notwendigkeit. In K. Jenewein, P. Knauth, P. Röben, G. Zülch (Hrsg.), *Kompetenzentwicklung in Arbeitsprozessen* (S. 147-159). Baden-Baden: Nomos Verlagsgesellschaft.

Frey, A. & Balzer, L. (2003). Soziale und methodische Kompetenzen – der Beurteilungsbogen SMK: ein Messverfahren für die Diagnose von sozialen und methodischen Kompetenzen. *Empirische Pädagogik 17*(29), 148-175.

Frick, G. (2009). Arbeitgeberattraktivität mit erfolgsorientiertem Personalmarketing erhöhen. In W.K. Eckelt (Hrsg.), *Top-Career Guide Automotive 2009* (S. 92-95). Stuttgart: Eckelt Consultants.

Frieling, E. & Hoyos, C. (1978). *Fragebogen zur Arbeitsanalyse (FAA)*. Bern: Huber.

Frieling, E., Facaoru, C., Benedix, J., Pfaus, H. & Sonntag, Kh. (1993). *Tätigkeits-Analyse-Inventar (TAI)*. Kassel: Institut für Arbeitswissenschaft der Gesamthochschule Kassel.

Frosch, M. & Trost, A. (2008). Die Trends im Talentmanagement. *Personalmagazin, 1*, 50-51.

Fuller, A. (1994). New approaches to management training and qualifications. Perceptions of use and exchange. *Journal of Management Development, 13*(1), 23 - 34.

Gairing, F. (1999). *Organisationsentwicklung als Lernprozess von Menschen und Systemen*. Weinheim: Deutscher Studienverlag.

Gaugler, B.B. & Thornton, G.C. (1989). Number of assessment-center dimensions as a determinant of assessor accuracy. *Journal of Applied Psychology, 72*, 493-511.

Geithner, E. & Moser, K. (2007). *Berufserfahrung und beruflicher Erfolg*. Thesenpapier zum Expertenworkshop „Kompetenzfeststellung im Betrieb". Zugriff am 03.04.2010 unter http://www.kibb.de/cps/rde/xbcr/SID-3C5594CA-E09DB646/kibb/ AGBFN_Workshop_ Kompetenz_Thesen_Geithner_Moser.pdf

Gerdes, K. & v. Wolffersdorff-Ehlert, C. (1974). *Drogenszene. Suche nach Gegenwart*. Stuttgart: Enke.

Giananntonio, C.M. & Hurley, A.E. (2002). Executive insights into HR practices and education. *Human Resource Management Review, 12*(4), 491-511.

Glas, P.J., Pieler, D.H. & v. Rosenstiel, L. (2004). *Strategisches Kompetenzmanagement: von der Strategie zur Organisationsentwicklung in der Praxis.* Wiesbaden: Gabler.

Gnahs, D. (2007). *Kompetenzen – Erwerb, Erfassung, Instrument.* Bielefeld: Bertelsmann

Goldstein, I.L., Zedeck, S. & Schneider, B. (1993). An exploration of the job analysis-content validity process. In N. Schmitt, W.C Borman (Eds.), *Personnel selection in organizations* (pp. 3-34). San Francisco: Jossey-Bass.

Gorsline, K. (1996). A competency profile for Human Resources: no more shoemaker's children. *Human Resource Mangement, 35*(1), 53-66.

Götze, U. (2006). *Die Szenario-Technik. Eine Methode für ganzheitliches Lernen im Lernfeld Arbeitslehre.* Wiesbaden: Deutscher Universitätsverlag.

Graham, M.E. & Tarbell, L.M. (1996). The importance of the employee perspective in the competency development of Human Resource Professionals. *Human Resource Management, 45*(3), 337-355

Graham, M.E. & McHugh, P.P. (2008). Labor stakeholder views of HR professionals. In V.G. Scarpello (Ed.), *The Handbook of Human Resource Management Education* (pp. 315-330). Los Angeles: Sage Publications. .

Grant, R.M. (1991). The resource-based theory of competitive advantage: implications for strategy formulation. *California Management Review, 33*(3), 114-135.

Green, P.E. & Tull, D.S. (1982). *Methoden und Techniken der Marketingforschung.* Stuttgart: Schaeffer-Poeschel.

Greve, W. & Wentura, D. (1997). *Wissenschaftliche Beobachtungen. Eine Einführung.* Weinheim: Psychologie Verlags Union.

Grob, U. & Maag Merki, K. (2001). *Überfachliche Kompetenzen. Theoretische Grundlegung und empirische Erprobung eines Indikatorensystems.* Bern: Peter Lang.

Groeben, N. & Scheele, B. (1982). Grundlagenprobleme eines Forschungsprogramms „Subjektive Theorien". Zum Stand der Diskussion. In: H.D. Dann, W. Humpert, F. Kraus & K.-C. Tennstädt (Hrsg.), *Analyse und Modifikation subjektiver Theorien von Lehrern* (S. 9-12). Konstanz: Universität, Zentrum Bildungsforschung.

Grossmann, R. J. (2007). New competencies for HR. *HR Magazine, 52*(6), 58-62.

Grote, S., Kauffeld, S. & Frieling, E. (2006a). Einleitung: Vom Wettbewerb zur Kompetenz. In S. Grote, S. Kauffeld, E. Frieling (Hrsg.), *Kompetenzmanagement. Grundlagen und Praxisbeispiele* (S. 1-14). Stuttgart: Schäffer-Poeschel.

Grote, S., Kauffeld, S., Denison, K. & Frieling, E. (2006b). Kompetenzen und deren Management: ein Überblick. In S. Grote, S. Kauffeld, E. Frieling (Hrsg.), *Kompetenzmanagement. Grundlagen und Praxisbeispiele* (S. 15-32). Stuttgart: Schäffer-Poeschel.

Grote, S., Kauffeld, S., Billich, M. & Frieling, E. (2006c). Implementierung eines Kompetenzmanagementsystems: Phasen, Vorgehen und Stolpersteine. In S. Grote, S. Kauffeld, E. Frieling (Hrsg.), *Kompetenzmanagement. Grundlagen und Praxisbeispiele* (S. 33-58). Stuttgart: Schäffer-Poeschel.

Grote, S., Kauffeld, S. & Frieling, E. (2006d). Perspektiven des Kompetenzmanagements. In S. Grote, S. Kauffeld, E. Frieling (Hrsg.), *Kompetenzmanagement. Grundlagen und Praxisbeispiele* (S. 265-280). Stuttgart: Schäffer-Poeschel.

Gruber, H. & Renkl, A. (1997). *Wege zum Können – Determinanten des Kompetenzerwerbs*. Bern: Huber.

Güntert, A. (1996). *Die Überprüfung der inhaltlichen Validität des Leitfadens zur qualitativen Personalplanung bei technisch-organisatorischen Innovationen (LPI)*. Unveröffentlichte Diplomarbeit, Universität Heidelberg.

Gunnels, K., Hale, J.E. & Hale, D.P. (2006). *Revisiting knowledge, skills, and abilities needed for development and delivery project staff*. Proceedings of the Southern Association for Information Systems Conference, March 11-12, Jacksonville, Florida.

Hacker, W. (1973). *Allgemeine Arbeits- und Ingenieurspsychologie*. Bern: Huber.

Hängii, C. (1998). *Macht der Kompetenz: Ausschöpfung der Leistungspotentiale durch zukunftsgerechte Kompetenzentwicklung.* Frechen-Königsdorf: Datakontext.

Hamel, B. & Prahalad, C.K. (1994). *Competing for the future.* Boston: Harvard Business School Press.

Hammann, P. & Freiling, J. (2000). *Die Ressourcen- und Kompetenzperspektive des Strategischen Managements.* Wiesbaden: Deutscher Universitätsverlag.

Hartig, J. & Klieme, E. (2006). Kompetenz und Kompetenzdiagnostik. In K. Schweizer (Hrsg.), *Leistung und Leistungsdiagnostik* (S. 127–143). Heidelberg: Springer.

Hartig, J. & Jude, N. (2007). Empirische Erfassung von Kompetenzen und psychometrische Kompetenzmodelle. In Bundesministerium für Bildung und Forschung (Hrsg.), *Möglichkeiten und Voraussetzungen technologiebasierter Kompetenzdiagnostik* (S. 17-36*).* Bildungsforschung Band 20. Berlin: BMBF.

Hartmann, D.O. (1979). On the not so revent intervention of interobserver reliability statistics. *Journal of Applied Behavior Analysis, 12*(4), 491-500.

Hawkins, R.P. & Fabry, B.D. (1979). Applied behavior analysis and interobserver reliability. *Journal of Applied Behavior Analysis, 12*(4), 545-552.

Hayes, J., Rose-Quirie, A., Allinson, C.W. (2000). Senior managers´ perceptions of the competencies they require for effective performance: implications for training and development. *Personnel Review, 29*(1), 92-105.

Heinsmann, H., de Hoogh, A.H.B., Koopman P.L. & van Muijen, J.J. (2007). Competencies through the eyes of psychologists: a closer look at assessing competencies. *International Journal of Selection and Assessment, 15*(4), 412-425.

Helmke, A. & Hosenfeld, I. (2003). *Vergleichsarbeiten – Standards – Kompetenzstufen. Begriffliche Klärung und Perspektiven für VERA* (Entwurf). Zugriff am 17.05.2009 unter http://www.mbjs.brandenburg.de/media/lbm1.a.4365.de/vera_standards_kompetenzstufen.pdf

Hess, M. & Leipoldt, T. (2006). Strategisches Kompetenzmanagement - Erstellung und internationale Einführung von Kompetenzprofilen bei Siemens Business Services. In S. Grote, S. Kauffeld & E. Frieling (Hrsg.), *Kompetenzmanagement. Grundlagen und Praxisbeispiele* (S. 223-240). Stuttgart: Schäffer-Poeschel.

Heyse, V. & Erpenbeck, J. (2004). *Kompetenztraining*. Stuttgart: Schäffer-Poeschel.

Hewitt Associates (2009). *HR-Trends und Themen im Mittelstand* (unveröffentlichte Broschüre). Wiesbaden: Hewitt Associates.

Hippler, H.J., Schwarz, N. & Sudman, S. (1987). *Social information processing and survey methodology*. New York: Springer.

Holling, H. & Liepmann, D. (1995). Personalentwicklung. In H. Schuler (Hrsg.), *Lehrbuch Organisationspsychologie* (S. 285-316). Bern: Huber.

Holtbrügge, D. (2007). *Personalmanagement*. Berlin: Springer.

Holton, E.F. & Lynham, S. A. (2000). Performance-driven leadership development. *Advances in Developing Human Resources, 2*(2), 1-17.

Homp, C. (2000). *Entwicklung und Aufbau von Kernkompetenzen*. Wiesbaden: Gabler.

Hopf, C. (1978). Die Pseudo-Exploration - Überlegungen zur Technik qualitativer Interviews in der Sozialforschung. *Zeitschrift für Soziologie, 7*(2), 97-115.

Hopkins, B.L. (1979). Proposed conventions for evaluation observer reliability. *Journal of Applied Behavior Analysis, 12*(4), 561-564.

Hossinger, H.P. (1982). *Pretests in der Marktforschung. Die Validität von Pretestverfahren der Marktforschung unter besonderer Berücksichtigung der Tachistoskopie.* Würzburg: Physica-Verlag.

HRblue (2009). *Neue Rollen im Human Resources Management – Karrierewege und Entwicklungsstrategien* (Broschüre). Zugriff am 01.03.2010 unter http://www.hrblue.com/web/index.php?id=downloads

Huber, G.L. & Mandl, H. (1994). Verbalisierungsmethoden zur Erfassung von Kognitionen im Handlungszusammenhang. In G.L. Huber und H. Mandl. (Hrsg.), *Verbale Daten* (S. 11-42). Weinheim: Beltz.

Hülsheger, U.R. & Maier, G.W. (2008). Persönlichkeitseigenschaften, Intelligenz und Erfolg im Beruf. Eine Bestandsaufnahme internationaler und nationaler Forschung. *Psychologische Rundschau, 59*(2), 108–122.

Huf, S. (2006). Personalmanagement als Erfolgsfaktor. *Personal, 6,* S. 26-29.

Huffcutt, A.I., Weekley, J.A., Wiesner, W.H., DeGroot, T.G. & Jones, C. (2001). Comparison of situational and behavior description interview questions for higher level positions. *Personnel Psychology, 54*(3), 619-644.

Human Resource Certification Institute [HRCI] (2008). *2008 Certification Handbook PHR, SPHR, GPHR* (Broschüre). Zugriff am 05.12.2008 unter http://www.hrci.org/certification/2008hb/?2008-PHR_SPHR_GPHR-Handbook

Human Resource Certification Institute [HRCI] (2010a). *A history of the HR Certification Institute.* Zugriff am 01.05.2010 unter http://www.hrci.org/aboutus/history/

Human Resource Certification Institute [HRCI] (2010b). *Practice Analyses.* Zugriff am 01.05.2010 unter http://www.hrci.org/aboutus/pracanalyses/?Practice-Analyses

Hunter, J. E. & Hunter, R. F. (1984). Validity and utility of alternative predictors of job performance. *Psychological Bulletin, 96*(1), 72–98.

Hunter, M.G. (1994). Excellent systems analyst: key audience perception. *Computer Personnel, 15*(1), 15-31.

Huselid, M.A., Jackson, S.E. & Randall, R.S. (1997). Technical and strategic human resource management effectiveness as determinants of firm performance. *Academy of Management Journal, 40*(1), 171-188.

Janssen, J. & Laatz, W. (2005). *Statistische Datenanalyse mit SPSS für Windows.* Berlin: Springer.

Kauffeld, S. (2006). *Kompetenzen messen, bewerten, entwickeln. Ein prozessanalytischer Ansatz für Gruppen.* Stuttgart: Schäffer-Poeschel.

Kaufhold, M. (2006). *Kompetenz und Kompetenzerfassung: Analyse und Beurteilung von Verfahren der Kompetenzerfassung.* Wiesbaden: VS Verlag.

Kaufmann, B. (1999). Evolution and current status of university HR programs. *Human Resource Management, 38*(2), 103-110.

Kelbetz, G. & Schuler, H. (2002). Verbessert Vorerfahrung die Leistung im Assessment Center? *Zeitschrift für Personalpsychologie, 1*, 4-18.

Kienbaum (2009). Geschüttelt, nicht gerührt: Märkte in ungebremster Dynamik. Ergebnisse der HR-Trendstudie (Broschüre). Zugriff am 27.12.09 unter http://www.kienbaum.de/Portaldata/3/Resources/documents/downloadcenter/studien/human_resource_management/Kienbaum_HR_Trendstudie_2009.pdf

Kirk, J. & Miller, M.l. (1986). *Reliability and validity in qualitative research.* London: Sage.

Klauer, K.J. (1987). *Kriteriumsorientierte Tests.* Göttingen: Hogrefe.

Klieme, E. & Hartig, J. (2007). Kompetenzkonzepte in den Sozialwissenschaften und im empirischen Diskurs. In M. Prenzel, I. Gogolin, I. & H.-H. Krüger (Hrsg.), *Kompetenzdiagnostik* (S. 11-29). Wiesbaden: VS Verlag für Sozialwissenschaften.

Klieme, E., Avenarius, H., Blum, W., Döbrich, P., Gruber, H., Prenzel, M., Reiss, K., Riquarts, K., Rost, J., Tenorth, H.-E., Vollmer, H. J. (2007). *Zur Entwicklung nationaler Bildungsstandards. Eine Expertise* (Bildungsforschung, Band 1). Berlin: BMBF.

Klimoski, R. & Brickner, M. (1987). Why do assessment centres work? The puzzle of assessment centre validitiy. *Personnel Psychology, 40*(2), 243-260.

Krippendorff, K. (1980). *Content Analysis. An introduction to its methodology.* London: Sage Publication.

Krosnik, J.A. & Fabriger, L.R. (1997). Designing rating scales for effective measurement in surveys. In L. Lyberg, P.Biemer, M. Collins, E. de Leeuw, C. Dippo, N. Schwarz & D. Trewin (Eds.), *Survey measurement and process qualitiy* (pp. 141-164). New York: Wiley.

Kuß, A. (2004). *Marktforschung. Grundlagen der Datenerhebung und Datenanalyse.* Wiesbaden: Gabler.

Kurz, R. & Bartram D. (2002). In I.I. Robertson, M. Callinan & D. Bartram (Eds.), *Organizational effectiveness: the role of psychology* (pp. 225-255). Chichester: Wiley & Sons.

Laber, M. & O´Connor, J.K. (2000). Competency modeling: ready, set, research. *The Industrial-Organizational Psychologist, 37*(4), 91-96.

Lado, A.A., Boyd, N.G. & Wrigth, P. (1992). A competency based model of sustainable competitive advantage: toward a conceptual integration. *Journal of Management, 18*(1), 77-91.

Lamnek, S. (2005). *Qualitative Sozialforschung.* Weinheim: Beltz.

Landy, D.J. & Vasey J. (1991). Job analysis. The composition of SME samples. *Personnel Psychology, 44*(1), 27-50.

Langbert, M. (2000). Professors, managers and human resource education. *Human Resource Management, 39*(1), 65-78.

Lawler, E. (1996). Competencies: a poor foundation for the new pay. *Compensation and Benefits Review, 28*(6), 20-22.

Lawler, E.E. (2005). From Human Resource Management to organizational effectiveness. *Human Resource Management, 44*(2), 165-169.

Lawler, E.E. & Mohrmann, S. (2003). *Creating a strategic Human Resources organization – an assessment of trends and new directions.* Stanford: University Press.

Lawshe, C.H. (1975). A quantitative approach to content valididty. *Personnel Psychology, 28*(4), 563-575.

Lawson, T.E. & Limbrick, C. (1996). Critical competencies and developmental experiences for top HR executives. *Human Resource Management, 35*(1), 67-85.

Lee, Y.-T. & Wu, W.-W. (2005). Development strategies for competency models. Proceedings of the Joint Conference between Taiwan and Japan on Academic Research in Management, Kobe, Japan (pp. 1-11).

Leonard, B. (1998). *A history of the HR certification institute.* Zugriff am 01.05.2010 unter http://www.hrci.org/aboutus/history/

Leverkus-Brüning, I. (1966). *Die Meinungslosen. Die Bedeutung der Restkategorie in der empirischen Sozialforschung.* Berlin: Duncker & Humboldt Verlag.

Levine, E.L., Spector, P.E., Menon, S., Narayanan, L. & Cannon-Bowers, J.A. (1996). Validity generalization for cognitive, psychomotor, and perceptual tests for craft jobs in the utility industry. *Human Performance, 9*, 1–22.

Lichtenberger, Y. (1999). Von der Qualifikation zur Kompetenz. Die neuen Herausforderungen der Arbeitsorganisation in Frankreich. In Arbeitsgemeinschaft Qualifikations-Entwicklungs-Management (Hrsg.), *Kompetenzentwicklung '99: Aspekte einer neuen Lernkultur. Argumente, Erfahrungen, Konsequenzen* (S. 275-309). Münster: Waxmann.

Lienert, G.A. & Raatz, U. (1998). *Testaufbau und Testanalyse.* Weinheim: Beltz.

Lievens, F., Sanchez, J.I. & de Corte, W. (2004). Easing the inferential leap in competency modeling: the effect of task-related information and subject matter expertise. *Personnel Psychology, 57*(4), 881-904.

Lievens, F. & Sanchez, J.I. (2007). Can training improve the quality of inferences made by raters in competency modeling? A Quasi-Experiment. *Journal of Applied Psychology, 92*(3), 812-819.

Lindner-Lohmann, D., Lohmann, F., Schirmer, U. (2008). Personalmanagement (BA Kompakt). Heidelberg: Physica.

Lisch, R. & Kriz, J. (1978). *Grundlagen und Modelle der Inhaltsanalyse*. Rheinbeck: Rowohlt.

Loevinger, J. (1965). Person and population as psychometric concepts. *Psychological Review, 72*(2), 143-155.

Lubinski, D. (2000). Scientific and social significance of assessing individual differences: sinking shafts at a few critical points. *Annual Review of Psychology, 51*, 405-444.

Lucia, A.D. & Lepsinger, R. (1999). *The art and science of competency models. Pinpointing critical success factors in organizations*. San Francisco: Jossey-Bass.

Luthans, F. & Lockwood, D.L. (1984). Toward an observation system for measuring leader behavior in natural settings. In J.G. Hunt, D. Hosking, C. Schreisheim & R. Stewart (Eds.), *Leaders and managers: international perspectives on managerial behavior and leadership* (pp.117-141). New York: Pergamon.

Maag Merki, K. & Grob, U. (2003). Überfachliche Kompetenzen: zur Validierung eines Indikatorensystems. *Empirische Pädagogik, 17*(29), 123-147.

Mansfield, R. S. (1996). Building competency models: approaches for HR professionals. *Human Resource Management, 35*(1), 7-18.

Marelli, A.F., Tondora, J. & Hoge, M.A. (2005). Strategies for developing competency models. *Administration and Policy in Mental Health, 32*(5), 533-561.

Markus, L.H., Cooper-Thomas, H.D., Allpress, K.N. (2005). Confounded by competencies. An evaluation of the evolution and use of competency models. *New Zealand Journal of Psychology, 34*(2), 117-126.

Marr, R. (2004). Neupositionierung des HR-Managements. *Personalführung, 12*, 42-49.

Martin, G. (2005). *Technology and people management, the opportunity and the challenge* (Research Report). London: CIPD.

Mayring, P. (2003). *Qualitative Inhaltsanalyse. Grundlagen und Techniken*. Weinheim: Deutscher Studienverlag.

McClelland, D. C. (1973). Testing for competence rather than for intelligence. *American Psychologist, 28*(1), 1-14.

McClelland, D.C. (1993). The concept of competence (Introduction). In L.M. Spencer & S.M. Spencer (Eds.), *Competence at work. Models for superior performance* (pp. 3-8). New York: John Wiley.

McClelland, D.C. (1998). Identifying competencies with behavioral-event interviews. *Psychological Sciences, 9*(5), 331-339.

McDaniel, M.A., Schmidt, F.L. & Hunter, J.E. (1988). A meta-analysis of the validity of methods for rating training and experience in personnel selection. *Personnel Psychology, 41*(2), 283-314.

McGraw, K.O. & Wong, S.P. (1996). Forming inferences about some intraclass correlation coefficients. *Psychological Methods, 1,* 31-43.

McIntyre, F. (1980). The reliability of assessment-center results after feedback. *Journal of Assessment Center Technology, 3,* 10-14.

McKenna, S. (2002). Can knowledge of the characteristics of high performers be generalised? *Journal of Management Development, 21*(9), 680-701.

McLagan, P. & Nel, C. (1997). *The age of participation: new governance for the workplace and the world*. New York: Berrett-Koehler.

Meisinger, S.R. (2005). The four Cs of the HR profession: being competent, curious, courageous, and caring people. *Human Resource Management, 44*(2), 189-194.

Merton, R.K., Fiske, M. & Kendall, P. (1954). *The focused interview: a manual of problems and procedures*. New York: Free Press.

Messick, S. (1989). The once and future issues of validity: assessing the meaning and consequences of measurement. In R. Wainer & H.I. Braun (Eds.), *Test validity* (pp. 33-45). Hillsdale: Erlbaum Associates.

Meuser, M. & Nagel, U. (1997). Das Experteninterview – wissenssoziologische Voraussetzungen und methodische Durchführung. In B. Friebertshäuser & A. Prengel (Hrsg.), *Handbuch Qualitative Forschungsmethoden in der Erziehungswissenschaft* (S. 481-491). Weinheim: Juventa.

Meyer-Menk, J. (2004). Reflexive Handlungsfähigkeit als Zielpunkt von Kompetenzentwicklung. In Jenewein, K., Knauth, P., Röben, P., Zülch, G. (Hrsg.), *Kompetenzentwicklung in Arbeitsprozessen* (S. 51-61). Baden-Baden: Nomos Verlagsgesellschaft.

Mildenberger, U. (2002). Wissen- und (Kern-)Kompetenzmanagement. Versuch einer Abgrenzung. In K. Bellmann, P. Hammann, J. Freiling J. & U. Mildenberger (Hrsg.), *Aktionsfelder des Kompetenz-Managements* (S. 293-307). Wiesbaden: Gabler.

Mirabile, R. J. (1997). Everything you wanted to know about competency modeling. *Training and Development, 3,* 73-77.

Mohrman, S.A., & Lawler, E.E. (1999). The new Human Resources Management: creating the strategic business partnership. In R. Schuler & S. Jackson (Eds.), *Strategic Human Resource Management* (pp. 433–447). Oxford: Blackwell Publishers.

Mone, E.M. & Bilger, M.A. (1995). Integrated Human Resource Development: building professional competencies and communities. In M. London (Ed.), *Employees, careers and job creation: developing growth-oriented Human Resource Strategies and Programs* (pp. 71-101). San Francisco: Jossey-Bass.

Morgeson, F.P., Delaney-Klinger, K., Mayfield, M.S., Ferrara, P. & Campion, M.A. (2004). Self-presentation processes in job analysis: a field experiment investigating inflation in abilities, tasks, and competencies. *Journal of Applied Psychology, 89*(4), 674-686.

Moser, K. (1987). Inhaltsvalidität als Kriterium psychologischer Test. *Diagnostica, 33*(2), 110-122.

Literaturverzeichnis

Moser, K., Donat, M., Schuler, H. & Funke, U. (1989). Gütekriterien von Arbeitsanalyseverfahren. *Zeitschrift für Arbeitswissenschaft, 43*(2), 65-72.

Münch, J. (2002). *Bildungspolitik. Grundlagen – Entwicklungen.* Baltmannsweiler: Schneider Hohengehren.

Mummendy, H.D. (1995). *Die Fragebogen-Methode.* Göttingen: Hogrefe.

Murphy, K.R. & Cleveland, J.N. (1995). *Understanding performance appraisal: social, organizational, and goal-based perspectives.* Thousands Oaks: Sage.

Nederhof, A.J. (1985). Methods of coping with social desirability bias: a review. *European Journal of Social Psychology, 15,* 263-280.

Nerdinger, F.W., Blickle, G. & Schaper, N. (2008). *Arbeits- und Organisationspsychologie.* Springer: Heidelberg.

Nicolou, I. (2003). The development and validation of a measure of generic work competencies. *International Journal of Testing, 3*(4), 309-319.

Nienaber, C. (2001). Integriertes Kompetenzmanagement für globale Unternehmen. *Unternehmensberater, 4,* 75-81.

Nienaber, C. (2005). Pflicht und Kür. Kompetenzmanagement-Projekte erfolgreich führen. *Personalmanager, 1,* 22-24.

Noe, R.A., Hollenbeck, J.R., Gerhart, B., & Wright, P.M. (2006). *Human Resource Management.* Boston: McGraw Hill.

Nonaka, I. & Takeuchi, H. (1995). *The knowledge-creating company.* Oxford: University-Press.

North, K. (2002). *Wissensorientierte Unternehmensführung.* Wiesbaden: Gabler.

North, K. & Reinhardt, K. (2005). *Kompetenzmanagement in der Praxis - Mitarbeiterkompetenzen systematisch identifizieren, nutzen und entwickeln.* Wiesbaden: Gabler.

Oesterreich, R. & Bortz, J. (1994). Zur Ermittlung testtheoretischer Güte von Arbeitsanalyseverfahren. *ABO aktuell, 3*, 2-8.

Organisation for Economic Co-operation and Development [OECD] (2005). *The definition and selection of key competencies* (Executive Summary). Paris: OECD.

Parasuraman, A., Zeithaml, V.A., Berry, L.L. (1988). SERVQUAL: A Multiple-Item Scale for measuring customer perceptions of service quality. *Journal of Retailing, 64*(1), 12-40.

Pearlman, K. (1997). Competencies: issues in their application. In R.C. Page, *Competency Models: What are they and do they work?* Practioner forum presented at the 12th Annual conference of the Society for Industrial an Oganizational Psychology, St. Louis, Missouri.

Peters, A. & Winzer, H. (2003). Behavioral Event Interview. In J. Erpenbeck & L. v. Rosenstiel (Hrsg.), *Handbuch Kompetenzmessung* (S. 528-538). Stuttgart: Schäffer-Poeschel.

Piotrowski, A., Heckenhahn, M. & Gerlach, A. (2006). Anrechnung pflegeberuflich erworbener Kompetenzen auf Hochschulstudiengänge - Modellversuch WAWiP. *Berufs- und Wirtschaftspädagogik Online*, 11. Zugriff am 02.06.2009 unter http://www.bwpat.de/ausgabe11/piotrowski_etal_bwpat11.shtml

Prenzel, M., Walter, O. & Frey, A. (2007). Pisa misst Kompetenzen. *Psychologische Rundschau, 58*(2), 128–136.

PriceWaterhouseCoopers (2008). Managing people in a changing world. Key trends in human capital: a global perspective – 2008. Zugriff am 28.12.2009 unter http://www.pwc.com/en_GX/gx/hr-management-services/pdf/key_trends_2008.pdf

Probst, G., Deussen, A., Eppler, M.J. & Raub, S.P. (2000). *Kompetenzmanagement – wie Individuen und Organisationen Kompetenz entwickeln.* Wiesbaden: Gabler.

Prochaska, M. (2002). Wie aus einem erfolgreichen DAX-30-Unternehmen eine LeadING.-Company wird: Change Case Linde. In Riekhof, H.C. (Hrsg.), *Strategien der Personalentwicklung* (S. 299-321). Wiesbaden: Gabler.

Prahalad, C.K. & Hamel, G. (1990). The core competence of the corporation. *Harvard Business Review, 68*(3), 79-91.

Pudelko, M. & Harzig, A.W. (2007). Country-of-origin, localization, or dominance effect? An empirical investigation of HRM effects in foreign subsidiaries. *Human Resource Management, 46*(4), 535-559.

Pulakos, E.D. & Schmitt, N. (1995). Experience-based and situational interview questions: studies of validity. *Personnel Psychology, 48*(2), 289-308.

Ramlall, S.J. (2006). Identifying and unterstanding HR competenices and their relationship to organisational practices. *Applied HRM Research, 11*(1), 27-38.

Rank, S. & Scheinpflug, R. (2007). *Change Management in der Praxis. Beispiele, Methoden, Instrumente*. Berlin: Schmidt Verlag.

Rasch, B., Friese, M., Hofmann, W. & Naumann, E. (2009). *Quantitative Methoden. Einführung in die Statistik für Psychologen und Sozialwissenschaftler*. Berlin: Springer.

Rasche (2004). *Wettbewerbsvorteile durch Kernkompetenzen. Ein ressourcenorientierter Ansatz*. Wiesbaden: Universitätsverlag.

Reinhart, G., Weber, V. & Broser, W. (2002). Kompetenz und Kooperation – Kompetenznetzwerke als Organisationsmodell für die Produktion der Zukunft. In J. Milberg & G. Schuh (Hrsg.), *Erfolg in Netzwerken* (S. 287-300). Berlin: Springer.

Richman, W.L. & Quinones, M.A. (1996). Task frequency rating accuracy. The effect of task engagement and experiences. *Journal of Applied Psychology, 81*(5), 512-524.

Riemann, R. (1997). *Persönlichkeit: Fähigkeiten oder Eigenschaften?* Lengerich: Pabst Science.

Ritsert, J. (1972). *Inhaltsanalyse und Ideologiekritik. Ein Versuch über kritische Sozialforschung*. Frankfurt: Athenäum.

Rodriguez, D., Patel, R., Bright, A. Gregory, D. & Gowing, M.K. (2002). Developing competency models to promote integrated human resource practices. *Human Resource Management, 41*(3), 209-324.

Röben, P. (2004). Kompetenzentwicklung durch Arbeitsprozesswissen. In Jenewein, K., Knauth, P., Röben, P., Zülch, G. (Hrsg.), *Kompetenzentwicklung in Arbeitsprozessen* (S. 11-33). Baden-Baden: Nomos Verlagsgesellschaft.

Rogelberg, S.G. (1999). Informed decisions: research-based practice notes. *The Industrial Organizational Psychologist, 36,* 69-77.

Rosenstiel, L. v. (2001). Lernkultur Kompetenzentwicklung als Herausforderung für die Wissenschaft. *QUEM-report, 68,* 27-38.

Roth, H. (1971). *Pädagogische Anthropologie.* Hannover: Schroedel.

Rowe, C. (1995). Clarifying the use of competence and competency models in recruitment, assessment and staff development. *Industrial and Commercial Training, 27*(11), 12-17.

Sack, N. (2002). Management Appraisal - zentrales Analyse- und Führungsinstrument für ein wertorientiertes Talent-Management. In Riekhof, H.C. (Hrsg.), *Strategien der Personalentwicklung* (S. 65-80). Wiesbaden: Gabler.

Sackett, P.R. & Laczo, R.M. (2003). Job and work analysis. In W.C. Borman, D.R. Ilgen & R.J. Klimoski (Eds.), *Handbook of Psychology: Industrial and Organizational Psychology* (pp. 21-37). Hoboken: Wiley.

Sagie, A. & Magnezy, R. (1997). Assessor type, number of distinguishable dimension categories, and assessment centre construct validity. *Journal of Occupational and Organizational Psychology, 70*(1), 103-108.

Sarges, W. (2001). Competencies statt Anforderungen – nur alter Wein in neuen Schläuchen? Zugriff am 02.06.2009 unter http://www.sarges-partner.de/artikel/Competencies.pdf

Literaturverzeichnis

Sarges, W. (2003). Literatur aktuell, Buchbesprechung des Buches: Effective competency modeling and reporting: a step-by-step guide for improving individual and organizational performance. *Zeitschrift für Personalpsychologie, 2*(4), 198-200.

Sattelberger, T. (2007). Das Personalwesen braucht mehr Härte. Interview. *Manager-Seminare, 2*, 52-57.

Schäfer, E., Fölsch, T. & Sauerwald, J. (2006). Neue Formen des Kompetenzmanagements bei der B. Braun Melsungen AG. In S. Grote, S. Kauffeld & E. Frieling (Hrsg.), *Kompetenzmanagement. Grundlagen und Praxisbeispiele* (S. 111-134). Stuttgart: Schäffer-Poeschel.

Schaper, N. (1995). *Lernbedarfsanalysen und Trainingsgestaltung bei komplexen Diagnoseaufgaben*. Frankfurt: Peter Lang.

Schaper, N. (2003). Arbeitsproben und situative Fragen zur Messung arbeitsplatzbezogener Kompetenzen. In J. Erpenbeck & L. v. Rosenstiel (Hrsg.), *Handbuch Kompetenzmessung* (S. 185-199). Stuttgart: Schäffer-Poeschel.

Schaper, N. (2004). Theoretical substantiation of Human Resource Management from the perspective of work and organisational psychology. *Management Review, 15*(2), 192-200.

Schaper, N. (2009a). Arbeitspsychologische Kompetenzforschung. In M. Fischer & G. Spöttl (Hrsg.), *Forschungsperspektiven in Facharbeit und Berufsbildung. Strategien und Methoden der Berufsbildungsforschung* (S. 91-116). Frankfurt am Main: Lang.

Schaper, N. (2009b). Aufgabenfelder und Perspektiven bei der Kompetenzmodellierung und -messung in der Lehrerbildung. *Lehrerbildung auf dem Prüfstand, 2*(1), 166-199.

Schaper & Sonntag (1999). Personalförderung durch anspruchsvolle Lehr- und Lernarrangements. In W. Schöni & Kh. Sonntag (Hrsg.), *Personalförderung im Unternehmen* (S. 47-64). Chur: Rüegger.

Schaper, N. & Hochholdinger, S. (2006). (Arbeits-)Psychologische Konzepte zur Modellierung und Messung von Kompetenzen in der Lehrerausbildung. In A. Hilligus & H.-D. Rinkens (Hrsg.), *Standards und Kompetenzen – neue Qualität in der Lehrerausbildung* (S. 215-222). Berlin: LIT-Verlag.

Scharnbacher, K. (2004). *Statistik im Betrieb*. Wiesbaden: Gabler.

Schenk, K.D., Vitalari, N.P. & Davis, K.S. (1988). Differences between novice and expert system analysts: What do we know and what do we do? *Journal of Management Information Systems, 15*(1), 9-50.

Schenk, M., Schnauffer, H.-G. & Voigt, S. (2005). Kompetenzmanagement. Expertenbefragung zeigt: Anspruch und Umsetzung klaffen oft auseinander. *Personalmanager, 1,* 19-21.

Schoonover, S.C. (1998). *Human Resource competencies for the year 2000. The wake-up call*. Alexandria: Society for Human Resource Management.

Schoonover, S.C., Schoonover, H., Nemerov, D. & Ehly, C. (2000). *Competency based HR applications: results of a comprehensive survey*. Alexandria: Society for Human Resource Management.

Schmidt, F.L., Caplan, J.R., Bemis, S.E., Decuir, R.,Dinn, L., & Antone, L. (1979). *Development and evaluation of behavioral consistency method of unassembled examining* (Tech. Rep. No. 79-21). Washington: U. S. Civil Service Commission, Personnel Research and Development Center.

Schmidt, F.L. & Hunter, J.E. (1998). The validity and utility of selection methods in personnel psychology: practical and theoretical implications of 85 years of research findings. *Psychological Bulletin, 124*(2), 262-274.

Schmidt-Atzert, L., Deter, B. & Jaeckel, S. (2004). Prädiktoren von Ausbildungserfolg: Allgemeine Intelligenz (g) oder spezifische kognitive Fähigkeiten? *Zeitschrift für Personalpsychologie, 3*(4), 147-158.

Schmidt-Rathjens, C. & Stegmaier, R. (2005). Kompetenzmanagement und Lernkultur zur Förderung der Nichtimitierbarkeit individueller und organisationaler Ressourcen. *QUEMBulletin, 3,* 2-6.

Schmitt, N. & Cohen, S.A. (1989). Internal analysis of task ratings by job incumbents. *Journal of Applied Psychology, 74*(1), 96-104.

Schmitt & Venzke, D. (2006). Skillmanagement – Das Instrument zur Karriereplanung in der Commerzbank. In S. Grote, S. Kauffeld & E. Frieling (Hrsg.), *Kompetenzmanagement. Grundlagen und Praxisbeispiele* (S. 135-147). Stuttgart: Schäffer-Poeschel.

Smith, J.E., & Hakel, M.D. (1979). Convergence among data sources, response bias, and reliability and validity of a structured job analysis questionnaire. *Personnel Psychology, 32,* 677-692.

Schnell, R., Hill, P. & Esser, E. (2005). *Methoden der empirischen Sozialforschung.* München: Oldenbourg.

Scholz, C. (2000). *Personalmanagement.* München: Vahlen.

Schuler, H. (2002). Emotionale Intelligenz – ein irreführender und unnötiger Begriff. *Zeitschrift für Personalpsychologie, 1*(3), 138-140.

Schuler, H., Funke, U., Moser, K., Donat, M. (1995). *Personalauswahl in Forschung und Entwicklung. Eignung und Leistung von Wissenschaftlern und Ingenieuren.* Göttingen: Hogrefe.

Schuler, H. & Höft, S. (2004). Diagnose beruflicher Eignung und Leistung. In H. Schuler (Hrsg.), *Lehrbuch Organisationspsychologie* (S. 289-343). Bern: Huber.

Schwadorf, H. (2003). *Berufliche Handlungskompetenz – Eine theoretische Klärung und empirische Analyse in der dualen kaufmännischen Erstausbildung.* Hohenheim: ibw.

Seel, N.M. (1997). *Weltwissen und mentale Modelle.* Göttingen: Hogrefe.

Shippmann, J.S. (1999). *Strategic job modeling – working at the core of integrated Human Resources*. Mahwah: Erlbaum.

Shippmann, J.S., Ash, R.A., Carr, L., Hesketh, B., Pearlman, K., Battista, M., Eyde, L.D., Kehoe, J., Prien, E.P. & Sanchez, J.I. (2000). The practice of competency modeling. *Personnel Psychology, 53*(3), 703-740.

Shore, T.H., Thornton, G.C. III, & Shore, L.M. (1990). Construct validity of two categories of assessment center dimension ratings. *Personnel Psychology, 43*(1), 101-116.

Shore, L.M., Lynch, P. & Dookeran, D. (2008). HR executives' views of HRM education. Do hiring managers really care what education HRM applicants have? In V.G. Scarpello (Ed.), *The handbook of Human Resource Management education: promoting an effective and efficient curriculum* (pp. 291-314). Thousand Oaks: Sage Publications.

Shrout, P.E. & Fleiss, J.L. (1979). Intraclass correlations: use in assessing rater reliability. *Psychological Bulletin, 86*(2), 420-428.

Siller, F. (2007). *Medienpädagogische Handlungskompetenzen. Problemorientierung und Kompetenzerwerb beim Lernen mit neuen Medien*. Veröffentlichte Dissertation, Universität Mainz.

Silverman, S.B., Wexley, K.N. & Johnson, J.C. (1984). The effects of age and job experience on emloyee responses to a structured job analysis questionnaire. *Public Personnel Managment, 13*(3), 355-359.

Sinnott, G.C., Madison, G.H. & Pataki, G.E. (2002). *Competencies: report of the competencies workgroup, workforce and succession planning work groups*. New York State Governor´s Office of Employee Realtions and the Department of Civil Service.

Sireci, S.G. (2003). Validity: Content. In R. Fernandez-Ballesteros (Ed.), *Encyclopedia of Pschychological Assessment* (pp. 1075-1077). London: Sage.

Sloane, P.F.E. & Dilger, B. (2005). The competence clash: Dilemmata bei der Übertragung des Konzepts der nationalen Bildungsstandards auf die berufliche Bildung. *Berufs- und Wirtschaftspädagogik Online, 8.* Zugriff am 10.12.2008 unter http://www.bwpat.de/ausgabe8/txt/sloane_dilger_bwpat8-txt.htm

Smith, J.E. & Hakel, M.D. (1979). Convergence among data source. *Personnel Psychology, 32*(4), 677-692.

Smith, T. & Kandola, B. (1996). Dealing out with work to the right staff. *People Management, 2,* 28-29.

Smither, J.W. (1998). Lessons learned: research implications for performance appraisal and management practice. In J.W. Smither (Ed.), *Performance appraisal: state of the art in practice* (pp. 537-547). San Franciso: Jossey-Bass.

Society for Human Resource Management [SHRM] (2007). *SHRM Code of ethics.* Zugriff am 01.05.2010 unter http://www.shrm.org/about/Pages/code-of-ethics.aspx

Society for Human Resource Management [SHRM] (2009). *The 2007 HR competency model.* Zugriff am 01.05.2009 unter http://www2.shrm.org/competencies/

Society for Human Resource Management [SHRM] (2010). *PHR/SPHR Body of Knowledge.* Zugriff am 01.05.2010 unter http://www.hrci.org/certification/bok/nbok/

Sonnentag, S. (2003). Situatives Interview zur Messung von Kooperationswissen. In J. Erpenbeck & L. v. Rosenstiel (Hrsg.), *Handbuch Kompetenzmessung. Erkennen, verstehen und bewerten von Kompetenzen in der betrieblichen, pädagogischen und psychologischen Praxis* (S. 140-146). Stuttgart: Schäffer Poeschel.

Sonntag, Kh. (1996). *Lernen in Unternehmen.* München: Beck.

Sonntag, Kh. (1997). Wege zur Lernkultur und organisationalen Effizienz. In N. Wieselhuber (Hrsg.), *Handbuch Lernende Organisation* (S. 45-54). Wiesbaden: Gabler.

Sonntag, Kh. (2002). Personalentwicklung und Training. Stand der psychologischen Forschung und Gestaltung. *Zeitschrift für Personalpsychologie, 1*(2), 59-79.

Sonntag, Kh. (2007). Kompetenzmodelle im Human Resource Management. In E. Schäfer, M. Buch, I. Pahls & J. Pfitzmann (Hrsg.), *Arbeitsanalyse, Arbeitsgestaltung, Kompetenzentwicklung* (S. 264-279). Kassel: University Press.

Sonntag, Kh. & Schäfer-Rauser, U. (1993). Selbsteinschätzung beruflicher Kompetenzen bei der Evaluation von Bildungsmaßnahmen. *Zeitschrift für Arbeits- und Organisationspsychologie, 37*(4), 163-171.

Sonntag, Kh., Schaper, N. & Benz, D. (1999). Leitfaden zur qualitativen Personalplanung bei technisch-organisatorischen Innovationen (LPI). In: H. Dunckel (Hrsg.), *Handbuch psychologischer Arbeitsanalyseverfahren* (S. 285-317). Zürich: vdf.

Sonntag, Kh. & Schmidt-Rathjens, C. (2004). Kompetenzmodelle – Erfolgsfaktoren im HR-Management? *Personalführung, 37*(10), 18-26.

Sonntag, Kh. & Stegmaier, R. (2005). Lernkulturen verstehen, gestalten und messen – Das „Lernkulturinventar" als organisationsdiagnostisches Verfahren zur Messung von Lernkulturen. *Personalführung, 1,* 22-29.

Sonntag, Kh. & Schaper, N. (2006). Förderung beruflicher Handlungskompetenz. In Kh. Sonntag (Hrsg.), *Personalentwicklung in Organisationen* (S. 270-311). Göttingen: Hogrefe.

Sparrow, P. (1995). Organisational competencies: a valid approach for the future? *International Journal of Selection and Assessment, 3*(3), 168-177.

Sparrow, P.R. (1997). Organisational competencies: creating a strategic behavioral framework for selection and assessment. In N. Anderson & P. Herriot (Eds.), *Handbook of assessment and appraisal* (pp.343-368). London: John Wiley.

Spector, P.E., Brannick, M.T. & Coovert, M.D. (1989). Job Analysis. In C. L. Cooper & I. Robertson (Eds.), *International Review of Industrial & Organizational Psychology* (pp. 281-328). Chichester: Wiley.

Spencer, L.M. & Spencer, S.M. (1993). *Competence at work: models for superior performance.* New York: Wiley.

Steinke, J. (1999). *Kriterien qualitativer Forschung*. München: Juventa.

Stern, W. (1912). *Die psychologischen Methoden der Intelligenzprüfung und deren Anwendung an Schulkindern*. Leipzig: Barth.

Stewart, J.-A. (2006). High-perfoming and treshold competencies for group facilitators. *Journal of Change Management, 6*(4), 417-439.

Straka, G.A. (2004). Die Handlungskompetenzdefinition der Kultusministerkonferenz - ein Standard für pädagogische Diagnostik? *Kölner Zeitschrift für Wirtschaft und Pädagogik, 19*(36), 69-97.

Straka, G.A. & Lenz, K. (2003). Bestimmungsfaktoren fachkompetenten Handelns kaufmännischer Berufsschülerinnen und Berufsschüler. Ergebnisse einer unterrichtsbegleitenden Pilotstudie. *Empirische Pädagogik, 17*(2), 217-235.

Stuart, R. (1983). Problems of training design. *Industrial & Commercial Training, 15*(8), 239-240.

Sturman, M. C. (2003). Searching for the inverted U-shaped relationship between time and performance: meta-analysis of the experience/performance, tenure/performance, and age/performance relationships. *Journal of Management, 29*(5), 609-640.

Sudman, S., Bradburn, N. & Schwarz, N. (1996). *Thinking about answers: the application of cognitive processes to survey methodology*. San Francisco: Josey-Bass.

Süss, H.M. (1999). Intelligenz und komplexes Problemlösen: Perspektiven für eine Kooperation zwischen differentiell-psychometrischer und kognitionspsychologischer Forschung. *Psychologische Rundschau, 50*(4), 220-228.

Tett, R.P., Gutermann, H.A., Bleier, A. & Murphy, P.J. (2000). Development and content validation of a "hyperdimensional" taxonomy of managerial competence. *Human Performance, 13*(3), 205-251.

Tett, R.P. & Burnett, D.D. (2003). A personality trait-based interactionist model of job performance. *Journal of Applied Psychology, 88*(3), 500–517.

Tornow, W.W. & Pinto, P.R. (1976). The development of a managerial job taxonomy: a system for describing, classifiying and evaluating executive positions. *Journal of Applied Psychology, 61*(4), 410-420.

Tourangeau, R. & Rasinski, K.A. (1988). Cognitive processes underlying context effects in attitude measurement. *Psychological Bulletin, 103*, 299-314.

Trainor, N.L. (1997). Five levels of competency. *Canadian HR Reporter, 10*, 12-13.

Tross, S.A. & Maurer, T.J. (2000). The relationship between SME job experience and job analysis ratings: findings with and without statistic control. *Journal of Business and Psychology, 15*(1), 97-110.

Truss, C., Gratton, L., Hope-Hailey, V., Stiles, P., & Zaleska, J. (2002). Paying the piper: choice and constraint in changing HR functional roles. *Human Resource Management Journal, 12*(2), 39–63.

Ulich, E. (1998). *Arbeitspsychologie.* Stuttgart: Schäffer-Poeschel.

Ulrich, D. (1997). *Human Resources Champion.* Cambridge: Harvard Business School Press.

Ulrich, D., Brockbank, W. & Yeung, A.K. (1989). Beyond belief: a benchmark for Human Resources. *Human Resource Management, 28*(3), 311-335.

Ulrich, D., Brockbank, W., Yeung, A.K. and Lake, D.G. (1995). Human Resource competencies: an empirical assessment. *Human Resource Management, 34*(4), 473-495.

Ulrich, D., & Brockbank, W. (2005). *The HR value proposition.* Boston: Harvard Business School Press.

Ulrich, D., Brockbank, W., Johnson, D., Sandholtz, K. & Younger, J. (2008). *HR competencies. Mastery at the intersection of people and business.* Alexandria: Society for Human Resource Management.

Vernon, P. E. (1947). Research on personnel selection in the Royal Navy and the British Army. *American Psychologist* 2(2), 35-51.

Vinchur, A.J., Shippmann, J.S., Switzer, F.S. & Roth, P.L. (1998). A meta-analytic review of predictors of job performance for salespeople. *Journal of Applied Psychology, 83*(4), 586–597.

Viswesvaran, C., Schmidt, F.L., & Ones, D.S. (2005). Is there a general factor in ratings of job performance? A meta-analytic framework for disentangling substantive and error influences. *Journal of Applied Psychology, 90*(1), 108-131.

Vitalari, N.P. & Dickson, G.W. (1983). Problem solving for effective systems analysis: an experimental exploration. *Communications of the ACM, 26*(11), 948-956.

Wahl, K., Honig, M.S. & Gravenhorst, L. (1982). *Wissenschaftlichkeit und Interessen. Zur Herstellung subjektivitätsorientierter Sozialforschung.* Frankfurt: Suhrkamp.

Wald, P.M. (2005). Von der Reorganisation zur Zukunft des Personalmanagements. Voraussetzungen, Ergebnisse und Perspektiven. In P.M. Wald (Hrsg.), *Neue Herausforderungen im Personalmanagement. Best Practices - Reorganisation - Outsourcing* (S. 309-337). Wiesbaden: Gabler.

Walker, J.W. & Reif, W.E. (1999). Human Resource leaders: capability strength and gaps. *Human Resources Planning, 22(4)*, 21-32.

Way, P.K. (2002). HR/IR professionals' educational needs and Master's program curricula. *Human Resource Management Review, 12*, 471-489.

Weick, K.E. & Berlinger, L.R. (1989). Career improvisation in self-designing organizations. In M.B. Arthur, D.T. Hall & B.S. Lawrence (Eds.), *Handbook of career theory* (pp. 313-328). New York: Cambridge University Press.

Weinberg, R.B. (2002). *Certification Guide.* Alexandria: Human Resource Certification Institute.

Weinert, F.E. (1999). *Konzepte der Kompetenz.* Paris: OECD.

Literaturverzeichnis

Weinert, F.E. (2001). Vergleichende Leistungsmessung in Schulen - eine umstrittene Selbstverständlichkeit. In F.E. Weinert (Hrsg.), *Leistungsmessungen in Schulen* (S. 17-31). Weinheim: Basel.

Weiß, R. (1999). Erfassung und Bewertung von Kompetenzen - empirische und konzeptionelle Probleme. In Arbeitsgemeinschaft Qualifikations-Entwicklungs-Management (Hrsg.), *Kompetenzentwicklung '99. Aspekte einer neuen Lernkultur: Argumente, Erfahrungen, Konsequenzen* (S. 433-493). Münster: Waxmann.

Weißflog, G. & Rigotti, T. (2002). *Das Psychologiestudium in Leipzig aus der Sicht der Absolventen und deren Übergang ins Berufsleben.* Poster auf dem 43. Kongreß der Deutschen Gesellschaft für Psychologie (Berlin, 22.-26. September 2002).

World Federation of People Management Associations (2010). *About WFPMA.* Zugriff am 01.05.2010 unter http://www.wfpma.org/default.asp

White, R. (1959). Motivation reconsidere: the concept of competence. *Psychological Review, 66*, 279-333.

Wirtz, M. & Caspar, F. (2002). *Beurteilerübereinstimmung und Beurteilerreliabilität.* Göttingen: Hogrefe.

Wottawa, H. (2000). Perspektiven der Potentialbeurteilung. Themen und Trends. In L.v. Rosenstiel und T. Lang-von-Wiens (Hrsg.), *Perspektiven der Potentialbeurteilung* (S. 27-51). Göttingen: Hogrefe.

Wright, P.M., Dyer, L. & Takla, M.G. (1999). What's next? Key Findings from the 1999 State-of-the-Art & Practice Study. *Human Resources Planning, 22*(4), 12-20.

Yeung, A., Woolcock, P., & Sullivan, J. (1996). Identifying and developing HR competencies for the future: keys to sustaining the transformation of HR functions. *Human Resource Planning, 19*(4), 48–58.

Yukl, G.A. & Lepsinger, R. (1992). An integrating taxonomy of managerial behavior: implications for improving managerial effectiveness. In J.W. Jones, B.D. Steffy & D.W. Bray (Eds.), *Applying psychology in business: the manager's handbook* (pp. 563-572). Lexington: Lexington Press.

Zemke, R. (1982). Job Competencies: Can they help you design better training? *Training, 19*(5), 28-31.

Anhang

Anhang A: Interviewleitfaden der Interviewstudie (Studie 1)

I	**Vorstellung und Einleitung**	
	Vorstellung	Persönliche Vorstellung und Dank für die Bereitschaft zum Interview.
	Projektbe-schreibung	Wie Sie bereits aus der Anfrage zur Teilnahme an diesem Interview wissen, geht es in meinem Dissertationsprojekt um die Weiterentwicklung der Kompetenzstandards, die dem ProPer Qualifizierungsprogramm für Personalreferenten zugrunde liegen.

Um die Kompetenzstandards des ProPer Modells zu erweitern und zu konkretisieren ist es wichtig, zu erfahren, welche Aufgaben und Kompetenzanforderungen an einen Personalreferenten gestellt werden. Für mich ist es besonders interessant, Personen wie Sie zu befragen, da Sie mir als Experte für Ihren Job sehr konkret erzählen können, welche Aufgaben im Personalmanagement anfallen und welche Kompetenzen für die erfolgreiche Ausführung der Aufgaben zentral sind. |
| | Ziel des Interviews | Ein Ziel des Interviews ist herauszufinden, wie Sie in bestimmten Arbeitssituationen handeln, sich verhalten und welche Strategien, Fähigkeiten und Dispositionen bei der Bewältigung Ihrer Arbeitsanforderungen zum Tragen kommen. Des Weiteren interessiert im Rahmen der Arbeit auch Ihr Weiterbildungs- und Lernverhalten, d.h. wie Sie als Personalreferent Ihre Kompetenzen weiterentwickeln und Qualifikationen erwerben z.B. in Form von Seminaren und Trainings oder selbstorganisiertem Lernen. Das Ziel besteht darin, Erkenntnisse darüber zu gewinnen, welche Bedingungen und Formen beim Erwerb von bestimmten beruflichen Kompetenzen wichtig und bedeutsam sind.

Auf Grundlage der Ergebnisse der Interviewanalyse können zum einen Aussagen getroffen werden, welche Kompetenzen zur erfolgreichen Bewältigung der Arbeitsaufgaben im HR-Bereich relevant sind. Zum anderen lassen sich Hinweise ableiten, wie Personalmanager ihre berufliche Handlungskompetenzen in Form eines kontinuierlichen, berufsbezogenen Lernens weiter entwickeln können und der Transfer in den Arbeitskontext sicher stellen. |
| | Ablauf | Das Interview wird ca. 90 min dauern. Zur Protokollierung würde ich das Gespräch gern aufnehmen. Wir können uns so ganz auf das Gespräch konzentrieren. Alles was Sie in diesem Interview sagen, wird strikt vertraulich behandelt und die Tonbandaufnahmen werden keinen Dritten zugänglich gemacht. Die Daten werden anonym ausgewertet. Falls es irgendetwas gibt, was Sie nicht aufgenommen haben wollen, melden Sie sich, auch jederzeit im Gespräch, wir werden dann das Aufnahmegerät ausstellen.

Es gibt bei diesem Interview keine richtigen oder falschen Antworten. Sie sind in diesem Gespräch der Experte und wir freuen uns auf ihre Anmerkungen und Ihr Wissen. |
| | Überblick | Das Interview lässt sich in vier größere Blöcke unterteilen. Ich interessiere mich zunächst dafür, welche Arbeitsaufgaben bei Ihrer täglichen Personalarbeit anfallen und welche Verantwortungen sie haben. Als nächstes werde ich Ihnen einige Kompetenzen nennen, die von der DGFP und von internationalen Fachverbänden des Personalmanagements als relevant für die erfolgreiche Personalarbeit bezeichnet wurden. Ich möchte Sie bitten, einzelne Situationen aus dem Arbeitsalltag zu beschreiben, in denen diese Kompetenzen relevant waren oder sind. Zum Schluss möchte ich Sie noch über Ihr Weiterbildungsverhalten befragen. |

Anhang A: Interviewleitfaden der Interviewstudie (Studie 1)

	Einverständnis	Sind Sie mit der Vorgehensweise einverstanden? Haben Sie noch Fragen?
	Definitionen	Der Begriff Kompetenz ist zentral für meine Arbeit; allerdings existieren in der Literatur eine Vielzahl von Definitionen. Was verstehe ich darunter? Kompetenzen sind meinem Verständnis nach auf bestimmte Aufgaben und Tätigkeiten bezogen. Sie stellen gewissermaßen persönliche Voraussetzungen zur besonders guten Bewältigung dieser Aufgaben dar. Kompetenzen können daher Motive und Einstellungen, Fähigkeiten und Fertigkeiten als auch bestimmte Kenntnisse oder Verhalten sein. Im Kontext von Personalmanagement könnten z. B. - Kenntnisse über die Gestaltung von Arbeitsverträgen, Abmahnungen und Kündigungen - das Beherrschen der Kommunikation mit Mitarbeitern, Vorgesetzten, Betriebsräten, - die Bereitschaft, sich über neueste Entwicklungen im Arbeitsrecht zu informieren sehr wichtige Kompetenzen sein, um die jeweiligen Aufgaben erfolgreich auszuführen. (evt. weitere Begriffe an der jeweiligen Stelle im Interview erklären)

II   Arbeitsaufgaben und Verantwortungen

1	**Einstiegsfragen**	- Beschreiben Sie bitte kurz Ihre berufliche Entwicklung bis zur heutigen Position. - Wie lange arbeiten Sie bereits im Personalbereich?
2	**Arbeitsaufgaben und Verantwortungen**	- Was sind Ihre Hauptaufgaben und Verantwortungen? - Beschreiben Sie bitte Ihre wichtigsten Aufgaben im Tagesgeschäft.

III Kompetenzen im Personalmanagement

1	**Kulturprägende Kompetenzen** Unternehmenskultur, Kulturgestaltung, Führung	Gibt es Situationen oder Aufgaben in Ihrem Arbeitsalltag, in denen kulturprägende Kompetenzen eine Rolle spielen? Beschreiben Sie bitte eine Situation konkreter in der diese Kompetenz hilfreich war. Welches Wissen, Können oder welche Einstellung sind bezüglich dieser Kompetenz relevant? Welches Verhalten haben sie bei der Bewältigung der Situation/Aufgabe gezeigt? Haben Sie ein Beispiel dafür, wie sich die Kompetenz in der Praxis zeigt? **(Leitfragen zu allen folgenden Kompetenzen)**
2	**Strategische Kompetenzen** Personalpolitische Handlungsleitlinien, Personalstrategie	
3	**Rechtliche Kompetenzen** Arbeits- und Sozialrecht, Tarif- und Vertragsrecht	
4	**Beziehungsmanagement mit Externen** Bezugsgruppen (Arbeitsamt, Verbände)	

Anhang A: Interviewleitfaden der Interviewstudie (Studie 1)

5	**Wertschöpfungsmanagement** Instrumente des Personalcontrollings, Wertbeiträge liefern	
6	**Kompetenzmanagement** Personalentwicklung, Qualifizierung	
7	**Instrumentenmanagement** Personalwirtschaftliche Instrumente	
8	**Management des Wandels** Faktoren des Wandels, Kommunikation in Veränderungsprozessen	
9	**Sozial-Kommunikative Kompetenzen**	
10	**Selbstkompetenzen**	
IV	**Weiterbildungs- und Lernverhalten**	
	Frage zu einer der 10 Kompetenzen	1. **Phase:** - Wie stellen Sie Ihren Lern- und Weiterbildungsbedarf (Lücke zwischen Anforderungen und Fähigkeiten) bezüglich dieser Kompetenz fest? - Werden Sie von Unternehmensseite bei der Identifikation von Weiterbildungsbedarf unterstützt z.B. Instrumente zur Bedarfsanalyse bereit gestellt oder Einverständnis des VG für Weiterbildung? - Welche persönlichen Ziele setzen Sie sich bzw. welche Ansprüche haben Sie an die Weiterbildung? 2. **Phase:** - Welche Maßnahmen und Lernstrategien wählen Sie aus, um diese Kompetenz weiter zu entwickeln? (z.B. formale Lernformen wie Trainings oder informelle Lernformen wie selbstorganisierte Lernformen) - Wir organisieren und gestalten Sie den Lernprozess (Tun Sie das auf der Arbeit, in der Freizeit?). Nach welchen Gesichtspunkten wählen Sie die Maßnahmen aus? 3. **Phase:** - Was tun Sie, um das Gelernte in Ihren Arbeitskontext zu übertragen? Welche Aktivitäten unternehmen Sie, um das erlernt Wissen anzuwenden? - Und wie überprüfen Sie Ihre Lernergebnisse?
	Abschluss und Dank	**Herzlichen Dank für die Beantwortung unserer Fragen.** **Vielleicht sind bei Ihnen im Laufe des Gespräches noch Fragen aufgekommen, die Sie mir noch stellen möchten?**

Anhang B: Fragebogen (Paper-Pencil-Version) der Validierungsstudie (Studie 2)

UNIVERSITÄT PADERBORN
Die Universität der Informationsgesellschaft

Fragebogen zur Validierung eines Kompetenzmodells für Personalmanager

Liebe Teilnehmerin, lieber Teilnehmer!

Ihre Meinung als Experte im Bereich Personalmanagement ist uns wichtig! Deshalb wären wir Ihnen sehr dankbar, wenn Sie sich einige Minuten Zeit nehmen würden, um den Ihnen vorliegenden Fragebogen auszufüllen.

Der Ihnen vorliegende Fragebogen ist Teil eines **Dissertationsprojekts** am Lehrstuhl für Arbeits- und Organisationspsychologie der **Universität Paderborn** (Lehrstuhlinhaber Prof. Dr. Niclas Schaper). Im Rahmen dieses Projekts ist ein bereits existierendes Kompetenzmodell für Personalmanager, das die Deutsche Gesellschaft für Personalführung (DGFP) als Basis ihres Qualifizierungsprogramms „ProPer" für Personalmanager entwickelt hat, weiterentwickelt worden.

Dazu wurden in einer ersten Studie zunächst Interviews mit erfahrenen Personalreferenten aus mittelständischen und großen Unternehmen durchgeführt und diese zu ihren Aufgaben und Kompetenzanforderungen in der Personalarbeit befragt. Die Interviewdaten wurden ausgewertet und das Resultat ist ein Kompetenzmodell mit acht definierten Kompetenzfeldern, die durch spezifische Verhaltensbeschreibungen (Beispiele, wie sich die einzelnen Kompetenzfacetten in der Praxis manifestieren) konkretisiert werden.

Das Ziel der vorliegenden Fragebogenstudie ist es nun, das aufgestellte Kompetenzmodell durch Experten im Personalmanagement einschätzen und beurteilen zu lassen, d.h. zu ermitteln, wie „gut" das aufgestellte Kompetenzmodell berufs- und erfolgsrelevante Kompetenzanforderungen für das Berufsbild des Personalreferenten beschreibt bzw. erfasst? Dabei geht es weniger um die Einschätzung, ob das Kompetenzmodell alle denkbaren Kompetenzaspekte vollständig erfasst, sondern vielmehr darum, ob die wesentlichen „erfolgsrelevanten" Kompetenzfacetten eines Personalmanagers berücksichtigt wurden.

Anhang B: Fragebogen (Paper-Pencil-Version) der Validierungsstudie (Studie 2)

Hier noch einige Hinweise zum Ausfüllen des Fragebogens:

1. Die Bearbeitung des Fragebogens wird etwa 45 Minuten dauern. Wir sichern Ihnen ausdrücklich zu, dass alle Daten ausschließlich zu Forschungszwecken verwendet und **streng vertraulich** behandelt werden. Alle Antworten werden **anonym** ausgewertet. Die Ergebnisse können **nicht** mit einzelnen Personen in Verbindung gebracht werden. Bei diesem Fragebogen geht es um Ihre persönliche Einschätzung von Sachverhalten, daher gibt es keine „falschen" oder „richtigen" Antworten. Bitte lesen Sie jede Frage sorgfältig durch.

2. Das zu validierende **Kompetenzmodell** (siehe Abbildung unten) besteht aus **acht definierten Kompetenzfeldern**, die nachfolgend aufgeführt sind :
   1. Kulturelle Kompetenz
   2. Personalstrategische Kompetenz
   3. Arbeitsrechtliche Kompetenz
   4. Beziehungsmanagement mit Externen
   5. Personalcontrolling und Wertschöpfungsmanagement
   6. Kompetenzmanagement
   7. Instrumentenmanagement
   8. Management des Wandels

Jedes einzelne Kompetenzfeld ist jeweils in drei **definierte Subkompetenzfelder** unterteilt:

- strategisch/ organisational
- technisch/ operativ
- kommunikativ/ beziehungsorientiert

Die einzelnen Subkompetenzfelder beinhalten ihrerseits mehrere **spezifische Verhaltensbeschreibungen,** die sich aus einem Mix von Kompetenzmerkmalen zusammensetzen (Wissen/Kenntnisse, Können/Fähigkeiten, Einstellung/Bereit-schaft).

Anhang B: Fragebogen (Paper-Pencil-Version) der Validierungsstudie (Studie 2)

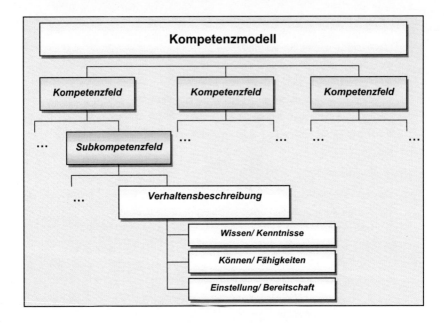

3. Zu beurteilen ist das Kompetenzmodell nach folgendem **Beurteilungskriterium** auf einer sechsstufigen Ratingskala):

Bedeutsamkeit/Relevanz = Inwieweit werden inhaltlich mit den Verhaltensbeschreibungen auch wirklich berufs- und erfolgsrelevante Kompetenzanforderungen für die Tätigkeit als Personalmanager erfasst und beschrieben? Inwieweit sind die Kompetenzmerkmale für einen Personalmanager bedeutsam/relevant?

Die Bedeutsamkeit/Relevanz ist auf einer sechsstufigen Ratingskala einzuschätzen:

überhaupt nicht bedeutsam	nicht bedeutsam	eher nicht bedeutsam	eher bedeutsam	bedeutsam	sehr bedeutsam
O	O	O	O	O	O

Anhang B: Fragebogen (Paper-Pencil-Version) der Validierungsstudie (Studie 2)

4. Zusätzlich würden wir uns auch sehr über Anmerkungen oder Hinweise freuen, welche Aspekte im Kompetenzmodell noch nicht berücksichtigt wurden und die wir ergänzen sollten.

Wir bedanken uns sehr herzlich für Ihr Vertrauen und Ihre Unterstützung! Bei Rückfragen stehen wir Ihnen gerne unter den unten genannten Kontaktdaten zur Verfügung.

Prof. Dr. Niclas Schaper   Dipl.-Psych. Yasmin Kurzhals   Stephan Wedderwille B.A.

E-Mail:
niclas.schaper@upb.de

E-Mail:
yasmin.kurzhals@upb.de

E-Mail:
Stephan.Wedderwille@wiwi.upb.de

Tel.: (+49) (0) 52 51 - 60 - 29 01

Fax: (+49) (0) 52 51 - 60 - 35 28

Tel.: (+49) (0) 52 51 - 60 - 29 03

Mobil: (+49) (0) 173 – 91 19 412

Fax: (+49) (0) 52 51 - 60 - 35 28

Tel.: (+49) (0) 5251 - 33 652

Mobil: (+49) (0) 178 - 80 34 535

Faxen Sie den ausgefüllten Bogen bitte bis zum 17.02.2007 an:

(+49) (0) 52 51 - 60 - 35 28

Alternativ können Sie den ausgefüllten Fragebogen auf postalischem Wege an folgende Adresse schicken:

Lehrstühle für Arbeits- und Organisationspsychologie,
Entwicklungspsychologie und kognitive Psychologie

Warburger Str. 100

30098 Paderborn

Anhang B: Fragebogen (Paper-Pencil-Version) der Validierungsstudie (Studie 2)

Frage 1: Ihr Alter: _____ Jahre

Frage 2: Ihr Geschlecht:

☐ männlich

☐ weiblich

Frage 3: Wie lange sind Sie schon im Bereich Personal tätig?

☐ < 5 Jahre ☐ 5-10 Jahre

☐ 11-20 Jahre ☐ > 20 Jahre

Frage 4: Zu welcher Berufsgruppe gehören Sie?

☐ Personalmanager

☐ Professor/in bzw. Lehrkraft an einer Uni/ FH

Frage 5: Sollten Sie zur Gruppe der Personalmanager gehören, geben Sie bitte an auf welcher Führungsebene Sie arbeiten?

☐ untere (z.B. Teamleiter/in)

☐ mittlere (z.B. Abteilungsleiter/in)

☐ obere (z.B. Management, Geschäftsführung)

Frage 6: Sollten Sie zur Gruppe der Professoren/innen bzw. Lehrkräfte gehören, geben Sie bitte an auf welcher Position Sie arbeiten?

☐ untere (z.B. wissenschaftliche Hilfskraft, Mitarbeiter, Doktorand/in)

☐ mittlere (z.B. Lehrbeauftragte/r, Privatdozent/in)

☐ obere (z.B. Professor/in, Lehrstuhlinhaber/in)

Frage 7: Sind Sie Führungskraft mit Personalverantwortung?

☐ ja

☐ nein

Frage 8: Wie viele Mitarbeiter sind in Ihrem Unternehmen beschäftigt?

☐ < 50 ☐ 50-100 ☐ 101-500

☐ 501-1.000 ☐ 1.001-2.000 ☐ 2.001-5.000

☐ 5.001-10.000 ☐ > 10.000

Frage 9: In welcher Branche ist Ihr Unternehmen tätig?

☐ Dienstleistung ☐ Handel

☐ Produktion ☐ Öffentliche Verwaltung/ Hochschule/ Städtische Betriebe

☐ Gesundheits-/ Sozialwesen ☐ sonstige

Anhang B: Fragebogen (Paper-Pencil-Version) der Validierungsstudie (Studie 2)

1. Kulturelle Kompetenz (Kompetenzfeld):
Kenntnis und Mitgestaltung kultureller Rahmenbedingungen sowie Unterstützung von Führungskräften und Mitarbeitern bei der Gestaltung der Unternehmenskultur (Führungskultur, Umgang miteinander)

1.1 Kenntnis der Unternehmens-/Führungsgrundsätze sowie Unterstützung bei der Entwicklung derselben (Subkompetenzfeld: strategisch/organisational)

Bitte schätzen Sie die nachfolgenden Verhaltensbeschreibungen hinsichtlich ihrer Bedeutsamkeit ein:

	Überhaupt nicht bedeutsam					sehr bedeutsam
die Inhalte der Unternehmens-/Führungsgrundsätze kennen (z.B. Position auf dem Markt, beim Kunden, in der Öffentlichkeit)	O	O	O	O	O	O
Vorgehen zur Entwicklung der Unternehmensgrundsätze kennen (z.B. Workshops mit Führungskräften, unternehmensweite Mitarbeiterbefragung)	O	O	O	O	O	O
die Indikatoren für die (Weiter-)Entwicklung der Unternehmensgrundsätze kennen (z.B. Schaffen eines gemeinsamen Grundverständnisses)	O	O	O	O	O	O
die Unternehmenshistorie und deren Bedeutung für die Unternehmenskultur kennen (z.B. Fusion unterschiedlich kulturgeprägter Unternehmen)	O	O	O	O	O	O
wissen, dass die Partizipation der Mitarbeiter bei der Entwicklung der Unternehmensgrundsätze von Bedeutung ist	O	O	O	O	O	O
bei der Formulierung der Unternehmensgrundsätze die Führungskräfte und Mitarbeiter beteiligen (Akzeptanz sichern)	O	O	O	O	O	O
an der (Weiter-)Entwicklung der Unternehmensgrundsätze mitwirken (z.B. Betonung wichtiger Themen, Durchführung von Workshops)	O	O	O	O	O	O
Bereitschaft und Geduld mitbringen, um auch "Widerständler" von den Unternehmensgrundsätzen zu überzeugen	O	O	O	O	O	O
akzeptieren, dass man als Personalmanager nicht auf alle kulturprägenden Aspekte im Unternehmen Einfluss hat	O	O	O	O	O	O
Bereitschaft, den Betriebsrat bei der Entwicklung der Unternehmensgrundsätze mit einzubeziehen (als Sprachrohr der Mitarbeiter)	O	O	O	O	O	O

Hier können Sie Anmerkungen zu diesem Subkompetenzfeld oder einzelnen Verhaltensbeschreibungen machen (z.B. Ergänzungsvorschläge):

Anhang B: Fragebogen (Paper-Pencil-Version) der Validierungsstudie (Studie 2)

1.2 Kenntnis und Sicherstellung der Einhaltung der Einhaltung und Umsetzung der Unternehmensgrundsätze (Subkompetenzfeld technisch/operativ)

Bitte schätzen Sie die nachfolgenden Verhaltensbeschreibungen hinsichtlich ihrer Bedeutsamkeit ein:

	Überhaupt nicht bedeutsam					sehr bedeutsam
wissen, wie die Kenntnis der Unternehmensgrundsätze bei den Mitarbeitern abgefragt und sichergestellt werden kann (z.B. Mitarbeiterbefragung)	O	O	O	O	O	O
wissen, in welche Personalinstrumente die Unternehmensgrundsätze integriert sind (z.B. Qualifizierungsmaßnahmen, Beurteilungssysteme)	O	O	O	O	O	O
Projekte begleiten, die zur Umsetzung der Unternehmensgrundsätze beitragen (z.B. Projekt "Familie und Beruf", Veränderung der Führungskultur)	O	O	O	O	O	O
Personalinstrumente (Trainings/Auswahlverfahren) konzipieren, die auf den Unternehmens-/Führungsgrundsätzen basieren	O	O	O	O	O	O
im Rahmen der Personalauswahl prüfen, ob der Bewerber sich mit den Unternehmensgrundsätzen identifizieren kann (z.B. Kundenorientierung)	O	O	O	O	O	O
Ergebnisse aus Mitarbeiterbefragungen und deren Bedeutung für die Unternehmenskultur interpretieren können (z.B. Betriebsklima)	O	O	O	O	O	O
Maßnahmen zur Einführung und Verbreitung der Unternehmensgrundsätze durchführen (z.B. Plakatkampagne, Kick-off-Veranstaltungen)	O	O	O	O	O	O
den Mitarbeitern die Unternehmensgrundsätze vermitteln (z.B. kommunizieren, Beispiele finden)	O	O	O	O	O	O
Bereitschaft, das Augenmerk der Mitarbeiter auf die Unternehmensgrundsätze und deren Einhaltung lenken	O	O	O	O	O	O

Hier können Sie Anmerkungen zu diesem Subkompetenzfeld oder einzelnen Verhaltensbeschreibungen machen (z.B. Ergänzungsvorschläge):

Anhang B: Fragebogen (Paper-Pencil-Version) der Validierungsstudie (Studie 2)

1.3 Kenntnis und Mitgestaltung kultureller Rahmenbedingungen sowie Unterstützung von Führungskräften und Mitarbeitern bei der Gestaltung der Unternehmenskultur (Subkompetenzfeld kommunikativ/beziehungsorientiert)

Bitte schätzen Sie die nachfolgenden Verhaltensbeschreibungen hinsichtlich ihrer Bedeutsamkeit ein:

	Überhaupt nicht bedeutsam					sehr bedeutsam
Vorgehensweisen kennen, Konflikte zwischen Führungskraft und Mitarbeiter zu lösen (z.B. Beteiligte zu einem Gespräch motivieren)	O	O	O	O	O	O
die Kultur/Lebensgewohnheiten von Mitarbeitern aus anderen Ländergesellschaften kennen (z.B. Indien)	O	O	O	O	O	O
Konflikttrainings mit Mitarbeitern zur Prävention organisieren/ durchführen (z.B. gruppendynamische Trainings)	O	O	O	O	O	O
die Führungskräfte im Umgang mit den Mitarbeitern beraten (z.B. Vorgehen und Verhalten im Mitarbeitergespräch)	O	O	O	O	O	O
die Führungskraft bei kritischen Gesprächen unterstützen (z.B. Mitarbeitergespräche, Konfliktgespräche)	O	O	O	O	O	O
Konflikte zwischen Führungskraft und Mitarbeiter im Gespräch analysieren, zwischen den Parteien vermitteln, einvernehmliche Lösung finden	O	O	O	O	O	O
in kritischen Gesprächen sachlich und neutral bleiben (beide Seiten anhören), Gespräche vertraulich behandeln	O	O	O	O	O	O
beim Umgang mit ausländischen Kollegen deren Werte, Kultur und Einstellungen berücksichtigen (z.B. in Meetings, persönliche Ansprache)	O	O	O	O	O	O
das Zusammengehörigkeitsgefühl der Beschäftigten durch gemeinsame Veranstaltungen fördern	O	O	O	O	O	O
Erkenntnisse(z.B. aus Konfliktgesprächen) vermitteln können, so dass sie verstanden werden (z.B. zielgruppenorientiert vermitteln)	O	O	O	O	O	O
Bereitschaft, einen externen Coach einzuschalten, wenn man als Personalmanager einen Konflikt nicht selbständig lösen kann	O	O	O	O	O	O
Bereitschaft, einer Führungskraft die Dienstleisterrolle zu verweigern (z.B. Durchführung von kritischen Gesprächen ablehnen)	O	O	O	O	O	O
Bereitschaft, die Führungskraft wiederholt auf fehlerhaftes Führungsverhalten hinzuweisen und Abhilfe zu schaffen	O	O	O	O	O	O

Hier können Sie Anmerkungen zu diesem Subkompetenzfeld oder einzelnen Verhaltensbeschreibungen machen (z.B. Ergänzungsvorschläge):

Anhang B: Fragebogen (Paper-Pencil-Version) der Validierungsstudie (Studie 2)

2. Personalstrategische Kompetenz (Kompetenzfeld):
Kenntnis und Mitgestaltung eines Handlungsrahmens für strategische Personalaktivitäten und Umsetzung damit verbundener Maßnahmen (Mitarbeitergewinnung, -bindung, -qualifizierung und -führung) unter Berücksichtigung unternehmensinterner und –externer Rahmenbedingungen

2.1 Kenntnis und Einschätzung des Unternehmens (Branche, Kerngeschäft, Wettbewerb) und dessen Strategie sowie Unterstützung bei der Entwicklung der grundlegenden Personalstrategie (Subkompetenzfeld: strategisch/organisational)

Bitte schätzen Sie die nachfolgenden Verhaltensbeschreibungen hinsichtlich ihrer Bedeutsamkeit ein:

	Überhaupt nicht bedeutsam				sehr bedeutsam
das Kerngeschäft des Unternehmens kennen	O	O	O	O	O
die Position des Unternehmens am Markt/in der Branche kennen	O	O	O	O	O
die grundlegenden Abläufe und Prozesse im Unternehmen kennen (z.B. Aufgaben der Abteilungen)	O	O	O	O	O
die Personalstrategie kennen (z.B. attraktiver/sozialer Arbeitgeber, Marktführer, Talentförderung)	O	O	O	O	O
die strategischen Weiterbildungs-/Qualifizierungsziele kennen (z.B. Verbesserung der Kommunikation, Entwicklung überfachlicher Kompetenzen)	O	O	O	O	O
Gegenstände des Personal-Benchmarkings (Vergleich zu Mitbewerbern) kennen (z.B. Vergütungssysteme)	O	O	O	O	O
bei der Entwicklung der Personalstrategie mitwirken	O	O	O	O	O
auf relevante Faktoren hinweisen, die der Umsetzung der Unternehmensstrategie aus personalstrategischer Sicht im Wege stehen	O	O	O	O	O
personalpolitische Strategien der Mitbewerber sichten (z.B. Internetrecherchen, Stellenanzeigen)	O	O	O	O	O
die Auswirkungen unternehmensstrategischer Entscheidungen auf die Personalarbeit einschätzen (z.B. Personalabbau)	O	O	O	O	O
Bereitschaft, unternehmensstrategische Entscheidungen seitens der Personalabteilung zu begleiten	O	O	O	O	O
Bereitschaft, die Führungskräfte bei der Umsetzung personalstrategischer Maßnahmen einzubeziehen	O	O	O	O	O
Bereitschaft, an abteilungsübergreifenden Sitzungen teilzunehmen (z.B. informieren über Ziele, Veränderungen der Abteilungen)	O	O	O	O	O

Hier können Sie Anmerkungen zu diesem Subkompetenzfeld oder einzelnen Verhaltensbeschreibungen machen (z.B. Ergänzungsvorschläge):

Anhang B: Fragebogen (Paper-Pencil-Version) der Validierungsstudie (Studie 2)

2.2 Kenntnis und Durchführung von strategischen Maßnahmen zur Personalgewinnung, -bindung und -qualifzierung
(Subkompetenzfeld technisch/operativ)

Bitte schätzen Sie die nachfolgenden Verhaltensbeschreibungen hinsichtlich ihrer Bedeutsamkeit ein:

	Überhaupt nicht bedeutsam					sehr bedeutsam
die strategischen Bewerbungswege des Unternehmens kennen (z.B. Stellenanzeigen, Recruiting-Messen)	O	O	O	O	O	O
strategische Maßnahmen zur Gewinnung von High Potentials/ Bewältigung des Fachkräftemangels kennen (z.B. Hochschulmarketing)	O	O	O	O	O	O
wissen, dass für bestimmte Stellen/Funktionen ein Bewerber- und Qualifikationsmangel auf dem Arbeitsmarkt existiert (z.B. Ingenieure)	O	O	O	O	O	O
wissen, ob "Job Hopper" für das Unternehmen attraktiv sind (Erfahrung, Know-How)	O	O	O	O	O	O
das Unternehmen als attraktiven Arbeitgeber präsentieren, Alleinstellungsmerkmale herausstellen ("Employer Branding")	O	O	O	O	O	O
im Rahmen der strategischen Personalauswahl prüfen, ob es zu einer langfristigen Zusammenarbeit zwischen Bewerber und Unternehmen kommen kann	O	O	O	O	O	O
unternehmensstrategische Ziele bei der (Weiter-)Entwicklung von Qualifizierungsmaßnahmen berücksichtigen (z.B. zunehmende Internationalisierung)	O	O	O	O	O	O
strategische Maßnahmen entwickeln und durchführen, um dem Fachkräftemangel/ der Fluktuation zu begegnen (z.B. Führungsnachwuchsprogramme)	O	O	O	O	O	O
bei der Einführung einer Mitarbeiterkapitalbeteiligung – als strategische Maßnahme zur Mitarbeitermotivation/ -bindung – unterstützen	O	O	O	O	O	O
Bereitschaft, Praktikanten und Diplomanden zu beschäftigen und zu betreuen (Ziel der frühzeitigen Mitarbeiterbindung)	O	O	O	O	O	O

Hier können Sie Anmerkungen zu diesem Subkompetenzfeld oder einzelnen Verhaltensbeschreibungen machen (z.B. Ergänzungsvorschläge):

Anhang B: Fragebogen (Paper-Pencil-Version) der Validierungsstudie (Studie 2)

2.3 Gestaltung sozial-kommunikativer Beziehungen zur Umsetzung der personalstrategischen Ziele (Personalgewinnung, -bindung und –qualifizierung) (Subkompetenzfeld kommunikativ/beziehungsorientiert)

Bitte schätzen Sie die nachfolgenden Verhaltensbeschreibungen hinsichtlich ihrer Bedeutsamkeit ein:

	Überhaupt nicht bedeutsam					sehr bedeutsam
im Rahmen der strategischen Personalauswahl die Eignung von Bewerbern mit den jeweiligen Fachabteilungen diskutieren	O	O	O	O	O	O
mit der Geschäftsführung/Vertretern aus den Unternehmensbereichen personalstrategische Ziele und deren Realisierung diskutieren	O	O	O	O	O	O
Netzwerke zu Universitäten und Hochschulen aufbauen (z.B. Gewinnung von High Potentials)	O	O	O	O	O	O
den Mitarbeitern die Vorteile und Risiken beim Kauf von Belegschaftsaktien im Rahmen der Mitarbeiterkapitalbeteiligung erläutern	O	O	O	O	O	O
Bereitschaft, neuen Mitarbeitern den Einstieg in das Unternehmen zu erleichtern (z.B. Erstellung eines Einarbeitungsplans)	O	O	O	O	O	O

Hier können Sie Anmerkungen zu diesem Subkompetenzfeld oder einzelnen Verhaltensbeschreibungen machen (z.B. Ergänzungsvorschläge):

Anhang B: Fragebogen (Paper-Pencil-Version) der Validierungsstudie (Studie 2)

3. Arbeitsrechtliche und Sozialpartnerschaftliche Kompetenz (Kompetenzfeld):
Kenntnis und Berücksichtigung des Individual- und Kollektivarbeitsrechts bei allen auf die Personalarbeit bezogenen Fragestellungen, Aufgaben und Maßnahmen

3.1 Kenntnis und Schaffung grundlegender arbeitsgesetzlicher und –rechtlicher Rahmenbedingungen und –vereinbarungen
(Subkompetenzfeld: strategisch/organisational)

Bitte schätzen Sie die nachfolgenden Verhaltensbeschreibungen hinsichtlich ihrer Bedeutsamkeit ein:

	Überhaupt nicht bedeutsam					sehr bedeutsam
die grundlegenden Gesetze des Individualarbeitsrechts und deren Inhalte kennen (z.B. Kündigungsschutzgesetz, Teilzeit- und Befristungsgesetz)	O	O	O	O	O	O
die grundlegenden Gesetze des Kollektivarbeitsrechts und deren Inhalte kennen (z.B. Tarifvertragsgesetz, Betriebsverfassungsgesetz)	O	O	O	O	O	O
die grundlegenden Inhalte der geltenden Tarifverträge kennen (z.B. Entgeltrahmenabkommen, Entgeltgruppen und Eingruppierung)	O	O	O	O	O	O
die Regelungsgegenstände und Form einer Betriebsvereinbarung/ Betriebsordnung kennen	O	O	O	O	O	O
die Rechte des Betriebsrates kennen (z.B. Informations-, Mitwirkungs-, Mitbestimmungsrechte)	O	O	O	O	O	O
die Mitbestimmungsstrukturen/ -gremien im eigenen Unternehmen kennen (z.B. Gesamtbetriebsräte, Aufsichtsräte)	O	O	O	O	O	O
die strategischen Entscheidungen des Managements bei der Konzeption der Arbeitsverträge berücksichtigen (befristet/unbefristet)	O	O	O	O	O	O
einen Sozialplan erstellen (unter Berücksichtigung von Aspekten wie z.B. Dauer der Betriebszugehörigkeit, Lebensalter)	O	O	O	O	O	O
ein Konzept für eine Betriebsvereinbarung erstellen	O	O	O	O	O	O
Bereitschaft, bei der Personalarbeit nach den rechtlichen und gesetzlichen Bestimmungen handeln	O	O	O	O	O	O

Hier können Sie Anmerkungen zu diesem Subkompetenzfeld oder einzelnen Verhaltensbeschreibungen machen (z.B. Ergänzungsvorschläge):

Anhang B: Fragebogen (Paper-Pencil-Version) der Validierungsstudie (Studie 2)

3.2 Kenntnis und Anwendung von einzelnen Gesetzesbestandteilen und Paragrafen bei der Personaleinstellung, - verwaltung, -disziplinierung und –kündigung (Subkompetenzfeld technisch/operativ)

Bitte schätzen Sie die nachfolgenden Verhaltensbeschreibungen hinsichtlich ihrer Bedeutsamkeit ein:

	Überhaupt nicht bedeutsam					sehr bedeutsam
die rechtlichen Bedingungen bei einer Abfindungszahlung kennen (z.B. Anspruch nach betriebsbedingter Kündigung im KSchG)	O	O	O	O	O	O
die formalrechtlichen Aspekte bei einer Kündigung kennen (z.B. Kündigungsfristen und - gründe, Schriftform)	O	O	O	O	O	O
wissen, ob und welche Tarifverträge für die einzelnen Arbeitsverhältnisse gelten (z.B. Tarif-, Manteltarif-, Lohntarifvertrag)	O	O	O	O	O	O
bei der Personalbeschaffung/-auswahl das Allgemeine Gleichbehandlungsgesetz (AGG) berücksichtigen (z.B. Stellenanzeigen AGG-konform konzipieren)	O	O	O	O	O	O
Arbeitsverträge unter Berücksichtigung gesetzlicher Bestimmungen und der Form des Arbeitsverhältnisses konzipieren (z.B. befristet/unbefristet)	O	O	O	O	O	O
eine Entgeltabrechnung verstehen/erklären können (z.B. versicherungs- und beitragsrechtliche Aspekte)	O	O	O	O	O	O
eine Abmahnung unter Berücksichtigung gesetzlicher Bestimmungen erstellen (u.a. Schilderung des beanstandeten Sachverhalts, Hinweis auf Unterlassung)	O	O	O	O	O	O
eine Kündigung unter Berücksichtigung gesetzlicher Bestimmungen erstellen (z.B. Schriftform, Angabe der Kündigungsgründe)	O	O	O	O	O	O
die Risiken/Folgen einer Kündigungsschutzklage einschätzen (z.B. finanzielle Folgen bei einem Vergleich, Prestige)	O	O	O	O	O	O
Bereitschaft, sich über (aktuelle) Änderungen/Rechtsurteile im Arbeitsrecht zu informieren (z.B. über Newsletter, Zeitschriften)	O	O	O	O	O	O

Hier können Sie Anmerkungen zu diesem Subkompetenzfeld oder einzelnen Verhaltensbeschreibungen machen (z.B. Ergänzungsvorschläge):

Anhang B: Fragebogen (Paper-Pencil-Version) der Validierungsstudie (Studie 2)

3.3 Gestaltung der Zusammenarbeit mit dem Betriebsrate sowie Führen von Gesprächen mit Mitarbeitern und Führungskräften in arbeitsrechtlichen Fragestellungen (Subkompetenzfeld technisch/operativ)

Bitte schätzen Sie die nachfolgenden Verhaltensbeschreibungen hinsichtlich ihrer Bedeutsamkeit ein:

	Überhaupt nicht bedeutsam					sehr bedeutsam
wissen, dass eine Einigungsstelle einberufen werden kann, wenn sich der Betriebsrat und der Arbeitgeber nicht einigen können	O	O	O	O	O	O
Ansprechpartner für Führungskräfte und Mitarbeiter in arbeitsrechtlichen Fragestellungen sein (z.B. Altersteilzeit, Arbeitsverträge, Entlohnung)	O	O	O	O	O	O
die Führungskräfte bei disziplinarischen Maßnahmen und Entlassungen beraten (z.B. Kündigungsgründe, Alternativen zur Abmahnung)	O	O	O	O	O	O
die Gespräche mit dem Betriebsrat vorbereiten (z.B. Ziele und Interessen berücksichtigen, Argumente für Zustimmung überlegen)	O	O	O	O	O	O
sozial-kommunikative Kompetenzen in Zusammenarbeit mit dem Betriebsrat mitbringen (z.B. Verhandlungsgeschick)	O	O	O	O	O	O
einem Mitarbeiter seine Kündigung mitteilen (ggf. gemeinsam mit dem Vorgesetzten, Gründe für die Kündigung erläutern)	O	O	O	O	O	O
Austrittsinterviews mit Mitarbeitern führen (z.B. nach Gründen für die Kündigung fragen, sich Zeit nehmen)	O	O	O	O	O	O
mit den Mitarbeitern arbeitsrechtliche Modalitäten bei Personalentlassungen klären (z.B. Abfindung)	O	O	O	O	O	O
Bereitschaft, den Betriebs-/Personalrat frühzeitig und aktiv mit einzubeziehen (z.B. bei Projekten, bei der Personalauswahl)	O	O	O	O	O	O
akzeptieren, dass Entscheidungen durch den Betriebsrat nicht im Sinne des Personalmanagers ausfallen (z.B. Entscheidungen werden blockiert)	O	O	O	O	O	O
Bereitschaft, sich bei arbeitsrechtlichen Fragen an fachkompetente Beratung oder Kollegen zu wenden (z.B. Jurist im Haus)	O	O	O	O	O	O
Bereitschaft, einen guten Kontakt zum Betriebsrat zu pflegen, vertrauensvolle Zusammenarbeit aufzubauen (z.B. Einigung durch Kompromisslösung)	O	O	O	O	O	O

Hier können Sie Anmerkungen zu diesem Subkompetenzfeld oder einzelnen Verhaltensbeschreibungen machen (z.B. Ergänzungsvorschläge):

Anhang B: Fragebogen (Paper-Pencil-Version) der Validierungsstudie (Studie 2)

4. Beziehungsmanagement mit Externen (Kompetenzfeld):
Zusammenarbeit mit externen Anspruchs- und Bezugsgruppen des Unternehmens (Lieferanten, Verbände und Behörden)

4.1 Kenntnis und Berücksichtigung grundlegender Rahmenbedingungen (gesetzlich, rechtlich) in der Zusammenarbeit mit Bezugsgruppen des Unternehmens sowie Auswahl externer Dienstleister
(Subkompetenzfeld: strategisch/organisational)

Bitte schätzen Sie die nachfolgenden Verhaltensbeschreibungen hinsichtlich ihrer Bedeutsamkeit ein:

	Überhaupt nicht bedeutsam					sehr bedeutsam
die Rahmenbedingungen für Verträge mit externen HR-Dienstleistern kennen (z.B. Personaldienstleistern)	O	O	O	O	O	O
wissen, welche HR-Aufgabenfelder mit welcher Intention an externe Dienstleister ausgelagert wurden (z.B. Lohnbuchhaltung)	O	O	O	O	O	O
die grundlegenden Verordnungen der IHK zur Aus- und Weiterbildung kennen (z.B. bundeseinheitliche Zwischen- und Abschlussprüfungen)	O	O	O	O	O	O
die gesetzlichen Rahmenbedingungen in der Zusammenarbeit mit dem Integrationsamt kennen (Sozialgesetzbuch)	O	O	O	O	O	O
die Aufgaben/Anforderungen an externe HR-Dienstleister kennen (z.B. Berater, Personaldienstleister)	O	O	O	O	O	O
bei der Auswahl von externen (HR)-Dienstleistern deren Referenzen berücksichtigen (z.B. Branchenerfahrung)	O	O	O	O	O	O
dem Management eine Entscheidungsgrundlage zur Auswahl eines HR-Dienstleisters vorlegen (Empfehlung begründen)	O	O	O	O	O	O
die Rahmenbedingungen der IHK (Ausbildungsinhalte, Zwischen- und Abschlussprüfungen) berücksichtigen	O	O	O	O	O	O
Bereitschaft, bei sozialversicherungsrechtlichen Fragestellungen mit der Krankenkasse zusammen arbeiten	O	O	O	O	O	O
Bereitschaft, sich bei arbeits- und tarifrechtlichen Fragestellungen an den Arbeitgeberverband wenden	O	O	O	O	O	O

Hier können Sie Anmerkungen zu diesem Subkompetenzfeld oder einzelnen Verhaltensbeschreibungen machen (z.B. Ergänzungsvorschläge):

Anhang B: Fragebogen (Paper-Pencil-Version) der Validierungsstudie (Studie 2)

4.2 Kenntnis und Nutzung von Förderungs- und Unterstützungsmöglichkeiten externer Bezugsgruppen des Unternehmens (Lieferanten, Verbände und Behörden) sowie Berufskollegen unter Berücksichtigung der damit verbundenen Rahmenbedingungen und Bedürfnisse der jeweiligen Person, Gruppe oder Institution (Subkompetenzfeld technisch/operativ)

Bitte schätzen Sie die nachfolgenden Verhaltensbeschreibungen hinsichtlich ihrer Bedeutsamkeit ein:

Verhaltensbeschreibung	Überhaupt nicht bedeutsam					sehr bedeutsam
die Möglichkeiten und Bedingungen der Altersteilzeitförderung durch das Arbeitsamt kennen	O	O	O	O	O	O
die Unterstützungsmöglichkeiten des Integrationsamtes für behinderte Beschäftigte kennen	O	O	O	O	O	O
das Arbeitsamt bei personalbezogenen Fragestellungen kontaktieren (z.B. bei der Personalrekrutierung, Eingliederungszuschüssen)	O	O	O	O	O	O
mit dem Arbeitsamt das Anforderungsprofil für eine Stelle besprechen	O	O	O	O	O	O
mit dem Integrationsamt zusammen arbeiten, um die Beschäftigung eines behinderten Mitarbeiters zu fördern (z.B. finanzielle Leistungen)	O	O	O	O	O	O
dem Dienstleister (Personaldienstleister, -berater) das Anforderungsprofil einer zu besetzenden Stelle zur Verfügung stellen	O	O	O	O	O	O
gemeinsam mit einem Personaldienstleiter überlegen, ob geeignete Personen aus dem Bewerberpool für die Ausführung der Tätigkeit vorliegen	O	O	O	O	O	O
Bereitschaft, externe Berater (z.B. Personal-/Unternehmensberater) darauf aufmerksam machen, wenn gewünschte Arbeitsergebnisse ausbleiben	O	O	O	O	O	O
Bereitschaft, an Fachvorträgen/Informationsveranstaltungen externer Institutionen teilnehmen (z.B. Arbeitgeberverband)	O	O	O	O	O	O
Bereitschaft, mit Universitäten im Rahmen der Personalrekrutierung zusammenarbeiten (z.B. Praktikanten)	O	O	O	O	O	O
Bereitschaft, mit externen Dienstleistern zur Entwicklung/ zum Einsatz von Personalinstrumenten zusammen zu arbeiten (z.B. Mitarbeiterbefragung, Assessment Centers)	O	O	O	O	O	O
Bereitschaft, mit externen Weiterbildungsanbietern zusammen zu arbeiten	O	O	O	O	O	O

Hier können Sie Anmerkungen zu diesem Subkompetenzfeld oder einzelnen Verhaltensbeschreibungen machen (z.B. Ergänzungsvorschläge):

Anhang B: Fragebogen (Paper-Pencil-Version) der Validierungsstudie (Studie 2)

4.3 Zusammenarbeit mit externen Anspruchs- und Bezugsgruppen des Unternehmens (Lieferanten, Verbände und Behörden) sowie Berufskollegen unter Berücksichtigung der damit verbundenen Rahmenbedingungen und Bedürfnisse der jeweiligen Person, Gruppe oder Institution
(Subkompetenzfeld kommunikativ/beziehungsorientiert)

Bitte schätzen Sie die nachfolgenden Verhaltensbeschreibungen hinsichtlich ihrer Bedeutsamkeit ein:

	Überhaupt nicht bedeutsam					sehr bedeutsam
die Ansprechpartner beim Arbeitgeberverband, beim Arbeitsamt, bei der IHK persönlich kennen	O	O	O	O	O	O
Forderungen gegenüber dem Integrationsamt durchsetzen können bzw. diese überzeugen können	O	O	O	O	O	O
sich mit dem Arbeitgeberverband hinsichtlich tarifvertraglicher Regelungen auseinandersetzen (z.B. bei Zulagen)	O	O	O	O	O	O
Bereitschaft, sich regelmäßig mit Berufskollegen aus anderen Unternehmen über die Personalarbeit auszutauschen	O	O	O	O	O	O
Bereitschaft, sich regelmäßig mit externen Dienstleistern auszutauschen (z.B. bei einem Projekt, im Laufe der Zusammenarbeit)	O	O	O	O	O	O

Hier können Sie Anmerkungen zu diesem Subkompetenzfeld oder einzelnen Verhaltensbeschreibungen machen (z.B. Ergänzungsvorschläge):

Anhang B: Fragebogen (Paper-Pencil-Version) der Validierungsstudie (Studie 2)

5. Personalcontrolling und Wertschöpfungsmanagement (Kompetenzfeld):
Planung, Steuerung und Kontrolle personalwirtschaftlicher Maßnahmen und Optimierung des personalwirtschaftlichen Leistungsbeitrags unter Berücksichtigung von unternehmensspezifischen Zielgrößen

5.1 Kenntnis und Bereitstellung grundlegender Kennzahlen des Personalcontrollings im Unternehmen sowie Steuerung personalwirtschaftlicher Maßnahmen unter Berücksichtigung ökonomischer Rahmenbedingungen
(Subkompetenzfeld: strategisch/organisational)

Bitte schätzen Sie die nachfolgenden Verhaltensbeschreibungen hinsichtlich ihrer Bedeutsamkeit ein:

Verhaltensbeschreibung	Überhaupt nicht bedeutsam					sehr bedeutsam
grundlegende betriebswirtschaftliche Kenntnisse haben (z.B. Betriebliches Rechnungswesen)	O	O	O	O	O	O
wissen, aus welchen Kategorien/Kostenarten sich die Personalkosten zusammensetzen (z.B. Lohnkosten, Lohnnebenkosten)	O	O	O	O	O	O
die Vergütungsstrukturen des Unternehmens kennen	O	O	O	O	O	O
die personalwirtschaftlichen Kennzahlen des Unternehmens kennen (z.B. Mitarbeiterzahlen, Fluktuations-/Krankenstandsquoten)	O	O	O	O	O	O
unternehmensstrukturelle Änderungen und damit verbundene personenbezogene Zukunftsdaten kennen (z.B. Auflösung eines Produktionsbereiches)	O	O	O	O	O	O
personalwirtschaftliche Kennzahlen für unternehmensinterne Interessensgruppen zielgruppenspezifisch bereitstellen (z.B. Gehaltsentwicklungen)	O	O	O	O	O	O
die Bedeutung veränderter ökonomischer Rahmenbedingungen und Entwicklungen für das Personalmanagement aufzeigen (Informationsfunktion)	O	O	O	O	O	O
Handlungsempfehlungen zum Umgang mit zukünftigen Entwicklungen ableiten und integrieren (Steuerungsfunktion)	O	O	O	O	O	O
personalwirtschaftliche Leistungen/Kennziffern mit anderen Unternehmen oder internen Unternehmensbereichen vergleichen (Benchmarking)	O	O	O	O	O	O
ein transparentes Vergütungskonzept entwickeln (z.B. auf Basis von Stellenbewertungen)	O	O	O	O	O	O
Bereitschaft, die Bedeutung betriebswirtschaftlicher Kennziffern bei Verständnisproblemen nachzufragen (z.B. Income statement)	O	O	O	O	O	O

Hier können Sie Anmerkungen zu diesem Subkompetenzfeld oder einzelnen Verhaltensbeschreibungen machen (z.B. Ergänzungsvorschläge):

Anhang B: Fragebogen (Paper-Pencil-Version) der Validierungsstudie (Studie 2)

5.2 Kenntnis und Bereitstellung spezifischer Kennzahlen des Personalcontrollings sowie Steuerung personalwirtschaftlicher Maßnahmen unter Berücksichtigung unternehmensbezogener Ziele und Auswirkungen
(Subkompetenzfeld: technisch/ operativ)

Bitte schätzen Sie die nachfolgenden Verhaltensbeschreibungen hinsichtlich ihrer Bedeutsamkeit ein:

	Überhaupt nicht bedeutsam					sehr bedeutsam
Maßnahmen zur Kosteneinsparung bei einzelnen Kostenträgern kennen (z.B. Arbeitszeiterhöhung, Senkung der Krankheitsquote)	O	O	O	O	O	O
die Höhe des Budgets für einzelne Kostenstellen kennen (z.B. Weiterbildungsbudget)	O	O	O	O	O	O
personalbezogene Maßnahmen kennen, die zur Verbesserung von personalwirtschaftlichen Kennzahlen beitragen (z.B. Mitarbeiterqualifizierung zur Produktivitätserhöhung)	O	O	O	O	O	O
mit Hilfe von personenbezogenen Vorausschau- und Prognosedaten zukünftige Personalbestände vorhersagen	O	O	O	O	O	O
bei der Festsetzung der Abfindungshöhe im Einzelfall die Auswirkungen abschätzen (z.B. Höhe des Arbeitslosengeldes)	O	O	O	O	O	O
einzelne personalwirtschaftliche Kennzahlen zum Personalbestand und zur -struktur interpretieren (z.B. Mitarbeiterstamm, Altersstruktur)	O	O	O	O	O	O
EDV-gestützte Controllingsysteme bedienen	O	O	O	O	O	O
interne Leistungsverrechnungen durchführen	O	O	O	O	O	O
über konkrete Leistungsbeiträge/-ergebnisse des Personalmanagements informieren (z.B. in Mitarbeiterzeitung, internen Meetings)	O	O	O	O	O	O
Vorschläge zur Kosteneinsparungen für spezifische personalwirtschaftliche Handlungsfelder einbringen (z.B. Ausbildungsquoten herunterfahren)	O	O	O	O	O	O
Personalkostenbudget planen und ggf. Änderungen vornehmen (z.B. unter Berücksichtigung der Vorgaben des Managements)	O	O	O	O	O	O
die Ursachen/Faktoren bei Kostenexplosionen im Personalbereich analysieren	O	O	O	O	O	O
Maßnahmen durchführen, um das Potential einzelner Mitarbeiters effizient und effektiv zu nutzen (z.B. Versetzung)	O	O	O	O	O	O
den Einsatz eines Personaldienstleisters bei Personalengpässen abwägen (z.B. Wertschöpfung durch Flexibilität)	O	O	O	O	O	O
mit externen/internen Dienstleistern über Preise verhandeln mit dem Ziel, z.B. Budgetvorgaben einzuhalten, Kosten zu reduzieren	O	O	O	O	O	O
akzeptieren, dass die (strategische) Personalplanung im Laufe des Jahres geändert wird	O	O	O	O	O	O

Hier können Sie Anmerkungen zu diesem Subkompetenzfeld oder einzelnen Verhaltensbeschreibungen machen (z.B. Ergänzungsvorschläge):

Anhang B: Fragebogen (Paper-Pencil-Version) der Validierungsstudie (Studie 2)

5.3 Sozial-kommunikativer Austausch zur Bewältigung von Personalcontrollingaufgaben (Subkompetenzfeld kommunikativ/beziehungsorientiert)

Bitte schätzen Sie die nachfolgenden Verhaltensbeschreibungen hinsichtlich ihrer Bedeutsamkeit ein:

	Überhaupt nicht bedeutsam					sehr bedeutsam
sich mit Kollegen aus dem Personalcontrolling/anderen Abteilungen über Maßnahmen zur Kostenoptimierung austauschen	O	O	O	O	O	O
notwendige Informationen zur Budgetplanung von den Kollegen/Abteilungen einholen (ggf. darauf hinweisen)	O	O	O	O	O	O
Bereitschaft, mit Beschäftigten (aus anderen Unternehmensbereichen) zusammenzuarbeiten, um eine realistische Personal(kosten-)planung durchführen zu können	O	O	O	O	O	O

Hier können Sie Anmerkungen zu diesem Subkompetenzfeld oder einzelnen Verhaltensbeschreibungen machen (z.B. Ergänzungsvorschläge):

Anhang B: Fragebogen (Paper-Pencil-Version) der Validierungsstudie (Studie 2)

6. Kompetenzmanagement (Kompetenzfeld):
Kenntnis und Anwendung von Maßnahmen und Methoden zur Erfassung, Entwicklung und zum Management von Mitarbeiterkompetenzen, mit dem Ziel, nachhaltig die wirtschaftliche Handlungskraft eines Unternehmens zu erhöhen

6.1 Kenntnis und Umsetzung der grundlegenden Maßnahmen des Kompetenzmanagements (Subkompetenzfeld: strategisch/organisational)

Bitte schätzen Sie die nachfolgenden Verhaltensbeschreibungen hinsichtlich ihrer Bedeutsamkeit ein:

	Überhaupt nicht bedeutsam					sehr bedeutsam
das Kompetenzmodell des Unternehmens kennen (z.B. Kernkompetenzen und deren Abstufungen)	O	O	O	O	O	O
die unternehmensinternen Maßnahmen zur Kompetenzentwicklung kennen (z.B. internes Seminarprogramm)	O	O	O	O	O	O
die auf dem Kompetenzmodell basierenden Personalinstrumente kennen (z.B. Einstellungsinterview, Zielvereinbarungssysteme, Karriereplanung)	O	O	O	O	O	O
wissen, welche Anforderungen an die Kernkompetenzen der Beschäftigten gestellt werden (z.B. Kundenorientierung, Teamfähigkeit)	O	O	O	O	O	O
Kompetenzmanagementmaßnahmen mit anderen Unternehmen vergleichen (z.B. Führungsnachwuchsförderung)	O	O	O	O	O	O
Kompetenzentwicklungsmaßnahmen unter Berücksichtigung unternehmensbezogener Rahmenbedingungen planen (z.B. des Weiterbildungsbudgets)	O	O	O	O	O	O
bei der Entwicklung des Kompetenzmodells mitwirken (z.B. Interviews mit Führungskräften führen, bei anderen Unternehmen recherchieren)	O	O	O	O	O	O

Hier können Sie Anmerkungen zu diesem Subkompetenzfeld oder einzelnen Verhaltensbeschreibungen machen (z.B. Ergänzungsvorschläge):

Anhang B: Fragebogen (Paper-Pencil-Version) der Validierungsstudie (Studie 2)

6.2 Kenntnis und Anwendung von Methoden zur Kompetenzdiagnose, zum -management und zur -entwicklung im Rahmen der Personalgewinnung und -förderung (Subkompetenzfeld: technisch/operativ)

Bitte schätzen Sie die nachfolgenden Verhaltensbeschreibungen hinsichtlich ihrer Bedeutsamkeit ein:

	Überhaupt nicht bedeutsam					sehr bedeutsam
die Voraussetzungen/Kriterien kennen, um als Führungsnachwuchs gefördert zu werden (z.B. Erfahrung, Flexibilität, Mobilität)	O	O	O	O	O	O
die Kompetenzanforderungen/das Kompetenzprofil für eine Stelle/Fördermaßnahme kennen	O	O	O	O	O	O
die Funktion des Mitarbeitergesprächs im Rahmen des Kompetenzmanagements kennen (z.B. Entwicklungspotential identifizieren)	O	O	O	O	O	O
Methoden kennen, die zur Diagnose vorhandener Mitarbeiterkompetenzen eingesetzt werden (z.B. Interviews, Tests)	O	O	O	O	O	O
Methoden zur Analyse des Kompetenzentwicklungs-/Weiterbildungsbedarfs kennen (z.B. Fragebogen, Gespräche mit Führungskräften)	O	O	O	O	O	O
die Inhalte eines Trainee-/Führungsnachwuchsprogramms kennen (z.B. Dauer, Ablauf, Maßnahmenkatalog)	O	O	O	O	O	O
die Bedeutung kontinuierlicher Weiterbildung kennen (z.B. lebenslanges Lernen, neue Technologien und Innovationen)	O	O	O	O	O	O
bei der unternehmensweiten Erfassung der Mitarbeiterkompetenzen unterstützen (Ziel: Identifikation von Entwicklungsmaßnahmen zur Bewältigung zukünftiger Anforderungen)	O	O	O	O	O	O
Kompetenzanforderungen/-profil für Stellen im Unternehmen beschreiben/definieren	O	O	O	O	O	O
den Kompetenzentwicklungsbedarf von Beschäftigten regelmäßig erfassen (z.B. Online-Befragung, Gespräche)	O	O	O	O	O	O
die Weiterbildungswünsche der Beschäftigten im Einzelfall beurteilen (z.B. Wirtschaftlichkeit)	O	O	O	O	O	O
die Teilnahme der Beschäftigten an Kompetenzentwicklungsmaßnahmen dokumentieren (z.B. Qualifikationserwerb)	O	O	O	O	O	O
Kompetenzentwicklungsmaßnahmen am Arbeitsplatz organisieren, begleiten (z.B. job rotation)	O	O	O	O	O	O
Kompetenzentwicklungsmaßnahmen evaluieren (z.B. Erfolgskontrolle durch Wissens-/Kenntnisabfrage)	O	O	O	O	O	O
bei internen Stellenbesetzungen die Übereinstimmung des Anforderungsprofils mit dem IST-profil des Beschäftigten prüfen (ggf. mit Unterstützung von Personalinformationssystemen)	O	O	O	O	O	O
bei der Konzeption von Kompetenzentwicklungsmaßnahmen unterstützen (z.B. Potential AC für Nachwuchskräfte)	O	O	O	O	O	O
einen Entwicklungsplan für eine Führungsnachwuchskraft erstellen (z.B. Maßnahmen, Ziele, Perspektiven)	O	O	O	O	O	O

Hier können Sie Anmerkungen zu diesem Subkompetenzfeld oder einzelnen Verhaltensbeschreibungen machen (z.B. Ergänzungsvorschläge):

Anhang B: Fragebogen (Paper-Pencil-Version) der Validierungsstudie (Studie 2)

6.3 Führen von Gesprächen mit Mitarbeitern und Führungskräften zur Umsetzung des Kompetenzmanagementsystems (insbesondere Qualifizierung) sowie Unterstützung des Wissensaustauschs und der -weitergabe
(Subkompetenzfeld: kommunikativ/ beziehungsorientiert)

Bitte schätzen Sie die nachfolgenden Verhaltensbeschreibungen hinsichtlich ihrer Bedeutsamkeit ein:

	Überhaupt nicht bedeutsam					sehr bedeutsam
an Management-Konferenzen zur Identifikation entwicklungsfähiger Mitarbeiter teilnehmen	O	O	O	O	O	O
Mitarbeiter und Führungskräfte zu Entwicklungs-/Weiterbildungsmöglichkeiten individuell beraten	O	O	O	O	O	O
mit einem Beschäftigten die Rahmenbedingungen zur Teilnahme an einer Weiterbildungsmaßnahme besprechen (z.B. Kostenübernahme, Freistellung)	O	O	O	O	O	O
die Mitarbeiter und Führungskräfte über das Kompetenzmanagementsystem informieren (z.B. Schulungen durchführen, Fragen beantworten)	O	O	O	O	O	O
Bereitschaft, Wissensaustausch (Kompetenztransfer) unter den Mitarbeitern zu ermöglichen (z.B. Teambesprechungen)	O	O	O	O	O	O
Bereitschaft, Wissen/Informationen weiterzugeben (z.B. rechtliche Änderungen bekannt geben, an Austauschrunden teilnehmen)	O	O	O	O	O	O
Bereitschaft, bei den Mitarbeitern die Eigeninitiative zur Weiterentwicklung fördern (Kompetenz-/Qualifikationserwerb)	O	O	O	O	O	O

Hier können Sie Anmerkungen zu diesem Subkompetenzfeld oder einzelnen Verhaltensbeschreibungen machen (z.B. Ergänzungsvorschläge):

Anhang B: Fragebogen (Paper-Pencil-Version) der Validierungsstudie (Studie 2)

7. Instrumentenmanagement (Kompetenzfeld):
Kenntnis, Entwicklung und Anwendung von Personalinstrumenten

7.1 Kenntnis und Entwicklung der im Unternehmen eingesetzten Personalinstrumente
(Subkompetenzfeld: strategisch/organisational)

Bitte schätzen Sie die nachfolgenden Verhaltensbeschreibungen hinsichtlich ihrer Bedeutsamkeit ein:

	Überhaupt nicht bedeutsam					sehr bedeutsam
die grundlegenden im Unternehmen eingesetzten Personalinstrumente kennen	O	O	O	O	O	O
Betriebsvereinbarungen kennen, die die Anwendung von Personalinstrumenten regeln (z.B. jährliches Mitarbeitergespräch, Vergütungssysteme)	O	O	O	O	O	O
einen Leitfaden für die Anwendung von Personalinstrumenten erstellen (z.B. für ein Mitarbeitergespräch)	O	O	O	O	O	O
recherchieren, welche Personalinstrumente andere Unternehmen einsetzen (Benchmarks heranziehen z.B. aus Netzwerken, im Internet)	O	O	O	O	O	O
in der Planungsphase von Personalinstrumenten recherchieren, ob bereits in anderen Gesellschaften des Unternehmens ausgearbeitete Konzepte vorhanden sind	O	O	O	O	O	O
Betriebsvereinbarungen zur Anwendung von Personalinstrumenten konzipieren	O	O	O	O	O	O
die Handhabbarkeit von im Unternehmen eingesetzten Personalinstrumenten analysieren (z.B. Befragung von Führungskräften und Mitarbeitern)	O	O	O	O	O	O
Personalinstrumente an aktuelle Bedingungen anpassen	O	O	O	O	O	O
bei der Entwicklung von Personalinstrumenten (unternehmens-)strategische Aspekte berücksichtigen	O	O	O	O	O	O
Bereitschaft, Führungskräfte in die Konzeption und Weiterentwicklung von Personalinstrumenten einzubeziehen (Akzeptanz erhöhen)	O	O	O	O	O	O

Hier können Sie Anmerkungen zu diesem Subkompetenzfeld oder einzelnen Verhaltensbeschreibungen machen (z.B. Ergänzungsvorschläge):

Anhang B: Fragebogen (Paper-Pencil-Version) der Validierungsstudie (Studie 2)

7.2 Kenntnis und Anwendung von Personalinstrumenten im Rahmen der Personalauswahl, -entwicklung (Subkompetenzfeld: technisch/operativ)

Bitte schätzen Sie die nachfolgenden Verhaltensbeschreibungen hinsichtlich ihrer Bedeutsamkeit ein:

	Überhaupt nicht bedeutsam					sehr bedeutsam
Inhalt, Ablauf und Bedingungen von Auswahlverfahren kennen (z.B. Assessment Center, Eignungstest)	O	O	O	O	O	O
die Zeitwirtschaftsmodelle und deren Geltungsbereich im Unternehmen kennen (z.B. bestimmte Abteilungen, Standorte)	O	O	O	O	O	O
wissen, dass Leistungsbeurteilungen an Vergütungsbestandteile geknüpft sind	O	O	O	O	O	O
die Inhalte des Mitarbeitergesprächs kennen (z.B. Zielabgleich von geplanten und erreichten Zielen, Stärken und Schwächen)	O	O	O	O	O	O
die Grundregeln bei der Formulierung von Zielvereinbarungen kennen (z.B. realistisch, messbar, erreichbar)	O	O	O	O	O	O
die Funktionsweise leistungsabhängiger Vergütung kennen (z.B. Prämiensystem für bestimmte (Ziel-)gruppen)	O	O	O	O	O	O
Stellenanzeigen/Anforderungsprofile erstellen (Beschreibung von Anforderungen, Aufgaben)	O	O	O	O	O	O
Stellen-/ Arbeitsplatzbewertungen als Grundlage für die Vergütungssysteme erstellen	O	O	O	O	O	O
Einstellungsinterviews durchführen (z.B. Fragen zu vergangenen Erfolgen stellen, Verhalten in zukünftigen Situationen abfragen)	O	O	O	O	O	O
bei der Konzeption, Durchführung und Auswertung eines Assessment Centers unterstützen (Aufgabenkonzeption anhand der Anforderungen)	O	O	O	O	O	O
bei der Entwicklung variabler Vergütungssysteme unterstützten	O	O	O	O	O	O
Personalauswahlverfahren validieren (z.B. Praktikabilität und Kosten des Assessment Center)	O	O	O	O	O	O
die der Vergütung zugrundeliegenden Kriterien der Leistungsbeurteilung kennen (z.B. Qualifikationen, Kompetenzen)	O	O	O	O	O	O
Richtlinien zur Durchführung des Mitarbeitergesprächs entwickeln (z.B. Ablauf, regelmäßige Durchführung, Protokollierung)	O	O	O	O	O	O
die Durchführung von Mitarbeitergesprächen durch die Führungskräfte sicherstellen (z.B. Gesprächsprotokolle)	O	O	O	O	O	O
die Dokumentationen aus Mitarbeiter-/Zielvereinbarungsgesprächen auswerten (z.B. Beurteilungen, vereinbarte Entwicklungsmaßnahmen)	O	O	O	O	O	O
akzeptieren, dass man als Personalmanager bei Personalauswahlentscheidungen in einer Ratgeberrolle ist	O	O	O	O	O	O
im Bewerbergespräch offen und freundlich mit dem Bewerber umgehen (angenehme Atmosphäre schaffen)	O	O	O	O	O	O

Hier können Sie Anmerkungen zu diesem Subkompetenzfeld oder einzelnen Verhaltensbeschreibungen machen (z.B. Ergänzungsvorschläge):

Anhang B: Fragebogen (Paper-Pencil-Version) der Validierungsstudie (Studie 2)

7.3 Führen von Gesprächen zum Einsatz von Personalinstrumenten (zur Personalbeurteilung, -förderung, -verwaltung)
(Subkompetenzfeld kommunikativ/beziehungsorientiert)

Bitte schätzen Sie die nachfolgenden Verhaltensbeschreibungen hinsichtlich ihrer Bedeutsamkeit ein:

	Überhaupt nicht bedeutsam					sehr bedeutsam
die Inhalte einer Mitarbeiterbefragung vor deren Durchführung im Projektteam abstimmen (z.B. Fragen zum Betriebsklima, Führungskultur)	O	O	O	O	O	O
Mitarbeiter und Führungskräfte zur Durchführung des Mitarbeitergesprächs/Personalbeurteilungen schulen (z.B. Formulierung von Zielen, Ansprechen von Kritik)	O	O	O	O	O	O
die Fragen der Mitarbeiter und Führungskräfte zu Personalinstrumenten beantworten (z.B. Mitarbeitergespräch, Vergütungssysteme)	O	O	O	O	O	O
den Führungskräften beratend bei der Entwicklung von Karriereplänen (für Mitarbeiter) zur Seite stehen	O	O	O	O	O	O
Bereitschaft, die Führungskräfte auf ihre Verantwortung einer fairen Mitarbeiterbeurteilung hinweisen	O	O	O	O	O	O
Mitarbeitergespräche (zwischen Mitarbeiter und Führungskraft) auf Wunsch begleiten	O	O	O	O	O	O

Hier können Sie Anmerkungen zu diesem Subkompetenzfeld oder einzelnen Verhaltensbeschreibungen machen (z.B. Ergänzungsvorschläge):

Anhang B: Fragebogen (Paper-Pencil-Version) der Validierungsstudie (Studie 2)

8. Management des Wandels (Kompetenzfeld):
Kenntnis der Einflussfaktoren und Bedingungen des Wandels sowie Durchführung von Maßnahmen (Information, Kommunikation, Personalentwicklung) zur Bewältigung im Unternehmen

8.1 Kenntnis und Analyse der internen und externen Faktoren des Wandels
(Subkompetenzfeld: strategisch/organisational)

Bitte schätzen Sie die nachfolgenden Verhaltensbeschreibungen hinsichtlich ihrer Bedeutsamkeit ein:

	Überhaupt nicht bedeutsam					sehr bedeutsam
die internen und externen Faktoren des Wandels kennen (z.B. Gewinnvorgaben durch den Mutterkonzern, Wettbewerb am Markt)	O	O	O	O	O	O
die Auswirkungen externer Einflüsse auf organisationale Veränderungsprozesse kennen (z.B. Personalabbau)	O	O	O	O	O	O
die wirtschaftlichen Veränderungen am Markt beobachten (z.B. in der Branche, bei einzelnen Unternehmen)	O	O	O	O	O	O
benchmarken/ recherchieren, wie andere Unternehmen den veränderten ökonomischen Rahmenbedingungen (z.B. Politik, Technik) begegnen	O	O	O	O	O	O
erörtern, in welchen Unternehmensbereichen eine Anpassung an die externen Veränderungen (z.B. wirtschaftliche Entwicklungen) erfolgen muss	O	O	O	O	O	O
das demografische Problem im eigenen Unternehmen/in der Branche einschätzen (z.B. Altersstruktur der Fachkräfte)	O	O	O	O	O	O
Bereitschaft, sich dem wirtschaftlichen Wandel anzupassen, flexibel sein						

Hier können Sie Anmerkungen zu diesem Subkompetenzfeld oder einzelnen Verhaltensbeschreibungen machen (z.B. Ergänzungsvorschläge):

Anhang B: Fragebogen (Paper-Pencil-Version) der Validierungsstudie (Studie 2)

8.2 Kenntnis und Anwendung von Instrumenten und Methoden zur Bewältigung des Wandels unter Berücksichtigung gegenwärtiger und zukünftiger Anforderungen (Subkompetenzfeld: technisch/ operativ)

Bitte schätzen Sie die nachfolgenden Verhaltensbeschreibungen hinsichtlich ihrer Bedeutsamkeit ein:

	Überhaupt nicht bedeutsam					sehr bedeutsam
wissen, dass die Mitarbeiter für die Bewältigung zukünftiger Aufgaben weiterqualifiziert werden müssen	O	O	O	O	O	O
die Vorgehensweisen, Instrumente zur Bewältigung des demografischen Wandels kennen (z.B. strukturierte Nachfolgeplanung)	O	O	O	O	O	O
Maßnahmen durchführen, um gemeinsam mit Verantwortlichen aus den Unternehmenseinheiten die Gestaltung des Veränderungsprozesses zu planen	O	O	O	O	O	O
Maßnahmen durchführen, um den Mitarbeitern die anstehenden Veränderungsprozesse im Unternehmen aufzuzeigen (z.B. Strategien, Maßnahmen)	O	O	O	O	O	O
Maßnahmen anbieten, um die im Rahmen von Umstrukturierungen entlassenen Mitarbeiter zu unterstützen (z.B. Outplacementberatung)	O	O	O	O	O	O
Maßnahmen durchführen, um die Zusammenarbeit zwischen Kollegen aus fusionierten Unternehmen zu optimieren (z.B. gemeinsame Betriebsausflüge)	O	O	O	O	O	O
die organisatorischen, personellen Veränderungen (z.B. Versetzungen, Abteilungsfusionen) in Personalinformationssystemen abbilden	O	O	O	O	O	O
die Qualifikationsstruktur der Beschäftigten analysieren (mit dem Ziel PE-maßnahmen abzuleiten, die auf zukünftige Aufgaben vorbereiten)	O	O	O	O	O	O
die veränderten wirtschaftlichen Bedingungen bei der Umsetzung von PE-maßnahmen berücksichtigen	O	O	O	O	O	O
betriebliche Altersstrukturanalysen durchführen (mit dem Ziel der Früherkennung zukünftiger betrieblicher Personalprobleme)	O	O	O	O	O	O
Bereitschaft, die Mitarbeiter auf die Notwendigkeit der Weiterqualifizierung hinweisen (z.B. um sich organisationalen Veränderungen anzupassen)	O	O	O	O	O	O

Hier können Sie Anmerkungen zu diesem Subkompetenzfeld oder einzelnen Verhaltensbeschreibungen machen (z.B. Ergänzungsvorschläge):

Anhang B: Fragebogen (Paper-Pencil-Version) der Validierungsstudie (Studie 2)

8.3 Führen von Gesprächen sowie Bereitstellung von Informationen in betrieblichen Veränderungsprozessen (z.B. Umstrukturierungen, Unternehmensfusionen) (Subkompetenzfeld: Kommunikativ/beziehungsorientiert)

Bitte schätzen Sie die nachfolgenden Verhaltensbeschreibungen hinsichtlich ihrer Bedeutsamkeit ein:

	Überhaupt nicht bedeutsam					sehr bedeutsam
die Bedeutung einer offenen Kommunikation in Veränderungsprozessen kennen	O	O	O	O	O	O
als Ansprechpartner für die Mitarbeiter bei unternehmensstrukturellen Veränderungen zur Verfügung stehen (bei fachlichen und persönlichen Fragen)	O	O	O	O	O	O
den Informations- und Kommunikationsfluss im Rahmen von Umstrukturierungsprozessen zwischen den Unternehmenseinheiten und der Personalabteilung sicherstellen (z.B. Erstellung eines Kommunikationsplans, der die Informationsweitergabe an die Mitarbeiter regelt)	O	O	O	O	O	O
im Rahmen betrieblich bedingter Personalentlassungen den Mitarbeitern die Ängste nehmen, Zuversichtlichkeit demonstrieren	O	O	O	O	O	O
einem Mitarbeiter mitteilen, dass er aufgrund von Restrukturierungsmaßnahmen versetzt/entlassen wird	O	O	O	O	O	O
im Rahmen von Restrukturierungsmaßnahmen (z.B. Personalabbau, Versetzungen) Gespräche mit dem Betriebsrat und betreffenden Abteilungen führen (sich einigen)	O	O	O	O	O	O
Bereitschaft, offen und ehrlich die anstehenden betrieblichen Veränderungsprozesse an die Mitarbeiter zu kommunizieren	O	O	O	O	O	O
Bereitschaft, den Betriebsrat in die anstehenden Veränderungsprozesse frühzeitig mit einzubinden	O	O	O	O	O	O
den Mitarbeitern das Gefühl vermitteln, ihre mit betrieblichen Veränderungsprozessen verbundenen Ängste ernst zu nehmen (ggf. trösten, beruhigen)	O	O	O	O	O	O
Bereitschaft, bei betrieblichen Veränderungsprozessen auf die Mitarbeiter zuzugehen (nach ihrem Befinden, Unterstützungsmöglichkeiten) fragen	O	O	O	O	O	O

Hier können Sie Anmerkungen zu diesem Subkompetenzfeld oder einzelnen Verhaltensbeschreibungen machen (z.B. Ergänzungsvorschläge):

Anhang B: Fragebogen (Paper-Pencil-Version) der Validierungsstudie (Studie 2)

Abschließend möchten wir Sie bitten das **Kompetenzmodell in seiner Gesamtheit** (mit seinen Verhaltensbeschreibungen, Subkompetenzfeldern und Kompetenzfeldern) hinsichtlich der folgenden Kriterien einzuschätzen:

Das Kompetenzmodell erfasst insgesamt die berufs- und erfolgsrelevanten Kompetenzanforderungen für den Berufsstand der Personalmanager.

Trifft überhaupt nicht zu　　　　　　　　　　　　　　　　　　　　　　　　　Trifft völlig zu

O　　　　　O　　　　　O　　　　　O　　　　　O　　　　　O

Das Kompetenzmodell erfasst insgesamt weitgehend vollständig alle Kompetenzaspekte von Personalmanagern.

Trifft überhaupt nicht zu　　　　　　　　　　　　　　　　　　　　　　　　　Trifft völlig zu

O　　　　　O　　　　　O　　　　　O　　　　　O　　　　　O

Das Kompetenzmodell ist insgesamt detailliert genug.

Trifft überhaupt nicht zu　　　　　　　　　　　　　　　　　　　　　　　　　Trifft völlig zu

O　　　　　O　　　　　O　　　　　O　　　　　O　　　　　O

Das Kompetenzmodell ist insgesamt klar und eindeutig.

Trifft überhaupt nicht zu　　　　　　　　　　　　　　　　　　　　　　　　　Trifft völlig zu

O　　　　　O　　　　　O　　　　　O　　　　　O　　　　　O

Gern informieren wir Sie über die Ergebnisse der Studie. Sofern Sie Interesse daran haben, geben Sie mir bitte an dieser Stelle Ihre E-Mail-Adresse an:

_____

Wir möchten uns ganz herzlich bei Ihnen für Ihren Beitrag zu unserer Forschung bedanken!

Zeitschriften / Journals
Download www.Hampp-Verlag.de

Industrielle Beziehungen
Zeitschrift
für Arbeit, Organisation und Management
herausgegeben von
Dorothea Alewell, Ingrid Artus,
Berndt Keller, David Marsden,
Dieter Sadowski, Jörg Sydow

ISSN 0934-2779,
seit 1994, erscheint jeweils zur Quartalsmitte.
Jahres-Abonnement € 80.-.
Die jährlichen Versandkosten pro Lieferanschrift im Ausland betragen € 12.-. Einzelheft € 24.80.

Zeitschrift für Personalforschung
herausgegeben von
Marion Festing, Christian Grund,
Michael Müller-Camen, Werner Nienhüser,
Hans-Gerd Ridder, Christian Scholz,
Thomas Spengler, Jürgen Weibler

ISSN 0179-6437,
seit 1987, erscheint jeweils zur Quartalsmitte.
Jahres-Abonnement € 80.-.
Die jährlichen Versandkosten pro Lieferanschrift im Ausland betragen € 12.-. Einzelheft € 24.80.

Zeitschrift für Wirtschafts- und Unternehmensethik
herausgegeben von
Thomas Beschorner, Markus Breuer, Alexander Brink, Bettina Hollstein, Olaf J. Schumann

ISSN 1439-880X,
seit 2000, erscheint 3 x im Jahr.
Jahres-Abonnement € 60.-.
Die jährlichen Versandkosten pro Lieferanschrift im Ausland betragen € 9.-. Einzelheft € 24.80.

Journal for East European Management Studies
Editor-in Chief: Rainhart Lang

ISSN 0949-6181, four times a year.
Institutional rate, print + online-access: € 150.-
Privat, only print: € 80.-
For delivery outside Germany an additional € 12.- are added. Single issue: € 24.80.

International Journal of Action Research
Editors: Richard Ennals, *Kingston University,*
Øyvind Pålshaugen, *Work Research Inst. Oslo,*
Danilo Streck, Editor-in-chief, *Universidade do Vale do Rio dos Sinos*

ISSN 1861-1303, three times a year.
Institutional rate, print + online-access: € 150.-
Privat, only print: € 60.-
For delivery outside Germany an additional € 12.- are added. Single issue: € 24.80.

management revue
The International Review of
Management Studies
Editors-in-chief:
Ruediger Kabst, Wenzel Matiaske

ISSN 0935-9915, four times a year.
Institutional rate, print + online-access: € 150.-
Privat, only print: € 80.-
For delivery outside Germany an additional € 12.- are added. Single issue: € 24.80.

Database Research Pool:
www.hampp-verlag.de
Six journals – one search engine: Our new online-archive allows for searching in full-text databases covering six journals:
- **IJAR**, beginning in 2005
- **IndBez**, beginning in 1998
- **JEEMS**, beginning in 1998
- **mrev**, beginning in 2004
- **ZfP**, beginning in 1998
- **zfwu**, beginning in 1998

Free research: Research is free. You have free access to all hits for your search. The hit list shows the relevant articles relevant to your search. In addition, the list references the articles found in detail (journal, volume etc.).

Browse or download articles via GENIOS: If you want to have access to the full-text article, our online-partner GENIOS will raise a fee of € 10.-. If you are registered as a "GENIOS-Professional Customer" you may pay via credit card or invoice.